中国经济社会学
四十年
（1979~2019）

Economic Sociology in China:
1979–2019

符 平 杨 典　主编

社会科学文献出版社
SOCIAL SCIENCES ACADEMIC PRESS (CHINA)

目　录

产业研究

金融研究

发展模式研究

中国经济社会学四十年：传统、当下与未来（代序）

符　平　杨　典[*]

一

经济社会学是将经济现象视为社会结构和历史经验背景下的一种社会现象，运用社会学的理论、视角和方法对其加以研究的社会学重要分支学科，是当今最为活跃和最富有前景的社会学研究领域之一。经济社会学试图对包括市场组织在内的诸种社会组织，对包括追求货币收入目标和其他目标在内的行为，对包括经济增长（衰退）和其他社会现象在内的社会运行状态做系统的分析和解释（刘世定，2011：4）。作为一门在社会学与经济学互动中兴起的学科，经济社会学的研究范畴十分广泛，既包括生产、消费、企业、市场、金融与财政、经济制度与经济模式等经济学研究对象，也涵盖较少或不为经济学所关注的家政经济、自然经济、非正规经济以及知识、文化与经济关系等。总体而言，经济社会学研究的核心关切是经济的演化与运作，它由两大部分构成：其一是经济现象的社会基础，即社会对经济的影响（比如社会制度如何塑造经济过程），主要是基于"嵌入性"这一基础性假设探讨社会性因素到底如何作用于经济，亦即其中的具体过程和机制为何；其二是社会现象的经济基础，即经济对社会的影响（比如市场理性、商业化的社会后果）。经济社会学认为，人类的经济活动根植于具体的社会网络、政治体制、文化传统和认知信念，只有深入识别经济活动与其所处制度环境之间的内在关联和互动过程，才能充分理解经济的复杂性质和运作逻辑。因此，经济

* 符平，华中师范大学社会学院教授；杨典，中国社会科学院社会学研究所研究员。

社会学是建立经济现象和社会现象之间关联的一门学问。

在很大程度上，经济社会学是由于新古典经济学忽视了社会结构和制度分析而获得了极大发展空间的。通过强调经济与社会结构、制度环境之间的内在关联，经济社会学直面当今重要经济现象和经济发展趋势的发生条件及其后果，既研究宏观经济发展中的国家角色与市场组织过程和资本主义的多样性，也关注文化、价值和认知理念对微观经济行为的影响。因此，尽管当代的新经济社会学从行动者假设、分析方法到理论视角都与主流经济学有很大差异，但与经济学流派中的比较政治经济学和社会经济学、社会学中的组织社会学和发展社会学以及经济人类学等有着许多共同的研究兴趣、基础假设、理论概念和分析视角。

经济社会学由来已久并发轫于19世纪末期的欧美学界。目前，对于经济社会学的发展历程，经济社会学界在"三阶段说"上基本达成共识，即19世纪90年代至20世纪30年代的古典经济社会学与20世纪70年代末至今的新经济社会学两次发展高峰期，再加上20世纪50年代前后的低谷时期。在低谷时期，值得关注的是经济社会学的研究重心逐渐由德国、法国转向美国，帕森斯及其学生斯梅尔瑟合著的《经济与社会》被视为功能主义经济社会学的代表作（周长城，1995；斯梅尔瑟、斯威德伯格，2009）。

19世纪中期，西方思想革命（文艺复兴、启蒙运动）、资产阶级革命和工业革命先后完成。以大工厂、大工业为核心的资本主义经济重塑了整个社会，大规模生产资料市场和劳动力市场开始形成，商品生产从分散于手工作坊发展为集中到大型机器工厂，全球市场形成并深入发展，现代公司制度逐步规范、完善，跨国公司更是逐步具备了影响全球生产分工、改变人类生活方式的能力。同时，经济波动和商业危机频繁出现，无产阶级和资产阶级之间的对抗愈发激烈，多国内部制度危机和民众的社会悲观情绪日益增长。面对当时社会的诸多变化，古典社会学家们都进行过深入的分析，并由此开启了包括政治、经济、文化在内的多维度的经济社会学研究传统。

1879年，英国经济学家杰文斯（William S. Jevons）在其著作中首次使用了"经济社会学"这一术语，随后该术语被社会学家接受，在涂尔干和韦伯于1890～1920年的著作中被采用（Swedberg，2003：5）。虽然经济社会学在20世纪初才创建，但实际上在经济学的古典时代，经济分析的社会学视角与经济学视角就很难被严格区分开来，这尤其体现在亚当·斯密的著作中。

　　值得一提的是，根据雷蒙·阿隆的判断，马克思不但是社会学家，而且是一位特定类型的社会学家，即经济社会学家。阿隆的理由是：马克思的学说认为忽视经济制度运行的理论就无法理解经济制度的演变，撇开社会结构是无法了解特定的经济制度的（阿隆，2013）。早在《共产党宣言》中，马克思就将社会形态的更替视为社会的生产力与生产关系发生冲突从而导致变革的产物。他认定，资产阶级赖以形成的生产资料和交换手段诞生于封建社会，当封建的所有制关系不再适应发展了的生产力时，与自由竞争相适应的资本主义社会制度和政治制度便取而代之；而一旦资本主义社会的生产力不能再促进资产阶级文明和资产阶级所有制关系的发展，资本主义社会生产的就是其自身的掘墓人（马克思、恩格斯，2009）。日本经济社会学家富永健一（1984：4）也有类似的判断，他认为虽然"马克思经济学"本身不能直接被称为社会学，但历史唯物论整个体系提出了一种经济社会学。当代经济社会学家认为，马克思对经济社会学的重要贡献在于深刻揭示了人类为物质利益斗争的历史以及具有相似经济利益的社会群体联合起来的方式（斯梅尔瑟、斯威德伯格，2009）。从社会学角度来看，马克思把 19 世纪资本主义工业企业当作社会单位去分析，并用自己的假设取代了古典经济学的"经济人"假设：工资、价格和利润在社会内的运动对特定企业中的资本家和工人形成刺激，刺激的结构进而构成了"生产关系"，这些刺激在生产本身的社会和技术安排（生产力）下还产生出经济结构和社会结构（斯廷施凯姆，1987），从而得以将经济制度的运行和现代社会结构的形成与变迁联系起来。马克思对经济的社会分析建立在政治经济学和社会关系（social relations）分析的基础之上，应该说开创了从社会关系角度研究市场、商品等经济现象的经济社会学传统。①

　　在古典经济社会学时代，韦伯为经济社会学作为一门独立学科的最初发展奠定了理论和方法论基础并贡献了研究典范，其对西方资本主义的起源和流变也有独特的见解，集中体现在《新教伦理与资本主义精神》、《经济与社会》和《经济通史》等著作中。事实上，韦伯所涉及的经济社会学议题十分广泛——中世纪贸易公司、罗马农业制度、经济史

---

　　①　马克思的"社会关系"分析路径与新经济社会学代表人物格兰诺维特等倡导的社会网络分析既有一定的联系，也存在显著不同：前者主要是一种强调经济活动背后的社会连接（social connection）及其活动的思想，强调社会群体的角色、结构与连接关系；后者则主要体现为一种探究社会关系网络（social network）与经济活动之间关系的分析进路和技术。

与经济政策、世界宗教的经济伦理、股份制公司、证券交易所等都是其研究对象。在社会学的古典时代为经济社会学的发展奠定基础或做出重要贡献的学者还有桑巴特、涂尔干、齐美尔和凡伯伦等。20世纪30～70年代，经济社会学研究因经济学与社会学重新划定边界产生学科隔膜而一度陷入低谷，但这一时期波兰尼、帕森斯、斯梅尔瑟、布劳、熊彼特等学者的一些著作和理论仍被认为是经济社会学的重要遗产。

美国的经济社会学复兴于20世纪70年代。在美国经济社会学近半个世纪的发展过程中，有两本书非常值得一提：其一是格兰诺维特和斯威德伯格主编、初次出版于1992年的《经济生活中的社会学》（Granovetter & Swedberg，1992）；其二是斯梅尔瑟和斯威德伯格主编、初次出版于1994年的《经济社会学手册》（Smelser & Swedberg，1994）。这两部著作展现了经济社会学的多元理论范式和研究路径，汇集了一批重要成果，可被视为美国经济社会学专业化和制度化的重要标志。当前，美国的经济社会学沿着制度、网络、权力和认知等多元视角向前推进理论与经验研究（Dobbin，2004），正逐步恢复其在社会学中的核心地位，产生了越来越大的跨学科影响。在欧洲经济社会学界，以法国学者卡隆（Michel Callon）为代表的述行学派（performativity school）和以德国学者贝克尔特（Jens Beckert）为代表的市场社会学近年来也产生了一定影响。与受实用主义思潮影响颇深的北美经济社会学有所不同，欧洲学者多强调比较、制度和历史背景，其研究也更多地与欧洲的改革和应用项目联系在一起，彰显了欧洲经济社会学独特的学术风格。目前来看，北美的经济社会学最为繁荣，重要学者和研究团队遍及全美诸多名校，比如哈佛大学、普林斯顿大学、斯坦福大学、加州大学伯克利分校、康奈尔大学、哥伦比亚大学、西北大学等。

二

中国经济社会学的学术研究和学科建设虽然直接受20世纪70年代以后西方经济社会学复兴的影响，但早在新中国成立之前社会学界就开展了大量的经济社会研究。也就是说，中国社会学对经济现象的研究具有悠久的传统。[①] 中国早期社会学的引介和发展与近代中国的命运紧密相

[①] 如无特别注明，这里涉及新中国成立前的经济社会学研究可参见李培林、渠敬东、杨雅彬，2009；阎明，2010；杨雅彬，2001。

连，救亡图存、倡导新学、了解时局、改良社会是彼时身处纷乱时局中的社会学者们从事社会学研究的初衷和使命。中日甲午战争以后，学者们开展的社会调查记录了中国传统经济社会结构的演化变迁，也催生了一批学术大家和诸多具有深远价值的学术思想。

20世纪初兴起的社会调查运动，促发了众多社会学、经济学、历史学、文化学等学科的学者采用西方调查技术从多个面向分析当时的经济社会状况。受西方列强入侵的影响，近代中国传统的经济发展模式遭到破坏，存在数千年的农村自然经济及以其为基础的家庭手工业商品化体制首当其冲。陈翰笙主导的农村经济调查选取江南、河北、岭南、山东、安徽、河南等地，获得了大量民国时期农村农户生产生活情况、农村生产力与生产关系、地主－农民矛盾以及西方资本、中方买办和官僚资本盘剥农民的一手资料，是分析半殖民地半封建社会中社会结构急剧变化背景下战时经济、农村经济变迁、土地制度、农业与工商业关系和国际垄断资本运作的珍贵文献。在近代中国农村经济逐渐破产的同时，城市中与洋行洋车相对应的是大量陷入贫困的城市居民。作为社会调查运动的代表人物，陶孟和与李景汉实施了多个调查计划，推动了对中国劳工阶层个人和家庭的调查。他们在调查的过程中还积极总结、改进、创新社会调查方法与技术，充实了中国经济社会学在劳资关系、工人阶级调查、社会阶层及其家庭消费行为方面的研究。

在中国现代化进程中，工业化和农村工业问题始终是经济社会学研究的重点领域。吴景超在20世纪上半叶就提出了一套工业化与社会建设的理论，并试图探索融合"自由"和"计划"两种社会经济制度的办法。他认为，摆脱当时中国困境的根本在于发展实业（包括工业、矿业、商业、交通业等）、金融机构和都市，而实现工业化应系统考虑资本、人才、组织管理、利用外资等问题，他还在思考苏联和美国经济制度的基础上讨论了战后中国宏观政治经济问题和现代化道路，提出在实行公有制的前提下要保证经济权完全分散，以便价格机制发挥作用，兼顾社会主义和自由经济（阎明，2010）。20世纪40年代召开的"战后经济问题座谈会"和组建的"中国社会经济研究会"，有费孝通、李树清等社会学者参与。李树清以环境、民族、制度间的关系为切入点探讨了中国社会未能走资本主义道路的原因，明确了当时中国社会结构变革的人地关系、资本积累、历史文化传统与社会制度基础（李培林、渠敬东、杨雅彬，2009）。在企业劳工研究方面，史国衡的《昆厂劳工》最早探讨了民国时期进厂务工的农村劳动力身份、人际关系、生活方式、劳动方式转变以及当时中国社会工业模式变迁的过程。陈达则从更为宏观的视角全面考察了战时重庆、昆明、上海等地的工业特点、劳工问题的起源发展和工人阶级（包括工会组织）生活状况，提出了劳工阶级"生存竞争"（经济性质）和"成绩竞争"（社会性质）理论，针对当时劳工运动、组织目标等问题从劳资关系、社会制度、科学管理等方面给出了解决办法。此外，步济时（2011）、全汉升（2007）在中国行会制度研究方面留下了细致又富有特色的研究。

同时，主要建基于家庭手工业的农村工业受到国内外大工业资本和产品的直接挤压。以张世文、李景汉为主要代表进行的定县农村工业调查，分类考察了家庭工业和作坊工业，提出中国的工业发展可以集中建设与分散发展并重，涉及国家命脉的工业应由国家统一集中管理，而考虑到原材料的获得及运输、生产生活水平差异和中国小农经营情况等，事关人民日常生活需要的轻工业则宜分散于各地乡村；工业建设也应从国家、省级、县级三个层次有计划地分级进行，县域建设要试点之后慎重推行（张世文，1991）。费孝通则更为关注农村工业化问题，其早年对江苏开弦弓村（"江村"）蚕丝业的深入研究，一方面注意到了家庭手工业的历史传承性和小农经济的现实需要，另一方面也看到了在家庭手工制丝向缫丝工厂变革的过程中，国外资本和大工业侵袭对转型期乡村工业的颠覆性冲击。这些研究成为费孝通后续的乡村工业化、小城镇研究的基础。与费孝通江村研究形成乡村工业类型对比的是张之毅等开展的"易村"研究，易村以家庭手工业和作坊工业为主，具有典型的中国传统工业特点，展现了具有中国特点的工农业的结合。综合来看，费孝通、张之毅的研究从农村工业（手工业）的转型发展入手，实际上探讨了农村现代化的结构性基础和基本动力机制，是中国现代社会中组织、技术、资本等要素内在整合的外在表现。此外，言心哲、柯象峰还分别研究了近代中国农民迫于生计的"离村"问题和特定历史情境下的贫困问题。

新中国成立初期，社会学者参与土改运动并了解农业经济中生产经营、贫富差距问题，探讨和分析中国工业化建设的基础和模式，在新中国社会科学研究和经济社会改革中发出了社会学界的声音。社会学虽在1952年院系调整中被取消，但直至1957年"反右"运动开始前，部分社会学者仍不同程度地运用社会学视角分析中国经济发展的制度结构和微观实践。吴景超在研究苏联经济模式和苏联领导人思想的基础上对新中国在过渡时期（1949～1956年）的社会经济总路线（逐步实现社会主义工业化以及开展对农业、手工业、资本主义工商业的社会主义改造）做了说明，包括实行计划经济所依据的经济法则，计划经济中社会主义经济成分、工农业和轻工业的比例关系以及调整的方向（吴景超，1954）；后续还就"一五""二五"计划中的资金积累与合理使用、国民经济发展速度和发展比例问题做了细致探讨（吴景超，1955，1956）。李景汉和费孝通则重访多年的调查地点并做了新的报告。1981年，李景汉重新整理并补充了1956年在《人民日报》支持下重访北京郊区调查的材料，回顾了1957年农业合作化高潮时期社会主义改造后的农村发展、农民生活及其思想情绪。他详细对比考察了新中国成立前、土改后的单干时期（1951～1952年）、互助组时期（1953～1954年）以及合作化时期（1955～1956年）劳动力全年实际收入的变化，由此扩展讨论了收入与生活水平的关系、影响生产的各因素等，重点探讨了高级合作化后农业与副业、工业消费品质量、妇女劳动保护等生产生活问题，为农业化合作和农村经济建设提供了特定历史时期的宝贵资料（李景汉，1981）。费孝通1957年春于开弦弓村小住，较为详细地了解了合作化后农业产值问题和农副业收入问题等村里的新问题：农业增产了收入却不高。他认为农村应合理安排农副业（农工业）比例，做好多种经营的统筹兼顾，适合乡村的小型工厂（强调并非所有工业）可以适当分散到乡村以减少成本、促进农村技术改革。针对当时所出现的局部性粮食紧张，他还探讨了生产力提高与社会主义的关系以及工业的实际运作情况（费孝通，1957/2004）。中国早期社会学家对经济问题的诸多研究表明，在20世纪50年代社会学学科被取消前，对经济进行社会学分析是中国社会学的重要传统。

三

作为中国社会学的重要分支学科之一，经济社会学随着社会学的恢复重建而发展起来。1979年3月邓小平在党的理论工作务虚会上提出社会学"需要赶快补课"的问题，从此拉开了中国社会学恢复重建的大幕。与改革开放同行的中国社会学为中国的经济社会发展做出了应有贡献，中国社会学的学术观点越来越多地被国外学界所了解，社会学家在向国际社会讲好中国故事中扮演了重要角色，社会学的一些术语概念成为政府工作报告用语和社会公共领域的热门词，人们更多地了解并认可社会学学科在现代社会中的重要作用。在过去的40年中，中国社会学的许多分支学科和研究领域都取得了长足进步，这从中国社会学会超过40个专业委员会的设置上可见一斑。在学科体系建设上，正如李强（2019）指出的，"我国社会学者逐步构建起领域宽广的中国特色社会学学科体系，创造出许多具有中国特色的社会学范畴，开拓了与中国特色社会主义实践紧密结合的社会学研究新领域，为推进改革开放和社会主义现代化建设做出了贡献"。可以预见，中国社会学在新时代的社会民生、社会治理、社会建设、社会管理和体制机制改革中将会发挥越来越大的作用。

虽然中央在1979年做出了恢复重建社会学学科的决定，但无论是对社会学学科整体，还是对各分支学科而言，将学科系统地建立起来，然后进行有组织、有系统的学术研究工作，殊为不易，中国社会学的学科重建经历了较为艰难的缓慢发展过程。尽管1984年一些学界同人在天津召开了首次经济社会学研讨会，然而中国经济社会学的学科建设特别是学术研究整体上来说起步是比较晚的。不过在某种意义上，我们可以把费孝通先生著名的《江村经济》视为中国学者首次从社会学角度对经济展开系统分析的著作。该书是费孝通在英国 Routledge 出版社出版的博士学位论文中译本。他在前言中开宗明义地指出，"这是一本描述中国农民的消费、生产、分配和交易等体系的书……旨在说明这一经济体系与特定地理环境的关系，以及与这个社区的社会结构的关系"（费孝通，2001：20）。而从特定的制度环境和社会结构视角出发分析经济，正是经济社会学的主流研究路径。然而，由于众所周知的原因这样的学术传统中断了数十年之久，直至改革开放后随着社会学恢复重建才得以接续。中国经济社会学可根据其近40年来的发展特征分为以下三个阶段。

第一阶段是20世纪80年代的孕育时期，国内一些大学和社科院开始重建或新建社会学机构，恢复社会学教学和研究工作，国外的经济社会学理论和方法开始被译介到我国（见表1）。最初引入的是日本学者富永健一①与美国学者斯廷施凯姆和斯梅尔瑟编著的经济社会学教材和著作，

---

① 1984年11～12月，富永健一应邀在刚创建不久的南开大学社会学系给研究生讲授"经济社会学"，他主编的《经济社会学》（1974年初版）也成为我国第一本经翻译出版的经济社会学著作。

这对中国学者了解经济社会学的历史渊源、发展历程、基本内容以及理论视角和研究方法起到了启蒙的作用。在这一时期，一些社会学教学科研人员撰写了介绍国外经济社会学理论的文章和具有一定经济社会学色彩的调查报告。

表 1　40 年来翻译出版国外经济社会学教材教辅的情况

书名	出版社	出版年份	作者
《经济社会学》	南开大学出版社	1984	富永健一主编
《比较经济社会学》	浙江人民出版社	1987	斯廷施凯姆等著
《经济社会学》	华夏出版社	1989	斯梅尔瑟著
《经济学与社会学》	商务印书馆	2003	斯威德伯格著
《经济社会学原理》	中国人民大学出版社	2005	斯威德伯格著
《新经济社会学》	社会科学文献出版社	2006	莫洛·F. 纪廉等编
《经济社会学》	上海人民出版社	2008	道宾主编
《经济社会学手册》（第二版）	华夏出版社	2009	斯梅尔瑟、斯威德伯格主编
《新经济社会学读本》	上海人民出版社	2013	道宾主编
《经济生活中的社会学》	上海人民出版社	2014	格兰诺维特、斯威德伯格编著

第二阶段是 20 世纪 90 年代的兴起阶段。经过对国外学说十余年的知识消化、研究和吸收，90 年代中国经济社会学开始较快地发展起来，特别是在 21 世纪初，呈现明显的提质加速发展趋势。在这个时期，国外教材的翻译出版基本上告一段落，更多的译介工作开始转向重要的研究著作。同时，多种本土的经济社会学教材教辅书籍纷纷出版问世（见表 2），当时的青年学者如汪和建等还对构建适合国情的、体系化的本土经济社会学进行了有益探索。据我们的初步统计，20 世纪 80 年代，由中国学者编著出版的经济社会学教材教辅数量为零，但 90 年代却出版了不下 8 本。这些教材教辅开始进入大学的经济社会学课堂，为经济社会学的学说普及和人才培养奠定了基础。更重要的是，以经验为本、理论为导向的经济社会学研究在 21 世纪初出现了"井喷"现象。一些聚焦本土经济现象又具有一定理论水平的高质量论文陆续发表。当时社会学者研究的主题也是 90 年代的经济热点和重点，比如乡镇企业改制、国企改革以及蓬勃发展的私营经济等。可以说，从 90 年代末开始，直白的调查报告或用西方理论简单地对中国经济现象进行分析解释的状况得到了根本扭转。

表2　40年来国内经济社会学教材教辅出版情况

书名	出版社	出版年份	作者
《经济社会学》	中国经济出版社	1990	肖永年著
《现代经济社会学》	南京大学出版社	1993	汪和建著
《经济社会学》	中山大学出版社	1996	梁向阳编著
《当代经济社会学》	黑龙江教育出版社	1998	肖永年、郭成铎著
《社会学视野里的经济现象》	四川人民出版社	1998	朱国宏主编
《经济社会学》	吉林大学出版社	1998	王占阳主编
《迈向中国的新经济社会学》	中央编译出版社	1999	汪和建著
《经济社会学》	复旦大学出版社	1999	朱国宏主编
《新经济社会学》	中国社会科学出版社	2001	张其仔著
《现代经济社会学》	武汉大学出版社	2003	周长城主编
《经济社会学》	中国人民大学出版社	2003	周长城著
《经济社会学》（第二版）	复旦大学出版社	2003	朱国宏主编
《经济社会学导论》	复旦大学出版社	2005	朱国宏、桂勇主编
《现代西方经济社会学理论述评》	社会科学文献出版社	2006	高和荣著
《经济社会学——迈向新综合》	高等教育出版社	2006	汪和建著
《经济社会学》	高等教育出版社	2008	高和荣主编
《经济社会学》	南京大学出版社	2010	沈秋明主编
《经济社会学》（第二版）	中国人民大学出版社	2011	周长城主编
《经济社会学》	北京大学出版社	2011	刘世定编著
《西方经济社会学史》	中国人民大学出版社	2013	刘少杰主编
《经济社会学》（第三版）	中国人民大学出版社	2015	周长城主编

21世纪以来，经济社会学进入快速发展和提升的第三阶段。承接前20年创建的学科平台和奠定的研究基础，这一阶段出版了更多由本土学者编著的经济社会学教材教辅、翻译的国外经典研究著作，发表了更多内容厚重的学术论文。经济社会学也成为国内不少重点大学社会学学科建设和科研机构学术研究的重点方向（其中上海财经大学还在2003年成立了国内首个经济社会学系），在中国社会学学科体系中的地位得到进一步稳固。这客观上促进了经济社会学方向的人才培养和科学研究。

在第三阶段，中国的经济社会学研究者不再盲目迷信、追随国外理论，也不再过度依附西方学术话语体系框定的学术议题，而是更加注重基于本土的经济和社会实践开展研究，并有意识地构建本土化的理论概念和话语体系，彰显了中国经济社会学的"理论自觉"和"实践自觉"。21 世纪初，经济社会学者围绕乡镇企业改制、国企改革、地方政府的经济行为等做出了许多标志性成果，对一些经典理论也展开了较为深入的探讨，比如，刘世定、折晓叶、周雪光等基于"产权的社会视角"的一系列研究对产权理论的推进，李培林、刘少杰等关于理性选择理论的反思和研究，汪和建针对市场的社会结构提出的自我行动逻辑的社会实践理论。学者们提出了一些具有学术潜力的原创性概念，比如"占有的三个维度""关系产权""产权是一个连续谱"等。研究不仅发掘了更多"中国经验""中国模式"，也更加注重学理贡献，从不同角度发展了相关理论。近年来，经济社会学研究既尝试了新的研究方法、研究视角，也紧扣时代脉搏，与时俱进地拓展研究领域，并在多学科共同涉猎的交易行为、产权、公司治理、企业战略、市场治理、金融市场、产业发展、政商关系等研究领域提供了社会学的新视角、新证据和新观点。比如，国内社会学界以往未曾涉猎的金融市场也开始有了社会学者的研究。社会学的研究也表明，中国的金融市场绝不仅仅是企业融资和迅速致富的手段，更是实现中国经济治理现代化的重要推动力量，对小到国有企业的治理机制改造、大到中国企业的整体现代化都起着重要作用（杨典，2018）。

过去十年，中国经济社会学也加速了其制度化进程，主要体现为专业组织机构的创建与专业会议的常规化。在老一辈学者持续多年的努力之下，中国社会学会经济社会学专业委员会于 2012 年正式成立。专业委员会实行任期制，每届理事会任期三年。刘少杰先生任首任理事长，刘世定、沈原两位先生任名誉理事长。全国性专业委员会的创建是中国经济社会学发展历程中的里程碑事件，是学科逐步走向成熟的标志，对打造经济社会学的学术共同体起到了显见的积极作用。同时，在北京、上海、武汉、天津、南昌、合肥等地举办的系列专业学术会议，以及从2014 年起连续出版的《经济社会学研究》集刊，不仅助推了经济社会学内部的交流合作，也可望明确研究议题，以及学科发展的重点方向。

四

编辑出版本文集的目的，一方面是回顾自中国社会学恢复重建以来经济社会学这一分支学科取得的学术成就，以期提供一个关于中国经济社会学发展状态、前沿议题、研究视角及方法的交流平台，更好地展望和谋划发展中的经济社会学；另一方面，希望以此推进中国经济社会学的学科制度化建设，提升经济社会学研究的专业化和本土化水平，并为本学科的人才培养提供学术"养分"。

本文集由六大主题构成，分别是理论与方法研究、企业研究、市场研究、产业研究、金融研究、发展模式研究。汇编本文集的几个原则有必要在这里进行简要说明：第一，必须是过去40年由中国学者撰写并发表在中国大陆的中文成果（不论是期刊、集刊还是著作）；第二，成果在中国经济社会学研究的学科体系、学术脉络或一定时代背景下对推进学科建设有较大贡献或具有较高的代表性，对推动本土化的经济社会学研究具有积极意义；第三，一部分高产学者可能在经济社会学的诸多领域同时贡献了重要成果，但只在特定主题之下收录一项该学者以第一作者身份发表的代表性成果。沧海总有遗珠。由于经济社会学范畴甚广，且21世纪以来成果尤盛，要从浩如烟海的文献中挑选出合适的成果，并不是一件容易的事情。再加上文集篇幅的限制，我们不得不忍痛割舍，很遗憾许多重要作者的优秀成果没法收入本文集。本书中，20多位学者就中国经济社会学的前沿议题进行了卓有成效的理论探索和经验研究，拓展、深化了经济社会学的研究范畴及其学科意义。当然，对于对经济社会学感兴趣的读者来说，这里的文献只是中国经济社会学研究的若干节点，意欲了解40年来中国经济社会学研究的整体图景或深入了解某个具体领域的研究，我们建议可以通过这些节点去延伸，并触及更多文献。

第一部分是理论与方法研究专题。中国经济社会学的理论与方法研究可以说是在对西方知识的深度学习和对中国经验的透彻理解的基础上逐步往前推进的。李培林在《理性选择理论面临的挑战及其出路》一文中指出，理性选择理论要获得新的发展，真正需要解决的难题并不是研究工具和技术方面的欠缺，而是"理性的社会选择"何以可能的问题。他通过探讨小农理性、家庭理性、东方理性、集体行动理性等问题，试图回答如何在个体理性选择的基础上实现社会理性选择。接下来的两篇文章都强调了从"关系"角度分析经济制度的重要性。新经济社会学的旗帜性概念"嵌入性"本身便体现出一种强烈的关系（relational）视角，但无论是波兰尼还是格兰诺维特，实际上都是在隐喻的意义上使用的，并没有提出一种分析性的操作方案。刘世定的《嵌入性与关系合同》通过提出约前关系导入、多元关系属性、对关系属性的有效控制三个假设，讨论了合同治理结构和嵌入关系结构之间的多种对应关系及其结构性摩擦，推进了嵌入性概念的分析，也深化了关系合同的理论研究。与经济学认为"产权是一束权利"不同，周雪光在《"关系产权"：产权制度的一个社会学解释》中提出"产权是一束关系"的社会学视角，强调产权基础上的关系在制度层面的稳定性和持续性以及制度保障（法律认可）和共享认知（社会承认）的基础性作用，指出一个组织的产权结构和形式是该组织与其他组织建立长期稳定关系、适应其所处环境的结果。关系产权中的"关系"内涵与社会关系网络理论中的关系概念有着重要区别，这一思路引导我们去关注企业与其环境条件（资源和制度环境的分布状况）的关系。

刘少杰的《中国经济转型中的理性选择与感性选择》明确提出了经济生活中的感性选择行为问题，陈述了其在中国社会深厚的社会基础和历史根源。在理性选择行为在经济生活中的地位和作用不断提升与强化的市场经济背景下，他指出理性选择感性化和感性选择理性化的双向转化关系是值得探讨的重要问题。生活质量的含义与测量维度是生活质量研究的重要问题。周长城和饶权的《生活质量测量方法研究》探讨了生活质量的定义及特点、测量方法与原则、生活质量研究与测量应注意的问题等。汪和建的《通向市场的社会实践理论：一种再转向》对中国人市场行动的独特性进行了积极的本土化理论探索。基于既有理论和实地调查，他提出应当基于中国现实国情构建一种特殊的行动理论，即自我行动逻辑的社会实践理论。他指出，中国人的市场实践体现出自主经营、网络生产、派系竞争三个核心特征。

第二部分是企业研究主题。企业是基本的经济主体形式，该主题下的 4 篇文章都与广义的企业治理相关，且都提供了不同于经济学和管理学的社会学洞见。折晓叶、陈婴婴的《产权怎样界定——一份集体产权私化的社会文本》基于对 20 世纪 90 年代乡镇集体企业改制的经验研究，发现社区集体产权不是一种市场合约性产权，而是一种在特定行动关系的协调下包含社会关系成分的社会合约性产权，其在市场合约不完备的情况下，有可能以非正式的方式较好地处理和解决社区内部的合作与产权冲突，具有界定和维护社区产权秩序的作用，但在制度环境发生剧烈变化时作用十分有限。边燕杰和丘海雄的《企业的社会资本及其功效》属于国内较早运用社会资本理论分析企业发展的论文。他们将企业的社会联系分为纵向联系、横向联系和社会联系三种类型，并从结构约束论和企业家能动论的角度探讨了企业社会资本存在差异的原因及其对企业经营能力的影响。杨典的《公司治理与企业绩效》一文基于 676 家上市公司十年的面板数据以及深度访谈资料，揭示了一种与经济学代理理论的预测颇为不同的公司治理与企业绩效关系模式。他的研究表明，所谓"最佳"公司治理做法是在特定社会、文化、政治等制度环境下，各种复杂社会力量和利益群体"建构"的结果，其作用的发挥情况在很大程度上取决于是否契合所在的制度环境，因此并不存在普适的"最佳"公司治理模式。刘玉照的《家庭经营的成本核算与经营决策——以白洋淀塑料加工户为例》分析了中国工业化过程中的家庭经营户进行成本核算和做出经营决策的逻辑。他以河北白洋淀的塑料加工行业加工户为例，说明了加工户的生产决策与消费决策密不可分，且受制于与家庭生命周期相关的家庭结构因素，后者影响家庭生产与消费的不同组合模式，进而作用于一个家庭在生产经营中的成本核算逻辑和产业选择的经营决策。

第三部分是市场研究专题。市场社会学是近年来的新兴研究领域。沈原的《市场的诞生》是针对原先根本不具备形成市场条件的华北乡村地带却诞生了大型箱包专业市场和小商品市场的现象进行发问。他认为这种"超常规现象"使经济社会学关于"市场从哪里来"的学究性问题变成了具有实践意义的问题。他发现当地的传统商民、集体农民和地方干部三种社会力量的互动是市场诞生的原动力，从而进一步阐明了经济社会学中关于"市场是一种社会结构"的经典观点。符平的《市场体制与地方产业优势的形成》采用市场体制理论视角来解释不同地区产业发展结果的差异和地方的产业优势如何获得的问题。他通过对汀市与汉市小龙虾产业的比较研究，发现政府产业发展战略与会意机制的相互配合导致同一产业领域市场体制的地方差异，不同的市场体制通过建构明显不同的产业组织并凭借各自的市场结构、政策利用机会和创新能力塑造了地方产业的竞争力，因此需要在理论和实践中重视产业发展中引领型市场体制发挥作用的若干前提条件。陈纯菁的《购买人寿保险：一致的偏好和多样的动机》考察了文化因素如何通过影响消费者的行为动机塑造中国人寿保险市场的特征。她的研究发现，在人寿保险市场形成过程中，中国人集体排斥风险管理产品。这是因为本土文化观念的韧性使人们不会将人寿保险视为一种应对意外事故的工具，而是视为一种理财工具。这一本土文化解读让人们排斥某类产品，但也促使他们接受某些其他类型的产品。陈氚的《"操演性"视角下的理论、行动者集合和市场实践》是国内经济社会学界最早从述行理论视角探究具体市场建构的经验研究，他对中关村电子市场的研究发现，市场重建过程中相互冲突的行动者、建构过程中生成的利益格局使得一个理想的经济学意义上的市场无法顺利建构，因为人的行动者与非人的行动者之间的矛盾和斗争扭曲了市场改革过程。

第四部分是产业研究专题。"关系"是观察中国经济的重要切入点，研究经济问题的多个学科历来倚重"关系分析"。李林艳的《关系密集型市场的成因与后果》建构了针对"关系"的本土理论框架，考察了"关系"如何形塑中国房地产市场的运行机制和表现形态。她指出，"关系"作为一种微观的社会结构生成原则，在房地产市场与外部制度环境的关系上充当了一种正式规则的转换机制，同时在市场内部发挥着经济资源的配置功能，从而深刻塑造了中国房地产市场的形态。李国武的《政府调控下的竞争与合作——中国高速列车产业创新体系的社会学研究》让读者可以一窥中国高速列车创新体系的形成和演进过程。他的研究表明，中国高速列车产业的创新依赖于政府调控下竞争与合作并存的创新体系，这个体系主要由三个相互关联的组织机制构成：政府的协调和控制、设备制造商之间的寡占竞争、企业之间及产学研之间的合作。他同时指出，这一创新体系并不一定适用于用户高度分散的产业和高度不确定的原始创新情形。艾云和周雪光的《资本缺失条件下中国农产品市场的兴起——以一个乡镇农业市场为例》是对不同资本间的转化机制如何促进市场成长的研究，有助于增进对资本与社会制度互动演化过程的了解。他们结合一个农业乡镇农产品市场的案例，分析了动员金融资本和促进市场交易的两个社会机制——"礼物交换"的互惠机制和市场权力基础上的"强征性信用"机制。他们认为农户、商贩和厂家正是在这两种机制的交互作用下得以克服资本匮乏难题并顺利实现了市场交易。冯猛的《基层政府与地方产业选择——基于四东县的调查》揭示了乡镇政府如何制定促进产业发展的整套流程及其影响。他认为，衡量地方政府官员政绩的制度结构约束并激励了基层政府通过引领性干预——甄别、选择、投入、扶持、包装等——达到打造地方产业的目的，而每个乡镇都选择实施典型产业策略，导致基层政府联手塑造了地方辖域内以产业区别度高、更新快、典型性强为特点的产业格局。

第五部分是金融研究专题。金融是现代经济生活的核心范畴，近几年逐渐引起了经济社会学者的关注和重视。信息不对称及其衍生的风险是制约金融市场发展的重要因素。其中，声誉机制有利于打破信息不对称的困境。张翔的《以政府信用为信号——改革后温台地区民营存款类金融机构的信息机制》从"政府信用信号发送机制"的角度分析了改革后温台地区民营存款类金融机构的兴衰，指出中国的民营存款类金融机构经营者往往不愿意或者不能够在声誉上做太多投资，而常常把地方政府对他们的支持作为信号来吸引潜在存款人的存款，这一"政府信用信号发送机制"决定了储户和金融机构经营者对政府政策的高度敏感，使得金融机构的发展更容易由于政策变化而出现波折。王水雄的《中国金融市场化的层级性与边界性——着眼于中小企业融资担保的一项探讨》围绕金融市场为何需要政府管制以及如何才能最好地做到的问题进行了探讨。他认为，由于资源配置中交易费用的存在和政府信用货币作为"群体承诺标识物"的公共产品特性，以及为了避免作为生产要素的基于货币的"人的、行使一定实质性行为的权利"的滥用和较严重的相互"侵害"，政府管制变得不可或缺。他指出，改革至今的中国金融市场体系不可避免地带有层级性和多重边界性特征，而这种多层级的金融市场体系虽然是具有一定效率的组织和调节机制，但也存在隐患。吴宝、李正卫和池仁勇的《社会资本、融资结网与企业间风险传染——浙江案例研究》从企业风险角度研究了社会资本的负面效应，分析了区域风险传染的形成机制，论证了社会资本、融资风险网络结构、传染效应的关联逻辑。他的研究发现，高社会资本会提高融资风险网络的平均中心度，降低网络破碎程度，并导致网络凝聚程度提升，进而加剧企业间的风险传染。向静林、邱泽奇和张翔合作的论文《风险分担规则何以不确定——地方金融治理的社会学分析》讨论了在地方金融治理中有关交易风险分担的规则在实际运行中为什么难以确定的问题。他们的研究表明，宏观层面的制度矛盾作为微观层面规则不确定的结构性根源，赋予了微观行动者具有冲突性的合法性理据和利益驱动力，诱发投资者、地方政府、中介机构关于风险分担规则的规范博弈与利益博弈，导致风险自担规则与风险共担规则的竞争格局的形成；在博弈过程中，多重合法性宣称以及多重角力机制的搭配组合，使得实际运行的风险分担规则呈现不确定状态。

第六部分是发展模式研究专题。作为文集的最后一个专题，该部分的两篇文章表明，经济社会学不仅可以对中微观的经济行为和经济现象提供独特的观察与分析视角，也能够对宏观经济问题提供新颖解释。近年来，国内外社会科学关注的一个研究热点是中国的经济增长和发展模式。经济社会学对"解密"中国模式事实上能够而且已经做出了贡献。

周飞舟在《分税制十年：制度及其影响》一文中指出，分税制并未有效地平衡地区间因经济发展不平衡而带来的区域差异，其中一个重要原因在于分税制带来的集权效应引起了地方政府行为的一系列变化。在这种形势下，地方政府开始积极地从预算外尤其是从土地征收中聚集财力，"城市化"开始成为地方政府的新增长点，由此分税制集权化改革带来了一个意外后果，即形成了"二元财政"结构格局。改革开放以来，中国经济增长呈现鲜明的政府投资驱动特征。刘长喜、孟辰和桂勇合撰的《政府投资驱动型增长模式的社会学分析——一个能力论的解释框架》通过构建一个社会学分析框架解释中国经济呈现政府投资驱动型增长特征的形成机制，具体分析了中央政府和地方政府投资能力的形成及变化。他们的研究表明，中央政府相继出台的分税制、银政分割制、国企资本化等制度有意或无意地形塑了中央和地方政府的投资能力，二者均提高了中央政府的投资能力，但对地方政府来说，除了国企资本化之外，分税制和银政分割制都大大降低了其投资能力。

五

虽然新中国成立以前的社会学家奠定了对中国经济进行社会学分析的基础，但当代的经济社会学研究并不是以赓续理论传统的方式，而是以转换学术范式的方式接续了中国社会学早期对经济进行分析的传统。这主要体现在，如果说早期中国社会学家更多的是就经济问题讨论经济问题，现实关怀非常强烈，研究中的对话意识、理论意识不是特别明显，那么，当代学者则更多地强调基于学术脉络的理论对话、理论观照和理论贡献。新制度主义视角、网络分析视角、权力视角、文化视角、述行视角、种群生态视角等较为广泛地被应用于对经济现象的社会学研究，同时，整合组织社会学、文化社会学、消费社会学、金融社会学等社会学其他分支学科的发展趋势也逐渐增强。在历经数十年积累之后，中国的经济社会学研究表现出来的规范意识和对话意识更是明显增强，逐步建立起与西方学界的实质性对话关系。可以看到，正是40年来一代又一代中国经济社会学者的筚路蓝缕、辛勤耕耘，才使中断了数十年之久、根基非常薄弱的中国经济社会学逐渐从学术的荒芜之地变成了当前十分活跃的学术研究领域，并且其影响范围正逐渐超出社会学学科。

中国当下的经济社会学研究虽然取得了可喜的进步，而且前景广阔，但我们仍须清醒地意识到本学科存在的诸多问题：研究议题过于分散且学术延续性不够强，研究队伍的规模停滞不前；具有学术潜力的原创性概念和本土理论并不多见；前瞻性研究付之阙如，比如战略性新兴产业、人工智能等的经济社会学研究；回应时代大问题的研究非常稀缺，比如当前甚少有关于"一带一路"、中美贸易关系等的经济社会学研究。同时，技术革新和新经济形态所带来的生产力进步和人们认知观念的变革将影响全球未来的生产模式、产业分工、价值流动、雇佣关系和世界政治经济格局的变化，经济社会学在这些方面的研究还亟须加强。此外，还值得高度关注的是，技术与经济的融合（如基于区块链技术的数字货币、基于传统金融架构的金融电子化服务），以及技术、经济与社会之间的相互作用（如不同阶层投资者借助移动互联网投资金融市场的不同后果）迫切需要经济社会学者采用综合性、整体性视角对经济与技术、社会的关系等议题做出更加深入的研究。从与经济学的学科关系来看，当代经济学已呈现"社会学化"的趋势，这一方面体现为经济学越发注重对传统社会学议题的研究，另一方面体现为经济学在研究方法、模型和思路上在更多地借鉴社会学知识（符平，2018：266）。面对当前困境或者说学科发展的十字路口，要将经济社会学推进到一个新发展阶段，经济社会学者需要基于更丰富的现实经验材料对经济现象的主流经济学解释进行更多有社会学因素的分析，也需要在经济社会学的理论构建上有新的突破。

一种调侃经济学与社会学学科关系的说法认为，经济学是贫穷社会的学问，社会学是富裕社会的学问。但实际上，无论是物质匮乏时代还是丰裕时代，两门学科都同等重要。在中国人民经历了站起来到富起来，而今迈向强起来的新时代，作为在社会学与经济学互动、交叉融合背景之下诞生的新兴学科，经济社会学在实践中的价值和作用已初见端倪。未来的经济学与社会学有望通过经济社会学实现互融发展，这门新兴学科将会有更大的用武之地，迎来更璀璨的未来。[1] 而经济社会学要真正充

---

[1] 当代经济社会学发展最好的是美国，不过美国的经济社会学真正发展起来也不过是最近半个世纪以来的事情。而且，美国的经济社会学研究成果虽然很多，但引起美国经济学家尤其是主流经济学家关注的并不多见。虽然一些诺贝尔经济学奖获得者（比如诺斯、阿克洛夫等）和经济学流派（比如新制度主义经济学、行为金融理论等）承认社会学视角对于解释、分析经济问题的重要价值，并在他们的理论模型中吸收了社会学思想，但就当前情况来看，主要还是社会学家在关注并学习经济学家的研究成果，两个学科的双向学习和知识交互进程还远未开启。

分激发其学科潜力与内在优势，需要一如既往地积极回应当今时代重要的经济现象和经济问题，紧紧围绕经济与社会关系的核心议题，通过加强理论与经验的互动揭示经济现象中的社会机制，从而使经济领域的微观行为与宏观现象建立起更紧密的联系。

本书能顺利出版，离不开经济社会学领域从"50 后"学术前辈到"80"后学术新锐的大力支持。我们非常感谢文集各篇文章的作者对这项工作的认可和大力支持，没有他们的积极配合就没有本书的问世。在推动本书出版的过程中，刘世定先生、沈原先生提供了重要的指导意见和建议，华中师范大学社会学院刘飞老师和魏海涛老师，博士研究生李敏、卢飞和韩继翔，硕士研究生顾锋等为搜集和遴选文献、统一全书格式规范等工作提供了诸多协助。社会科学文献出版社童根兴副总编辑非常重视本文集的出版，多次予以关心、指导。在此，我们一并表示由衷的感谢！

参考文献

阿隆，雷蒙，2013，《社会学主要思潮》，葛智强、胡秉诚、王沪宁译，上海译文出版社。

步济时，2011，《北京的行会》，赵晓阳译，清华大学出版社。

费孝通，1957/2004，《重返江村》（上、下），《江村农民生活及其变迁》，敦煌文艺出版社。

——，2001，《江村经济——中国农民的生活》，商务印书馆。

符平，2018，《市场优势与制度环境》，中国社会科学出版社。

富永健一主编，1984，《经济社会学》，孙日明、杨栋梁译，南开大学出版社。

格兰诺维特、斯威德伯格编著，2014，《经济生活中的社会学》，瞿铁鹏、姜志辉译，上海人民出版社。

李景汉，1981，《北京郊区乡村家庭生活调查札记》，生活·读书·新知三联书店。

李培林、渠敬东、杨雅彬主编，2009，《中国社会学经典导读》（上、下），社会科学文献出版社。

李强，2019，《中国特色社会学的形成与发展》，《人民日报》5 月 20 日，第 13 版。

刘世定编著，2011，《经济社会学》，北京大学出版社。

马克思、恩格斯，2009，《共产党宣言》（单行本），人民出版社。

斯梅尔瑟、斯威德伯格主编，2009，《经济社会学手册》（第二版），罗教讲、张永宏等译，华夏出版社。

斯廷施凯姆，亚瑟，1987，《比较经济社会学》，杨小东译，浙江人民出版社。

全汉升，2007，《中国行会制度史》，百花文艺出版社。

吴景超，1954，《有计划按比例的发展国民经济》，中国青年出版社。

——，1955，《我国第一个五年计划中资金的积累、合理使用和节约问题》，《教学与研究》第 Z1 期。

——，1956，《我国第二个五年计划的发展速度与比例关系》，《教学与研究》第 12 期。

阎明，2010，《中国社会学史：一门学科与一个时代》，清华大学出版社。

杨典，2018，《公司的再造：金融市场与中国企业的现代转型》，社会科学文献出版社。

杨雅彬，2001，《近代中国社会学》（增订本），中国社会科学出版社。

张世文，1991，《定县农村工业调查》，四川民族出版社。

周长城，1995，《经济社会学发展的三个阶段》，《国外社会科学》第 12 期。

Dobbin, F. 2004, *The New Economic Sociology*：*A Reader.* Princeton：Princeton University Press.

Granovetter, M. & R. Swedberg, eds. 1992, *The Sociology of Economic Life.* Boulder：Westview Press.

Smelser, Neil J. & Richard Swedberg, eds. 1994. *The Handbook of Economic Sociology.* Princeton, N. J.：Princeton University Press.

Swedberg, R. 2003, *Principles of Economic Sociology.* Princeton：Princeton University Press.

理论与方法研究

理性选择理论面临的挑战及其出路[*]

李培林^{**}

理性选择是一个古典的话题，近年来，一派学者试图使其成为社会科学三大经验学科（经济学、社会学、政治学）解释社会行动的统一的理论和方法，很多社会学家在这方面做出了努力（Coleman，1986；Friedman & Hechter，1988；Lindenberg，1990；Abell，1992；Hedstrom，1996）；另一派学者却对其进行了激烈的批判，甚至将其称为"经济学的帝国主义"（Bohman，1992；Scheff，1992；斯乌利，2000）。最近笔者在参加国内的一些课题成果评审和博士学位论文答辩的过程中，深感在此方面存在一些理论和方法上的混乱。这也并非仅仅是笔者个人的感觉，中国社会科学院社会学研究所主办的《国外社会学》曾特意出了一期关于理性选择理论的专号，试图厘清这方面的一些认识。现在看来，有必要进一步深化这方面的讨论。

对于这种理论和方法论取向上出现的张力，有的学者采取了势不两立的激进主义态度，也有的学者认为，为了化解这种张力，必须追根溯源，返回对主体的自问，返回古典理论，至少也要返回科学主义和人文精神的分立初始，返回培根"知识就是力量"的新兴功利主义传统和笛卡儿"我思故我在"的古典理性传统（吴国盛，2001）。这种讨论很有必要，但为了应用，本文的讨论侧重于返回经验本身。

关于什么是"理性"，可能与关于什么是"文化"的问题一样，存在诸多争论。为了讨论的方便，我们采取经验学科解决"形而上学"问题的办法，排除一切非工具理性（包括价值理性、实质理性、理论理性等）

---

   * 本文原载《社会学研究》2001 年第 6 期。

  ** 李培林，中国社会科学院学部委员、研究员。

的讨论。换言之，理性选择理论所说的"理性"，就是解释个人有目的的行动与其可能得到的结果之间联系的工具理性。但是，随着理性选择理论与其他社会理论之间争论的深入，特别是随着社会科学众多新的研究成果的出现，理性选择理论自身也发生了很大的变化，甚至它的一些基本假定也都经过了不断的修订和完善，这些修订和完善应当作为讨论的基础。

一　理性选择理论的演变

1. "理性人"的假设对"社会人"的包容

经济学关于"理性人"的假设，几乎是一切经济学派进行经济分析的共同逻辑前提，它主张人们的一切经济行动都受物质利益的驱动，但这个前提从一开始就受到社会学关于"社会人"假设的对抗。多数社会学家更倾向于认为，现实中的社会行动（包括经济行动）有着复杂的动因，仅仅从经济维度来解释，有极大的局限性，很多非经济因素是决定人们行动的重要变量。

例如，什么是"利益"？多数人认为而且科学也证明吸烟有害，但现实中仍存在大量烟民，我们不能因此就认为烟民的吸烟是非理性的自杀行为。为了能够包容这种利益需求上的个体差异，经济学家引进了"效用"的概念，来表示对某种需求的满足。

对某种效用的追求，起初被理解为某种"稳定的偏好"，但现代心理学的实证研究表明，人们的需求是划分为不同层次的，在食品、衣着等需求基本得到满足以后，人们会追求安全感、成就感等更高层次需求的满足，所以"偏好"并不总是稳定的。为了对此做出解释，经济学引入了"边际效用递减"定律，来说明效用并不是人们所需要的对象的一种不变属性，随着人们对某种需要对象的占有量的增加，其效用的增速会降低，这种边际效用最终会跌到零甚至低于零。

古典经济学关于"理性人"的假设，是假设每个人的行为选择主要受其个人内化的偏好影响，而不是受其他人决策和行动的影响，如果每个人的偏好都取决于其他人的偏好，市场均衡理论就无法测定和成立。但经济学对"制度"的研究表明，"制度"类似一种公理化的自然习俗或生理学上的习惯性上瘾，它对个体的行为有重大的影响，在一种制度下个体的行为也会产生"路径依赖"，从而产生趋众行为（North，1990）。

凡勃伦通过对"炫耀性消费"的研究探讨了个人消费选择之间的相互影响（Veblen，1994/1899），加尔布雷思（J. K. Galbraith）通过对"广告"的研究揭示了卖者对买者行为的影响（加尔布雷思，1980/1973）。所以，目前"理性人"的假设，即指在一定制度下，偏好受多方面影响、追求并非单一经济利益的"效用"的理性人。

2."完全竞争"的假设对"公共选择"与"合作"的包容

其实，早期的理性选择论者帕累托就已经看到，现实中不仅存在"经济效用"，还存在"道德效用"，如经常参加宗教礼拜。帕累托认为必须区别共同体作为整体的效用最大化和共同体作为个体聚合的效用最大化，理性的公共选择必须以后者为目标，确保一些人获益的同时，其他人也没有损益，他用这种"最优"概念取代了"最大化"概念，"最优"实际上既是经济最优，也是道德最优（Pareto，1966）。尽管"帕累托最优"往往被认为只是一种神话，但它后来却成为公共选择理论的核心概念，也成为评价竞争结果的一种限制。科尔曼也探讨了竞争中个体利益如何与集体利益保持一致的问题，他认为现实中存在诸如信任关系、权威关系、规范这样的"社会资本"，所以会出现为了得到社会资本而采取的"单边资源让渡"行动，从而促进了"法人行动者"的形成，社会的发展使个体行动者之间的互动越来越少，而现代的法人行动者之间的互动越来越多，尽管法人行动者也难以真正达到"帕累托最优"的均衡状态，但它在个人竞争的残酷和集体行动的"搭便车"难题之间，找到一种协调个人利益和集体利益的理性选择（Coleman，1990）。此外，博弈论揭示了竞争中合作的重要性，证明在不合作的情况下，个人效用最大化行动可能对个人和合作者来说都是最糟糕的结果，最经典的例子就是人们熟知的"囚徒困境"（Prisoner's Dilemma，个体不得不就是否揭发对方做出选择）（Elster，1989）、"贡献者困境"（Contributor's Dilemma，个体不得不就为公共物品的生产做何等贡献做出选择）和"撒玛利亚人困境"（Samaritan's Dilemma，个体不得不就是否帮助别人做出选择）（Parfit，1986）。这样，竞争实际上不可能在一种完全理想的状态下进行，共同行动中每个人的理性选择必须考虑其他人的选择，"合作"也就成为竞争条件下理性选择的必然结果。

3. 理性"最大化"假设对"次优选择"和"X 效率"的包容

"经济人"或"理性人"的假定，都是以经济分析最大化原理为出发点，其含义就是消费者追求效用的最大化，厂商追求利润的最大化。获得过诺贝尔经济学奖的西蒙认为，这种假定的前提是，经济人拥有他所处环境的完备知识，有稳定的和明确的偏好，有很强的计算能力，从而使其选中的方案处于其偏好尺度上的最高点；但现实中的人都有处理信息能力的限度，因而是"有限理性"的人。在信息不完备的情况下，他们通常不是在所有被选方案中追求最佳方案，而是追求"满意"的方案，或者说"次优方案"。就像一个博弈者，他实际追求的只是取胜的途径，而不可能是取胜的最好途径（Simon，1982；张宇燕，1992）。

新古典经济学假设，厂商总是在既定的投入和技术水平下实现产出最大化和单位成本最小化。但自从 1966 年莱宾斯坦（H. Leibenstein）提出 X（低）效率理论后，人们一直在批判性地重构新古典经济学假说。莱宾斯坦观察到，企业内部不是组织效率最大化的，因为内部组织的简单变动就可以使产出增加，厂商也不是利润最大化的，因为厂商并不按边际分析原理经营，莱宾斯坦称这种非配置性的低效率现象为 X 低效率。他的后继者们认为，X 低效率的形成有各种原因，关键在于生产活动不是可以借助现代数学和物理方法描述的技术决定系统，在一定程度上与人们的心理和生理活动相联系，任何人都有追求最大化和不追求最大化的两面性，这两种倾向的对立和并存，决定了新古典经济学假说所谓完全理性的人只能是一种极端和个别的情况。通常的情况是，个人只在信息充分的情况下才进行理性最大化的计算，更多的决策则依赖于习俗、惯例、道德规范、标准程序和模仿的形式（一般不是非理性最大化的）（Frantz，1988）。

由此可见，所谓的理性最大化，只是在具有充足信息和处理信息能力的条件下的一种可能性，而在通常的情况下，理性选择的结果一般只能是"次优"或存在 X 低效率。

二 理性选择理论的困境

1. 关于"小农"理性命题的悖论

在人类学和社会学关于传统乡村的研究中，传统的小农在很长一段时期都被视为另类，通常被描述成传统、封闭、保守的群体象征符号。由于多数的此类研究是采用参与观察的个案调查方法，更注重远离"宏大历史记述"的非文字经验事实、集体记忆和口述文化，因而努力挖掘的往往是个案的特殊性。即便探讨小农行为一般规则的研究，也往往强调这种规则不同于其他社会群体行为规则的特殊性，特别是强调这种特殊行为规则的文化意义。在这样的探讨中，小农的生存方式成了一种特殊的文化遗产，并不因为普遍的现代化而发生彻底的转变。所以，把传统乡村的小农纳入社会现代化变迁研究，被认为是一种学术上的"武断"。

为了说明这一点，人类学家习惯引证 2 个经典案例，一个是马林诺夫斯基（B. K. Malinowski）发现和概括并随后被许多人类学家解说的"库拉交换圈"。对于这种具有经济交换功能的"臂饰"和"项圈"的交换圈，几乎所有人类学家都指出了单一经济理性维度解释的"荒谬"和"幼稚"（Leach et al.，1983）；另一个是格尔茨发现和描述的作为"深层游戏"（deep play）的"巴厘岛斗鸡"。边沁（J. Bentham）在《立法理论》一书中从功利主义立场出发，提出"深层游戏"的概念，指那些参与赌注过高的赌博游戏的人陷入了一种非理性的行为逻辑；而格尔茨认为，巴厘岛人类似赌博的斗鸡游戏，在深层次上已经不是物质性获取，而是名望、荣誉、尊敬、敬重等"地位象征"，这种被边沁主义者视为非理性的"深层游戏"，蕴含了巴厘岛人社会生活的"核心"驱动力和全部意义（Geertz，1973）。大部分注重"小传统""地方性知识"的实体主义学者并不认为小农是非理性的，只不过认为小农的理性是一种不同于"功利主义"的"另类理性"。蔡雅诺夫在《小农经济的理论》中认为，小农经济是一个不同于资本主义企业的独立体系，有自己独特的运行逻辑和规则，它对最优化目标的追求和对利弊的权衡，体现为对消费满足程度和劳动辛苦程度的估量，而不是在利润和成本之间的计算（Chayanov，1986/1925）。斯科特在他研究东南亚小农生计的《小农的道义经济》一书中也指出，小农经济行为的动机与"谋利"的企业家的行为动机有很大差异，在小农特定的生存环境中，其"规避风险"的主导动机及其与自然的"互惠关系"，体现的是小农对抗外来生计压力的一种"生存理性"（Scott，1976）。这类解释隐含的一个判断是，现实中并不存在独立的和抽象的经济行为，一切经济行为都是社会行为，所以单一的经济推论是武断的和外来的逻辑。

与这种小农"另类理性"的解释相反，很多经济学家论证了用"经济理性"解释小农经济行为的"普适性"。舒尔茨在《改造传统农业》一书中认为，小农并不是没有理性的另类，他们作为"经济人"，其实类似于资本主义企业家，同样富有进取精神，尽管由于技术和资本的限制，经济规模较小、收益较低，但其生产趋近一种既定条件下较高效率的

"均衡"水平，一旦有新的经济刺激，小农一样可以进行传统农业的改造，而不需要外来的集体组织（Schultz，1964）。波普金在《理性的小农》一书中分析小农的政治行为时进一步认为，小农简直可以被比拟为一个"公司"的投资者，他们的行动选择，完全是在权衡各种利弊之后为追求利益最大化而做出的（Popkin，1979）。

也有一些学者，试图在研究中包容和调和以上两种解释逻辑的矛盾。黄宗智在研究中国长江三角洲的小农经济时指出，人口的压力和耕田的减少，使小农采取了趋于"过密化"的生存策略，即在单位劳动日边际报酬递减的情况下，为了生存仍不断增加单位耕田面积劳动力的投入，以换取单位耕田面积产出的增加。这种维持生计的策略，完全不同于追求利润最大化的资本积累策略，但这并不表明小农缺乏经济理性，一旦有了外部的刺激，如随着中国改革开放后乡镇企业的发展，其他替代的就业选择使小农耕作劳动投入的"机会成本"增加，从而使其走出支配他们的"过密化"生存逻辑（黄宗智，2000/1990）。

2. 关于"家庭理性"的悖论

家庭是社会学的传统研究领域，在众多研究家庭问题的社会学文献中，结构-功能主义的解释似乎一直处于主导地位。这种解释试图超越心理学和生物学塑造的关于家庭生活的传统图示，即把择偶、婚姻、生育、亲子关系等仅视为受"情感"的驱动或受"生理需求"的驱动。但这种解释多半建立在这样一种判断上，即家庭是一种特殊的社会单位，不是生物团体单位，家庭关系不是生物关系，而是社会关系，家庭的产生、延续和发展有其自身的"理由"，这个"理由"也不是个人利益计算的"经济理性"，而是人类生存延续的"社会功能理性"。家庭的"世代继替"，成了解释一切家庭制度产生和存在的法则。传统的"一夫多妻制"、现代的"一夫一妻制"、部分游牧民族的"兄弟共妻制"，以及某些特殊的"走婚制"，择偶的"外婚制"和"乱伦禁忌制"，父权或母权的"家长制"和"氏族制"，继承的"长嗣继承制"、"男性后代分家制"和"按继承权序列分配制"，等等，其产生和存在都是在特定的生存环境中体现世代继替的"社会功能理性"。

然而，社会交换理论在婚姻研究中被较多地使用，也表现了一些社会学家明显地受到理性选择取向的影响。例如，认为黑人男性与白人女性的结婚概率超过白人男性与黑人女性，是黑人男性用较高的社会地位去换取白人女性较高的人种地位的结果；认为包办婚姻是新郎的劳动力、彩礼和生活安定许诺与新娘的养育费用价格和品貌价格的交换,而"换婚制"只不过是这种交换的极端例子(Eshleman,1985)。

芝加哥学派的经济学家贝克尔因用"经济分析"研究"非经济领域"而名声大噪,他将理性选择理论广泛运用于婚姻、生育、犯罪、歧视、竞选等非经济领域的举动,甚至被指责为"经济学帝国主义"。贝克尔影响最大的研究应该是他关于家庭生育行为的成本-效用分析,他认为现代社会中之所以出现家庭规模或子女数量随收入的增加而减少的现象,是因为养育子女成本的上升和效用的下降,孩子的成本-效用是决定父母生育行为的关键变量。在他看来,生儿育女就如同购买耐用消费品,其成本是生育和抚养的费用与占用时间带来的机会成本,其效用是家庭情感的满足和家庭成员间的互惠,在一般情况下,对子女的需求同对其他消费品的需求一样,会随家庭收入的增加而增加,但是当现代社会中生儿育女的"机会成本"大大增加,从而使孩子的成本超过孩子的效用时,自然生育率就会下降(Becker,1976,1981)。

贝克尔也注意到"家庭理性"的某种特殊性,他认为市场交易中利己主义是普遍的,而家庭中利他主义是更为普遍的,利他主义在市场上没有效率,但在家庭里是更为有效的。在解释这种有效性的来源时,贝克尔说他与涂尔干的看法正相反,涂尔干认为劳动分工扩大的优势不是增加生产,而是促进了有机团结,即参加者利益和思想情感的和谐一致;贝克尔认为有机团结是有效的劳动分工的原因而不是结果,利己的人们之间的劳动分工可能会鼓励欺骗和逃避责任,而不是有机团结(Becker,1981)。贝克尔在这里实际上已经触及竞争中的理性合作问题。

3. 关于"东方理性"问题的悖论

韦伯在《新教伦理与资本主义精神》一书中认为,欺诈、贪婪等非理性冲动以及获利的普遍欲望,都与资本主义精神不相干,资本主义更多的是对这种非理性欲望的抑制或至少是一种理性的缓解。韦伯试图从发生学意义上回答,为什么资本主义以及与此相关的现代科层化组织首先在西方出现。与马克思从生产关系和布罗代尔(Fernand Braudel)从日常物质生活追寻资本主义起源的路径相反(布罗代尔,2002),韦伯从精神和文化层次上寻根。他的研究结论是,资本主义制度的建立受资本主义精神的推动,而资本主义精神源于新教的禁欲主义宗教观念,这种观念又最早发端于加尔文教的英国清教徒的"天职观",即相信上帝安排下的工作神圣、节俭、核算、勤劳等。韦伯认为,"在一项世俗的职业中要殚精竭虑、持之不懈、有条不紊地劳动，这样一种宗教观念作为禁欲主义的最高手段，同时也作为重生与真诚信念的最可靠、最显著的证明，对于我们在此业已称为资本主义精神的那种生活态度的扩张肯定发挥过巨大无比的杠杆作用"（韦伯，1987：135）。

然而，韦伯认为东方社会缺乏这种宗教理性，他在进行文化比较时指出，中国的儒教是一种另类的理性，儒教的理性主义是对世界的合理性适应，基督教（新教）的理性主义则是对世界的合理性控制，儒教的东方理性是不彻底的，在"外王"的经世抱负与"内圣"的安身立命之间缺乏内在的一致性，所以"内圣"的精神无法对世俗生活的理性化起到促进作用，儒教在中国的精致化和至高无上的地位，反而阻碍了中国资本主义的发生和发展（Weber，1951；苏国勋，1988）。

韦伯的理论存在一种内在的张力：一方面，他的理性化推论使他相信个体有意义的理性选择行动具有强大的社会结构和经济制度的建构作用；另一方面，他的人文关怀使他看到理性化的铁律可能造成压制人的创造性的后果。

韦伯的理论也因此受到来自两方面的批评。一些经济学家认为韦伯的假设和文化解释缺乏理性选择理论的彻底性与科学所需要的实证检验，萨缪尔森以一种不屑的口气批评说，韦伯关于新教伦理的理论"不能证明任何东西，因为它没有任何东西可以被证明"（Samuelson，1979：718）。中国学者和华裔学者则大多批评韦伯有贬低或曲解东方理性之嫌，对韦伯关于儒家伦理是传统中国社会中阻碍资本主义发展的最主要原因的判断提出质疑。有的学者认为东亚经济的崛起是对韦伯假设的"经验性挑战"，并有力地表明了"新儒家伦理有助于经济发展"，因此要推翻韦伯这个"长期以来几为学术界默然遵守的铁案"（金耀基，1993：128～151；黄绍伦，1991）；有的学者认为理论上的儒家伦理与日常生活中遵守的儒家伦理并不一致，生活中儒家的"光宗耀祖"的成就目标和精神动力推动了经济发展（陈其南，1987）；还有的学者认为，在中国传统的价值体系中，也存在与新教伦理相仿的节俭、勤劳的工具理性，这是明朝中叶后商业蓬勃发展的原因（余英时，1987）。

4. 关于"集体行动理性"的悖论

亚当·斯密（Adam Smith）在他的古典经济学奠基之作《国民财富的性质和原因的研究》中，曾提出一个"利益最大化"原理：理性人（经济人）的趋利避害行动会使资源优化配置，从而使社会收益最大化。

他认为，在市场竞争中（自然状态下），虽然每个人都是从个人利益出发，但受市场这样"一只看不见的手"的指导，从而达到一种他未曾预期也并非出于他的本意的结果：更有效地促进了社会利益。"各个人都不断努力为他自己所能支配的资本找到最有利的用途。固然，他所考虑的不是社会利益，而是他自身的利益，但他对自身利益的研究自然会或毋宁说必然会引导他选定最有利于社会的用途。"（斯密，1981：25～27）

亚当·斯密似乎在个人理性和集体理性之间找到了一种合理的过渡，他给我们描述了这样一种理性选择的逻辑：个人的理性选择——达到个人未预期的结果，即集体的理性。

与此相反，奥尔森（Mancur Olson）认为无法从个人理性选择的假设推论出集体理性实现的结论，他实际上为我们描述了另一种理性选择的逻辑，或是集体行动的逻辑：个人的理性选择——达到个人未预期的结果，即集体的非理性。

在政治学、社会学和社会心理学领域，传统的群体和组织理论一般认为，具有相同利益的人形成的群体，会采取一致的行动以增进他们的共同利益。奥尔森则认为这种结论基本上是错误的，他的研究证明，"除非一个群体中人数很少，或者除非存在强制或其他某些特殊手段以使个人按照他们的共同利益行事，否则有理性的、寻求自我利益的个人不会采取行动以实现他们共同的或群体的利益"（奥尔森，1995：2）。因为集体收益是公共性的，每个人为增进集体收益付出的成本并不能等同于他分享的集体收益，因而坐享其成的"搭便车"现象就会产生，从而使个人增进集体收益的激励失效，所以群体越大，分享集体收益的人越多，人们越不会为共同利益采取行动。奥尔森还认为，市场群体（如商人）是一种"排他群体"，成员之间进行的是"分蛋糕"的零和博弈，一些人的获益是另一些人的损益，所以希望群体越小越好，而非市场群体（如游说群体）是一种"相容性群体"，成员之间进行的是"做蛋糕"的正和博弈，新参与的人并不影响原来成员的收益，所以希望群体越大越好。但即便是"相容性群体"，"搭便车"和激励失效的问题也依然存在。

奥尔森认为，为了克服集体行动的激励失效问题，需要建立"赏罚分明"的制度，实行"有选择性激励"，他承认经济激励并不是唯一的激励，也存在声望、尊敬、友谊等方面的"社会激励"，但社会地位和社会承认是"非集体物品"，也可以用分析经济激励的方法去分析。尽管如此，奥尔森对"选择性激励"的有效性并不存有奢望，因为他认为，在大的群体中，为进行"选择性激励"而付出的监督成本可能总是高于其收益。所以，奥尔森所说的"集体行动的逻辑"，实际上是一般情况下集体行动的困境，如果说亚当·斯密的逻辑代表了乐观的理性选择论，解释了个人理性选择的建构意义，那么奥尔森的逻辑则代表了悲观的理性选择论，解释了个人理性选择建构的局限性。

吉登斯力图克服类似的理论矛盾，他试图在强调结构决定意义的结构功能主义和强调行动决定意义的解释学之间找到一条中间道路，就像他在政治上试图在左派和右派之间找到"第三条道路"那样，所以他既批评制度还原论忽视了各种社会自主性力量所发挥的作用，也批评意识还原论忽视了行动者对自己行动的反思性控制。他在自己的"结构化"社会理论中，用"结构的二重性"取代了"结构 - 行动二元论"，即一方面主张主体有目的的行动建构了社会结构，另一方面主张既有的社会结构是社会行动发挥建构作用的条件和中介（Giddens，1984）。

吉登斯从宏观的社会理论层面为我们提供了一种可以调和集体理性悖论的行动逻辑：主体有目的的行动——达到未预期的后果，该后果成为继续行动的条件。

吉登斯的逻辑似乎有更大的包容性，他没有解释"未预期的后果"是否符合集体理性的问题，从而留下了更宽广的解释空间，但大大削弱了对此进行经验验证的实用意义。

三　理性选择理论的方法论特征

理性选择既是一种理论，也是一种研究方法。它的特征是，在方法论上是个体主义的而非整体主义的，是归纳的而非演绎的，是经验求证的而非哲理解释的。然而，最能代表其方法论特征、最受争议也受到激烈批评的就是其方法论上的个体主义（methodological individualism），与其相对立的是方法论上的整体主义（methodological holism）。

英国研究社会分层的著名学者戈德索普（J. H. Goldthorp）是社会学"理性行动理论"的积极倡导者，他认为，近年来，越来越多的社会学家倾向于理性选择理论，他们在方法论上的共同特征，就是主张通过对个体行动的解释来分析社会现象的方法论个体主义，强调行动理论应当是社会学研究的中心，相信在研究微观 - 宏观的联系时必须首先从研究个体行动的（预期的和未预期的）结果着手（Goldthorp，1997，1996）。

提倡方法论个体主义的法国社会学家布东，在一篇阐述个体主义方法论的专文中指出，在社会科学中存在三种主要的研究范式。一是建立在方法论个体主义原则基础上的研究范式，包括绝大部分传统的经济学学者、德国古典社会学家（如韦伯、齐美尔），一部分意大利古典社会学家（如 Mosca、Pareto、Michels）和美国的社会学家（如 Merton、Parsons），这个研究范式吸引了很多当代社会学家。二是"涂尔干主义"，即注重分析社会事实的总体规则，而较少分析有目的的个人行动的意义，结构主义是这种研究范式的代表之一。三是解释学（hermeneutic）的研究范式，即认为社会科学的任务是研究历史演变和社会结构的意义，特别是研究社会批判的主体力量，个人只有融入社会群体才有解释的意义（Boudon，1985）。

实际上，在众多遵循理性选择理论的学者中，对方法论个体主义的解释仍存在很大差异。哈耶克（F. A. V. Hayek）和波普尔是比较激进的方法论个体主义的代表人物，他们试图将方法论上的争论演变为意识形态的争论。哈耶克认为，我们在理解社会现象时没有任何其他方法，只能通过对作用于其他人并且由预期引导的个人行动的理解来理解社会现象，而那种把社会理解为独立于个人的整体的理论是一种"理性主义的假个人主义"。哈耶克的讨论远远超出了方法论层次，在理论传统上激烈抨击了以法国为代表的理性传统，特别是笛卡儿的理性主义、以卢梭为代表的"百科全书派"和重农主义，却高度赞扬富有经济学传统的"英国个人主义"；在哲学上则批评了"本质先于存在"的"唯实论"，认为真正的个人主义是"唯名论"的必然结果；在政治上，理性主义的假个人主义是社会主义和集体主义的思想源泉（哈耶克，1989：4～11）。波普尔认为，在一切社会科学和人文科学中，都必须遵循分析个体行动的"情境逻辑"的方法，被观察到的行动可以在它发生的情境中被理性地"重构"，从而作为我们解释历史的起点；对于独立于个人的类似国家的"实体"，则要用"自由主义的剃刀"通通剃掉（Popper，1976，1968）。

韦伯、西蒙和布东则可以说代表了一种比较温和的方法论个体主义。韦伯是最早提出"方法论个体主义"这个概念的，他在去世的那一年写的一封信中说："社会学的研究，只能从一个、一些或许多不同的个人行动入手，因此必须采取严格的'个体主义'方法。"（Boudon，1985）。韦伯在这里特意为"个体主义"加了引号，以表明他所提出的方法论个体主义的新概念完全有别于伦理学所说的个体主义。实际上，韦伯与哈贝马斯都强调注重主体行动意义的解释学方法，其区别在于，韦伯的出发点是解释有意义的个体行动，而哈贝马斯的出发点是解释具有社会批判力量的群体行动。另外，与波普尔注重"情境"（situation）分析不同，西蒙强调"过程"（procedure）分析，他认为社会科学之所以要采取方法论个体主义，主要与人们的认知和决策过程有关（Simon，1982）。布东则明确指出，当个体主义加上方法论的定语后，就获得了完全不同的意义，它只是指在研究社会现象时，必须重构与该现象相联系的个体行动选择，要把这种现象作为有目的的个体行动集合的后果，这并不排斥从宏观上研究价格与一般需求的关系或出生率曲线这种"结构性规则"或"变量之间的关系"，但对这些规则的解释必须基于对个体行动意义的"理解"（Boudon，1985）。方法论个体主义受到来自多方面的批评，它最受指责的是其"社会原子论"倾向，即把社会现象归结为个人行动的结果，忽视了社会结构本身的影响，特别是没有弄明白整体的宏观现象并不是个体行动集合的自然结果。像萨缪尔森这样的经济学家也认为，一个人可以设法解决自己的就业问题，但全体则未必能够如此，在这里，对个人的选择行为及结果的考察虽然很有益，但遗憾的是它与就业总量没有必然的关系（Samuelson，1979）。

我们在这里讨论的方法论上的个体主义与整体主义之争，实际上仍是我们在前面提到的行动决定论与结构决定论之争的一种表现，不同的是它是个体行动决定论与结构决定论和群体行动决定论两方面的争论。然而，在实际的社会科学研究工作中，这种方法论上的划分远没有那么针锋相对和旗帜鲜明。多数学者往往采取多种分析路径，不过分析结论又确实受到一定的研究范式的影响。问题在于，为什么大多数主张理性选择理论的学者也主张方法论上的个体主义？笔者认为这主要是理性选择理论在理论上的"彻底性"所要求的，因为如果不相信有意义的个体行动对结构、制度、规律等的建构能力，那么结构、制度、规律等要么成为无法进行理性分析的复杂变量的结果（如"文化"的影响），要么是一种无法解释的力量驱使的结果。从理性选择的理论来看，这种结论等于什么都没有说。不过，面对来自各方面的批评，方法论上的个体主义者也对其主张做出新的解释，他们开始承认社会结构对个体行动的限制，但认为这些限制只是决定了个体行动的可能场域而不是现实的场域，只是为个体行动确定了标向而不是路线（Boudon，1985）。

四　理性选择理论受到的新挑战及其出路

近 30 年来，理性选择理论不断从经济学领域向社会学和其他社会科学领域扩展，也有越来越多的社会学家开始关注理性选择理论或者或多或少地采用了理性选择理论的视角。但这并不代表理性选择理论的凯旋，因为它的受关注正在使它受到一些严峻的理论挑战。

1. 理性选择理论面对的挑战

首先是来自经济学本身的挑战。人们发现，即便在比较纯粹的经济领域，即便是严格按照理性选择理论建立起来的复杂经济学模型，在解释多个自变量对某个因变量变化的影响程度时，事实上总存在一个既有变量无法解释的"残差"。无数经济学家都为这个无法解释的"残差"感到苦恼，因为社会科学的模型无法像自然科学那样是完全封闭的，"残差"的存在说明或许存在从理性选择角度忽视的自变量，而任何新的自变量的加入，都有可能改变模型原来的测算结果。也就是说，即便是在经济领域，由于人们的理性选择涉及个人的欲望、偏好、预期和决策，"不确定性"总是无法排除的幽灵，而一些表面看来非理性的影响力也会发挥常规作用。

其次是来自新经济社会学"嵌入理论"的挑战。它要求回答的问题是一个更具有颠覆性的问题，即能否将经济活动作为一个现实生活的"抽象实体"，从而按照理性选择的假设进行分析？"嵌入理论"认为，一切经济活动都是嵌入社会生活中的，我们无法假定存在只为满足个人物质欲望的"纯经济"活动，就像我们不能假定存在只为满足个人性欲的家庭。在决定贸易、货币运行和价格机制的因素中，很重要的一项是由风俗习惯、公共义务、政治权威、法律行政要求、社会认同等构成的社群规范（Polanyi，1958）。经济活动也并非完全受经济的正式制度支配，它的很大一部分受社会的非正式制度调节，在市场竞争和垄断的支配之外，存在一个基本上是"非正式"的"日常物质生活"领域（布罗代尔，2002）。"嵌入理论"的挑战，不仅仅在于它提出的命题，如一切经济行动都嵌入社会关系当中、经济制度是社会行动的建构等，更重要的是根据这一理论所做出的经验研究的反证（Granovetter，1985）。已有经验研究表明，在诸如求职、劳动力流动这样的"经济活动"领域，由社会关系网络构成的"社会资本"，与"物质资本"和"人力资本"一样，对人们的理性选择及其选择的结果有重要的影响，"社会资本"的这种影响可以改变甚至改善基于"物质资本"和"人力资本"的可能的市场配置结果（Granovetter，1982；Burt，1992）。

再次是来自社会哲学"主体间性"认识论的挑战。理性选择理论难以回答的问题是，为什么根据同样的经验资料甚至同样的"科学"研究方法，不同的研究者可以得出不同的结论。这种现象在社会科学研究中是司空见惯的。理性选择理论的彻底性，要求在事实之间的因果推定中只存在一种"科学的"解释，它假定一切理性的推论逻辑都可以达成科学的"共识"。而"主体间性理论"（这个生僻的概念其实不过是互动理论和交往行动理论在认识论上的一种表述）认为，社会科学研究的社会现象和社会事实，大多数与人们的主体反映有关（欲望、偏好、预期、选择），因此研究者与被研究"物"的关系，不是主体与客体或主体与对象的关系，而是主体与主体之间的关系（哈贝马斯，1994/1985，1999/1991）。经验的客观性实际上受到两方面的威胁，即解释者自身理论体系的影响和被解释者反映的影响，因而认识过程实际上是解释者作为直接参与者的理解过程。所谓理性的推论结果，不过是主体间的争论、沟通和达成一致。所以，"主体间性"的研究方法就是一种互为主体的理解方法，是一种批判性反思的"换位思考"。

最后是来自人类学"遮蔽理论"的挑战。现代人类学似乎已经从一种追求无文字、无数据信息的人类学转变为追求充分信息的人类学，而理性选择理论的难题之一就是理性选择者的信息缺失问题。一项严肃的人类学研究通常需要6个月以上的参与观察的田野工作（这似乎只是人类学家的一种经验共识）。对他们来说，宏观研究依据的大量所谓经验资料，都只不过是生活确认的符号系统，而且是经过很多层"遮蔽"（时空距离、话语叙说、语言转喻、数据抽象、逻辑加入等）、造成大量真实信息缺失或被遗忘的符号系统（斯蒂格勒，2000/1994）。所以，人类学的工作，首先是"祛蔽"，是解释符号与生活的关系，是解释被"遮蔽"的生活逻辑，而不是强加于真实生活的一种外在的理性逻辑。在他们看来，最重要的不是证明理性推定的结果或"大规律"的普遍性，而是解释超出理性推论的东西和"地方性知识"的多样性。

2. 理性选择理论发展的出路

理性选择理论要获得新的发展，真正需要解决的难题并不是研究的工具和技术方面的欠缺，而是"理性的社会选择"何以成为可能的问题。

理性选择理论假设的前提是每个人都是"自由的",可以按照符合自己利益的偏好做出选择,但每个人都生活在社会的群体中,群体生活要依赖社会选择的理性才能得以延续和发展。社会选择的理性,不是建立在一些人的"自由"和另一些人的"地狱"之上,也不是建立在"上帝"的"自由"引导和芸芸众生的皈依顺从之上。

然而,从多样性的个人"自由"选择出发,如何能实现并不损害个人"自由"的社会选择呢?这个根本性的问题是极具挑战性的,以至于当阿马蒂亚·森(Amartya Sen)证明人们的生活质量和贫困不能以其拥有的财富来衡量,而要以其拥有的选择自由来衡量时,学术界为之一振,宣称这是发展理论和实践的革命。森接受 1998 年诺贝尔经济学奖的讲话题目就是《社会选择的可能性》,他的一个重大理论贡献就是证明了理性的社会选择何以成为可能的问题。在他之前,主流经济学界存在三种对社会理性选择可能性(或理性的进步的可能性)的怀疑论。一是认为,在一定的社会中,由于不同的个人具有偏好和价值评判上的差异性,所以不可能产生理性的和"一致的"(coherent)社会评价。这派学者在说明其观点时喜欢引用 18 世纪法国数学家关切的"投票悖论"(voting paradox)问题,即在投票人偏好差异的情况下投票结果会出现"循环大多数"的问题。这方面的代表性理论是阿罗(K. Arrow)著名的"不可能性定理"(impossibility theorem),这个定理被解释为严格地证明了从个人差异性偏好导出社会理性选择的"不可能性"(Arrow,1963)。二是从方法论的角度对人类达到预期目的的能力提出质疑,认为现实一再表明,它总是被"未预期的结果"(unintended consequences)主宰。亚当·斯密、门哥(M. Menger)和哈耶克都以不同的方式强调,如果现实中发生的大多数重要事件都是未预期的,那么我们主观上追求预期目标的行动从方法论上来说就是无意义的。三是怀疑维护共同价值行为规范的有效性,认为在市场机制发挥主导作用的情况下,人们的行为方式无法超越狭义上的"私利",因而不可能发生在市场机制驱动之外的社会变迁,不可能产生所谓更加"社会的"、"道德的"和"约定的"社会安排,这种善良的愿望只是无法实现的乌托邦而已。

阿马蒂亚·森在证明理性的社会选择何以成为可能时指出,阿罗的"不可能性定理"并没有错,但证明的只是有条件的(在决策信息缺乏情况下的)不可能性,它的欠缺是没有充分考虑个人理性选择所依赖的信息基础,随着个人获得信息的增加,人们对持续获益的途径会有更清醒的理解，实现社会理性选择的可能性也在不断增加，自由、民主、共同体、合作、社会公正都是在相互获得信息的增加过程中实现的。森认为，历史发展结果的"未预期"（intended）并不表明其不可预见（predictable），对重要的未预期结果的预见应当是我们理性分析经济改革和社会变迁的一部分，预见性的因果分析可以使我们减少和避免有害的未预期结果，更加接近社会理性选择。森还以中国的改革实践取得的成就和产生的问题来说明，经济学家对未预期结果缺乏预见，是由于把社会变迁视为经济改革的自然结果的思维定式，他们往往忽略对深层的社会变迁如何促成特定的经济改革的过程进行分析（Sen，1995，1999a，1999b）。

综上所述，我们可以看到，目前理性选择理论在自身发展中所探讨的一些基本命题，对这一理论最初的基本假定已经做了修正和完善，所以任何批评和评价都应当考虑到这些理论发展，不能一味地指责其最初的假定，似乎只要证明这些假定难以成立，就可以完成推翻理性选择理论的壮举。社会学对所谓"经济学帝国主义"的批评，应当尤其注意这个问题。总体上看，理性选择理论对现实的假定，仍然类似于物理学对真空状态的假定，它的最大长处就是逻辑清晰、操作性强，排除了很多"不确定"因素，特别是比较便于通过建立模型进行数理分析，在进行宏观比较分析和确定宏观社会现象之间的函数关系时，这一理论更能凸显它的优势。但正因如此，它也最容易受到指责，最容易显露它简化社会生活的重大缺陷。尽管理性选择论者在很多案例研究中做出很多理论的修正或增加了许多理性选择的约束条件，以便增强其对复杂社会生活的解释力，但在经常使用的数理分析中，迫于分析工具的限制，又不得不舍去复杂社会生活的种种"不确定性"。这是理性选择论者的苦恼，也是非理性选择论者的难题，因为尽管后者可以为他们取得的对某些理性选择结论的"证伪"成就感到骄傲，但在通过"证实"而建立"公理"和"规范性理论"方面却往往难以奏效，因为大量不确定因素的增加往往使他们构建的理论失去操作性意义。

面对理性选择理论，在社会学中实际上存在三种态度，这些态度有时甚至陷入尖锐的对立状态：一是认为理性选择理论的假定只不过是现实中的一种极端情况或一种理想的特例，这种理论的"科学主义"的工具取向与社会科学的批判和怀疑精神背道而驰，它的流行和带有霸气的扩展泯灭了社会学的创造力与人文关怀，使社会学沦为经济学的附庸，因而必须抵制这种取向的强化。二是认为理性选择理论虽然存在重大缺陷，但目前还是我们可以选择的理论方法中最好的也最具有操作性的一种，社会学要建立规范性理论体系，就必须沿着理性选择理论的路径向前推进，社会科学要想成为一种"科学"，就要减少理论解释的"不确定性"和"随意性"，在经验研究学科建立起统一的规范体系和数理语言。三是认为社会学从一开始就带有边缘学科的特征，因而在理论和方法上要采取一种开放的态度，博采经济学、政治学、人类学甚至哲学母体等众学科之所长，大可不必追求一种统一的逻辑语言，社会学中的理性选择理论和人文关怀精神具有互补的意义，这种互补可以使我们达到返回古典理论时发现的那种理论均衡，它使社会学具有了更广阔的发展空间和对话领域。

我们应当看到，一种理论的建构不仅仅是一个工程，更是一个过程。在这个过程中，由于社会现象的复杂性以及人的思维和认识过程的复杂性，理论上的对话和争论非常必要。理性选择理论尽管有种种缺陷，但它毕竟是我们的理论讨论必须观照的基础体系之一。社会学要在它的各个研究领域建立一系列规范的中层理论，必须注重理性选择理论研究视角，你可以不同意理性选择理论的假定和推论，但不能没有对一种规范的理论体系的追求。理性选择理论在自身的发展中，也要克服简化社会现象的缺陷，更加注重研究影响社会现象因素的"复杂性""不确定性"，吸纳其他理论取向提出的"挑战"和"反思"，增强自身理论体系的包容能力。

其实，如果说理性选择理论的主张在社会学家中的扩展，代表了一种社会学的经济学化趋势，那么越来越多的经济学家则把理性选择理论运用于社会领域的分析以及对社会变迁的研究，可以说是代表了一种经济学的社会学化趋势，二者之间的张力、互补和融合，可能正是理性选择理论发展的动力和出路。

参考文献

奥尔森，1995，《集体行动的逻辑》，陈郁等译，上海三联书店。

布罗代尔，2002，《15 至 18 世纪的物质文明、经济和资本主义》（3 卷本），顾良、
　　施康强译，生活·读书·新知三联书店。

陈其南，1987，《家庭伦理与经济理性》，《当代》第 10、11 期。

哈贝马斯，1999/1991，《认识与兴趣》，郭官义、李黎译，学林出版社。

——，1994/1985，《交往行动理论》（第一卷），洪佩郁、蔺青译，重庆出版社。

哈耶克，1989，《个人主义与经济秩序》，贾湛等译，北京经济学院出版社。

黄绍伦，1991，《中国文化与香港的现代化》，载黄绍伦编《中国宗教伦理与现代化》，香港：商务印书馆。

黄宗智，2000/1990，《长江三角洲小农家庭与乡村发展》，中华书局。

加尔布雷思，1980/1973，《经济学和公共目标》，蔡受百译，商务印书馆。

金耀基，1993，《儒家伦理与经济发展》，《中国社会与文化》，香港：牛津大学出版社。

斯蒂格勒，2000/1994，《技术与时间：爱比米修斯的过失》，裴程译，译林出版社。

斯密，1981，《国民财富的性质和原因的研究》，郭大力、王亚南译，商务印书馆。

斯乌利，2000，《理性选择理论在比较研究中的不足》，《国外社会学》第 1 期。

苏国勋，1988，《理性化及其限制：韦伯思想引论》，生活·读书·新知三联书店。

韦伯，1987，《新教伦理与资本主义精神》，于晓等译，生活·读书·新知三联书店。

吴国盛，2001，《科学与人文》，《中国社会科学》第 4 期。

余英时，1987，《中国近世宗教伦理与商人精神》，台北：联经出版社。

张宇燕，1992，《经济发展与制度选择》，中国人民大学出版社。

周长城，2000，《理性选择理论及其研究》，《国外社会学》第 1 期。

Abell, P. 1992, "Is Rational Choice Theory a Rational Choice of Theory", in J. Coleman & T. Fararo (eds.), *Rational Choice Theory: Advocacy and Critique.* Newbury Park: Sage.

Arrow, K. 1963, *Individual Values and Social Choice.* New York: Wiley.

Becker, G. S. 1976, *The Economic Approach to Human Behavior.* Chicago: University of Chicago Press.

——1981, *A Treatise on the Family.* Cambridge: Harvard University Press.

Bohman, J. 1992, "The Limits of Rational Choice Explanation", in J. Coleman & T. Fararo (eds.), *Rational Choice Theory: Advocacy and Critique.* Newbury Park: Sage.

Boudon, R. 1985, "L'individualisme méthodologique", in *Encyclopaedia Universalis: Symposium.* Paris: Encyclopaedia Universalis France S. A.

Buchanan, James M. 1954, "Social Choice, Democracy and Free Market", *Journal of Political Economy* 62.

Burt, R. 1992, *Structural Holes: The Social Structure of Competition.* Cambridge: Harvard University Press.

Coleman, J. 1986, "Social Theory, Social Research and a Theory of Action", *American Journal of Sociology* 91.

——1990, *Foundations of Social Theory.* Cambridge: Heinemann.

Chayanov, A. V. 1986/1925, *The Theory of Peasant Economy.* Madison: University of Wisconsin Press.

Elster, J. 1989, *Nuts and Bolts for the Social Sciences.* Cambridge: Cambridge University Press.

Eshleman, J. R. 1985, *The Family.* Massachusetts: Allyn and Bacon.

Frantz, R. S. 1988, *X Efficiency: Theory, Evidence and Applications.* Kluwer Academic Publishers.

Friedman, M. & Hechter, M. 1988, "The Contribution of Rational Choice Theory to Macrosociological Research", *Sociological Theory* 6.

Geertz, C. 1973, *The Interpretation of Cultures.* New York: Basic Books.

Giddens, A. 1984, *The Constitution of Society.* Cambridge: Polity Press.

Goldthorp, J. H. 1996, "The Quantitative Analysis of Large-Scale Data-Sets and Rational Action Theory", *European Sociological Review* 12.

——1997, "Rational Action Theory for Sociology", Working Paper of Oxford University.

Granovetter, M. 1982, "The Strength of Weak Ties: A Network Theory Revisited", in P. Marsden & N. Lin (eds.), *Social Structure and Network Analysis.* Beverly Hills: Sage.

——1985, "Economic Action and Social Structure: The Problem of Embeddedness", *American Journal of Sociology* 91.

Hedstrom, P. 1996, "Rational Choice and Social Structure: On Rational-Choice Theorizing in Sociology", in B. Wittrock (ed.), *Social Theory and Human Agency.* London: Sage.

Leach, J. W. & E. Leach 1983, *The Kula.* Cambridge: Cambridge University Press.

Lindenberg, S. 1990, " Homo Socio-Economicus: The Emergence of a General Model of Man in the Social Sciences", *Journal of Institutional and Theoretical Economics* 146.

North, D. C. 1990, *Institution, Institutional Change and Economic Performance.* Cambridge: Cambridge University Press.

Pareto, V. 1966, *Sociological Writings.* London: Pall Mall.

Parfit, D. 1986, "Prudence, Morality and the Prisoner's Dilemma", in J. Elster (ed.), *Rational Choice.* Oxford: Blackwell.

Polanyi, K. 1958, *The Great Transformation.* Boston: Beacon Press.

Popkin, S. 1979, *The Rational Peasant: The Political Economy of Rural Society in Vietnam.* Berkeley: University of California Press.

Popper, K. R. 1976, *Conjectures and Refutations: The Growth of Scientific Knowledge.* New York: Harper & Row.

——1968, "The Logic of Social Sciences", in *The Positivist Dispute in German Sociology.* London: Heinemann.

Samuelson, P. D. 1979, *Economics.* New York: McGraw-Hill.

Scheff, T. J. 1992, "Rationality and Emotion: Homage to Norbert Elias", in J. Coleman & T. Fararo (eds.), *Rational Choice Theory: Advocacy and Critique.* Newbury Park: Sage.

Schultz, T. W. 1964, *Transforming Traditional Agriculture*. New Haven, Conn. : Yale University Press.

Scott, J. C. 1976, *The Moral Economy of the Peasant*: *Rebellion and Subsistence in the Southeast Asia*. New Haven, Conn. : Yale University Press.

Sen, A. 1995, "Rationality and Social Choice", *American Economic Review* 85.

——1999a, "The Possibility of Social Choice", *American Economic Review* 89.

——1999b, *Development as Freedom*. New York: Anchor Books.

Simon, H. A. 1982, *Models of Bounded Rationality*. Cambridge, Mass. : MIT Press.

Veblen, T. 1994/1899, *The Theory of the Leisure Class*. New York: Dover Publications, Inc.

Weber, M. 1951, *The Religion of China*, *Confucianism and Taoism*, trans. by Hans H. Gerth. New York: Free Press.

嵌入性与关系合同[*]

刘世定[**]

一 嵌入性：视角与操作性

1. 从波兰尼到格拉诺维特

20 世纪 50 年代，当主流经济学醉心于以"竞争－均衡"为核心的精巧理论模型研究，而将制度内容置于脑后时，[①] 经济史学家卡尔·波兰尼发表了他的论文《作为制度过程的经济》。这是他继 1944 年出版了《大转型》以后的又一力作。他在这篇论文中指出，"人类经济嵌入并缠结于经济与非经济的制度之中。将非经济的制度包含在内是极其重要的。对经济的结构和运行而言，宗教和政府可能像货币制度或减轻劳动强度的工具与机器的效力一样重要"（Polanyi，1957/1971）。在这里，波兰尼不仅提醒经济学家重视制度的重要性，而且将政府和宗教作为降低成本的机制并将其与货币、工具和机器类比，其思路隐约与后来兴起的以交易成本为核心概念的新制度经济学相契合。这一思路与新制度经济学的重要代表人物、经济史学家道格拉斯·诺思提出的以国家、产权、意识形态为基石的理论之间有着更浓的联系色彩（诺思，1991）。[②]

---

[*] 本文原载《社会学研究》1999 年第 4 期。

[**] 刘世定，北京大学社会学系教授，华中师范大学特聘教授。

[①] 有制度头脑的经济学家，通常要通过对这些模型的再研究来揭示它们隐含的制度假定。这种制度假定的被揭示，并不一定意味着模型的建构者们当初已有明确的制度设定意识。

[②] 诺思是对卡尔·波兰尼的工作给予重视的一位经济学家。他认为，对于历史上存在的多种多样的组织形式进行研究一直是历史学的一个主题，但是大多数研究缺乏分析意义，而波兰尼的研究则是例外（North，1977）。他在评论《大转型》一书时指出，波兰尼在描述"无管制市场"的分裂效应、强调国家缔造非人格市场、说明降低交易 （转下页注）

不过，对许多经济学家来说，波兰尼上面的论述，在理论意义上，除了提醒他们注意制度对经济绩效的影响之外，并没有比古典经济学家在这方面告诉他们的东西更多。但值得注意的是，如诺思所言，波兰尼在对经济学家产生较小影响的同时，却对其他社会科学家和历史学家有很大的影响（诺思，1991：47）。在人类学家和社会学家中，他使用的"嵌入"概念受到特别重视，引发了为数不少的讨论。讨论的重点一度集中于经济行为是否仅在前工业社会嵌入社会关系中，而在工业社会中经济行为是否日益具有独立性从而是"非嵌入"的。到20世纪80年代中期，经格拉诺维特更为理论化和操作化的探讨，"嵌入性"视角得到更为广泛的重视，并成为目前美国新经济社会学的一个基础性概念（沈原，1998）。

在格拉诺维特看来，主流社会学和经济学由于受到人类行动过度社会化和不充分社会化概念的束缚，使理论的解释力和预测力有所减弱；这两种看似极端对立的概念，都会导致将人作为原子化的行动者来处理，忽略人们之间具体的社会关系；而人的行动紧密嵌入在人际网络关系中的视角——这正是格拉诺维特的主张——则避免了过度社会化和不充分社会化的极端观点；运用这一视角，将可以为新制度经济学组织理论中特别关注的机会主义行为、市场和等级制等问题提供新的理解（Granovetter，1985/1997）。格拉诺维特的探讨事实上涉及两个基本层面：一是社会科学中研究人的行动的视角，即以"嵌入性"视角来挑战主流经济学和社会学中关于人的行动的基本假设；二是在"嵌入"的具体内容上，把人际关系网络作为要素，从而把社会学研究中的一个主要关注领域引进来。这两个层面使他和卡尔·波兰尼相区别。在波兰尼那里，一方面，问题没有提到人类行动的基本假设的抽象程度，另一方面，注意的是嵌入于制度，而不是人际关系网络。

提出一个视角，并不等于形塑了一个具有分析力的操作性架构。从操作性架构的角度来看，"嵌入性"可以引导出不同的研究策略。有一种策略，笔者称之为"可分析策略"。在这种策略下，当我们说"A嵌入于B"时，是将A和B作为两个相对独立的系统看待，并认为嵌入的机制是可分析的。与此相对的策略可称为"不可分析策略"。在这种策略下说

（接上页注②）费用的非市场配置方式时，虽然分析含糊不清，但其基本感觉为理论的重建提供了一种思路。当然，诺思也指出，波兰尼并没有提供一个既能解释产权结构的创立，又能说明集团影响国家方式的国家理论，也没有提供一个意识形态理论（诺思，1991：202～203）。

"A 嵌入于 B"时，是反对将 A 和 B 看作两个相对独立的系统，强调面对的是不可解的一体化事物，从而嵌入机制是不可分的。笔者认为，在格拉诺维特 1985 年的那篇讨论"嵌入性"问题的著名文章中，操作性研究策略的路向是不清晰的。当他认为经济行动是受人际关系网络的约束，并认可理性选择作为工具性假设时，倾向于"可分析策略"；当他把承认制度对行为的约束并特别关注制度实施过程的新制度经济学对人的行为的分析也归入"原子化行动者"设定，而从"嵌入性"视角加以批判时，又表现出"不可分析策略"倾向。本文与嵌入性有关的分析将仅在"可分析策略"下展开。

采用"可分析策略"，自然要求概念清晰和命题的有界性。格拉诺维特把自己对"嵌入性"的讨论限定在人际关系网络的范围之内，而且强调他所进行的是一种"近因"分析，便是力求使他的讨论是有界的。这正是格拉诺维特的高明之处。相比之下，诸如"经济嵌入于社会"这样的命题便显得大而无当。[①] 这种陈述存在的问题，一是概念不清晰："经济"是指什么，"社会"指的又是什么，常常是不明确的。对于这个看似简单的概念问题如果不能加以明确，那么讨论的成效必定大打折扣[②]。二是命题的内容过于单薄，甚至单薄到与"普遍联系"的哲学陈述基本等同。例如，伯纳德·巴伯尔对工业社会中"非嵌入"的观点进行批评时认为，这种看法使人们的研究注意力偏离对市场如何与社会体系的其他部分相互依存的分析，而赋予市场一种在分析上及具体形象上的错误的独立性（Barber，1977）。对"非嵌入"观点进行批评是有道理的，但以"与社会体系的其他部分相互依存"来理解"嵌入性"，则过于苍白。如果"嵌入性"命题仅仅是指出"经济"与"社会"相互依存，那么它只不过是一种哲学思考，而不是一个社会科学概念。哲学思考固然有意义，但它和具有明确的条件设定的社会科学命题毕竟不是一回事。

2. 关系合同和古典合同

在接受"嵌入性"视角并采用"可分析策略"进行研究方面，本文将对关系合同（relational contract）的研究作为进一步讨论的基础。之所以如此，概出于以下三点考虑。第一，就理论而言，在已有的对关系合

---

① 乔治·多尔顿指出，波兰尼的论著出版之后，一些概念性词语被广泛使用，如"经济嵌入社会"等（多尔顿，1992：962）。

② 沈原指出，经济嵌入于社会中才能运转的思想从根本上说是模棱两可的（沈原，1998：52）。

同的研究中，问题相对说来提得比较明确，具有进一步探讨的基础。第二，就经验资料的取得而言，关系合同研究不失为探讨嵌入性问题的一个较方便的入口，如诺思所说，对关系合同问题的探讨"有一个重要的优势，即合同的一般界定是成文的，这就提供了获得一系列观察资料的可能性，而从这些资料中援引出来的可检验的假设对于有用的理论化工作是必不可少的"（诺思，1991：234）。第三，就社会实践意义而言，关系合同理论对中国的组织和制度变迁过程的研究相当重要。

从学科传统来看，经济学家不像社会学家那样敏感于经济活动对人际关系的嵌入，但是在新制度经济学的某些研究领域，20世纪70年代以后，已经在社会学家和法学家的影响下引入了这一视角。关于关系合同的研究就是这样。

关系合同的概念是由法学家伊恩·麦克内尔提出的，而他的思想则受到法律社会学家 Macaulay 的影响（Macaulay，1963）。麦克内尔区分了分立的交易和关系交易（discrete and relational transaction），并将合同分为古典合同、新古典合同和关系合同（Macneil，1974）。他强调，在对各种类型合同的研究方面，正确方法的核心是认识到所有交易在社会关系上的嵌入性（Embeddedness）（麦克内尔，1998）。

麦克内尔的研究很快引起威廉姆森、哥德伯格等制度经济学家的注意（Williamson，1979/1996；Goldberg，1980），他们将一些重要的思想吸纳进自己的经济学体系。哥德伯格写道："关系交易框架使我们将注意力转向被标准微观经济学忽略的许多问题。在许多情况中，经济学家们一般面对的静态最优问题的重要性被高估了。为了追求其关系目标，关系双方愿意承担大量明显的静态无效率。"（Goldberg，1980）也就是说，为了维持长期关系，当事人宁愿克制对短期最大效用的追求，避免苛刻的交易。

通过新制度经济学家的工作，合同理论成为新制度经济学的重要组成部分。在新制度经济学的视野中，根据菲吕博顿和瑞切特的概括，合同被分为两类，即古典合同和关系合同。古典合同是完全合同，其特点是事前对合同有效期及各项权利、获得收益的条件等条款做出明确规定，而遗漏条款则有合同法所依循并予以弥补。古典合同的概念是新古典微观经济学理论中隐含的基础，分立的、瞬时的交易接近于古典合同概念描述的状态。关系合同则是不完全合同。这种合同的特点是，签署合同各方的有限理性和交易成本的存在，使合同是有瑕疵的，并且这种瑕疵无法通过合同法来弥补，而要依靠关系体系中连续的协商来弥补。也就是说，未来订立新合同的社会关系基础在事前就已经确立。关系合同内生于一定的社会关系体系，这种关系的起始和终结都无法精准地确定（菲吕博顿、瑞切特，1998：21~22）。

从嵌入性的角度看，可以这样说：在古典合同条件下，交易双方依凭合同法签署合同（通常是成文的），合同法构成了完全的缔约背景；在关系合同的条件下，交易双方签署的合同只部分依赖法律体系，另外的部分则嵌入于人格化的关系体系之中。

二 威廉姆森的关系合同理论：交易特征分析和隐含的假设

1. 交易特征和治理结构

在新制度经济学家中，威廉姆森被认为是关系合同理论的一个重要代表人物。

威廉姆森对于合同的研究，是在治理结构（governance structure）的视野下展开的。他的理论基于两个重要的行为假设，即有限理性和机会主义。有限理性假设来自西蒙，在这一假设下，人被认为在主观上追求成本最小化，但由于认知能力有限，只能在有限的程度上实现这一点。所谓机会主义，威廉姆森把它定义为欺诈性地追求自身利益。它既包括一些明显的形式，如说谎、偷盗、欺骗，也更多地涉及复杂的欺骗形式。一般而言，机会主义指不完全或歪曲的信息揭示，尤其是有目的的误导、歪曲、假装、含糊其词或其他形式的混淆（Williamson，1985）。

有限理性和机会主义的存在，不仅意味着签署合同是有成本的，从而合同是不完全的，而且使合同的实施成为重要环节，用威廉姆森的话来说，就是事后支持制度变得很重要。他认为，不同的交易特征，会使追求生产成本和交易成本最小化的人寻求不同的治理结构，而交易的特征主要取决于三个要素，即资产专用性、不确定性、交易次数。在这三个要素中，威廉姆森特别重视资产专用性。资产专用性指的是为支持某项特殊交易而进行的耐久性投资（他区分了四类资产专用性，包括地点专用性、实物资产专用性、人力资产专用性、专项资产专用性）。威廉姆森认为，在没有专用投资并且交易次数不多时，交易双方维持长期关系的意义不大，双方的具体身份也不重要，所以市场治理是相对有效的方式。但在有高度专用资产时，情况则不同。对高度专用资产来说，如果交易失败，把它用到其他方面时收益会低得多。更准确地说，资产专用性程度越高，交易失败导致专用资产拥有者的损失越大，对机会主义行为造成的伤害的承受力越脆弱。在这样的条件下，关系的持久性是有价值的，因而交易双方的具体身份就变得很重要。所以，在具有高度专用投资且交易需要经常进行的条件下，关系性缔约有相对优势。这时，有效的合同是关系合同（Williamson，1979/1996）。

威廉姆森曾将治理结构和交易特征的匹配关系以图表的形式来表示（见表1）。表1是威廉姆森以麦克内尔的合同分类（古典合同、新古典合同、关系合同）为基础展开讨论的结果。他关心的核心问题是，何以会有不同形式的合同和相应的治理结构？这个问题在新古典经济学体系中是不存在的。他对这个问题的关注和讨论，显然是他关于市场和等级制研究的继续（Williamson，1975）。在合同理论中，他的主要贡献之一是将资产特征、交易频率等变量和合同的差异联系起来，从而提供了一个有相当大扩展余地的研究生长点。

表1　治理结构和交易特征

		资产特征		
		非专用	混合	特质
频率	数次	市场治理	三方治理（新古典缔约活动）	
	经常	（古典缔约活动）	双边治理　统一治理 （关系性缔约活动）	

资料来源：参见 Williamson（1979/1996：44）。

注：表中虚线来自 Williamson（1979/1996）原表，表示同样的治理方式，即市场治理（古典缔约活动）适用于非专用投资下的两类交易特征。

在关系性缔约的研究方面，威廉姆森的一个基本论点可以说是在交易成本分析的基础上，将关系的功利性发育看作专用资产投资和多次交易的因变量。这一论点固然还大有进行更精确讨论的余地，但对关系与交易及嵌入性的研究来说，应被视为重要的推进。

2. 隐含的假设及局限性

如果对威廉姆森的合同理论做一番思考，便会发现它不仅存在于那些已经明示出来的假定和条件中，还包含着一些隐含的条件和假定以及与此相联系的特征。后者也是不容忽视的。

（1）威廉姆森关于不同治理结构相对优势的分析，是在一定的制度背景条件下进行的。具体而言，它要求存在至少使没有专用资产而且次数不多的交易在不依靠特殊人际关系的条件下顺利进行的合同法体系，以及一般的社会道德伦理体系。只有在这样的制度体系存在的条件下，威廉姆森所设想的不依靠关系体系的"市场治理"方式的相对优势才能存在，关系性缔约活动的相对优势才能被限制在存在专用资产和多次交易的条件下。如果没有这样的法律体系和一般社会道德的约束，为了防止机会主义行为的侵害，没有且频率很低的交易也常常会嵌入特殊人际关系中进行。这时，人格化的交易方式可能比威廉姆森所说的那种非人格化的"市场治理"方式更具有优势。[①]

（2）在威廉姆森的关系合同理论中，具有特定身份的人际关系可以减少机会主义行为从而降低交易成本，人际关系和成文合同之间事实上被假定为没有摩擦。[②] 这一假设和他对于关系的发生学的看法有关。在他看来，在存在专用资产和多次交易的情况下，关系的维持具有价值，从而双方有形成持久关系的需要，所以关系将会自然发展起来。"熟悉有助于交流经济的实现：随着经验的积累和细微的差异信号能被灵敏地发送和接收，专用的语言发展起来了，制度和人的信任关系也都逐渐发育。……在人们认为人的诚实起重要作用的地方……人们会拒绝一部分利用（或依赖）合同文本的机会主义做法。"（Williamson，1979/1996：31）在关系随交易需要而发育的条件下，人际关系和成文合同之间自然被假定是协调的。

（3）当威廉姆森将关系视为被资产专用性和多次交易的需要诱导出来的时，他对于专用投资何以发生的条件并没有给予充分的关注。事实上，这里存在一个重要的问题：如果没有一定的人际关系存量及与此相关的对未来关系可持续发展的预期作为前提，专用投资决策如何做出？显然，没有这样的前提，做出专用投资决策是不明智的。然而，如果将缔约前关系导入，那么人际关系和成文合同之间的关系将可能变得复杂

[①] 诺思看到，机会主义不仅会受到成员众多的竞争的约束，而且会受到"人格化交换"的约束（诺思，1991：38）。

[②] 这里所说的没有摩擦的假定，特指在人际关系和成文合同之间，而非在人际关系中不会存在摩擦。威廉姆森曾讨论通过交换人质来保证和平的逻辑，并将结论用于处理长期合同的非正式机制的研究中（Williamson，1983）。交易中抵押关系的存在当然意味着不能排除人际关系中的策略行为和摩擦。人际关系维持中可能存在的针锋相对、以牙还牙的策略（如博弈论中所论述的）也意味着某种紧张关系，但和我们这里说的摩擦不是一回事。

起来。在下一节，我们将对此加以论述。

由于隐含地假定存在虽不完全却相当良好的法律制度体系，假定关系会在对其有着需要的交易中发育出来，因此，威廉姆森很自然地将人际关系和成文合同之间复杂的交织关系、合同所嵌入的人际关系的结构差异以及这种差异对合同实施过程的影响等问题放到并不重要的位置上。他虽然十分注意研究合同的"过程特征"，并提出了一些重要概念，如"根本转换""私人秩序""过程的公平性"等（威廉姆森，1998），但恰恰是和"关系"本身相联系的一些重要特征被忽略了。他力求说明何以会有不同形式的合同，并在其理论架构中为关系合同定位，但由于以上的假设和忽略，我们在面对一些重要的现实问题时，失去了嵌入性视角下关系合同理论所可能提供的帮助。比如，在面对"为什么在满足关系性缔约活动所需条件的情况下，同样形式的合同会有不同的实施过程和结果"这一问题时，威廉姆森的上述架构便难以给我们提供有解释力的答案。

三 合同治理结构和嵌入关系结构

1. 约前关系和对关系属性的有限控制

以上讨论引出的一个关注点是，关系合同中文本合同治理结构和它所嵌入的关系结构之间的关系。为了弥补威廉姆森理论中简化理解的不足，我们在接受他关于关系会在某些交易特征（特别是专用投资和多次交易）下发育这一命题的同时，还需要增加若干基本假定，以使理论更贴近现实。这些基本假定包括约前关系对交易特征的影响、多元关系属性、对关系属性的有限控制。

（1）约前关系对交易特征的影响

我们已经指出，在交易特征和关系合同之间必须解决的一个问题，即如果没有一定的人际关系存量①，依托（在有合同法存在的条件下是部分依托）人际关系来保障日后实施过程的专用资产投资决策是难以做出的。先形成专用资产再等待日后关系的发育，将有很大的风险，并会使自己在缔约活动中处于不利地位（当然，风险的大小将视合同法体系的完善和有效实施程度、实施过程对关系的依赖程度而定）。因此，对于预

---

① 所谓人际关系存量，是在一定时点上已经历史地积淀下来并构成此后人们活动背景的人际关系。

期需要依托人际关系来维持的具有多次交易特征和使用专用资产的活动来说，能适应这种活动的缔约前关系的存在是十分重要的。事实上，正是在约前人际关系良好的条件下，预计有着多次交易并伴随专用资产投资的合同才得以缔结，而这样的交易又会引发关系的演进。所以，约前关系是关系合同的一个重要条件。

（2）多元关系属性

人际关系存量作为先赋因素和后天诸多因素的综合积淀物，其属性是多元的。当我们说，两个人或若干人之间存在特殊人际关系时，常常包含多方面的内容。例如，在信息方面的相互了解（包括对相互间大量微妙信息的辨识、对对方行为的预知等），在道德方面的相互责任感，在规范方面的相互认同，在影响力方面的相互认可（得到双方认可的影响力可能是对称的，也可能是不对称的），等等。对研究者来说，这诸多属性虽然可以在理念上抽象地分开，但在现实的当事者关系中是交织在一起的。因此，"人际关系"应被理解为一个具有多元属性的关系丛，只有单一属性的关系应被理解为特例。

（3）对关系属性的有限控制

在关系合同缔结过程中，人们可以在其关系人集合中选择合约人，这是一个基本的事实。当然，这也意味着，人们可以选择与其相联系的关系丛。事实上，人们在缔结关系合同时，通常是根据关系丛的性质来选择合约人的。

在一个抽象的理想世界中，可以想象进入合同实施过程中的只是与文本合同相协调的关系属性。但在现实中，情况远非如此简单。这是因为关系的多元属性是复杂地交织在一起的，要把它们分离开来，控制某些方面不进入合同实施过程是要付出成本的。有时这样做的成本甚至会大到使关系破裂的程度，这种成本包括：达成一些约束性协议的成本；在未达成特殊约束性协议的条件下，策略性地阻止某些属性进入的成本；因阻止某些属性进入而导致的摩擦和不愉快；等等。例如，如果缔约的某一方既需要借助对方和自己在信息上的相互了解及道德上的相互责任感，同时又不想让对方对自己有对称的影响力，即试图控制影响力属性，那么他就要付出成本。他可能会设法在不对相互关系产生不利影响的条件下使对方懂得和理解自己的意图，而对方则可能因此产生不快并导致他们关系的密切程度下降。由于要付出成本，因此，对关系属性的控制通常是有限的。

由于约前人际关系存量的导入，关系属性的多元性及对它们的有限控制，合同治理结构（成文合同所体现的治理结构）和成文合同所嵌入的人际关系结构之间的关系，将变得比威廉姆森设想得更为复杂。两者间的摩擦可能存在，无摩擦的假定将被抛弃；有摩擦将产生交易成本；简单地将有人际关系介入状态和无人际关系介入状态相比较，从而得出人际关系具有降低交易成本作用的结论是站不住脚的；比较合同治理结构和成交合同所嵌入的人际关系结构之间不同的关系，并在相应的条件下讨论其交易成本将是重要的。

下面我们将在一种相对简化的结构中来讨论两者的关系。

2. 同构与非同构

我们假定，合同治理结构有两种基本形式：一种是权威治理，此时合同认可剩余控制权由一方掌握；另一种是双边治理，此时合同认可剩余控制权由双方掌握，当出现了合同中事先未明确规定的问题时，由双方协商解决。① 相应地，假定成文合同所嵌入的人际关系结构也有两种形式。一种是影响力对称结构，也就是说，关系人双方认可相互间关系平等，而不是一方高于另一方。单纯的朋友关系通常是这样。另一种是影响力不对称结构，即一方认可另一方有更大的影响力。先赋的长辈与后辈的关系、后天在等级结构中生活而积淀下的老上下级关系，常常是在不对称结构下。

根据以上四种形式，可以在合同治理结构和成文合同所嵌入的人际关系结构间组合出四种基本对应关系，如表 2 所示。表 2 中，大写字母 A、B 分别代表合同治理结构中的两方，小写字母 a、b 则分别表示成文合同所嵌入的人际关系结构中的两方；A 和 a 同为一个主体，B 和 b 同为另一个主体；＞或＜表示权威治理结构和影响力不对称结构，＝则表示双边治理结构和影响力对称结构。

表 2　合同治理结构和成文合同所嵌入的人际关系结构的对应关系

	权威治理	双边治理
同构	（Ⅰ）A＞B a＞b	（Ⅱ）A＝B a＝b

---

① 合同认可的剩余控制权，指对于合同中未能明确写明的情况出现时的处置权。关于剩余控制权的讨论，见哈特（1995/1998）。

	权威治理	双边治理
非同构	（Ⅲ）A > B a = b a < b	（Ⅳ）A = B a > b a < b

从表 2 中可以看到，有两栏中的关系是同构的。在左上的（Ⅰ）栏中，当合同采取权威治理结构时，成文合同所嵌入的人际关系结构也同向不对称；在右上的（Ⅱ）栏中，当合同采取双边治理结构时，嵌入关系结构是对称的。在这种条件下，通过关系来弥补合同瑕疵，不会产生结构性摩擦。威廉姆森考虑的关系性缔约大致就在这个范围内。当然，关系在何种程度上弥合合同的不完全性、在弥合过程中交易成本有多大，会因合同的具体内容、关系性质和程度的不同而有差异。

在现实中不难找到与以上两栏对应的实例。对合同的权威治理结构配之以旧有的上下级关系，可与（Ⅰ）栏相对；朋友之间的长期买卖合同，属于第（Ⅱ）栏的情况。

特别值得注意的是非同构的两栏。在左下方的（Ⅲ）栏中，合同是权威治理结构，而成文合同所嵌入的人际关系结构是对称结构或反向不对称结构。在右下方的（Ⅳ）栏中，合同是双边治理结构，而嵌入关系却是不对称结构。这种非同构现象似乎有些奇怪，但它绝不只是逻辑游戏的结果。在现实经济生活中，我们同样可以观察到相应的实例。企业主管聘用朋友、族内兄弟进入企业重要岗位，以保证经营不受陌生人中更可能发生的机会主义行为的影响，与第（Ⅲ）栏描述的情况对应；在等级关系背景下，签订双边治理的企业经营承包合同，可被归入第（Ⅳ）栏的情况。

在非同构条件下，通过关系来弥补合同的不完全时，会出现结构性摩擦。之所以会产生这种情况，是因为可选择的关系人是有限的，对关系属性的控制也是有限的。比如，当企业主管利用朋友和家族关系中的知根知底和道德责任来防范机会主义行为时，并不能完全控制朋友和家族关系中各种属性的渗入。在这里，由于合同治理结构嵌入了不同质的关系结构，因此双方小心地调整关系边界和合同治理结构的硬度成为关系维持的必要条件，调整不当则会导致关系破裂。

关系合同运行的一个伴生品是合同约束软化。为了维持长期关系，常常要在合同实施的严格性上做出让步。合同约束软化意味着对与合同相联系的预期利益的调整，它既会导致生产成本增加，也会有交易成本存在。反过来，合同约束不软化，也可能产生摩擦和交易成本。将合同约束软化的生产成本和交易成本与因陌生人的介入而带来的不确定性进行权衡，是关系性缔约决策中的一个重要内容。合同约束软化在同构和非同构条件下都可能存在，然而具体性质却有差异。在合同治理结构和成文合同所嵌入的人际关系结构非同构的条件下，软化不仅根源于某些纯粹交易，而且根源于结构性摩擦。当权威治理结构嵌入对称关系结构时，为避免前者伤害后者，可能使合同中的权威性软化；当双边治理结构嵌入不对称关系结构时，弱方可能会对强方的某些违约行为做出让步。而在同构条件下，合同约束软化不会根源于结构性摩擦。

在上一节中，我们曾提出一个问题：同样形式的合同何以会出现不同的实施过程和结果？要回答这个问题当然要考虑许多方面的因素。本节提供的启示是，合同治理结构和成文合同所嵌入的人际关系结构之间的关系是一个重要因素。综观表2可以发现，同一种合同治理结构，可能嵌入不同的关系结构之中。事实上，正是合同治理结构和成文合同所嵌入的人际关系结构的共同作用，促成了运行中的治理结构。而运行中的合同治理结构，直接影响着合同实施结果。

四 经营代理人的"二次嵌入"

前文有关合同治理结构和成文合同所嵌入的人际关系结构的讨论是在一个比较简单的前提下进行的，即当事者直接缔结合同，并将合同嵌入他们之间的关系中，而不借助代理人的运作。然而，在复杂程度较高的组织中，借助代理人运作是不可避免的。[①] 在本节中，我们把代理人的关系运作纳入考察范围，并在这种条件下讨论合同的实施和再缔结。

1. 二次嵌入

威廉姆森对治理结构"过程特征"的分析提示我们注意合同缔结后出现的"根本转变"。"根本转变"的原本含义是指，虽然缔约前存在为经济学家们所推崇的多人竞价局面，但在此后的合同执行阶段，会因为

---

① 事实上，对委托－代理关系的研究是经济学中合同理论的重要来源之一。新制度经济学的关系合同理论和委托－代理理论的区别在于，后者强调约束－激励机制的设计，并假定这种机制一经设定，便可顺利运作，而前者强调合同设计的不完全性和实施过程的关系的依赖。

专用投资的产生而使缔约者比其他竞争者处于更有利的地位，从而使多人竞价局面不能维持下去，这样，多人竞价就转化为少数人间的交易。由此导致的结果是，匿名合同被双方身份极为重要的合同取代（威廉姆森，1998：79～80）。威廉姆森强调的仍然是前文讨论过的专用投资对关系性缔约的影响。

类似的思路可以用于对经营代理人选择的分析。对委托人来说，通过应聘者的竞争可以恰当地选出经营代理人。在合同缔结后，随着代理人对业务日益熟悉，委托人对经营代理人日益了解，他们之间的默契逐步形成，专用性人力资产得以发展。专用性人力资产的存在，使已缔结合同的经营代理人比其他潜在竞争者处于更有利的地位，因此最初的竞争局面被委托人和代理人之间的二人交易取代，使他们之间的多次交易持续下去的合同是关系合同。威廉姆森式的分析到此为止。在这一分析架构中，文本合同嵌入委托人和经营代理人之间的关系中。

然而，委托－代理式经营活动的特点，不仅在于在委托人和经营代理人之间会有持续的交易，而且在于代理人有一个由合同所赋予的独立的经营活动空间。合同实施阶段的"根本转变"会在这两个方面发生。威廉姆森式的"根本转变"发生在前一个方面，下文将指出后一个方面的"根本转变"。

在经营活动由代理人来实施的情况下，可以观察到的后一个方面的"根本转变"是，出现了与委托人和经营代理人缔结的合同不同的另一类关系合同。通过前一个方面的合同，委托人和代理人间的权利边界得以确定（当然是不完全的），同时合同嵌入他们之间的关系。而在这个合同缔结之后，经营代理人在相对独立地从事经营活动的过程中和他的经营伙伴缔结合同，并使合同嵌入他们之间的关系。笔者将后一方面的嵌入称为"二次嵌入"。"二次嵌入"的出现，使合同和嵌入关系变得复杂化了。为了避免混淆和叙述方便，我们将前一个方面的合同称为一次合同，将后一个方面的合同称为二次合同。

我们可以假设一次合同和二次合同所嵌入的人际关系之间是完全直接连通的，也就是说，不仅委托人和经营代理人、经营代理人和他的经营伙伴之间有直接的密切关系，而且委托人和经营代理人的经营伙伴之间也有直接的密切联系。但是，这种假设只是一种现实性程度很低的极端状况。在更具普遍意义的情况下，两个合同所嵌入的人际关系之间尽管有直接连通的部分，但也存在未直接连通的部分，即在委托人和经营代理人的经营伙伴之间没有直接关系。如果说他们之间有联系，也只是以代理人为中介间接发生的。

经济学家们确认，在委托人和经营代理人之间存在信息不对称。从嵌入性和关系合同的角度来看，信息不对称程度不仅取决于监督技术、双方获取信息的能力差距、在分工条件下各自敏感的信息类型差异等，而且取决于一次合同和二次合同所分别嵌入的人际关系的性质。在人际关系网络内部的某些信息，是不可能被等水平地传递到关系网络外部去的。格拉诺维特曾指出，信息是有质量差别的，人际关系网络内传递的信息通常质量较高（Granovetter，1974/1995）。如果二次合同嵌入的人际关系不是直接连通的，那么，信息不对称的程度就会比嵌入的人际关系直接连通时高。当然，一次嵌入的人际关系越密切，二次嵌入的人际关系之间出现阻隔的可能性就越小，存在较低的信息不对称程度的可能性也会较大。

在二次嵌入的条件下，代理人在人际关系及其他信息方面通常会对委托人有所保留。这种保留，特别是有意识的保留，是否威廉姆森所说的机会主义行为（欺诈、不诚实）？对这个问题的回答，取决于特定社会和人际关系网络中的道德规范。对于人际关系资源的个人保有范围和程度，在不同的社会和人际关系网络中有不同的认可规范。在某种规范下被认可的保留，在另外的规范下会被认为是欺诈性的机会主义。不过，不论认可还是不认可，保留都是存在的。而保留便可能使委托人和代理人之间潜留着不确定性。这表明，人际关系在弥补合同的不完全性方面固然有意义，但其作用是有限的。

2. 再缔约过程

当事人将合同嵌入有选择的人际关系中，目的之一是有利于未来的多次交易和再缔约。在二次嵌入出现、经营代理人专掌一部分人际关系资源的条件下，和初次缔约相比，再缔约过程引入了新的因素，由此将引起一些重要变化。

这时，经营代理人的谈判地位将比初次缔约时更高。因为他知道，委托人若另选他人，会冒使经营活动至少在一段时间中不能正常开展的风险。当然，风险的大小要视现有经营伙伴对该经营代理人的依赖程度、对委托人的认同程度以及双方业务在技术上的依赖程度等情况而定。对委托人来说，他可能会为经营代理人失控的前景困扰，但在考虑重新选择经营代理人时，必须估量替换所带来的风险。同时，其他人与该经营代理人竞争也会有较大难度，他们不仅需要赢得委托人的信任，一般来说还需要具备使经营活动给委托人带来的收益不低于原经营代理人的能力。如果原经营代理人难以替代，那么委托人事实上便被经营代理人"套牢"（hold-up）。

我们在第三部分中讨论了约前关系引入、对关系属性的有限控制等假定，那是就初次缔约而言的。对再缔约过程来说，约前关系的影响是不言而喻的，一次合同实施中积淀的关系构成了二次合同缔结的前提。而对关系属性控制的有限性，则在再缔约过程中表现得十分突出，特别是在"套牢"的情况下。这时，关系呈现"路径依赖"特征，甚至出现"锁闭"。[①] 打破锁闭可能要付出使关系完全破裂的代价。

所以，在再缔约的过程中，委托人和经营代理人的关系会因二次嵌入而变得微妙。这种微妙，不同于前面所讲述的合同治理结构和成文合同所嵌入的人际关系结构的非同构导致的摩擦和适应性调整。这里可能出现新的不确定性：双方可能会通过调整原有关系并在新的基础上建立信任，使关系保持下去，也可能因摩擦而导致关系破裂。

从交易成本的角度看，这时可能出现此低彼高现象。一方面，当经营代理人将二次嵌入于他和经营伙伴的关系之中时，可能会降低他的交易成本（和与陌生人交易相比）；另一方面，由于二次嵌入在委托人和经营代理人之间引入了新的不确定性，因此从再缔约的角度看，委托人和经营代理人的交易成本都可能提高。

二次嵌入可能带来的不确定性，将会促进一些制度和组织发展。比如，委托人为避免自己被某一个经营代理人套牢，可能会实施同时委托多个经营代理人的组织安排。这种安排使经营代理人之间相互监督和竞争，提高了每个经营代理人的可替代性，从而有利于委托人对经营代理人的控制。但这种组织安排在实施中，也可能因经营代理人之间出现"串谋"而失效。因此，防范串谋又成为委托人的一个关注点。而在串谋的防范过程中，关系的运用仍是一个重要的策略。

委托人对自己或其企业"品牌"的强调和宣传，也是降低经营代理人的二次嵌入带来的不确定性的一种方式。品牌效应引导经营代理人的经营伙伴认同委托人及其企业，即使在委托人和经营代理人的经营伙伴

[①] 关于"路径依赖"和"锁闭"的研究，可参见诺思在《制度、制度变迁与经济绩效》第11章中的分析（诺斯，1994）。

们未能建立直接连通的条件下，亦可淡化他们在业务上对经营代理人个人的依赖。

3. 变化的制度环境

前面的讨论是在缔结合同的制度环境不变的前提下展开的。如果制度环境处在变化之中，那么，代理人的二次嵌入可能引出一些新的组织演变现象。①

在一个组织中，委托人的权力是和制度环境相联系的（当然，影响其权力的不仅有制度环境，还有其他因素）。在变迁的制度环境下，依赖原制度环境而形成的委托人权力会弱化和动摇。因此，委托人和代理人之间关系合同的实施和维护将更多地依靠关系。在这种条件下，如果形成了代理人的二次嵌入，并由其独占主要经营伙伴的关系资源，那么代理人在日常经营中权力扩张的弹性、在再缔约中对委托人形成的压力，都将比在制度环境稳定时更大。这种状态甚至会演变为委托人权力旁落的代理人控制。

一些经济学家研究了转轨经济（transitional economy）中的"内部人控制"（insider control）问题。所谓"内部人控制"指的是，经理人员掌握了公司的控制权，他们的利益在公司决策中得到充分体现，而外部人（如股东）很难校正他们的行为。这种现象在俄罗斯、中国的转轨经济中普遍存在。研究显示，内部人控制常常是和串谋行为相联系的（青木昌彦、钱颖一，1995）。这些研究所揭示的现象，为上文论述的逻辑结论提供了支持。不过，这些研究并不十分敏感于嵌入性问题在其中的重要性。

在制度环境迅速变迁的条件下，当人们的预期依托于原制度的委托–代理关系即将结束时，甚至会诱发将长期关系的维护让位于一次做绝的交易的行为。在博弈论中，有一个所谓"终结博弈"问题。这个问题揭示出有限重复博弈和无限重复博弈的不同逻辑特点。在无限重复博弈中，一方的欺骗动机会因考虑到下一轮博弈中对方针锋相对的惩罚而收敛，从而可以形成持续的合作。而在有限重复博弈中，会存在在最后一轮博弈中欺骗不会受到惩罚的问题。但当双方都想到对方会在最后一轮欺骗时，理性的策略会使他们试图在倒数第二轮中率先欺骗。然而同样的逻辑可以一直推到开始的一轮，从而导致合作的不可能。这一逻辑

---

① 制度环境和关系合同的关系，特别是制度环境变迁和关系合同的关系，是一个需要专门研究的问题。在本文中，仅从委托人和经营代理人关系的角度做一些提示性的探讨。

成立的一个前提是双方都有潜在的欺骗对方的动机，并完全无法估计对方将在重复博弈的哪个阶段出现欺骗行为。当然，现实中人们的行为并不这样简单，但终结博弈的逻辑确实指出了长期关系在最后阶段破裂的可能。对关系合同来说，终结博弈问题的重要含义不在于当文本合同即将到期时当事人可能出现欺骗行为，而在于当事人是否认为关系需要维持下去。当双方都认为关系需要维持下去时，文本合同即将到期并不会诱发欺骗。但是当至少一方不打算继续维持关系时，利用合同的不完全性把事做绝的行为便会出现。所以，重要的是双方关系的性质。如果双方的关系在很大程度上依赖于特定的制度（如由该制度赋予的地位），那么在这种制度趋于衰落的情况下，维持关系的价值也越来越小，一次做绝的交易便可能出现。

五　应用分析：中国乡镇企业的关系合同

嵌入性视角和关系合同理论有助于我们理解中国现实经济运行中的许多组织现象。在本节中，我们将之运用于对中国乡镇企业某些组织特征的分析，包括合同约束软化、非正式的排他性、资产控制权交易。

1. 嵌入结构和合同约束软化

自 20 世纪 80 年代中期至 90 年代前期，乡（镇）办和村办企业普遍实行了经营承包制。承包制的文本标志是乡镇政府和承包者缔结的承包合同。在承包合同中，规定了承包者应完成的经营指标（如利润、产值等）、经营中应遵守的规则、承包者报酬等。从合同文本看，大都采用的是双边治理结构，即未明确规定由哪一方独掌剩余控制权。

许多调查案例显示，在合同实施过程中，不能严格按合同执行即合同约束软化的现象是相当普遍的，主要表现如下。①乡镇政府或村领导单方面修改合同规定的经营指标。对此，企业经营者尽管不情愿，但也表示接受。②根据合同规定计算的经营者收入如果被乡镇领导［在乡（镇）办企业中］或村领导（在村办企业中）认为过高，则不能完全兑现。③在企业经营者不能完成合同规定的经营指标甚至经营亏损的情况下，乡镇政府和村领导不会严格实施惩罚。

对这种现象的流行解释是所谓产权不明晰。如果产权指的是正式制度安排，那么，这种解释缺乏说服力是十分明显的，因为这里面临的问题恰恰是：为什么在文本合同中已经明晰的权利在实施过程中发生软化？

流行的解释显然不得要领。

嵌入性视角下的关系合同理论对此能提供更有说服力的解释。这个理论引导人们重视缔约背景，包括正式的制度环境（如法律体系）和嵌入的关系特性。从法律制度环境来看，在司法决策受政府权力影响很大的条件下，企业经营者通过法律解决和乡镇政府的纠纷绝非好的选择。从嵌入关系的角度来看，则需要从特定关系的长期维持来理解合同关系的弱化。

在这里，特别值得注意的是乡镇社会中长时间积淀下来的层级依附－庇护关系。在改革背景下，虽然出台了某些保障企业自主经营的法规，并据此签订了有着双边治理结构的文本合同，但是合同仍嵌入层级依附－庇护关系中。在层级关系中处于下方的企业经营者面对居于上方的政府机构的违约行为（单方面修改指标、不兑现收入），考虑到和政府关系的长期维持，宁可接受下来；而对于企业经营者的失败，乡镇政府、村领导从关系的维持角度出发也不严厉追究。

2. 二次嵌入和非正式的排他性

笔者在讨论乡镇企业的占有制度时，论述过"人际关系网络形成的排他性"，并曾指出，乡（镇）办和村办企业的经营者在占有企业资产时，只是有限方位的排他。但不少企业经营者在经营活动中，由于充分利用了人际关系资源，因而使企业的运营有了私人化的特点，使他们自己成了难以替代的人物。这样就为他们的占有构筑了一个特殊的保护圈，依靠这个保护圈，改变了原有的排他性特征。他们占有的排他性得以强化，排他方位更加完全，乡镇领导、村领导这些过去参与占有的主体也常常被排斥在外（刘世定，1996）。

采用二次嵌入的概念框架可以将上文的意思简洁地表述出来。在一次合同中，由于经营承包合同嵌入层级关系体系中，经营者对企业资产只能实现有限方位排他、有限选择范围、有限期的占有，但二次嵌入改变了这种状况。由于企业经营者将二次合同嵌入于自己的人际关系网中，并在很大程度上阻隔了乡镇政府、村领导和这一网络的直接连通，因此建构了特殊的非正式排他性。在这种条件下，企业经营者实现了对企业更强的控制。

3. 终结博弈和资产控制权交易

自20世纪90年代中期以来，以政府退出对企业资产的控制而将控制权转向企业经营者为核心的"改制"，在原乡（镇）办和村办企业占主导地位的地区迅速推进。这种情况出现的重要原因之一，是这类企业的亏损、负债情况日益严重。而这种情况的形成，除了越来越激烈的市场竞争环境、政府为追求政绩而进行的不负责任的贷款和投资等因素外，企业经营者通过各种途径将资产转为个人财产也是一个不可忽视的原因。亏了集体、富了个人已不是个别现象。改制的重要原因之二，是许多对企业拥有很大控制权的经营者已不满足于代理人的地位，而希望变成所有者，将非正式的排他性占有转变为正式的排他性占有。两个原因都涉及企业经营者的离心倾向。

将企业经营者的这种离心倾向归结为代理人效用函数和委托人效用函数的差异是不够的。在存在委托－代理关系的地方，双方的效用函数差异总是存在，但是并非在这些地方都存在代理人将委托人资产转为己有，或企业经营者转变为企业所有者的现象。将原因归于委托－代理合同的不健全也是不合适的。同样的不完全合同，在 20 世纪 80 年代乡镇企业迅速崛起时并未带来 90 年代中期的结果。

本文不专门讨论这个问题。这里要指出的是，受到变迁的制度环境的影响，委托－代理合同所嵌入的关系的价值，对代理人来说已经发生了变化。当私有经济已合法地迅速发展、乡镇政府和村集体组织的政治庇护已越来越失去意义、政府退出对企业资产的控制已成为强大的社会预期时，对企业经营者来说，按原来的方式维持和政府及村集体组织的关系已不再有多少价值。于是，终结博弈出现了。失去以往曾经遵循的规范的约束，各种形式的机会主义行为得以滋生。

六　结语

对经济组织的研究来说，嵌入性是一个重要的视角，但要发挥这一视角的分析潜力，有必要形成操作性的分析架构。在经济学、社会学和法学的互动中发展起来的关系合同理论，是一个使嵌入性分析具有操作性的理论领域。

本文对关系合同的分析以威廉姆森的合同治理结构理论为基点。威廉姆森的理论将资产特征、交易频率等变量和合同的差异联系起来，并在交易成本经济学的基础上，对关系的功利性发育进行了探讨。本文指出，他的研究隐含了三个假设或前提：（1）存在虽不完善，但足以保证非多次、无高度专用性资产投资的交易顺利进行的法律体系；（2）人际关系和成文合同之间没有结构性摩擦；（3）在将关系视为被资产专用性和多次交易的需要诱导出来的时，将专用投资何以发生的条件忽略不计。在这些假设和前提下，威廉姆森的关系合同理论对人际关系和成文合同之间复杂的交织关系、成文合同所嵌入的人际关系结构的差异以及这种差异对合同实施过程的影响等问题未给予充分关注。

本文认为，威廉姆森的这些假设，弱化了他的理论对一些重要现实问题的解释力。本文在接受他关于关系会在某些交易特征下发育这一命题的同时，增加了几个基本假定，即约前关系对交易特征的影响、多元关系属性、对关系属性的有限控制。在新的假设下，我们讨论了合同治理结构和成文合同所嵌入的人际关系结构之间不同的对应关系，并特别探讨了两者间的结构性摩擦。当关系合同的研究中引入了代理人时，二次嵌入问题、一次合同和二次合同之间的关系问题便被提了出来，这给再缔约过程引入了新的变量。最后，我们以中国乡镇企业组织为例，说明了关系合同理论在现实问题研究中的应用意义。

在本文的讨论中，特别注意到合同嵌入于人际关系后存在的那些复杂的方面，如摩擦、新的不确定性等。笔者认为，在嵌入性视角下研究关系合同时，这些方面特别值得注意。一些经济学家常常在指出正式制度是不完全的，而人际关系可以弥补、可以降低交易成本后便止步了，这是不能令人满意的。他们过多地纠缠于和新古典经济学所设想的那种不现实的状态相比较，在指出了正式制度的不完全性后，又过多地纠缠于将交易成本和存在制度空白的状态相比较。笔者认为，在获得了更现实的假设后，向前走才是更重要的。

参考文献

多尔顿，乔治，1992，《波拉尼，卡尔（1886～1964年）》，载伊特韦尔等编《新帕尔格雷夫经济学大辞典》第三卷，陈岱孙等译，经济科学出版社。
菲吕博顿、瑞切特，1998，《新制度经济学：一个评价》，载 E. G. 菲吕博顿、R. 瑞切特编《新制度经济学》，孙经纬译，上海财经大学出版社。
哈特，O.，1995/1998，《企业、合同与财务结构》，费方域译，上海三联书店、上海人民出版社。
刘世定，1996，《占有制度的三个维度及占有认定机制》，载潘乃谷、马戎主编《社区研究与社会发展》（下），天津人民出版社。
麦克内尔，1998，《关于关系合同的思考》，载 E. G. 菲吕博顿、R. 瑞切特编《新制度经济学》，孙经纬译，上海财经大学出版社。

诺思，D.，1991，《经济史中的结构与变迁》，陈郁等译，上海三联书店、上海人民出版社。

诺斯，D.，1994，《制度、制度变迁与经济绩效》，刘守英译，上海三联书店。

青木昌彦、钱颖一主编，1995，《转轨经济中的公司治理结构》，中国经济出版社。

沈原，1998，《论新经济社会学的市场研究》，博士学位论文，中国社会科学院研究生院。

威廉姆森，1998，《治理的经济学分析》，载 E. G. 菲吕博顿、R. 瑞切特编《新制度经济学》，孙经纬译，上海财经大学出版社。

Barber, B. 1977, "Absolutization of the Markets", in *Markets and Morals*, edited by Gerald Dworkin, Gordon Bermant, and Peter G. Brown. Woshington: Hemiphere Publishing Corporation.

Goldberg, V. 1980, "Relational Exchange, Economics, and Complex Contracts", *American Behavioral Scientist* 23.

Granovetter, M. 1974/1995, *Getting a Job: A Study of Contacts and Careers*. Chicago: The University of Chicago Press.

——1985/1997, "Economic Action and Social Structure: The Problem of Embeddedness", *American Journal of Sociology* 91.

Macaulay, S. 1963, "Non-contractual Relations in Business: A Preliminary Study", *American Sociological Review* 28.

Macneil, I. R. 1974, "The Many Futures of Contracts", *Southern California Law Review* 47.

North, D. 1977, "Non-Market Forms of Economic Organization: The Challenge of Karl Polanyi", *Journal of European Economic History* 6.

Polanyi, K. 1957/1971, "The Economy as Instituted Process", in *Trade and Market in the Early Empires: Economics in History and Theory*, edited by Karl Polanyi, Conrad Aresberg and Harry Pearson. Chicago: Henry Regnery Company.

Williamson, O. E. 1975, *Markets and Hierarchies: Analysis and Antitrust Implications*. New York: The Free Press.

——1983, "Credible Commitments: Using Hostages to Support Exchange", *American Economic Review* 73.

——1985, *The Economic Institutions of Capitalism: Firms, Markets, Relational Contracting*. New York: The Free Press.

——1979/1996, "Transaction-Cost Economics: The Governance of Contractual Relations", *Journal of Law and Economics* 22.

"关系产权": 产权制度的
一个社会学解释[*]

周雪光[**]

　　经济活动是由追求自身利益的人们或经济组织实施的; 而一个经济组织的所有权或产权界定了从事这些经济活动的人或组织的利益所在, 从而影响了他们可能选择的经济活动。在这个前提下, 我们不难理解, 产权制度对人们或组织的经济行为有着举足轻重的作用。中国经济转型的过程即是一个重新界定所有权归属、变更产权制度的过程。近年来, 产权作为一种中心经济制度受到社会科学和政策研究工作者的极大关注, 但关于产权制度的讨论大多是在经济学特别是新古典经济学的产权理论框架中进行的。[①] 经济学产权理论的基本命题是"产权是一束权利", 即产权界定了产权所有者对资产使用、资产带来的收入、资产转移诸方面的控制权, 为人们的经济行为提供了相应的激励机制, 从而保证了资源分配和使用的效率。这是经济学理论有关产权讨论的出发点。

　　与经济学的思路不同, 在本文中, 笔者提出"关系产权"的概念, 用以强调"产权是一束关系"这一中心命题。这一思路的基本观点是: 一个组织的产权结构和形式是该组织与其他组织建立长期稳定关系、适应其所处环境的结果。在这个意义上, 产权结构和形式并不像经济学家所说的那样反映了企业的独立性; 恰恰相反, 产权是一束关系, 反映了一个组织与其环境——其他组织、制度环境或者组织内部的不同群体——之间稳定的交往关联。从这个角度来看, 关系产权是一个组织应对所处环境的适应机制。本文从社会学制度学派的理论逻辑出发, 为解

---

　　[*]　本文原载《社会学研究》2005 年第 2 期; 收入本书时有删节。

　　[**]　周雪光, 斯坦福大学社会学系教授。

　　①　参见盛洪 (2003) 中的一组文章。

释产权在中国转型经济中扮演的角色和有关的经济现象提供一个不同的分析角度。

为此，我们需要首先回顾一下经济学中的产权理论和它所面临的困难；然后，集中讨论本文的主题——关系产权的概念、理论思路、分析角度以及实证意义；最后，应用这一思路来重新解释中国乡镇企业发展的现象。笔者希望这篇文章有助于回答一些更为广泛的问题：在中国社会发生大规模变迁的今天，产权对组织行为产生了哪些影响？它是怎样发挥作用的？

一　"产权是一束权利"：一个经济学命题及其面临的困难

自20世纪80年代以来，在信息经济学和交易成本学派研究工作的推动下，经济学产权理论在新古典经济学框架和奥地利学派的早期研究中脱颖而出，成为西方主流经济学中一个活跃的研究领域。经济学产权理论建立在市场经济的基础上，主要着眼点是在市场制度，特别是不完备市场（信息不对称、交易成本不为零）的条件下，私有企业之间产权的分配问题（Hart，1995）。这一学术思潮的出现与同时期世界范围内社会主义国家经济转型的历史背景不谋而合，恰逢其时地为这些转型经济的研究和讨论提供了话语框架和思路。所以，我们需要首先简要地回顾一下经济学产权理论的基本思路和它面临的困难，这是我们提出"关系产权"理论思路的一个出发点。

在关于产权的经济学和法学研究领域中，最具影响力的一个理论思路是把产权看作一束权利（a bundle of rights）。在经济学理论中，产权指人们对资产的剩余控制权，即在合约规定的他人使用权或法律明确限定的权利之外，所有者对其资产的使用和转手的全部权利（Hart，1995）。基于此，德姆塞茨提出，产权具有"排他性"（exclusivity）和"可转移性"（alienability）的特性（Demsetz，1988）。具体而言，产权有三个组成部分：（1）资产使用的剩余决定权，即产权所有者对其资产有着除合同规定的他人租用的权利之外的全部决定权；（2）资产所得收入的支配权，即产权所有者对其资产所得的收入有着全部支配权；（3）资产所有的转移权，即产权所有者有将其资产转让给其他人的决定权。在这个意义上，我们可以把经济学的这一基本思路概括为"权利产权"及相应的激励机制。

权利产权的理论思路强调产权的排他性、独立性，以及相应的组织间明确分离的边界。这个理论思路可以追溯到经济学里著名的科斯定理，即所有权的明晰界定可以促使人们通过市场机制来有效率地分配风险和激励。用科斯（Coase，1960）举的一个例子来说，在存在"环境污染"的外部效应（externalities）的条件下，只要将污染方和受害方的产权界定明确，双方就可以通过市场机制进行谈判并找到解决方案，从而达到资源的有效分配。换言之，产权的明晰化可以导致外部效应内在化，减少交易成本，且有助于克服组织内部的投机行为。在这个意义上，产权是保证市场机制运行的基本经济制度。

虽然产权在经济学中占有重要地位，但产权理论在新古典经济学中并没有得到长足发展。正是在社会主义国家经济转型的这个大背景下，产权问题才真正成为经济学研究的中心课题之一。科尔奈在研究社会主义经济的"短缺"现象时，最早提出了产权问题。他指出，企业的公有制造成软预算约束的困境，为国有企业提供了扭曲的激励，导致低效率的资源分配和经济行为。"我们没有任何理由期望国有企业会像私有企业那样行动，或者会出自本能地如受市场支配的行动者那样行事。"（Kornai，1990：58）他还认为，在转型经济中，私有制是抵制政治权力干涉的有力措施。我们可以看到，科尔奈对社会主义经济的批评是从我们上面提及的经济学框架出发的，即他正是沿着把产权作为保证所有者自主决策的一束权利和相应的激励机制这一思路，来推论公有制导致资源分配和使用的低效率。

魏昂德批评了科尔奈关于私有制可以促进企业效率竞争的观点，强调了地方政府在当地集体企业运行中起到的重要作用。他提出了"政府即厂商"的说法，认为地方政府仿佛扮演着企业集团总部的角色，把地方企业作为它的子公司，积极地参与指导它们的运行和发展。他指出，中国政府近年来关于政府财政的改革使基层政府的财政激励尤为强烈。"与级别高的上级政府相比，级别低下的基层政府可以对它们的资产实施更为有效的控制。"（Walder，1995：270）也就是说，当行政层次越接近基层时，基层政府的目标和利益与地方企业越一致，而地方政府的监督职能和控制职能也同时大大地增强了。由于地方政府的垄断地位，它们可以对这些企业提供其他所有者无法提供的优势条件，极大地促进了当地企业的发展（参见 Oi，1992；Oi & Walder，1999）。

虽然魏昂德提出了与科尔奈不同的观点，但是他关于产权的基本认识依旧停留在科尔奈的框架之中。他认为，在中国行政体制中的基层政府，所有制的归属界定比较明晰，所以地方政府有着相应的激励对其所属地域内的企业加以监督。魏昂德理论模式的基础仍然是科尔奈关于产权的激励机制的思路，即由于这些产权界定的明晰化，新的激励机制促使这些基层政府像私有企业的主人那样去行动，从而导致高效率的资源分配与使用。

"产权是一束权利"以及相应的激励机制的确可以成功地解释中国转型经济中的一些现象，例如国有企业长时期的亏损与产权制度以及相应的激励机制有着密不可分的关系。但是，这一思路在实际生活中也面临许多难以回避的困难。在日常运行中，一个企业组织的产权常常受到极大的限制，且在许多方面含糊不清；有时甚至处于瘫痪状态，不能有效地运行。正像德姆塞茨（Demsetz，1988）说的，在许多情况下，一个企业的产权是"残缺"（truncated）的。在中国的转型经济中，我们常常可以发现这样一个现象，即在政治权力机构和企业之间，或者在企业之间，有着长期稳定的关系；这些关系体现了这些组织间的相互利益和承诺，并且是建立在这些企业组织的产权权利被弱化的条件之上的。例如，地方政府热心地参与企业战略计划的制订和实施，但地方政府的积极干预恰恰弱化了企业的产权。首先，地方政府干预企业有关劳动力使用和投资机会的决策，这意味着对许多企业甚至私有企业来说，它们对资产使用的"决策权"是不完全的。其次，企业常常向地方政府支付超过正常税收外的各种摊派费用，为地方政府所宠爱的项目投资。这意味着企业对资产所得收入的支配权也被削弱了。最后，地方政府积极参与企业间的兼并和转让，并常常强加有关就业、资产流动等方面的限制条件。因此，企业的"资产转让权"也受到严重限制。换言之，经济学意义上产权的三个基本权利在日常生活中常常被弱化、扭曲，导致"产权残缺"的现象。不仅如此，20世纪90年代以来，从集体企业到私有企业的大规模转制浪潮，为魏昂德关于基层政府扮演集团公司总部角色的理论说法也打上了醒目的问号。

我们在更为广泛的经济背景下也可以观察到上文描述的产权"残缺"情形。例如，市场经济中的股份公司，是将收入支配权和资产使用决定权在股东们与管理层之间进行分离的一个典型例子。从广义上说，企业在建立战略结盟和吸引外来资本时也在某种程度上出让了它们的"排他性"决策权利。在企业内部也是如此。经济学家青木观察到：在日本企业中，"在信息加工和决策环节与决策执行环节之间并没有明确的区别。前一环节从来没有只局限于经理层，而生产线上的工人也在很大程度上参与了集体决策"（Aoki，1994：13）。换言之，这些组织的内部运作，在很大程度上限制了产权者或经理层的决策权。日本企业中的终身雇佣制意味着，公司所有者放弃了产权人通常所拥有的有关劳动力和人力资本使用的一些权利（如解雇、辞退）。此外，大公司与其合作伙伴之间的利益分配因经济环境、市场状况而不断调整（Dore，1983），这也反映了传统意义上的资产使用决定权在实际生活中的妥协和扭曲。政府对市场结构、市场进入和竞争手段的管制也意味着对企业使用资本的权利的限制。

简言之，我们在日常生活中的观察和许多研究成果都表明：产权在实际生活中许多方面的运行都与经济学的"权利产权"理论模式相去甚远。在实际生活中，产权常常是模糊的、象征性的，而且可能在讨价还价的过程中不断被重新界定（张静，2003；张小军，2004）。[①] 对上述那些十分重要、有趣、需要关注和解释的经济现象，经济学产权理论无法给出有说服力的解释，甚至索性将其排除在分析视野之外。接下来，笔者从社会学角度提出一个不同的分析思路，并尝试对这些现象进行解释。

二 "产权是一束关系"：一个社会学的思路

让我们以一个实际生活的例子为起点提出需要分析解释的问题。在一次调查研究时，笔者访谈了一个广告公司的总经理。[②] 这个公司是他创立的，有五个独立投资人合伙入股。从这位总经理的角度来看，这五位合伙人中，每个人都扮演了不同的角色。有的提供资金，有的提供重要的业务信息，有的则是总经理信任的朋友，提供可以信赖的建议。在访

---

① 一种观点认为，产权的模糊性是对外人而言的，对当事人来说，产权可能是明晰的。但是，这个说法不能满足经济学理论中提出的基本法律标准。产权明晰的一个基本标准是，在发生争议时它必须能够在法庭上得到确认（verifiable in the court）。对"外人"而言的模糊性意味着它无法在法庭上得到确认，这正是产权模糊性的要害所在。

② 文中所举例子除了说明出处的，其他均取自 2000 年前后笔者与李强、蔡禾教授合作研究组织间合同关系时收集的实际资料。在陈述这些材料时，笔者略去真实地点和身份，以便为采访对象匿名。

谈时，总经理讲了这样一个故事。有一次，一位合伙人要求公司为他自己的另外一个公司做一个项目，并事先谈妥了这个项目的费用。但是，在项目完成后，这位合伙人却迟迟没有支付事先规定的费用。总经理几次委婉地提醒这位合伙人，但是他都充耳不闻。最后总经理这样告诉笔者："最后我意识到，他实际上一开始就没有打算给这个项目付款。当然，我可以直截了当地向他索取欠款；但是，我不想因此影响了我们的关系。他（这位合伙人）位处一个非常重要的行业里，外人很难进入。他常常把重要的客户介绍给我们公司。我可不愿为了这笔款项而影响我们之间的关系。"

这个欠款违约事件听起来确凿无疑，但仔细想来又有许多模糊之处。例如，这位合伙人既是合同一方又是这个公司的所有人之一。在这里，有关收入支配权归属的界定并不明确。按照经济学的逻辑，一种解决办法是，这个广告公司可以把这位合伙人的股份购回，那么广告公司和这位合伙人的关系就从模糊的产权关系转变为明晰的公司间业务往来关系，这样一来，广告公司就可以通过合同和法律来解决与避免这类问题。但是，这位总经理显然没有接受经济学的这个逻辑。他知道，这种产权明晰化意味着将这位合伙人推出圈外，结果是他将不再把商业机会介绍给自己的公司，从而给公司的长远利益造成更大的损失。在这个故事里，产权的模糊性有着代价和益处。它的代价是因此引起的资源分配的低效率和激励不足。然而，它的益处也很明显，即维持这一关系给公司带来的资源和商业机会是难以替代的。在这位总经理看来，这一关系带来的益处无疑大于由此引起的低效率的代价损失。

笔者认为，应该把产权作为一个"关系性"的分析概念（a relational concept），以便对上述现象加以解释。因此，笔者提出"关系产权"概念，以概括"产权是一束关系"这个命题，即一个企业组织的产权结构反映了这个组织与组织内外环境之间长期稳定的各种纽带关系。这个命题的基本出发点与"产权是一束权利"的经济学思路不同。"关系产权"的思路不着眼于组织的边界和排他性权利，而是强调组织与环境之间建立在稳定基础上的相互关联、相互融合、相互依赖；产权的结构被用来维系和稳定一个组织与它们的环境之间的关系。"关系产权"思路的另外一个意义是强调，我们应该从企业与其环境之间的关系这个角度来认识产权所扮演的角色。例如，一个国有企业和一个私有企业，在产权上可能都有着明确的界定；但是，从关系产权的角度来看，它们与制度环境却有着十分不同的关联。一个国有企业的所有制为国家完全所有，这一产权结构蕴含了这个企业与政府机构以及相应制度环境的独特关系；而一个私有企业的所有权则意味着它面对着与国有企业十分不同的制度环境。同样，一个股份制公司的产权结构体现了它与持股人及股票市场经济制度之间的关系。在这个意义上，所谓"没有关系"也是一种关系。

我们在提出"关系产权"这一概念的同时，必须回答这样一个问题：建立在产权基础之上的利益关系与建立在其他基础之上的利益关系有着怎样的不同，以致我们需要一个新的概念来描述概括这一现象？我们知道，在组织研究的文献中已经有许多关于组织间关系的概念，例如，企业在即时市场上与消费者发生的短暂买卖关系，企业间双边的正式合同关系或非正式的社会网络关系，企业与制度环境之间长期稳定的关系，等等。那么，关系产权的独特性是什么？

首先，关系产权的概念是建立在与以往不同的解释逻辑基础之上的。我们是从制度意义上来界定关系产权的。权利产权的经济学思路强调经济人的主体性、独立性，着眼于产权权利对人们的激励作用。而社会学的思路引导我们注意企业对其所处环境特别是非经济环境的依赖，强调制度环境对组织行为的制约。从这个角度来看，在经济学家看来是"产权残缺"的现象，在我们看来恰恰体现了企业适应环境的战略选择。在微观层次上，我们可以把关系产权的结构形式看作企业适应其特定环境的战略对策的结果。例如，一些企业用产权的模糊性（收入支配权、资产使用的决定权）来换取地方政府的保护或获得稳定的资源来源。从关系产权的思路来看，这些情形可以被解释为企业通过在产权上某种形式的妥协、分享或出让等策略，以便建构一个稳定有利的发展环境。在宏观层次上，我们把关系产权的形成看作制度环境对企业的组织制度加以制约的结果。既然关系产权体现了组织对环境的适应机制，那么它的结构和形式必然取决于环境的宏观条件。由此，我们可从两个方面展开讨论。其一，一个经济体系中信息、资源、机会的分布状况影响了关系产权的形式。在新古典意义上，在充分竞争的市场条件下，所有生产要素都通过市场价格来分配，所以，独立的产权结构即是最佳的应对形式，这是关系产权的一个特例。而当一个企业所需的资源需要通过非市场的途径获得时，它的产权结构和组织行为会不可避免地被相应的社会制度渗透制约。这是组织社会学中制度学派的一个基本思想。其二，已有的制度设施影响了产权在实际生活中的运行。例如，在法律设施成本较高而社会调节机制活跃的社会（如许多亚洲国家）中，人们通常使用非正式的调节机制而不是正式的法律手段来寻找解决问题的途径。因此，产权结构及其运行也反映了社会调节的机制和过程。简言之，宏观制度设施提供了限制条件和相应的激励；而在微观层次上，企业在已有的宏观约束条件下会采取相应的对策。关系产权是在这两者的相互作用下演变而成的。

其次，本文提出的"关系产权"概念得益于近年来有关社会关系网络的研究（Bian，1997；Granovetter，1985；Lin，2001）。但是，我们强调产权基础上的关系在制度层面的稳定性和持续性，这与社会关系网络理论中的关系概念有着重要的区别。我们可以借助费孝通关于"差序格局"的观点来说明这一重要区别。费孝通指出，中国人的社会关系是以个人为中心的，其他所有的个人和群体都按照与这个中心的社会距离而产生亲疏远近关系。在这个格局中，人们的血缘关系或亲情关系（如家庭）成为最亲密稳固的社会关系（费孝通，1998）。"关系产权"所关注并强调的恰恰是企业组织通过产权的融合而建立一种类似于亲情关系的"圈子"。在这个意义上，我们可以把产权基础上的关系看作一种极端的强关系。

需要指出的是，产权基础上的关系与通常社会关系网络研究意义上的关系有以下三点不同。

第一，持续性。近年来，社会科学文献中讨论的社会关系网络，通常是指两个或几个独立活动者之间建立的经济关系或社会关系。在许多情形下，它们是为了达到某种目标而设立的；但在这些具体目标完成后，虽然关系可能仍然维持，但不再活跃。如此，企业间合同关系亦随着合同的完成而结束；组织与其环境之间的关系也可能因时因地而有着或紧密或松散的变化。与这些情形相反，关系产权发生了从相互独立的行动者之间的关系转变为"自家人"关系的质的变化。因此，它蕴含着一种长期稳定的关系，不能任意改变，不因为某一项交易的完成或失败而结束。

第二，双边或多边性。社会关系网络研究强调行动者的策略行为，通过建立关系网络来达到某种目标。在这个模式中，某一方行动者是主动方，这一关系的存在及其强度和稳定性随着其行动而变化。但是，产权基础上的关系是双边的或者多边的，不是某一方可以任意改变的。因此，相对于其他关系来说，产权基础上的关系不仅是更为稳定的，而且是更为对称的，必须放在双方的互动中加以解释。例如，如果没有地方政府的明确承认或默许，乡镇企业的转制是不可能实现的。

第三，社会关系网络理论中的关系无论是工具性的，还是情感性的，或二者兼而有之，都是网络中的成员关系；而产权基础上的关系建立在更为广泛的制度保障（法律认定）或者共享认知（社会承认）的基础之上。同样，一个企业的所有者（全部所有者或部分所有者）对这个企业的认同和承诺也具有类似的特点。我们在日常生活中观察到的不同家族、不同部落甚至不同国家之间的"政治联姻"也近似于这里所说的关系产权。正是因为通常意义上的社会网络关系的短暂性和非稳定性，才有了关系产权存在的必要性。也就是说，如果社会关系网络能像血缘关系般形成亲近稳定的圈内纽带，也就没有关系产权产生的空间了。关系产权的这种稳定性，一方面是由于法律制度的维系，另一方面是由于人们（组织）作为所有者的认知和承诺。

关系产权这一概念虽然在本文中首次使用，但是这一思路在以前许多学者的研究工作中已经有不同形式的表述。例如，张静（2003：114）在关于农村土地纠纷处理情形的研究中指出，土地使用权的界定并非建立在稳定的法律制度之上，而是常常随着政治权力和利益集团的参与而不断变化，产权归属表现出极大的弹性。折晓叶、陈婴婴（2004）的研究，从社会资本的角度分析了近年来乡镇企业产权转型的机制，特别是经营者与社会资本之间的相互作用，描绘了一幅产权（资本）在各种力量相互作用下不断演变的画卷。倪志伟（Nee，1992：4）指出了企业混合型产权在中国经济转型过程中的意义。他认为，在中国的经济发展中，政治权力和市场机制的并存意味着相互竞争的资源分配机制；它们对企业行为产生了相互矛盾的压力要求，提高了交易成本。在倪志伟看来，混合型产权的企业"是试图解决在微弱的市场结构和不完全的市场转型情况下产生的问题的一种制度安排"（参见 Chang & Wang，1994；Weitzman & Xu，1994）。但是，倪志伟把混合型产权看作一种过渡形式，认为它最终会转变为明晰的产权制度。

关系产权的概念特别强调这些产权关系产生的稳定的制度基础，是组织社会学中制度主义理论思路的延伸和应用。在这个基础上，笔者希望用一种内在一致的理论逻辑对下述一系列表面上看起来互不关联的产权现象做出解释。

（1）产权的交融性。在一些情形下，企业通过出让部分产权来换取与其他组织长期稳定的合作关系。例如，不同公司间的合资项目意味着这些公司产权在某一项目上互为融合，从而为在技术、产品或资源等方面的合作奠定基础。经济学产权理论从效率角度对这种现象给出了解释（Hart，1995）。但需要指出的是，在这种合资形式搭建的统制治理框架中，其诸种决策权的实施并不是一成不变的，而是随时随地变化的，因此并没有权利产权意义上的独立性和明晰性。在这里，产权的交融性隐含着模糊性。

（2）产权的弱化和妥协。在中国转型经济中，我们可以观察到这样一种普遍现象，即企业通过在产权（资产使用决策权、收入支配权、转手决定权）上非正式的弱化、妥协来换取其他组织的认同和合作。上文谈到的那位广告公司总经理和其合伙人的关系即是如此。更为常见的是企业与地方政府之间的非正式交换关系。从权利产权的角度来看，这种弱化和妥协是"产权残缺"的例证；但从关系产权的角度来看，它们意味着企业与其环境之间建立了稳定合作的关系。举例来说，一个普遍现象是私有企业虽然交纳的正式税费很低，但与此同时，它们向地方政府交纳了税费外的其他费用。我们不难推测，私有企业的低税率可能反映了这样的情形，即地方政府采取保护主义政策，以便换取这些企业对地方政府的项目提供正当纳税外的援助。在这个意义上，"相互承诺"的做法使权利产权基础上的组织间边界变得模糊不清。

（3）象征性产权。在许多情形下，一个组织可能会与其他组织建立起象征性产权关系，即其他组织有着名义上的产权参与，但是它们不参与实际的决策过程。张小军（2004）在研究福建阳村的地权历史资料时，注意到土地产权的名义规定与实际运用中的差异，提出了象征地权的概念，即产权的实际运行取决于其所处的社会观念和文化制度，如"地权可能通过政治权力的强迫或社会观念的改变而改变"。张小军强调的是象征地权"在实践中不能充分存在和履行"的困境，但笔者在这里着眼于产权象征意义对企业适应环境的正面作用。例如，在改革初期，许多私人公司"戴红帽子"——冠以集体企业之名，或者挂靠在某个政府机构之下。这些政府机构可能不在企业运作中发挥实质性作用，但产权结构所表现的关系纽带有着重要的象征性意义，建立了企业与环境之间的特殊关系，为组织存在和运作提供了合法性基础。

（4）隐性产权。中国转型经济中另外一个重要现象是，一些企业组织的产权为当事人所熟知和认同；但是，这种产权归属从来没有被公开表述过，也无法在法庭上得到确认。笔者把这种产权称为"隐性产权"。例如，许多私有企业或合伙企业起初是建立在家庭关系（血缘关系、亲属关系）之上的。这些关系的一个特点是它们的产权是建立在当事人的共识之上。当出现争议时，会有某种机制（如家庭内部的决策结构）来解决这些问题。因此，这种关系具有类似产权的稳定持续的特点。

上述情形的一个共同特点是，企业以对其权利产权的妥协来换取与重要资源持有者之间长期稳定的关系，从而构建稳定有利的生存环境。在这个意义上，关系产权的概念更为恰当地概括了产权制度的这一特点，并明确了关系产权是一种对组织环境的适应机制。

三 关系产权与企业行为

任何理论都是对现实生活的简化和在一个特定角度上的"猜想"。因此，一个有解释力的理论应该既有边界条件，又可以证伪。就前者而言，一个理论必须能对现实生活的有关现象有着独特的分析角度。如果一个理论思路所引发的实证意义与其他理论的实证意义没有区别，就意味着我们无从验证这个理论是否有独特贡献，那么它也就没有存在的必要了。而于后者而言，一个理论应该是可以证伪的。也就是说，这个理论推论出的实证意义具有可操作性，在研究中是可以加以检验的。下文将讨论关系产权思路的理论命题和相应的实证意义。

我们关注的中心课题是关系产权这一概念，所以首先提出测量关系产权的几个维度：（1）关系产权的广度，即参与产权结构的人或组织的数量；（2）稳定性，即参与产权结构的期限和变动频率；（3）集中程度，即在参与产权的人或组织中决策权的集中程度；（4）明晰程度，即产权的正式结构与实际运行（在资产使用的决策权、收入的支配权、资产转手的自主权等方面）之间的差别。我们从获取资源的途径、企业的身份、制度环境三个方面来讨论关系产权与企业行为之间的关系。限于篇幅，下面的讨论省略了相关的实证假设和资料分析。有兴趣的读者可以阅读《社会学研究》（2005年第2期）上发表的原文。

（一）关系产权作为获取资源的触觉和渠道

以上讨论的一个基本命题是：关系产权是一个企业为获取资源而伸向不同领域、方位的触角和稳定可靠的渠道。在笔者看来，在产权基础上建立的长期稳定的关系，接近于威廉姆森（Williamson）讨论的"垂直兼并"情形。威廉姆森认为，企业为了降低交易成本，可能会兼并那些产品上游或下游的企业，从而将外在化的组织间关系转变为组织内部的关系（Williamson，1971）。我们上面说过，关系产权可被理解为企业为了建立获取资源、机会或政治保护的稳定渠道所采取的战略对策。由于组织环境中的许多关键组织（如大公司、政府部门、民间组织）无法通过"垂直兼并"内在化，所以，一个企业通过参股、象征性归属、产权的部分出让等方式，与这些组织建立近似于血缘纽带的"圈内关系"。因此，我们可以把关系产权看作威廉姆森意义上的一种制度性表现方式。

关系产权在中国转型经济过程中具有尤为重要的意义。经济改革中制度变迁的初始条件与新古典经济学的"自然经济"起点是不同的。我们面临的是企业间迥然不同的所有制形式（从中央所属国有企业、集体企业，直到建立在私人或家庭基础上的个体摊位）。一个企业所面对的挑战不仅仅是通过效率生产取得市场竞争优势，更为重要的是要得到生存所必需的资源和商机。这些资源可能不是通过价格来配置的，商机也可能不是出现在市场上的。在这一背景下，借此关系产权，一个企业与重要资源的持有者或地方政治权力之间，可以建立起一种长期稳定的关系，即组织通过出让产权、弱化产权、融合产权等做法将获取关键资源的渠道纳入自己的"圈内归属"，从而为企业获得资源和政治保护提供了渠道。而不同的所有制形式，在很大程度上，决定了不同企业与政治权力之间"圈内"或"圈外"的亲疏关系，为企业所有者和政治权力之间的关系以及相应的利益联合奠定了基础。因此，在那些产权不明晰、残缺或弱化的领域，我们可以预测，在企业和主要资源提供者之间通常有着长期稳定的关系。也就是说，在产权明晰度和长期稳定的组织间关系之间有着一种互为替代的关系。

产权是组织获取资源的触觉和渠道，因此，产权结构与一个领域或行业的资源分布状况以及资源分配机制息息相关。如果不同领域或行业的资源分布状况不同，那么，这些领域或行业中的企业关系产权的分布特点也应该是不同的。我们可以从市场化的角度来讨论这个问题。市场化程度越高，意味着一个企业越有条件通过市场机制来获取生产要素资源或推销产品。因此，市场化程度与关系产权的显著性有着互为替代的关系。

经济学的市场理论，假设生产要素可以通过市场机制加以重新组合。例如，高科技企业为了技术创新，需要雇用相应人力资本——技术人员。在信息充分、完全竞争的理想市场条件下，企业主可以通过价格机制配置各种资源（如雇用技术人员），并用具体合同规定来约束雇员（技术人员）的行为。但在实际生活中，许多资源的归属和使用无法清楚交割，而制定和执行合同的交易成本与信息的不对称性常常导致这些市场手段失灵。在这些情形下，关系产权可以为不同资产拥有者之间的长期稳定合作提供基础。

（二）关系产权作为一个组织的身份和承诺的有效信号

我们的第二个命题是：一定的关系产权决定了相应的制度逻辑，而这些制度逻辑在很大程度上界定了一个组织与其他组织的交往方式或者内部运行的方式，从而限制了企业相应的行为。这种制度逻辑使建立在产权基础上的关系具有"圈内归属"的稳定性，为一个组织提供了明确的身份（identity）和可信的承诺，成为该组织与其他组织或环境建立各种关系的基础。

我们首先考察关系产权在组织间相互关系上的意义。试想一个地方企业和地方政府之间的关系。在这个关系中，地方政府可以扮演庇护者的角色，也可以扮演协调者的角色，还可以扮演攫取者的角色。甚至在同一地区、同一类型的企业之间，与地方政府的亲疏远近关系也是明确有序的。我们在现实生活中可以观察到这些截然不同的角色。那么，是哪些机制决定了地方政府在这些角色之间的选择呢？在这里，关系产权起到了十分重要的作用，界定了"圈内"的"亲情关系"，这是其他社会关系所不能替代的。

依循此思路，我们可以解释不同企业间关系的差异性。如前所述，我们强调了在转型经济中，市场和商业环境的不确定性是企业面临的最大困难。试想一下，两个相隔百里甚至千里的企业若要达成销售或共同开发的协议，就需要有关对方的身份和信用的信息。而关系产权在这里扮演了可靠信号的角色，因为它提供了一种稳定可信的有制度保障的身份。也就是说，当两个素不相识的企业在洽谈业务时，企业的产权结构和形式为它们了解对方承诺的可信性提供了重要的信息。在我们的访谈中，许多推销员提到，他们对不同所有制的企业采取的对策是不同的。企业产权类型成为人们进行市场交易时使用的一个重要的识别标准，有利于人们选择与企业互动的基本模式和策略。

有许多研究指出，私有企业试图与地方政府建立亲近关系以便得到保护和优惠政策（Wank，1999）。的确，私有企业可能通过贿赂政府官员来与国有企业竞争，并得到有利于自己企业的资源，以在短期内比国有企业更具有竞争优势。但从关系产权的思路来看，关系产权是政府在不同企业间采取倾斜政策的基础。虽然私有企业与某些政府官员之间可能有着密切关系，但是这种关系因人而异，因而是脆弱的。在一个长时期里，建立在产权基础上的关系在整体上应该是更稳定的，例如国有企业与政府之间的关系应该是一种十分稳定且亲密的关系。

约束组织行为的制度逻辑体现在一组相互关联的组织特征上，包括组织间相互关系和组织内部的运作方式。经济学家青木（Aoki，1994）在讨论日本企业的特点时提出了这一观点。在日本企业中，终身雇佣制、信息分享系统、工作设计诸方面都密切相关；经理们通常把雇员利益放在股东利益之前并给予优先考虑。这表明，在这些企业的产权结构中，雇员是一个重要的有机组成部分。经济学家泰勒和维根斯（Taylor & Wiggins，1997）的研究指出，日本企业与美国企业在原料采购方式上有着明显的不同，表现为在采购、验收、合同签订等一系列相互关联的组织特性上的差异。这一观察的一个重要意义是，不同产权体制中有着制约企业行为的稳定的制度逻辑，其内在的运作过程导致并强化了路径依赖。正因此，产权结构为企业内外的各种关系提供了一个框架，并由此提供了一个身份、一个可信的信号和承诺。

以上讨论有两个意义。第一，制度逻辑的一贯性对一个组织在建立各种内外关系时的可能做法自由度有一定的限制。这一点与其他的解释逻辑有着很大区别。例如，交易成本经济学的解释逻辑认为，在某项经济交易中，企业会采取那些产生最低交易成本的策略。我们提出的制度逻辑的一贯性意味着，一个组织不仅受到市场效率机制的制约，同时它的内在制度逻辑也约束着它的行为。一个国有企业如果像私有企业那样去运作就会遇到许多困难，反之亦然。

第二，如果一个企业的产权结构发生了变化，那么，企业与外部环境的关系，以及制约企业行为的制度逻辑也会相应发生变化。因此，我们可以预期，企业会有相应的不同行为表现。在这里，"产权是一束权利"的思路把这些变化归结为产权基础上激励机制的作用，而我们则强调这些产权基础上的制度逻辑的约束。

（三）关系产权与制度环境的同构性

我们的第三个命题是：关系产权界定了一个组织和其他组织之间特别是和制度环境之间的稳定关系。这个命题是前两个命题的逻辑延伸。关系产权和结构为企业行为提供了一个稳定的基础、一个明确的身份和一个相应的制度逻辑。我们可以划分出几个大的"产权体制"类型（property rights regime），来概括这个体制中的企业所面临的类似的政府管制、社会期待。这些制度环境对企业行为产生了重要的影响。不同的关系产权把企业引入不同的制度环境中，从而诱发了不同的企业行为模式。

社会科学研究者很早就注意到了制度环境对组织行为对策和组织间资源交换的重要影响，经济学家在一项引人注目的研究中发现，在美国和加拿大的贸易往来活动中，即使在类似的经济、政治、文化背景下，加拿大境内不同区域间的贸易额是加拿大与同等经济条件的美国各州间贸易额的 20 倍。也就是说，美加两国之间的边界是制约经济往来的重要制度环境因素。

在中国的社会转型中，国家的管制机制是塑造和维系不同产权体制并决定其发展演变的最为重要的力量。举例来说，长期以来，国家政策限制了国有企业在人力资源上的决策权（如人才流动、员工雇用或解聘），但对私有企业在这个领域中行为的约束力极小。与此相反，政府对私有企业获取金融资源的途径有着严格的限制，但对国有企业采取了更为有利、灵活的政策。国有企业和私有企业受到了十分不同的政府管制政策的约束，面临着不同的制度环境。

制度环境不仅指法律和政府管制方面的制度设施，而且包括约束企业行为的文化观念和社会期待。埃里克森（Ellickson，1991）关于美国加利福尼亚州的农场主和放牧主之间如何解决产权纠纷的研究表明，产权边界之间的划定并不总是为效率原则驱使，也受到文化观念和社会期待的制约。这些文化观念和社会期待是制度逻辑的一个有机部分，为组织间关系的建立奠定了基础（Karsten，1998；张小军，2004）。这些企业面临相同的制度环境，它们的行为由于受到相同的社会期待、文化观念和规则的制约而十分接近。另外，同一个产权体制内的企业，通常有着类似的经历，并产生了类似的期待和行为方式。

从制度环境对组织影响的趋同性角度来看，在同一制度环境中，相同的制度压力导致组织间产生了趋同性行为。但是在不同的制度环境中，企业为应对不同的制度压力而采取了不同的行动。这意味着，一个企业更可能与同一类型产权的企业建立合同关系，因为类似的期待和行为方式可以大大减少交易成本。

四　乡镇企业的重新解释："关系产权" 理论的一个应用

现在，我们按照这个思路来重新思考中国乡镇企业的产权问题。中国经济改革前期，乡镇企业的"异军突起"起到了举足轻重的作用。但大家都注意到，许多乡镇企业虽然属于乡镇政府或村集体所有，但是在实际运行中为一个或几个人（或家庭）支配（周其仁，2002；折晓叶、陈婴婴，2004）。而地方政府对这些企业的运行和资源使用有着实际的和具有合法基础的参与干涉权力，从而极大地削弱了这些企业的决策权。

为什么乡镇企业在产权不明晰的条件下取得了引人注目的发展？社会科学研究者给出了不同的解释。在这里，笔者简要讨论两种解释。第一种解释强调地方政府的重要作用。魏昂德（Walder，1995）认为，由于地方政府的改革措施，地方政府扮演了产权所有者的角色，对当地企业加以管理。因此，实际上产权有着很高的明晰度，为提高"监督"效益提供了激励。第二种解释认为，在转型经济中，地方政府的作用非常重要，致使私有企业采用"模糊策略"来得到政治权力的庇护。倪志伟（Nee，1992）认为，在政治权力和市场机制并存的转型经济中，混合型产权的企业具有优势，因为它们可以降低交易成本。本汉姆和温斯顿（Bernheim & Whinston，1998）的研究表明，在不完全合同的条件下，合同规定方面的模糊策略常常是有道理的。如果我们认识到产权作为信号和身份的功能，那么就不难推断，企业会在策略上利用产权的这些象征性意义来维护自己的利益。

这两种观点对解释上述模糊产权现象的不同方面有着一定的道理。许多研究注意到了地方政府在推动和保护乡镇企业发展方面的作用。私有企业利用"集体企业"的招牌（"戴红帽子"）维护自身利益的例子也俯拾皆是。在改革初期私有企业受到歧视时，这种现象尤为普遍。

但是，这两种逻辑在解释模糊产权现象时也碰到了难以自圆其说的困难。魏昂德的理论模式隐含地假设，地方政府是一个统一的、理性的行动者，有着连贯一致的目标。但组织研究的大量文献已经清楚地表明，不同的地方政府机构有着多重而且常常是相互矛盾的目标；而且，这些目标常常与当地企业的目标大相径庭。即便我们假设这些地方官员关心当地经济发展，但他们追求的目标常常是短期政绩，并有可能是以企业的长期发展为代价的。如果上述这些基本假设是成立的，那么，我们应该对地方政府和地方企业之间目标的一致性和稳定性提出质疑。从地方企业的角度来看，这是企业和政府之间的一场博弈，而政府一方的行为常常是难以预料的、多变的、没有有效约束的。因此，需要某种制度性约束机制来稳定两者之间的关系。

有关模糊策略的观点也面临类似的困难。如果地方官员趋于短期利益，有着多重不同甚至互为冲突的目标，那么我们就需要解释：为什么私有企业可以在如此长的时间里，在一场重复博弈中，成功地装扮成集体企业？一个私有企业怎样不断地发出类似"集体企业"或"公有企业"的可信的信号？一种常见的解释是，这些企业通过贿赂和收买地方官员来达到这个目的。但是，这种"特殊性"关系是脆弱的、短暂的，难以解释乡镇企业长时间、大面积的成功发展。换言之，上文描述的这种模糊策略难以成为可信赖、持续有效的信号。

以上这两种观点都建立在地方政府和乡镇企业在相互作用中有着某种更为稳定的机制的假设基础上。但是，这种稳定机制是什么呢？在上面讨论的关系产权的基础上，笔者提出一种不同的解释。笔者的基本立论是，以往的讨论没有注意到将两者捆绑在一起的"隐性产权"，即没有明确宣布已成为共识的产权基础。而这正是关系产权的一个具体表现形式。从权利产权的观点来看，地方政府或产权所有者有着排他性权利（监督机制），或者成为被排除在这些权利之外的一个圈外人（模糊策略博弈中的攫取者）；两者必居其一。但是，这两个角色与实际生活中的观察都相去甚远。而关系产权的思路强调地方政府和私有企业共同参与的关系。如果我们从双方的行为来看，这些企业的产权结构和地方政府的行为，的确反映了地方政府作为"部分产权拥有者"的角色。例如，政府官员参与企业的战略决策（产品类型、重要原材料的获取）；他们对企业收入的一部分有着支配权；这些企业的转让在很大程度上需要得到政府官员明确的或者私下的认可才能实现。简言之，在企业的实际运行中，私有企业主或集体所有的企业在不同程度上向地方政府出让或放弃部分产权，从而换取一种长期、稳定的组织间关系。在这一隐性产权背后，产权的边界不断随着双方的力量对比和讨价还价而变化。

我们强调了关系产权的稳定性和持续性，但这并不意味着关系产权是一成不变的。关系产权是组织应对环境的适应机制，因此它随着环境条件的变化、资源分布状况的变化而演变。但是，这种演变是在关系双方的互动和制度环境的作用下发生的。在这里，企业和政府双方共同参与产权诸方面的决策，在此过程中，随着双方利益和力量的变化而不断地讨价还价，其关系也随之发生相应的变化（刘世定，1999；折晓叶、陈婴婴，2004）。例如，20世纪90年代乡镇企业从集体所有制到私有制的大规模转制，一方面反映了企业环境中资源分配机制的市场化发展，导致企业对地方政府的依赖性下降；另一方面，地方政府的利益也有了相应的变化，政府职能的增强使它们可以通过税收、土地租赁等手段满足财政需要。从关系产权角度来看，这个转制过程是双方互动的结果，是企业和当地政府随着环境变化和各自利益变化而相应调整产权结构的结果，而不是一个质的突变过程，也不能被简单地归因为市场的结果。

产权作为一个"关系性"概念，有助于我们认识中国研究文献长期关注的"庇护主义"和"地方法团主义"（Lin，1995；Oi，1992）的微观基础。这些理论模式强调了地方政府对当地企业组织的偏爱和保护主义做法。这些现象是大家所公认的，但对这些现象的解释却是值得进一步推敲的。在地方政府管辖的区域中，为什么有些企业得到保护，而其他企业没有得到保护？如果说这些保护来自贿赂或私下的关系，那么我们的问题是：为什么这种关系会如此稳定，而其他企业（包括外来企业）却无法通过复制同样的策略来得到当地政府的青睐？从关系产权角度来看，这种"庇护关系"是建立在类似于血缘关系的"圈内归属"基础之上的。正如血缘关系具有超越短期功利诱惑的能力一样，建立在产权基础上的关系亦具有超越其他功利性的稳定性，而这正是地方政府和所辖区域内企业之间关系的一个均衡点。

五 结语

在西方市场社会的历史上，人们对影响组织间关系机制的认识，经历了从充分竞争市场到不完全竞争市场再到人们面临不确定性和不对称信息的各种应对机制的不同理论模式的变化。企业组织间合同关系的治理形式也相应地经历了古典合同法、新古典合同法、关系合同法的演变过程（Macneil，1978；Williamson，1985）。笔者认为，社会科学研究中关于产权的概念也应该有相应的变化，即从"权利产权"的思路转变为"关系产权"的思路。权利产权和关系产权这两个思路，反映了有关制度环境和企业行为的两个大相径庭的前提假设。权利产权的思路是新古典经济学描述中充分市场的逻辑结果。在这一模式中，企业被看作充分竞争市场上独立的个体行动者。在这一市场上，各个厂商都是匿名的；他们相互独立地采取行动，无须有特定身份，可以互为替代。在转型社会中，企业嵌入各种制度中，而且非市场机制的交换活动普遍存在，企业需要在各种非市场的关系纽带中寻找生存空间。在这些条件下，建立在产权基础上的身份和关系纽带，为企业的生存和发展提供了重要的适应性优势。权利产权的思路尚未与本文讨论的关系产权角色，以及它在资源获得途径和环境适应上的意义进行直接的比较分析。

本文提出的"关系产权"思路试图针对转型经济中出现的一些经济现象给出一种新的解释，澄清这些现象背后的因果机制，指出有关的实证意义，以便推进研究探索。例如，在日常生活中，我们可以观察到组织间边界模糊和企业产权模糊不清的持续演变及被重新界定的大量实例。而权利产权理论只能告诉我们，这些情形是"低效率"的，"非最佳"的，但是它对这些情形为什么存在，以及为什么有时候表现出适应优势的解释常令人感到失望。关系产权理论的分析角度针对这些现象给出了一个不同的解释。我们观察到，当资源的获得比组织内部的效率生产更为重要时，当地方政府的作用无法用其他机制替代或抗衡时，产权结构就会改变以适应这些环境条件。在中国转型经济中，建立在产权基础上的关系和策略性模糊为某些企业和各级地方政府之间建立稳定密切的关系，创造了相对稳定有利的制度环境。不仅如此，这些制度上的纽带同时造成了组织间边界的模糊性，为不同组织、不同领域、不同所有制类型之间的资源动员和资源转移提供了有利的渠道。

关系产权的理论模式，将研究分析的注意力从企业的独立性转向组织间的相互依赖，从"排他性"转向互联性，从组织间边界的明晰界定转向策略性模糊，从资源分配的效率转向组织应对环境的优势。这一思路的核心观点是：产权的结构形式取决于现实社会中信息、资源、机会、风险的分布状况和分配机制；而在产权基础上建立的关系正是应对或突破这些环境条件约束的结果。从这个角度来看，我们可以重新对一些经济现象产生不同的认识。例如，从权利产权的角度来看，私有企业的兴起和发展源于它有着明确的产权界定和相应的激励机制，以实现效率生产。但是，从关系产权的角度来看，私有企业的成功可能是因为私有企业在一定的结构条件下所建立的独特关系有着动员资源的优势；相比之下，其内部生产活动的作用可能是有限的。边燕杰、丘海雄（2000）发现私有企业的社会资本多于国有企业，正与这一推测吻合。

本文指出关系产权这一概念和现象的重要性，并不意味着我们对这类现象有着一成不变的价值判断。一方面，经济学家告诉我们，产权的不明晰会导致资源分配的低效率和激励不足；另一方面，正如上文所说，产权的这些特点也有其优势。这一情形类似于经济学家利本斯坦（Leibenstein, 1966）提出的 X - 效率的概念。利本斯坦在分析日本企业制度时指出，从新古典经济学的分析来看，日本的企业制度（终身雇佣制、分工不明确等）在资源分配上存在效率损失；但是，这一制度可能在组织内部的运作中产生其他的效率，他把经济学理论框架无法分析的新的效率称为 X - 效率。关系产权也有着类似情形。与权利产权相比，关系产权极有可能导致或伴随着资源分配的低效率。产权的出让或弱化会削弱人们或组织的激励强度。但是，关系产权在获取资源、机会、信息诸方面又可能增强了企业的适应能力和竞争能力。

在更为广泛的意义上，关系具有双重性。任何一种关系，在使两个事物、组织或个人之间建立关联的同时又导致了它们在已有关系之外的封闭性。任何一种关系，在延伸行动者在某一方向触觉的同时又限制了他在其他方向上的触觉。在这个意义上，一种关系同时也是一种约束。因此，建立在产权结构基础上的关系具有双重性：它们对于一个企业组织同时具有保护性和干涉性、推动作用和限制作用。我们可以用地方政府和当地企业的关系来说明这一命题。地方政府可以保护当地企业，但也可能追求其他的目标而损害这些企业的利益。因此，这些企业常常需要抵制地方政府的"关心"和"参与"。从另外一个角度来看，地方官员可能以掠夺者的身份出现，攫取私有企业的资源。但随着相互承诺的制度安排的出现，他们也可能转化为这些私有企业的庇护者，为其发展提供便利（Findlay, Watson & Wu, 1994）。在这里，产权的形式和结构成为这些不同关系选择的重要基础。

笔者在前述讨论中提出，关系产权的理论思路可以帮助我们解释许多从权利产权角度难以解释的经济现象，但关系产权的思路不是要替代或否定"产权是一束权利"的思路。在笔者看来，这两个命题有着不同的解释逻辑，并在许多问题上有着不同的实证意义，但同时它们在很大程度上是互补的。在不同的环境条件下，这两个理论逻辑对解释经济现象和组织行为可能有不同的分析力度。学术上的不同思路和解释逻辑，为我们认识和解释经济现象提供了不同的角度，有助于知识在研究和争辩中不断积累、丰富、修正。

参考文献

边燕杰、丘海雄，2000，《企业的社会资本及其功效》，《中国社会科学》第 2 期。

费孝通，1998，《乡土中国生育制度》，北京大学出版社。

刘世定，1996，《占有制度的三个维度及占有认定机制》，载潘乃谷、马戎主编《社区研究与社会发展》（下），天津人民出版社。

——1999，《嵌入性与关系合同》，《社会学研究》第 4 期。

盛洪主编，2003，《现代制度经济学》（上、下），北京大学出版社。

汪丁丁，1996，《产权博弈》，《经济研究》第 10 期。

张静，2003，《土地使用规则的不确定：一个解释框架》，《中国社会科学》第 1 期。

张维迎、吴有昌、马捷，1995，《公有制经济中的委托人—代理人关系：理论分析和政策含义》，《经济研究》第 4 期。

张小军，2004，《象征地权与文化经济——福建阳村的历史地权个案研究》，《中国社会科学》第 3 期。

折晓叶、陈婴婴，2004，《资本怎样运作——对“改制”中资本能动性的社会学分析》，《中国社会科学》第 4 期。

周其仁，2002，《产权与制度变迁》，社会科学文献出版社。

Anderson, Terry L. & Fred S. McChesney 2003, *Property Rights: Cooperation, Conflict, and Law*. Princeton: Princeton University Press.

Aoki, Masahiko 1994, "The Japanese Firm as a System of Attributes: A Survey and Research Agenda." In *The Japanese Firm: Sources of Competitive Strength*, edited by M. Aoki & R. Dore. New York: Oxford University Press.

Barzel, Yoram 1989, *Economic Analysis of Property Rights*. New York: Cambridge University Press.

Bernheim, B. Douglas & Michael D. Whinston 1998, "Incomplete Contracts and Strategic Ambiguity." *American Economic Review* 88.

Bian, Yanjie 1997, "Bringing Strong Ties Back in: Indirect Connection, Bridges, and Job Search in China." *American Sociological Review* 62.

Brinton, Mary C. & Victor Nee (eds.) 1998, *The New Institutionalism in Sociology*. New York: Russell Sage Foundation.

Chang, Chun & Yijiang Wang 1994, "The Nature of the Township-Village Enterprise." *Journal of International Business Studies* 19.

Coase, Ronald H. 1960, "The Problem of Social Cost." *Journal of Law and Economics* 3.

Demsetz, Harold 1988, *Ownership, Control and the Firm*. Oxford: Blackwell.

Dore, Ronald 1983, "Goodwill and the Spirit of Market Capitalism." *British Journal of Sociology* 34.

Ellickson, Robert 1991, *Order without Law: How Neighbors Settle Disputes*. New York: Cambridge University Press.

Findlay, Christopher, Andrew Watson & Harry X. Wu (eds.) 1994, *Rural Enterprises in China*. New York: St. Martin's Press.

Granovetter, Mark 1985, "Economic Action and Social Structure: The Problem of Embeddedness." *American Journal of Sociology* 91.

Hamilton, Gary G. & Nicole Woolsey Biggart 1988, "Market, Culture, and Authority: A Comparative Analysis of Management and Organization in the Far East." *American Journal of Sociology* 94.

Hart, Oliver 1995, *Firms, Contracts and Financial Structure*. New York: Oxford University Press.

Hirshleifer, Jack 1982, "Evolutionary Models in Economics and Law: Cooperation Versus Conflict Strategies." *Research in Law and Economics* 4.

Karsten, Peter 1998, "Cows in the Corn, Pigs in the Garden, and the Problem of Social Costs: 'High' and 'Low' Legal Cultures of the British Diaspora Lands in the 17th, 18th and 19th Centuries." *Law and Society Review* 32.

Kornai, János 1990, *The Road to a Free Economy: Shifting from a Socialist System: The Example of Hungary*. New York: Norton.

Leibenstein, Harvey 1966, "Allocative Efficiency vs. 'X-Efficiency'." *American Economic Review* 56.

Lin, Nan 1995, "Local Market Socialism: Local Corporatism in Action in Rural China." *Theory and Society* 24.

—— 2001, *Social Capital*. New York: Cambridge University Press.

Macneil, Ian R. 1978, "Contracts: Adjustment of Long-Term Economic Relations under Classical, Neoclassical, and Relational Contract Law." *Northwestern University Law Review* 72.

McCallum, John 1995, "National Borders Matter: Canada-U. S. Regional Trade Patterns." *American Economic Review* 85.

Nee, Victor 1992, "Organizational Dynamics of Market Transition: Hybrid Forms, Property Rights, and Mixed Economy in China." *Administrative Science Quarterly* 37.

Oi, Jean C. 1992, "Fiscal Reform and the Economic Foundations of Local State Corporatism in China." *World Politics* 45.

Oi, Jean C. & Andrew G. Walder 1999, *Property Rights and Economic Reform in China.* Stanford, CA: Stanford University Press.

Scott, W. Richard 2003, *Organizations: Rational, Natural, and Open Systems* (fifth edition). New Jersey: Prentice Hall.

Stark, David 1996, "Recombinant Property in East European Capitalism." *American Journal of Sociology* 101.

Taylor, Curtis R. & Steven N. Wiggins 1997, "Competition or Compensation: Supplier Incentives under the American and Japanese Subcontracting Systems." *American Economic Review* 87.

Walder, Andrew G. 1995, "Local Governments as Industrial Firms." *American Journal of Sociology* 101.

Wank, David L. 1999, "Producing Property Rights: Strategies, Networks, and Efficiency in Urban China's Nonstate Firms." In *Property Rights and Economic Reform in China*, edited by J. Oi & A. Walder. Stanford: Stanford University Press.

Weitzman, Martin L. & Chenggang Xu 1994, "Chinese Township-Village Enterprises as Vaguely Defined Cooperatives." *Journal of Comparative Economics* 18.

Williamson, Oliver E. 1971, "The Vertical Integration of Production: Market Failure Considerations." *American Economic Review* 61.

——1985, *The Economic Institutions of Capitalism.* New York: Free Press.

Zhou, Xueguang, Wei Zhao, Qiang Li & He Cai 2003, "Embeddedness and Contractual Relationships in China's Transitional Economy." *American Sociological Review* 68.

中国经济转型中的理性选择与感性选择[*]

刘少杰[**]

随着改革开放和市场经济发展的不断深入，中国经济生活在越来越广阔的层面上发生了深刻转型，其中最引人注目的变化是，人们的选择方式正在由传统的感性选择向理性选择转变。然而，当我们说感性选择向理性选择转变时，仅仅说明人们的选择行为发生了一种新的变化，并非说人们的选择行为实现了彻底转变。在漫长的历史过程中形成的感性选择，与理性选择产生了十分复杂的关系。如何认识两种选择方式在新形势下的关系，是认识中国社会转型的重要环节。

一　经济生活中的两种选择方式

无论传统经济学还是经典社会学，都习惯于从理性选择理论的角度分析和考察人们的经济行为。事实上，在现实的经济生活中，人们的选择行为很难按照新古典经济学构造出来的理性选择模式来分析，所以，大部分经济学家不得不承认，理性选择模式不过是一种理想型的思考，而不是现实的写照。

正是因为实际发生的选择行为在很大程度上超越了理性选择的界限，很多经济学家和社会学家才高度重视理性之外的选择行为问题。韦伯在明确界定形式理性和实质理性的基础上，论述了习惯、习俗和惯例问题，其实质是在理性原则之外论述选择行为模式（韦伯，1997：60~61）；凡勃伦、康芒斯对习惯、习俗和惯例也都给予了高度重视，他们作为老制

---

　*　本文原载《天津社会科学》2004 年第 6 期。

　**　刘少杰，中国人民大学社会与人口学院教授。

度主义经济学的代表，把习惯、习俗和惯例看成由非理性因素支配的行为形成的制度，制度是行为的规则，而当制约选择行为的规则不是理性的时，就意味着这种选择行为也不可能是理性选择了（凡勃论，1997：138；康芒斯，1963：90～91）。同理，对诺斯等新制度主义经济学的代表所论述的非正式制度规定的选择行为也不应从理性选择角度去理解。

哈耶克更明确地说明了理性选择之外的选择行为的重要性。在哈耶克看来，人类社会的经济秩序和社会秩序都不是基于理性选择行为产生的，而是在介于理性和本能之间的意识的支配下，通过人们的自发行为形成的，他称之为自发的扩展秩序（哈耶克，2000：207）。那么，介于理性和本能之间的意识活动是什么呢？稍有心理学或精神分析学常识的人都清楚，这种意识活动就是在无意识本能层面之上、在数学计算和逻辑推论的理性思维层面之下的感性意识。因此，哈耶克又把基于这种感性意识支配的行为形成的秩序称为感性秩序。

在笔者看来，由感性意识支配的选择是有别于理性选择的另一种选择方式，笔者称之为感性选择。理性选择是运用逻辑思维，根据普遍性原则和一般规则，在明确的理性思维活动支配下展开的选择行为；感性选择概念还没有人做出明确界定，但就这个概念的一般含义而言，它被用来指那些在模糊的、被动的、尚未进入逻辑思维层面的感性意识活动支配下展开的选择行为。本文基于对理性选择和感性选择的通常理解来使用这两个概念。人们有时还从价值评价的角度，把理性选择看作正确的行为，而把感性选择看作错误的行为，这是本文所不能认同的看法。

虽然感性选择是初级意识活动支配下的选择行为，它在选择时对事物的认识似乎不像理性选择那样深入和明确，但是，同理性选择一样，它也是人们广泛使用的一种基本的选择方式，在社会生活中具有基础性的地位和作用。在中国的社会生活中，感性选择具有广泛性和基础性。康有为、梁漱溟和费孝通等在论述中国人的社会行为方式时，已经充分地讨论了中国人社会选择方式的感性特征，如亲情性、家族性、血缘性、圈子性和熟悉性等。这些行为特征都恰当地说明了传统社会中的中国人，在进行社会选择时，不是根据普遍原则进行逻辑推论，而是根据感性意识活动在人际关系中进行具有突出伦理特征的感性选择。在这个意义上，我们称中国人传统的选择方式是伦理的感性选择。

在中国传统经济生活中，重伦理的感性选择方式也具有广泛性和基础性。梁漱溟曾对中国传统经济生活中"伦理本位"的选择做了概括。

在他看来，家庭是中国经济生活的基本单位，中国人从家庭关系来看待各种人际关系，把师徒、同僚、乡党、朋友等人际关系"或比之于父子之关系，或比之于兄弟之关系，情义益以重"。这种"伦理本位"立场也成为经济生活的行为准则，"视其伦理关系之亲疏、厚薄为准，——愈亲愈要共，以次递减"。"具体表现为：父子、夫妇有'共财'之义（例如义庄、义田乃至一切族产，都是共财之一种形式）；兄弟、宗族有'分财'之义；亲戚、朋友有'通财'之义。""中国的这种'共财'、'分财'和'通财'之'伦理本位的经济'，与西方的'父子、夫妇异财'的'个人本位的经济'是区别的。"（梁漱溟，1990：168～169）可见，梁漱溟在经济行为的追求目标和选择秩序等方面把中国伦理本位的经济同西方个人本位的经济明确地区分开了。由是论之，如亚当·斯密等西方经济学家所论，经济人按照经济原则去追求利益最大化的理性选择，不适合用来指称中国人伦理本位的经济行为，而应当用伦理感性选择代称之。

费孝通对中国人的社会行为包括经济活动的伦理秩序和感性特征做了更深入的论述。费孝通指出，以土为本的中国人不是在团体格局中按照法律或规律等普遍原则开展社会行动，而是在家庭关系基础上，通过血缘关系、亲情关系和熟悉关系，在以自己为中心的水波纹般扩散开的差序格局中开展社会行动。虽然差序格局中的社会行动不像西方团体格局中的社会行动那样有界限清楚、概念明确、原则普遍的规则性，但是，它有自己特殊的规则性，即作为传统和经验发生作用的"礼"（费孝通，1998：50～51）。

通过对中国社会生活"礼治秩序"的论述，费孝通进一步阐述了中国人社会行为的伦理性，还充分揭示了中国人社会行为的感性特征。费孝通指出，"乡土社会秩序的维持，有很多方面和现代社会秩序的维持是不相同的。可是不同的并不是说乡土社会是'无法无天'的，或者说'无需规律'"。"乡土社会是'礼治'的社会"，"礼是社会公认的规范……维持礼这种规范的是传统"。"传统是社会所积累的经验。""如果我们对行为和目的之间的关系不加追究，只按照规定的方法去做，而且对于规定的方法带有不这样做就会有不幸的信念时，这套行为也就成了我们普通所谓'仪式'了。礼是按照仪式去做的意思。"（费孝通，1998：49～51）

费孝通关于礼治秩序的论述，实际上也是关于中国人选择方式的论述。在费孝通看来，礼是中国人的行为规范，是对行为和目的之间的关系不用逻辑推论、不用计算预测的传统经验，是对人们的行为具有形象示范和象征规定的仪式。不用逻辑推论，只需直接效仿经验模式等，这些正是感性选择的基本特征。连同关于中国人在社会行为中依靠亲情、血缘和熟悉等关系的论述，费孝通令人信服地论述了中国人选择行为的伦理特征和感性特征。

还应当注意的是，从费孝通关于中国人选择行为的论述，可以得出这样一个结论，即与理性选择行为相对立的不仅仅是非理性行为，感性选择行为也是与理性选择行为相对立的。在国内关于理性选择问题的讨论中，以及在很多西方学者那里，与理性选择不同的选择行为一般被统称为非理性选择。非理性选择指那些没有利益最大化的追求目标，以及操作手段和操作过程不合逻辑、不合规则的行为方式或行为过程，其突出特征是违背科学原则，不符合客观规律，由本能冲动等非理智因素支配行为。

就费孝通论述的中国人的选择方式而言，显然不能称之为非理性的选择方式。因为中国人的选择方式既不像亚当·斯密所论经济人那样合规律地追求利益最大化，也不像西蒙、科尔曼等人所论社会人那样能科学地处理信息，合理地调整个人与组织的关系，有效地预测行为的影响与结果。但是，中国人也不是反规律、反原则、仅靠本能冲动去展开社会行为的，中国人的社会行为是有规则的，只不过这种规则是经过伦理化和经验化的感性规则而已。

我们还应当说明的另一个问题是：伦理化的选择行为并不一定是感性的选择行为。这里首先需要对伦理概念做进一步的界定。梁漱溟和费孝通等人所说的伦理关系，是指现实生活中实际存在的以家庭关系为基础展开的人际关系，并且，主要是指广大基层社会成员间的人际关系，只有在这种现实的百姓日常生活层面，说中国人的选择行为是伦理的感性的选择行为才是成立的。中国学术界关于中国传统文化和传统社会的研究在谈到伦理时通常是指作为道德律令的儒家伦理，即便是费孝通论述的中国乡土社会的"礼治秩序"，也并未忽视儒家伦理的影响，甚至可以说，"礼治秩序"就是在儒家传统的伦理道德影响下产生的。但是，无论"礼治秩序"与儒家伦理道德的联系多么直接，它都不是儒家伦理道德本身，而是经过经验化、仪式化、日常生活化的感性存在，是老百姓的日常生活秩序。

如果就孔孟提倡的伦理道德本身而言，特别是经过从董仲舒到程朱理学被严格规定的儒家伦理，它不仅不是感性的，而且是严厉压抑感性的理性原则，那些恪守这些伦理原则和道德律令的王公大臣、儒生士人的社会行为，也不可能是感性的社会选择，尤其是那些因"存天理，灭人欲"而被封为忠臣、义士和贞节烈女的行为，更是彻底压制感性欲望和感性选择的"理性"选择。不过，这种理性选择不是亚当·斯密等西方经济学家所说的经济人的理性选择，而是类似韦伯以基督徒的行为方式为基础概括出来的"价值理性"的选择行为，我们也可以称之为"伦理理性选择"。

"伦理理性选择"在中国封建社会受到了历代统治者的推崇，在各种政治手段和典章制度的维护下，成为封建朝廷和各级官府压抑人性、限制百姓的行为模式。然而，不管这种行为模式多么严厉、多么具体，当它进入日常生活领域时，都要经过以土为本的差序格局的亲情化、熟悉化、仪式化，才能被平民百姓接受。而经历过这些环节的儒家伦理已经失去了它的普遍性，成为在特定地域熟悉关系中的"礼治秩序"。特殊性的感性特征淡化甚至淹没了普遍性的理性特征，由此儒家伦理道德被感性经验化了。

在两千多年的封建社会中，历代统治者用儒家伦理教化平民百姓的感性行为从未间断，平民百姓的感性选择行为也接受着儒家伦理的理性教化。这种自上而下的理性化和自下而上的感性化，沟通了统治者和被统治者的控制形式与生存形式，但是，直至封建社会彻底崩溃，都未能实现上述两个层面的融合，统治者借助儒家伦理提出的理性选择，以及平民百姓在差序格局中展开的感性选择，一直作为两个对立的方面稳定地存在着。

二 理性选择主导下的感性选择自觉

尽管理性选择方式在中国经济生活中不可避免地遇到各种阻碍因素，但是，无论如何，理性选择都已成为中国经济生活的主导，它梳理中国经济的中枢神经，引导中国经济发展的方向，促使中国经济朝着理性化、制度化和高效化的目标迈进。这是理性选择在当代中国经济社会转型中责无旁贷的使命，而要想真正实现这个使命，理性选择面临的最重要的任务，莫过于以其思维方式和方法原则去影响与教化感性选择，提升感性选择的自觉性、创造性和社会性，进而在与感性选择协调互动中推动中国经济进一步发展。

感性选择是中国大多数社会成员的日常经济行为，是把决策层、管理层和专家系统制定的各项经济政策与经济规划付诸实践的现实力量。如果理性选择行为未与工人、农民和商贸饮食服务业从业人员的日常经济行为联系起来，就难以实现其功利追求和效率原则，而且，理性选择模型由于失去了最基本的现实力量或实践基础成为悬浮于空中的理性模型，因而不具有现实意义。

这里，我们把感性选择称为大多数社会成员的日常经济行为，旨在把它同主题化、专业化和组织化的经济行为区分开。由于参与者的出发点、意识水平、角色功能和追求目标等不同，不同的参与者进行的经济活动的性质是有区别的。譬如，在企业经济活动中，经理、经济师、生产科长和车间主任等，如果他们是称职的，那么，他们参与经济活动的出发点和追求目标都应当紧密地同自己的角色功能统一起来，而这些确定职位的角色功能都是有主题、有专业规定的。因此，他们的经济活动是主题化、专业化的选择行为，也就是理性选择行为。

虽然车间里的工人也有特定的角色限定和功能要求，并且有更具体的生产任务，但他们参与经济活动的出发点和工作目标却不是企业生产本身，而是企业生产之外的家庭生活，是未进入专业领域的日常生活，虽然他们的生产行为契合企业的理性选择要求，但他们的实践意识不一定达到自觉的程度，他们时刻想到的是日常生活的直接利益，是把生产活动、经济行为与日常生活境遇结合在一起的非主题、非专业化的心理过程和行为过程。

理性选择是清醒自觉的，而感性选择是模糊自在的，如何把这两种在中国经济生活中同时存在、缺一不可的因素协调起来呢？康德在论述人们的理性思维和感性意识的关系时指出：理性无感性则空，感性无理性则盲（康德，1993：71）。这个判断对理性选择和感性选择的关系而言同样成立。不过，康德做出这个判断时是把理性看成形式，而把感性看成内容。康德在《判断力批判》中还讨论了感性的一般形式——感受力、共通感，甚至认为感性也具有综合能力和创造能力。在这里我们无意深究这些意识论问题，旨在指出：感性层面的经济行为，虽然具有自在性、模糊性和保守性，但是，它具有自己的形式，也有自己的综合能力和创造能力，只不过它不能察觉到这些积极性。因此，首先面临的问题是如何使广大社会成员的感性经济行为由自在提升为自觉。

感性选择的自觉性，是指处于感性层面的人对自己经济行为方式或经济选择方式的自我意识。例如，人们在感性经济活动中并不一定对自己从事的经济行为进行概念理解、逻辑推论和数学计算，却可以对自己选择的目标、所处的环境、各种规则和制度因素的限制、个人的优势和长处，以及行为的直接结果等做出初步的判断，在此基础上克服感性选择的盲目性、不规则性和低效性，增强选择的明确性、规范性和效率性。

当感性选择提升到自觉程度后，是否意味着它已经转化为理性选择呢？我们的回答是否定的。区分感性选择与理性选择的根据并不是行动者的自觉性。事实也是如此，感性层面的行动能够选择就一定可以实现自觉，进一步说，自觉是人区别于动物的本质，何况直接指向实实在在经济利益的选择行为就更具有自觉性了。

感性选择和理性选择都具有自觉性，区别在于自觉的形式、内容和程度不同。感性选择的自觉性是经验层面上的，是在伦理关系和传统秩序中，通过具象性意识活动实现的，简言之，具有经验性、形象性和表层性；理性选择的自觉性是逻辑层面上的，是在规则的秩序中，通过概念性意识活动实现的。提升感性选择的自觉性，并不是要将之改变为理性选择，而是提升它的选择水平和选择能力。

同理性选择一样，感性选择的能力最重要的也是创造能力。一般说来，人们都把被动性和保守性看作感性行为的本质属性，应当说这种界定是有一定道理的。相对理性选择而言，感性选择因为受不善推论、缺乏计算和预测、追求目标的直接性等因素的限制，确实表现出被动性和保守性。但是，这并不意味着感性选择就不具有创造性了。感性选择的被动性和保守性与它的自觉程度较低有关，如果自觉性程度提高了，它不仅能够创造，而且创造出来的事物更具有积极意义。因为感性选择创造出来的事物一定是不脱离实践和感性存在的。马尔库塞曾把艺术作为感性的最高形式来论述感性行为的创造性。在他看来，艺术是以具体形象开展创造活动的，艺术创造的形象超越了直接性的感性存在。艺术通过这种超越现实的创造不仅具有了理想性，而且更重要的是具有了普遍性。艺术以超越现实的普遍性典型教化人生，引起对符合人类进步事业的共通感，由此发挥其他文化形式难以起到的作用（马尔库塞，1989：153）。这里，我们无法对艺术的感性创造性的意义和价值做更多论述，而是试图指出，感性选择不仅可以创造，而且可以创造出具有普遍性的事物，或者说，它具有普遍性的创造能力。

如果说感性具有普遍性的创造能力，那么，我们可以进一步推论：感性行为包括感性选择，可以走出由亲情、血缘、家族和熟悉关系结成的社会圈子，走出私人关系，进入社会层面，实现感性选择的社会化。这是感性选择克服自身局限性的重要环节，也是它接受理性选择的主张、规划和决策的重要前提。因为感性选择的直接性、经验性和圈子性，都与它局限于私人关系、亲情关系和熟悉关系直接相关，而这三种关系都不是社会关系。理性选择恰恰能够超越这些直接性的人际关系的限制进入社会层面，在广阔的社会关系中开阔自己的视野，并由此具备重逻辑、合规律、按一般性原则展开选择行为的特点。所以，当感性选择迈出社会化的步伐时，就意味着它开始打开自己的墙围，接受理性选择。

三　理性选择感性化与感性选择理性化

在理性选择理论中，一个让人们感到困惑的问题是如何实现非理性选择行为的理性化。笔者认为，在非理性选择行为中，由本能支配的选择行为是不能理性化的，因为本能不仅是无意识的，而且是反理性的，本能只有克服理性的压抑才能畅快地展开自身，本能始终意味着对理性的否定。然而，非理性选择行为中的感性选择行为是可以理性化的。但是，感性选择不可能在理性选择理论所期望的意义上实现理性化，即完全克服感性选择的弱点而成为理性选择。当传统文化、私人关系或伦理关系仍然在社会生活中占据重要地位，作为社会成员大多数的工人和农民的意识活动及行为方式仍主要处于感性层面，在这样的现实条件下，不仅不可能把作为选择行为主流的感性选择改造为理性选择，也没有这个必要。笔者主张有限的感性选择理性化，其基本内容如下。

首先，肯定广大基层社会成员从日常生活出发认识、参与和评价经济活动的合理性。这一点至关重要，因为承认这一点不仅意味着广大社会成员的感性选择在根基上是合理的，而且意味着承认经济生活的根基和基础就是日常生活。我们不应仅仅在经济活动中寻找经济生活的根基，也不应当仅仅在经济活动中寻找其他社会生活的根基。承认了这一点也就否定了感性选择完全理性化的主张，同时也肯定了有限的感性选择理性化的主张。专业化、组织化的经济活动可以被理性选择严格控制，而无主题的、直接面对生活本身的日常生活中的经济活动只能以模糊的、直观的感性状态展开，理性选择只能介入、引导它，却永远不可能彻底改变它。

其次，肯定理性选择对感性选择的引导性和感性选择对理性选择的可接受性。一般说来，人们在谈论感性活动和理性活动的关系时，首先是从意识活动的角度把二者区分开的，认为感性的是低级的，而理性的是高级的；感性只能被动地接受，而理性才能主动地理解。其实，感性也具有主动的理解能力，只不过理解的方式和展开的形式有所不同。按照韦伯的观点，社会生活中理解的基本形式是反思、体验和同情，虽然基层社会成员在经济活动中欠缺反思性，但他们的体验和同情不仅是真实的，而且是丰富的。按当代解释学的观点：理解的标志是对意义的领悟，意义有大小深浅之分，但只要领悟到某种意义，就已经进入了理解状态。就这些意义而言，可以说基层社会成员在经济生活中时刻都在进行理解，如果承认基层社会成员具有感性层面的理解能力，那么，就应当承认他们在感性经济活动中，不仅可以理解理性选择的某些主张，即理性选择可以引导感性经济活动，而且应当承认感性经济活动的理解方式与理性选择是不同的，理性选择只有将自己的逻辑推论和计算分析感性化，才能在感性经济活动中得到认可。

这里，我们已经提出了当代中国经济生活中的一个重要问题：理性选择如何感性化和感性选择如何理性化。人们往往只注意把感性层面的经济行为提升到理性层面，却忽视了理性层面的经济行为也要注意“下降”到感性层面。其实，这是两个互为前提的事情，对当代中国经济生活而言都是必要的。如前所述，在当代中国经济生活中，理性选择是主导，感性选择是主流，并且，主导是管理层和专家系统掌握和实行的，而主流是由大多数基层社会成员构成的，就此而言，主导必须有效地作用于主流才是主导，而主流应当接受主导才能保持主流的地位，否则主导和主流的地位都要发生变化。

在理性选择和感性选择的双向转化关系中，理性选择是主动的、积极的，并且承担着双向转化顺利实现的主要责任。这不仅因为理性选择具有逻辑推论能力、信息处理能力和比较分析能力，以致获得了明显强于感性选择的普遍化概括、预见性推测和计算性评价的优势，而且因为只有理性选择首先感性化，才能引发感性选择理性化。理性选择是概念原则和逻辑规划，当理性选择仅仅以概念和逻辑表现时，对于感性选择来说是难以理解的，只有将这些概念逻辑具体化为感性目标或感性存在，感性选择才能理解和接受理性选择，否则理性选择在感性选择面前只能被作为一个陌生的对立物存在，感性选择的理性化也就难以实现。

虽然理性选择在与感性选择的双向转化关系中居于主动地位，但是，这并不意味着感性选择由于自身的被动性而使意义有所削弱。因为感性选择是理性选择的基础，所以，在理性选择与感性选择的双向转化关系中，感性选择的理性化也具有基础地位。尤其重要的是，就主导和主流的关系而言，中国经济现代化或理性化是顺应世界历史潮流的，因此，理性选择的主导地位不可动摇。在这个前提下，就一定要实现感性选择的理性化，否则理性选择可以重建自己的存在基础和行为基础，原有意义上的感性选择的基础地位就要动摇，感性选择的主流地位也要随之变化。

感性选择要想保持自己的主流地位，就必须接受理性选择的主导。因为理性选择的主导地位如果改变的话，那么，感性选择不接受理性选择的主导就会向另一个方向流动，或者另外选择一个与理性选择不同的主导，或者丧失自己的主流地位，被另外一种与理性选择协调一致的社会选择行为替代，由主流变为支流。从中国经济生活中感性经济行为的现状来看，后一种情况变成现实的可能性较大。然而，如果感性选择的主流地位被取代，就将加快广大基层社会成员向下流动的速度，中国社会的两极分化将更加严重。

参考文献

布迪厄，2003，《实践感》，蒋梓骅译，译林出版社。

布迪厄、华康德，1998，《实践与反思》，李猛、李康译，中央编译出版社。

凡勃伦，1997，《有闲阶级论》，蔡受百译，商务印书馆。

费孝通，1998，《乡土中国　生育制度》，北京大学出版社。

哈贝马斯，1999，《公共领域的结构转型》，曹卫东、王晓珏、刘北城、宋伟杰译，学林出版社。

哈耶克，2000，《致命的自负》，冯克利、胡晋华等译，中国社会科学出版社。

哈耶克，2001，《哈耶克论文集》，邓正来选编译，首都经济贸易大学出版社。

吉登斯，1998，《社会的构成》，李康、李猛译，生活·读书·新知三联书店。

康德，1964，《判断力批判》，宗白华译，商务印书馆。

康德，1993，《纯粹理性批判》，蓝公武译，商务印书馆。

康芒斯，1963，《制度经济学》，于树生译，商务印书馆，1963。

康有为，1998，《大同书》，《康有为大同论二种》，生活·读书·新知三联书店。

科尔曼，詹姆斯·S.，1999，《社会理论的基础》，邓方译，社会科学文献出版社。

科斯、诺思、威廉姆森等，2003，《制度、契约与组织》，刘刚、冯健、杨其静、胡琴等译，经济科学出版社。

梁漱溟，1990，《梁漱溟全集》，山东人民出版社。

刘少杰，2002，《中国社会转型中的感性选择》，《江苏社会科学》第 2 期。

刘少杰，2003，《理性选择研究在经济社会学中的核心地位与方法错位》，《社会学研究》第 6 期。

刘少杰、潘怀，2003，《制度场转变中的感性选择》，《吉林大学社会科学学报》第 2 期。

马尔库塞，1989，《审美之维》，李小兵译，生活·读书·新知三联书店。

斯密，亚当，1965，《国民财富的性质和原因的研究》，郭大力、王亚南译，商务印书馆。

韦伯，马克斯，1997，《经济与社会》（上），林荣远译，商务印书馆。

西蒙，赫伯特，1989，《现代决策理论的基石》，杨砾、徐立译，北京经济学院出版社。

郑大华，2000，《民国乡村建设运动》，社会科学文献出版社。

Guilltn, Mauro F. and Randall Collins 2002, "The New Economic Sociology", *Administrative Science Quarterly*.

Smelser, N. and R. Swedlberg 1994, *The Handbook of Economic Sociology*. Princeton University Press.

生活质量测量方法研究 *

周长城　饶　权 **

一　生活质量研究：共同关注的问题

生活质量的含义与测量维度是生活质量研究中的两个重要议题，无论是经济学家，还是社会学家，抑或是其他社会科学家，都在各自的领域理解生活质量。经济学家认为生活质量是生活福利的改进，强调生活质量的物质性和可操作性，社会学家则认为生活质量的研究源于社会学领域对社会问题的关心，是对生活各个方面的评价和总结，它偏重于从人们的主观现实出发来测量心理上的满足感、幸福感和生活充实感。生活质量研究中，人们关心的是决定人们生活感受的"瓶颈"问题，而不仅仅是其物质性与社会福利的改进。但他们所关心的都是同样的问题，即在科学技术进步和经济增长的历史条件下，如何正确评价人类的实际发展状况，如何科学地把握人类生活的社会环境。

虽然不同的学科领域对生活质量的理解不同，但对生活质量的表述都体现了一种达成共识的趋势。第一，生活质量是一个多方面的研究对象。生活质量的构成通常分为两个主要方面，即主观方面和客观方面。客观的生活质量涵盖了生活的有形方面和可以客观证实的方面，主观的生活质量则涵盖了对生活的主观看法，这些看法可以通过对生活满意度和幸福体验的测试得以量化。第二，就生活质量的客观方面而言，生活

---

　*　本文原载《数量经济技术经济研究》2001 年第 10 期。

　**　周长城，武汉大学社会学院教授；饶权，国家图书馆馆长（该文首发时为国家发改委生活质量处处长）。

质量应能反映关于客观的健康状况的文化规范。例如，西方发达国家的某些文化规范以及追求物质财富、生理健康和拥有亲密关系等，这类文化规范的倾向性选择反映了生活质量定义越来越复杂。第三，生活质量的主观方面被称为主观生活质量和主观的健康。人们对其生活的某一方面的衡量是不同的，这种现象与生活质量的衡量方法有很大的关系。第四，合适的定义应清晰明确，具备很强的操作性。但令人奇怪的是，相当数量的研究者所做的定义未能满足这一要求。显然，可操作性对于一个定义的启发作用是非常必要的。第五，对生活质量的任何定义必须对所有生活状态下的所有人都是同等适用的。这一要求非常关键，因为当对人口中亚群体的生活质量进行定义时，通常以对于普遍群体不可适用的方法进行。

二　生活质量的定义及其特点

生活质量概念的拓展以及内涵的多样性都是社会发展不同阶段的反映。迄今为止，生活质量的概念大多来自发达国家的学者。作为发展中国家研究生活质量，尤其是站在政府的角度、从社会的宏观层面来探讨生活质量的学者，将生活质量定义为"社会提高国民生活的充分程度和国民生活需求的满足程度，是建立在一定的物质条件基础上，社会全体对自身及其自身社会环境的认同感"。

从此定义出发，我国现阶段生活质量的研究应具有以下特点。①将生活质量限定在生活质量的客观方面。原因有两点，首先，生活质量的研究应该与经济社会的发展相适应。对经济发展尚处在较低级阶段的社会来讲，国家在制定社会发展战略时，中心目标是社会为国民生活提供充分的物质基础，使国民生活的需求得到一定的满足。其次，作为用于考察国民总体生活状况的概念，考虑的不仅仅是某一局部的利益、某一局部的发展，不是以部分人的利益为考虑问题的宗旨，而是以全国大多数人的利益为出发点。②生活质量应较少涉及个人生活层面，而以社会条件层面（公共领域）为主。社会发展的终极目标是提高人的生活质量，是使社会中的每个人都生活得幸福，从这个意义上讲，研究生活质量应该着重生活质量的个人层面。但是，社会层面的总体生活需求满足是个人层面生活质量提高的前提，同时从我国社会发展的实际以及人的生活的需求程度和阶段性原则出发，目前拟从生活质量的社会层面着手，以社会为公共领域提供的生活需求满足程度为首要目标。③应着重从两个方面来评价生活质量，即社会改善国民生活的充分程度以及国民生活需求的满足程度。社会改善国民生活的充分程度可用"人民生活质量保障状况"表示，包括经济系统、社会系统和自然系统。同样国民生活需求满足程度也包括这三个系统。④生活质量研究主要考虑与社会发展以及生活质量直接相关的因素，而对影响人民生活的间接因素不过多地考虑。

三　生活质量的测量方法与原则

（一）主观指标与客观指标

在生活质量的测量中，主观与客观指标都已得到广泛的应用。生活质量指标的作用在于：首先，告诉人们发生在生活中的社会条件、社会过程以及社会潮流；其次，能够被发展为预测将来变化的模型；再次，有助于认定以及关注社会问题，提出解决社会问题的方法；最后，有助于评估政策和社会计划的有效性。

客观生活质量指标备受经济计划官员和经济学家的青睐，而且已被证明在农村和都市以及国家层次的研究中是十分有用的。这一领域早期的研究者使用跨文化的客观指标测量生活质量，依据的是基本生活必需品如食品、衣物以及他们认为对所有文化背景的人而言都必不可少的物品。1990年，设在华盛顿的人口问题协会发表了一篇广为人知的研究报告，其中使用了10个客观指标对全球最大的100座人口超过200万居民的大都市进行排序。这10个指标完全是客观指标，即公共安全、食品费用、居住空间、住房标准、通信、教育、公共健康、和平与安静程度、交通流量和空气清洁度。

另外，社会学家与心理学家经常使用的是生活质量的主观指标。主观指标是个人层面的，被用来测量个人的生活满意度，也就是说，主观指标代表的是一种主观的、内省的、以个人经验为基础的概念，有些学者指出需要对个体和集体视角进行检验。为确定评估主观生活质量的标准，他们提出了以下几个视角："自我"、家庭、邻里、工作场所、城市、国家、世界。健康是"自我"层次的标准，家庭生活是家庭层次的标准，政府是国家层次的标准。可以更为简洁的标准（个体的身体舒适感、心理的满足感）来认定满意水平。

生活质量是多维的，然而在获得测量生活质量的合适的指标过程中有件事情很重要，那就是指标必须有足够宽广的范围以包括所有被调查的社会成员的重要生活方面。因此，有人提出为了全面衡量生活质量，客观指标和主观指标要结合起来使用。客观测量方法包括有形的、能被客观检验的生活方面，而主观测量方法包括对生活感觉的测量，通常通过有关满足感或幸福感的问题来进行定量分析。客观指标的主要优点是它们建立在定量分析而非个人对社会环境的主观感受基础上。个人的幸福感是一种比建立在社会外部环境基础上的客观指标所假设的要复杂得多的体验。建立在经济测量基础上的高指标应该能够反映随着财富的增长而产生的更高的满意度，但是，生活质量不仅仅注重生活在一个物质丰裕的环境中，还包括更多的东西。就主观指标而言，主观幸福感测量的主要优点是它抓住了那些对个人来说非常重要的体验和经历。

许多学者对主、客观两类指标间的联系进行了广泛的研究，从研究的结果看，它们之间的因果联系并不如想象的那样密切。换句话说，如果客观指标高，并不一定说明人们的主观感受也好。反之，若主观感觉好，并不一定是通过客观的福利指数表现出来的。正如坎贝尔指出的，客观指标对主观生活指标的解释充其量只能达到 17% 左右。奥地利的 Veenhoven 曾经建立了由大约 93 个国家的主观生活质量调查问卷组成的幸福感数据库，可以预见的是，在富裕、自由、平等、有良好教育与和谐的社会中，HLE[①] 值一般比较高，但令人吃惊的是，他还发现 HLE 与失业、国民收入、收入平等或者人口特征没有特别大的联系，甚至教育这个对社会生活最有力的显示物，也对满足和幸福没有任何形式的影响。1993 年，蒂埃纳（Diener）通过对美国历史数据的大量分析发现，收入同主观福利的关联值非常低（r = 0.12），在人均收入达到 6000～8000 美元（1971～1975 年）后，SWB[②] 几乎没有什么变化。在收入增长到一定程度后，收入增长带来的心理回报就变得非常小。许多学者更强调文化、传统等非经济因素对主观生活质量的影响。

（二）应用指导原则

当创立指标时，能够限制生活质量衡量效用性的一些技术性问题可

①　HLE = Happiness Life Expectancy，即幸福生活预期。

②　SWB = Subjectlive Welfare Benifit，即主观性福利受益。

以采用一系列简单的原则来避免或减少。我们认为，除了通过参与的姿态以及与城市发展过程相联系外，一套有用的生活质量指标应具有以下特征：（1）可测量性——指标应该可量化；（2）基于现存数据——在可能情况下，指标应源于可依赖的现存的信息，以加速它们的使用并降低成本；（3）支付得起——用于集合和分析的指标的经济花费与时间应当通过之前确定的预算来获得保障；（4）基于时间序列——同种指标应在间隔规则的时间段来收集，这样变化才能被评估出来；（5）快速可观察性——数据收集后短期内兑现的指标比那些需要经过长期处理过程得到的指标更有用；（6）变化的敏感性——指标还应随情况的变化而改变，从而保证它们准确地反映现实；（7）广泛可接受性——指标应能得到使用者的理解和接受；（8）易于理解——指标应该以简单的形式表现出来，使大多数人能够理解；（9）平衡性指标——应该是中立的，并应考虑到测量过程中的积极与消极影响。

四　生活质量研究与测量应注意的几点

社会发展的终极目标是提高人们的生活质量。生活质量的含义林林总总，对生活质量的研究也永无止境。生活质量研究必须注意以下几点。

第一，生活质量研究是建立在经济社会发展的基础之上的，因此应充分注重生活质量指标体系建立过程中生活质量同经济发展的相互关系。国外生活质量指标体系的建立基本上遵循了三种模式——以经济学家为基础的扩展（GDP）账户模式、以社会学家为基础的社会性指标模式和以心理学家为基础的心理模式。美国、澳大利亚、奥地利、德国、意大利、英国、荷兰、瑞典等国的研究表明：从20世纪50年代到70年代中期，大多数发达国家的ISEW[①]随着GDP的增长而提高，但70年代中期以后，生活质量水平开始停滞或下降。

第二，生活质量的提高并非与GDP增长有确定的联系。莫里斯的PQLI[②]表明，当人均GDP在3000美元（按1981年不变价格计算）以下时，指数和人均GDP的联系比较紧密；当人均GDP在3000美元以上时，这种联系非常脆弱。埃斯特思的ISP也发现了收入对生活质量影响的类似

①　ISEW = Index of Sustainable Economic Welfare，即可持续经济福利指数。

②　PQLI = The Physical Quality of Life Index，即物质生活质量指数。

变化。联合国计划开发署的 HDI 实际也包含了收入报酬递减的前提。

第三，生活标准提高，但生活质量不一定同时提高。尤其在发达国家，虽然生活水平大幅提高，但人们的幸福感、满足感、创造力、潜能不一定同步提高，工作和休闲不一定更令人满意，居住的环境也不一定更令人愉快。因此，阿玛蒂亚·森提出，经济发展并不能自然而然地提高全体社会成员的生活质量，评价生活质量应有一定的价值前提：平等、根除贫困、扩大人的自由和选择的权利、维护生态平衡和实现公众参与决策。其中，扩大人的自由和选择的权利是发展的关键。因此，对经济发展的最终检验，不是普通的物的指标，而是人的（能力）发展的程度，是人的生活质量提高的程度。

第四，注重国家生活质量研究的变化。西方经济学家们认为"生活质量"必然是经济增长最后阶段的产物，而且仅为发达国家所独有，是有失偏颇的。其一，生活质量的诸方面并非为"追求生活质量阶段"所独有，而是每一经济增长阶段都存在的；其二，虽然在"追求生活质量阶段"，由于"质量部门"成为经济增长的"主导部门"而有可能使生活质量得以较快地提高，但这并不意味着其他阶段生活质量不能提高，相反，在每一阶段上，生活质量都可能有不同程度的提高，甚至可能超前提高。

第五，生活质量指标体系的研究需要跨学科的参与和贡献。几十年来，世界许多国家围绕生活质量的定量评估展开了深入持久的研究，产生了大量的成果，但是随着研究的深入，生活质量的内涵愈加丰富和复杂，一个完整、科学的生活质量指标体系的设计难度已超出人们最初的想象，用现阶段任何单一的方法都无法准确测算生活质量的真实水平。经济学越来越感到其出发点的基本哲学问题的重要性，社会学要考虑如何把宏观的社会过程同微观的社会感觉联系起来，社会心理学则需要加强对复杂的实际问题的考察和理解。总之，在一个完整的指标体系里，影响生活质量的主观因素和客观因素的综合实际上取决于各学科之间紧密联系的程度。目前，这样的多学科合作在两个领域里显得特别重要：健康和性别公平。公共政策必须制定有关健康以及与健康相关的财富分配的复杂决策，需要以一种不同于传统经济思维的方法来思考生活质量问题。对发展中国家而言，评价妇女的生活质量是一个特别重要的议题。

总之，当生活质量被看作影响人类生活的一切条件——国际环境、科学技术、经济、政治、社会、文化、教育、国防、外交、环境保护等——相互作用的产物时，与"生活水平""福利水平"等相比，它的内容就要丰富和复杂得多，提高生活质量也就成了当今发展观的真正内涵。只有整体社会的各个领域都得到发展，功能协调，结构完整，具备提高生活质量的充分条件和完备手段，才不至于产生严重失调和剧烈震荡。

通向市场的社会实践理论：一种再转向[*]

汪和建[**]

有关社会科学对新古典市场均衡理论的广泛批判（参见汪和建，2005）引发了一个有趣的话题，即当代经济社会学家是如何介入市场研究，并对其理论进行反思与修正的。本文旨在检视当代市场社会学中的三个主要理论，即作为主流的市场的社会结构理论、作为反思与修正的市场的新制度主义理论和经济制度的社会建构理论。本文将力图说明，无论是市场的新制度主义理论，还是经济制度的社会建构理论，其对市场的社会结构理论的修正或转向都是有限度的。当代市场社会学之再修正或再转向，应当是建立一种基于特殊行动理论的市场的社会实践理论。

一　再思市场的社会结构理论

市场的社会结构理论被学界视为当代经济社会学家对新古典市场理论的一个重大挑战。[①] 古典和新古典经济学从未认真思考过"市场从何而来"这一问题，然而，当代经济社会学家却恰恰在这一问题上找到了解释市场现象的新视点和路径。怀特（Harrison C. White）的解析是：生产

---

[*]　本文原载《社会》2009 年第 5 期。

[**]　汪和建，南京大学社会学院教授。

[①]　毋庸讳言，社会学自诞生以来就始终与经济学处于某种微妙的竞争关系之中。当以贝克尔（1993）为首的主流经济学家将其研究拓展、扩张到诸多社会领域，并且最终宣布以新古典经济学为核心的经济分析方法已成为"说明全部人类行为"的统一的方法时，它再次激起了社会学家对"经济学帝国主义"的愤慨。一些社会学家因此决定"以牙还牙"，即要靠自己的力量独立地在经济学的领地上，尤其是在其"经济学失败"的方面建立起一种新社会学研究。之后，他们将这类研究称为"新经济社会学"（New Economic Sociology），而市场的社会结构理论也被视为"新经济社会学"的重要组成部分。

市场是从社会网络发展而来的。① 他认为，"市场是由那些相互观察的生产者所组成的一个有形的生产者簇群（cliques of producers）"。在这一簇群中，"最关键的事实是，生产者要相互盯着对方（watch each other）"（White，1981b：543，518）。

按照怀特的观点，在一个由不同生产者组成的生产市场中，每一个生产者首先要依据与其他生产者在产品生产中的相似性和差别来判别其在整个生产体系中的作用，从而确定其在生产市场中的位置。其次，生产者要相互接触，彼此协商，以制定或理顺某种交易条件（如相互买卖中的定价）。只有确定了某种互惠性的交易条件，生产者们才能在这一给定的约束条件下谋求自己的最佳利益。同时，生产市场也才能在合作的基础上得以持续和自我再生产。这样，生产者之间的作用结构，即"相互盯着"便成为生产市场中的一个经济学家所根本没有看到的"显而易见的社会机制"（参见 White，1993；怀特，2003）。

怀特的相互作用理论的核心——通过相互观察和协商实现市场的自我再生产——来自经济学家斯彭斯（Michael A. Spence）。正是斯彭斯（Spence，1974）的"市场信号"理论——信号传递使信息不对称，市场得以维持——给予了怀特以极大启发，从而促使他"扩展其用途，并将其作为一般的相互作用理论，或社会控制机制理论的开端"（怀特，2003：112）。当然，怀特并没有简单采用斯彭斯的理性人分析方法。在他看来，这是"一种错误的方法"。相互作用理论只能以格兰诺维特（Granovetter，1985）所概括的行动的"嵌入性"（embeddedness）为假设前提。

为最终建立起一种"把生产市场看作作用结构的社会学观点"（怀特、埃克尔斯，1996：1054），怀特还就社会结构在市场运行中的独特作用进行了进一步的探讨。首先，他发现了作用结构在限定生产市场规模方面起着关键作用。他指出，"一个稳定的市场不可能容纳超过一打左右

① 新古典市场理论只局限于抽象地研究产品市场（或交换市场），怀特则选择了对更为有形的和"主宰了经济"的生产市场（production markets）进行研究。怀特的观点是，新古典市场理论至多只是一种纯粹的交换理论，而不是一种关于生产的市场理论。"经济学家从来未有发展出一个生产市场理论"，而"纯粹的交换理论并不能应用于生产市场"。在他看来，"经济学家根本没有看到生产市场的存在本身就有问题，没有看到作为一个显而易见的社会机制，这本身就说明有问题"（怀特，2003：113、117）。另外，值得提及的是，在1981年早些时候发表的另一篇文章中，怀特提出的是一种相似的"市场作为一种内生的角色结构"的思想（参见 White，1981a）。

的生产者"，"因为，生产者作用的确定依赖于生产者之间的比较，而作出这种比较的复杂性将随着生产者数量的算术增长而几何地增长"（怀特、埃克尔斯，1996）。其次，他肯定了社会结构作为市场自我再生产的条件的作用。怀特的见解是，市场自我再生产依赖于每一个生产者都可能在市场中占据一个特定的位置。这要求每个生产者依据与其他生产者的相似性和差别（作为一种竞争关系）来确定自己的作用。在此之后，他们还要与其他生产者共同制定或理顺某些交易条件（如定价）。每个生产者只有与其他生产者结成交易伙伴（这也意味着每个生产者都确定了自己在市场中的特定的位置），才能在一个生产市场中建立起"各种差异之间的相互匹配"，并使每个生产者在各自特定的位置上谋求相应的回报。如此，市场才能在生产者们的持续性合作中自我再生产（怀特、埃尔克斯，1996；White，1993）。最后，他指出了在市场内部和市场之间所普遍存在的"控制与自治的斗争"。生产市场是一个分工合作的体系，处于不同层次和不同位置的生产者其收益和权力都是不同的。在怀特看来，这种差别或许正是市场存在及其再生产的一个条件。但是，更值得关注的是，它由此而引发了控制与自治的斗争：处于较低位置的生产者一方面必须服从处于较高位置的生产者的"强硬规则"；另一方面也有维护其自主性的策略，如多结交一些交易伙伴或者同时在几个不同的生产网络中占有自己的位置。各生产市场之间也存在谋求控制和自治而引发的斗争。"尽管这些斗争没有改变市场中生产者的相对位置，但是，它们却可能推进或阻碍市场交易条件的安排。"（White，1993：171～172）

怀特有关控制与自治的斗争的见解有着特别的意义，即它构成了连接古典市场社会学与当代市场社会学的桥梁。在古典市场社会学家——例如韦伯（韦伯，1997：114）——那里，"市场斗争"（作为"市场上人与人的斗争"）有着更为广泛的实质性的意义（参见斯威德伯格，2003b：43）。而当代市场社会学家，尤其在作为怀特的后续者的伯特（Ronald Burt）和贝克（Wayne E. Baker）那里，市场斗争则变得只有某种形式性的意义：它成为微观市场中处于不同位置的参与者或宏观市场中处于不同位置的微观市场之间的纯粹的利益竞争。笔者以为，这正是"嵌入性"研究范式及其网络结构观所带来的优势及限制。

伯特的市场的社会结构分析旨在推进对微观市场的关系位置分析。他的一个贡献是，在对美国制造业投入—产出表进行分析的基础上，提出了一个用于描述经济行动者在市场结构中的地位的新概念："结构自治"（structural autonomy）（Burt，1982，1983）。伯特认为，一个经济行动者，如厂商，能否自治取决于以下三个因素：与其竞争者的关系、与其供应者的关系和与其消费者的关系。一个厂商如果没有或很少有竞争者、有许多而且属于小规模的供应者或许多而且属于小规模的消费者，那么，它将能取得最大限度的自治。伯特证实，厂商的结构自治的程度越高，其利润也就越大。他的研究还显示，厂商在高度的市场压力下，会倾向于"接收"（coopt）其竞争者，并通过各种方法包括互派董事来增加其利润。

伯特的另一个贡献在于对一个市场参与者的网络结构，即其关系位置是如何影响其市场竞争的问题所展开的分析（Burt，1992，1993）。为此，他提出了一个作为社会资本（social capital）形式的概念："结构洞"（structural holes）。伯特认为，一个市场参与者往往是带着三种资本即财务资本（financial capital）、人力资本（human capital）和社会资本投身于一个竞争性场域的。社会资本即参与者的社会网络，在很大程度上决定着财务资本和人力资本转化为收益的机会。特别是，当参与者的社会资本呈现为一种特殊的网络结构形式，即"结构洞"时，它就能为其提供更多的竞争优势。伯特（Burt，1993：74～75）将"结构洞"定义为一种"在两个接触者间的非重复性关系"。他认为，只要当事各方处于资源竞争状态，"结构洞"就能为其中介者（处于该结构中介位置上的"得利第三者"）带来"信息利益"（包括"进入管道"、"时效性"和"举荐"）和"控制优势"（从选择或居间调节中获得利益）。这一理论使他同时建立了两种新观念：一种是新竞争观念，即主张一个参与者的竞争优势不但取决于其资源优势，而且取决于其关系优势；另一种是有别于传统的[①]新企业家理念，企业家行为及其报酬是由一个参与者所拥有的在网络中的"结构洞"数量及由此获得的企业家机会决定的。

"结构洞"理论将竞争的社会结构分析（或更准确地说"位置结构分析"）推向了极致。同时，我们也看到，为韦伯所强调而在怀特那里尚存的对竞争中的权力和不平等关系的讨论亦已在伯特的理论中彻底消失了。

---

① 传统的企业家理论大多是基于某种文化及动机理论的。如韦伯（1987）是从追溯新教理论来解释17世纪资产阶级的合理经济态度及其行为的。麦克莱兰（David McClelland，1961）认为，一个人童年时期成就动机的形成对日后的企业家行为具有关键的作用。熊彼特（Joseph A. Schumpeter）（1990）则强调一种非功利性的动机，即"企业家动机"在激发创新中的作用（Burt，1993：91）。

正如伯特（Burt，1993：100）所说的，"结构洞讨论的焦点是，它是一个自由的理论，而不是权力的理论；它是一个有关协调控制的理论，而不是一个有关绝对控制的理论。它只是描述在一个作为竞争场域的社会结构中，个别参与者利用其关系在多大程度上影响着他们的企业家机会"。

同伯特一样，贝克倾向于把市场的社会结构分析视为对传统市场经济理论的一种反击，同时，他也更为注重将微观市场网络与宏观市场网络结合起来进行研究。他对新古典市场理论的批评是，"由于'市场'通常是被假设——而不是被研究——因而大多数经济学家只是隐含地把'市场'作为一个'无特质的平面'来进行分析"（Baker，1981：211）。在他看来，真实的市场——与经济学家的假设相反——不是同质的，是一种社会性的构造（socially structured），分析该构造便成了其博士学位论文"作为网络的市场"研究的主要任务（Swedberg，1994：268）。

从贝克（Baker，1984）以后陆续发表的论文中，能够更清楚地看到他是如何对一个特定的市场——一个国家证券市场——的社会性构造进行分析的。他先将该市场的社会性构造概括为行为假设、微观网络模型、宏观网络模型及价格后果等四个组成部分，由此来比较两种不同的市场理论，即新古典市场理论和市场的社会结构理论，是如何看待市场中的社会结构的存在及其对价格变动的影响的。他认为，在新古典"理想型"市场模型中，行动者被假设为"无限理性"且不存在"机会主义"。因此，行动者的微观网络是开放的和易扩张的，由此形成的宏观网络也是无分化和同一的。在这种市场模型中价格被视为趋于稳定。但是，在经验的市场社会结构研究中，行动者被假设为有限理性并存在某些机会主义行为。在此行为预设下，不难发现，行动者的微观网络是有限制性的。限制性可能导致两种不同的市场网络：规模小且未分化的微观网络（XYZ）和规模大且分化的宏观网络（ABC）。两种市场网络对价格波动有着不同影响：小而密集的微观网络有益于人际沟通，因而能抑制价格的无常波动；相反，大且既分化又松散的宏观网络由于阻碍了行动者之间的沟通，因而会导致价格的急剧波动。贝克的研究纠正了新古典经济学关于参与者越多市场越完善的错误观点（参见 Swedberg，1987：114）。同时，该研究也显示出了不同的社会结构模型在微观和宏观两个层次上对市场运作所产生的（包括某些负面的）不同影响。

市场的社会结构理论尚未系统一致。即便如此，上述检视已使我们获得了对市场的社会结构理论的基本判断。该理论的着重点乃在于强调：

①市场是一种社会性构造；②社会结构模型对于市场运作具有关键作用。这些思想意味着市场理论研究的一种"革命"，即从主流经济学对市场进行抽象的说明，转变到对特定的市场进行经验观察并对其形成和运行的社会机制予以分析。市场的社会结构分析可能增进人们对一个真实市场的建构与运行的过程及其可能的社会条件的认知。然而，另一方面，必须看到，该分析方法存在一些重要的限制。

首先，市场的社会结构分析存在过度强调社会结构因素的局限。强调经济生活中的社会结构变项，的确具有修正新古典经济学中的原子化决策假设，从而在该"经济学失败"的方面建立起"新经济社会学"的独特研究的功效。但是，它也使这种研究"作茧自缚"，即在其凸显社会结构之作用的同时，遗弃了对其他可能影响经济生活的文化、政治或法律因素的考量。事实上，包括经济社会学家在内的许多批评家已经指出结构主义方法的这一缺失。兹利泽（Zelizer，1988）曾将缺乏文化分析的结构方法形容为"社会结构专制主义"（social structural absolutism）；弗雷格斯坦（Fligstein，1996）、祖克和迪马吉奥（Zukin & DiMaggio，1990）则批评这种方法缺少对作为相关因素或嵌入背景的法律 - 政治变相的考察；斯威德伯格（2003a：4～5）则批判这种方法"不恰当地把实际发生的每一件事都视为社会关系的独一无二的结果"，并且缺乏对社会关系中的行动者利益的关注。

其次，斯威德伯格的批评涉及结构主义方法的第二个重要限制，即其忽视行动者的主观性的存在及可能的行动策略的选择。过度强调结构因素，必然导致对行动的主观意义及过程的忽视。虽然怀特受经济学的影响，十分重视所谓"根据行为人来构建理论"的原则（见怀特，2003：119），但是，他的"一般相互作用理论"仍然是不充分的，因为，它并不是建立在对行动者的主观性及能动性进行考察和理解的基础之上的。因此，我们不难在其相互作用理论中发现，他常常在行动主义和结构主义两端之间无奈徘徊，而其中行动者也被不断变换其特性，即要么被作为追求自我利益最大化的理性人，要么被视为嵌入某一社会结构因而注定要与其他行动者相互作用的机械人。

在贝克那里，那种意在将结构分析建立在行动分析基础之上的信念显得更加明确。但是，其简单模仿威廉姆森（威廉姆森，2002）而将行动者预设为有限理性和具有机会主义本性的做法，只能表明他并未真正想去理解行动者的主观意义及相应的行动策略。再看伯特，其研究策略有了根本的变化，他已不把行动主义当作结构主义分析的不可或缺的基础。他强调，行动者的特质与竞争的社会结构的解释毫无关系，"竞争是一种关系而非参与者特质的展现。有关结构洞的讨论不再使用参与者的特质作为解释的依据。结构洞因果分析的单位，是环绕着参与者的关系网络"（Burt，1993：96）。如此，结构分析完全驱逐了行动分析。

激进的结构分析方法固然有其特定的解释力，就像"结构洞"理论所显示的，它能较好地解释行动者处于怎样的网络位置能使其获得更多的信息和控制利益，从而使其拥有更多的竞争优势。然而，这并非意味着结构主义解释没有限制。实际上，它只是一种形式化的"理想型"的解释模型，因而，其难以涵盖和解释许多（尤其是在"其他社会"存在的）可能的例外。① 要对各种"例外"（尤其是反"结构洞"的现象）进行解释，唯有加入对特定行动者的信念以及行动者之间关系的实质性理解。

最后，与其相关的是，排斥行动分析或行动分析不充分直接导致了结构分析方法的第三个重要限制，即使该方法成为一种静态的分析工具。结构分析方法犹如摄像技术，能够对在一个特定时间和地点上存在的"物件"，即社会关系网络予以清晰的显示，并借助某些概念工具对该"成像"（网络结构的形态及某些行为意涵）予以分析。然而，一个无可否认的事实是，这种分析理念的核心——通过结构（这一外在属性）推论或预测行为——是静态的和机械的。它并不能帮助我们获得对那些处于特定的网络结构中的行动者的真实意图及行动的内在逻辑的理解。而缺乏对行动者的主观意图及行动的内在逻辑的理解则正如结构分析方法所面临的困境那样，它既难以说明它所显示的那个特定的关系网络结构是从何而来的，也不能解释这一结构将向何方变动。没有"主体过程"及"实践感"的社会（网络）世界，充其量"犹如从远处和高处观赏的一出戏，一场演出"（布迪厄，2003：40）。

---

① 例如，在中国社会，正如林耀华（1989）在《金翼：中国家族制度的社会学研究》中提供的一个案例所表明的，如果组成结构洞的关系是"强关系"（人情关系），那么，处于中介者地位的行动者（王一阳）将不可能在他的两个"非重复的接触者"（黄东林和钱庄老板）之间扮演"得利第三者"的角色，而是会去尽力扮演一个利他主义的协调人的角色。当然，他或许相信他的作为会在未来给他带来某种可能的（但有风险的）回报（在《金翼：中国家族制度的社会学研究》中这种回报意外地发生在了他的后代身上）（参见汪和建，2003）。

那么，为什么结构分析方法会伴有这些根本性的限制呢？依笔者之见，一个重要原因在于，所有的结构社会学家都赞同并以"嵌入性"假设作为其研究的基本范式。"嵌入性"假设（Granovetter，1985）的提出，使新的社会结构分析（或谓"结构社会学"）获得了一个共同的理念，即将所有的社会行动（包括经济行动）都视为嵌入某一具体的社会结构中并受之限定。这一理念的形成，不仅使"新经济社会学"研究成为可能（因为其预设了即使是在现代社会，经济行动也是嵌入社会结构中的），而且，更重要的是，确立了该研究的基本路径，即研究社会结构对经济行动的限定或影响。

然而，事物的另一面，恰恰是这一研究视点和研究路径的确立，使社会结构分析（包括市场的社会结构理论）携带上了上述检讨所显示的三大限制。在笔者看来，这正是格兰诺维特将波兰尼（Karl Polanyi）（2001）原初宽泛的和具有历史感的"嵌入性"观念转变为一种狭隘的、一般化的"嵌入性"假设所带来的代价——一种"两难选择"：要凸显社会结构因素（这正是"经济学失败"的地方），便不能不将"嵌入性"概念从广泛的文化－制度嵌入缩减为单一的社会结构嵌入；要最大限度地运用社会结构分析方法（尤其是定量分析），便不能不压缩与文化－制度直接联系的主体意识和选择的空间。结果，社会结构分析便无法不沦为一种社会结构拜物教，一种反文化－动机和反历史的静态的分析工具。

二 作为反思的市场的新制度主义理论

对市场的社会结构理论予以建设性反思和批判的莫过于以倪志伟（Victor Nee）为代表的新制度经济社会学家。20世纪90年代以来，倪志伟即开始倡导一种新制度主义的市场研究。虽然市场的新制度主义研究迄今尚未达到系统和统一，但是，其确立的两个基本的研究取向，即"把市场作为制度和社会结构加以检验"和"把市场转型作为一种社会转型，而不仅仅是经济协调机制的转变来加以检验"（倪志伟、马蕊佳，2002：601），正好分别构成了对市场的社会结构理论，以及对中国（或社会主义国家）研究中的"国家中心论"的一种反击或修正。

先让我们来看看新制度主义的第一个研究取向——"把市场作为制度和社会结构加以检验"——中所包含的一些有意义的思想与方法。首先，该研究取向蕴含着一种广义的或扩展的"嵌入性"假设，即把市场不仅看成是嵌入社会结构中的，而且是嵌入社会制度中的。扩展的"嵌入性"假设意味着新制度主义要同时在两线作战：一方面要反击那种"把市场视为简单的交换媒介或地点"的新古典主义的市场分析；另一方面又要纠正那种把市场仅仅视为一种社会结构的结构主义的市场分析。在新制度主义者看来，后者更为急迫和重要。因为，市场的社会结构理论有可能成长为一种与其他社会科学相脱离的新的专制主义的理论，而抑制或纠正这一理论的一个可能的办法是将格兰诺维特的单一的"嵌入性"假设重新回复到波兰尼的多元的"嵌入性"概念上来。在波兰尼（1989，2001）的"嵌入性"概念中，经济（包括"市场交换"）是嵌入广泛的经济与非经济制度之中的。

扩展的"嵌入性"概念，直接引导着新制度主义者对制度与结构的作用重新予以认知。与结构主义者（参见 Granovetter，1985）倾向于摒弃制度因素不同，新制度主义者倾向于将制度与结构视为两种不同的社会资本。在结构主义者看来，社会结构或关系网络之所以成为社会资本是因为它能帮助其成员通过利用网络中的社会资源而实现其私人利益（参见 Lin，1982）。但是，在新制度主义者看来，这种利益的实现可能是以"机会主义者的短期收益"甚至"集体利益遭受损失"为代价的。因此，制度或规范作为另一种社会资本便具有独特的意义，"规范之所以成为社会资本，在某种程度上是因为它能够解决社会困境，否则个体以集体利益为代价来追求私人利益就会导致次优的集体后果"（倪志伟，2004：99~100）。在倪志伟看来，把规范作为社会资本的另一个优点是，"它使获取规范对个体和群体表现的影响进行连贯预测成为可能"（倪志伟，2004：100）。

扩展的"嵌入性"概念，还使新制度主义者主张将社会结构的作用限定在与地方性制度运作相结合的较低的层次上。新制度主义者的一个观点是，构成市场转型的制度变迁是在全国、地区和地方三个层次上发生的。全国（包括地区）层次上的制度变迁，主要通过国家和政府组织实现。而"在地方层次上，制度变革集中在支持经济活动的社会网络结构和制度设置的改变上。对与政府官员的纵向关系的依赖的偏离往往伴随着更多地依靠联系社区内外经济行为人的社会网络"（倪志伟、马蕊佳，2002：591）。可见，社会结构或网络的作用，在新制度主义者那里是被限定的，而非像在结构主义者那里一样是被泛化的。

新制度主义的第一个研究取向还包含着一种不同于结构主义的有关

行动者的假设，即所谓"有情境约束的理性"的假设。按照倪志伟（2004：101）的解释，这是一种"厚重"的理性观，"在对理性的厚重考虑中，理解有目的的行为使得对行为者根据嵌入制度环境中的利益和成本所做选择的解释成为必要。一个社会的文化遗产也是重要的，因为习俗、神话和意识形态在理解行为者的心智模式时是至关重要的"。

虽然，"有情境约束的理性"并非全新的观点（韦伯基本上就持这一观点），但是，在当今结构主义笼罩下的市场社会学中，它代表了一种新的折中性力量，即一方面将结构分析的出发点从系统层次回复到个人层次，另一方面，又将个人行动置于某种特定的社会情境的约束之中，从而规定个体的理性选择应受到该社会情境所带来的种种影响（其中包括文化信仰对行动者的心智模式的影响）的制约。这将迫使人们将一个社会中的特定的文化、制度因素纳入对某种经济行动的产生原因的解释之中。可见，"有情境约束的理性"的观点，既非结构主义的一种转向，又非向新古典主义的一种简单的回归，而是一种"力图将功利主义解释和结构性解释整合到一种宏观社会学理论框架中"（倪志伟语）的努力。当然，这种努力尚未得到切实的研究与检验，其原因，在笔者看来，与新制度主义者一直热衷于开展狭隘的"市场转型"研究有关。

笔者之所以把有关"市场转型"研究视为"狭隘的"，是因为该研究遵循了或集中体现了新制度主义的第二个研究取向，即"把市场转型作为一种社会转型，而不仅仅是经济协调机制的转变来加以检验"。这一研究取向直接导致了新制度主义者将市场转型的社会后果，而不是市场转型本身即转型国家中的市场建构过程，作为其研究的中心。泽林尼（Szelenyi，1978）是该研究的引路人。他猜想，如果在社会主义国家再分配是产生新的不平等的主要机制，那么，市场的引入则可能起到矫正不平等的作用。倪志伟（2002）正是在承续这一猜想的基础上，提出了以中国福建农村研究为背景的"市场转型论"，其基本假设是：市场转型提高了直接生产者的地位，而降低了再分配权力者的回报。为此，他以三个相互关联的论题解释了市场转型何以对直接生产者更为有利。（1）市场权力论题：从再分配经济向市场经济的转型会引发控制资源及定价等权力的转移，这种转移有利于直接生产者。（2）市场激励论题：市场比再分配经济为直接生产者提供了更多的激励。（3）市场机会论题：向市场经济的转型会给直接生产者带来一种以市场为中心的新的机会结构及向上流动的新的渠道。总之，市场转型论指出了由再分配经济向市场经济的转型所导致的权力资源、激励机制和机会结构的变化，以及由这一变化所导致的社会分层的变动。

然而，市场转型论却遭到了许多社会学家的批评。他们质疑该理论严重低估了转型经济中拥有再分配权力者的力量及收入回报。罗纳塔斯（Rona-Tas，1994）首先以其对1989年前后匈牙利的考察为基础，提出"权力变型论"，认为拥有再分配权力者（干部阶层）能够将其权力转化成社会网络资源，再由社会网络资源变型为其占有的私有财产。随后，边燕杰与罗根（Bian & Logan，1996）通过对1978～1993年中国天津的研究，提出"权力维续论"，即主张拥有再分配权力的人，无论在遗存的再分配体制中还是在新兴的市场体制中，都能优先获得实惠。其他较著名的研究还有：白威廉和麦谊生（Parish & Michelson，1996）提出的"政治市场"论、华尔德（Walder，1995）提出的"政府即厂商"论，以及林南（Lin，1995）提出的"地方市场社会主义"论等。这些研究的共同之处（林南的研究应是一个例外）在于都强调了再分配权力或政治权力在市场转型及社会分层中的作用。

在笔者看来，这类反市场转型论研究功过参半，它的功绩在于发现了市场转型会造就一种内生于再分配经济从而具有再分配权力和其他政治权力高度渗透的"政治市场"，而其过失也在于它由此增加了对市场转型研究的"偏误"。首先，它基本上重复了"市场转型论"的狭隘的研究视界，即将研究的焦点集中在市场转型所导致的社会后果即社会分层的变化上，而非市场转型过程本身。我们看到，正是这一研究偏向使新制度主义市场理论偏离了主流市场社会学，即市场的社会结构理论的研究方向。其次，它强调对转型经济中的"内生于再分配体制的市场"即"政治市场"的研究，却忽视了对转型经济中同样存在并日益扩展的"外生于再分配体制的市场"（笔者将其称为"社会市场"）的研究。由于市场转型论者与反市场转型论者都未能清晰区分这两种市场（以及包括下面所述的它们持有两种完全不同的研究视角），因而，它们之间的争论在很大程度上已成了一场"哑巴与聋人"的对话。最后，反市场转型论的一个最大的退步，在于它重新退回到早期（20世纪50年代至20世纪60年代）中国研究（或广义称"社会主义国家"研究）之传统模式（"国家中心论"）上去了，而这正是作为新制度主义的市场转型论所竭力反对并力图纠正的。

市场转型论或许是因为依稀看到了研究那种新兴的外生于再分配体

制的"社会市场"的意义，即只有通过对这类市场的建构及运作的探究，才能有效解释中国转型所取得的重大成就，以及中国人所可能具有的市场实践的特质，强调将分析的中心从国家行为体系转移到社会体系及经济行动者的行动策略上来。正如新制度主义者所宣称的：转型社会的社会学研究要"把社会制度与结构更完善的纳入转型变化的原因和结果的解释中"，并且"强调国家中心论中未被顾及的问题，即经济与社会行动者的实践策略和斗争如何逐渐导致制度变迁"（倪志伟、马蕊佳，2002）。这正是我们赞赏新制度主义的地方。

然而，令人遗憾的是，新制度主义并未按其设计将"社会市场"的形成及运作作为研究的重心，而是在很大程度上仅仅将市场转型视为一种新的"机遇结构"——一种"轻描淡写"的制度变迁的结果，从而侧重于研究"作为机遇结构的市场为中心的制度变迁是如何导致转型变化的"（倪志伟、马蕊佳，2002：601）。在笔者看来，忽略对市场建构与运行的研究，不仅使市场转型论偏离了主流市场社会学（这导致其对市场的社会结构理论的修正作用甚微），而且也使其难以真正将分析置于对"经济与社会行动者的实践策略和斗争"考察与解释的基础上。

三 经济制度的社会建构：有限度的转向

新制度主义的反思在某种程度上激发了主流市场社会学从其内部对市场的社会结构理论进行修正。令人感慨的是，承担起这一使命的仍然是那位奠定了市场的社会结构分析之理论基础的格兰诺维特。从1990年开始，格兰诺维特便致力于构建他所谓的"经济制度的社会建构"理论（参见 Granovetter，1990，1992，2001；Swedberg & Granovetter，1992，2001）。他希望这一理论能够建立起一种关于经济制度的"动力学分析"，从而不仅超越新古典和新制度经济学对于经济制度的静态的功能主义分析，同时避免以往市场的社会结构分析的局限。为此，格兰诺维特（和斯威德伯格一起）将"经济制度的社会建构"理论建立在三个理念之上，即①来自知识社会学的"现实的社会建构"的概念，②出自经济学的"路径依赖发展"观念，③"社会网络"的概念。引进"现实的社会建构"（the social construction of reality）的概念，有助于形成这样一种观念，即所有的经济制度都是社会地建构的：经济制度并不是按社会需要构成的，相反，它们是由个体通过社会网络调动资源而建构成的。① 保持"社会网络"的概念，正是为了凸显其在制度建构过程中的重要作用。当然，要把动力学分析置于中心位置，还必须引入技术经济学中的"路径依赖发展"的概念，即不仅要看到作为其背景的已有的社会、政治、市场和技术的历史发展及制约作用，还要看到社会网络在其制度建构过程中的作用是变化的。在格兰诺维特与其学生麦圭尔（Granovetter & McGuire，1998）所做的 1880 ~ 1930 年美国电力产业的社会建构的研究中，他们的确证明了这样一种"路径依赖发展"：社会网络在产业建立的早期阶段具有关键性作用，一旦这种特殊的产业形式被"锁定"，网络的重要性便降低了；同时，其他的产业形式也渐渐被"挤出"。

经济制度的社会建构理论或许可能引导主流市场社会学研究的转向，即从市场的社会结构分析转向市场的社会建构分析。然而，笔者的看法是，这种转向是有限度的。原因在于，经济制度的社会建构理论并未能克服其三项构成理念或概念，即"现实的社会建构"、"社会网络"和"路径依赖发展"之间的内在矛盾。在伯格和卢克曼那里，"现实的社会建构"概念，它以表明制度或规范是通过行动者及其互动建构起来的为特征，不仅具有制度是人为的社会性建构的含义，而且还有着一种从行动者及其互动出发引出作为结构的制度建构的方法论个人主义的意涵。对于第一种含义，格兰诺维特已经完全接受，但对于第二种含义，他难以做出选择。因为方法论个人主义社会建构论与其保持的"社会网络"概念所内含的方法论结构主义是根本对立的。

格兰诺维特意在通过引进"现实的社会建构"概念，来增加对行动者在制度建构过程中能动作用的关注，但是，这并不意味着他要效仿伯格和卢克曼将行动者及其互动置于制度分析的中心；相反地，他坚持的是如何将社会网络保持在其分析的中心位置。由此，格兰诺维特并不太愿意对构成社会网络分析基础的嵌入性假设进行任何可能的修正。而这也在根本上决定了社会网络概念及其分析不仅在他的经济制度的社会建构理论中居于中心位置，而且依然具有浓厚的方法论结构主义色彩：行

---

① 这一概念包含了作为制度建构过程的历史。正如这一概念的创导者伯格和卢克曼（Berger & Luckmann，1966：54 ~ 55）所言，"离开理解它所产生的历史过程，想要正确地理解一种制度是不可能的"。

动者虽然被视为制度建构的主体，但是，客观外在的社会网络对于其建构经济制度的行动的影响——尽管可以辩解说存在行动者与社会网络的相互作用——总是被认为是最具关键性作用的。然而，问题是，这种方法论结构主义的社会网络分析如何又能与作为方法论个人主义的社会建构分析相接合呢？

此外，格兰诺维特试图通过引进技术经济学中的"路径依赖发展"概念，以显示制度建构是发生在已有的社会、政治、市场和技术的历史发展背景中并受其制约的。关注历史性因素的确是对纯粹和静态的社会结构分析的一个修正，不过，这种修正是有限的。因为，这些既有的社会背景因素所起的制约作用的性质和范围是被（潜在地）限定的。例如，它们并不会对行动者产生构成性的影响，也就是说，它们并不会透过内化对行动者的主观意志与利益取向产生作用，从而对其建构和利用社会网络来建构某种制度产生影响。这条可能的影响路径在嵌入性行动框架中是被扼杀的（在"现实的社会建构"的框架中同样没有分析位置）。这样，路径依赖发展便不是表现在行动者的身上和其行动过程中的，而是只表现在作为外部力量的既有的社会网络作用的变动和新产生制度的强制力上。显然，这是一种被方法论结构主义所建构的伪"路径依赖发展"。

四　通向市场的社会实践理论：再转向的可能性

正因为未能克服上述三个概念或理念之间的内在矛盾，或者说，未能将其真正结合起来，因此，笔者认为，格兰诺维特力图以"经济制度的社会建构"理论弥补市场的社会结构分析缺陷的努力遭遇了困难。要摆脱这一困难，一条可能的途径便是如笔者（参见汪和建，2006a，2007，2008）已在若干论文中尝试的那样，通过构建一种基于行动理论的社会实践理论，以理解具体的市场实践或其他社会实践过程。如果这条研究之路经得起更多的检验，那么，它将会造成当代市场社会学的一种再转向，即从市场的社会建构分析进一步转向市场的社会实践分析。

为建立市场的社会实践分析，首先，需要确定一种新的经验研究对象，即市场实践。将市场社会学的研究对象确定为"市场实践"——不妨将其定义为与市场建构及运作有关的所有的策略行动——能够更全面和动态地反映一种作为过程的市场，同时，这也将使我们能够将研究的焦点从"规则"或"社会结构"转向"实践"本身。将"规则"或"社会结构"置于研究的中心，极易犯两种错误，即要么犯方法论个人主义的错误（就像"现实的社会建构"概念所包含的那种试图从"不充分社会化"的个体及其互动那里引出制度建构的错误），要么犯方法论结构主义的错误（就像"社会网络"分析试图从某种外部的社会结构的形态出发推论行动者的行动所犯的错误）。而将"实践"也即市场参与者的策略行动作为研究的焦点，则可以避免这种极端和简单化的两分法的错误。因为，"实践"活动天然就具有将结构与行动以及建构与运作（规则或结构的再生产）结合起来的特性。

　　当然，更重要的是，要建立一种与市场实践的研究相匹配的理论。笔者力图建立的是一种基于特定的行动理论，即自我行动的逻辑的社会实践理论。"自我行动的逻辑"乃是一种从自我行动到关系行动，再到小集团或派系行动的逻辑进程，图1展示了这一行动的逻辑进程。

图1　自我行动的逻辑：从自我行动到小集团行动

　　这一进程之驱力根源在于中国人所特有的"自我行动"。自我行动不同于西方社会中的"个人行动"。虽然自我行动有着与个人行动类似的自主性和经济理性，但是，自我行动在本质上是一种受关系理性约束的自我主义的行动。"自我主义"和"关系理性"实为儒家文化之建构。不过，其功效有所不同：自我主义会受自我内在的经济理性所驱动，它将引导着自我以建构和利用其关系网络的方式实现自己的经济与社会目的；关系理性则试图建立一种差等性对待他人的理念，从而限定自我主义或工具性运作关系的范围。关系理性和自我主义既相互依存又相互对立，它们共同决定着中国人的自我行动及其向关系行动和小集团或派系行动转变的逻辑进程。

　　我们假定，正是中国人的自我行动的逻辑这一潜在、恒定的因素或力量在根本上支配和引导着中国人的市场实践，也就是说，自我行动的逻辑不仅决定着中国人的市场实践的特性，而且也在根本上引导着中国人的市场实践过程，即从自主经营到网络生产，再到派系竞争的实践逻辑的进程。这样，如图2所示，我们便获得了一个理解中国人市场实践的研究纲领与分析进路，即以自我行动的逻辑的理论图式，来探究和理解中国人的市场实践的特性及其内在关联（也即所谓"市场实践的逻辑"）。①

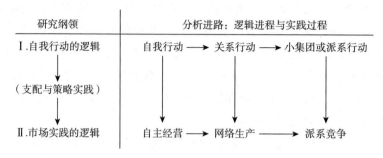

图 2　研究纲领与分析进路

　　笔者相信，上述努力能够得到来自布迪厄（2003；布迪厄、华康德，1998）的社会实践理论（social praxeology）的支持。布迪厄提出了一种旨在将结构主义与建构主义整合起来的社会实践理论。布迪厄认为，行动者是在"场域"中根据"惯习"开展其"策略"行动的。"场域"构成了行动者开展其各种策略行动的社会空间。在场域中，诸种客观力量——如社会准则和价值以及附着于某种权力上或资本形式的各种位置间的关系——被强加在所有进入该场域的行动者的身上。然而，这些外在力量并非在机械地约束着行动者，而是通过转化为一种内在的力量即"惯习"在支持和约束着行动者开展策略行动。惯习是那些经由外在结构内化而积淀于行动者身上的各种知觉和评价（或"各种性情倾向"）。惯习使行动者能够"以某种大体上连贯一致的系统方式对场域的要求作出回应"。用布迪厄（布迪厄、华康德，1998：19）的话来说，惯习就是"生成策略的原则，这种原则能使行动者应付各种未被预见、变动不居的情境"。这样，尽管"策略"中包含了一定程度的"即兴表演"，但在惯习的约制下，"策略"行动也大多是一种"客观趋向的'行动方式'的积极展开"（布迪厄、华康德，1998：27）。

　　布迪厄的社会实践理论的确为我们研究中国人的市场实践提供了诸

① 该研究纲领无疑强调理论具有一定程度的认识优先性。人类的智识决定其只能借助某些概念或某个理论体系才能进行观察和认知。如果没有对中国人行动的"有关现象所具有的根本关系结构的假设"（布迪厄、华康德，1998：37），我们又如何可能在一个光怪陆离的中国人的经济世界中，去发现市场实践的共同基础呢？又如何透过意识形态的争辩、繁杂的行动策略、众多的群体和歧异的个体去发现一般市场参与的动力和行动特征呢？

多启迪。不过，这一理论也并非完美无缺，其不尽如人意之处主要在于：①在"场域"概念中，强调由资本分配所决定的权力形式及其位置间关系，而忽视了由亲缘和地缘等社会纽带关系所决定的人际的权力和义务关系；②在"惯习"概念中，强调了外在结构的强制性植入的一面，而忽视了行动者在其内化或社会化过程中对外在结构的可能的选择性的一面；③在"策略"概念中，强调了行动者对惯习的规律性遵从的一面，而忽视或至少弱化了行动者自主和视情境而做的策略性变通的一面。① 由此，布迪厄建立的并不是一种真正将行动者的策略行动作为其研究焦点的社会实践理论。布迪厄承认"场域理论若要完备，就需要一种社会行动者的理论"（布迪厄、华康德，1998：20）。然而，他并不愿意提供一套有关社会行动的概念图式。在他看来，"惯习所产生的行动方式并不像根据某种规范原则或司法准则推演出来的行为那样，具有严格的规律性，事实上也不可能如此。这是因为'惯习是含混与模糊的同义词，作为一种生成性的自发性，它在与变动不居的各种情境的即时遭遇中得以确定自身，并遵循一种实践逻辑，尽管这种逻辑多少有些含混不清，但它却勾勒出了与世界的日常关联'"（布迪厄、华康德，1998：24）。不过，这种解释并不令人信服。这种混乱的解释，即将理论逻辑（概念图式）与实践逻辑相混淆，只能说明布迪厄在有关理论与经验关系上的矛盾：他唯恐人们用作为研究工具的（也会成为其研究结果的）理论逻辑代替作为研究对象的（也即日常世界中的）实践的逻辑，因而刻意降低或者拒绝其可能提炼的理论逻辑（概念图式），然而，他忘记了理论工作者的职责恰恰在于要和那些日常世界中的实践者区别开来，即要在布迪厄所谓的"含混不清"的实践逻辑中辨识出其逻辑以及决定这种逻辑的内在逻辑（内在力量）。事实上，布迪厄提供的社会实践理论正是这一理论工作的一个结果，尽管他提供的是一个仍显粗略或模糊的理论图式，并且再也不肯将其建立在一种明确的能真正显示行动者策略行动的规律性的行动理论的基础之上。另外，笔者相信，布迪厄将"惯习"视为"含混与模糊的同义词"，不仅夸大其词，而且也与其偏向结构主义的方法论相抵触。

---

① 此外，布迪厄将策略行动主要视为行动者根据其在空间里所占据的位置进行资源争夺，而相对忽视了他们之间可能存在的合作。而忽视策略性合作的存在，将无法研究诸如生产网络建构及其维护等许多市场实践现象。

这样，构建一种能够辨识出当代中国人的市场实践之内在逻辑的社会实践理论便成为必要。我们将中国人的市场实践置于"中国社会"这样一个历史和现实相结合的社会空间中来进行观察和分析，因而我们强调了使该社会空间得以类型化和延续的稳定的力量，即文化——尤其是作为主流的儒家伦理——在形成中国人所特有的社会行动即自我行动中的关键作用。这样，在我们建构的自我行动的概念中，虽然保留了作为人的行动的一般性特征即经济理性（作为构成自我主义的一个本源性的力量），但其两个基本构成要素即自我主义和关系理性仍然被视为一种历史的和文化的建构。这一概念既解决了"现实的社会建构"概念中的"不充分社会化"（结构主义缺失）问题，同时，也避免了布迪厄将"惯习"视为"含混与模糊的同义词"所带来的不可知问题。而这也使我们能进一步将构成自我行动的两个基本要素——自我主义和关系理性，同时视为引致自我行动变迁，也即从自我行动到关系行动，再到派系行动这一逻辑进程的基本力量。这样，我们才得以最终建构起一个能完整展示自我行动的逻辑进程的理论图式（如图1）。从该理论图式可以看出，我们已不但将研究焦点从规范或社会结构转向行动者的策略性行动，而且，我们已进一步将此策略行动视为一种有约束的策略性变通的过程。这说明，我们构建的亦是一种作为有约束的策略行动过程的社会实践理论。

五　结论

以上检视，可使我们清楚地认识到当代市场社会学兴起的重要意义及其进一步修正或转向的必要性与可能性。

市场的社会结构理论的建立在很大程度上是为了批判和替代正统的市场经济理论。正统的市场经济理论即新古典市场理论的错误在于，这种理论是建立在方法论个人主义基础之上的（参见汪和建，2005）。正是基于对这种狭隘的方法论的批评，结构社会学家们从一个相反的方面，也即方法论结构主义的方面，对市场建构及其运作进行了新的研究。尽管其研究不尽相同，但他们的一致性是显而易见的。这就是，他们都程度不同地采用了格兰诺维特提出的"嵌入性"假设，"嵌入性"假设构成了其方法论结构主义的基础。

结构社会学家们由此开展了一种不同于主流经济学的市场研究，即不是将市场放入个人理性行为的框架中进行推演性抽象解释，而是在嵌入性的思维基础上通过对某一具体的市场的经验观察和分析，得出市场形成及运作的社会机制。市场的社会结构分析已经掀起了当代市场研究的一种"革命"，然而，正如我们深思的，该研究和理论在取得巨大成就的同时，也内生出了若干限制性力量，包括：①过度强调社会结构的作用，②忽视行动者的主观存在及其可能的策略行动，③存在一种使社会结构分析成为静态的分析工具的危险等。这些限制是相互关联的。强调社会网络结构的重要性，会令研究者将结构分析的焦点集聚到网络结构本身，而不是将其注意力集中到作为建构和运作这种网络结构的主体的行动者身上。这样，即使（像怀特那样）承认市场的社会结构根源在于行动者的行动及其相互作用，也不可能做到对诸如行动者何以建构以及如何运作其网络结构的动机和行动规范进行观察与分析。如此，势必忽视文化、制度等因素的存在及作用。忽视了非社会结构因素的存在及行动者的变通性策略行动的作用，社会结构分析会变得与个人理性行为分析一样狭隘、静态（非历史性）和夸大其词。

　　作为方法论结构主义的批判者，新制度主义者力主重返波兰尼的多元"嵌入性"概念，以此将制度纳入当代市场社会学中的网络分析过程中；同时，通过设立"有情境约束的理性"的行动者假设，将有关制度与网络的关系的分析置于一种既可防止简单回归新古典主义，又能避免结构专制主义的社会行动的基础之上。然而，遗憾的是，他们并未能将这一思想运用到对市场建构及运作这类主流市场社会学研究的硬核部分，因而减弱了其对市场的社会结构理论的修正。此外，其倡导建立的"有情境约束的理性"行动究竟是一种怎样的社会行动理论，以及其是否真能超越方法论个人主义和方法论结构主义仍然令人无所适从。①

　　这样，修正市场的社会结构理论的任务又回落到主流市场社会学家那里。我们看到，格兰诺维特重构的"经济制度的社会建构"理论，具有弥补市场的社会结构分析的若干重要成分，如赋予行动者在制度建构过程中更大的能动性，同时关注历史性因素以及社会网络作用的变动。然而，其三项构成理念或概念即"现实的社会建构"、"社会网络"和

---

　　① 布迪厄曾将方法论上的情境主义（methodological situationalism）（将情境定位的互动的自然属性作为其分析的核心单元）认定为是对方法论个体主义和方法论整体主义的一种虚假超越（参见布迪厄、华康德，1998：16）。

"路径依赖发展"之间却存在方法论上的极大矛盾。这意味着，该理论在引领市场的社会结构分析的修正和转向中的作用是有限度的。

由此，我们认定，市场的社会结构理论的进一步修正或转向，应当是朝向建立一种基于特殊行动理论，即自我行动的逻辑的市场的社会实践理论迈进。新的研究路向有着多层意义，它将使我们能够将研究的焦点从"规则"或"社会结构"转向"实践"本身。同时，更重要的是，它不仅意味着重建了一种韦伯式的理解市场实践的方法，即从社会行动出发理解作为特殊的经济行动的市场实践，而且也是实现"新综合"（参见汪和建，2006b），即将结构分析与行动分析有效地融合起来的可能路径。

参考文献

贝克尔，1993，《人类行为的经济分析》，王业宇等译，上海三联书店。

波兰尼，1989，《巨变：当代政治、经济的起源》，黄树民等译，台北：远流出版事业股份有限公司。

——，2001，《经济：制度化的过程》，载许宝强、渠敬东选编《反市场的资本主义》，中央编译出版社。

布迪厄，2003，《实践感》，蒋梓骅译，译林出版社。

布迪厄、华康德，1998，《实践与反思：反思社会学导引》，李猛、李康译，中央编译出版社。

怀特，2003，《哈里森·C. 怀特》，载斯威德伯格《经济学与社会学——研究范围的重新界定：与经济学家和社会学家的对话》，安佳译，商务印书馆。

怀特、埃克尔斯，1996，《生产者市场》，载伊特韦尔等编《新帕尔格雷夫经济学大辞典》（第3卷），陈岱孙译，经济科学出版社。

林耀华，1989，《金翼：中国家族制度的社会学研究》，庄孔韶、林余成译，生活·读书·新知三联书店。

倪志伟，2002，《市场转型理论：国家社会主义由再分配到市场》，载边燕杰主编《市场转型与社会分层：美国社会学者分析中国》，生活·读书·新知三联书店。

倪志伟，2004，《新制度主义的源流》，载薛晓源、陈家刚主编《全球化与新制度主义》，社会科学文献出版社。

倪志伟、马蕊佳，2002，《改革中国家社会主义的市场转型与社会变迁》，载边燕杰主编《市场转型与社会分层：美国社会学者分析中国》，生活·读书·新知三联书店。

斯威德伯格，2003a，《经济学与社会学——研究范围的重新界定：与经济学家和社会学家的对话》，安佳译，商务印书馆。

——，2003b，《作为一种社会结构的市场》，吴苾婷译，《社会》第 2 期。

——，2005，《经济社会学原理》，周长城等译，中国人民大学出版社。

汪和建，2003，《人际关系与制度的建构：以〈金翼〉为例证》，《社会理论学报》
　　（香港）第 1 期。

——，2005，《作为"乌托邦"的市场均衡理论：一个概述性检视》，《社会》第
　　5 期。

——，2006a，《自我行动的逻辑：理解"新传统主义"与中国单位组织的真实的社
　　会建构》，《社会》第 3 期。

——，2006b，《经济社会学：迈向新综合》，高等教育出版社。

——，2007，《自我行动与自主经营——理解中国人何以将自主经营当作其参与市场
　　实践的首选方式》，《社会》第 6 期。

——，2008，《自我行动的逻辑：一个理解中国人市场实践的理论框架》，《中国研
　　究》（秋季卷），社会科学文献出版社。

威廉姆森，2002，《资本主义经济制度：论企业签约与市场签约》，段毅才等译，商务
　　印书馆。

韦伯，1987，《新教伦理与资本主义精神》，于晓、陈维纲译，生活·读书·新知三联
　　书店。

——，1997，《经济与社会》（上卷），林荣远译，商务印书馆。

熊彼特，1990，《经济发展理论——对于利润、资本、信贷、利息和经济周期的考
　　察》，何畏等译，商务印书馆。

——，1991，《经济分析史》（第 1 卷），朱泱等译，商务印书馆。

Baker, Wayne 1981, "Markets as Networks: A Multimethod Study of Trading Networks in a
　　SecuritiesMarket." (Ph. D. diss.) Department of Sociology, Northwestern University.

——1984, "The Social Structure of a National Securities Market", *American Journal of So-
　　ciology* 89.

Berger, Peter L. and Luckmann, Thomas 1966, *The Social Construction of Reality: A Trea-
　　tise in the Sociology of Knowledge.* New York: Anchor Books.

Bian, Yanjie and Logan, John 1996, "Market Transition and the Persistence of Power: The
　　Changing Stratification System in Urban China", *American Sociological Review* 61.

Burt, Ronald 1982, *Toward a Structural Theory of Action: Network Models of Social Struc-
　　ture, Perception, and Action.* New York: Academic Press.

——1983, *Corporate Profits and Cooptation: Networks of Market Constraints and Directorate
　　Ties in the American Economy.* New York: Academic Press.

——1992, *Structural Holes: The Social Structure of Competition.* Cambridge, MA: Harvard
　　University Press.

——1993, "The Social Structure of Competition", in Richard Swedberg (ed.), *Explorations in Economic Sociology*. New York: Russell Sage Foundation.

Fligstein, Neil 1996, "A Political-Cultural Approach to Market Institutions", *American Sociological Review* 61.

Granovetter, Mark 1985, "Economic Action and Social Structure: The Problem of Embeddedness", *American Journal of Sociology* 91 (3).

——1990, "The Old and the New Economic Sociology: A History and an Agenda", in Roger Friedland and A. F. Robertson (eds.), *Beyond the Marketplace: Rethinking Economy and Society*. New York: Aldine.

——1992, "Economic Institutions as Social Constructions: A Framework for Analysis", *Acta Sociologica* 35.

——2001, "A Theoretical Agenda for Economic Sociology", in M. Guillén et al. (eds.), *Economic Sociology at the Millennium*. New York: The Russle Sage Foundation.

Granovetter, Mark and McGuire, Patrick 1998, "The Making of an Industry: Electricity in the United States", in Michel Callon (ed.), *The Law of Markets*. Oxford: Blackwell.

Lin, Nan 1982, "Social Resources and Instrumental Action", in P. Marsden and N. Lin (eds.). Beverly Hills, Calif: Sage.

——1995, "Local Market Socialism: Local Corporatism in Action in Rural China", *Theory and Society* 24.

McClelland, David C. 1961, *The Achieving Society*. Princeton: Van Nostrand.

Parish, Willam L. and Michelson, E. 1996, "Politics and Markets: Dual Transformation", *American Journal of Sociology* 101.

Rona-Tas, Akos 1994, "The First Shall be Last? Entrepreneurship and Communist Cadres in the Transition From Socialism", *American Journal of Sociology* 100.

Spence, A. Michael 1974, *Market Signaling*. Cambridge: Harvard University Press.

Swedberg, Richard 1987, "Economic Sociology: Past and Present", *Current Sociology* 35 (1).

——1994, "Markets as Social Structures", in Neil Smelser and Richard Swedberg (eds.), *Handbook of Economic Sociology*. Sage.

Swedberg, Richard and Granovetter, Mark 1992, "Introduction", in Mark Granovetter and Richard Swedberg (eds.), *The Sociology of Economic Life*. Boulder: Westview Press.

——2001, "Introduction to the Second Edition", in Mark Granovetter and Richard Swedberg (eds.), *The Sociology of Economic Life*. Boulder, CO: Westview Press.

Szelenyi, Ivan 1978, "Social Inequalities in State Socialist Redistributive Economies", *International Journal of Comparative Sociology* 19.

Walder, Andrew G. 1995, "Local Governments as Industrial Firms: An Organizational Analysis of China's Transitional Economy", *American Journal of Sociology* 101.

White, Harrison C. 1981a, "Production Markets as Induced Role Structures", in Samuel Leinhardt (ed.), *Sociological Methodology*. San Francisco: Jossey-Bass Publishers.

——1981b, "Where Do Markets Come From?" *American Journal of Sociology* 87.

——1993, "Markets in Production Network", in Richard Swedberg (ed.), *Explorations in Economic Sociology*. New York: Russell Sage Foundation.

Zelizer, Viviana 1988, "Beyond the Polemics of the Market: Establishing a Theoretical and Empirical Agenda", *Sociological Forum* 3.

Zukin, Sharon and DiMaggio, Paul 1990, *The Structures of Capital: The Social Organization of the Economy*. New York: Cambridge University Press.

企业研究

产权怎样界定*

——一份集体产权私化的社会文本

折晓叶　陈婴婴**

产权是一种社会基本权利关系的制度表达，它与法权的不同之处在于，实践中的产权不是一种条文、律例或规定，而是一种留有解构和建构空间的制度安排。关于这一问题的讨论大多是在新古典经济学继而新制度经济学的产权理论框架中进行的，引入产权分析也是中国学者在理解和提供改革方案时的一项重要工作，特别是乡镇企业由早期成功走向后期改制的经历以及国有企业面临的改革困境，都促使人们重视对产权经济学范式的追求。而这一范式的基本逻辑，是以私有制为产权清晰的最终参照，由此而推论出并明确了"只有界定清楚的产权才能有效率"的结论。

然而，这一解释逻辑在中国却遇到了挑战。首先是"产权模糊"的乡镇集体企业作为一个"例外"，在改革初中期曾提供过异常成功的经验。其次是"产权明晰"并没有能够解决乡镇集体企业后期改制中存在的诸多实践难题，至少在解释乡镇企业多样化的产权选择上，尚缺乏内在逻辑性，还不能既解释私有制的成功，又解释"集体制"的不败。

新近一些从组织社会学制度学派和"关系网络"学派以及人类学解释逻辑出发的研究，为解释上述悖论问题，提供了一些不同于经济学的思路。提出在市场制度不完善条件下，产权存在被社会关系网络非正式地界定的可能性。非正式私有化是以对资源使用权的社会认知为基础的，它有赖于已经形成并正在发挥作用的社会关系（Nee, 1995）。非正式产

　　*　本文原载《社会学研究》2005年第4期；收入本书时有删节。
　**　折晓叶，中国社会科学院社会学研究所和社会发展战略研究院研究员；陈婴婴，中国社会科学院社会学研究所研究员。

权与非正式规则的运作有关，这些规则涉及谁应该控制稀有资源并从稀有资源中获取收益。家庭团结和信任将有助于产权中那些非正式规则的实施（Peng，2004）。家庭网对集体产权具有渗透的作用，集体制企业私有化的有效途径，是通过家庭网对股份制进行有效利用（Lin & Chen，1999：145～170）。另一些研究指出，产权不仅存在被非经济因素界定的可能，而且并不总是为效率原则所驱使，它还受到政治过程、文化观念等社会性因素的影响；并且，这些因素的不确定性还使产权处于被反复界定的状态。指出在农村土地纠纷处理时，土地使用权的界定并不是建立在稳定的法律制度之上，而是常常随着政治权力和利益集团的参与而不断变化，产权归属表现出极大的弹性（张静，2003）。使用"象征地权"概念来解释"地权可能通过政治权力的强迫或者社会观念的改变而改变"的现象（张小军，2004）。还有研究从集体土地产权遭遇反复界定的实践中，发现产权实际上是"对行动者之间关系的界定"，从而得出"成员权是界定集体产权的基本准则"的结论（申静、王汉生，2005）。而更进一步的研究则切入产权概念主题，试图与经济学概念分析框架进行对话。例如，对"产权"这一概念及其分析框架在中国问题上的概括力和解释力提出质疑，根据乡镇企业的经验寻找到较产权更为基础的概念——"占有"作为工具（刘世定，1996），继而提出"关系合同"概念，认为合同只部分依靠法律体系，部分则嵌入人格化的关系体系之中（刘世定，1999b）。提出与经济学的"产权是一束权利"不同的"关系产权"的概念，以此来强调"产权是一束关系"这一中心命题，从而提供了一种与经济学产权理论不同的全新思路（周雪光，2005）。

本文对产权界定的研究与上述思路较为贴近，不过，我们更强调集体产权的社会合约规定性，着重于揭示"缔约—解约—再缔约"的动态界定的社会过程。本文特别关注到：在 20 世纪 90 年代中期以来的乡镇企业改制中，"集体资产退出"是一条基本路径，然而最令人困惑的，却正是这一集体资产的边界和归属为什么会变得如此地难以界定。我们需要追问的是：一项按法定规则界定的名义产权为什么会遭遇到反复界定？界定的依据又是怎样发生变化的？"集体"为什么在正式的制度安排中表现出"弱势"性格，既不具有"回收"资产和投入的能量，又不具有讨价还价的资本和能力？而其中隐含更深一层的问题还有：在集体制的制度框架和意识形态下，何以最终会产生出排斥集体的力量？

一 社区集体产权：一种社会合约性产权

合同、企业治理结构和企业所有权，是同一事物由具体到抽象的三级层面（参见张维迎，1999），合同双方是否为独立法人与合同是否能够执行有关，因此，合同关系与产权关系有重要关联，可以通过前者来透视后者。本文将在同一种意义上使用合约、合同和契约概念，并从广义上加以理解：任何两个经济实体的双边关系，甚至多边关系，都可以称为合约关系。合约可能是正式的，具有法律效力的；也可能是非正式的，建筑在社会期待之上的（周雪光，2003：221）。所谓社会性合约所指的就是这后一种合约。

乡镇企业产生于社区母体之中，并不是一种纯粹的"市场里的企业"，它同时也是一种"社区里的企业"，不仅企业的经济活动深深"嵌入"社区的社会关系结构之中，而且非正式合约在解决产权问题上具有特别重要的作用。同时，非正式合约不仅是建立在经济原则基础之上的交易合约，而且是建立在社会合法性基础之上的以互惠交换为核心内容的社会性合约。这种情形下的企业，就不仅是"人力资本和物质资本的特别合约"（周其仁，1996a），它还是一组包含人力资本和社会资本（含制度资本）的特别合约（折晓叶、陈婴婴，2004）。

在村域里通行的社会性合约，其本质也是规定权利关系，特别是对人们预期中的收入和资产在占有和使用中的互惠权利关系进行认定。在这类合约中，约定者不仅关注其未来的收益，而且在意其声望、声誉、信任以及互惠承诺；投入的也不仅是土地、人力或者资金，还有他们的互惠期望、社会期待、信任和忠诚以及机会成本和风险。这是一种隐含的非正式的社会性合约，其核心要素是互惠和交换，是一种对交易合约残缺或不足予以补充的合约。因而，它在确定企业事实上的产权安排中具有重要的作用。

这样理解的社区集体企业的合约关系，就不是一种处于一切社会规范之外的纯粹经济交易，而是包含有社区互惠规范作用的社会交换关系。这种社会交换关系之所以不同于经济交易，是因为它难以确定或者并不期待等量的交易价值，却追求互惠和回报，并以达成就业、福利、保障、发展等社会性目标为直接目的。

这种社会性合约，是在集体"带头人"的人力资本与社区成员的合力所聚成的社会资本之间达成的。对于村组织和创办企业的带头人来说，这一合约具有动员村民广泛参与并以合作方式支持非农化的作用。达成这种合约，可以使他们从一开始就进入一个社区合作环境，找到一个可以让他们的人力资本积累和增值的社会支持系统。在这个系统之中，他们为增长才干所付出的经济成本，就会因为社区提供的土地和劳力低廉而降低；他们所付出的社会成本，也因为熟人社会的信任和忠诚以及稳定的社会关系而变得很少；甚至于他们所经营的企业的风险也转由社区来承担了（折晓叶、陈婴婴，2004）。

对于社区成员来说，工业化导致他们的"土地权"向"就业权"转换。他们原来可以分割清楚的地权，经过非农使用后，不再能够分割，而是转换成了非农就业权和集体福利享有权。转化时提出的正是社会性合约问题，因为企业的市场合约所遵从的经济理性不再能够保证村民就业权和福利权的实现，而社会性合约所补充约定的恰恰是这一类建立在共同体合作关系基础之上的基本权利。

按照我国法律对集体企业产权的界定，集体企业的财产是一种高度抽象的"劳动群众集体"（一定社区或企业的劳动者集体）所有形态，虽然我们从产权理论出发，可以发现这一规定把集体所有权界定成了一种看不见、摸不着的悬空状态的所有，但是仍然可以发现其中隐含着成员权是集体产权的基础这一命题，并且实践中的集体产权也正是按照这一命题来思考和运作的。

成员权是一种建立在共同体成员身份和关系基础上的共享权利，表明的是产权嵌入社会关系网络的状态。这不仅表明物的使用确定了人们之间的社会关系，而且也表明社会关系网络的性质可以影响物的使用方式，包括产权"排他"的边界、权利的明晰程度以及它所产生的效率和激励效果等。特别是对于产生于村社区母体的共有产权来说，这种"结构性嵌入"就更加明显，甚至于社区母体的社会关系的性质决定着资产聚集和分割的渠道。从这个意义上说，不是交易引起了关系，而是关系引起了交易。

这样看来，社会合约性产权的解释逻辑与市场交易合约性产权的不同是，前者将成员权及其连带的社会关系网络看作社会性合约形成的基础。这种合约是以土地集体所有权作基础，其中渗透了"成员共有权"、"平均权"和"人权"等社会关系成分，因而它必然包含有互惠信任和抑制机会主义行为的社会期待，其背后是习俗和惯例一类的非正式制度。

它所约束的双方行为，包括经济性的但不一定是市场性的"交易"行为，或者更确切地说是社会性的"交换"行为；由于发生在村社区这样的熟人社会中，依靠长时段形成的信任来维持，因此它的达成甚至不是在事件发生时才进行，而是事前就以隐性的方式存在。因而，这种合约同样可以形成对获益的稳定的预期。

作为隐性合约，社会性合约基于社会合法性机制。首先，它不同于法定合约，不是正式的书面规定甚至连口头协议也称不上，因此没有法律效力。但它又无疑是一种"事实上的契约关系"，集体组织及其带头人与社区成员之间以互惠达成相互间有条件的允诺与义务（莱斯诺夫，2005：导论 11~12），只要一方遵守而另一方默认，就算已经达成相互存有期待的合约。这些虽然没有见诸文字，但双方都是默认执行的，一旦双方在此基础上产生了很强的互赖性，如果违约，就会导致纠纷（周雪光，2003：220）。合约双方在实践中所要解决的核心问题是，如何约定一种可以为成员事实上所接受的权力和利益分配机制，在促进总收益增加的同时，如何合理分配来自集体产权安排的权利和收益。由于这种合约是相互依赖基础上的产物，相互的义务也可能是不对等的。一旦依赖的倾向发生变化，相互的义务也会随之变化。这时就会发生权利和义务不对等，引起讨价还价以致发生再缔约的情况。

最后还应看到，这种合约包含有观念的和道德的力量，它是社区成员互惠行动关系的产物，而不是有意识设计的结果；但它又不同于文化和信念，因为它还借助于特定的法律合法性，如集体制度和集体企业政策等的支持。因此，我们也可以将它看成一种介于正式与非正式两者之间的制度"合成物"。不过，社会性合约内含的观念的和道德的力量，虽然具有习惯法的作用，但并不能绝对地约束权威人物和村人的行为。特别是，一旦外力推行的正式制度或政策的力度强硬到可以挑战习惯，可以被名正言顺地用来作为变迁依据，它的约束力就会被降低；又由于这种"社区眼"的作用以双方"在场"即信息可以共享为前提，一旦社区的经济和社会生活扩展到村里人并不能直接了解和控制的领域，它的作用就是有限的了，它所能界定的权利边界也就是模糊的、有弹性的和易受损害的了。这正是大多数乡镇企业集体产权难以界定的原因所在。因而，事前对名义产权的界定不管多么模糊，"集体企业"的法定名义仍然给社区所有权划定了保障底线。正如有人所言，"名义产权在某种程度上说也是一种事实力量"（刘世定，1996），它可以为社会性合约提供一个保障的框架，它的保障作用在产权的事中和事后界定中都可以比较清楚地看到。

这样理解问题，就使我们有可能将"乡镇集体企业"中的"镇办"与"村办"从社会性质上加以区别。这一区别对于理解社区集体产权十分重要。"村办"企业与"镇办"企业的产权之所以存在实质性的差别，就是因为它们所嵌入的社会关系的性质不同。乡镇政府所办的企业，并不带有社区母体的社会关系的典型特征，其收益与区域内的农民没有直接的关联，农民难于对它形成稳定的社会期待。因而，改制前后的主要问题都是收益如何在政府官员和企业经营者之间分配（温铁军，1998）。但是，村办企业与此不同，其原始积累阶段所利用的土地和劳力乃至某些启动资金，都直接取自社区，并且是以共同体内的信任结构和互惠规则为"摄取"和"出让"的社会性担保的，其收益主要是在企业与村集体组织及其成员之间分配，因而在改制中引发出的诸多问题，也就集中反映为如何对社区进行回报。

二 一个动态界定事件

让我们根据苏南一个集体制村办企业改制的实例，来对上述问题进行观察和理解。

塘村位于长江三角洲沿江平原，曾是苏南众多工业化程度很高，又采用集体制方式办企业的村庄之一。制鞋是村里的主导产业，产品多年来直销日本等国际市场。到20世纪末集体制解体之前，塘村已经是当地有名的富裕村和纳税大户。

20世纪90年代中期以后，苏南本土开始对集体制模式进行反思，塘村的改制三部曲也就此正式拉开了帷幕。村办集体企业的产权问题一般发生在三个关系层面上：一是发生在村集体组织的外部边界处，即村集体与乡镇政府之间；二是发生在村办企业的内部边界处，即村政权与村办企业之间；三是发生在村企"内部人"之间，即经营者与村民及普通职工之间。塘村的改制三部曲正是围绕产权问题在这三个层面上不断展开的。

（一）一部曲："转"——"股份合作制"改造

20世纪90年代中期，当地乡镇企业已经度过了经济起飞时的高增长阶段，普遍面临经济效益滑坡、产品销路不畅、坏账呆账增多、负债严重的困境。面对困境，人们提出"调整改造产业结构"等举措，开始注意"集体制的弊端"问题。塘村的情形却与此不同。塘村鞋业以外向型经济为主，靠接单生产，销路稳定，效益明显好于当地其他一些乡镇企业，正处于"做好做大"的鼎盛时期。到90年代中期，已经兼并了数十家当地的镇办企业，1995年被批准为省级集团公司。在企业效益和职工收益俱佳的时候，对集体制"动手术"的直接目的显然不是追求市场效益。

塘村改制的第一推动力来自地方政府。1993年中期，政府有关部门干部进村，在塘村搞试点，按政策和村情设计出一套股份合作制方案，随后召开转制大会，塘村成为当地"骨干乡镇企业改革比较成功的典型"。塘村掌权者在接受地方政策指导中一向很有办法，"善于变被动为主动"，很快就在这种自上而下推动的"股份合作制"改造中加入了社区意图。塘村领导人在此时已经看到了对集体产权"动手术"的两种潜在前景。他一直认为集体产权是个"拎不清"的东西，其一是与地方政府包括村级行政组织的关系不清不楚，其二是与职工的关系不清不白，股份化则有可能"把集体那一块从中拎出来"。

于是，集体"存量"在这种背景下做出了如下"置换"①：净资产（1997年）中集体资本金占93%，其中包括村集体股46%、职工个人股20%、职工享受股②20%、经营者个人股14%；净资产中另有社会法人资本金7%。

集体产权由此发生了一些实质性变化，其中一部分由私人资本联合而成，另有一部分则以配股的方式量化到个人，而剩余的"集体大股"（法人产权）这时无论从名义上还是实质上都已经与职工个人（出资者）发生了分离。职工的注意力集中在个人股和配给的享受股上，集体股对他们的意义更加模糊，此时的集体股实际上已经彻底地转入集体代理人手中。

另一个显著的分离作用发生在集体产权的外部边界处，预期到如此

---

① 所谓"集体产权置换"，是指在集体经济组织控股的前提下，划出一定比例的集体股折为现金股，吸纳公司内部职工投资认购。被认购的部分明确为"职工个人股"，数量按工龄、职务、贡献等确定。

② 一般从集体资本金中拿出一部分设立"职工享受股"，按个人现金股1∶1的比例划配，量化到人，其股权仍属村集体所有，个人只享有分红权，实行"人在股在，人去股消"。

转制可以改变与地方政府的经济关系。虽然村里人清楚这并不足以形成对政府行为的约束，但至少可以找到一个合理的说法和托词。如此考虑之下的转制，有可能促使地方权威更快地甚至彻底地退出对村办企业原本就已微弱的控制。

那么，集体企业与村行政组织的产权关系又如何处理呢？塘村在对企业进行股份合作制改造的时候，以职工为入股对象，不强调村民身份，一是因为该村 90% 以上的村民在村办企业里工作，从事力所能及的制鞋业；二是自从鞋业集团成为村里的主导产业后，虽然一直实行"公司办村"的管理方式，但企业集团与村委会因为执掌者不同，在职能和财政上又都是相对分开的。以职工为对象的股份合作制，没有让所有的村干部都成为企业股份的当然拥有者，不在企业任职的村主任和其他村干部没有股权证，由公司支付村干部高于周边村数倍的工资，办事经费可每年向公司报批和报销。在这种股份和股权选择及设计中，显然是加入了对社区权利格局的考虑和设计者个人的产权意识，强调了经济精英的权利，为下一步在内部实现"村企分开"埋下伏笔。

（二）二部曲："拟"——"公司制"处置

塘村转制的第二个直接目的是抑制村庄内部行政系统对产权及其收益的索求。靠办企业起家的村书记对企业成败有更深一层的考虑，认为企业一定要与村政分开。为此，他一直想寻找出一个两全其美的办法来。眼下的股份合作制让他觉得是个办法，但在如何划分资产上，依据仍然不清楚。

时隔两年，进入 1999 年后，村书记应邀参加了当地一次省级有关大中型乡镇企业改制的会议，他领会到的要义是："改要改彻底，首先资产要界定清楚。"他在会议文件上标出的重点，基本上包括了界定产权的最新原则，如"公司制"原则、确定企业经营性净资产权属的原则、集体股可退出原则、职工持股会所有权原则、经营者和经营层股权奖励原则等。

于是，塘村在这些地方政策鼓励和依据下，开始了如下几个对集体产权"分家析产"的过程。

1. 村企分家

在塘村改制设计中有一处值得细究的提法和做法，即"公司创造集体净资产"。这个说法，第一次将"公司"与"村"加以严格区分，将

"村集体"排除在"公司集体"之外。资产划分中没有人追问过什么是"投入"或"初始投入"，也没有人以此为依据，"鞋厂是老板（指村书记兼董事长）办的，村里没有投过一分钱"，这是公司拥有界定权的一个权威解释，村委会和村民对此给予默认。但是企业是集体厂也是最具政策合法性的不争事实，因而，首先琢磨和商定出一个分配比例才是大家最关心的事情。村占比例如何确定，地方政策中并无依据可循。确定村占四分之一比例具有戏剧性，是村书记兼董事长在与当地另一个同类村庄的交流中偶然获得的一个尺度。也就是说，这个比例曾在当地村庄之间进行过参照和协商，具有一定的地区合法性。公司要依据《公司法》"谁投资，谁创造，谁受益"的原则与村行政组织做一个了断。公司人士甚至认为，公益性资产是公司送给村里的，只有福利企业才是政策性归还。

村委会没有对公司提出的分割比例提出疑义，只是在划分产业等细节上做了些讨价还价，并坚持要求镇政府出面做见证人，后来镇政府便以正式文件的形式对此加以确认。村主任并不认为自己有理由向公司提出更多要求，只认为"把这个事体定下来"很重要，因为这些年来村里办事都是找公司要钱，村里有没有、有多少财产从来都没有个说法。

转制中，村与公司的"所有物"有严格划分。依据地方政策，社区性的公共物品和按政策享有优惠的福利企业产权应归村集体组织所有，这在村里人看来也是情理中的事，按村里人的说法，公益事业是"为老百姓办的大事实事"，将这部分没有收益但具有公共物品性质的固定资产归村所有，是理所当然的。村主任也以同样的逻辑作过一番思量，他最看重的是村里的公共事业设施都归村委会所有，而这些"大事"都已经由公司办好，今后不用再投入。只是在时隔一年之后，他才意识到公益设施的非经营性质，使村里出现了有资产而无进账的局面。

对公共物品的计价是严格按照投资和折旧计算的，对此村主任手里有一笔细账："十多年来村里办了18项工程，总投入800万元，考虑到固定资产折旧10%，一次性折价买进又优惠10%这些政策，算给我们这么多。"看起来，人们对这一部分的实际价值并不真正关心，只按总价四分之一的析产原则大致匡算。可见，村企分家的真正意图，只在于对"公司创造集体净资产"即新增值资产的权利归公司所有这一界定确定一个说法，并就此把村政和村集体经济组织彻底"排他"在公司集体之外。

2. 经营者与公司集体分家

与此同时，公司内部对经营者的产权与职工持股会的产权也做了明确划分。经营者此时已经占有公司股权中49%的股份，这其中14%为前次转制中确定的现金股比例，35%为本次依照地方政策得到的"奖励股"。

职工持股会是一个掌管职工集体产权的代理机构，它所掌管的这部分股权实际包括两部分，一部分是前次转制中已经配给职工的享受股，另一部分是从公司资产中新划出的（减去经营者个人股后的剩余集体资产）归职工集体所有的股份；这两部分都已相对独立于企业经营者，其拥有者虽然无权自由支配它，却可以通过监管防止受到侵害。这样一来，所谓"集体产权"已经不同于以往集体制下的产权，而是具有了相对清晰的产权边界，归某一具体群体——"职工集体"所有。

塘村这一次转制，虽然保留了职工内部出股和社区合作的性质，但在治理结构的设计上模拟了公司制。经过这样处置，基本上完成了公司治理结构向"股份有限公司"的转变。公司内部成立了股东代表大会，选举产生了董事会和监事会。在这个框架下，村集体只占有公司一个福利小厂50%的股份，基本上已经退出公司股权结构，公司成为"共同持股的有限责任公司"。特别是以分配股权的方式，形塑出了全新的"产权主体"，各自都有了可以指认、可以计价、可以交易的资产。因此，地方政府和公司经营者都以《公司法》为依据，断定改制后的塘村集团会成为"符合现代企业制度要求的政企分开、产权明晰、自主经营、自负盈亏的法人实体"。

（三）三部曲："改"——私有化

显然，公司制处置是塘村产权变革中最重要的一步，借助于此基本上处理了"村集体资产退出"和"经营者持大股"等难点问题，特别是重新界定了产权主体。至此，塘村公司的产权变革可能面临两种前景，维持现状或进一步私有化。而后者的基础已经奠定，只要有政策鼓励，将经营者的持股比例增加到足够大时，即可水到渠成，浮出水面。而这两种选择对于经营者来说，都只是要不要或如何在公司"内部人"之间交易产权的问题。

进入2000年之际，有两个因素促进了塘村私有化的进程。此时，地方政府改革派中力主私有化的一些干部决意大刀阔斧推行改制，他们直接进村抓点，参照地方国营企业改制的办法，工作重点是动员村集体彻底退出，由董事长买断企业，并且协调市总工会、银行、镇政府等有关部门支持塘村"改制转私"。第二个因素，是塘村策划了数年的上市，在这一年又被提起，现有的内部股份合作制显然不合上市规范。于是，改制转私被正式推到了前台。

"集体资产退出"，是苏南集体企业改制最重要的政策之一。在经过前两次转制后的塘村，涉及两个利益实体，一个是以村委会为代表的村社区集体，另一个是以职工持股会为代表的职工集体，怎样让他们顺利退出，成为各方运作的焦点。塘村采用了如下几个策略。

变现策略。村集体资产退出企业，在此时的苏南，既有官方舆论和政策的支持，又有基层干部的迎合。村主任同意将村占资产卖给公司。作价出卖时，村主任、村书记兼公司董事长、镇政府代表三方到场。协商是平和的，几乎没有讨价还价的过程，村书记兼董事长答应这笔钱算作村委会借给集团总公司的，按6%的超出银行数倍的年利率计息。

上市策略。塘村集体资产的另一部分由职工持股会持有，但它的存在使集团公司不符合上市条件。上市的盈利预期对职工已经具有很大的激励，相对于股份而言，它似乎更具有吸引力。集体资产有偿转让，在当地早已不是什么新鲜事，职工持股会代表们对转让没有提出异议，但一致反对转让给别人，而是全票同意转给村书记兼董事长本人。至于如何"吃下"职工持股会持有的股份，村书记兼董事长最终以企业信誉到市银行借钱付款。

职工代表们最关心的另有两件事，一件是这笔转让费如何处置，另一件是公司对职工的政策会不会发生变化。对此，村书记兼董事长做出两项承诺：第一，转让所得从公司总资产中析出，作为公司职工奖励基金，单独立账，专户管理，专款专用，将根据贡献大小对职工实行年度奖励（此一承诺依据地方有关政策做出），满三年工龄的职工每年可拿一千元，与过去分红差不多；第二，对职工的政策保持不变。这些承诺不管公开不公开，实际上都是职工转让股权的潜在期待。

赎买策略。对于转让职工持股会股份，经营层较之普通职工更为敏感。他们原来拥有的享受股份比普通工人高出数十倍，如何使他们的利益得到保障，是转让得以顺利完成的关键问题。处世精明又不失诚恳的村书记兼董事长对此做了如下处理：将经营层年享受股的"明"分红改为"暗"红包，数额差不多，每年还略有增加。

以上策略的实行使塘村的改制进展顺利，村民和职工以平静的心态接受了改制。转让决议达成后，经市总工会和体改委批复执行，按《公司法》的有关规定，办理相关的变更手续。变更后的产权界定示意如下：

净资产（1999 年）中的 77% 归集团总公司所有，其中经营者本人拥有 55%，经营者儿子拥有 45%；"村集体"的总资产份额由转制初期的 93%，经过三次动态界定，至此为 23%，冠以"村所有资本金"，主要包括无收益的公益性资产和收益不多的土地收益金及一次性的福利厂转让费等。

至此，塘村鞋业公司完成了私营化的公司制改造，变成有限责任公司。

从塘村产权界定的全过程可知，实行股份合作制，是塘村工业集体制实行后第一次也是最重要的一次界定产权事件，我们将此作为正式合约安排即"事中"界定，而以此为基准，将其他过程划分为"事前"界定和"事后"界定。

三 事前界定：社会性合约的形成和运作

（一） 有没有以及什么是"初始合同"？

与大多数乡镇企业一样，塘村改制遵循的也是《公司法》中"谁投资，谁创造，谁受益"的原则，已有研究讨论过这一依据的不当之处（温铁军，1998），这里我们将从另一个角度来看问题。依据《公司法》的上述原则，"初始"投入和界定是改制最为重要的依据。但是，追寻起来，我们往往被告知，大多企业都陷于无初始合同的尴尬之中，塘村集体组织亦不例外。于是，村集体对企业有无所有权、应占有多少资产，就成为包括集体组织在内的各方不断追问的问题。没有初始合同作依据，这往往成为企业经营者向村讨价还价或压低归村比例的理由。

这里所谓"初始合同"，是指企业创办之际的正式市场合约，遵循的是科斯意义上的"企业"即是一种或一组市场合约的规则。但是，乡镇集体企业的创办遵循的不完全甚至可以说主要不是市场的企业合约逻辑。在这一点上它类似于公有制企业，公有制企业同样也没有初始合同，也不是建立在市场合约基础之上的（参见周其仁，2002：101，注 4、140、150）。有研究指出，无初始合同基本对应于乡镇企业创办时期当时的市场环境和制度背景，企业创建之初，不可能签订一个正式的初始合同，企业所需要的土地很大一部分由当地政府半送半卖取得，是不付费或少付费的，并没有一个哪怕是最简单的契约；其机械设备部分来自原集体的财产，价格很低或者不付费，作为地方政府的支持无偿给予企业，因此也没有任何契约；其资金大部分来自银行贷款，也得益于地方政府官员的支持。地方官员在当时的条件下，利用手中权力，采用集体担保甚至集体贷款给企业使用的方式来使企业取得所需资金，其中也没有任何正式契约。

塘村办厂与大多数乡镇企业一样，在村政权组织主持下，依靠为城市加工项目来注册"集体厂"，在此名目下再依靠能人找项目"借鸡下蛋"，"集体"就作为企业的一个不可分割的产权所有者整体性地存在。创办企业之初，实行"收入转队记工"的办法，进厂村民的所得并不直接归自己，而是分配到生产小队，再由小队以记工分的形式分配给本人，以便缩小与不能进厂的事农者之间的收入差距。显然，"集体人"主体之间无所谓也无市场性合约可言，而是以一种内部规矩来维持经营秩序，减少体制摩擦，实现公平分配。

没有初始合同，这使集体企业在事后量化和界定资产时遭遇到极大的困难。因而，一些经营好的大中型集体企业为减少对企业经营的冲击，并不主动改制甚至抵制改制，或者如塘村一样干脆将"投入"只确定为"投资"甚至"现金投入"，而对土地、劳力以及无形资产等投入掩去不计。但是，我们按照这一套逻辑推论，既然集体初始投入为零，所谓企业发展过程中的累积增值也就与集体无关。如果再按此推理，塘村企业可能类似"戴红帽子企业"，按地方政策"摘帽"即可。那么，改制又何以在塘村这样的村庄中既被"公司人"倡导，又被村集体接受并被村民所默认？这使我们仍然难以解释塘村改制过程中的许多关键问题。看来，这里面另有某些隐性的非经济的力量在发挥作用。

村社区的集体产权在事先安排时，虽然难以确立一个正式的经济性合同，却有一个建立在社区情理之上的隐性的或者说非正式的社会性合约，村办企业大多就是在这种隐含社会性合约的情形下创办的（刘世定，1999a；陈剑波，2000）。只不过，达成社会性合约的意义或目的，并不只是出于经济性的（如节约交易成本）需要，其更深层的动力在于维护社区共同体集体生存的需要，是社区互利互惠逻辑的延伸。

从塘村办厂的经历中可以看到，创办企业是一个风险选择，选择是对抗风险，也是对未预料结果的承担。权威人物之所以能够掌握选择的主导权，正是基于村民对他们行事能力的判断和人格的信任（折晓叶、陈婴婴，2000a）。因此，村民在选择集体办企业时，也更愿意依靠事前对这些权威人物的判断，以便选出一个可信可靠的人，带领大家共同致富。他们也必须与创办人达成某种隐含的合约：集体地永久性地放弃土地经营，参与非农产业，投入在创业初始回报极其廉价低效的劳力和部分土地，投入机会成本和承受因企业不景气而转嫁的风险。这些，对于农民来说，几乎就是其经济权利的全部转让，因此，他们要求以"集体经济"的法定名义保护他们的投入；除此之外，他们所能投入的也主要是信任、忠诚、合作、身家托付和对互惠回报以及"共同富裕"的期待；而村民索求的回报，主要是集体地流动到非农职业，就业得到保障，社区福利水平得到提高。这种不言而喻的约定，在村子里人人皆知，成为一种符合社区情理的、具有社会合法性的、对合约双方都有很强约束的力量，我们在此称之为"社区力"或"集体力"。相应地，企业家所获得的回报也是丰厚的，他所经营的企业可以向社区转嫁风险，他个人不仅有低成本、高收益的经济性回报，而且有抉择人和创新者的权威地位，有能人甚至救星、恩人的声望以及可信可靠的声誉等社会性回报，而他也必须按社区内通行的互惠规则给社区以回报。这种合约，对村民和权威人物都有相当的约束力，以致权威人物在做出抉择时，不能不考虑自己对村人的责任以及忠诚于社区的重要性。这也是村书记兼董事长在改制前后都须将"村里老老小小"和村内公益事业放在重要位置，不敢肆意怠慢的原因所在。

不容置疑，地方的集体经济政策在制度上支持了社会性合约的存在，提供了它可以作为初始合同的法律合法性依据。更重要的是，这种事前隐含的社会性合约，具有非正式地界定集体产权的作用，或者严格地说可以成为不能剥夺集体所有权的合法性依据。因此，我们才可以视之为隐性的非正式的初始合同。在塘村第一次也是最重要的一次界定产权事件——实行股份合作制改造中，正是以此作为依据，将93%的净资产确定为"集体资本金"的。同时，从集体产权在事中和事后多次遭遇"再界定"的过程中我们也看到，由政策正式界定的集体产权，作为正式制度，只是一种制度底线，底线以上具有大量可以建构的制度空间，底线的维持则要以非正式的社会性合约来保证。

（二）界定依据和方式——合法性机制

产权合约安排是通过预期来影响人们的经济行为的，因此它从一开始就有合法化的要求（周其仁，2002）。但是，合法化是一个复杂的多层面的社会政治参与过程，绝不能简单地将其只归结为法律合法化问题，特别是不能忽略"社会承认""社区情理"一类因素的作用，毕竟某些实践中的合法性难题是借此来加以解决的。

塘村在界定产权时，不仅寻求上级行政支持、政策和法律认可，而且看重当地的意识形态取向，甚至社区的观念和道德以及社会期待所产生的影响，并试图在其中求得某种平衡。我们可称这种方式为"合法性机制"，即那些诱使和迫使行动者（组织或个人）采纳受到社会承认具有公义性的组织制度结构和行为的制度以及观念力量（周雪光，2003：75）。

我们将合法性机制看作一组既具有独立意义又相互作用的机制丛，主要有这样几种成分（参见刘世定，1996）：法律合法性、行政合法性、官方意识形态合法性、社会情理合法性。不同机制的界定结果既可能是兼容的，也可能是不兼容的、矛盾的，却是可以并存的。而且，它们之间的不一致性还可以成为达成某种平衡的前提。甚至没有哪一种合法性机制所隐含的逻辑可以作为单一的逻辑来整合界定的过程，即使正式的界定过程也无法一味地排斥非正式的过程，而且还可能就依存于后者。

初始的社会合约性产权的界定所依据的主要就是其中的"社会情理合法性"机制，其基本思想是，一个社会的观念、期待和期望规则一旦被广为接受，就成为人们习以为常的社会事实，具有道德力量，从而规范着人们的行为。如果有悖于这些"社会事实"，就会出现"合法性"危机。因而，可以更确切地把社会情理合法性机制看作一套社会承认的逻辑或合乎情理的逻辑（周雪光，2003：74）。这一机制的实践性很强，在权利界定中具有极其重要的作用，它所造成的既定社会事实往往会成为法律、行政乃至官方意识形态界定的参照，甚至成为促使这些法规、惯例、观念变通或变革的力量。相对而言，前三种机制在实践中则具有统一性、强制性、稳定性和滞后性，并因各自变化的速度、程度和范围不同，所界定的初始结果往往不相一致，这应是事情的常态；而界定过程正是这几种机制相互摩擦、磨合、交织和最终兼容的过程。这一机制又具有很强的潜隐性，它的界定结果即便与另外三种不兼容，也有可能在事实上起作用，与其他界定结果并行而存，并使后者在事实上无效用。因而，我们视之为最具实践意义的界定机制。

在塘村的一系列产权安排中，我们便看到了许多这样看似矛盾却长期并存的现象。

村办企业的归属和收益的确定，实际上不是完全按照名义所有权索求的逻辑，而是按照村域内通行的互惠互利规则和逻辑来进行的。塘村在"无工不富"的工业化初期，村集体组织虽有办厂的念头和动力，却没有资金也找不到好项目。于是，"老村干"们请曾经当过会计的村中能人，即现任村书记兼董事长来主持办厂。如果说按政策话语"集体所有权"所表述的产权是"模糊"的话，那么村企之间对工厂的实际权利归属却自一开始就十分地清楚，"厂是某某办的""某某的厂"，这在村里是一个通行的说法，不仅指规模较大的鞋厂，对其他小厂也是这样认定的。这些说法的实际意义是，办厂人对厂具有村里人界定的非正式的控制权，"谁办的厂谁说了算"，其他人不可以插手，即便是作为名义所有权代表的村政组织也不可随便干预。正因为有这个规则，才会有人在一无所有、前途不清的情况下出面为集体办厂。但是，在村档案中可以看到，办鞋厂的成绩却是作为政绩记在老书记的先进事迹上，作为对集体产权法律合法性的对应。而实际上，村政领导对鞋厂不得要求任何实际的权力，村里人也将办厂的功劳和因此致富的感激只记在创办人头上，以至于后来鞋厂在与日商合资时可以经营者与日商两人的姓名来联合命名；村里的小企业转制时，将企业首先卖给办厂的人似乎是天经地义的事情，在村里人看来，这再自然不过。这种情况在我们所观察的其他类型的集体合作经济形式中也同样存在。

其实，这正是村里人处理产权矛盾的一种平衡策略，矛盾现象的一方被强调时，另一方则被虚拟化或者象征化了，却保留有事后追究的权利。村里人按照他们习惯的方式，一方面将控制企业的权力认定给了办厂和经营厂的人，另一方面将名义产权留给了村集体，而且这两种界定都具有意义。村里人在非正式地界定产权时，绕开了对名义所有权的追究，将它悬置起来，但并不出让。他们对实际产权归经营者的强调合乎了小社区情理的安排，对名义产权归村集体的保护，则合乎了大社会政策和意识形态的要求，也表明村民对"共同拥有"的在乎，这些都具有平衡权利的作用。这样做出的认定一旦成为惯例，就具有了社会合法性，在正常情况下都会被自觉执行，成为双方都采用的最佳反应策略。我们可以将这种界定下的产权看作一种"习俗性产权"，它基本上不依赖于界定和实施所有权的法则和逻辑，而是依赖于共同体内部自组织的互惠互利规则和逻辑（青木昌彦，2001：35～36）。

需要注意的是，村民对集体企业所有权归属的认知仍然遵循着土地产权的逻辑，他们投入了土地办厂，就把借助土地谋生的权利转换成为在企业就业的权利，当他们的就业权利遭受剥夺或没有获得合理的补偿时，才会向集体索要，甚至以让企业"管吃管住"的传统方式加以抗争。但是，他们并不就此认为企业是自己的，而往往认为企业是老板的，土地才是自己的。可见，所有权的分割不只受法律的影响，还受社区传统社会结构和习惯力量的影响。村民对产权的这种认知，与国家构造的产权安排和结构有很大的不一致，当问题涉及他们安身立命的根本——土地所属时，农民的认知遵循的也主要是习俗产权的逻辑，他们的这种"合法性"意识根深蒂固（参见党国印，1998）。

还应当看到，社区情理合法性机制具有"软约束"的性质，当外部行政干预强大到实行"一刀切"的统一行动，或者机会主义强大到足以破坏道德力量时，它的约束力就会被消解。还应看到，社区情理的合法性机制表现的其实是社区共同体关系网络的特征。村域内非正式界定的产权所嵌入的社会网络越稳定，对财产的使用就越可能是习惯性的。这正是塘村改制遵循的一条基本的逻辑线索。

这种由"小社区"情理和通行规则界定的习俗性产权，在大多数情况下与其他几种"大社会"合法性机制的界定结果并不一致，有时甚至冲突，却总以潜隐的非正式的方式存在。可见，获得社区情理合法性的意义，在于实践的便利。当然，这并不说明其他几种合法性机制在界定村社区产权中无效。村社区生存在大、小社会文化和正式、非正式制度环境的交合之处，界定过程必定是这几种机制相互摩擦、磨合、交织和最终兼容的过程。从塘村改制的具体过程中可以看到，苏南官方意识形态中对集体制的评判，一直影响着村企分家析产的进程，特别是影响着制度企业家的行为。获得官方意识形态合法性和行政合法性的意义，不仅在于获取政策收益，而且在于获取地方社会的认可和赞许。在产权界定中还可以看到，无论是社区成员还是制度企业家都要求对其名义或法定所有权进行预设或追认，要求在法律上实现其实际占有权的合法化。因此，法律合法性仍然是对产权的一种终极保障，具有"保底线""保安全"的作用，是产权合法性的终极目标。

四　事中界定：社会性合约的达成和弱化

依靠社会性合约界定的"集体企业"，是一种"主体非人格化"的模糊的名义产权安排，这就给产权在实际执行中留下大量可供解构和建构的空间。事中界定，就是发生在这样一种情形下的经过重新界定的事实上的产权安排。

（一）社会性合约的实现与"剩余"产权的占有

社会性合约在办企业初期的作用以及在非正式地界定企业控制权中所起到的作用，是显而易见的，那么，它在什么条件下难以约束非正式产权的膨胀以至于不能阻断集体产权的私化过程呢？

与社会性合约相关联的，是如何理解村社区集体产权的"剩余"问题。村社区的实际问题是，集体产权往往没有正式初始合同，在发展过程中大多如塘村一样并未实行过真正的承包制，也就是说并未向经营者"清产核资"过它所经营的资产价值，因而也就无从以此为基础来计算或预期"剩余"，那么，它的产权问题何在，其中的关键要素又是什么呢？

在新制度经济学解释中，"剩余"的占有和享用是产权问题的核心。所谓剩余，是合同以外的权益。不完全合同理论对这种实际占有权利的产生给予了创造性的思维，认为由于信息的不完整和不确定，换言之，明晰所有的特殊权利的交易成本过高，合同是不可能完全的。当合同不完全的时候，资产归谁所有，谁拥有对资产的支配权或控制权，才变成关键性的问题（哈特，1998）。这一理论从根本上说明了法定产权（合同）以外的"事实产权"产生的可能条件，即由于合同不完备从而出现"漏洞"。如果合同有可能是完备的，就不存在所谓产权问题，任何所有制形式的效果就都是相同的。这一理论出现后，"产权"概念强调的重心发生了变化，如果说过去的理论强调的是对财产权利和剩余收益的占有，那么现在强调的则是对剩余资产的使用权或控制权。

上述理论强调了合同完备的不可能性，也就是说，不完备是一种被动状态。企业家理论和人力资本理论却与此不同，认为市场的企业合约之所以特别，就是因为在企业合约中包含了人力资本。人力资本的产权特性使得在直接利用这些经济资源时无法采用"事前全部讲清楚"的合约模式。企业合约作为一个特别的市场合约，其特别之处——合约里多少保留了一些事前说不清楚的内容而由激励机制来调度——可以由人力资本的产权特征说明（周其仁，2002）。也就是说，合同的不完备是一种制度设计，是加入了设计者意愿的主动行为。这种理论还进一步地用企业家的人力资本来界定企业产权，提出"企业家和制度企业家才能界定企业控制权"（周其仁，2002：104）。

但是，上述两种解释，强调的重点都还是正式制度设计，还不能够对村社区复杂的制度变迁过程给予完满的解释。这里，我们换一个角度，从正式合约里包含非正式合约要素、正式制度寄生于非正式制度过程（斯科特，2004/1998：7）的角度理解问题，正式合同不完备或者不可能，是因为一部分权利需要非正式合约来调整和控制，或者说，没有这些非正式过程，正式过程就不可能存在和完成。这一思路不仅反映了我们关于社会性合约的考虑，也反映了契约法和企业间合同关系治理形式的演变实践（周雪光，2003：222~223；2005）。

那么，在社会性合约作为初始合同的情形下，何谓"剩余"，其意义又何在呢？从塘村的社区目标中可以发现，社区社会性合约所要求的"互惠"条件集中在满足就业和实现福利以及公益方面，对这些方面的期待在当地又有特定的社区发展水平作为参照，因此实现这些目标所需要的投资，相对于劳动密集、效益尚好的鞋业收益来说，并不难做到。塘村以此为底线，采用"公司办村"的方式对社区福利加以经营，在这之后所产生的便是所谓"剩余"问题。可以看到，首先"剩余"被最大化了，而且从未采用承包制等其他治理方式来重新确定过企业总资产，这就使"剩余"无限膨胀了；其次，公司人对控制"剩余"的要求，随其膨胀而逐渐从非正式转向正式，最后成为再次缔约的潜在动力。

（二）"二次合同"与非争议产权

倪志伟和苏思进在研究中国经济改革时，从市场转型的角度，提出中国经济增长的功绩应归于产权的非正式私有化。非正式产权是嵌入更为广泛的规范和习俗的框架之内的。一般地说，非正式产权所嵌入的社会网络越稳定，对于产权的争夺就越少，这种产权也就越有保障。但是，随着时间的推移，当对财产的使用已经是习惯性的，并且是受到社会规范支持的时候，用非正式的方式建立的产权就会不断地硬化。在将来，这种非正式的产权会成为获得正式产权的基础（Nee，1995）。

这一研究给予的启发是，非正式产权嵌入社会网络之中，网络所提供的稳定性有可能使这种产权在习惯的作用下变成非争议性的产权，从而合理地转换为正式产权，但是它没有对这种转换是通过什么机制而实现的做出交代。我们已经对在社会合法性机制作用下经营者获得非正式控制权的情形进行了探讨，需要进一步说明的是，这种控制权需要通过再缔约过程才能变成非争议的进而变成正式的产权。

对"二次关系合同"的透视，是有助于理解问题的一个角度。我们首先将"二次合同"定义为与"初始合同"相对应的实际上执行的事实合同。研究者对"二次合同"有正式与非正式之分，实践中，非正式"二次合同"的产生是大量的、活跃的和具有建构意义的，往往由于它的实际存在而使正式文本合同形同虚设，以至于正式合同的再缔结。

这一类"二次合同"，问题一般多出现在文本合同关系松散（失灵、疏离）的地方，是非正式关系作用的结果。从"嵌入性"视角出发所做出的解释，认为合同只部分依靠于法律体系，部分则嵌入人格化的关系体系之中。这后一种被称作"二次嵌入"的机制，发生在正式合同缔结之后，由那些经营代理人在相对独立地从事经营活动的过程中和他的经营伙伴缔结而成，并使合同嵌入他们之间的关系中。这一过程将引发非正式的再缔约过程，于是形成"二次关系合同"（刘世定，1999b）。

塘村鞋业公司的对外贸易所采用的"接单"生产方式，正是这种"二次关系合同"得以缔结的契机。接单生产，大多依靠企业经营者掌握和建立的人际关系网络，并且由经营者私人掌握。在我们访问的这一类企业中，厂长本人都直接掌握两大权力，首先是接单权，其次是财务权，实际上，只要这两权在手，企业的生死存亡在相当程度上就掌握在经营者个人手中了。这时"经营者的可替代性便大大降低。因为这时更换经营者，要冒垮掉那个企业的风险。企业资产便因而具有了经营者专控资产的特性。这意味着经营者占有资产的排他性的强化，甚至法律上的所有者也在一定程度上被排除在外。经营者对其占有权边界的认知也会随此而发生变化，和刚刚获任时相比，他会更多地将企业资产特别是在他的控制下增殖起来的资产，看作是其排他性占有的领域"（刘世定，1999a）。塘村转制时亮出"公司创造集体净资产"的底牌，就是产生这种认知的结果。

在这种认知下，企业经营者对经营权收益乃至所有权的索求，就成为集体企业转制的另一大动力。即使在转制政策尚未明确的情况下，经营者个人实际上已经排他性地占有、支配和处置企业资产，企业资产是否流失或转移，就完全依赖于经营者个人是否对集体忠诚、对其私有意识和欲望的限制等是否有道德因素来约束，这时候，法定所有权已经无法限制企业资产的转移。"二次合同"的一个明显结果，就是通过对界定规则和习惯的多次非正式确认，强化在社区中已经存在的事实上的"非争议产权",最终使其全方位地取得正式合法性的支持。

当然,经营者对于资产转移的这种暗箱操作所产生的暂时性、有限性和不确定性,往往会产生焦虑甚至犯罪感,因而就要求对个人私有权的补偿公开化和合法化。这种非正式合同的公开化和合法化要求,又将导致另一类"二次合同"的缔结,而这往往采用正式缔约的方式,使名义所有者与实际占有者之间的权利博弈由"暗处"走向"明处"。这时再缔结的合同,往往因权利不平等而对产权进行重新界定。

塘村转制三部曲中的股份制改造、公司制处置和改私,都带有建立"二次合同"的意义。企业经营者对企业产权事实上的控制和占有,使他们与名义所有者之间的权力天平倒向经营者一方,这正是导致"二次合同"文本化的主要原因。这也是在委托—代理人之间出现"套牢"问题,出现经营者实际上已经非正式占有,而委托人又因为没有足够的信息或适当的动力去监督企业而不得已采用的方式。经营者在自己的企业建立起不可逆转的管理权威后,委托人"让利"就成为激励代理人的必要手段。这时候,缔结"二次合同"也成为名义所有权者被动地维护自己权利的最后手段。

(三)"公司办村"与村政"出局"

再缔约的过程强化了公司的强势性格,权力的摆针偏向公司这一侧,于是,集体制下"村企合一"的机制也由办厂初期的"村办企业"顺利地过渡到"公司(或企业)办村"。在这里,村办企业不仅是指企业产权的归属关系,也指以村庄的方式办企业;反之,"公司办村"不仅指以公司的方式办村,而且也指企业所有权向公司的转移。

"公司办村"在当地的村庄中十分流行。在一些村庄里,企业集团公司集"党政企"权力为一体,村委会往往作为集团公司的一个分支机构,主管农业和村政事务,村财政也是公司财政的二级核算单位,村政事务的所有费用均由企业支出,并且采取"实报实销"的方式。有的村庄,农业部分就是企业的一个"车间"或农场,生产、经营和管理也是以企业的方式进行的。从这个意义上来说,村庄就是一个企业,是以企业或公司的方式存在的。

这种现象,其实是"村书记兼董事长"的权力现象在村庄管理体制上的反映。在公司经济成为村庄经济命脉的情况下,村书记兼董事长的设置不仅实现了村企权力一元化,同时也宣布了村政被公司"兼并"的结局，村集体也就由此丧失了集体资产看管人的地位和权力，表现出弱势性格。

从中可以发现，公司"埋单"对村政产生了两个实质性的影响，首先，村作为下属机构，与分厂有相似的从属地位，接受公司的统一领导，从而失去对公司的控制权，进而也就失去了与公司讨价还价的能力。其次，公司办村是一种福利性经营策略，主要职能是在企业经济增长和增进社区福利之间确定决算，并负责向村提供社会福利，而福利资金的提取也没有合同规定，不是依据产权大小对"剩余"按比例分享。在这个过程中，公司对村庄事务的权力伴随福利供给的增长而增长，村委会则逐渐演变为公司集体福利的执行机构，公司经济增长越快，村委会可支配的福利资源也就越多。在这种格局下，村委会与公司之间产生了新的权益博弈策略，只要公司不反对支付"为村民办大事"的费用，他们就不反对公司兼并村政，反而还可以通过福利策略让公司效益尽可能多地在村庄内部分配和共享，也就是说，可用"村政缺席"这个最小成本来换取"增进福利"这个最大收益。

（四）界定者："公司人"、制度企业家及产权的等级秩序

塘村模拟公司制转制时，曾亮出过这样一张底牌——"公司创造集体净资产"，这可以被看作实现"公司人"控制的宣言。明确集体资产是公司创造的，这在产权界定中具有重要意义，可以此作为公司占有绝大部分资产的依据，也可以依此由公司获得在分家析产中"定盘子"的权力。

这里的"公司人"，类似于经济学所称谓的"内部人"，即是指事实上或依法掌握了控制权的经理人员，他们的利益在公司战略决策中得到了充分体现。经理人员常常通过与工人共谋来达到这一目的（青木昌彦、钱颖一，1995）。但是，塘村的全部劳动人口几乎都在村办公司工作，公司董事长又是村政最高领导人，那为什么还要分出内外？

在塘村，村企分家并在企业中形成内部人"共谋"并且得以长久维持，是建立在这样一个共同利益和社区基础之上：现任村书记兼董事长创办企业在先，入主村政在后，没有"老村干"的身份，也不是工业化初期"村集体经济"的带头人，因而也就不会虔诚地秉承集体制的制度和意识形态遗产，相反，他始终认为自己最适合"做企业"，因而与村政"拎清楚"一直是他的愿望和谋略。加之，公司内部出现的"我们赚钱，

他们花钱"的不满和不平衡心态，使公司内部成员更愿意与经营者结盟，以便请村政"出局"；而且村书记兼董事长又不是出自"经理人市场"的外聘经营者，他来自社区内部，作为村书记，他被官方和民间都赋予了集体资产"看管人"的角色，与村民和职工之间不存在明显的利益冲突。并且，企业绝大部分经营管理层人员是从企业内部提拔上来、"愿意跟着他干的"，而职工90%又是来自本村，多是他亲手安排的乡里乡亲，因而他们之间的联盟更容易和更好地维持下来。

实现"公司人"控制，是集体产权转变和界定中的关键步骤。其一，在正式改制之前，内部职工股东已经与名义集体所有者——村集体之间，通过不平衡的利润分配获得了绝大部分的利益，甚至在"公司办村"的格局下村委会干部也无权"出股"和享有股份分红；其二，通过非正式的事实上的占有和控制，"公司人"及其领导者在正式改制时获得了"定盘子"即界定产权的权力。虽然，在塘村的产权界定过程中，"公司人"的权力和利益，在排除村委会成员后，也同样发生了分化，产权在多次界定之后，最终集中到村书记兼董事长个人及其家庭成员手中，但是在村企分家之时，"公司集体"进而"职工集体"已经获得了相对于"村集体"较多的资产权利，而后这些权利仍以"职工奖励基金"的方式得以保障。

不过，在多次产权界定中，真正掌握和运作界定权的是"公司人"的领导者——村书记兼董事长，正所谓"强权界定权利"。这种权力源自他"制度企业家"的特征、身份和能力（周其仁，2002：104）。这里，制度企业家是指兼有社区政权领导职务和企业经营者身份的企业家，他们较之普通企业家一方面可以更便利地获取体制内资源，另一方面也需要为社区直接而负责地承担公共义务和责任（折晓叶、陈婴婴，2004）。

制度企业家在产权安排中之所以具有强权，与集体制产权内含的行政等级制度相关联。集体制的权力结构是以"行政职位权力"作基础的，依此形成等级结构，特别是最高权力，是由"行政职位"加"公司职位"共同构成，失去前者就必须放弃后者，在这里，产权明显依附于行政权。因而，"村书记兼董事长"这个职位，拥有村内最高权力，一直是村域政治争夺的焦点，也就不足为奇了。而且，产权内含行政权，权力和财力紧密结合，也是私有化过程中集体产权得以最终向"党支部书记-董事长"职位集中的制度基础。

这里的问题在于，制度企业家的双重身份在什么条件下就会发生分离，作为"村书记"的董事长为什么可以"少"代表村集体而"多"代表公司。

我们注意到，至少有两个因素影响到他的行为。其中之一，兼职的双重身份改变了村集体与企业经营者之间的"委托—代理"关系。需要说明的是，这里并不从严格的意义上使用"委托—代理"理论，只是为了与事实上经营企业的"代理人"相区别，所以仍将企业以外的社区组织领导人称为"委托人"。村书记兼董事长的角色安排，从形式上来看，似乎与"政企分开"的理论逻辑格格不入，但在实际中被广泛采用，其中隐含着这样的双赢逻辑：这种角色安排使担当者既成为集体产权法人代表（委托人），又是企业经营者（代理人），从而改变了"委托－代理"链。从名义产权的角度来看，委托权被同时安排给了代理人，这是在代理人的行为不易直接被委托人观察到的基本假设下，将合约激励变成为委托安排激励的最优办法（张维迎，1995）；而从实践中的事实产权的角度来看，则是对已经被代理人非正式地占有了的企业所有权进行某种约束，这是在代理人的行为已无法被控制的假设下，将委托激励变成责任或制度激励的最优办法。只有如此，村社区才有可能通过对"村书记"角色的社会期待，获得相对最大的收益。不过这样一来，也就顺理成章地把村政组织所代表的集体对企业的所有权虚置起来了，特别是在村书记身份依附于经营者身份时，情形会更加如此。

其中之二，在村书记兼董事长的权力结构中，甚至从没有真正实行过"承包制"，因为向谁承包是不清楚的，产权主体是无须追究也无须分清楚的，他可以集"党政企"于一体，甚至连"家"也与之融合，几者的区别在他的实际运作中是模糊化的。他的"视厂如家"，与普通职工不同，从产权的角度看，在他那里，企业就是自己的，公产与私产的界限是模糊的，两者之间的贡献甚至也是相互的。这种情形下，一旦政策和意识形态主张"集体退出"，他就会强调自己"企业创办人"的身份，从而淡化自己的"集体代理人"身份。

我们观察到，这一双重身份自身所产生的角色冲突，在获得政府的合法化承认和保护较比获得清晰的产权更为重要的制度环境中，被隐蔽、被淡化了，而随着上述制度约束条件在改革开放中逐步消失，它便被启动、被强化、被突显了。在重新界定产权时，塘村村书记兼董事长首先弱化自己的村书记身份，站在企业家的立场上寻求自己和"公司人"的最大权益。但是，村书记这另一重身份仍然约束他，即便按当地人通行的说法办企业时"村里没有投入一分钱",他也须为工业集体制解体时期的村政和公益事业做出"对得起村里"并让村里人认可的安排,仍然要"为了村里的老老小小"承诺在位期间不改动原有的用人制度和管理方式。他的这种行为方式可以看作制度角色和社区道德共同约束的结果。在村域内,这种角色冲突尚不足以彻底改变制度企业家的双重性格和责任。

五 事后界定:社会性合约的清算和表达

在这里,所谓产权的事后界定,首先是相对于企业没有事前的或初始的经济合约而言。一般认为,事后界定是一种谈判程序。然而,一旦进入事后谈判程序,就会发现陷入了一种科斯困境:在自愿谈判和交易的情况下,产权的初始界定不影响资源的配置。一些经验研究表明,实际操作中的产权界定最终要看双方的谈判,是双方讨价还价的结果(张晓山,1999),而不管这种谈判是放在桌面上还是进行私下的无言较量。这里的关键是,谈判双方的权力是否对等,是否具有谈判的本钱和能力,谈判程序是否公正,等等。其次,由于产权界定准则的确定是在企业壮大成熟之后才进行的,那么,事后界定就变成一种纯粹"内部人界定"的过程,公平与否,是以内部人自愿达成的协议为依据,外部人的界定不管多么合理,都很难作为评判是否公平的依据。最后,是相对于一次历史性的清算而言,由于清算后退出的集体资产仍然作为不可分割的"村财"而存在,并且还有再次进行集体经营的可能性,因此,事后的末次界定并不意味着集体产权的解体,而是对以往产权潜在矛盾和争议的一次强制性裁决。

(一) 形塑"卖方"和无言较量

"产权主体非人格化"或"所有者缺位"是人们判定公有制产权模糊性时的基本因素。这对于乡镇集体企业来说,是指其产权关系具有社区内"公有"或"共有"的模糊性。在这种集体制框架内不可能存在市场性交易,谁是卖方与谁是买方一样,原本是一个并不存在的问题。改制提出产权转让问题后,有偿出让或受让集体产权的交易行为需要人格化的买卖双方,这样一来,谁是产权主体,谁是卖方,就成为一个不断被追问的产权问题。因而,形塑或者说营造出一个人格化的产权主体即"卖方",就成为事后界定产权的必经过程。

从塘村的经历中可以看到，股份合作制和公司化过程最实质性的结果，是以分配股权的方式形塑出人格化的产权主体，即产生出可以指认的落实到具体对象的初始卖方。不管分配中"蛋糕"如何切割，大小是否合理，过程怎样复杂，其结果都是村集体、职工集体和经营者分别被赋予了可以指认、可以计价、可以交易的资产，成为有资格进行市场交易的买方和卖方。这一结果应该说是转制最为实质性的内容，它为实现产权交易准备好了条件，提供了可能性，之后的私有化只不过是在市场交易原则下经营者与其他产权主体之间进行的买卖而已。从这个意义上说，实行股份合作制是重新界定集体产权或者说最终走向私有化的最重要的过程。

形塑人格化的产权主体虽然是在事后进行的，但是在事中所形成的事实产权就已为其规定出了确定买方的大原则，即村书记兼董事长是控股且具有买方资格的最佳人选。而卖方的形塑及定价，则是产权事后界定中最值得探究的过程。

卖方的确定是法律合法性和社会情理合法性机制共同作用的结果，这在村中并无疑义，问题在于如何为卖方定价。一旦出现资产分割，定价就需要寻求经济法律依据。在塘村改制的每一个环节中，我们都可以看到《公司法》被多次作为依据。而当乡镇企业的股份制改造直接套用《公司法》时，集体产权内含的社会性合约便会遭到严重无视甚至否定，因而对集体企业产生的影响几乎是颠覆性的。

从塘村所在地的诸多案例中可以看到，改制企业一旦依据《公司法》，就可以将企业分块出售而不必整体出售，这就为大而盈利的大中型企业的出售提供了依据；一旦成为上市公司，在所谓规范化的要求下，合作制内部的公共积累和内部职工股便没有存在的可能，这也为公司产权向经营者手中集中提供了依据。而且，一些研究指出，企业经营者一旦按照《公司法》将公司运作上市，便可以通过资产评估和建立规章制度，顺理成章地把企业原有的上级所有者——乡镇或村的经济联合体"总公司"或"联社"以及名义所有者——社区成员排除在外。于是，在企业经营者成为独立法人的同时，集体企业的资产便名正言顺地转入他们手中；一旦依据《公司法》改造，在确定产权时就容易只依据"资本金投入"来确定初始产权，如果根据"谁投资，谁创造，谁受益"的原则，乡镇企业的"投入"特点将被忽略，从而造成集体资产的变相流失和农民权益的损失（温铁军，1998）。

不过，塘村在为卖方实际定价时，却也难以完全遵循《公司法》。若按"资本金投入"，塘村集体初始投入为"零"，零定价是不可能为村民所接受的。定价虽然没有经过标准的谈判过程，但是在无言较量中进行的。这时候，作为卖方的村集体由于没有事先确立的可以作为依据的经济合同，其资产经过事中反复界定之后，卖价仍然难以用经济原则来加以确定。村主任在介绍这一情况时一再重复这句话："他（村书记兼董事长）会考虑村里的。"在这里，无言较量成为一种非正式的谈判过程，社区成员希冀通过社区情理合法性机制来对此加以约束。可以看到，社会性合约再次成为事后界定产权时的重要依据，不过，它也只能起到"保底线"的作用罢了。我们可以从下面这个过程中清楚地看到这一点。

（二）"倒推算法"的合约含义

塘村在界定村集体资产时，采用"公司行政"的方式，首先为之确定了一个占总资产四分之一的定价比例。公司一方指明"这也不是随便说出的"，村政一方也表示"不好再向公司要什么"。他们各自用同样的逻辑算了一笔细账，以示这个比例数的合理所在。

计算从村政和社区福利的需要出发，倒推出集体资产的大致数额，可用如下公式表示：

公共性设施和事业需求 + 村政日常工作开支 + 村民福利开支 = 村集体资产

"倒推算法"，首先根据村内预期"办大事"即举办大型公共设施和公共事业所需费用算出一个底数，再加上日常工作开支和村民福利费用，形成村资产的基本结构。由于村里的大事（在村书记兼董事长手里）基本都办好了，因此对于已经形成的公益性物品折旧后作为固定资产归村所有；预期要办的公益项目有限，则从集体股变现资金中拿出一小部分即可满足；日常开支按改制前的正常水平预算，也大致可由变现资金所获利息（变现资金投入鞋业公司以获得较高的长期收益）和政策性收益（如土地使用费、农业发展基金、社会事业费）等来维持。这一算法的底线，是保持村民在近20年集体工业化过程中已经享有的福利水平，并有所上升，也就是维持社会性合约的底线目标。这也正是村委会和村民愿意接受这一安排的隐含条件和期待，即社会性合约所隐含的内容。

以"倒推算法"界定的产权，显然不完全合乎经济学意义上的产权安排逻辑，它不是按照所有权或物权收益分享比例来界定资产，而是按照公益需要的程度来推导出资产数额及其权利归属，具有习俗性的"福利产权"的性质。福利产权所涉及的资产"量"的多少，事实上涉及社区情理合法性对公共福利提出的预期，也与村民对分享企业收益的认知有关。工业部门与农民熟知的农业部门大不相同，它在为村民提供高收益的同时也剥夺了他们对于工业活动的知情权，企业收益对于村民来说，是一个无法控制的变量。因此，村民并不关心收益分享额的上限能达到多少，但对下线有一定的预期，那就是在企业经营不出现大问题的情况下，维持历史最好水平并逐年有所提高，并且这种预期是以达到当地最高水平为参照的。也可以说，这种习俗性的"福利产权"，是按照村社区共同体的共享互惠原则和逻辑做出的一次具有社会性合约性质的"末次合同"安排。按照缔约双方的表述，这是一种"还债"的历史契约和"还情"的社会契约。目前，以公共性资产和公益投入来清还历史"欠债"，是苏南村集体企业改制中比较通行的一种做法，虽然对"债务"未做明晰计算，但这一做法既承认改制安排中对集体无形资产计价的合理性，又可以避免因这部分资产难以准确计价而有可能被悬置的难题和尴尬，因此受到地方政府支持，也得到村干部和村民赞同（参见毛丹等，2002）。这可以看作工业集体制解体时期回报村民的一种方式。

这一事后安排的真正问题，首先在于，改制中村集体回收到账的这一笔资金该如何管理和处置，使之真正用于增进福利。为避免回收资金被滥用、被流失，地方政府鼓励探索集体资产经营增值的办法。但村干部和村民对于再次进行集体经营特别是生产性经营已经没有太大兴趣，害怕再次陷入集体经济的困境。如果退出经营后的资产留在村组织手里，村委会又担心被上级政府和某些官员"惦记着"、被"借走"用了，村民则担心钱到了村干部手里守不住，被"开支"完了。因此，改制后的集体资产相当普遍地采用如塘村那样租借给企业使用的办法，由集体组织收取租金并加以管理。这部分收入作为全村的福利保障，在村社区中受到认可，也相对易于监督。

其次在于，以社会性合约作为底线而确定的村财底盘，至多只能维持村民的现有福利，社区进一步发展的资金将以何种方式筹集，进而社区新的公共空间如何再建构，村政组织能否发展成为"村政"与"民企"的合作体系，新的公共资源和"公共财"如何聚集，新的公共权威又如何树立等一系列问题，已是村政组织面临的新问题（折晓叶、陈婴婴，2004）。

（三）"末次合同"中的机会主义

塘村以福利需求为根据界定的产权，最终作为村企商定的结果，以"协议书"的正式文本形式签署，并由镇政府存档加以确认，具有法定意义。这一文本是对集体制产权的一次历史性清算和确认，又具有"末次合同"的意义。"末次合同"既是对事中形成的事实产权的法定默认，又带有讨价还价的谈判过程所提供的届时机遇，因而其缔结过程类似于一次"末次博弈"，事中被排他在边缘的村集体，这时候反倒可以法人所有权者的身份出场博弈。虽然较量是无声的，但是，"出场"就意味着提供了变量，增加了预期，制造了机会。

作为处置集体产权的"最后一次晚餐"，改制中包含的机会主义欲望似乎是显而易见的，这从大量有关批评和揭露中可见一斑，例如，企业经营者在清产核资中对资产的隐匿和分割，致使集体资产隐性流失；官员与经营者"合谋"欺骗政府和集体，地方官员事后寻租，双方恶意串通，弄虚作假，以各种名目侵占集体资产；转让双方串通起来故意压低底价成交；等等。这很类似于"一次博弈"或"末次博弈"中的"一锤子买卖"：如果双方认为他们的交易是一次性的或最后一次的，那么未来收益的损失就可能微不足道，在这种情况下，违约的成本似乎就十分低，从而双方违约的概率就十分大。

那么，发生在村庄共同体内部的"末次合同"安排，会不会真的也是一次"末次博弈"呢？在村社区，改制虽然可以看作处置集体产权的最后一次博弈，但是仍然受到社会性合约的无声监督，受到社会期待的潜在约束，并没有表现出"末次博弈"的完整特点，只不过变成社区"重复博弈"中一个关键性的场次。严格地说，发生在村社区共同体内部的博弈几乎没有"一次性"的和"最终性"的，长时段的共同生活使任何一种博弈都嵌入相对稳定的社会关系网络之中，人们的思维和决策受到制度文化模式的支配，很难做出为村里人不齿的赤裸裸的机会主义选择。当社区还是乡镇企业赖以生存的母体时，即便企业转为私营，企业家仍然要十分重视自己的信誉和声誉，因为他在留有自己和家人根基的熟人社会中，始终进行的是一个重复的博弈，要想得到社区持续性的合作，他就必须拥有"兑现承诺"的良好声誉，必须对自己的机会主义行为有所限制，这正是社会性合约的延伸效应起作用的结果。

但是，社会性合约毕竟是由当事人之间的人际关系来维持的，塘村村书记可以在企业产权归为自己家庭时，对村民和村组织做出"不解雇职工""有钱还投资村里建设"等种种承诺，这样做似乎不完全是他个人的道德操守问题，其中透露出的是村社区对他个人的社会期待。这种社会期待对他们这样的权威人物尚具有约束力，他们在位期间一般不会轻易改辙，但这种承诺嵌入他个人与社区的人格化的社会关系网络之中，一旦这种关系解构或者断裂，这种人格承诺由于没有制度化的保证，对其后继者的约束就值得大打问号了。我们发现一些相似的例子，在苏南一些大型村办集体企业改制时，时任董事长和总经理的承诺，在其儿子接替职位后发生变化。出于提高效率和管理的需要，首先改变的即是用人用工制度，不再承诺保障村民就业（王红领，2000）。

这时，改制所引发的机会主义行为将不可避免地爆发，这正是塘村等诸多改制村庄存在的潜在危机，也是近年来改制地区清退职工诉讼案逐渐增多，基层政权组织财政严重萎缩等问题的成因之一，这个问题同样也是改制设计者——地方政府面临的严峻社会问题。

六　结语

改制即以私有化的方式明晰产权，这是不是企业改革的关键所在，理论界已经有"产权还是市场重要"之争。不过，这些争论首先是以肯定内部"产权明晰"和外部"市场充分竞争"都是企业改革的必要条件为前提的，只不过存疑于孰重孰轻的问题，并没有涉及在解决这个悖论问题中产权单位内部是否具有处理问题的能力。其实，由互利互惠规则和逻辑穿起的"互惠链"，现实地维持着社区内的产权秩序。在政策推动改制之前，产权在塘村这样发展水平较高的集体制村庄中并不是社区问题的核心或关键，就是说，社区用习俗和惯例有可能比较好地解决自己的产权问题，而由外力推动，自上而下用统一政策一致性地处理产权问题，则有可能破坏这种平衡，从而使产权问题真正突显。

社区"集体制"所具有的社会合约规定性，使其产权成分并不都是市场合约性的，还包含有"成员共有权"、"平均权"和"人权"等社会关系成分，因而我们并不能把集体产权当作一个简单的经济问题来处理。在处置集体产权时，不能只遵循经济权法则的逻辑，还须遵从社会关系法则的逻辑，否则不但不能真正解决集体制的弊端，而且难以找到改私后解决公共问题、维持共同体生存和发展的替代方案。改私是一个对共同体成员强制性"排他"的过程，在将集体产权明晰到经营者个人私有时，如果不能公正地处理如何排除原始产权主体——全体村民的权利问题，使社区丧失公共积累和公共财政能力，无力重建新的公共空间，不能满足成员的公共需求，这种产权安排与其嵌入的社会关系网络就会发生撕裂，从而导致高昂的讨还成本。一旦公共问题突出起来，社区成员对公共产权的共识就会发生变化，对原有公共产权的追索和清算，就可能成为一个新的产权难题。

社会性合约反映的是一种社会和谐秩序，但它既不是某种有意识设计的制度，也不是社会关系的自然表达，而是特定行动关系协调的产物。作为一种非正式制度和过程，它与"集体经济"政策和"共同富裕"意识形态等正式制度相互依存。这二者之间存在共生关系，如果仅仅依靠简单的政策和意识形态话语，并不能建立可以正常运作的社会秩序，它们在很大程度上依赖或寄生于非正式的社会性合约；同时，没有政策和制度环境的支持，处于行动关系中的社会性合约也难以自我创造和维持，因而，在制度环境发生急剧变化时，社会性合约对产权的界定作用就是十分有限的。

在市场合约不完备的情况下，社会性合约有可能比较好地处理和解决内部的合作问题和产权冲突，也具有维护集体产权底线的作用。在以行政力量推动改制时，只是以制度设计替代非正式互惠规则和逻辑，让"硬性"的市场合约消解"软性"的社会性合约，而不能充分考虑到社会性合约的延伸或替代问题，社区的持续发展将会产生严重问题。

在社会性合约存在并发挥作用的情况下，村社区内的不"理性"行为是有可能大量存在，并合理维持的，因为产权问题受到社会性合约的调节和抑制。例如，改制时，村民对自己的就业权利是否得到保障的关心远胜过对占不占有股份、占有多少股份的关心。村民们因自己拥有的"集体"名分，追究的不是企业究竟创利多少，归属村民的比例是否合理，而是个人的收入和福利是不是逐年提高并且达到当地较高水平；他们在产权变动时计较的不是企业资产自己有没有份，而是有没有按规矩维持已经得到承诺的收入和福利。村民是以这样一种理性逻辑来计算自己的利益的：他们以土地交换的非农机会，只有通过在企业就业才能实现，只要保障他们的就业权利，他们就不反对改制；他们的非农收益，只有在企业保证盈利的情况下才能持续地获得，只要能使企业盈利并以福利的形式分享部分收益，他们就不反对经营者个人拥有企业。只有当这两种权利遭到侵害时，他们才会重新追究自己作为集体成员的权利，产权问题才会真正突出和激化起来。

参考文献

陈剑波，2000，《制度变迁与乡村非正规制度》，《经济研究》第 1 期。

党国印，1998，《论农村集体产权》，《中国农村观察》第 4 期。

刘世定，1995a，《乡镇企业发展中对非正式社会关系资源的利用》，《改革》第 2 期。

——，1995b，《顺德市企业资产所有权主体结构的变革》，《改革》第 6 期。

——，1996，《占有制度的三个维度及占有认定机制——以乡镇企业为例》，载潘乃谷、马戎主编《社区研究与社会发展》，天津人民出版社。

——，1998，《科斯悖论和当事者对产权的认知》，《社会学研究》第 2 期。

——，1999a，《科斯悖论和当事者对产权的认知》，《社会学研究》第 2 期。

——，1999b，《嵌入性与关系合同》，《社会学研究》第 4 期。

——，2003，《占有、认知与人际关系》，华夏出版社。

毛丹、张志敏、冯钢，2002，《后乡镇企业时期的村社区建设资金》，《社会学研究》第 6 期。

迈克尔·莱斯诺夫等，1986/2005，《社会契约论》，刘训练、李丽红、张红梅译，江苏人民出版社。

诺斯·道格拉斯等，1994，《制度、制度变迁与经济绩效》，刘守英译，上海三联书店。

O. 哈特，1998，《企业、合同与财务结构》，费方域译，上海三联书店、上海人民出版社。

青木昌彦，2001，《比较制度分析》，周黎安译，远东出版社。

青木昌彦、钱颖一，1995，《转轨经济中的公司治理结构》，中国经济出版社。

邱泽奇，1999，《乡镇企业改制与地方威权主义的终结》，《社会学研究》第 3 期。

申静、王汉生，2005，《集体产权在中国乡村生活中的实践逻辑——社会学视角下的产权建构过程》，《社会学研究》第 1 期。

王红领，2000，《委托人"政府化"与"非政府化"对企业治理结构的影响》，《经济研究》第 7 期。

王元才等编著，1995，《乡镇企业产权制度改革要论》，重庆出版社。

温铁军，1998，《乡镇企业资产的来源及其改制中的相关原则》，《浙江社会科学》第 3 期。

——，2000，《重新解读我国农村的制度变迁》，《中国国情国力》第 4 期。

詹姆斯·C. 斯科特，2004/1998，《国家的视角——那些试图改善人类状况的项目是如何失败的》，王晓毅译，社会科学文献出版社。

张静，2003，《土地使用规则的不确定：一个解释框架》，《中国社会科学》第 1 期。

张军、冯曲，2000，《集体所有制乡镇企业改制的一个分析框架》，《经济研究》第 8 期。

张维迎，1995，《企业的企业家——契约理论》，生活·读书·新知三联书店、上海人民出版社。

——，1999，《企业理论与中国企业改革》，北京大学出版社。

张小军，2004，《象征地权与文化经济》，《中国社会科学》第 3 期。

张晓山，1996，《走向市场：农村的制度变迁与组织创新》，经济管理出版社。

——，1999，《乡村集体企业改制后引发的几个问题》，《浙江社会科学》第 5 期。

折晓叶，1996，《村庄边界的多元化——经济边界开放与社会边界封闭的冲突与共生》，《中国社会科学》第 3 期。

——，1997，《村庄的再造——一个"超级村庄"的社会变迁》，中国社会科学出版社。

折晓叶、陈婴婴，2000a，《产权制度选择中的"结构—主体"关系》，《社会学研究》第 5 期。

——，2000b，《社区的实践——"超级村庄"的发展历程》，浙江人民出版社。

——，2004，《资本怎样运作——对改制中资本能动性的社会学分析》，《中国社会科学》第 4 期。

周其仁，1987，《农民、市场和制度创新》，《经济研究》第 1 期。

——，1996a，《市场里的企业：一个人力资本与非人力资本的特别合约》，《经济研究》第 6 期。

——，1996b，《人力资本的产权特征》，《财经》第 3 期。

——，2002，《产权与制度变迁：中国改革的经验研究》，社会科学文献出版社。

周雪光，1999，《西方社会学关于中国组织与制度变迁研究状况述评》，《社会学研究》第 4 期。

——，2003，《组织社会学十讲》，社会科学文献出版社。

——，2005，《关系产权：产权制度的一个社会学解释》，《社会学研究》第 2 期。

Lin, Nan & Chen, Chih-Jou 1999, *Local Elites as Officals and Owners*: *Shareholding and Property Righted in Daqiuzhuang*, *Property Rights and Economic Reform in China*. California: Stanford University Press.

Nee, Victor 1995, "Institutions, Social Ties, and Commitment in China's Corporatist Transformation", in John Mcmillan (ed.), *Referming Asian Socialism*: *The Grouth of Market Institutions*. Ann Arbor: University of Michigan Press.

Oi, Jean C. & Walder, G. Andrew 1999, *Property Rights and Economic Reform in China*. California: Stanford University Press.

Yushen, Peng 2004, "Kinship Networks and Entrepreneurs in China's Transitional Economy", *American Journal of Sociology* 109 (5).

企业的社会资本及其功效[*]

边燕杰　丘海雄[**]

在经济领域，人们常常发现，一个企业的成败往往与经营者是否拥有广泛的社会交往和联系紧密相关。通过这种交往和联系，企业可以获得价值连城的信息，捕捉令企业起死回生的机遇，涉取稀缺的资源，争取风险小获利大的生产项目，从而在愈来愈激烈的竞争中避短扬长，立于不败之地。这种交往和联系的重要性，虽然早已被经营者认识到了，但仅停留在经验的层次；虽然早已成为经济生活的一部分，但并没有理性地探讨其实质和规律性；虽然早已成为企业的经济行动准则，但并未公开明确地肯定它在我国经济转型中的特殊价值和作用。

笔者认为，企业经营者的广泛的社会交往和联系对企业的发展之所以如此重要，是因为这些交往和联系是一种企业资本，我们称之为企业的社会资本。正如企业的金融资本和人力资本一样，企业的社会资本也需要经过积累和再生产，是企业发展不可缺少的要素。基于这种认识，我们在本文中提出三个问题：第一，企业社会资本的含义是什么，如何测量？第二，企业如何形成和积累其社会资本，为什么有的企业的社会资本高于其他企业？第三，企业的社会资本对企业发展的功效如何？我们将针对中国的情况对上述三个问题做初步探讨和实证分析。在本文的结论部分，还将对企业社会资本的理论及现实意义，特别是其对分析我国转型经济的运行机制的作用，提出有待进一步研究的若干问题。

---

[*]　本文原载《中国社会科学》2000 年第 2 期；收入本书时文字略有修改。

[**]　边燕杰，美国明尼苏达大学社会学系教授，西安交通大学特聘教授；丘海雄，中山大学社会学与人类学学院教授。

一　企业的社会资本：概念与测量

社会资本是从西方社会学借用的概念，但西方学者关心的是个人的社会资本，我们在本文中关心的是企业。我们首先介绍个人层面的社会资本的概念，然后定义企业的社会资本，最后对企业的社会资本进行测量。

（一）社会资本的概念

社会资本的概念是法国学者布迪厄（Pierre Bourdieu）于 20 世纪 70 年代提出来的，其代表著作 *Distinction* 于 1984 年译成英文。科尔曼（James Coleman）1988 年在《美国社会学学刊》（*American Journal of Sociology*）发表的《作为人力资本发展条件的社会资本》一文，在美国社会学界第一次明确使用了社会资本这一概念，并对其进行了深入的论述。1998 年 10 月底 11 月初，"社会资本与社会网络"国际研讨会在美国杜克大学举行，十几个国家和地区的学者与会，交流了有关社会资本的概念、理论和实证研究发现，并对这一新的研究领域进行了学术探讨和展望。

自布迪厄和科尔曼以来，比较有代表性的社会资本概念，指的是个人通过社会联系涉取稀缺资源并由此获益的能力。这里的稀缺资源包括权力、地位、财富、资金、学识、机会、信息等。当这些资源在特定的社会环境中变得稀缺时，行为者可以通过两种社会联系涉取（access）。第一种社会联系是个人作为社会团体或组织的成员与这些团体和组织所建立起来的稳定的联系，个人可以通过这种稳定的联系从社会团体和组织摄取稀缺资源。例如通过工作单位得到住房，通过校友会获得工作机会，通过教会得到生活救济，通过学会了解国际最新学术动态，等等。对这种"社会成员关系"所形成的社会资本，政治学者尤为重视，其代表人物是哈佛大学的普特南（Robert Putnam）。他对第二次世界大战后美国的研究表明，由于参加各种志愿团体和组织的人数在逐年减少，美国的社会资本呈下降趋势（Putnam，1995）。陈健民和丘海雄对民间社团的研究发现，社团成员可以凭借其成员身份获得更多的社会资本，从而获取更多的资源（陈健民、丘海雄，1999）。

第二种社会联系是人际社会网络。与社会成员关系不同，进入人际社会网络没有成员资格问题，无须任何正式的团体或组织仪式，它是由于人们之间的接触、交流、交往、交换等互动过程而发生和发展的。社会学者重视社会网络以及个人由社会网络涉取社会资源的过程。马克·格兰诺维特（Mark Granovetter）曾在两篇重要的论文中分别阐述了劳动力市场的信息是如何通过社会网络而传播的，人与人之间的信任感是如何经过社会网络而建立、巩固和发展的（Granovetter，1973，1985）。林南强调权力、财富、声望等社会资源是嵌入社会网络之中的，缺乏这些资源的人们可以通过社会网络而涉取（借用），而社会资源的利用是个人实现工具性目标的有效途径（Lin，1982，1990）。20世纪90年代，社会网络的分析有了长足发展，已经成为社会学领域新的理论范式（Bian，1997；边燕杰，1999）。

（二）企业的社会资本

我们提出企业的社会资本的概念，不是简单地将社会资本的概念套在企业上。社会资本是行动主体与社会的联系以及通过这种联系涉取稀缺资源的能力。企业是经济活动的主体，是经济行为者；同时，企业也是在各种各样的联系中运行的。提出企业社会资本的概念，就是强调企业不是孤立的行动个体，而是与经济领域的各个方面发生种种联系的企业网络上的纽节。能够通过这些联系而涉取稀缺资源是企业的一种能力，这种能力就是企业的社会资本。

企业在经济领域的联系种类繁多，从社会资本理论的角度，我们将这种联系概括为三类，即企业的纵向联系、横向联系和社会联系。就中国的情况而言，企业的纵向联系是指企业与上级领导机关、当地政府部门以及下属企业、部门的联系。这种纵向联系的取向主要是向上的，目的是从"上边"获得和涉取稀缺资源。纵向联系并不是社会主义计划经济的独有属性；在资本主义市场经济里，企业与政府也存在纵向联系，只不过较为松散和间接。在我国转型经济中，国有企业和城市集体企业仍然隶属于某级政府部门，虽然政府部门对所属企业的制控能力逐渐削弱，但正式和非正式的影响力尚在。经济转型时期新产生的企业，有的挂靠在某级政府部门之下，有的与国有、集体企业合资合作而受政府纵式结构的影响，还有的直接为一级政府所管辖（如部分乡镇企业）。所以，企业的纵向联系是客观存在的，是一种社会资本。

企业的横向联系指的是企业与其他企业的联系。这种联系的性质是多样的，如可以是业务关系、协作关系、借贷关系、控股关系等等。在计划经济时期就存在企业的横向联系，其作用不仅是沟通信息，而且是解决资源短缺和突发事件的最后保证。在经济转型时期，作为独立的财政核算单位，企业的横向联系大大发展起来。横向联系多而广，企业的有效信息就多，可选择性就大，因而可以有先人之举，得到发展。横向联系少而窄，企业就闭塞，机遇就少，只能在有限的空间求生存。从这个意义上判定，企业的横向联系是一种社会资本。

企业虽然是在经济领域内运行的，但企业及其经营者则生存在广阔的社会空间之中。企业经营者的社会交往和联系虽不是企业的属性，却是企业的必要财富。这是因为，企业经营者非经济的社会交往和联系往往是企业与外界沟通的信息桥梁，也是与其他企业建立信任的通道，是涉取稀缺资源和争取经营项目的非正式机制。就像一些企业家所说的，企业经营者不但要头脑灵、点子多，而且要路子广、朋友多。因此，企业及其经营者的社会联系也是企业的社会资本。

（三）企业社会资本的测量

针对中国的情况，我们设计了三个指标测量企业的社会资本。第一个指标是企业法人代表是否在上级领导机关任过职。我们的假设是，企业法人代表曾在上级领导机关任职意味着企业的纵向联系有优势，反之则不占优势。第二个指标是企业法人代表是否在跨行业的其他任何企业工作过及出任过管理、经营等领导职务。使用这一指标的假设是，企业法人代表若有上述这种经历，表明该企业的横向联系占优势，反之则不占优势。第三个指标是企业法人代表的社会交往和联系是否广泛，这是一个定序的主观评价指标；广泛者的企业则在社会联系上占优势，不广泛者的企业则处于劣势。

上述三个指标是符合企业的社会资本的定义的，但是不完全，不能涵盖企业的社会资本的全部甚至大部。作为第一次提出和使用这一概念并进行测量的研究者，我们的测量只是一个初步的尝试，三个指标的可信度也须在今后的研究中进一步得到确证。

研究数据取自 1998 年"广州企业工资及经营情况问卷调查"。该项调查由丘海雄主持，边燕杰参与问卷设计，广州市劳动管理协会和中山大学社会发展研究所共同推动。随机选取 200 家企业作为访问对象，回收 192 份问卷，有效问卷 188 份。问卷由企业主管劳动工资的负责人填写。这 188 家企业的所有制包括国有、集体、中外合资等八种形式，国有企业占多数（120 家）。其行业分布包括制造业、商业、金融和房地产以及建筑业等七种。在规模上，正式职工平均 559 人，注册资金平均 3487 万元。

我们在表 1 中报告了对这次测量的分析结果。由于填写问卷的不是企业法人代表，所以在我们设计的三个问题中，有些被访人不很确知企业法人代表是否在政府部门、在不同行业的其他企业工作过。故我们将"否"给值为 1，"不确定"为 2，"是"为 3，所以纵向联系和横向联系都是 3 点定序变量，得分越高，表示存在这些联系的可能性越大。企业法人代表的社会联系填答十分理想，分布如表 1 所示。

在 188 家受访企业中，10.6% 的企业法人代表曾在政府工作过，34.6% 的企业法人代表曾在不同行业的其他企业工作过。企业法人代表社会交往一般或不太广泛的占 27.7%，广泛的占 58.5%，非常广泛的占 13.8%。总的说来，受访企业法人代表社会交往广泛、非常广泛的占多数。

为便于资料简化和理论概括，我们将三个指标用因子分析的方式合并，所得因子即为企业的社会资本因子。三个指标对因子的相对贡献由因子的负载值表示，依次排列是纵向联系（0.774）、横向联系（0.733）、社会联系（0.621）。这个排列提示，企业的纵向联系是积累和发展社会资本的最重要的渠道，其次是横向联系，再次是社会联系。必须说明的是，三个指标对因子的贡献都相当大，而相对差异并不很大，所以企业的社会资本的三个方面，没有哪个方面是可以忽视的。

表 1　企业的社会资本：测量及因子分析（调查企业数 = 188）

变量名	频数	占比
纵向联系：企业法人代表是否在政府部门工作过？		
1. 否	153	81.4%
2. 不确定	15	8.0%
3. 是	20	10.6%
横向联系：企业法人代表是否在不同行业的其他企业工作过？		
1. 否	106	56.4%
2. 不确定	17	9.0%
3. 是	65	34.6%
社会联系：企业法人代表的社会交往如何？		
1. 一般/不太广泛	52	27.7%
2. 广泛	110	58.5%

续表

变量名	频数	占比
3. 非常广泛	26	13.8%
因子分析结果:		

	因子负载值	本征（Eigen）值	1.521
纵向联系	0.774	已解方差	50.7%
横向联系	0.733	因子均值	2.173
社会联系	0.621	因子标准差	1.000

企业的社会资本因子的原始形态是标准分变量，即均值为0，标准差为1。为了理解和叙述方便，我们将因子值提高2.173，使最低值为1，均值为2.173，标准偏差不变。做了这一处理后，在188家受访企业中，企业的社会资本最低的为1，占19.1%；最高的为4.704，占2.7%。总的分布是向低值倾斜，说明社会资本较低的企业占多数。

二 企业之间社会资本差异的解释

数据表明，企业的社会资本量是不等的。那么，这种现象是怎样产生的呢？我们提出两种解释，一个称为结构约束论，另一个称为企业家能动论。

（一）结构约束论

结构约束论认为，企业是在一定的经济结构中求生存和发展的。经济结构对企业形成约束，企业只能在结构约束的范围内，按照结构约束的要求运行。什么样的结构约束要求企业追求社会资本的积累和提升呢？这里，所有制结构和产业结构是我们观察的重点。

我们可以粗略地将所有制结构分为三个部分，即国有、集体所有、新生民营。前二者是计划经济的产物，虽然自1983年利改税以来接受了一波又一波的改革，但改革的关键即产权改革尚未完成。国有和集体企业的资产所有权实际上属于某级政府，资产转移权不在企业，虽然资产管理使用权由企业行使，但资产收益权尚有诸多限制。在这种产权结构的约束之下，企业缺乏积累社会资本的充分条件和动机。

新生民营经济截然不同。这些经济实体的自主经营的性质和强烈的增值动机是与生俱来的。它需要广泛的社会联系推销产品、树立形象，需借助横向联系寻项目、找机会、拓门路、求发展，亦须尽力发展与政府部门的纵向联系，以与国有和集体企业争资源、分项目、挖人才。也就是说，民营的经济性质是一种结构约束，它使新生民营企业有条件和充分的动机全方位地发展企业的社会资本。为此我们假设，所有制结构的约束趋势是，国有和集体企业的社会资本量低于新生民营企业。

产业结构虽然也是三分的，但在我们研究的 188 家企业中没有第一产业，均属第二和第三产业。第二产业在样本中约占 60%。我们将第三产业进一步划分为商业和新兴的第三产业，后者包括金融、电信、房地产、运输、社会服务等。新兴的第三产业既有公有制，也有其他各种所有制，所以不能认为所有的新兴第三产业都是市场化了的企业。新兴第三产业所面临的市场条件与制造业、商业的不同之处是，后者多为计划经济下产生的企业，已经建立了比较稳定的生产和销售网络，而新兴的第三产业大多需要自行开拓横向联系，发展与政府部门的纵向联系，并且力求建立广泛的社会联系，为企业培植生存和发展的空间。换言之，新兴的第三产业面临较大的市场压力，必须努力发展企业的社会资本。为此，我们假设，如果企业属于新兴的第三产业，那么它们比制造业企业、商业企业的社会资本量要高。

（二）企业家能动论

结构约束是死的，企业家是活的。企业家能动性对于企业社会资本的积累和提升的重要作用毋庸赘言。

企业家的能动性是态度和行为变量，这方面的调查要求研究者对被调查的企业家进行历史的回顾和现实行为的考察。但是 1998 年的广州调查不具备这样做的条件。为此，我们使用了两个替代性指标来间接地表明企业家的能动性。第一个指标是企业法人代表的受教育程度。经验告诉我们，企业家能动性能否发挥，不但要看企业家的动机，而且要看企业家是否有能力认识经济形势，是否能策划和调整自身行为，将发展社会资本的欲望转变为现实。受教育程度可以作为这种能力的指标。社会分层和管理科学的研究证明，受教育程度是能力的前提，与能力呈正相关（Blau & Duncan, 1967; Lin & Bian, 1991; Lau & Qiu, 1997）。为此，我们假设，企业家的受教育程度越高，企业的社会资本量可能越大。

企业家能动性的第二个指标是企业法人代表的行政级别。行政级别是计划经济和科层组织的产物，但它的层化意义，即使在今天全方位改革的形势下也是不能低估的。这是因为，政府及其他组织机构还继续使用行政级别来管理干部，分配工作；非行政组织，新生民营经济内部，管理者和经营者也借用行政级别划线分层，既方便内部的人事管理和调动，也方便与企业外部的联系。换言之，行政级别可以看作经济体系科层化结构的地位标志。社会资源理论认为，地位越高，发展社会联系越容易，涉取资源的能力也越强（Lin，1982）。这个理论启示我们，企业法人代表的行政级别越高，其发挥主观能动性、变动机为实效的本钱就越大，因而企业的社会资本量也可能越大。

（三）分析结果

按照上述思路，我们对广州被访企业的社会资本量进行回归分析。分析的目标是评估结构约束变量和企业家能动变量对社会资本量的影响程度。分析结果见表2。

表2 对企业社会资本的回归分析

自变量	均值（标准差）	模型 I 未标准化系数（标准化系数）	模型 II 未标准化系数（标准化系数）
结构约束变量			
所有制类型（新生民营企业 = 1，其他 = 0）	0.203 (0.404)	0.446 (0.179) ***	0.317 (0.127) ***
产业类型（新生第三产业 = 1，制造业和商业 = 0）	0.198 (0.399)	0.350 (0.139) **	0.282 (0.112) *
企业家能动变量			
企业法人代表的受教育程度（7 点定序变量）	3.929 (0.905)	—	0.157 (0.141) **
企业法人代表的行政级别（6 点定序变量）	3.566 (0.930)	—	0.183 (0.169) ***
模型其他值			
常量/截距		2.013 ***	0.785 ***
已解方差（R^2）		0.056	0.111
F 检验		5.281 ***	5.533 ***
企业个案数	182	182	182

注：单尾检验：* $p < 0.10$，** $p < 0.05$，*** $p < 0.01$。

让我们首先描述一下企业四个解释变量的均值和标准差。表2显示，将所有制类型设计为二维虚拟变量之后，均值为0.203，即20.3%的企业属于新生民营。产业类型上，19.8%的企业属于新兴第三产业。企业能动变量方面，企业法人代表的受教育程度是从小学到研究生的7点定序变量，姑且作为连续变量计算平均值；平均值为3.929，略计为4，相当于大专教育水平。标准差是0.905，略计为1，说明95%的企业法人代表的受教育水平在2～6之间（均值加减2个标准差），即初中和大学之间。最后，企业法人代表的行政级别也是一个定序变量，姑且作为连续变量，以便解释。均值为3.566，标准差为0.930，即95%的企业法人代表处于科级和处级之间，或类似这些级别的层次。

下面解释模型Ⅰ的回归分析结果。模型Ⅰ只考虑了结构约束变量，用以检验结构约束论的解释力。所有制类型和产业类型统计显著（$p < 0.05$），说明所估计的系数在95%以上的可信区间内可以推论到广州全部企业，并对全国大城市企业有宣示效应。所有制类型的未标准化系数是0.446，即新生民营企业比同产业的国有、集体企业的社会资本量高0.446。换句话说，如果国有、集体企业的社会资本量取均值2（见表1下端均值数字），那么新生民营企业的社会资本量约为2.45，增长约22.5%［（0.45/2）×100%］。这是一个不小的增长幅度。产业类型的非标准化系数较小，为0.350，就是说如果制造业、商业的社会资本量为均值2，新兴第三产业的社会资本量就是2.35，增长幅度为17.5%，也是比较可观的。括号内标准化系数表明，所有制类型对于企业的社会资本量的影响超过产业类型。这说明，发展企业的社会资本，必须首先调整所有制关系和约束，然后才是产业结构关系和约束。模型Ⅰ的已解方差为5.6%，F检验显著。

在模型Ⅱ中，我们保留了两个结构约束变量，加入两个企业家能动变量的替代性指标。两个结构约束变量继续保持了统计显著性，系数减小的原因是这些结构变量与两个企业家能动变量有共变相关，是非常自然的。两个结构约束变量的标准化系数表明，它们的相对重要性位置未变。这些都说明，结构约束是影响企业的社会资本真实的、直接的要素，无论企业家发挥能动性，还是完全放弃能动性，企业发展自身的社会资本，都将受到所有制结构和产业结构的约束。这是支持结构约束论的重要实证发现。

企业家能动论有更强的实证发现。模型Ⅱ表明，企业法人代表的受教育程度和行政级别显示了很高的统计显著性，表明在 95% 以上的可信区间内，这两个变量的估计值可以推论到广州市企业总体，对全国大城市企业有宣示作用。企业法人代表受教育程度的非标准化系数是正的，为 0.157，表明企业法人代表的受教育程度每提高一个水平（如从小学到初中，初中到高中，等等），企业的社会资本量就提高 0.157。这个数值看上去比较小，但认真分析起来则不然。设定企业法人代表的受教育程度取均值 4，即大专程度，社会资本量取均值 2，那么受教育程度每增加一个水平，社会资本就提高约 8%［（0.157/2）×100%］；教育程度每减少一个水平，社会资本就降低约 8%。最低的受教育程度（1）与最高的受教育程度（7）的差别是 6 个水平，社会资本量仅仅由于企业法人代表的受教育水平就相差约 50%。企业法人代表行政级别的系数也是正的。非标准化系数 0.183 说明，企业法人代表的行政级别每提高一级，企业的社会资本量就增加 9% 强［以社会资本均值 2 为基数，（0.183/2）×100%］，行政级别最高和最低的两级相差 5 级，即社会资本量相差 45% 强，是很大的幅度。这些结果的启示是，企业欲提高其社会资本量，有效途径就是提高企业家的受教育程度和社会层级地位。

在四个解释变量之间，按标准化系数大小的排列顺序为：企业法人代表的行政级别、企业法人代表的受教育程度、企业的所有制类型、企业所属的产业类型。企业家能动性变量对社会资本的影响大于结构约束变量，说明提高一个企业的社会资本量，必须首先选择一个或一批有能动性并且有能力将动机转变为现实行动的企业家。从实证分析结果看，这些企业家最好是受过高等教育、处于科层组织或社会分层体系的较高层次的。模型 Ⅱ 的已解方差提升到 11.1%，*F* 检验非常显著。

需要指出的是，我们对企业社会资本的解释仍很有限，其中大部分方差尚未解释，有待于有兴趣的研究者进一步发掘新的结构约束变量和企业家能动性变量，提出新的理论解释。

在现实生活中，企业的社会资本是如何投资和积累的呢？根据我们在一家长期进行追踪研究的企业收集的资料，企业总产值中约有 3% 是用于企业交际的费用。该企业的一位副总经理从主管企业内部管理和改革转为主管外部经营时说，上任后的首要任务是广交朋友。与我们一起推动问卷调查的广州市劳动管理协会是一个民间组织，其宗旨是交流经验，共享资讯，推动企业的协作和发展。这次调查的内容之一是各企业不同岗位最高与最低工资，这次调查，亦为企业提供了劳动力价格的市场信息。每年春节，都会搞一次所有会员企业的负责人参加的联欢会，有一次交流和接触的机会。企业参与管理协会，付出会员费和时间，实际上是社会资本的投资行为。

三 社会资本对企业经营能力的影响

下面我们来分析社会资本对企业的经营能力的影响。

（一）指标和模型设计

我们认为，社会资本对企业经营能力的影响最主要的是在外部经营方面，而非内部管理、技术调整或分配取向方面。我们选择了人均总产值作为测量企业经营能力的指标。188 家企业调查结果显示，人均总产值平均为 18.83 万元，标准差为 66.55 万元，企业在人均总产值上的差别非常大。

我们认为，表 2 中的结构约束变量和企业家能动性变量不但影响企业的社会资本，而且影响企业的经营能力。为了更准确地估算企业的社会资本对经营能力的影响，我们在表 3 中利用模型 I 分析结构约束变量和企业家能动变量对企业经营能力的影响，在此基础上引进企业的社会资本变量，建构模型 II，以检验和测定企业的社会资本是否会增加企业的人均总产值。

表 3 企业经营能力的回归分析

自变量	模型 I	模型 II
	未标准化系数 （标准化系数）	未标准化系数 （标准化系数）
结构约束变量		
所有制类型（新生民营企业 =1，其他 =0）	11.095 （0.083）	7.917 （0.059）
产业类型（新生第三产业 =1，制造业和商业 =0）	23.235 （0.170）**	20.579 （0.151）**
企业家能动变量		
企业法人代表的受教育程度（7 点定序变量）	1.588 （0.026）	0.068 （0.001）
企业法人代表的行政级别（6 点定序变量）	12.299 （0.207）**	10.492 （0.177）**

自变量	模型 I	模型 II
	未标准化系数 （标准化系数）	未标准化系数 （标准化系数）
社会资本因子	—	9.838 (0.181) ***
模型其他值		
常量/截距	− 35.525	− 43.487
已解方差（R^2）	0.078	0.101
F 检验	3.864 ***	4.045 ***
企业个案数	182	182

注：单尾检验：* $p < 0.10$，** $p < 0.05$，*** $p < 0.01$。

（二）统计分析结果及解释

首先解释回归模型 I 的结果。在模型 I 中，我们只检验结构约束和企业家能动性变量的解释力。所有制类型的未标准化回归系数是 11.095。这说明，如果产业类别、企业法人代表的受教育程度和行政级别都相同，样本中的新生民营企业比国有、集体企业的人均生产总值高 11 万元。虽然数值很大，但由于标准误差（Standard Error）也很大，统计检验不显著。所以，人均生产总值 11 万元的结果只限于样本，不能推论到广州市企业总体。换言之，在广州市，所有制类型不一定是影响企业经营能力的直接因素。产业类型是影响企业经营能力的直接因素。产业类型的未标准化回归系数是 23.235，统计显著（$p < 0.05$），说明广州市的新生第三产业比制造业、商业的人均生产总值高 23 万元。

企业法人代表的受教育程度的未标准化回归系数是 1.588，即企业法人代表的受教育程度每提高一级，企业的人均总产值就提高约 1.6 万元。但是，由于统计检验不显著，这个数值不能推论到广州市企业总体。但是企业法人代表的行政级别统计检验显著，未标准化回归系数是 12.299，表明在广州市，其他因素不变，企业法人代表的行政级别每提高一级，企业的人均总产值就增加约 12.3 万元。在两个统计显著的变量之间，企业法人代表的标准化系数是 0.207，产业类型的标准化系数是 0.170，因此前者比后者对企业经营能力的提高更重要。模型 I 已解方差为 7.8%，F 检验显著。

在模型Ⅱ中，我们保留了模型Ⅰ的四个变量，引入了社会资本因子变量。产业类型和企业法人代表行政级别保持了统计的显著性，相对重要性的位置保持不变，虽然两个变量未标准化系数和标准化系数在模型Ⅱ中比在模型Ⅰ中都略有减小，但统计显著说明，这两个变量对企业经营能力有直接的影响。

企业的社会资本对企业经营能力有更强的直接影响。模型Ⅱ表明，社会资本因子的未标准化回归系数是 9.838，统计显著（$p < 0.01$）。这表明，在广州市，企业之间如果在结构约束变量和企业家能动变量上有相同的条件，社会资本每提高一分，企业的人均生产总值将提高约 10 万元。这是一个相当大的数字，反映了社会资本对企业经营能力的提升作用。在三个统计显著的变量之间，社会资本比其他两个变量的标准化回归系数都大（0.181 对 0.151 和 0.177），进一步证明社会资本对企业经营能力的作用是最大的。设定一个企业处于劣势的结构中，企业法人代表的条件也不佳，但如果它的社会资本量大，仍然可以保持和提高企业的经营能力。模型Ⅱ的已解方差从模型Ⅰ的 7.8% 提高到 10.1%，F 检验显著（$p < 0.01$）。

尽管模型Ⅱ对企业经营能力的解释还是有限的，社会资本的测量也有待改进，但是统计分析结果表明，企业的社会资本的引入，明显提高了对企业经营能力的解释力。

（三）案例分析

统计上证明了社会资本对企业经营能力的贡献大于其他因素，且其他因素对企业经营能力的贡献有一部分仍是与社会资本共同起作用的。那么在现实生活中，社会资本是如何发生作用的呢？请看下面的案例。

案件一：

A 公司的总经理 1993 年回乡探亲，与当地乡镇企业干部聊天时了解到当地有两千多家工厂，对机械设备维修的需求颇大，于是双方协商在当地合办一家机械设备厂，并邀请一位台湾商人加盟。共筹资 300 万元，三方各出三分之一组成股份合作公司。当地乡镇企业派人出任董事长，台湾商人任副董事长，A 公司派人出任总经理。A 公司是机械制造厂，可发挥技术力量雄厚、质量信誉高的优势，当地乡镇企业提供廉价且交通便利的厂房用地以及负责处理与当地有关的政府部门的关系，而台湾商人的资金运用灵活，追求资本增值的动机最强。三种不同所有制性质的资本结合，即形成了杂交优势。

在商议 A 公司派谁出任新公司的总经理的过程中，乡镇企业和台湾商人很希望 A 公司总经理能亲自兼任。他们认为 A 公司总经理有能力，掌握的资源丰富，社会交往广，更重要的是老家在当地，容易沟通，信得过。如果他能直接参与新公司的经营，尽可能利用 A 公司的资源为新公司服务，会对新公司有莫大的好处。于是私下与 A 公司总经理商量，将台湾商人所占股份的三分之一转让划归 A 公司的总经理。A 公司的总经理由于工作太忙，不可能兼任新公司的总经理，但承诺会多投入精力参与新公司的经营管理。为了打消对方的疑虑并维持其信心，A 公司总经理答应接受那部分股份，而实际上是将这部分股份的收益归还 A 公司。

这个实例反映了企业经营者可以通过社会联系获得市场信息，找到合作伙伴。更重要的是，合作者之间由于有乡缘关系，提高了信任程度。这种信任可以增加合作成功的机会。

案例二：

B 公司是生产重型机械的老企业。由于机械行业生产周期长、利润低，近年来一直不景气。机械工业部曾经向 B 公司推荐开发中央空调项目，但 B 公司一直没找到一个既懂中央空调技术，又有该类产品营销经验的人来发展此项目，通过各种渠道招聘亦未得到合适的人选。后来找到了公司人事部部长的妹夫 F 先生，他在江苏省江阴市办了一家中央空调厂，熟悉中央空调的制造技术，了解中央空调市场，把握产品的销售网络，手下又有一班对他忠心耿耿的技术与销售人员，但苦于资金短缺，难以发展。B 公司了解到 F 先生的经历后，感到他是个难得的人才，遂与 F 先生达成了创办中央空调公司的合作意向。由 B 公司投资 1255 万元，并采取资产重组方式将原有的一些厂房和设备折合 229 万元作为实物投资。B 公司另出资 200 万元购买 F 先生的中央空调技术图纸，并由 F 先生负责公司的经营。F 先生销售 100 台空调机，可提取 5% 的利润，如果能将 B 公司投入的全部资金收回，可以让其占有 30% 的股份。现在这家空调公司是 B 公司下属子公司中运营最好的子公司。

我国还没有形成经理阶层的劳动力市场。在信息不充分、高水平管理人员短缺的情况下，社会网络可以发挥寻觅和配置像 F 先生这样人才的重要作用。

四 结论和思考

1998 年广州市 188 家企业调查证明，企业的纵向联系、横向联系、社会联系是形成和发展企业的社会资本的渠道，而社会资本对企业的经营能力具有直接的正面影响。据此，我们就当前中国企业社会资本的测量、社会资本差异的理论解释和统计证明、社会资本的功效以及可能产生的负面影响，展开初步的讨论。

（一）企业的社会资本的测量

我们在测量企业的社会资本时，着眼于企业法人代表，这是因为企业法人代表是整个企业的核心，也是一个企业形成、发展、运用社会资本的关键人物。我们以企业法人代表是否在政府部门工作过、是否在不同行业的企业里工作过和任过职及其社会联系和交往是否广泛分别作为企业纵向联系、横向联系和社会联系的指标。以这三个指标计量的社会资本，在 188 家企业之间差别很大，这些差别与企业的结构特征、企业家能动性指标及企业的人均生产总值均直接相关。这说明，以企业法人代表的三种联系来测量企业的社会资本是有效的。

但是企业的社会资本不限于企业法人代表。企业的其他管理者和经营者，包括中层经理、专业技术人员、从事生产和销售的一线工作人员，也都可能在形成、发展、运用企业社会资本的过程中发挥作用。如果这些人的作用都最终汇集到企业法人代表身上，那么，以企业法人代表的各种联系来代表企业的社会资本就有完整的效度和信度了。但是企业法人代表是否真的汇集了所有人的关系和作用，不同的企业法人代表的汇集力是相同的还是不同的，如果是不同的，应该增加哪些项目才能充实我们对企业的社会资本的测量，这些都是有待进一步研究的问题。

（二）企业社会资本的理论解释和统计证明

我们在解释为什么有的企业的社会资本量高于其他企业时提出的两种理论都得到了证明，但是我们的证明是需要改进的。第一个理论是结

构约束论，其着眼点是所有制结构和产业结构。研究发现，新生的所有
制类型和新生的第三产业，社会资本量比较高。我们是从新生企业在这
两种结构中所面临的制度活性角度去解释的，但是这里存在两个明显的
问题有待探讨。一是社会资本的形成和发展是一个过程，老企业应该占
优势。为什么研究发现偏偏是新生企业占优势呢？这是一个矛盾。另一
个问题是社会资本的运作往往依靠资源的交换。那么，企业的经济实力
应该是一个结构约束指标，但我们的模型并没有考虑这一方面的指标。
在今后的研究中，需要考虑企业社会资本的形成和发展过程及企业年龄
与经济实力在这一过程中所扮演的角色。

解释企业的社会资本量大小的另一个理论是企业家能动论。提出这
一理论的出发点是承认社会资本不是死的东西，而是行动者的创造，要
求行动者有能动性。由于调查数据的限制，我们用企业家的两个能力指
标（受教育程度和行政级别）来间接地代替他们的能动性。这两个替代
性指标的使用有其理论根据（分层理论和社会资源理论），作为开拓性的
研究是可行的。研究发现，企业家的受教育程度和行政级别越高，企业
的社会资本量就越大，间接证明了企业家能动性是形成和发展企业社会
资本的重要条件。对于未来的进一步研究，我们建议使用三个企业家能
动性变量。第一，企业家对发展和运用社会资本的意识的强度。第二，
企业家对发展和运用社会资本的时间和精力的投入量。第三，企业家对
发展和运用社会资本的资源投入比率。

（三）企业社会资本的功效

在社会资本的功效方面，本文集中探讨了一个方面，即社会资本对
企业人均生产总值的提升作用。我们将人均生产总值作为企业经营能力
的指标。统计分析证明，在企业的所有制类型和产业类型、企业家的受
教育程度和行政级别相一致的基础上，企业的社会资本量大，其人均生
产总值就高（社会资本每提高一分，人均生产总值就提高大约 10 万元）。
这个发现说明，企业要想提高经营能力和人均产值，有效途径之一就是
发展和运用社会资本。我们引用的两个案例说明，社会资本之所以有这
样大的功效，是因为企业通过各种联系，可以获取有价值的信息，发现
和聘任有用的人才，在交易双方之间减少怀疑、增加信任，提高办事成
功率和经济效益。

在社会资本的功效方面，我们尚未涉及的几个问题也在这里一并提出。

（四）为什么企业的社会资本在经济活动中如此重要？

对此有结构和文化的两种解释。先看结构的解释。无论是计划经济还是市场经济，在资源配置上都有失灵或效率太低之处。以信息为例，在计划经济下，层级太多或非经济因素的干扰，有可能使得信息流通渠道阻塞或被扭曲。在市场经济下，信息成为商品，竞争者为了蒙骗对手往往散播假信息，使信息获取存在风险。而在这两种体制下，企业如果拥有社会资本，即可以通过企业的社会联系，从相熟的、信任程度较高的部门或企业那里以较低代价获得真实信息。中国正处于计划经济向市场经济过渡时期，在信息提供方面，旧体制的功能逐渐减弱，但新制度的功能尚未完善。在这一时期，企业的社会资本对信息的获取、甄别、选择、使用显得尤其重要，而这正是企业要进行社会资本投资的制度基础。这是从结构的角度来解释社会资本的必然性，是一种结构的解释。

文化的解释不同。梁漱溟（1949/1987）认为中国是伦理本位的社会。费孝通（Fei, 1949/1992）将中国社会的深层结构进一步概括为差序格局，认为中国人处事的方式会因血缘上的疏亲、交往上的生熟而明显有别。许多学者注意到人情、面子、缘分、回报等行为规范在维系社会秩序中的重要作用（金耀基，1988）。企业作为经济行动者，将受这些文化规范的约束（Wong, 1988）。企业对社会资本的投资和积累，是为了依从这些文化规范而产生的。缘分可以成为建立社会联系的契机。人情、面子和回报的规范可以促使有长久交往或紧密联系的组织之间互助，可以使施惠者相信受惠者早晚会给予回报而不担心只有付出。有趣的是，虽然大多数人认可这些规范的存在及其约束力，但也有不少人认为这其实是社会化的结果，人们早已将这些规范内化而不得不被动地接受。还有人则进一步认为，中国人一方面受这些规范的约束，另一方面也会将这些规范作为达到目标的手段。例如察觉到对方拥有自己所需的稀缺资源，或有朝一日可能有求于对方，于是预先给予对方好处或帮助，使对方欠上自己的人情债。一旦需要回报，对方就会难以拒绝，否则会被认为不讲人情面子，知恩不报。因此，这些文化规范已被作为一种策略，可以称之为文化策略。上述解释我们称之为文化的解释。

结构的解释和文化的解释是从不同角度看问题的。如当结构条件满足而没有出现结构解释所预期的结果，那是结构解释失败的证明。文化解释亦然。如果社会过程和所依赖的条件既是结构的又是文化的，那么，在分析上如何区分两种不同的力量，并证明两种力量是如何相互影响而最终产生社会资本的，仍是对研究者的挑战。

（五）企业的社会资本与企业网络的关系如何？

经济学者认为企业之间的关系有三种形态。一种是市场，即交换各方产权独立，地位平等，以契约为纽带，其联系是短暂的，交换各方必须付出交易成本。一种是企业科层，交换各方实行纵向一体化，被纳入企业的边界之内，存在隶属或层级的关系，依附于行政命令，运作过程中必须付出行政代价。而处于上述两者之间的是企业网络。与纵向一体化的企业科层不同，企业网络内各成员的产权是独立的，地位是平等的，不存在行政命令。与市场不同，企业网络内各成员之间的交易是长期的，信任程度较高，规范是维系网络的主要纽带。网络关系可以避免纵向一体化所带来的过高行政费用和规模过大而缺乏灵活性，同时也可以减少短期的市场交换必须付出的过高的交易费用。我们认为，企业的社会资本投资实际上就是为了进入、巩固、发展企业网络。企业的社会资本存在于企业网络之中，是分析企业网络产生和发展及发挥效用的解释性概念。上述的分析也说明，企业的社会资本概念可以与经济不确定性的概念相关联。企业进行社会资本的投资以建立企业网络，正是为了应付经济的不确定性的一种制度选择。

（六）企业的社会资本与腐败的关系问题

一提到社会关系，人们便会联想到政府官员的寻租行为和社会上的贪污受贿的腐败行为。我们认为，社会资本不能等同于寻租行为和腐败行为。寻租行为的起因之一是政府对经济事务不恰当的介入，导致某些官员与受惠的经济行为者（个人或组织）分享由此产生的"政策性利润"。寻租行为虽然违反政府的法规，但只要政府不恰当地介入经济事务，只要其出台的政策向部分企业或地区倾斜，寻租行为的出现就难以避免，改革条件下的中国是如此，一直实行资本主义的美国也是如此。这里，解决的关键在于提高政府政策的公正性和可行性。贪污受贿的腐败行为比寻租行为更为广泛，贪污受贿者以权谋私，施贿行贿者用金钱买通权力以达到功利目的。这些不法行为普遍存在的原因是制度漏洞太多太大，执法不力。解决的关键也在于制度的健全和改进。

社会资本不是给经济体制造成问题，而是由于经济体制自身出现了问题，经济行动者为了解决问题而使用的非正式机制。市场体制下，正式制度安排存在信息不畅和信任难建的问题，企业不得不通过各种非正式的联系解决这些问题（Granovetter，1973，1985）。在经济转型时期，企业社会资本的作用之所以愈来愈大，就是因为转型经济中的体制间隙和漏洞比较多，需要通过非正式的关系渠道加以弥补。随着市场经济的逐步成熟，企业社会资本的作用会相应减弱。

必须承认，企业或个人都可以通过各种非正式的社会联系使寻租行为和腐败行为成为可能。这里，应该对企业运用社会资本解决问题过程中的目标和手段加以区分。在这个过程中，如果目标是提高企业的经营效能，使用合法的手段，则是合乎社会整体利益的，值得赞许的行为。如果目标是为个别人谋私利，使用非法的手段，则是有损社会整体利益的，应该抨击的行为。应该创造一种制度环境，鼓励前者，抑制后者。

（七）企业的社会资本的实践意义

根据研究结果，我们认为，为增加和提高企业的社会资本投资与功效，一是深化产权改革，减少消除经营者的短期行为，引导他们为了企业的长期发展而进行社会资本投资。二是传统的制造业、商业应汲取新兴的第三产业的经营经验，注重社会资本的投资。三是提高企业家的受教育水平和社会分层地位，使他们有意识、有能力、有机会为企业进行社会资本的投资，充分运用社会资本，提高企业的经营效能。

参考文献

边燕杰，1999，《社会网络与就业过程》，载林益民、涂肇庆主编《中国改革时期的社会变迁：西方社会学研究评述》，香港：牛津大学出版社。
陈健民、丘海雄，1999，《社团、社会资本与政经发展》，《社会学研究》第4期。
金耀基，1988，《人际关系中人情之分析》，载杨国枢主编《中国人的心理》，台北：桂冠出版社。
梁漱溟，1949/1987，《中国文化要义》，东方出版社。
丘海雄、许扬先、赵巍，1997，《国有企业组织结构转型的过程、原因及结果》，《社会学研究》第2期。
Bian, Yanjie 1997, "Bringing Strong Ties Back In: Indirect Ties, Network Bridges, and Job Searches in China", *American Sociological Review* 62 (June).
Blau, Peter M. & Duncan, Otis Dudley 1967, *The American Occupational Structure.* New

York: John Wiley.

Bourdieu, Pierre 1984, *Distinction*, (translated by Richard Nice). London: Routledge and Kegan Paul.

Coleman, James 1988, "Social Capital in the Creation of Human Capital", *American Journal of Sociology* 94 (Supplement).

Fei, Xiaotong [1949] 1992, *From the Soil: The Foundations of Chinese Society*. Berkeley: University of California Press.

Granovetter, Mark 1973, "The Strength of Weak Ties", *American Journal of Sociology* 78 (6).

Granovetter, Mark 1985, "Economic Action and Social Structure: The Problem of Embeddedness", *American Journal of Sociology* 91 (3).

Lin, Nan 1982, "Social Resources and Instrumental Action", in Peter Marsden and Nan Lin (eds.), *Social Structure and Network Analysis*. Beverly Hills, CA: Sage.

Lin, Nan 1990, "Social Resources and Social Mobility: A Structural Theory of Status Attainment", *Social Mobility and Social Structure* 3.

Lin, Nan & Bian, Yanjie 1991, "Getting Ahead in Urban China", *American Journal of Sociology* 97 (3).

Lau, C. C. & Qiu, Haixiong 1997, "Employee Compensation Reform in China's Firms: Results of the First Decade", *China Report* 33 (4).

Putnam, Robert 1995, "Bowling Aline: America's Declining Social Capital", *Journal of Democracy* (6) 8.

Wong, Siu-Lun 1988, *Emigrant Entrepreneurs: Shanghai Industrialists in Hong Kong*. London and New York: Oxford University Press.

公司治理与企业绩效*

杨　典**

公司治理与企业绩效之间的关系一直是学者、企业管理者和政府监管者颇为关注的问题，尤其在 1997 年亚洲金融危机、2001 年美国一系列公司丑闻及 2008 年全球金融危机之后，更成为多方关注的焦点。虽然各方对"好的公司治理对企业绩效的提升乃至整个社会的发展都有促进作用"这样的观点基本达成共识，但究竟何谓"好的公司治理"依然存在争议。在经济学家特别是秉持代理理论观点的经济学家看来，所谓"好"的公司治理做法是那些能够最大限度地减少代理成本并有助于实现股东价值最大化的做法，即美式股东导向型公司治理模式（the American shareholder-oriented corporate governance）。他们还具体列出包括委任更多外部独立董事、分设 CEO① 和董事长职位、增加机构投资者持股份额等一系列所谓"最佳"公司治理做法，这些做法在强化董事会权力与独立性、增强 CEO 责任感、降低代理成本继而实现企业绩效提升等方面，是放之四海而皆准的普适准则。与此相反，社会学新制度主义理论则认为没有放之四海而皆"好"的公司治理做法，所谓"最佳"公司治理做法是一种社会建构，其能否真的发挥作用在很大程度上取决于是否契合所在的制度环境。特别是那些跨文化、移植自西方的所谓"最佳"治理做法（比如独立董事制度）往往存在脱离所在国实际的问题，因此在采用之后不但对企业绩效的提高可能起不到什么积极作用，还可能导致一些意外负面后果，在某些情况下甚至对公司绩效造成伤害。同时，许多被

＊　本文原载《中国社会科学》2013 年第 1 期；收入本书时标题有修改。

＊＊　杨典，中国社会科学院社会学研究所研究员。

①　CEO，即首席执行官（Chief Executive Officer），在中国上市公司中通常被称为总经理。

代理理论判定为"坏"的公司治理做法，例如国家持股，反而可能有助于企业绩效的提升，因为在争夺稀缺资源和市场地位的激烈竞争中，国家能为企业提供强大支持，这对生存于瞬息万变、处于赶超阶段的后发国家中的企业来说可谓尤其重要。

我国的企业改制和公司治理改革（尤其是上市公司的公司治理改革）在很大程度上受到代理理论和美式股东导向型公司治理模式的影响。然而，上市公司在采用了这些"最佳"公司治理做法之后是否真的实现了企业绩效的提升，至今仍存争议。具体而言，机构投资者在提高上市公司绩效方面究竟发挥了怎样的作用？股东导向型的董事会结构（例如委任独立董事、分设 CEO 与董事长职位等）是否真的对企业绩效尤其是企业的股市表现起到了促进作用？此外，目前我国上市公司中 70% 左右是国有控股企业，那么，国有控股上市公司的绩效是否比非国有控股公司的绩效差？随着过去十几年来国有企业产权多元化及董事会改革的大力推进，国有控股上市公司在上市后与传统国有企业相比是否有了实质性转变？我国的国有企业改革在多大程度上获得了成功？

基于中国 676 家上市公司 1997～2007 年的面板数据及对上市公司高管、独立董事、律师、基金经理和证券分析师等进行深度访谈得来的定性数据资料，本文从社会学角度分析公司治理和企业绩效之间的关系，试图对以上问题做出回答。

一　公司治理和企业绩效：理论与假设

本文将集中研究公司治理的几个重要维度如产权、董事会结构等对上市公司绩效产生的影响。

（一）国家的作用："攫取之手"、"扶持之手"及代理成本

1. 国家控股与企业绩效

不少学者对转型经济体中作为"委托人"的国家对企业的治理和绩效所能起到的作用进行了研究。产权理论认为，国有企业的致命缺陷在于委托—代理问题（Sachs，1992）。由于存在信息不对称和激励不相容问题，当企业所有者无法亲自经营企业而只能选择将企业委托给管理者时，代理问题便随之出现：国有企业管理者在没有足够激励的情况下根本不会主动去最大限度地提升企业盈利能力。国有企业的另一严重问题则源

自国家的"攫取之手"（grabbing hand）及政治干预（Shleifer & Vishny，1998）。这一问题在国家部分持股的现代大型企业也同样存在。凭借持股而享有表决权和控制权，国家得以对企业管理施加干预。通过国家持股而获得企业控制权的政治家和官僚们会刻意将企业资源转移给政治支持者。而这些偏向性行为通常以牺牲企业的盈利能力为代价。因此代理理论经济学家认为国有制是市场经济顺利运转的绊脚石，因为它不可避免地导致寻租、贪污及其他形式的腐败等破坏市场约束的行为，而市场约束是市场经济得以高效运作的最可靠保证。

相比之下，新制度主义理论和发展型国家理论则认为转型市场经济下的企业大多是工业化的后进者，在毫无帮助的情况下，它们将无法赶上世界先进企业的发展脚步。发展型国家理论进而认为国家能够为企业提供"扶持之手"（helping hand），通过遏制恶性竞争、提供专业引导、资源调配及协助引入国外先进技术等方式来帮助本国企业赶超全球领先企业（Evans，1995）。

理论上，几乎所有规模较大且公众持股的公司，不论政府是否为其股东之一，都具有所有权与管理权分离的特点。斯蒂格利茨（Stiglitz，1994）认为委托—代理问题的性质并不会因所有制（比如国有或私有）不同而不同。在某些情况下，比如在国有股份集中而私有股份分散的情况下，国有控股上市公司的代理成本可能比私人控股上市公司的代理成本低，因为占主导地位的国有股东会比个人股东和少数股东在对公司高管进行监督和约束上更有能力，也更有动力。因此，存在委托—代理问题并不意味着在上市公司中国家持股就一定是低效或无益的。

我国国有控股上市公司为上述理论推理提供了有力证据。与传统国企不同，国有控股上市公司不再完全归国家所有，而是一种混合所有制结构，在大多数情况下为国家、国内私人股东和外资股东三方共同所有。如图1所示，在作为本文研究样本的676家上市公司中（1997～2007年），国有股占公司总股份的41%，而可流通股（大部分为国内私人股东如个人和机构投资者所持有）和外资股分别占公司总股份的43%和16%，可以说是一种国有和非国有持股比例相当均衡的所有制结构。

大部分认为国家持股不利于企业发展的论证是基于对单一所有者企业（例如国有独资企业和全资民营企业）的考察。百分之百的国有制很可能确实不利于企业发展，但如果国家只是作为包括国内私人股东和外

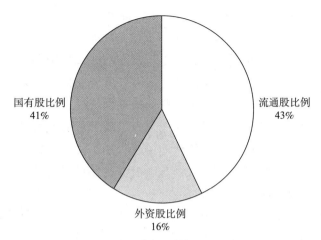

图1 中国上市公司的混合所有制结构

资股东在内的众多股东中的一员时，又该有怎样的答案呢？继李培林和顾道格等学者的研究之后，笔者认为应该把产权视为一种呈连续变化的连续统，而不是对立的两个类别（李培林，2004；Guthrie et al.，2007）。把产权看作呈连续变化的连续统有诸多优势。首先，可将差异程度更加细微的"产权"问题纳入考察范围，而这在完全对立的"国有—私有"传统视角中，是难以观测到的。更重要的是，大部分上市公司由国家、国内私人股东和外资股东三方共同所有，因此，简单地把企业划分为国有或私有是武断的。其次，视产权为一个连续统的观点也有助于我们对企业各方投资者的相对力量进行评估和对比。

　　在当今产权多元化的新制度背景下，不同类型的股东共同影响着企业行为。尽管在不少上市公司中国家是占主导地位的最大股东，但其他私人和外资股东同样对该企业有着相当的影响力，甚至力量最为微弱的个人股东也可能对国有股东或国有控股企业的公司高管进行一定程度的监督和制约。在笔者进行田野调查期间，SH 股份有限公司——中国能源领域一家央企控股上市公司——的一位投资者关系经理告诉笔者，该公司在北京召开 2008 年度全体股东大会时，没敢在大会会场提供热咖啡或开水等热饮，因为他们非常担心会议过程中那些愤怒不满的个人投资者会因该公司当年糟糕的股市表现而将手中的热咖啡或开水泼向公司总经理和董事长（公司高管访谈 E03）。客观上，SH 公司股价的大幅下跌，主要受 2008 年中国股市整体暴跌的影响，而非该公司高管人员的管理不力造成的。但蒙受了巨大经济损失的个人投资者依然会迁怒于企业本身及公司高管。该投资者关系经理进一步告诉笔者，整个 2008 年，众多个人投资者不仅抱怨与投诉电话不断，还有人对投资者关系经理和公司高管发出死亡威胁，要求 SH 公司赔偿其经济损失。SH 公司的例子很好地说明了产权多元化和公开上市在塑造国有控股企业公司治理和企业绩效方面可能起到的作用——即使对那些规模最大、最有权势也最僵化保守的央企巨头来说，非国有股东（即使是力量最为薄弱的个人股东）也能对其高管人员起到一定程度的约束和监督作用。因此，产权多元化和公开上市带来的不同股东之间的监督与制衡机制使得国有控股上市公司的代理成本大大降低。

那么，在原国有企业实现产权多元化和公开上市后，国家的"攫取之手"的力量是否有所减弱？国家"扶持之手"的力量是否得以增强？通过田野调查，笔者感到这两只"手"在企业上市后依然在各个企业中普遍存在，但总的作用模式随着过去十几年来我国经济的快速增长及各级政府日益强大的财政实力发生了很大转变：政府在国企发展中开始愈来愈多地发挥了其"扶持之手"的作用。尤其自 1998 年以来，房地产业的蓬勃发展和土地经营开发热潮，给各级政府（尤其是地方政府）提供了强大的收入来源（周飞舟，2007），从而大大削弱了国家从国企"攫取"资源的意愿和动机。与此同时，随着 20 世纪 90 年代末"抓大放小"政策的出台，中央及各级地方政府需要监管和扶持的国企数量开始大幅减少。因此，在可利用的经济资源越来越多而需要扶持的国企越来越少的情况下，各级政府都有意愿也有能力去为国有控股上市公司提供帮助和指导，并且通常都以打造全国性或地方龙头企业（也称"国家队"或"地方队"）为目标，进而推动全国或地方整体经济实力的提高。

与国有控股股东过去十几年来越来越多地使用"扶持之手"形成鲜明对照的是，私人控股股东的"攫取之手"却因民营企业信贷市场的紧张及我国上市公司特有的"母子公司"结构而愈演愈烈——大多数上市公司（子公司）都是由母公司（企业集团或单个大型企业）剥离、分拆而来并直接受控于母公司。在这种特殊制度环境下，私人控股股东会比国有控股股东更可能对上市公司实施各种"攫取"行为：第一，私人控股股东通常更难从银行获得贷款，因此通过侵占下属上市子公司来谋取企业发展资金便成为一条重要途径；第二，由于私人控股上市公司的创办者/管理者在该上市公司的控股股东（大多数为非上市公司）中通常持有较高比例的股份，因此他们通过侵占下属上市公司资金获得的个人利益，要比国有控股企业的管理者通过侵占得到的更多。因此，尽管国家和私人控股股东都会对上市子公司实行各种"攫取"行为，但国有控股股东的攫取程度要比私人控股股东低，同时给予上市公司的扶持和帮助比私人控股股东多，这就使得国有控股公司拥有比私人控股公司更好的业绩成为可能。

近年来对国有控股公司内部管理流程的实证研究也为国家持股的正面作用提供了有力支持。如今的国有企业已经逐渐成为以市场为导向的"强力发动机"，谭劲松及其同事详细描绘了国有控股上市公司中日益增强的经营智慧和信心满载的企业精神（Tan & Tan，2005）。笔者对样本公司所作的初步数据分析表明，国有控股公司 1997～2007 年无论在企业盈利能力还是股票市场收益方面，都比私人控股企业有更好的表现。

国有控股上市公司代理成本的降低，加上政府攫取行为的减少及扶持力量的增加，表明在产权多元化、董事会改革及资本市场对上市公司约束作用日益增强的新的时代背景下，国家控股从整体上看能够对公司绩效的提高起到积极促进作用。因此，提出假设 1：国有控股上市公司的绩效整体上优于非国有控股上市公司。

2. 国有股比例与企业绩效之间的非线性关系

尽管国家控股对企业绩效来说是一个有利因素，但一些研究表明国有股比例与企业绩效之间的关系并非简单线性正相关关系（例如孙永祥、黄祖辉，1999）。前文已提到，国家持股对企业绩效的净影响取决于三方面因素，即政治干预（"攫取之手"）的成本，政府优待（"扶持之手"）带来的好处以及委托－代理成本。当政治干预成本和代理成本的总和超过政府扶持带来的好处时，国家持股的净影响为负值；反之，国家持股的净影响为正值。政治干预、代理成本和政府扶持的相对利弊大小会随国有股比例的不同而有所不同。当国有股比例适中且不超过一定临界点（threshold）时，国家会不断为企业提供支持以帮助实现企业价值的提高，来自国家的各种攫取行为也会在到达该持股临界点之后停止继续增加。与此同时，代理成本因产权多元化带来的监督机制与权力制衡而得到降低。国家"扶持之手"力量的增强，"攫取之手"力量的减弱再加上代理成本的降低，表明企业绩效会在持股临界点之下随国有股比例的增加而增加；但当国有股比例达到非常高的水平之后，国家扶持的力度会停止继续增强，同时政治干预的强度也就此停止增加，而代理成本却会由于对企业管理人员缺乏有效监督和制约而大幅增长，这意味着，当国有股比例大到超过一定临界点时，企业绩效会有所降低。最极端的例子便是国有独资企业，它们往往面临最大限度的政府干预，也享受最大限度的政府支持，但国家持股对企业绩效的净影响因极端高昂的代理成本而降到负值水平。

总之，国有股比例会在一定临界点之内对企业绩效起积极作用，而且这种积极作用会随国有股比例的增加而增强；但当国有股比例超过该临界点之后，国家持股对企业绩效的积极影响便会逐渐减弱直至成为负值。即国有股比例与企业绩效之间呈现的应是一种倒 U 形关系。基于此，提出假设 2：国有股比例与上市公司绩效之间呈倒 U 形关系。

3. 公司行政级别与企业绩效

很多学者论述了计划经济下的产业行政级别在塑造中国经济改革道路中起到的关键作用。顾道格（Guthrie，1997）发现，受某一政府部门控制的企业数量与企业绩效之间呈负相关关系，因为企业面临的不确定性会随政府管辖范围的扩大而增加，企业绩效也会随之降低。他认为这一现象与政府的监管能力密切相关：由于较高层级政府所承担的行政压力更大、所要监管的企业更多，这些部门的政府官员缺乏足够的时间、精力和资源对其管辖下的在快速经济转型中步履维艰的国企进行指导和帮助。因此在他看来，行政级别较高的国有企业比行政级别较低的企业绩效差得多源于较高层级政府有限的行政指导能力而并非所有制的类型。

相对于上述解释，我们可以用三个因素更清楚地解释为什么行政级别较低的企业比行政级别较高的企业拥有更好的业绩：行政级别较低的企业受到了较低级别政府更有力的监督与帮助；行政级别较低的企业面临更为紧张的预算约束，有助于调动企业管理者和员工的积极性，同时也使得生产与销售体系更加灵活；行政级别较低的企业各种社会负担较轻，特别是对于那些员工福利及冗员都很少的乡镇企业来说更是如此。

顾道格的结论对 20 世纪 80 年代和 90 年代初的国有企业和地方政府来说也许是适用的，但中国的政府部门、国有企业、乡镇企业及总的市场状况从 90 年代末至今已发生巨大变化（渠敬东等，2009；周雪光，2005）。较低级别政府控制下的企业曾享有的三个有利因素也逐渐消失：随着"抓大放小"政策的实施，较高层级政府需要监管的企业数量已大幅减少，加之 2003 年以后国务院及各级地方国资委的相继成立，政府对国企的监管能力已较以往有了很大提升。同时，随着产权多元化、公开上市及《公司法》（1994）和一系列有关企业破产的法律法规的颁布实施，以往在行政级别较高的企业中普遍存在的软预算约束问题也在很大程度上得到缓解，这些企业在生产与销售过程中也随之具有了与行政级别较低企业大致相当的积极性和灵活性。此外，行政级别较高企业曾承受的过重社会负担也随着十几年来一系列社会保障和劳动力市场的改革和完善而大幅减轻（李培林、张翼，2007）。

自 20 世纪 90 年代末尤其是 2001 年中国加入世界贸易组织（WTO）以来，我国企业面临的市场竞争日益激烈。在市场竞争激烈和产业整合加剧的新时代，企业成功的秘密已不再仅仅是企业的积极性和灵活性，更重要的是企业的规模、技术、品牌、管理及资本实力等要素，因此，行政级别较高的企业往往更具有优势。此外，由于较高层级政府拥有的政治和经济资源更为丰富，政府控制下的这些企业自然就更容易获取关键资源并赢得更多更优惠的政策待遇，这对于在目前极具竞争性的市场环境中谋求生存和发展的企业来说至关重要。

笔者对样本公司财务数据的初步分析显示，行政级别较高公司的绩效水平比非国有控股公司及行政级别较低公司明显要高出很多。[①] 这些行政级别较高的国有大企业已逐渐成为中国经济的强力推进器和发动机，而非人们曾认为那样，是长期亏损、奄奄一息而无可救药的"恐龙"。基于理论分析及初步经验证据，提出假设 3：企业行政级别越高，其业绩表现越好。

（二）机构投资者持股对企业绩效的影响

有关机构投资者能否在公司治理和提高企业绩效上发挥积极作用，还存有争议。一些学者认为，由于高昂的监督成本，只有类似机构投资者这样的大股东才能从监督企业中得到足够的利益回报，因此，机构投资者在公司治理上能够起到积极作用（如 Smith，1996）。然而，也有一些学者认为机构投资者不但缺乏必要的专业技能，而且容易受"搭便车"

---

① 按照有关政策规定，上市公司是没有行政级别的，但由于国有控股上市公司均隶属于各级政府，为表述方便及与顾道格等学者进行对话，本文仍采用"公司行政级别"指代不同层级政府控制下的国有控股上市公司。

问题困扰，根本没有动力，也没有能力对企业管理者进行有效监督。还有学者指出，机构投资者的积极监管对企业绩效提高所起的作用几乎可以忽略不计，因为机构投资者考虑到自身担负的快速盈利责任，只会选择那些财务状况本来就很好的公司进行投资，因此其在公司治理和企业绩效提高方面根本起不到积极作用。

1998年以来，我国机构投资者所持股份开始不断增多，逐渐成为资本市场上一支重要力量。① 然而，机构投资者是否积极参与、改善了上市公司的公司治理依然是个未解决的问题。与美国机构投资者在上市公司中的平均持股比例超过80%相比，我国机构投资者至2007年在上市公司中的平均持股比例仍然只有10%左右，说明作为一个群体，机构投资者的力量依然较弱，特别是与那些平均持股比例超过总股份42%的控股股东相比更是如此。一些媒体报道称我国机构投资者更重视短期、快速利润，而只对财务状况良好的公司进行投资，一般不参与，也不重视所投资企业的公司治理状况。也有一些报道指出机构投资者在改善上市公司公司治理方面发挥了一定的积极作用。

笔者在田野调查中明显感到机构投资者在提高企业绩效方面所起作用的两种相互冲突的观点。一方面，由于机构投资者相对于控股股东的小股东地位，加之2005年前上市公司的多数股份为非流通股，通常由控股股东任命且没有股权或期权的上市公司高管，一般不会对公司的股价涨跌或机构投资者的行为特别关注。另外，就证券分析师与上市公司高管的关系看，中国证券分析师不像其美国同行那样拥有较大的影响力，相反，为争取公司高管对自己的支持、在异常激烈的证券分析师排名竞争中获胜，他们会不遗余力地获取公司高管所掌握的公司内幕信息，这些内幕信息可以帮助其在每周、每月或每年的证券分析师排名中凭借更加准确的财务预测击败对手（公司高管访谈 E04；证券分析师访谈 S03）。但从另一方面看，各种上市公司即便是那些规模最大的央企巨头，也无法逃脱全球通行的投资者关系准则，必须承受来自机构投资者和资本市

---

① 直至1998年我国资本市场才出现真正意义上的"机构投资者"（institutional investors），在此之前我国还没有自己的投资基金行业。需要注意的是，大多数中国上市公司研究者把机构投资者持股等同于法人股（legal person shares），在研究机构投资者持股与企业绩效关系时，这种分类方法有一定误导性。与机构投资者持股不同，法人股指的是由企业、企业集团及其他非营利性组织所持有的公司股份，而机构投资者持股指的是由养老基金、保险基金、共同基金等各种专业证券投资机构所持有的股份。

场的压力。例如，上述央企上市公司的投资者关系经理告诉笔者，为加强资本市场对其公司的了解、提升公司股价，他们会定期邀请证券分析师和基金经理到公司一起讨论与企业绩效和公司战略密切相关的问题。除面对面的定期会议，基金经理或证券分析师有任何疑问也可以随时与投资者关系经理及其他公司高管电话联系。同时，为让资本市场更好地理解公司的业务运作和绩效情况，他们甚至邀请证券分析师和基金经理到距离公司总部数千公里之外的生产基地进行实地考察，并按照国际通行的命名方式，将这样的做法称作"反向路演"（公司高管访谈 E04）。此外，为促进同行间交流，探讨如何更好与机构投资者打交道及如何应对资本市场的各种风云变幻，一些央企控股公司的投资者关系经理还会定期举行正式会谈及各种形式的非正式聚会，以分享彼此在处理投资者关系方面的经验和智慧（公司高管访谈 E03）。

与实力强大的央企相比，中小上市公司承受的来自机构投资者和资本市场的监督和约束力量更大。几位证券分析师和基金经理都谈到，他们去中小企业参观访问时能够直接与公司 CEO 或董事长面谈并受到隆重款待，但如果访问的是实力强大的央企，则很难见到 CEO 或董事长，接待他们的往往仅限于投资者关系经理或财务总监（证券分析师访谈 S04、S05；基金经理访谈 M01、M02）。由于资本市场中大部分为中小型公司，笔者认为机构投资者总的来说对公司绩效是能够起到积极作用的。由此，提出假设 4：机构投资者持股比例越高，上市公司的绩效越好。

（三）CEO 兼任董事长对企业绩效的影响

董事会领导结构（CEO 是否兼任董事长）与企业绩效情况密切相关。然而，不同理论对 CEO 兼任董事长对企业绩效到底产生何种影响有不同看法。代理理论认为 CEO 兼任董事长不仅会降低董事会在监督公司高管方面的执行能力，还会将董事会置于相对弱势（较之于 CEO）的地位（Lorsch & MacIver，1989），因此这一理论的支持者认为分设 CEO 和董事长职位有助于提高企业绩效。然而，大量经验证据并未对这一观点提供足够的支持（Peng et al.，2007）。CEO 兼任董事长的支持者则认为，指挥的统一性才是实现高效管理的关键，CEO 兼任董事长对企业绩效的提高能起到积极促进而非消极阻碍作用。类似观点可归入管家理论（stewardship theory）框架中。在公司战略文献中，研究者们普遍认为公司需要强有力的领导者来制定战略目标并对下级部门发出明确无误的指示以保证各部门能高效准确地展开工作，这种统一指挥对提高企业绩效非常重要（如 Donaldson & Davis，1991）。因此，一旦将"CEO 兼董事长"分离为两个独立职位，公司高管层的内部就会产生矛盾和冲突，进而削弱公司对业务环境和市场变化的应变能力。

在我国国情下，兼任董事长的 CEO 确实可能更好地提高企业绩效，因为其更具备实现这一目标的能力（更有权力、更少掣肘）且更加明白其兼任职位是一种需要通过实际工作绩效才能加以捍卫的荣誉（比如维护自己作为企业领导的面子和威信）。特别是，由于快速经济增长和转型，目前我国企业面临的环境不确定性正日益加剧，公司最高领导人处理这些环境变化的主动性与实际能力对企业的成功和发展至关重要。此外，迫于《公司法》的有关规定和中国证监会的上市要求，很多上市公司不得不分设 CEO 和董事长，由此常常导致 CEO 和董事长之间的权力之争。随着 CEO 和董事长两职分离政策的实施，原本身兼 CEO 和董事长二职的管理者必须在两个职位中选择其一。在中国语境下，由于董事长职位比总经理职位更具分量和影响力，多数人往往选择保留董事长职位而放弃做 CEO，企业因此需委任新的 CEO。但在这样的强制性职位分离之后，现任董事长（原 CEO 兼董事长）出于惯性和维护自身权力的需要，往往还会希望与以前一样掌管公司日常运营，而新 CEO 也期望能尽快接手公司管理并树立个人权威。由此，CEO 和董事长职位的强制性分离不可避免地导致了分离后的权力斗争，严重阻碍了企业绩效的提高。一位上市公司高管在访谈中说道：

> 董事长与 CEO 之间的"权力斗争"在中国上市公司中相当普遍，如果两人年龄、经验和资历相仿，斗争就更加激烈。但若是其中一人较另一人年长很多，或者两者之间曾经是上级－下属关系……那么两者之间的斗争就会缓和很多……否则权力斗争会愈演愈烈直至某一方最终胜出……企业绩效往往会在二者权力斗争过程中受到严重影响。（公司高管访谈 E02）

综上，管家理论和权力斗争说可能比代理理论更加契合我国企业的实际情况，因此笔者提出假设 5：CEO 和董事长两职分离与上市公司绩效之间呈负相关关系。

（四）外部独立董事与企业绩效

代理理论认为，要实现对企业管理层的有效监督，董事会必须保持自身的独立性与客观性，而董事会的独立程度与外部董事在董事会中所占比例密切相关。外部董事为尽快在决策控制上树立威望，通常会对企业管理层展开积极主动的监督。此外，委任更多外部董事的其他好处还包括：提高董事会对公司高管绩效评估的客观性，实现多角度、更全面的公司战略制定以及增强对股东利益的保护等（Pearce & Zahra，1991）。鉴于此，代理理论强调提高外部董事比例能对企业绩效产生积极作用。然而，经验研究表明外部董事比例与企业绩效之间的关系并不明确：一些研究发现设立了外部董事的企业普遍有更高的市场回报，但另一些研究则发现外部董事比例与企业绩效的很多指标并无关联（Tian & Lau，2001；Bhagat & Black，2002）。

代理理论近年来受到的批评，主要集中在该理论过度简化了"经济人"假设及其在面对"委托人—代理人"相互作用的复杂社会和心理机制问题时表现出的有限解释力（Davis et al.，1997）。就代表少数股东的外部董事而言，由于其"外人"身份，加之不拥有企业股权，他们自然也就没有足够权力和动机对公司高管层的行为进行主动监督和约束。此外，文化因素也会在一定程度上影响外部董事对公司高管的监督工作。例如，由于中国文化中对"和谐""面子"的看重，外部董事即使有足够权力和动机，也很难对公司高管的不当行为提出直接批评。再者，外部董事通常对公司业务情况并不十分了解，也难以对公司管理提出中肯的指导意见，特别是在我国经济快速发展和转型过程中，市场环境瞬息万变。如果他们还有其他全职工作，就更难以及时准确地了解企业的最新动向及应对市场环境的最新变化。这些都将对公司业绩造成不利影响。正如一位在多家上市公司中担任独立董事的公司律师所说：

> 大多外部独立董事对企业绩效的提升并无益处，因为独立董事往往不太了解公司的具体业务和运作情况……而且多数独立董事通常还有另外的全职工作，自己的事情都忙不过来。每年我们也只会参加8到10次的董事会会议（中国证监会规定的上市公司董事会会议最低次数为每年4次）。因此，如果某个上市公司的独立董事比例过高，那么董事会中真正认真做事、认真监督企业高管的人便

会所剩无几……企业绩效自然就会因为缺乏深刻、敏锐的商业判断以及外部董事对公司高管层的监督不力而受到影响。（公司律师访谈 L01）

但是，目前上市公司中独立董事平均仅占董事会成员的 1/3 左右，笔者认为外部董事可能还未能在提高企业绩效方面发挥实质性影响。因此，提出假设 6：外部独立董事在董事会中所占比例与上市公司绩效之间没有显著关系。

二 数据和研究方法

（一）样本公司

本研究样本公司包括在上海和深圳证券交易所上市的 676 家公司，所用数据涵盖了 1997～2007 年的公司治理和财务运营情况。会计与财务信息来自中国股票市场和会计研究数据库（CSMAR），而有关公司治理的信息则来自色诺芬（Sinofin）和万德（Wind）数据库。其他公司信息，比如上市公司行政级别和政府隶属情况等，则由笔者从上市公司年报、招股书及公司网站等渠道收集、整理并编码而来。此外，笔者还对基金经理、证券分析师、独立董事、公司高管、投资者关系经理、公司律师等进行了深度访谈，以作为对定量数据的补充。本文试图融合定量和定性分析方法，采用大规模定量数据并运用统计分析方法建立因果联系，通过深度访谈等定性方法厘清因果机制。

（二）测量指标

1. 因变量

本文使用资产回报率（ROA）和托宾 Q 值（Tobin's Q）衡量企业的盈利能力及在股票市场中的表现。资产回报率是衡量企业资产利用效率的重要指标，其计算方法为净收入与总资产的比值。托宾 Q 值为公司的市场价值与公司资产重置成本之比，是股票市场通常用来衡量企业价值的重要指标。

2. 自变量

国家控股虚拟变量：当上市公司的控股股东是国家（包括类似国资

委的政府机构及国有企业或国有控股企业集团）时，其值为 1，否则为 0。

国有股比例：国有股占企业总股份的比值。国有股包括由政府直接持有（国家股）以及由国有企业和其他国家下属法人实体持有的股份（国有法人股）。

上市公司行政级别：虚拟变量，1 = 非国有控股企业；2 = 县和乡镇政府控股企业；3 = 市政府控股企业；4 = 省政府控股企业；5 = 中央政府控股企业。

机构投资者持股比例：机构投资者持股数量占公司总股份的比例。

CEO 与董事长两职是否分设：若 CEO 与董事长并非同一人，其值为 1，反之为 0。

外部董事比例：外部独立董事成员数量占董事会成员总数的比值。

3. 控制变量

沿袭企业财务研究的惯例并考虑我国的制度环境，控制变量包括股权集中度、外资股比例、是否为沿海企业、企业规模、净资产负债率、行业①和年度虚拟变量。

表 1 列出了主要变量的平均值、标准差及相关系数。而图 2 显示了样本公司的行业分布情况。数据显示，样本公司中超过 80% 的企业是制造业、商业（批发和零售）和综合多元化企业，而在金融、房地产和公用事业（如电力）等所谓垄断行业的公司仅占 17%，表明尽管样本公司中有近 80% 的公司属于国有控股公司，但其大部分分布在制造业、商业等具有一定竞争性的行业，而并非都分布在金融、房地产等垄断行业。进一步分析表明（见图 3），国有股在制造业、公用事业中所占比例较高（40% 左右），而在房地产、金融等行业中占比较低，分别为 35% 和 25% 左右。② 此外，数据显示，即使在中央控股企业中，制造业企业也占到 60% 以上，制造业、商业和综合多元化央企共占近 80%，而在公用事业、房地产、金融业中的中央控股企业占 20% 多。

---

① 无论公司治理还是企业绩效，都会随行业的不同而呈现不同特点。公司治理与企业绩效的真正关系也可能会在特定行业特定影响下被掩盖。因此控制好行业变量，对厘清公司治理和企业绩效的真实关系是必要的。

② 金融企业并非都是像四大国有商业银行这样的金融机构，有很多类似深圳发展银行的中小银行及证券公司、基金公司、保险公司、金融租赁公司等中小金融机构。在这些机构中，国有股比例并不是太高，深圳发展银行的控股权甚至一度被美国 TPG 投资公司获得。

表 1 主要变量的描述性统计和相关系数矩阵

变量	1	2	3	4	5	6	7	8	9	10
观察值	6786	6745	6799	6864	2977	6393	5742	6748	6794	6773
均值	0.02	1.83	0.79	0.40	0.05	0.84	0.20	0.23	0.15	1.51
标准差	0.20	27.40	0.41	0.26	0.08	0.37	0.16	0.15	0.22	5.48
1 资产回报率	1									
2 托宾 Q 值	-0.12***	1								
3 是否国有控股	0.07***	-4.00E-03	1							
4 国有股比例	0.08***	-0.03**	0.58***	1						
5 机构投资者持股比例	0.14***	0.02	0.02	-0.08***	1					
6 CEO 与董事长两职是否分设	-0.20E-03	-0.03**	0.04***	0.03**	0.02	1				
7 外部董事比例	-0.12***	0.01	-0.17***	-0.17***	0.02	0.07***	1			
8 前十大股东赫芬达尔指数 a	0.10***	-0.03**	0.29***	0.61***	-0.07***	0.09***	-0.14***	1		
9 外资股比例	-0.03**	-0.01	-0.38***	-0.59***	-0.01	-0.02	0.08***	-0.20***	1	
10 净资产负债率 b	-0.01**	-0.01**	-0.03*	-0.06***	0.03	-0.02	0.05***	-0.07***	0.03	1

注：(1)* $p<0.1$，** $p<0.05$，*** $p<0.01$。

(2)[a] Herfindahl 10 index，测量股权集中度的一项主要指标，计算方法为前十大股东各自持有股份占企业总股份比值的平方和。[b] 测量财务杠杆的一项重要指标，计算方法为企业负债总额与净资产的比值。

(3)由于"是否国有控股"与"国有股比例"高度相关，当"国有股比例"充当自变量时，需将"是否国有控股"排除。同样，由于"国有股比例"与"前十大股东赫芬达尔指数"的相关性也非常高（>0.60），为防止多重共线性问题，在做国有股比例回归分析时也需剔除"前十大股东赫芬达尔指数"。

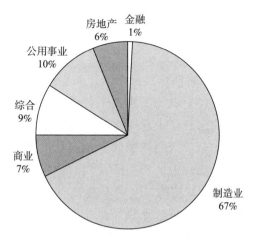

图 2　样本公司的行业分布情况

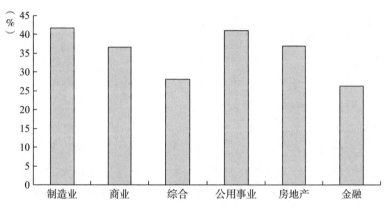

图 3　上市公司中国有股的行业分布情况

（三）估算模型

针对公司治理和企业绩效关系的分析，本研究采用企业绩效决定因素的随机效应（random effect）模型：

$$Y_{it} = \alpha + \gamma Z_{it} + \delta i + \lambda t + \varepsilon it$$

在公式中，Y_{it} 表示 i 公司在 t 时的业绩情况，α 表示截距，Z_{it} 是 i 公司在 t 时由一组公司层面的可测量变量组成的向量，γ 是与向量 Z 相应的回归系数向量，δi 表示当年公司层面的异质性，λt 表示未被观测到的基于时间的异质性（年度效应），εit 表示随时间变化的误差项。

三 模型分析结果

表 2 呈现了分别以五种模型对公司治理和企业绩效进行分析的结果。这些回归结果在很大程度上支持了本文的假设。就资产回报率和托宾 Q 值来说，国有控股企业的总体表现要比非国有控股企业好得多，而行政级别较高的企业又要比行政级别较低的企业表现出更高的利润率，并在股票市场上有更高的市场价值。正如所预期的那样，国有股比例与企业绩效之间呈现的是一种非线性关系（倒 U 形）。而就机构投资者的作用来看，企业绩效与机构投资者持股比例呈正相关关系。另外，两种所谓股东导向型的"最佳"董事会做法都未能对企业绩效提升发挥积极作用：分设 CEO 和董事长对资产回报率和托宾 Q 值都具有一定负面作用，尽管在统计学意义上并不显著；外部董事对提升企业盈利能力及在股票市场上的表现也未能发挥积极作用。

关于控制变量，股权集中度（前十大股东赫芬达尔指数）对提升企业股票市场价值发挥积极作用，但对企业盈利能力没有影响；外资股东对企业绩效的提升发挥一定作用，但并不显著；位于沿海地区的企业普遍具有更高的股市价值，但盈利能力较之内陆企业没有差别；规模较大的企业通常利润率也较高，但在股市上的表现较差，可能因为我国上市公司股价受市场投机和人为操控因素影响较大，那些规模较大的企业尽管利润率更高，但由于其规模太大而难被操控和炒作（"庄家"和中小投资者资金量有限，更倾向于炒作、操控中小企业），因而在股市上的估值反而较低；净资产负债率与公司绩效之间不存在显著关系。分析报告如下。[①]

表 2　公司治理与企业绩效，2003～2007 年[②]（随机效应多元回归分析）

	模型 1	模型 2	模型 3	模型 4	模型 5
	资产回报率	资产回报率	资产回报率	托宾 Q 值	托宾 Q 值
是否国有控股（是 =1）	0.05 *** (0.02)			0.33 ** (0.15)	

---

① 本研究还做了一系列内生性和稳健性检验，结果进一步印证了表 2 的回归分析结果，因篇幅所限，略去具体检验结果。

② 本研究的完整数据包括 1997～2007 年的数据，但由于机构投资者持股比例数据从 2003 年开始有，此处回归分析只采用了 2003～2007 年的数据。

续表

	模型 1	模型 2	模型 3	模型 4	模型 5
	资产回报率	资产回报率	资产回报率	托宾 Q 值	托宾 Q 值
上市公司行政级别（非国有控股企业为参照组）					
县和乡镇政府控股企业		0.06 (0.04)			0.33 (0.44)
市政府控股企业		0.05 *** (0.02)			0.41 ** (0.18)
省政府控股企业		0.05 *** (0.02)			0.58 *** (0.17)
中央政府控股企业		0.04 (0.03)			0.89 *** (0.26)
国有股比例			0.18 ** (0.08)		
国有股比例（平方）			− 0.19 * (0.11)		
机构投资者持股比例	0.12 * (0.07)	0.12 * (0.07)	0.12 * (0.07)	2.92 *** (0.64)	2.91 *** (0.64)
是否分设 CEO、董事长（分设 = 1）	− 0.01 (0.01)	− 0.01 (0.01)	− 0.01 (0.01)	− 0.08 (0.14)	− 0.09 (0.14)
外部董事比例	− 0.07 (0.08)	− 0.07 (0.08)	− 0.08 (0.08)	0.38 (0.76)	0.46 (0.76)
前十大股东赫芬达尔指数	1.70E − 04 (0.05)	0.01 (0.05)		1.23 *** (0.46)	1.06 ** (0.46)
外资股比例	0.03 (0.03)	0.02 (0.03)	0.03 (0.03)	0.09 (0.25)	0.14 (0.25)
是否为沿海企业（是 = 1）	− 0.01 (0.02)	− 0.02 (0.02)	− 0.02 (0.02)	0.32 ** (0.16)	0.32 ** (0.16)
公司规模	0.06 *** (0.01)	0.06 *** (0.01)	0.07 *** (0.01)	− 1.03 *** (0.07)	− 1.01 *** (0.07)
净资产负债率	6.50E − 04 (0.01)	7.00E − 04 (0.01)	6.00E − 04 (0.01)	0.01 (0.01)	0.01 (0.01)
行业（制造业为参照组）					
商业	8.20E − 04 (0.03)	0.01 (0.03)	0.01 (0.03)	− 0.34 (0.29)	− 0.38 (0.29)
综合	9.30E − 05 (0.03)	− 3.10E − 04 (0.03)	− 1.40E − 04 (0.03)	− 0.23 (0.26)	− 0.20 (0.26)

续表

	模型 1	模型 2	模型 3	模型 4	模型 5
	资产回报率	资产回报率	资产回报率	托宾 Q 值	托宾 Q 值
公用事业	-0.02 (0.03)	-0.03 (0.03)	-0.02 (0.03)	-0.02 (0.25)	-0.06 (0.25)
房地产	0.01 (0.03)	0.01 (0.03)	0.01 (0.03)	0.13 (0.31)	0.13 (0.32)
金融	-0.22*** (0.09)	-0.22** (0.09)	-0.23*** (0.09)	-0.21 (2.16)	-0.32 (2.17)
年份[a]（2003 年为参照组）					
常数项	-1.39*** (0.14)	-1.35*** (0.14)	-1.42*** (0.14)	22.11*** (1.42)	23.16*** (1.45)
N	2343	2339	2346	2326	2322
R^2	0.08	0.08	0.07	0.07	0.07

注：（1）* $p < 0.1$，** $p < 0.05$，*** $p < 0.01$。括号内为标准误差。

（2）[a] 为篇幅所限，略去年份虚拟变量的回归结果。

（一）国家的作用

1. 国家控股与企业绩效

如表 2 模型 1 和模型 4 所示，国有控股企业在盈利能力和股票市值两方面都明显超过了非国有控股企业。因此，假设 1 得到验证。这也表明，在中国国情下国家持股对企业绩效的影响与现有文献对国有股绩效影响的研究结论截然不同。即国家控股对企业价值的实际影响比代理理论预测的"国家控股会导致绩效低下"这一情况复杂得多，国家持股对企业绩效的影响在不同制度背景下会表现出不同的结果。

2. 国有股比例与企业绩效之间的倒 U 形关系

既然国有控股企业比非国有控股企业拥有更好的绩效，那么，是否意味着"国有股比例越高企业绩效就越好"？企业绩效与国有股比例之间关系的回归分析结果显示，两者之间并无显著关系。即企业绩效与国有股比例之间并非简单线性递增关系。

为将两者之间可能的曲线关系纳入考虑范围，笔者又将国有股比例先做平方运算然后加入模型中。表 2 模型 3 显示了回归分析的结果。我们看到，加入平方后的国有股比例，国有股比例的系数呈现显著正值，而国有股比例平方的系数则呈现显著负值，这表明，在国有股比例从低到高逐渐提高的过程中，企业业绩也不断攀升，但当国有股比例超过一定临界点（大概是46%）时，企业业绩则会随国有股比例的继续增加而下降，呈现左端高于右端的倒 U 形曲线关系。由此，假设 2 得到了验证。临界点之前国有股比例与企业绩效之间的正相关关系表明，随着国有股份额从较低逐渐向中等程度递增，企业绩效也会提高；而另一临界点（大概是91.7%）之后，国有股比例与企业绩效之间的负相关关系则表明，过高的国有股比例对企业绩效是不利的，而且这样的不利影响还会随国有股比例的继续增加而增强（见图 4）。

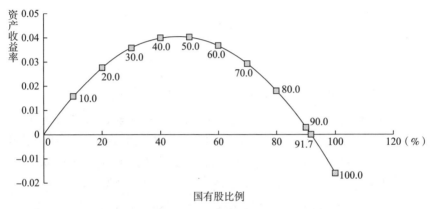

图 4　国有股比例与企业绩效之间的倒 U 形关系

3. 公司行政级别与企业绩效

如表 2 模型 2 和模型 5 所示，行政级别较高企业的业绩表现明显优于非国有控股企业及行政级别较低的企业，表明假设 3 也得到了经验数据的支持。需要注意的是，上市公司的实际盈利能力与股票市场价值之间存在比较明显的差距：虽然行政级别较高的企业在实际盈利能力方面仅略高于非国有控股企业和行政级别较低的企业，然而其在股市上的表现却远远高于后两者。这是因为行政级别较高企业拥有更高的可信度、知名度、政治地位和市场地位，增加了投资者的信心，其在股票市场上的价值因而也更高，即便其实际盈利能力并不比其他企业好。

（二）机构投资者的作用

如表 2 模型 1 ~ 5 所示，机构投资者持股在企业盈利能力和股票市场两方面都表现出显著的积极影响，但对股票市场表现方面的影响更大、更强一些，这表明"机构投资者持股"在资本市场受到格外青睐。由此，假设 4 得到验证。

（三）股东导向型董事会结构的影响

表 2 模型 1~5 显示了股东导向型的两种董事会做法对企业绩效的影响。五个模型均表明，分设 CEO 和董事长对企业绩效存在一定负面影响（但在统计学意义上并不显著），而外部董事比例对企业绩效不存在显著影响，因此假设 5 和假设 6 也分别得到验证。这些分析结果很好地支持了新制度主义理论，而驳斥了代理理论。

四　结论与讨论

本文探讨了股东导向型的所谓"最佳"公司治理做法在中国转型经济和制度环境中是否有助于提高企业绩效和最大化股东价值问题。

研究发现，国有控股上市公司的绩效明显高于非国有控股企业。国家持股对企业绩效的影响并非简单线性促进关系，而是一种倒 U 形关系。这意味着，在我国制度环境下，适度的国家持股是有利于提升企业绩效的，但过高的国有股比例则对企业绩效不利，而且这样的不利影响还会随国有股比例的升高而增强。在极端情况下，如果国有股比例达到 100%，形成国有独资企业，资产收益率则会呈现明显负值（见图 4）。需要指出的是，国家控股对企业绩效的正面作用绝非简单取决于国有控股企业的"垄断"地位和"政府扶持"。本文样本公司的行业分布数据表明，无论中央控股企业还是地方政府控股企业，垄断行业的企业只占少数，在大规模的统计分析中并不会对统计结果造成显著影响。然而，由于这些少数垄断国企受关注度非常高，人们一提到央企或国企，就认为它们都分布在垄断行业，即便业绩再好，也是基于垄断地位获得的。这一看法忽略了国有企业近年来在公司制改造（股权多元化、上市等）、内部管理改革和公司治理改善方面取得的成绩及其对企业绩效的正向影响。本文是社会学视野下的分析，笔者无意仅仅以"垄断""政府扶持"等媒体用语简单概括国有企业近年来的业绩，更无意对少数垄断国企的暴利和腐败行为辩护，而试图理性、客观地通过系统定量和定性分析厘清国有控股企业业绩提升及企业转型背后的结构力量，并用组织社会学理论予以理论提炼和解释。在笔者看来，国家控股对企业绩效的正面作用及国有股比例和企业绩效的独特倒 U 形模式，更大程度上是过去 30 年我国行政体制改革、国有企业改革、财税体制改革、资本市场改革、劳动和社会保障制度改革、国有企业布局战略性重组和调整等多重制度变迁和多方力量互动的产物，离开这些系统的制度变革和结构调整，国有企业难以有目前的业绩，即便其拥有政府支持、占据垄断地位。

此外，研究还发现企业绩效与机构投资者持股比例之间存在显著正相关关系，这表明机构投资者在公司治理中正在发挥越来越重要的作用。从更广泛意义上，资本市场在改善我国公司治理，实现中国公司现代化进程中已经并将继续发挥重要作用。没有资本市场对企业的激励和约束，很难有真正意义上的现代公司（资本市场也是现代社会资本社会化的重要载体和实现形式）；同时，资本市场是高度国际化的生产要素市场，其在传播国际公司治理理念、规范及相关法律制度方面是一个重要通道。

而分设 CEO 与董事长对企业绩效的影响则为负值（虽然统计意义上并不显著），表明此项所谓"最佳"治理举措实际上并无助于公司业绩的提高。对渴望改善我国公司治理的学者、管理者和决策者来说，这一发现令人意外，因为它从某种意义上否定了目前在我国及西方国家盛行的分设 CEO 与董事长的公司治理改革潮流。CEO 与董事长两职分离对我国企业来说可能并不真正适用，至少从提升企业绩效这一点来看，并未起到人们所期待的积极作用。

另外，本研究发现外部董事比例与企业绩效之间并没有显著相关关系，说明外部董事尚未对企业绩效的提升发挥其应有的积极作用。虽然"外部董事有助于提升企业绩效"这一逻辑看起来颇有说服力，但支撑这一观点的有力证据很难找到。即使是在美国和其他发达国家，也没有充分证据证明外部董事比例高的公司绩效更好。然而，对于渴望尽快"同国际最佳惯例接轨"、加速实现"企业现代化"的发展中国家——中国，如此公司治理做法却日益盛行。这种不问实际效果的组织实践，为新制度主义关于"正式组织结构更多是一种迷思和仪式"（formal structure as myth and ceremony）（Meyer & Rowan，1977）的论断提供了生动而有力的注脚。

经济社会学家和一些经济学家认为，制度安排（比如各种有效运转的市场，包括产品市场、职业经理人市场、企业并购市场）才是构建良好公司治理的关键，而产权的重要性至多是第二位的（刘世定，2003；周其仁，2002；Peng，2001）。产权的一项重要功能是解决激励问题，而激励问题的解决方案不局限于产权，除上述提到的市场能够提供激励外，折晓叶、陈婴婴在对乡镇企业改制进行研究的过程中发现，社会资本和文化也有类似的激励功能（折晓叶、陈婴婴，2004）。乡镇企业之外，产权和所有制形式即使对那些一度积重难返的大中型国有企业的业绩提升也没有造成不可逾越的障碍，在不改变国有产权的情况下，通过转换内部经营机制、强化外部政府监督和市场约束，一批"新国企"应运而生，取得了令人瞩目的辉煌成绩。关于此，笔者在最近对沈阳市铁西区国企改革问题的调研中感受很深。铁西区是我国东北老工业基地的缩影，曾被称为"共和国装备部"。然而，20世纪90年代末，铁西老工业区旧的体制弊端日益显现，成为"东北现象"的代表地区。2003年，铁西老工业基地开始实施改造振兴的新战略。通过将厂区搬迁、企业转型与产业升级有机融合，铁西企业尤其大型国有企业的核心竞争力不断增强：沈阳机床集团经济总量跃居世界同行业第一位，行业引领作用不断显现；北方重工集团产值和销售收入位居全国重机行业第一。这些"新国企"的快速转型和辉煌成就，极大地改变了世人对国有企业落后、迟缓、低效的刻板印象。更重要的是，这些"新国企"并非靠垄断、半垄断地位而获利，而是在竞争异常激烈的竞争性行业中凭借先进技术和优秀管理脱颖而出的"市场强者"。

我国国有企业改革证明，产权和所有制形式并非企业绩效的决定性因素，国有企业是可以做好的。而国际经验更是有力表明，国有企业不但可以在"中国特色社会主义国家"做得好，在发达资本主义国家也能取得较好的业绩。比如，新加坡政府所有的淡马锡公司是国有企业，但其管理和业绩使其成为全世界很多企业（包括私人企业）学习和效仿的对象。国有企业作为国家公共组织的延伸和组成部分，其治理水平和绩效与国家治理水平和政府管理能力密切相关。如果政府官员腐败，行政管理能力迟缓、低效，则政府控制下的国有企业难有良好的治理和业绩。可以说，一些国有企业做不好并非国有企业本身的问题，更非国有股天然无法产生好业绩，而是作为股权持有人和监管者的政府的治理和管理出了问题。

本研究试图对公司治理这一经典问题进行社会学分析，提供一种除经济学和管理学之外的审视公司治理和企业业绩之间关系的第三种视角。研究表明，尽管代理理论具有较强的理论和政策影响力，但其倡导的一些"最佳"公司治理做法（如私有化、分设CEO与董事长等）能否真的带来更好的公司业绩，尚需实践检验。即使在西方，这些"最佳"公司治理做法有助于提升企业绩效的证据也很不充分，本文研究发现，这些"最佳"做法对企业绩效的影响或者是负面的，或者是不显著的，因此，代理理论在公司治理方面解释力是有局限性的。从多元的分析角度及理论视野，特别是运用社会学新制度主义的理论框架，以更深入、细致地分析公司治理和企业绩效的复杂关系实有必要。

新制度主义理论强调制度（正式制度如法律法规，非正式制度如习俗惯例规范等）、权力、网络和认知对人类经济行为和组织行为的影响和形塑，认为看似客观的经济理性和组织实践本质上是社会建构的结果，由于组织实践与其制度环境的相互嵌入性，并不存在跨越制度时空、普遍适用的组织模式。公司治理看似是一个中、微观的经济或法律问题，实则为宏大的政治、历史、社会和文化问题。通过系统比较美国、英国、日本、德国等国家不同的公司治理模式及梳理资本主义几百年的发展史，可以看到公司治理模式不是由教条的经济公式和法律条文决定的，而是多种政治、经济及社会力量长期复杂博弈的结果。具体而言，一个国家的公司治理模式基本上由组合的四种力量决定：国家、资本所有者、职业经理人及工会。以美国为例，因为其国家力量较弱（尤其是宪法规定政府不能随意干涉经济活动），工会力量也很弱（目前工会会员只占总雇员的10%左右），股东力量也不强（因为美国大公司的股权很分散，最大股东持股比例一般不超过总股份的5%），而职业经理人力量很强，虽然他们不是公司所有者，但其是公司的实际管理者和决策者，真正的所有者（股东）反而因为力量太分散而无权参与公司的重大决策。美国这种特殊的政经社会力量组合形态就形成了美式公司治理模式——管理人资本主义（managerial capitalism）（Chandler，1977）。20世纪80年代以来，随着机构投资者的发展壮大（把中小股东集合起来），投资者的力量在加强，比较有效地制约了公司高管的权力滥用问题，因此很多学者认为美国正在转向投资人资本主义（investor capitalism）（Useem，1996）。德国情况则不同，其职业经理人力量不太强（有很多大公司是家族企业），而工会力量很强大，政府力量也比较强，资本所有者的权力受到工会和政府的有力牵制，这几种力量博弈的结果是形成了公司治理的德国模式——劳资共治的双元模式，或"组织化的资本主义"（organized capitalism，由政府、资方、雇员共同协调组织的资本主义模式）（Parnell，1998）。可见，公司治理模式是一个国家多种政治、社会力量博弈的结果，与一国的历史和文化传统也密切相关，一旦形成某种模式便很难改变。仅改变《公司法》或《证券法》条文很难真正改变一国的公司治理方式。

　　尽管因各国上述四种力量的组合不同而形成了各具特色的公司治理模式，但世界主要公司治理模式大致可以分为以英国、美国为代表的"英美股东导向型模式"和以德国、日本为代表的"德日利益相关者导向型模式"。早期公司治理学者认为美式公司的分散所有制结构及所有权和管理权的分离使其比家族公司、国有公司、银行主导的企业集团及工人合作社都更有"效率"、更为"现代"，因此美式公司治理模式将不可避免地在世界上广为扩散 (Berle & Means，1932)。由于美国经济在二战后至 20 世纪 70 年代一直在世界占主导地位，美式公司治理模式在这段时期被誉为国际最佳惯例而被其他国家大力仿效。然而，从 20 世纪 60 年代到 80 年代，德国和日本经济崛起，对美国经济造成极大挑战，特别是在制造业领域，很多德国和日本公司的管理模式和组织实践（比如著名的"丰田模式"）被认为是优于美国公司的，德日公司模式因而被世界很多国家效仿，甚至很多美国公司也纷纷引进德日"先进"管理和组织模式。20 世纪 80～90 年代美国经济的强劲复苏及金融市场全球化和资产管理行业的兴起，特别是日本经济在 90 年代的衰落，引发了另一轮对美式公司治理模式的推崇，商界和学术界再次预测其他国家将效仿美国，他们认为美式公司治理模式是优于其他公司治理模式的全球最佳模式 (Shleifer & Vishny，1997)。但好景不长，2008 年发端于美国的国际金融危机再次引发世人对美式公司治理模式的怀疑，美式公司治理模式又一次深陷危机，并有可能引发"去美国化"风潮。可见，某种公司治理模式被其他公司、其他国家广为效仿，更多的并非因为其超越时空和制度环境的"绝对效率"，而是因为其在特定时空范围的"相对表现"。因此，即使在"最理性"的公司行为领域，并不存在一个经济学家和管理学家所声称的"客观"的"最佳模式"；这种"最佳"模式更多是一种"事后解释"，是社会建构的结果：某种模式在某段时期表现最优，人们便对其进行理论化和事后解释，声称该模式之所以表现最好是因为其在理论上是"最佳模式"或"理想模式"（实际上是一种循环论证），而当该模式表现不佳时，人们便对其进行"负向论证"，用各种理论和事实论证其为什么不是最佳模式，同时又对新出现的"最佳模式"进行理论论证，以赋予后者正当性和科学性。组织理性的这种社会建构性和事后解释性决定了某种公司治理模式被广为效仿和扩散更多的是因为其被社会和制度环境定义为是"正当的"、"高效的"和"先进的"，而并非其真的具有超越时空的恒久"先进性"和"高效性"。

那些"最佳"公司治理做法是在特定社会、文化、政治等制度环境下各种复杂社会力量和利益群体"建构"的结果，其作用的发挥在很大程度上取决于契合所在的制度环境，因此，并不存在普适的"最佳"公司治理模式。本研究基于中国经验的社会学探讨，为解构这一世界性"最佳"公司治理迷思提供了新视角和证据。

参考文献

李培林，2004，《村落的终结——羊城村的故事》，商务印书馆。

李培林、张翼，2007，《国有企业社会成本分析》，社会科学文献出版社。

刘世定，2003，《占有、认知与人际关系》，华夏出版社。

渠敬东、周飞舟、应星，2009，《从总体支配到技术治理：基于中国 30 年改革经验的社会学分析》，《中国社会科学》第 6 期。

孙永祥、黄祖辉，1999，《上市公司的股权结构与绩效》，《经济研究》第 12 期。

周飞舟，2007，《生财有道：土地开发和转让中的政府和农民》，《社会学研究》第 1 期。

周其仁，2002，《产权与制度变迁：中国改革的经验研究》，社会科学文献出版社。

周雪光，2005，《"逆向软预算约束"：一个政府行为的组织分析》，《中国社会科学》第 2 期。

折晓叶、陈婴婴，2004，《资本怎样运作——对"改制"中资本能动性的社会学分析》，《中国社会科学》第 4 期。

Berle, A. & Means, C. G. 1932, *The Modern Corporation and Private Property*. New York: MacMillan.

Bhagat, S. & Black, B. 2002, "The Non-correlation Between Board Independence and Long-term Firm Performance", *Journal of Corporation Law* 27 (Winter).

Chandler, A. 1977, *The Visible Hand: The Managerial Revolution in American Business.* Cambridge, MA: Belknap Press.

Davis, J. H., Schoorman, F. D. & Donaldson, L. 1997, "Toward a Stewardship Theory of Management", *Academy of Management Review* 22 (1).

Donaldson, L. & Davis, J. 1991, "Stewardship Theory or Agency Theory: CEO Governance and Shareholder Returns", *Australian Journal of Management* 16 (1).

Evans, P. 1995, *Embedded Autonomy: States and Industrial Transformations.* Princeton: Princeton University Press.

Guthrie, D. 1997, "Between Markets and Politics: Organizational Responses to Reform in

China", *American Journal of Sociology* 102 （5）.

Guthrie, D. , Xiao, Z. X. & Wang, J. M. 2007, "Aligning the Interests of Multiple Princi-pals: Ownership Concentration and Profitability in China's Publicly-traded Firms", Working paper, New York University, Stern School.

Lorsch, J. W. & MacIver, E. 1989, *Pawns and Potentates: The Reality of America's Corpo-rate Boards*. Boston, MA: Harvard Business School Press.

Meyer, J. & Rowan, B. 1977, "Institutionalized Organizations: Formal Structure as Myth and Ceremony", *American Journal of Sociology* 83 （2）.

Parnell, M. F. 1998, *The German Tradition of Organized Capitalism*. Oxford, England: Ox-ford University Press.

Pearce, J. A. & Zahra, S. A. 1991, "The Relative Power of CEOs and Boards of Directors: Associations with Corporate Performance", *Strategic Management Journal* 12 （2）.

Peng, M. , Zhang, S. J. & Li, X. C. 2007, "CEO Duality and Firm Performance During China's Institutional Transitions", *Management and Organization Review* 3 （2）.

Peng, Y. S. 2001, "Chinese Villages and Townships as Industrial Corporations: Ownership, Governance, and Market Discipline", *American Journal of Sociology* 106 （5）.

Sachs, J. D. 1992, "Privatization in Russia: Some Lessons from Eastern Europe", *Ameri-can Economic Review* 82 （2）.

Shleifer, A. & Vishny, R. 1997, "A Survey of Corporate Governance", *Journal of Finance* 52 （2）.

—— 1998, *The Grabbing Hand: Government Pathologies and Their Cures*. Cambridge, MA: Harvard University Press.

Smith, M. 1996, "Shareholder Activism by Institutional Investors: Evidence from CalP-ERS", *Journal of Finance* 51 （1）.

Stiglitz, J. 1994, "The Theory of Socialism and the Power of Economic Ideas", in J. Stiglitz, *Whither Socialism?* Cambridge, MA: The MIT Press.

Tan, J. & Tan, D. 2005, "Environment-Strategy Co-evolution and Co-alignment: A Staged Model of Chinese SOEs Under Transition", *Strategic Management Journal* 26 （2）.

Tian, J. J. & Lau, C. M. 2001, "Board Composition, Leadership Structure, and Performance in Chinese Shareholding Companies", *Asia Pacific Journal of Management* 18 （2）.

Useem, M. 1996, *Investor Capitalism: How Money Managers Are Changing the Face of Cor-porate America*. New York: Basic Books.

家庭经营的成本核算与经营决策

——以白洋淀塑料加工户为例[*]

刘玉照[**]

一 问题的提出

在关于家庭经营的研究当中,有两个最经典的理论模型,一个是恰亚诺夫的"家庭农场模型",一个是贝克尔的"家庭生产函数"。

恰亚诺夫的"家庭农场模型"主要包括了两个方面,一个是边际主义的劳动 - 消费均衡论,一个是家庭生命周期理论。在这个模型里面,"家庭农场"是一个利用家庭劳动从事农业生产的经营组织,在这个组织当中,劳动力是最具有决定性的生产要素,生产经营的均衡取决于:边际劳动耗费的辛苦与对劳动所得价值总量的边际效用的主观评价相等(恰亚诺夫,1996)。恰亚诺夫"家庭农场模型"成立需要四个条件:(1)没有劳动力市场;(2)存在产品市场,农场的产出既可以用于家庭消费也可以在市场销售,具有市场价格;(3)土地是可以自由获得的;(4)在一个社区当中,每个人、每一个家庭都有一个最低的消费水平(Ellis,1988:107)。

贝克尔的"家庭生产函数"是一个利用商品与时间来进行生产的组

* 本文原载《社会》2009 年第 2 期,收入本书时有修改。本文是刘世定教授主持的"中国乡村组织与制度变迁研究"课题成果之一,是在笔者博士学位论文《乡村工业组织与成本核算的社会条件》第一章的基础上修改完成的,中国农业大学的赵旭东教授(现为中国人民大学教授)与笔者一起进行了绝大部分田野调查,淀村的赵文祥主任为本文的调查研究提供了很大的帮助,在此表示感谢。本文的修改和补充调查得到了上海高校社会学 E - 研究院(上海大学)建设计划项目、国家社会科学基金青年课题(06CSH005)的资助。

** 刘玉照,上海大学社会学院教授。

织，它使用购入的物品和自有的劳动，加上家庭的其他资源，生产具有直接消费效用的产品（Becker，1965）。他把消费看作利用商品和时间生产能够直接带来效用的"商品"的过程。他在模型中，引入了竞争性的劳动力市场，虽然这些"家庭生产"的商品没有市场价格，但是有等于生产成本的影子价格，"如果把商品效用函数最大化纳入这个完全收入约束中，那么，一组均衡条件就会使不同商品的边际效用率等于其影子价格的比率"（贝克尔，1991：26）。

根据西德尔的研究，家庭的社会形态演变的背景就是"基于家庭经济的社会是如何变成家庭不复构成劳动力组织基础的工业社会"（西德尔，1996：1）。在这一过程当中，家庭的社会形态由农民家庭过渡为产业雇用工人家庭，从一定意义上讲，恰亚诺夫的"家庭农场模型"与贝克尔的"家庭生产函数"基本上是分别对应了传统与现代这两种家庭形态，但是在这一演变的过程中，还曾经存在过一个家庭的"过渡形态"——从事家庭经营的家庭，西德尔称之为"家庭工业工人家庭"。"家庭工业工人家庭，是农民和行会手工业者家庭同工业时代出现的、以工资为生的工人与职员家庭之间的过渡形式"，在这种家庭下面，居住与劳动的统一是其基本的特征。"商品的生产是在家庭工业工人家中或住宅中进行的，通常情况下家庭全体成员或绝大多数成员共同劳动。"（西德尔，1996：57～83）

在中国乡村工业化过程中，这种"过渡形态"的家庭在很大程度上是一种非常普遍的现象，对于这种家庭来讲，它的产品主要是贝克尔所讲的"市场产品"，主要是用于市场销售，并换取收入的，另外，这个产品的生产形式在很大程度上采取了恰亚诺夫所言的"家庭经营"的模式，而劳动力市场则基本上处于两个理论模型假设的中间状态：一方面拥有一定的竞争性的劳动力市场，另一方面，这个市场是非常不发达的，很多劳动力的价格很难用市场价格来测量。对这种家庭的经济核算，实际上就涉及了现代经济学关于农户研究当中的一个基本的假设——"可分性原理"，也就是说，"在存在完全市场的条件下，同一个人可以把他的生产决策与消费决策作为两个独立的问题分开解决"（文贯中，1989：152）。在生产决策当中，"解决最优的投入与产出组合，以使得从生产中获得的收入（包括劳务收入与利润收入）极大"。在消费决策当中，"解决效用极大问题，即在收入给定的情况下，解决自产品、市场商品和闲暇的最佳消费组合"（文贯中，1989：155）。满足可分性原理需要两个条件：（1）迭代性，农户先决定最优生产问题，然后在收入极大的前提下再决定最优消费；（2）完全市场，要素价格与商品价格完全由市场决定，在农户的决策过程中，农户仅仅是价格的接受者。如果这两个条件不能够满足的话，可分性原理就不适用了。农村"家庭经营"家庭实际上是不可分的，在这种情况下，他们对生产要素是如何进行核算的呢？他们的经营决策又受到哪些社会条件的约束呢？

二 个案基本情况介绍

本文的调查对象是一个位于白洋淀中央的水区村庄，本文称之为"淀村"①。长期以来，村民们主要依靠打鱼和编制苇席为生。从 1988 年开始，该村发展起了塑料袋加工业，截至 2001 年底，该村 362 户家庭当中，直接从事塑料袋加工与销售的家庭就达到了 221 户，拥有各种加工机器 120 台，销售网络遍及北京、天津、河北、山西、山东、内蒙古、河南、甘肃、宁夏、东北等周边各省区市和地区的大小城市与乡村。

在淀村的塑料加工行业当中，大部分生产加工过程在一个个渔家小院当中进行，每个家庭的生产规模都不大，大部分只有 1～2 台机器。他们依靠自己家庭当中的劳动力，在吹膜、印花、制袋、销售等整个生产经营过程当中，承担起其中 1～2 个环节，凭借与其他家庭之间的协作来从事生产经营。对于这些在家庭当中进行的生产加工来讲，他们在经营过程中使用的大量要素投入直接来自家庭生活，包括住房与劳动力。

本文的调查从 2000 年 4 月开始，2002 年 4 月结束，先后进行了 6 次田野工作，累计历时一个半月（46 天）。经过数次田野工作，先后获得了大量的田野资料，主要包括 20 多万字的田野笔记，大量的文献资料、图片资料和部分录像资料；在这些资料当中，包括了对 100 多人的访谈，其中 58 人属于深度访谈，35 人经过两次以上的访谈。

本文首先结合调查研究当中的案例，看一看人们在生产经营过程中，对住房和劳动力这些要素是如何使用的。在使用的过程中，他们主观上是如何进行成本核算的。在塑料加工行业当中，从事生产性经营一般情况下需要具备以下四个方面的要素投入：劳动力、住房、设备、资金。

---

① 按照学术规范，本文为研究对象起了一个化名，后面涉及的具体地名和人名，也都做了技术性的处理。

在这四个方面的要素投入当中，设备与资金的投入，家庭经营与一般的企业没有太大的差异，但是在住房与劳动力两个方面，家庭经营与一般的企业经营存在很大的差异。下面将结合调查当中获得的具体案例重点对这两个方面分别进行说明。

三　家庭经营中的要素使用与成本核算

在家庭经营当中，住房与劳动力是两项最基本的生产要素，对于有些家庭来讲，是否拥有可用于生产的空闲住房和劳动力，往往是决定他们能否进入生产经营活动，以及从事何种生产经营活动的决定性因素。并且，在进入生产经营的过程之后，绝大部分家庭在对生产经营情况进行经济核算的时候也并不是像新古典经济学企业理论所描述的那样，自然而然地就把这些要素投入直接纳入生产成本核算。在调查中发现，他们计算生产成本的时候，更看重的是生产机器上的投入，生产经营过程中的原材料成本、电费，以及必须缴纳的各种税费。而对于他们用于生产的住房，以及在生产过程中付出的劳动力，他们通常很少考虑。按照一般的核算办法，他们首先从单位销售收入当中扣除原材料的成本、消耗的电费，计算每月或者每年的税前利润，再根据每年缴纳各种税费的情况进行扣除，计算出一年当中所能赚取的总利润，然后比较从开始生产加工以来设备投入的回本情况①，如果还没有实现回本，就是还没有赚钱，如果已经实现了回本，那么从实现回本的那一天起，再赚取的就是利润了。

（一）住房的使用与经济核算

对于从事生产加工的家庭来讲，拥有一定面积的生产用房是一项最基本的条件，尤其是在住房租赁市场还极不发达的情况下，仅仅因为住房问题就把很多家庭排除在了从事生产加工的范围之外。在我们的调查当中，有很多目前在跑业务的家庭有购买设备从事生产的打算，之所以还没有付诸实施，就是因为没有空闲的住房供生产使用。

---

① 当然，对于上述三个层面的核算，人们在观念上也不一样，大家最认可的是原材料费用与电费开支，觉得这是最理所应当的，但是对于国家的税费支出，大部分人的感觉是不合理，但是没有办法。对于机器设备，属于固定资产，核算的方式与前面两种也不一样。但是这三个方面的情况，与一般企业相比，基本的逻辑差不多，在此不予讨论。

目前，家庭经营对于住房的利用主要分为两种情况，一种情况是在主人居住、生活的院落当中，这是最典型的家庭经营，另外一种情况是利用腾空的老房子进行生产，经营活动与家庭生活出现一定程度的分离。具体来讲，这两种情况又分为九种具体的类型。在每一种类型下面，由于人们需要追加的投资不一样，对生活的影响也不一样，因此人们在生产经营中，对住房因素的考量也不一样。下面对于这九种情况分别进行分析。

首先看第一种情况，在主人居住、生活的院子当中从事生产，生产与生活较紧密地结合在一起，这种情况具体包括以下五种类型。第一，利用原有院落当中的空闲住房。这种情况的特点是：不需要新的投资；生产经营活动对生活空间的影响很小，生活与生产两个方面比较容易兼顾，生活方面的机会成本很少。第二，挤占原有的居住用房。对于这些家庭来讲，本来居住空间就比较紧张，也没有空闲的房子，但是为了从事生产加工的需要，不得不在生活空间上做出一定程度的牺牲。这种情况的特点是：不需要新的投资；生活空间的压缩是生产用房的机会成本。这个机会成本是该家人均居住面积与对生活空间需求偏好的函数，人均居住面积越小，生产的机会成本越高；对生活空间的要求越高，生产的机会成本也越高。第三，利用原来院落当中的空地建新房。有些家庭虽然没有空闲的房子，但是院落比较大，建造厂房之后对生活空间的影响很小，生活居住方面的机会成本很小。并且由于在这种情况下建造的住房利用的是原来院子当中的空间，不受住房政策的影响；一般建造的住房也比较简易，需要追加的投资也不多。第四，挤占原来院落当中的空间建新房。对于这些家庭来讲，本来院落就很小，生活上的空间比较紧张，但是为了从事生产经营，在一定程度上压缩了生活上的需求。在这种情况下，对生活空间的影响比较大，有些家庭几乎把整个院落都盖成了厂房，使得原有的院落变成了一条窄窄的胡同。在这种情况下，虽然也不受住房政策的影响，一般情况下需要追加的投资不多，但是，生活居住方面的机会成本很大。第五，投资建新房，在投资过程中考虑到生产的因素。对于这些家庭来讲，可能正好因为生活上的需要盖新房，比如儿子准备结婚等，当然，也有的家庭是因为在生产当中积累了一定的资金，所以急于把这些资金尽快转化为住房等有形的家庭财富，生产方面的考虑有的时候是一种催化剂。这种情况的特点是：受到住房政策的影响；投资的规模比较大，包括生产与生活两个方面，但是很难分清楚，在这种投资当中，生产性投资与生活性投资的关系包括两种，一种是时间上的关系，一种是空间上的关系，前者指住房本身的所有设计都是为了生活居住用的，但是由于大部分投资所考虑的期限比较长，往往很大程度上是为了将来孩子结婚居住，所以在短期内没有用处，可以用来作为生产用房；后者指本身在房屋的设计当中就留出了一定的空间是专门为生产使用的。

第二种情况就是利用原来居住的老房子。在改革开放以后的中国乡村当中，经过了几波建房高潮之后，很多村庄程度不同地出现了"空心化"的现象，原来的老房子由于地基比较小，交通也不方便，有很多被逐步废弃了，但是在淀村，由于家庭工业的发展，大部分老房子被利用了起来。当你走在村落当中，尤其是村落核心地区的时候，有很多很破旧的院落，虽然房屋破旧，院子也很小，但是里面机器轰鸣。目前，村落当中的老院落，除了继续有人居住，或者被翻新之外，真正空闲的并不多，大部分变成了生产用房。具体可以分为以下四种类型。第一，直接利用空闲的老房子。这种情况的特点是：不需要新的投资；生活居住方面的机会成本很小；但是会对生产与生活的协调造成一定程度的不便；老房子如果可以出租的话，还存在一个机会成本问题。第二，在原来的老房子当中建新房。有些家庭随着生产的发展，原来老房子的空间已经不够了，于是追加了投资。在淀村，仍然居住的院落被完全占满的案例并不是太多，但是在那些用于生产的老院落当中，完全占满的情况非常普遍，对于这些家庭来讲，几乎整个院落都变成了加工车间，仅仅留下一条很窄的过道。这种情况的特点是：不需要新的投资；生活居住方面的机会成本很小；但是会对生产与生活的协调造成一定程度的不便；老房子如果可以出租的话，还存在一个机会成本问题；一般情况下需要追加的投资也不是很多。第三，投资建新房，把空余出的老房子作为生产用房。这种情况的特点是：受到住房政策的影响；投资的规模一般比较大，但是为生活性投资；生活居住方面的机会成本不大，但是会对生活和管理带来一定程度的不便；老房子如果可以出租的话，还有一个机会成本问题。第四，借用或租用别人的房子。在淀村，有些家庭自己没有空闲的房子，新建造房子也不值得，并且在与他关系比较好的家庭当中，正好有闲置的老房子，在这种情况下，他就可以采取借用或者租用的方式，利用别人家的房子进行生产了。

对于住房，很少有人会把这方面的开支纳入生产经营的成本核算当中。在住房问题上，人们的考量往往主要包括以下几个方面。

1. 对生活的影响

对于从事生产经营的大部分家庭来讲，如果利用的是院落当中已有的空闲的房子，或者在院落当中空闲的位置建造一些简易的用于生产的房子，本身对生活的影响并不是很大，则生产经营活动对生活的影响基本上不用考虑。但是如果生产经营活动对生活空间挤占得太厉害了，给生活造成了太多的麻烦或者不方便，很多家庭就要考虑生活的代价问题了。在目前仍然单纯从事跑业务的家庭当中，他们很多人之所以没有上机器进行生产，很重要的一个原因就是住房紧张，他们不愿意为了多赚点钱而把全家人的生活挤占得没了地方。对于这些家庭来讲，他们往往对于生活质量的要求比较高。

> 案例：村民 ZSD 是一个专门跑业务的人，他家的住房和院子相对于生活在村中心区的家庭来讲，也算是比较宽绰了。两间半正房，两间南房，中间还有一个小院，安装 1~2 台机器是没有问题的。但是 ZSD 并不愿意这样，因为他觉得那样就住得太紧张了。现在他已经在村民 ZLM（他的姐夫）家的院子前面要了一块宅基地，5 间正房的地方，准备到时候再上机器。在调查期间，有一件事情让我们感觉到他对于自己的生活空间是多么地在意。2000 年暑假，在我们准备离开该村的前一天，ZSD 专门来找我们去他家做客，他家的院子当中种了绿油油的一排芋头，让他觉得很自豪，他认为这是一种南方植物，不好养，但是种在院子当中很好看，希望我们给他们全家与芋头照些相，留作纪念。

其实，对于大部分家庭来讲，生产与生活的空间问题在很大程度上是与时间相联系的，在生产任务比较重的时候，人们更多的是关注生产方面的问题，房间当中堆满了塑料制品也没有问题；但是，在家庭生活当中有什么重大事件的时候，人们则更加关注生活方面的要求，让生产经营活动让路。在平常的时间，人们考虑更多的是生产的问题，在这个时候，生活空间上紧张一点是可以忍受的。但是到了节庆期间，尤其是春节前后，人们往往会停止生产，并把被生产所占用的生活空间重新清理干净，过一个比较整洁、舒适的节日。

2. 投资问题

在人们的观念当中，已有的住房与新追加的投资是不一样的，大规模的投资与小规模的投资也是不一样的，专门的生产经营投资、专门的生活投资、生产与生活的混合投资在人们的观念当中也是不一样的，另外，用自有资金投资与用贷款进行投资也是不一样的。在人们的观念当中，自有住房是一种积淀成本，闲置也是一种浪费，所以对于那些拥有空闲住房的家庭来讲，他们在对生产经营进行核算的时候，住房不但不计入成本，而且还是促使他们从事生产经营的重要条件。在新追加的住房投资当中，如果新建的住房在空间上并不影响人们的生活，并且在生产结束之后仍然可以作为生活用房存在，那么这种投资基本上也不纳入经济核算。

对于大规模的投资，则要进一步分成专门的生活投资、生产与生活的混合投资、专门的生产投资。对于专门的生活投资，虽然有的腾空了原来的老房子，为生产提供了空间，却很少将房子纳入生产经营的成本核算当中，因为这种投资很大程度上是出于生活的需要建造的，生活方面的回报已经足以弥补房屋的投资，至于对生产提供的方便，就与前面讨论的空闲老房子的意思是一样的。对于生产与生活的混合投资，比如在建造住房的时候，出于生产经营方面的考虑，多出资购买一块比较大的宅基地，多建造几间简易的住房，在生活还不急需住房的情况下提前建房（比如距离儿子结婚的时间还早），这几种情况下的住房投资一般也很少被纳入生产的经济核算当中。为什么呢？一个方面在于这种混合投资当中，出于生产的考虑与出于生活的考虑是密切结合在一起的，很难分得清楚；另一个方面在于从两种角度来看，用于生产方面的考虑毕竟是投资当中比例很小的一块，有些仅仅是在短期之内的临时借用，从长期的预期来看，这些住房还是要用于生活的，所以也没有必要单独地进行成本核算；还有，在农村，住房并不是一个简单的居住的空间，而且还是一个家庭富裕、有地位的象征，在这种情况下，即使不是为了生产的需要，能够获得更大的宅基地，建造起新的住房，本身就是一个人一生当中最重大的一个成绩，至于多付出的投资，"既然拿得出来，留着又有什么用呢？"（言外之意，还有比盖房子更重要的事情吗？）至于专门的生产投资，这已经不是家庭经营所讨论的范围了。

3. 住房的机会成本

按照经济学的基本原则，影响人们决策的是要素投入的机会成本。严格来讲，上面讨论的两个方面都是关于住房的机会成本问题，但是对于大部分经济学家来讲，最关心的机会成本还是一个市场机会成本问题，也就是说，把闲置的住房用于出租或者建房子的资金用于其他经营性项目所能带来的收入。一般说来，在家庭经营当中，这两个方面的影响都不是很大。

在乡村社会当中，住房并不是一般意义上的商品，是不可以自由出售与租赁的，尤其是住户自家院落当中闲置的住房，出租给别人的可能性是很小的。虽然有些闲置的老院子是可以出租的，但是这种出租的行为更多的是由需求拉动的，而不是供给推动的，也就是说，是因为有房客需要这样的房子才来找房主的，不是房主因为房子闲置而出去找房客的，这一点导致了虽然空闲的住房可以通过出租获得收入，但是在实际的出租行为发生之前并不能构成人们预期的机会成本。当然，目前出租住房的收入还是非常少的，所以对于住房的出租来讲，更多的是一种互助行为，而不是一种营利的行为，租金仅仅是一个附加的表示而已①。至于住房的投资问题，人们在观念上根本不把它看作与经营活动可比较的事情，只要生活上需要，生产经营的事情只能靠后。

当然，人们也不是把所有的与住房有关的要素投入都不计入成本核算。比如在购买机器的时候在院落当中专门建造厂房，如果这些住房的建造在很大程度上挤占了人们的生活空间，一旦生产结束就要被扒掉。在这种情况下，住房的投资仅仅是从事生产期间的一个权宜之计，那么这个投资在一定程度上就可能被计入经营成本。还有那些靠租用别人的住房进行生产的家庭，房屋的租金，虽然对于出租方来讲，即使不出租一般也不计算机会成本，但是对于租房的一方来讲，房租就如同企业生产过程中必须付出的电费与原材料费用一样，也是计入生产经营成本的。但是，在前一种情况下，住房的投资一般是伴随着机器的引进而同时进行的，相对于机器来讲，数额非常少，因此大部分被放到了机器投资里面，很少单独进行核算。而对于后一种情况，由于这种现象还很少，并且房租的数额也不大，因此对于整个家庭经营的核算方式影响还不明显。

---

① 目前，该村住房当中公开向外出租的只有 ZSJ 一家，他们家只有几个姑娘，已经全部出嫁了，家里也没有什么收入，仅仅依靠一所老院子出租为生。外地来当地做生意的常常住在他们家，在笔者调查期间，先后两次遇到一个湖南过来打造金银首饰的手艺人住在他们家，按照这个人的说法，他就在白洋淀附近做生意，一般每年来该村 2 次，每次大约居住一周的时间，都是住在 ZSJ 家。

（二）劳动力的使用与核算

在塑料加工行业当中，劳动力的使用情况在过去几年当中发生了很大的变化。在塑料行业发展早期，也就是在生产机器引入之前，实行手工烫袋与"盘乡零售"①，在村民的记忆当中，这个阶段是最辛苦，同时也是最辉煌的一段历史。当时年轻的男人们都外出跑销售，每个人骑着自行车驮上3～4包货，大约200斤，大部分奔北京、天津和石家庄，也有一些去更远一些的内蒙古、山西、山东、河南等地，一般每次出门7～15天，不算每天盘乡销售的路程，总行程都在500公里以上。在我们的调查当中，行程最远的为2000多公里，从白洋淀出发，到太原，然后沿着大同、呼和浩特、张家口、天津一路下来，最后绕道济南、开封回家。在青壮年男子纷纷外出跑销售的同时，家中他们的亲人们也是没日没夜地劳动，用手工烫制塑料袋，在这个阶段，老人、妇女、小孩，几乎家庭当中的每一个成员都是干着类似的事情，当年他们所付出的辛苦在很大程度上比外出跑生意的人并不少②。

> 案例：STQ，1986年开始跑生意。当时虽然自己当兵刚刚回来，但是出门做买卖还是第一次，把塑料袋弄好之后，弄了辆自行车，一边驮一包，一边走一边卖，第一次的目标是天津，那时是1986年秋天，与同村另外两个人结伴而行，跑了120公里。从霸县，经唐二里、新安、杨柳青，到了天津，整整一天，腿已经从自行车上下不来了。100多斤的货物，中间没有卖掉，累坏了。第二天早饭之后，他们开始出去找人推销，主要是副食店、市场，一天下来，没有卖多少。第三天决定奔塘沽，50公里，半天就到了，转了一圈，又没有卖多少。住店，第四天奔唐山、宁河县，又转了一天，还没有卖多少，最后返回天津，终于推销完了，行程7天，赚了50～60元，骑车回到家，已经是晚上12点了。进门一看，父母已经连夜把第二次出门的货全部备好了，当时就发愁了。

---

① 指销售者每天骑着自行车，通过走街串巷销售。

② 目前，老人、小孩和家庭妇女干活的人已经很少了，尤其是家庭妇女，除了简单的家务劳动之外，每天大部分的时间就是打麻将，对于这一点，很多男人，尤其是30多岁的人，觉得特别理解，因为在他们的记忆当中，这些妇女曾经有过特别辛苦的历史，因此他们觉得，现在经济状况好了，享受一下也是应该的。

后来，随着机器的引入，生产过程对劳动力的要求变了，对整劳力的需求加大，半劳力的需求减少，于是小孩、老人、家庭妇女绝大部分从直接的塑料生产当中解放出来，甚至成年的男人，很大一部分除了跑业务、负责管理之外，也从直接的生产过程中退了出来，而从下学到结婚之前这个年龄阶段的男孩和女孩成了生产劳动的主力军。在机器生产阶段，家庭经营当中生产组合形式主要有三种：第一种是以户主与成年子女之间的搭配为主，家庭主妇与老年男子的劳动为辅；第二种是以夫妻之间的组合为主，老年父亲的劳动为辅；第三种主要依靠户主个人的劳动，家庭其他成员为辅。目前，在全村 38 户以家庭经营的形式从事生产加工的家庭当中，做吹膜企业的有 3 户，其中 2 户是依靠父子之间的组合，1 户依靠夫妻的组合。做印花企业的有 11 户，其中 6 户依靠父子组合，2 户依靠夫妻组合，其余 3 户以户主个人加工为主。做制袋企业的有26 户，其中 10 户依靠父子组合，9 户依靠夫妻组合，其余 7 户依靠户主个人的劳动。在这些家庭当中，拥有制袋与印花两个生产环节的有 2 户，连同另外 2 户分别拥有 2 台吹膜机、2 台印花机，拥有 2 台以上机器的家庭有 4 户，全部是依靠父子之间的组合（见表 1）。

表 1 家庭经营的劳动组合形式

单位：户

家庭类型	户数	劳动力组合类型		
		父子组合	夫妻组合	户主个人
吹膜	3	2	1	
印花	11	6	2	3
制袋	26	10	9	7
印花＋制袋	2	2		
2 台以上机器	4	4		
总计	38	16	12	10

在这些家庭当中，大部分家庭在进行生产加工的过程中或多或少会外出跑一些业务，完全依靠给别人加工的家庭实际上是很少的，其中有 4户在外地有柜台。还有一些家庭，由于家庭生产能力有限，劳动力过剩，因此部分家庭成员给别人打工，这样的家庭有 9 户。在这些家庭当中，共有劳动力 77 人，其中 9 人外出打工，在剩余的 68 人当中，包括户主38 人，家庭主妇 14 人，年轻子女 16 人。

在这个阶段，人们的生产已经不像过去那样紧张了，尤其是像过去那样不断地向人的生理极限挑战的劳动没有了，休闲活动更多地进入了人们的日常生活当中。当加工任务比较繁重的时候，人们往往把整个家庭的所有力量都调动起来，包括许多已经很少参加劳动的家庭主妇也要加班加点。当加工任务不重，或者没有加工任务的时候，包括家庭户主在内，也会拿出更多的时间来玩牌、打麻将，年轻人则去打游戏、上网、打台球，或者几个朋友凑在一起喝酒。尤其是生活当中有某些事情需要处理的时候，即使正在进行生产加工，如果不是很紧急的话，人们也会停下手中的加工活动去处理生活中的各种事情，比如邻居家或者亲戚有什么盖房上梁、"温锅"、结婚、小孩"过三天"、亲人去世等等事情①。

笔者在调查期间，除了对打工人员的访谈一般要在他们下班之后进行，对于从事家庭经营的家庭成员来讲，访谈基本上就是在他们工作期间进行的。对于从事家庭经营的人来讲，如果不是因为没有了加工业务，一般情况下是很少有"没有事情"的时间的。当你到他们家的时候，他们或多或少在做着什么样的事情。但是这并不意味着他们整天都是在非常紧张地工作，其实在大部分的时间当中，他们还是很清闲的，所以当你到了他们家的时候，他们一般情况下能够拿出 1～2 个小时的时间来与你聊聊家常，并且很多人也喜欢这样。

在家庭经营当中，对于劳动力的投入与住房一样，在大部分情况下也是不进行核算的。对于一个企业来讲，对劳动力投入进行核算的目的主要有两个方面，一个是计算生产成本，一个是进行收益分配。而对于家庭经营来讲，这两个方面都没有太大的意义。

1. 劳动力的机会成本问题

在经济学对劳动力成本进行核算的时候，强调的是劳动力的机会成

---

① 按照村里面的风俗，结婚、亲人去世、盖新房、生孩子，村里面家庭与家庭之间都是要随礼的。结婚，一般村民 20～30 元/人，同学、战友、盟兄弟就多了，200～300 元/人。亲人去世，一般村民是 30 元/人，主要是女儿花钱，摆帐子、请乐队都要女儿花钱，其中摆帐子花钱最多，要用 100 元或者 50 元的人民币缝制成不同的字，钱多的可以写四个字，如永垂不朽，钱少了，也可以就写一个寿字，一般要几千元。盖新房有两次，一次是封顶上梁，50 元/人，一次是乔迁新居，村里称为"温锅"，主要是比较亲近的，100 元/户。生孩子要庆祝三次，三天是一次，每人 20 元；满月又是一次，每人 20～100 元；如果是第二胎，孩子出了满月，当母亲的就要去做绝育手术，大家也要慰问一次。在这些仪式当中，结婚、亲人去世、上梁都是要礼房写礼单的，并且除了绝育手术之外，其他的都是要摆酒席的。笔者在调查期间，就先后参加过两次上梁、一次"温锅"、一次小孩"过三天"的仪式。

本问题，也就是家庭经营当中劳动力投入的影子价格。对于家庭自有劳动力来讲，计算影子价格有两种方式，一种是计算劳动力的成本，也就是说，计算维持一个劳动力所需要的生活成本。这种办法存在两个问题，一个问题在于家庭生活成本计算的困难，对于一个人的生活来讲，并不是所有的东西都是可以从市场获得的，即使家庭生活所需要的所有商品都可以通过市场购买的方式来获得，那么把这些商品转化为效用还需要一个"家庭生产"过程，对于这个过程当中的经济投入，基本上是回到了这个问题本身；另外一个问题在于，在家庭经营当中，维持劳动力所需要的生活成本，基本上是一个不变量，即使这个劳动力没有从事生产经营活动，他也需要同样的消耗，也需要吃饭和睡觉。家庭不同于企业，如果一个企业不需要工人的劳动，就可以把工人辞退，但是一个家庭不会因为一个家庭成员不从事劳动而把该成员的生活费用给断掉。

计算劳动力影子价格的第二种方式是计算该劳动力在市场上的机会成本。对于这个问题，需要分两个阶段来分析。在塑料行业发展的早期，传统的渔业和农业生产都没有了，外出打工与做其他生意的机会都很少，在这个阶段，劳动力的市场机会成本非常低，可以说几乎为零。在当时的情况下，很多家庭从事家庭经营的目的，就是解决劳动力的就业问题。

案例：ZM 是该村当中从事塑料行业年纪最大的一个，也是比较早的一个。1990 年前后，他曾经购买过一台印花机，当时主要的目的就是解决几个孩子的就业问题。ZM 有三个女儿，两个儿子，两个儿子还小，都在上学，但是三个女儿都下学了，如果不想办法让她们都工作的话，仅仅依靠他自己的收入是很难维持这样一个大家庭的。于是他就购置了这一台印花机，干了大约两年的时间。

到了后期，随着塑料行业的发展，人们的就业机会越来越多了，内部的劳动力市场也获得了初步的发育，但是这并不意味着家庭劳动力的影子价格就自然而然出现了。在这个阶段，不同类型的家庭劳动力在市场上的意义是不一样的。对于有些类型的劳动力来讲，比如年轻的小孩，他们可以通过被雇佣的方式在市场上获得相应的收入，他们可以根据市场价格来计算自己的机会成本。但是对于有些类型的劳动力来讲，比如家庭主妇和一些年龄比较大的户主，当生产在家庭经营当中进行的时候，可以利用他们的劳动力，但是，由于这些劳动力是没有办法进入市场的，因此利用市场上的机会成本来计算是没有意义的。目前，从事家庭经营的主要劳动力包括三部分。第一部分是户主，由于受到乡村社会家庭之间社会地位的影响，他们一般很少给别人打工，如果不从事家庭经营的话，大部分就是在家闲置，机会成本是很低的。第二部分是家庭主妇，由于她们需要定时做家务工作，因此，她们进入市场的可能性就更小了。这两部分占了全部家庭经营劳动人口的 3/4。第三部分才是这些家庭当中年轻的孩子。

2. 收益分配问题

在家庭经营的条件下，收益分配与家庭成员的劳动力付出是没有关系的。与一般的企业相比，家庭当中的分配原则既不是按资分配，也不是按劳分配，而是按需分配，在这种情况下，从收益分配的角度对于不同成员的劳动力投入情况进行核算也是没有必要的。

3. 模糊性问题

在家庭经营当中，即使经营者试图对劳动力投入进行核算，那也是非常困难的。在家庭经营当中，生产经营活动与家庭生活是紧密结合在一起的，不但不存在严格的上下班制度，而且生产经营与家庭生活往往就在同一个院落当中，试图把二者分开，并对生产经营过程中的劳动投入单独进行核算是非常困难的。俗话说得好，清官难断家务事，把家庭当中每个人的劳动贡献，以及每个人用于不同事情上的劳动投入完全分清楚是不可能的。

4. 劳动与闲暇的观念

在关于劳动力成本的核算当中，实际上还涉及了人们关于劳动与休闲观念的转变问题。根据研究劳动问题的历史学家的发现，在前工业时代的西方社会，在工作和娱乐之间并没有制度化的区分，人们过的是一种相当整体性的生活。在那个时代，闲暇是在两种而非一种意义上被认为是"剩余的"——劳动之外的剩余和"生活必需"之外的剩余。现代社会把一天分割成工作时间和非工作时间，从而把劳动与休闲对立起来的做法，是随着工业化的发展逐渐地发生的（Biggart，1994）。"对于工人们来说，现代化和工业化带来的最明显的结果，就是各生活领域的分隔。家庭、工作、教育、宗教和玩耍变得日益分裂了。以提高生产率为名，也由于工业化劳动过程的需要，工人们在工作中再也不能歌唱和欢笑。人们离开家是去上班，也只是去上班；在工作中从事非工作的活动变成是越轨的，是'逃避职责'。借用 Stanley Parker 的术语来说，闲暇这一生活空间，由于现代对工作的组织安排以及带薪假期的出现，就不但变成可能，甚至成为必需的了。"（转引自 Biggart，1994）在家庭经营当中，劳动与闲暇并不是对立的，对于缺乏收入来源与就业机会的人来讲，现代意义上的闲暇是不存在的，同样，劳动的异化程度也没有这么高。从这个角度来讲，适度的劳动投入带给劳动者的可能不仅是收入，还有直接的正效用。

四 家庭经营成本核算的特点

在家庭经营当中，经营者进行经济核算的逻辑与一般企业很不同，在经营者的生产经营决策中，绝大部分不把住房、劳动力等方面的投入纳入直接的成本核算。但是从根本的意义上讲，真正的问题在于家庭经营当中对这些要素投入的考核方式与一般企业不同。这种差异主要表现在以下两个方面。

（一） 要素投入中的主观均衡

在恰亚诺夫的"家庭农场模型"当中，对劳动力进行经济核算的边际主义"劳动 - 消费均衡"理论，实际上是一个主观的效用均衡模型，也就是说，在只有产品市场而不存在要素市场的情况下，人们对于要素投入的经济核算不是该要素的直接投入与产出，而是对获得该产出的劳动投入的主观评价与对该产出所带来的效用的主观评价的均衡。恰亚诺夫的这一模型，需要非常严格的前提假定：不存在劳动力市场、生产经营中的其他要素可以自由获得、劳动产品可以在市场上自由出售等。虽然他的理论模型建立在一些在现实中非常矛盾的逻辑假设之上，但是明确地指出了一个道理：在非市场的条件下，人们对要素投入的核算不适用新古典理论的边际价格分析，而是适用主观的边际效用模型。在本文所研究的家庭经营当中，大部分要素投入是在一种市场非常不完善的条件下进行的，在这种情况下，不但劳动力的投入在很大程度上适合于主观效用均衡模型，而且在住房方面，人们在很大程度上也是遵循了这一逻辑考量的。

在家庭经营当中，人们并不计算自己的劳动力成本和住房成本，而仅仅比较把不同的劳动时间与住房用于生产经营和社会生活所带来的主观效用。当生活方面对住房和劳动的需求比较大的时候，比如需要房子结婚，或者在春节期间，把劳动力和住房用于生活的效用上升，人们就会把更多的时间与更多的住房用于生活。反过来讲，在生意比较红火的时候，生产经营对劳动时间与住房的需求增加，在这种情况下，人们可能更多地牺牲掉生活的时间，甚至连最基本的休息时间也放弃，连夜加班进行生产，并且可以把更多的住房空间腾出来用于生产经营。正是由于这个方面的原因，对于人们来讲，生产要素在生产与生活之间的转换成本的高低才变得如此重要，因为在转换成本比较高的情况下，当一个方面的边际效用上升，而另一个方面的相对边际效用下降的时候，一个家庭不能迅速地实现生产要素的灵活配置，就会导致整个家庭总效用的下降①。

（二）成本核算中的总均衡

根据西德尔对农村家庭工业当中家庭形态的研究，"家庭工业者家庭经济一个基本的标志就是：这里不是个人的劳动收入决定了人们的行动，而是家庭集体长时间的收入决定了人们的行动；并不是劳动的付出与它可得到的每件产品的价格的比例和每工时的收益构成家庭经济的合理性，而是整体的收入构成了这种家庭经济的合理性"（西德尔，1996：57～83）。也就是说，在家庭经营当中，影响经营者理性决策的不是家庭某个成员的个人成本收益，同时也不是特定时期的成本收益，更不是简单的资金或者劳动力一种要素的收益问题，对于他来讲，最理性的核算方式是把这几个方面全部综合起来，计算总的成本收益。具体来讲，包括三个方面。

第一，对于一个家庭来讲，单位劳动的收益或者单位工时的收益并不是最重要的，重要的是在一段比较长的时期之内的收益问题。在白洋淀的塑料行业当中，被人"甭②"、"挨罚"的现象是非常多的，在跑订单的生意当中，由于采取的是"货到付款"的方式，因此虽然大部分有明文的合同，但是如果加工之后对方赖账拖欠，他们往往也没有什么办法，还有很多对方企业垮掉了，这样的欠账就更成了无头的官司，根本没有办法收回来。并且，由于最近几年倡导环保，对于塑料包装行业的

---

① 按照村民 SCB 的观点，能够在家里享（赚钱的意思）1 万元，不去外边享 2 万元，主要是在家里，老婆孩子的日子好受。按照他的观点，如果男人不在家，家中没有主心骨，遇到什么事情也不好处理，好多事情只能让亲戚邻居们帮忙，一次两次还可以，时间长了就不行了，因为你不是外出干别的，是出去赚钱了，谁也没有这个方面的义务。

② 指被人欺骗了。

政策一直处于摇摆当中，各个地方在具体执行过程中把握的松紧也不一样，在这种情况下，如果遇到所谓的"严打"，可能几万元的货物就被没收了，这样一两年的生意就白做了。上述两个方面的情况，白洋淀的人们好像已经习以为常了，他们并不会因为出现一两次这样的事情就变得特别沮丧，"吃一堑，长一智"真是他们经营过程的真实写照。他们知道，这种现象在每一个人的生产经营过程中都是免不掉的，如果你幸运，或者比较灵活，可能遇到的会少一点，但是无论多少，生意还是要照做，只要长期来看能够赚钱就行。

第二，在家庭经营当中，单个人的收益并不重要，重要的是家庭的整体收益。对于一个家庭成员来讲，所有的收益都是归整个家庭来支配的，个人的收入并不能决定个人的收益，只有全家整体的收益才能最终决定他个人的收益水平。对于很多从事家庭生产的人来讲，仅仅从他个人的收益来看，可能还不如给别人打工挣钱多，但是问题就在于，如果他外出打工的话，家庭的其他成员就只能闲置，如果他们一起进行生产的话，虽然平均到每一个劳动力头上的收入并不是很多，但是比家庭的某个成员单独外出打工挣钱要多。在这种情况下，他理性的选择是家庭经营而不是自己外出打工。还有这些外出摆案子的家庭，对于他们的父母来讲，替他们照顾孩子是很重要的一项劳动负担，如果没有他们孩子的拖累，一个上年纪的老年人，如果每天外出捞蛤蜊，基本上也能有3~4元的收入，对于维持他们老年的生活也可以了，但是如果这样的话，他们的子女就只能在家工作，相对于外出来讲，收入可能少的不是3~4元。在这种情况下，他们往往会选择由老人看孩子，而自己外出干活。

第三，在家庭经营的核算当中，并不是把生产当中投入的各个要素的收益分别进行核算，而是在一起计算总的收益。对于这些从事生产经营的家庭来讲，促使他们进行决策的有可能是资金的因素，也有可能是劳动力的因素，也有的仅仅是因为觉得有些空房子闲置浪费，于是就买上一台机器进行加工。对于这些家庭来讲，可以为了给自己家庭的劳动力寻找出路而贷款买机器，也有的家庭会因为劳动力不足而仅仅把大量的资金放在自己的家中闲置。不管出于什么样的原因，只要几种要素实现了生产组合，他们关心的就不再仅仅是每一个要素的收益问题，而是总的收益问题，在家庭经营当中，他们不需要，也没有必要单独地为某一种要素投入计算成本。

五　家庭结构对经营决策的影响

由于家庭经营独特的核算方式，所以拥有不同生产要素和不同生活要求的家庭，他们在家庭经营中的相对优势是不一样的，这一点影响了他们在不同时期的生产经营决策。而一个家庭拥有生产要素的差异，往往与这个家庭的家庭结构和家庭生命周期直接相关。

在恰亚诺夫的"家庭农场模型"当中，还有一个非常重要的理论——家庭生命周期理论。按照这一理论，处于不同生命周期的家庭，家庭的人口规模不同，家庭内部的人口结构也不同，家庭的人口规模决定了家庭的消费水平，家庭的人口结构决定了家庭当中劳动力的抚养系数，由此决定了他在劳动付出中的辛苦程度，在"劳动－消费均衡"的逻辑下面，正是这两个方面决定了家庭的生产经营状况（恰亚诺夫，1996）。

恰亚诺夫的这一模型在揭示了家庭经营基本逻辑的同时也忽视了家庭经营当中一些非常重要的信息：（1）在家庭当中，不同的劳动力状况不仅仅是家庭劳动力人口数量、年龄与性别的线性函数，不同年龄、性别的劳动力在很大程度上是不可化约的，劳动力的数量与结构必须与生产经营过程中的分工相联系来进行分析；（2）家庭的消费状况也不仅仅是家庭人口数量、年龄与性别的线性函数，尤其是住房作为一项重要的生产要素引入之后，由于住房建设与人的婚姻联系在一起，所以，在婚姻年龄前后，无论是从消费的角度来看，还是从劳动要素提供的角度来看，都是一个非常大的转折点。

在本文当中，首先对恰亚诺夫的"家庭生命周期理论"进行修正，分析不同年龄、性别与社会角色的劳动力在塑料加工这一特殊行业中的分工，以及随着家庭生命周期的变动，家庭的消费与住房情况的变动情况。在此基础上，比较分析处于生命周期不同阶段的家庭所独有的家庭结构对家庭经营中决策行为的影响。

（一）家庭人口状况对生产经营活动的影响①

本文首先对不同年龄的人口进行简单的界定，根据一般的人口统计

---

① 由于不同的性别、年龄与社会角色不仅仅影响劳动者在家庭经营当中的选择，为了保持分析的完整性，本段在分析当中，同时包括了劳动者对于其他职业角色的选择。

模型，把 14 岁及以下，65 岁及以上的非劳动年龄排除在外，然后把劳动年龄人口根据家庭的生命周期划分为四个阶段，其中 15～24 岁，从下学到结婚，称作少年劳动力，属于劳动能力积累的阶段；25～39 岁，从结婚到孩子成年，称作青年劳动力，属于抚养孩子的阶段；40～49 岁，从儿子成人到结婚，称作壮年劳动力，属于帮助子女成家的阶段；50～64 岁，称作老年劳动力，从孙子出生到成人的阶段，属于帮助子女抚育第三代，并逐渐退出生产活动的阶段（见表 2）。

表 2 人口年龄、性别与社会身份分类

年龄(岁)	0～14	15～24		25～39		40～49		50～64		65 +
名称	儿童	少年劳动力		青年劳动力		壮年劳动力		老年劳动力		老年
性别		男性	女性	男性	女性	男性	女性	男性	女性	
身份	孩子	成年	成年	父亲	母亲	父亲	母亲	爷爷	奶奶	老人
劳动力折合	0	1/2	1/2	1	1/2	1	1/2	1/2	0	0

注：根据目前的情况，该划分忽视了多子女的出生引起的家庭生命周期变动（由于计划生育政策的影响，这个问题已经变得不重要了），而突出了劳动力的变动情况。劳动力折合以青壮年男性劳动力为标准单位，在这里，1/2 并不代表劳动力可以折合为青壮年劳动力的一半，而仅仅表示劳动力的非完整性，0 代表非劳动力。

在一个乡村社区当中，不同年龄、性别与社会身份的劳动者，在他们对职业进行选择的时候所面临的约束条件不同，他们所能承担的职业角色也不一样，相互之间的通约程度①也是不一样的，这在很大程度上影响了他们对生产经营活动的选择。

（二）家庭结构对家庭经营决策的影响

处于生命周期不同阶段的家庭具有不同的劳动力结构，他们对住房投资的需求也不一样，这一点在很大程度上决定了家庭的职业选择。下面首先从家庭结构的角度，根据家庭的生命周期对不同的家庭进行分类。

首先看核心家庭，基本上可以分为三类：老年家庭，基本上是儿女全部结婚独立之后形成的老年夫妇家庭；中年家庭，基本上是由夫妇两人与已经成年，但是尚未结婚的子女们构成；青年家庭，基本上是由青

---

① 指不同年龄、性别与社会角色的劳动者在社会职业选择中的可替代性，比如，从打工的角度来讲，年轻男孩与女孩差不多，尤其是看制袋机，但是在外出跑业务上，只有男孩可以，女孩则不行。

年夫妇与未成年的子女构成。

其次看主干家庭，基本上分为两类：老年家庭，由一对老年劳动力夫妇与他们刚刚成家的儿子以及儿童时期的孙子组成，老年夫妇为户主；壮年家庭，由一对老年夫妇（或者一方丧偶）与一对壮年的夫妇，以及他们成年但是尚未成家的孙子组成，壮年夫妇为户主。

最后，联合家庭，基本上也可以分为两类：一类是一对老年夫妇（尚有劳动能力，户主）与两到三对年轻夫妇及他们未成年的子女组成；另一类是一对老年夫妇（失去劳动能力）与两到三对壮年夫妇及他们成年的子女组成，由其中的一对夫妇（一般是老大）任户主。在目前的情况下，后面这种情况已经很少见了，基本上可以省略不计了（见表3）。

在塑料行业发展的过程中，一个家庭面临的职业选择有这样几个。

首先是第一阶段，塑料行业发展初期，选择是否跑业务，在这个阶段，进入这个行业的主要是20～30岁的人，主要是少年的后期与青年的前期，这个阶段的青年人，正在选择职业的阶段，外出闯荡的劲头比较足，家里没有什么负担，也没有什么固定的职业需要他们放弃。所以进入这个行业的基本上是在当时那个时期存在这个年龄段男性劳动力的家庭，包括表3中2、3、4、5、6类家庭。

到了第二个阶段，选择就多样化了，首先在业务当中需要选择外出摆案子，还是跑业务；其次是选择跑业务，还是搞生产；还有在生产当中，选择需要资金比较多的吹膜，还是资金比较少的制袋或者印花。在第一种选择当中，外出摆案子需要具备两个条件，一个是家庭当中能够长期脱开身，另外一个是需要一定的协作关系。在这种情况下，适合外出的家庭主要是这样两种情况：一个是青年劳动力后期，也就是30～40岁的青年夫妇，他们所具有的条件是，孩子稍微大了一点，可以让爷爷奶奶照顾了，另外他们这个年龄的家庭，父母一般年纪还不是很大，不但可以自己照顾自己，另外还可以帮助他们照顾一下小孩，从这个角度来看，适合的家庭类型是表3中4、6类家庭；另外一个就是壮年劳动力，他们的情况一般是父子一起外出，剩下妻子在家照顾上了年纪的老人，适合的家庭类型是2、5类家庭。

第二种选择是外出跑业务与生产的选择。这个选择主要是跑业务的家庭是否选择上机器生产的问题。在一个跑业务的家庭当中，家庭中青年男性劳动力一定是外出跑业务的人（当然他们在跑业务的同时也从事生产与管理），那么是否能够选择生产就要看除了这个人之外其他家庭成

表 3　家庭结构分类

家庭类型	核心家庭			主干家庭		联合家庭	
具体分类	1. 老年	2. 中年	3. 青年	4. 老年	5. 壮年	6. 老年	7. 中年
家庭结构	△＝○	△＝○／○△	△＝○／○△	△＝○／△＝○△	△＝○／△＝○△	△＝○／△＝○△＝○△	△＝○／△＝○△＝○△
家庭人口	2	4	4	6	6	10	10
劳动人口	2	4	2	4	4	6	8
劳动力折合	0.5	2.5	1.5	3	2.5	3.5	5

注：每个家庭以一对子女为准；打框的为户主夫妇。

员的劳动结构问题。如果从事生产，不但需要具体的生产人员，也需要专门的管理人员和基本的厂房，按照一般的规律，中青年主妇与老年男性劳动力适合于从事管理工作，但是不适合于从事直接的生产，适合于从事专职的直接生产的主要成员是少年男女与青年男性劳动力，这样说来，在上述家庭当中，最适合于转向生产的家庭类型是 2、5、6 类家庭，因为这些家庭一般情况下不但有充足的生产劳动力，基本的从事管理的人员也有，并且这个时期的家庭，住房相对来讲也比较宽敞。家庭类型 3、4 的特点是，管理人员充足，但是劳动力不足，并且从住房的角度来看，往往比较紧张，可以实行雇佣劳动。

第三种选择是生产当中的选择，这个选择主要取决于家庭的资本积累，有资本积累的家庭应该是需要在生活上进行积累，但是还没有付诸消费的家庭，从这个角度来考察，主要是家中存在青年劳动力的家庭，也就是从子女下学到子女结婚这个阶段的家庭，在这个阶段，子女大部分已经下学，成为劳动力，但是父母由于年纪还不大，因此还没有太大的开支，正是家庭消费最小的时候，并且这个阶段的家庭需要为了子女的婚嫁准备大量的资金，所以也是积累动机最强的时期。在这个阶段，一般是家庭资金最为宽裕，同时也是劳动力最为宽裕的时期，最适合于进行吹膜行业的生产。适合这个时期的家庭为 2、5 类家庭与 3、4、6 类家庭后期。

六 结论：家庭经营的"双生产"模型

在中国农村的家庭经营当中，产品已经不是恰亚诺夫时代的"既能出售也能自己消费"的农产品，而是新古典经济学企业理论所讲的一般性的"市场产品"，但是由于这种经营采取了家庭生产的组织方式，生产与生活紧密结合，竞争性的劳动力市场和住房租赁市场也不成熟，在这种情况下，家庭经营的成本核算和经营决策既不同于恰亚诺夫的"家庭农场模型"，也不同于贝克尔的"家庭生产函数"。

在工业化过程中从事"家庭经营"的中国农村家庭，在从事生产经营和家庭消费的过程中，并不能满足现代经济学所讲的"可分性原理"，在某种意义上讲，家庭的生命周期决定了家庭的劳动力结构和住房、资金等资源的拥有情况，在面对一个新兴的工业产业引入的时候，这种劳动力、住房和资金的不同组合结构决定了他们的进入选择与经营决策。

这种决定因素的背后是从事家庭经营的农户所独有的"成本核算"逻辑。如果把这个"成本核算"与"经营决策"逻辑进行总结的话，可以称之为家庭经营的"双生产"模型，当然，这个模型并不是恰亚诺夫"家庭农场模型"与贝克尔"家庭生产函数"的简单加总。

参考文献

贝克尔，1991，《家庭论》，王献生、王宇译，商务印书馆。

马鸿运等，1993，《中国农户经济行为研究》，上海人民出版社。

恰亚诺夫，1996，《农民的经济组织》，萧正洪译，中央编译出版社。

文贯中，1989，《发展经济学的新动向——农业租约与农户行为的研究》，载汤敏、茅于轼主编《现代经济学前沿专题》（第一集），商务印书馆。

西德尔，1996，《家庭的社会演变》，王志乐、朱小雪、王维华、田向荣译，商务印书馆。

邹树林，1988，《近年来关于农户经济行为的论争》，《经济学动态》第 4 期。

Becker，G. C. 1965，"A Theory of the Allocation of Time"，*Economoic Journal* 75.

Biggart，Nicole Woolsey 1994，"Labor and Leisure"，in Neil J. Smelser and Richard Swedberg（eds.），*The Handbook of Economic Sociology*. Princeton：Princeton University Press.

Ellis，Frank 1988，*Peasant Economics：Farm Households and Agrarian Development*. Cambridge University Press.

市场研究

市场的诞生[*]

沈　原[**]

一　乡村中庞大而繁荣的市场群落

笔者现在考察的这个市场坐落在华北平原的东南部——河北省 GBD 市（原名 XC 县）的 BG 镇[①]，人们通常又把它叫作"BG 市场"。今天的"BG 市场"早已发展成以"箱包市场"和"小商品市场"为首，包括"九大专业市场"在内的一个市场群落。市场建筑面积达 250 万平方米，日上市商品有 1 万多个品种，日上市物资总值 4000 多万元，1999 年市场总成交额达 61.5 亿元。在这九大专业市场以外还有一个服务性质的"联运市场"，其中 26 家转运站承担着通往全国 200 个城市 26 条货运线路的运输工作。平均每天运出货物 80 车次，600 余吨，价值近 1000 万元。表 1 大体上反映了"九大专业市场"各自的基本概况（BG 镇人民政府，2000a）。

与庞大的市场群落相对应，今天 BG 镇的规模也蔚为可观。全镇总面积达 54.5 平方公里，镇区面积约 10 平方公里。镇区街道宽阔、整齐，商厦、住宅楼鳞次栉比，错落有致地沿街排列开来；万门程控电话、移动电话和无线寻呼网络连接着海内外各地，35 千伏安输变电站、5000 吨供水规模的自来水厂为企业和居民提供了生产和生活的用电用水。BG 镇下辖 5 街 29 村，常住人口及外来从业人员有 10 万人之多。

*　本文原载沈原《市场、阶级与社会——转型社会学的关键议题》，社会科学文献出版社，2007，第 92~110 页。

**　沈原，清华大学社会学系教授，华中师范大学特聘教授。

①　为了保护调查地点，文中所有涉及具体地名的地方都用字母来代替。

表 1　BG 镇九大专业市场概况

市场名称	主营商品	占地面积（平方米）	门店数目（间）	摊位数目（个）	从业人员（人）	日上市商品品种	日客流量（人次）	日成交额（万元）	年成交额（亿元）
箱包交易城	箱包	35200	300	6000	—	20 类 1300 个品种	37000	—	31.2
皮革专业市场	皮革原料	26000	54	80	150	—	—	150	—
五金配件市场	五金配件	19000	132	68	500	—	—	50	—
箱包辅料市场	箱包辅料	12500	—	70	—	30 类 700 个品种	3000 多	35	—
白荟蓉小商品市场	小商品、小家电	49000	160	679	3000	81 类 2400 个品种	45000	400	—
玩具市场	玩具	20000	56	373	1300	—	—	80	1
服装市场	服装等	10000	68	118	400	—	—	—	—
鞋帽市场	鞋帽	150000	204	797	1200	—	—	110	—
针织品市场	各种针织品	40000	108	1020	2500	42 类 2900 个品种	—	150	—

资料来源：BG 镇人民政府，2000b。

难以想见的是，仅在镇区就有 3 万多名坐商，其中有很多本地人，但更多的人来自湘、川、赣、鲁、豫等。平常，市场日客流量有七八万人次，据称在年景最好的 1992 年，这里的日客流量居然达到 15 万人之多（QDR 访谈录 - 1，HGC 访谈录 - 1，ZWC 访谈录 - 1）。无论春夏秋冬，每天自晨曦开始，镇区的五里长街上涌动着车流、人流，充斥着鼎沸人声。来自四面八方的行商们或自己驾车，或搭乘长途汽车，或借助更为原始的代步工具——人力三轮车，纷纷赶赴市场；而坐商们也打开自己的门店或支好自家的摊位开始经营。于是，商贩们的讨价还价声和叫卖声、店铺和饭馆里大音量播放的流行歌曲声、过往汽车声嘶力竭的鸣笛声，再加上各种农用车震耳欲聋的马达声，构成了这个市场的主旋律——嘈杂和喧嚣，总要等到每日下午三四点钟以后，才会随着太阳的落山和行商们的离去而逐渐沉静下来。

二　一个令人费解的问题

庞大的市场、大量的交易额、滚滚的人流、完善的生活服务设施……所有的东西都自然而然地令人联想起城市及其经济生活，但 BG 却地处华北乡村。它西倚太行山，南傍白洋淀，北距北京市 120 公里，东距天津市 118 公里，南距保定市 62 公里，距离市治所在——一个名叫 GBD 的有十来万人口的小城市——也有 32 公里之遥。改革开放前的 BG 与城市生活无缘。

表 1 中所列的交易商品会更令人怀疑：这里曾经是一个大型的工业基地吗？但事实是在 1949 年以后差不多长达 30 年的光景里，BG 和它周边的乡村地带并没有显著不同。它东与雄县比邻，南与容城（县）接壤，属三县交界地带，是典型的华北平原产粮区，主要种植粮食作物，间或种些油料作物。粮食作物包括玉米、小麦、豆类、高粱、小米、番薯等，油料作物则主要指花生，后来根据国家指令也种过棉花。这些无非都是北方农村常见的"大路货"农产品而已。无论如何，这里既不出产皮革和人造革，也不出产塑料、纸张，也就是说，与 BG 今日所经营的箱包和小商品之类毫无关联。

改革开放前，BG 及其周边各县绝无现代意义上的"工业"。镇（当时叫作公社）属各村（当时叫作生产大队）除了拥有一些手扶拖拉机、电动磨面机或用于灌溉农田的电泵以外，再也没有什么能够称得上是

"机械"的设备了。农业劳动全靠人力和简陋的农具。据称在当时的 BG，唯一与工业有点关联的就是那间"公社修理厂"了，十来个工人操作两台破旧的车床为周边村落的农用机械提供最简单的维修服务。这里原来根本没有什么工业基础。

交通状况是另一个让人费解的地方。现今的 BG 交通尚属发达，镇区北距京深高速公路 32 公里，南端紧靠津保、高雄公路，不过这些路都是在 1980 年代中期以后才修筑起来的。改革开放前，除了从县治 GBD 通往 BG 的一条坑坑洼洼的土石混合公路外，并无其他道路。那时 BG 的人们如果要去北京，唯一的办法就是先到 GBD，然后设法转乘火车。此外，虽说古书上曾经记载 BG "镇周河泽纵横"，但那毕竟是一百多年前的事情了。由于毫无节制地发展灌溉农业，1949 年以后镇区近旁的 BG 河开始逐步干涸，河运也早已废弃。到"农业学大寨"时甚至连河床都被种上了庄稼。所以，也无水路可以倚恃。

因此，面对当前繁荣发达的 BG 市场，笔者的问题是：这样一个以交易箱包和小商品为主的大型市场群落，怎么可能在一个远离都会地区，在人口、原料、技术、管理、工业、交通等各个领域都不具有经济学意义上所谓"最优"条件的乡村地带发育起来？或者，也可以沿用一位当代社会学家的著名提法来发问：市场是从哪里来的（White，1981）？

三　商民、农民和干部——建造该市场的三种主要社会力量

经济学的视角即通过寻找各种最优条件来解释市场或其他经济制度得以诞生的视角，这对于解答笔者所面临的问题毫无帮助，因为 BG 不仅没有上述各种"最优"，甚至连"次优"也达不到，那就不得不转而求助于社会学。按照社会学的观点，市场乃是一种"社会结构"（Swedberg，1994），是将文化传统、社会力量、权力运作等"非经济因素"统统包含在内的"社会结构"。这一观点引导笔者去找寻最初造就 BG 市场的那些主要的社会力量，并解析其互动过程。[1] 结果发现，就 BG 市场的诞生而

---

[1]　哈里森·怀特 1981 年发表的著名论文《市场是从哪里来的》曾经在美国社会学界激起强烈反响，被认为是自帕森斯主义（Parsonism）解体以来社会学向经济学长期盘踞的"经济王国"的首次进军。据说，怀特的论文标志着当代所谓"新经济社会学"（转下页注）

言，至少有本地的传统商民、农民和地方干部三种社会力量参与了整个过程。这三种社会力量在特定历史条件下的互动颇具戏剧性地打造出这个以箱包为主业的市场。

（一）传统商民

"传统商民"主要指以往常住 BG 镇区、在 1949 年以前以经商为生的一个地方小群体。据称改革开放前夕，这个小群体已经不足百人（SSC 访谈录 -1）。这些商民往往被当地干部和百姓称为"传统商民"，以与现今的从商人员相区别。现今的从商人员成分十分复杂，多半都是过去的农民，也有来自其他城市的前工人甚至前干部。他们是在 BG 业已形成市场之后才跑来经商的，此前并无以商业为生的经历。

（接上页注①）的崛起。自斯时以降，一大批美国（以及欧洲的）社会学者开始了对诸如市场、厂商、交易、产权和公司治理结构等所谓"纯"经济现象领域的研究。

尽管怀特在论文中表达了一个天才的思想：市场——或者更为广义地说，所有的经济制度——均来自社会行动者在具体社会情境中的互动和建构，因而有其社会学意义上的起源（White，1981），但当代众多的"新经济社会学家"似乎远远没有做到这一点。大多数的经济社会学思考似乎都在表明一个道理：社会关系［或用普特南（Robert D. Putnam）的时髦术语——"社会资本"］向经济生活领域的引进无非是为了"降低"交易成本而获取较大的收益。在这类分析中，威廉姆森（Waliamson）似乎总是在场的（Burt，1992）。"用社会学的概念、理论和方法处理经济现象"（Swedberg，1994）从来就没有做得很成功。因此社会学家完全不必抱怨什么"经济学帝国主义"——他们正在自己的作品中源源不断地生产着这种"帝国主义"。

当然，断言所有的社会学家无一遗漏地都在再生产"经济学帝国主义"不免失之公允。笔者在这里乐于指出的一个例外就是马歇尔·沙林斯（M. Sahlins），他在那部论说"石器时代经济"的著作中试图建立一种"实体主义"（Substantivism）的价格理论，在界定商品价格之际推翻了经济学那条著名的"供求曲线"并用"习惯"取而代之。沙林斯的这一理论在经济学界似乎并未激起什么波澜，这并不出人意料。出人意料的是这一理论在 20 年后遭到了来自社会学家阵营的攻击。格拉诺维特为这一理论贴上了"强嵌入立场"（Strong Embeddedness）的标签并毫不留情地对之加以指责。

在笔者看来，沙林斯或许指出了一条更有意义的路线。他的具体结论或许有待商榷，但他的路向却无疑是正确的——社会学对经济现象的分析必须撇开经济学的逻辑而另辟蹊径，以新的、不同的解释逻辑取而代之。在下文中，笔者将尝试沿着沙林斯的路向继续走下去并将讲述一个市场的诞生，讲述一个大型的"最终产品市场"是"从哪里来的"。但是，笔者所说的市场却不是沙林斯笔下原始时代的市场，不是克利福德·格尔茨（C. Geertz）所发现的集贸经济（Bazzar Economy），不是在威廉·施坚雅（W. Skinner）手中得到高度形式化的中国乡村集贸市场，也不是怀特描绘的工业主义时代的产物，而是处于当今中国剧烈的制度变迁背景之下。或许，正是这种异乎寻常的剧烈变化把一切都推向了极致，从而使我们得以更为清晰地看到怀特和沙林斯想澄清的那种逻辑。

历史上的 BG 曾经是一个商镇。如前所述，至少是在清代废除漕运以前，BG 曾经"镇周河泽纵横"，附近的 BG 河连接着大运河而通达天津卫，它曾经是这条航路上的一个"水路码头"。史书记载了昔日的盛况："日过千帆，商贾云集。货通大江南北，商流九州东西。"据称 1980 年代初期扩建镇区主街时曾经出土了一块清代"山西会馆"的石碑残片，证明了那个年代曾有大批山西籍贯的商人聚集在此经营生意，足见其时盛况（YDT 访谈录－1）。虽说后来河运渐衰对此地商业大有影响，但据说直到"公私合营"前夕，镇上尚有各种店铺 30 余家，大小商贩百人之多。一位老商民曾经回忆说："那时，镇上光是酿酒的烧锅就有七个。"（HGC 访谈录－1）足见生意的兴隆。

对 BG 来说，真正的变化起于 1956 年。国家社会主义历来将小商小贩视为"产生资本主义的温床"，因此当时发动的所谓"公私合营"运动的内容之一就包括改造乡村地带的"小商业"和"小手工业"，目的在于将所有的小商小贩改造为"社会主义的新农民"。于是 BG 镇区的店铺一夜之间全部关张停办，所有商民经过教育后无一例外地转为农民身份，从镇区附近的七个乡村中均出部分田土供他们种植。与之相应，BG 的行政建制也由"镇"转变为"社"——先是"农业生产合作社"，而后是"人民公社"。原来的五个街区一律改叫生产队，以便进一步突出"农村以农为主"的特点。

商民们回忆起那段时期的艰辛生活时，都颇为感触。HGC 说：

> 那时候各村拨给我们的地，都是些坏地，不是沙地就是碱地，还都挺分散的，东一块、西一块。没办法，只好骑个破自行车去种地。那时候一看是骑个破自行车下地的，没错，准是 BG 的。地也不会种，庄稼总是不如人家各村的长得好。（HGC 访谈录－1）

在那个"革命时代"，这些传统商民常常因"四体不勤、五谷不分，肩不能担担，手不能提篮"而被视为百无一用的"社会渣滓"，接受批判也就成为他们日常生活中的重要内容。[①] 而且庄稼长不好，粮食就打得少，分的口粮也少，"饿肚子、吃不饱饭那是常事"（ZBW 访谈录－1）。对这些商民来说，重要的是想法子改善自己的生活。到 1970 年代初期，

---

① 在那个时代很多倒霉事都会落在这些传统商民头上。例如，HGC 就被划为"右派"而被送去劳动改造。

不少商民便已经"弃农经商"，偷偷摸摸地重操旧业，尽管这在改革开放以前的农村社会无疑是一件风险很大的事情，会被扣上破坏"社会主义集体经济"的罪名而受到种种惩戒。老商民 HGC 说：

> 那时候，正闹"农业学大寨"①，冬天不让歇着，让平整土地，搞水利。一弄这些工程，小推车成了俏货，都要用小推车来推土送粪呀。我瞅准了，就到 X 城镇那边的集上，花上 20 元钱寻谋一辆破旧自行车，弄到家里来，主要是要那俩轮子，上面铺块平板、安上槽帮，两边再给它安上俩扶手，这不就是一辆小推车了？白天不敢出去，到了晚上，拿我自个的自行车拉着，连夜奔南骑上 60 里路，到白洋淀那边，倒手一卖就是 60〖元〗②，净赚 40〖元〗。（HGC 访谈录 - 2）

还有些商民利用了街面上保留下来的集市。WDK 说：

> 那时候那集呀，是 10 天一个集。集上不让卖别的，就让卖点自留地产的蔬菜瓜果，还有小农具什么的。有时政策宽松，可以买卖点议价粮食。大牲畜那时算"生产资料"，有生产队的证明才能买卖。一有集我就赶集去。有时候是我自己到远处的村庄里先收购点鸡蛋什么的，攒多了，到集上卖；有时候没的卖，就在集上转转，碰上买卖议价粮的或是大牲畜的，就临时充当个"经纪"③，这么着，一个集怎么也能赚上几块钱，再去买粮食。（WDK 访谈录 - 2）

总而言之，在国家社会主义掌控社会生活比较严格的时期，即 1970年代前期，这些商民只要一抓住机会就重操旧业，尽管这往往要冒巨大的风险。不过，驱使他们铤而走险的并非纯粹的"文化驱动力"，即维护"地方性知识"并自觉地对抗国家权力，而是一个维持基本生计的问题。假如当初分配给这些商民的是膏腴之地，或许历经几十年改造的他们早已变成了善于"土里刨食"的"社会主义新农民"。但不作美的是分配给他们的都是些贫瘠的土地，土地的产出让他们难以果腹，这就逼迫他们

---

① 大寨位于山西省昔阳县，是当时毛泽东亲自树立的坚持农村社会主义集体经济、同贫困恶劣的自然条件进行斗争的典型。
② 〖〗号内的字是笔者补上去的，下文同。
③ "经纪"即经纪人，掮客之意。

不得不偷偷摸摸地借助于做小买卖来维持生活。于是，经商的"小传统"虽然被压抑，却作为传统商民日常生活中的一个组成部分而得以保留下来。一旦有了合适的条件，这个小传统无疑会迅速地膨胀起来。[①]

（二）集体农民

BG 的周边是一望无际的广袤平原，土黄色的田野上分布着一片片村落。从镇区向北走上约 5 公里路就到了 GQ 村。按照北方的标准，GQ 村其实算不上是一个很大的村庄。现在它拥有大约 3500 亩的土地，有 500 余户居民，约 2700 人。根据老人们的说法，现时的村庄规模和改革开放以前差不多，因为改革开放后虽然人口有所增加，但是很多人都已外出谋生，所以留在村庄中的人口和 1970 年代大体相当。1970 年代的 GQ 村叫作"GQ 生产大队"，下辖 8 个生产（小）队。人们主要以种植玉米、小麦和花生为生。

在 1950 年代初的土地改革运动以后，GQ 村的农民们被迫走上"集体化道路"，建成"人民公社"后糊里糊涂地变成了"集体农民"——除了住房、小农具和自家饲养的鸡、猪以外，主要的生产资料都已经"公有化"了，人们过着以集体劳动、集体分配为特征的准共产主义生活。进入 1970 年代，这些"集体农民"面临着和传统商民类似的难题：生活极度贫困，特别是手头缺乏现金——那时的农民只有在年终结算分红时才摸得着现金，平时的零用钱全靠养鸡卖蛋，俗话叫作"从鸡屁股里抠钱"，实在少得可怜。一位当年的"社员"说：

> 那时候可真是穷呀，穷到了什么地步呢？大秋[②]前后，把我们全家七八口子大人的兜里翻过来，也凑不齐一块钱。（LMC 访谈录-1）

1960 年代以后为应对所谓"三年困难时期"的影响，国家社会主义的农村政策曾有所放宽，允许以生产（小）队为单位经营副业，以便调

---

① 自从格尔茨（Geertz, 1973）的"地方性知识"一说被引进中国以来，常常被中国的社会学家用来诠释在改革开放以前不同的地方性（locality）如何凭借自己的地方知识来与凌驾其上的国家权力（包括国家的知识系统）相抗衡，于是此种地方性知识似乎就成了推进地方经济发展的动力。笔者并不反对这一看法，但在这里想提请大家注意的是：在这一案例中，人们并非单纯为了某种"文化"的缘由而与国家相抗衡，更重要的似乎是"饥饿法则"。"地方性知识"或"小传统"唯有在成为人们日常生活中的谋生手段时，似乎才得以传承下来。

② "大秋"即秋收。

剂和改善"社员"的日常生活。从那时起直到 1970 年，GQ 大队的第八生产队尝试了各种各样的副业生产，用八队社员 LMC 的话说就是："从编筐到开油坊榨油，什么法子都试过了，就是没有一样能赚钱的。"（LMC 访谈录 - 1）因此，到了新队长 ZGQ 和新会计 LMC 的任上，如何办好副业、提高社员收入的压力就显得格外沉重。

"办好副业"的最终决策来自一个极其偶然的场合，LMC 回忆说：

> 那时节天天绞尽了脑汁，琢磨着办点什么副业才能挣钱呢？那年〖约 1973 年〗秋天，我和队长 ZGQ 在路边站着说话呢，嘿，过来一个熟人，家是 RH 庄的，骑着个自行车。一见我俩，跳下车来打招呼。那时候自行车在农村里算是个"大件"〖财产〗，我俩就看他那辆车。一看他那个车座上，套着个套，黑色的，一摸，人造革做的，我俩问："这是个啥呀？"他说："座套呗。"我俩问："管啥用呢？"他说："套在车座上保护车座呗。"我俩问："哪来的？"他说："一块五毛钱从北京买来的。"我俩把着他那个座套翻来覆去地琢磨，〖工艺〗不复杂！他走了，我俩一琢磨：做副业就做这个，许〖可能〗行。（LMC 访谈录 - 1）

为什么做这个行呢？因为如 LMC 所说，那时自行车在城乡百姓人家都算得上一件很宝贵的财产。一般人家娶媳妇、聘闺女，都要想方设法陪上一辆自行车当聘礼或嫁妆。宝贵的财产自然需要格外爱惜，而自行车最易磨损的部分——车座，也就需要一个座套来加以保护。但偏偏这一类小商品在那时的农村地区尚属稀有，这就决定了该产品比起编筐和榨油来可能具有更好的销售前景。LMC 和 ZGQ 两人合计，做副业就做这个！

下一步的难题是本钱，据说那时 GQ 大队第八生产队的账上连一分钱也没有。LMC 和 ZGQ 决定先从自家拿钱垫上。LMC 家是当时村里有名的困难户，年年欠着队上的粮食钱，需要他远在新疆工作的长兄定期寄钱回来帮衬家用，那会儿他手头正好积攒了 80 多元钱预备交粮食款；ZGQ 的手头则有一笔预备给将要出嫁的女儿购置手表当陪嫁的钱，差不多 110 元。两份钱合到一起还不到 200 元，但第二天俩人揣上这笔钱就去了北京。1973 年秋 LMC 和 ZGQ 的这趟北京之行的结果，就是从天桥百货商场扛回来两捆黑色人造革次品，外加两个当作样品的自行车座套。LMC 说：

> 打北京一回来，我们八队就紧急开会，先把全队的缝纫机都集

中起来，一共有 4 台"燕牌"的〖缝纫机〗，然后再把队里的妇女召集起来，选出几个手特别灵的。先把人家那座套拆了，用粉笔比着在人造革上画好了，铰下来，再用缝纫机轧上，然后再缝上四条布带子。你瞧着好做，其实挺不好做的，刚开始轧出来的，边边角角都翘着，不平整。那是做了拆，拆了做，试验了好多回才弄得像那么回事了。（LMC 访谈录 - 1）

从试验到批量生产这种自行车座套，除了人造革和缝线外，其余的辅料一律没怎么花钱。从北京购回的座套附有一层海绵里衬，到了第八生产队这里，海绵被破布所取代，而破布来自 BG 供销社卖布匹时拆下来扔掉的外包装铺衬，布带也是对这类破布的加工。总之，七八个妇女和四台缝纫机连轴转了三天，LMC 和 ZGQ 购回的近 200 元钱的黑色人造革次品，变成了 500 多只自行车座套！

剩下的事情就是销售了，LMC 说：

> 北京的座套卖一块五毛钱一个，咱们就卖一块。先送到 BG 供销社，供销社还不认得呢，说卖得出去吗？说了半天，说留下 10 个试试吧。然后就送其他公社的供销社。那时候我们八队的人，人人都领了任务，得把这 500 多座套推销出去呀。先是在咱们自个县，咱们旁边的那些公社，没几天都送出去了。一算账，刨去本钱、人工，赚了差不多一半呀。（LMC 访谈录 - 1）

从此，GQ 大队第八生产队的副业终于找到了出路——"老爷们"下地搞生产时，妇女们就在家轧自行车座套。由生产队统一组织进原料，剪裁成型，再分给各家各户用自己的缝纫机来缝制，按成品算工记分；然后队里统一部署，全体社员合力向外推销。一年以后，第八生产队及其社员就逐渐宽裕起来：生产队盖了新的队部，"红砖到顶"的大瓦房共 5 间，桌椅板凳都是新的，还添置了一台手扶拖拉机；生产队工分的分值直线上升，一个工超过了 1 块钱，远远超过了其他生产队，社员们的手头上有了活泛钱。[①] GQ 大队的其他生产队看着第八生产队的副业搞得好，

---

① "工分"是中国农村集体经济时期评计社员劳动的方式。生产队根据每个社员的身体状况、劳动技能和思想品德来给其打分。一个壮劳力出工一天可以计为 10 分，算一个"工"，由会计或记工员记录在册。生产队根据当年的收成和副业收入状况确定每个工的价值，年底统一给社员结算。

也跟着学，好在这种产品本来也没有什么技术含量，更不需要大量的资金投入，仿效起来也就毫不费力。1970 年代中期以后，整个 GQ 大队都搞起了生产座套的副业，然后又迅速地扩散到周边的村庄——XY 大队、W 庄大队等，一时间 BG 公社所属及邻近的各个大队都轰轰烈烈地开展自行车座套的副业生产。

当 GQ 大队第八生产队这一家搞自行车座套副业时，仅是周边几个公社的供销社就足以吸纳大批产品，销售并不怎么费劲。现在有这么多的生产大队搞这项副业，本县各公社的供销社早就饱和了，于是只得往外县跑。什么 RC 县、B 县、GA 县、CZ 县……百八十里路骑个自行车就把货驮去了。只要能把货卖出去，再远些也不怕。唯一不方便的是跑外县需要持有大队一级的介绍信，说明这是"集体副业"的产品而不是私人的"资本主义尾巴"——那时随便出售产品，哪怕是自家生产的产品也是被禁止的。

恰恰在这个时期出现了一个有趣的现象，这个现象对于后来市场的发育意义深远。在生产自行车座套的那些生产队里，年富力强的青壮年有体力蹬着自行车跑外县推销，可老头、老太婆却没有力量跑那么远，于是他们就打起了当时 BG 街面上集市的主意。那时"逢十为集"，即每个月有几天是集日。到了集日，跑不了远途的老人们就拿些座套到集市上交易，但是这显然不符合当时关于农村集市的政策条文——自行车座套并非农产品，不是可以在集市上出售的货物。BG 公社以及县革命委员会都曾下过大力气，试图阻止和打击在集市上交易座套的行为，但是BG 得天独厚的条件之一就在于它位于三县交界处。每逢集日，干部们整肃集市的队伍一出动，在交易座套的老人们便夹带货物迅速撤往相邻的 RC 县境。按照规定，本县（XC 县，即 GBD 市的前身）的干部是不能到县境以外行使权力的。如果真要惩治这些犯禁的人们，鉴于他们已经身在 RC 县地面上，就必须以"县革命委员会"（当时县政府的正式名称）"红头文件"的形式知会 RC 县革命委员会，请求那里的干部代为缉捕。这种做法的难处在于：当 RC 县方面的干部接悉文件，同意帮忙并且整队出动时，这些 BG 的老百姓早又携带座套抬腿开溜，这一溜就溜到了旁边的 X 县境内。于是本县知会 RC 县的那一套手续又须对 X 县照走一遍，结果则是 BG 的老百姓又悄悄地转回自己家门口来做买卖了。这种"游击式"的生意方式成为 1970 年代中后期 BG 集市上的一大景观，至今仍为人津津乐道（SSC 访谈录 –1）。

（三）地方干部

这里所说的"地方干部"主要是指当时 BG 当地的县社两级干部。时至今日光是 BG 镇的上级机关派驻单位和镇政府机关，加在一起至少有 400 名官员，但这个庞大的官员群体是在改革开放的 20 年间，从早先 BG 公社"革命委员会"的一二十个干部的规模逐渐发展起来的。

从 1970 年代初期算起，干部们对待 BG 各街村的商民和农民"弃农经商"的态度，大体上经历了三个不同阶段。第一个阶段是 1973~1978 年，按照后来的市（县）政府几位官员的话来说，这是一个"打压"阶段（YDT 访谈录-1，SSC 访谈录-1）。公社和县里的干部们认为，GQ 以及附近各大队的副业生产活动因其由生产队组织和经营，故尚属"集体经济"，不必对之大惊小怪。他们主要是对老百姓在集市上出售座套和倒卖生产资料不满，认为这些都是"资本主义复辟"的表现，是"犯禁"的事情，因而必须坚决予以打击。干部们在集市上的频频查抄逼迫老百姓采用了"游击策略"，他们为了躲避"围剿"而在差不多每个集日内流窜于 X 县、RC 县和 XC 县的县界之间。

第二个阶段为 1978~1985 年，这个阶段可以称为"放任"阶段。始于 1978 年的改革开放给农村社会带来巨大的冲击，从"分田到户"到"允许长途贩运"再到最终解散人民公社，这一系列来自权力高层的大动作使乡村基层干部瞠目结舌，他们实际上已无从判断在集市上应当卖什么和不应当卖什么了。对于商民们倒腾生产资料和粮食以及社员们出售座套等非农产品的行为，他们先是游移不定，后来则干脆听之任之、不加干预。而市场也在这个阶段获得了所谓"超常规"的发展，从而急剧膨胀起来。

第三个阶段是从 1985 年直到现在，据称这是"扶植"阶段。1985 年中央政府关于在财政上"分灶吃饭"的改革方案，迫使地方政府不得不自行找寻财税来源。这时，BG 和 XC 县的官员们才恍然大悟：原来 BG 市场可以成为地方财政的重要源泉！自斯时以降，县镇两级地方政府为 BG 的市场建设花费了大量的精力，BG 的城镇化建设、政府组织的市场扩张，以及与邻县政府的摩擦和冲突，无不是以市场为中心进行的。此种政府行为一方面极大地推进了 BG 这个巨型市场群落的形成，另一方面也招致了无穷无尽的麻烦。

但在此应当指出的是，就在上述第一个阶段即"打压"阶段，县社两级干部的行为也存在差异。一般来说，县级干部对"弃农经商"之类的行为处理起来比较干脆果断、不留情面；而公社干部则多少温和一些，有的甚至对这些商民和农民抱有几分同情。时至今日，当 BG 一带的老人们回忆起在三县之间来回"游击"的生活时，提及当时担任 BG 公社革命委员会主任的 L 时并无多大怨恨。LMC 说：

> 要不是县上催促得紧，老 L 那人也不会上赶着去干那抄拿人家东西的"绝户事"。（LMC 访谈录－1）

> 据说这位老 L 曾经私下向人发过牢骚："这里地薄人穷，不倒腾点东西换钱，拿什么买粮食？都等着找我要救济〖粮〗呀。"（SSC 访谈录－1）

总之，不管地方干部有什么想法，到 1970 年代中期，BG 的传统商民和附近的一部分农民都因为这样那样的缘故而开始到当时的集市上经营谋生了。这两种社会力量最终共同推动了北方乡村中最习以为常的集市向着新的方向转变。

四　市场的转变

1978 年以来改革开放浪潮的冲击，以及地方干部在长达五六年的时间里所采取的放任自流政策，为 BG 的市场转变提供了良好的条件。其间有两个变化至为重要。

首先，1980 年代初期，那些传统商民已不再满足于倒腾粮食以及充当大牲畜买卖的经纪人了。对这些商民来说，做买卖而非种地才是他们可以想见的最佳的发家方式。在他们的知识结构中，做买卖永远是给他们带来幸福生活的唯一途径，除此便再无他途。HGC 曾经说：

> 我这一辈子，最幸福的有两个时期，一个是"闹日本"那会儿，那会儿别看打仗，可日本人保护商业，买卖好做；再一个就是邓小平〖时代〗，让你做买卖了。（HGC 访谈录－2）

因此，面对政府的"富民说教"，他们回答说："改革开放不就是让老百姓过上好日子吗？光靠种地怎么能过上好日子呢？要想富裕起来，还得像过去那样办市场、做生意。"（WDK 访谈录－1，ZBW 访谈录）这里所说的"过去"显然是指"公私合营"以前，于是他们迅速地恢复了彼时的经营和生活模式：一方面是从附近村庄收购些"小泥货"即农民们用泥土烧制的各式小玩具在市场上出售，另一方面是先从天津而后又从浙江义乌和广东等地长途贩运小文具、小画片以及其他小商品到市场上批发、贩卖。在以后将近 20 年的时间里，随着经营规模的扩张和经营品种的增加，以此为基础竟分化出 5 个不同的专业市场。

其次，附近那些农民也不再满足于生产自行车座套了，这主要是因为销路已经大不如前。如前所述，到 1970 年代中期已经有越来越多的村庄从事生产座套的副业，从而导致了座套的需求饱和和价格的直线下降。为了使刚刚兴旺起来的副业维系下去，这些农民们必须寻求新的产品。正所谓"天无绝人之路"，这一回不知道哪个生产队是始作俑者，农民们竟然开始仿制手提包——也是用人造革制成，上面安上两条短短的提带，高级一点的还要装上一条拉链。那时的干部和在城里上班的"公家人"差不多人手一个手提包，用来装些笔记本、报纸、茶缸之类。值得注意的是，这种手提包虽说在工艺上并不比生产座套更为复杂，但其意义却要深远得多：它使 BG 附近的农村和农民开始步入一个全新的、在品种和质地两个方面都可以有无限开拓空间因而具有极大发展潜力的工业领域——箱包生产领域。改革开放以后，农村中的"集体"解体了，但"集体"开拓的"副业"却留存下来并且由千家万户的农民努力经营着。自此以后的 20 年间，BG 的箱包生产业迅速发展起来，并辐射到周边 5 个县市，有 500 多个自然村的 20 多万人从事箱包生产及相关产业，其箱包产量在国内市场占有率达到 29%，无数箱包制品通过 BG 市场被源源不断地输送到全国各地，近年来还远销俄罗斯、南斯拉夫等国家（BG 镇人民政府，2000b）。①

---

① BG 箱包市场的组织结构和运行逻辑，是一个更为复杂而需要专文论说的问题。简单地说即把 BG 箱包市场视为一个众多农民家庭箱包工场的聚合体，约 7000 家此种工场作为基本支点支撑着这个市场。当然，这个市场既出售 BG 自己的产品，也出售外来的产品。销售形式主要是批发，每个摊位都有自己固定的"主顾往"即克利福德·格尔茨所说的"人格化交易"纽带（personalized transaction），并且以此种人际网络为依托将货物输送到全国各地。大部分工场遵循着中国北方传统的"男主外，女主内"的规范来运作。在过往的农业社会中，"男主外"意味着男性劳动力承担主要生产活动，"女主内"则意味着女性操持全部家务。由于男性成为家庭主要的经济来源，因而家庭的权力操控在男性手中。但在以箱包生产为主业的 BG，这一规范的意义却发生了（转下页注）

　　起初，农民们为自家生产的箱包寻找销路，也是沿着卖座套时蹚出来的路子，提着货物跑到外县、外省，请大小国营商店代销，或是干脆走街串巷地自己推销，BG 农民推销箱包的足迹曾遍及北方 13 个省区市。在改革之初尚带有深刻的"短缺经济"烙印的年份里，这些出自农民之手的箱包毕竟聊胜于无，因此大受欢迎。而那些行走不便的老人们也如同当年贩卖座套那样每逢集日跑 BG 市场，所不同的是这一回贩卖的商品从座套变成了自制的箱包。随着大量箱包的外销，BG 这个地方生产箱包的市场信息传送到四面八方，不久就开始有外省市的小商小贩们沿途来寻，自行购置箱包带回贩卖，这样做的好处是这些外地商贩在品种方面可以有更大的选择余地，价格也会更便宜一些。后来，越来越多的外地商贩涌向 BG 寻找箱包，BG 的农民们也不再跑外，而是从行商变为坐商，像那些老人一样去市场上出摊卖包。箱包经营的规模扩大、品种增加、客流量激增，所有这些变化都推动了庞大的箱包市场的形成，而后又分化出 4 个不同的专业市场。

　　由上文可知，商民和农民在经营、生产活动方面的改变，为 BG 市场的最终变化提供了动力，农副产品渐渐地被逐出市场，各式各样的小商品和箱包制品逐渐占据并包揽了全部市场份额，而集日也从最初的"逢十为集"过渡到"十天四个集"，又过渡到"天天是集"。BG 市场最终由通常可见的那种传统的农村集贸市场转变为以箱包业和小百货批发为基本特点的专业市场。大约在 1985 年，当时政府的政策也开始发生变化，进入了所谓"扶植"阶段。政府权力直接介入市场运作引发了诸多问题，导致了市场的扭曲和变形，但那已经是另一个故事了。①

　　（接上页注①）根本变化。"男主外"意味着男性主要掌管进料、销售等方面的业务，因此在箱包市场上至少有一多半摊主是男性；"女主内"则意味着女性主管家庭工场的生产过程。一般来说，这样的箱包家庭工场都会雇佣少则 3~5 个，多则二三十个工人，这些工人全都受常年在家的女主人的指派来进行生产。此外，由于手工制作箱包的技术完全不同于过去的农业生产技术，女性对于缝纫和剪裁具有天然的优势，因而对于那些来自内蒙古、河南、四川和本省其他地区的工人们，从进行基本的技术培训到照料他们的衣食住行也一律由女性来完成。女性由于成为家庭工场中生产和生活的实际组织者，其地位已经大为提高。这里的农村家庭正在发生着"权力的转移"——从男性向女性的手中转移，这也是那些口口声声称妇女为"老娘们"的箱包生产的始作俑者如 LMG 等所始料不及的。

① 改革开放以来的地方政府成为一种非常特殊的"经济动物"，它对于 BG 市场的发育发挥了极为复杂的作用，不是用"好"或者"坏"这样简单的字眼就可以说清楚的。我们可以说，地方政府在很长一段时间内以自己特有的方式保护了这个市场——对这种国家社会主义的权力机构来说，"不管"或"缺席"就是对民间经济最大的扶植（转下页注）

五　简短的讨论

在笔者看来，BG市场的生成实际上说明了市场，或者某种新的、与其母体环境相异的经济制度得以诞生的条件。从BG的案例中，笔者看到此类条件至少有以下三个。

第一，在一个经济和政治高度集权的社会中，各级行政区划的交界处最易形成权力和控制的盲区，因而格外有利于新因素的成长，新经济往往率先在这种独特的生存空间中萌生出来。对BG市场来说，地处三县交界是它在较早时期得以存活的最重要的条件之一。因为正是在这样的条件下，初生的新经济因素才可能逃离国家的权力制约而保存下来。

第二，各种社会力量的互动是新经济因素得以产生、成长的根本原因。在社会主义集体经济的农村社会中，如果没有那些被迫务农、在当时被视为"社会渣滓"的传统商民，以及这些商民与附近大力发展集体副业的农民之间的联手和互动，要想形成BG这样的专业市场是断无可能的。它也许会沿着一条完全不同的道路前进，但未必采取"市场"这种方式。此外，地方干部也以"不管"或"放任"的独特方式在一段很长的时间里加入了这一各种社会力量互动的格局。具有讽刺意味的是，在这样的社会中，地方干部的"不管"或"放任"对于民间经济和民间社会的发育具有正面的、头等重要的意义。

（接上页注①）和保护。但与此同时，地方政府又不断地将权力渗透到市场之中，极大地影响了市场的正常发育。关于地方政府与BG市场的关系也需专门论述，笔者在这里只略举一例，对此种干预作用加以说明。为了争夺市场，BG镇政府与一河之隔的RC县政府在1994年曾经开展过一场激烈的争夺战。RC县政府为了扩大自己的税源，在本县境内紧靠BG镇的地方开辟了一块方圆数里的场地，宣称这是一块新兴的"四无"市场，即"无税费、无管理费、无卫生费、无治安费"，后来更是宣称在此经商不仅不收费，还一个摊位发2元钱的午餐费。这种"天上掉馅饼"的好事吸引了原在BG经营的大批商户前往经商，原属BG小商品市场的蜡烛市场和玩具市场的一部分就被吸引过去了。当然商民们心里有数，所谓不收费还发午餐费的好事只是短期政策，那边的政府也是为了最终收税、收费才肯提供这么多优惠政策。但对于小本经营的商户来说，能得一时的好处也不错，更何况两地相隔并不遥远，过河到RC县地面上经营也不至于丢了老顾客，于是纷纷前往。面对此种情势，BG镇政府的反应是"运用非常手段，坚决予以堵住"。每天清晨，BG镇的干部们兵分四路，守住通往RC县市场的路口，将企图过河经营的商户拦截回去。笔者在BG进行调查时还亲自参加过这种拦截工作，于清晨四五点钟到政府集合，政府用面包车将参加堵截的干部运送到路口，在冬季的寒风中站上4个小时，一直到把那些企图过河的商户生拉硬扯地都挡回去才撤岗。情况紧张时，这样的事情每天都要发生一次。

第三，"偶发性"是经济制度诞生过程中不可忽略的重要因素。BG发展成箱包业的巨型市场，这其中根本就没有什么坚如磐石、不可移易的"经济学规律"。传统商民的存在或许会将 BG 重建为一个市场，但可能至多也不过是一个类似于浙江义乌的小商品市场罢了，绝不会注定发展为箱包业市场，BG 成为箱包业市场纯属偶然。如果没有 LMC 们穷困潦倒时急于发展副业，如果没有神话般地路遇骑车熟人并发现和决定生产自行车座套，如果不是附近的副业生产浪潮很快造成了座套生产饱和而逼迫业已动员起来的大批农民不得不设法转产，如果不是行动不便的老人为了谋生而甘冒风险到 BG 集市上经营座套……如果不是这一系列偶发性因素，BG 则很有可能成为别的什么市场，但断乎不会成为箱包专业市场。LMC 说得好：

> 当初我们只不过是想搞搞副业弄点钱花，谁承想倒弄出这么大一摊子事来呀。（LMC 访谈录 – 1）

参考文献

BG 镇人民政府编，2000a，《中国名镇 BG》。

BG 镇人民政府编，2000b，《BG：理想的投资选择》。

Burt，R. 1992，*Structural Hole：The Social Structure of Competition*. Cambridge：Harvard University Press.

Geertz，C. 1973，*The Interpretation of Cultures：Selected Essays*. New York：Basic Book.

Granovetter，Mark 1985，"Economic Action and Social Structure：The Problem of Embededness"，*American Journal of Sociology* 91.

Swedberg，Rechard 1994，"Market As The Social Structure"，in *Handbook of Economic Sociology*，edited by N. Smelser and R. Swedberg. Princeton University Press.

White，Harrison 1981，"Where do Markets Come from？" *American Journal of Sociology* 87.

市场体制与地方产业优势的形成[*]

符　平[**]

一　问题的提出

　　农业产业化是中国农业从传统经济转变为现代产业的重要途径。在分税制背景下，地方政府既能从农业产业化中获得更多税收和上级财政专项支持，还能借此推动地方的产业升级和经济增长。因此，提高农业产业化的质量效益和竞争力几乎是所有农业地区追求的目标。然而在产业链整合、价值链提升和竞争力塑造等方面，各地差异明显。在同一产业领域，一些地区虽然处于相同的宏观制度环境中，具有相似的自然资源禀赋且采取同样的产业组织形式，却在发展水平和结果上大相径庭。有的地区表现平平，而有的地区拥有独特优势，产业不断升级提档，甚至占据了行业鳌头地位。这种地区间差异尤其是特定的地方产业优势形成的原因并不明晰。我们试图基于市场体制视角来对此进行分析和解释。

　　发展优势历来是国家和地区孜孜以求的目标，但对于优势从何而来的问题却见仁见智。先发优势理论表明，先进入市场者能在技术、管理、资源、顾客锁定（消费者转换成本）等方面获得优势（Lieberman and Montgomery, 1988；Makadok, 1998）。后发优势理论则认为，后发者通过"搭便车"行为模仿技术和发展模式，避免错误决策，更加明确市场需求而获得了优势（Lieberman and Montgomery, 1998；Boulding and Kirmani, 2003；林毅夫, 2003）。在后发优势理论基础上发展起来的新结构经济学

　　* 本文原载《社会学研究》2018 年第 1 期；收入本书时标题有修改。
　　** 符平，华中师范大学社会学院教授。

则认为，比较优势的甄别和发展型政府的因势利导是后发优势产生的根本原因（林毅夫，2012；波特，2012）。但鲜少被探讨的问题是：在政府存在层级差异且地方政府均有意愿成为发展型政府的背景下，为什么有些地方政府没能成为发展型政府？既有理论由于缺乏识别宏观—微观关系中的因果机制，尚未能揭示发展型政府形成的条件和机会问题。同时，发展型政府或政府主导型发展模式固然是描述发展模式的有用概念，然而在概念的描述性功能之外，一个重要的前置性问题似乎更值得关注和研究：发展型政府对产业的扶持行为和产业政策究竟如何对产业发展的结果施加影响？这种影响得以产生的约束性条件和社会机制至关重要，但也缺乏应有的关注和分析。

尽管农业产业化是一个综合性问题，却基本上被当作一个经济问题归属到经济学和管理学领域加以研究。这两个学科的关注点集中在农业产业化的诸种组织形式及其选择的利弊、企业内部的治理结构和管理模式，以及产业政策的效益评估等方面（聂辉华，2013；程志强，2012；张丽华等，2011）。已有研究虽然较充分地分析了农业产业化的经济过程、技术路径和市场策略，但悬置了市场和产业如何组织起来又如何拓展升级的政治和社会过程，甚少揭示政府和社会力量对产业发展的作用机制。这样的结果是，农业产业化发展质量的地区间差异及其根源问题很难得到有效解释。我们舍弃了将农业产业化视作纯粹经济问题的立场，基于社会学视角从以往研究中缺失的分析维度对上述问题展开研究。

二　市场体制视角及其分析路径

（一）市场社会学与市场体制视角

社会学对市场现象的关注，催生了一个方兴未艾的研究领域——市场社会学。相对于现代经济学，国内外社会学研究通过强调市场过程的嵌入性和社会建构而凸显出其学科特色和优势。如果说经济学家多是在模型的理想世界里观察抽象市场，那么社会学家则多是在田野的真实世界里观察具象市场；前者更多地采取理论的逻辑去解释实践的逻辑，后者更多地强调实践逻辑与理论逻辑之间的相互映照和往复推动；前者强调市场的一致性特征，后者则强调市场形成和建构过程的多种可能性。

以往研究表明，地方政府极大地形塑了中国基层特别是农村地区的市场活动、产业格局和经济绩效（符平，2013；杨善华、苏红，2002；Bramall，2007；Oi，1999），权力结构与地方政治精英的权力特征导致了中国不同地区及同一地区内部的民营经济发展的差异（章奇、刘明兴，2016）。尽管如此，偏向主流社会学的视角强调政府角色的重要性，但对政府介入导致的成功或失败的原因没有给出满意答案；偏向主流经济学、强调有限政府和自由市场的理论很难解释政府强介入下的成功案例。资本主义多样性研究的理论关切和分析范式，为研究政府与地区产业发展差异的关系提供了参考。

新古典社会学提出了"比较资本主义"议程，试图分析多种资本主义模式的起源、特征及其动力机制，致力于证明资本主义并非铁板一块，而是在市场的制度安排上具有较大差异，存在多种起源和多元秩序（Burawoy，2001；Eyal, Szelenyi and Townsley，1998；Stark and Brusz，1998）。一些比较政治经济学文献也揭示了资本主义经济发展的多种路径，国家、产业政策、地方传统和文化等因素被认为塑造了资本主义不同的发展轨迹（Hall and Soskice，2001；Campbell，2004）。市场的协调机制及其背后不同的政治理性和社会文化观念，导致资本主义市场经济模式出现了很大差异。其中，最著名的区分莫过于盎格鲁－撒克逊模式和莱茵模式，而即便同属于莱茵模式，不同国家也有明显的独特性（Amable，2003；Streeck and Yamamura，2001）。不过，资本主义多样性的分析路径对诸多国家做出的标签化处理和静态比较，缺乏历史的动态视角并忽视了其内部市场安排的多维复杂面向（特别是对超大国家和经济体而言），因而无法对超大经济体或国家内部市场协调机制的多样性现象（Deeg，2009；Lane and Wood，2009）形成有效解释。就中国而言，改革开放以来中国市场经济的发展模式有其独特之处（Tsai and Naughton，2015；Nee and Opper，2012），并未落入基于西方经验而构建的某种特定的理想模式中。上述研究提供的启发在于对市场经济发展中政府角色的讨论及其类型学分析方法。

可以说，中国特色社会主义市场经济的发展受自上而下与自下而上两股力量的共同驱动，既有来自顶层设计的方向指引，也有地方的探索实践。因而即使宏观制度背景相同，不同地区在发展路径、速度和水平上也会呈现差异。而一旦深入产业内部去观察，会发现不仅经济活动的组织过程具有地方差异，地方政府参与其中的角色也很不一样。在本文中，我们试图通过市场体制（market regime）的多样性来解释不同地区产业经济发展的过程和结果的差异性。

本文中的市场体制是指由政府协调经济行为而产生的行动者的互动关系模式及市场运作方式所构成的市场形态；在多元行动主体及其互动构成的产业市场中，政府与其他市场行动者之间形成的典型关系模式及独特的市场运作方式，构成了特定的市场体制。也可以说，市场中不同力量的结合方式（包括正式和非正式的关联），产生了不同的市场体制。正是由于不同的市场有着不同的市场体制（同一市场在不同历史时期亦是如此），市场协调的途径和机制于是具备了多种可能性，呈现出明显的异质性而非同构性特征。市场体制理论通过回归真实的经济世界，强调不同力量彼此组合的特殊方式及其影响，建构起宏观制度、中观结构与微观行动之间的相互作用机制，有助于分析和解释同一制度环境下和产业内部的地区发展差异现象。在本文中，我们将市场体制定位为描述和分析地方层面某一特定产业的理论工具，而这也意味着，同一地方的不同产业或许反映了不同的市场体制。

市场体制理论预设并强调了市场过程对非市场治理机制的嵌入性特征，政府则是非市场治理机制的重要主体。在比较政治经济学对新兴工业化经济体的研究中，政府被当作重要的行动者来看待和分析（Stubbs，2011；约翰逊，2010；哈格德，2009；Mascarenhas，2002）。而经济场域里的政府事实上是同时作为行动者（actor）和结构性的约束条件而存在（Gao，2016）的，市场体制可充分展现政府作为科层组织的这种双重属性。这一理论视角既观察和分析国家权力的代理者即政府如何作用于产业发展，也关注政府作为一种约束条件如何通过塑造经济活动的组织过程，即讨论政府的双重属性如何交织在一起对产业发展施加影响。市场体制决定了政治运作机制、中央和地方政府的产业理念以何种方式渗入农业产业化的过程，而研究需要考察国家支持农业产业的制度安排产生了何种机制，与此相关的资源分配和流动机制怎样塑造地方的市场体制类型并如何影响农业产业化的过程及结果。

（二）市场体制的理想类型与分析路径

市场建构和产业组织过程的差异反映了不同的市场体制。市场体制作为产业发展中的"结构"因素，界定了市场行动者之间存在差异的关联模式，决定了产业的组织过程和市场拓展策略。正如有学者所言，行动者的社会位置、策略、世界观、惯习和他们的结盟方式，决定着市场的结构和逻辑（吕鹏，2015）。将市场体制理论用于对产业发展结果的分析，并有必要区分产业中的市场体制属于何种层次和类型。由于本文关注的是省级以下产业发展的地区差异，且由于省级及以上政府并不直接与市场主体打交道，我们将市场体制的层级及分类限定在市县级，将省级及以上的政府与产业关系当作约束性条件或激励性的制度环境来讨论。

基于产业发展过程中地方政府与其他市场行动者之间的关系属性，可以区分出市场体制的两种理想类型。地方政府深度参与其中，根据产业发展的需要主动改变体制机制、积极扩大职能和服务范畴，与其他市场行动者形成紧密合作关系的市场体制，可以称为"引领型市场体制"（后文简称"引领体制"）；地方政府较浅地参与其中，忠于科层组织原则和法定职责，除非有上级政府的指令，否则几乎不增加对产业的公共服务，同其他市场行动者之间是相对独立的松散关系的市场体制，可称为"自发型市场体制"（后文简称"自发体制"）。市场行动者包括市场主体（企业、中间商、农户和合作社等）和非市场主体（政府、行业协会、技术专家、大学和科研机构等）两大范畴。在产品需要通过加工再次进入市场的农业产业化过程中，同时连接农户和市场的企业组织扮演着至关重要的角色。而政府无论是创造制度环境和提供职能范围内的服务，还是作为主导者深度参与其中，都将对农业产业化的路径和绩效产生直接影响。因此，政府与企业成为农业产业化过程中的关键行动者，这也是需要重点分析的一对关系。

我们依据"制度—结构—机制—后果"的分析思路，为市场体制影响产业发展的过程建构了如图1所示的理论分析框架。基于此，市场体制作用于产业发展的分析路径可解构为三个环节的机制。①情景机制：关于制度环境如何形塑了市场体制的差异，两者又如何塑造了不同地区的市场与产业发展理念（箭头A和B）。②行动形成机制：关于不同理念如何导致了市场主体与非市场主体的不同行动与互动模式及其特点（箭头C）。③转化机制：关于市场行动者在产业链建构、产业政策利用、产业创新等领域中的互动模式如何造成了农业产业化的地区差异（箭头D），特别是如何创造出特定地区的产业优势/劣势。机制性解释追求的是在解释项和被解释项之间进行精细而紧凑的连接（Hedström and Swedberg，1998），把解释的方法定位为寻找和确认"导致某种社会现象经常出现的一组以特定方式相互关联的实体与活动，特别是行动者及其行动"（Hedström，2005：2）。在上述三个环节中，政府和企业的行动及其互动如何产生宏观层面的结果，即从微观到宏观的转换机制，无论是对经验研究还是理论研究来说都是最大的障碍。而这也构成了本文分析比较的重点。

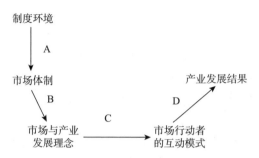

图1　市场体制与产业发展关系的理论分析路径

三　研究方法与案例

案例研究方法不仅能为一般性理论建构提供素材，还可对制度与经济绩效的复杂关系提供参考（阿尔斯通，2003：35）。社会科学在理论导向的经验研究中广泛运用了这一方法。中国的小龙虾产业已建构起完整的产业链，符合中央极力推进的现代农业产业标准，当下已成为高度融合发展的农业产业化典范。下文以小龙虾产业发展差异十分显著的两个地区为例来回应前文提出的问题。

2007～2015年，湖北小龙虾的产量和出口量均居全国第一，其产业主要集中在素有"鱼米之乡"美誉的江汉平原。20世纪90年代末以来，小龙虾养殖是江汉平原上多数市县几乎同时起步的特色水产业，得天独厚的自然资源为该产业在诸多市县的迅速发展提供了极佳的条件。本文的研究案例是同属江汉平原且毗邻的汀市和汉市（均为化名）：前者是"中国小龙虾之乡"和"中国小龙虾加工出口第一市"，形成了"买全国（成虾、虾壳）、卖全球（虾加工产品、甲壳素产品）"的大产业（2015年小龙虾出口创汇为1.4亿美元，占湖北创汇总额的81.9%、全国创汇总额的4成）；后者则获得"中国淡水渔业第一市"的殊荣，在小龙虾养殖产量上自2006年至今稳居全国地级市榜首。2015年，汀市的GDP为560亿元，人均GDP为58676元，常住人口95.8万人；汉市的GDP为1590.5亿元，人均GDP为27689元，常住人口658万人。

在种养、加工和销售的农业产业化模式中，种养是基础，加工和销售则是通过农产品的转化增值实现农业产业化的关键。汉市借助养殖面积和规模在成虾产量上一直具有压倒性优势，[1] 可谓具备发展成为小龙虾产业化排头兵的先天条件。然而小龙虾的主要交易市场、产品精深加工、[2] 名优品牌和出口创汇集聚区却在汀市，同时汀市还有着养殖模式、种苗繁育、加工和产品创新等诸多方面的技术优势。概言之，两地虽然有着非常相近的自然资源禀赋和同样的宏观政治经济环境，在产业组织形式上实施相同的"公司＋基地＋农户"的模式，加工企业采取同样的原材料采购和销售模式，但汀市的行业影响力和辐射力远大于汉市，[3] 其产业优势十分明显。因此，汀市和汉市两地的小龙虾产业为我们从比较视角回答本文问题提供了理想案例。笔者于 2015 年 10 月至 2016 年 6 月在汀市、汉市多次针对小龙虾产业进行实地考察、深入访谈和座谈，实地考察企业、养殖基地和合作社等，访谈对象包括企业家、各级政府官员、行业协会负责人、学者和技术专家、养殖户、合作社负责人等 60 余人，并参加了湖北龙虾文化节系列活动。本文的分析资料主要源于上述调查、参与观察以及相关政府部门和企业提供的资料数据。

四 市场体制与发展理念的差异塑造

（一）塑造市场体制的核心机制

农业产业化对中国现代农业建设、经济结构调整意义重大，而 21 世

[1] 汀市的面积仅为汉市的1/7，因此前者的小龙虾养殖面积与产量远低于后者。小龙虾的加工和销售高度依赖养殖，因为捕捞后的成虾不易保活保鲜，所以从养殖场所到加工场所的流通运输半径很重要——运输时间越长，死亡率越高、价值越低。就此而言，汉市具备发展小龙虾加工业的良好基础。

[2] 汀市加工企业的数量和加工能力远超汉市，每年都收购了汉市养殖的大量小龙虾。虽然无法考证汀市加工的小龙虾究竟有多大比例来自汉市，不过汉市某企业的董事长曾说道："汀市加工的小龙虾，三年前我去那边数了一下，大概有 70% 是属于我们汉市（提供）的。"

[3] 比如，近年来在湖北举办的多场关于小龙虾的全国和国际学术研讨会，自 2009 年起每年一届的龙虾文化节都是在汀市举办；汀市龙虾职业学院是我国第一所服务小龙虾产业的职教学校，湖北省小龙虾产业技术研究院也落户当地；由当地技术人员总结提炼的《汀市龙虾"虾稻共作"技术规程》作为国家行业标准获公布和实施，农业部将"虾稻共作"模式誉为"现代农业发展的成功典范"向 20 多个省区市积极推介。更重要的是，汀市掌控着小龙虾市场定价的话语权：当地企业的收购价信息左右着江汉平原上小龙虾市场的交易价，在国内和国际市场发布的产品售价也直接决定着整个销售市场的价格。

纪以来中央关于农业的系列政策文件构成了农业产业化发展的重要制度保障。中央关于农业产业化的重要政策几乎都涉及特色农业或特色农产品，从国家政策中不难看出，"扶优扶强"历来是国家推进农业产业化的重要战略和政策导向，而突出农产业（农产品）的"特色、规模、品牌、效益"则是从中央到地方政府一以贯之的发展理念。农业政策体现了政府的资源投入如何进行分配的基本方略，国家的发展战略和政策导向则塑造了各级政府抓农业产业化工作的经济理念和产业偏好，决定了政府资源的流向和产业扶持的重点，即对特色优势产业予以政策和资源分配上的倾斜。小龙虾产业虽然完全契合中央和地方的诸多规划愿景和政策主张，但在政府资源的约束条件下，产业与产业之间实际上也存在激烈竞争。

湖北是全国淡水渔业第一大省，养殖水产品品种包括鱼类、甲壳类、贝类和其他类，涵盖数十个种类。小龙虾作为甲壳类的一个种类得以在省级层面被甄选为重点扶持的特色产业而获得超常规的政府投入，主要源于小龙虾产业已形成的巨大规模、经济社会效益以及在全国同产业领域的重要地位。近年来湖北小龙虾综合产值持续高速增长，2015年达603.1亿元，占全省渔业经济总产值的28%。从加工出口来看，湖北小龙虾出口量自2007年起居全国第一，2010年后开始稳占全国一半以上份额，2014年更是占到七成。从养殖来看，湖北小龙虾养殖产量从2007年开始占据全国第一（当年占48.9%），除2011年占比47.5%以外，近十年的产量一直都占全国一半以上。在养殖、加工、流通、餐饮等产业链中，该产业都解决了大量农村剩余劳动力的就业问题。小龙虾产业不仅具备经济效益和社会效益（增加就业），地方政府所关注的生态效益（绿色环保）与政治效益（保障粮食产量）也同样显著。小龙虾产业之所以能在省级层面从水产业的众多种类中被识别和遴选出来并成为重点扶持产业，正是因为其契合国家的发展战略和政府的产业偏好。但问题在于，中央和省级政府的各种扶持项目和资源，是如何流向更低一级的地区和企业的？尽管湖北水产界达成了小龙虾养殖是全省重点支持产业的共识，然而扶持产业发展的各种资源却不可能均衡地流向省级以下的诸多市县和企业。

"抓典型"作为政府促进产业发展、实现产业目标而采取的一种正式的行为手段和发展策略，与作为一种潜在的组织运作机制的"会意"机制一起，在上级资源的向下分配过程中起到了重要作用。能够获得更多资源支持的下级行政区域或企业，首先要能起到作为典型的示范效应。"树典型"和"抓典型"是政府推动某项工作的惯常激励方式。以往研究认为，企业有各种机会获得来自政府"条条块块"以专项资金项目形式提供的实质性支持，政府为表明项目"绩效"往往将项目投向"亮点工程"（史普原，2016；渠敬东，2012），而"典型"被认为是地方简洁而形象地展示政绩的方式（冯仕政，2003）。这种观点是从结果来推断难以辨别的行为动机，并不一定符合客观现实。"抓典型"实质上是政府的产业发展策略，其目的是通过典型的示范效应为其他地区或企业提供学习样板，通过典型带动整体发展。如主管该省水产业的主要官员说：

> （对于小龙虾产业发展）政府首先规划引领，起到一个引导作用。再就是典型引路，典型带动、部门联动，起到示范效应……从产业发展的态势上，树一个典型，带动一片、示范一片，形成规模效应，出发点就在这里。小龙虾产业布局，通过政府协调、部门联动来加强基础设施建设，改进生产的基础设施。比如说在这个区域范围内，是不同的生产主体，那么根据他们的发展情况，重点扶持几家具有引领带动作用的典型……（201603 – LSQ）

政府的产业规划布局借助"典型"这一发展手段塑造了地方产业的影响力，同时政府组织内部的会意机制又影响到不同地方的政府和企业对在该产业中自身地位和利益的理解及发展策略。会意是指在科层组织内部，下级对上级战略、政策导向及偏好的识别和领会，并在这一过程中界定自身利益，建构其与上级的相互关系，采取合适的行为策略。将自身利益界定为符合上级战略、政策导向及偏好范围的下级，会全力贯彻甚至放大落实上级意愿，即所谓的"上有好者，下必甚焉"；而在相反的情况下，则倾向于采取消极的应对策略和形式主义行为。在会意机制的作用下，经济社会效益突出且产业专业化程度较高的特色优势产业区，要么已属于该产业的"典型"范畴，要么具备成为"典型"的条件，因而对上级战略的反应和实施更积极，来自中央和省级政府的资源也更为集中地流向这样的产业区；其他具备一定产业优势和效益的地区，如果地方政府和企业自知不属于或难以进入产业发展和扶持的"典型"范畴，其争取资源的动力以及做大做强产业的激励都相对较弱。如此，不同地方的市场体制便朝差异性方向发展，各地方政府和企业在该产业领域的发展动力和目标追求也会很不一样。

　　会意机制与政府产业发展战略的相互配合,是促成不同地区的市场体制趋异的原因。一旦地方产业被树立为典型,官员会从中获得制度上的激励,政府各部门对共同扶持该产业的集体意愿便容易形成。引领体制在这种条件下自然生成。与此同时,会意机制使未被树为典型的地方政府洞悉到上级的意图和上级政府的产业布局,因知道自身及辖区内企业没有受到重视和扶持的希望,会选择退出对外部资源的竞争(其注意力可能转向其他产业),自发体制于是形成。汀市的小龙虾产业在过去十年间一直都是中央部委和省级政府树立的典型样板和明星产业,科技部、农业农村部等中央部门领导以及21世纪以来历任湖北省委主要领导都曾视察过当地的龙头企业并对汀市的小龙虾产业给予充分肯定,而其他地区的小龙虾产业却未曾受到高层如此强烈的关注。因此,包括汉市在内的省内其他地区对于汀市作为小龙虾产业发展的"典型"地区和领头雁地位是没有疑惑的。在这样的背景下,会意机制进一步削弱了汉市在小龙虾领域"争当典型"的动力,致使其在该产业中的市场体制逐渐往自发体制的方向发展。

(二) 差异性的发展理念

　　由于"典型"不是正式制度的操作对象,典型的遴选因而没有制度化标准,但也并非毫无章法可循。特定地区的特色产业要成为被上级政府甚至国家认可的"典型",除具备规模经济和社会效益以外,专业化程度较高的龙头企业也十分重要。对龙头企业的扶持是"抓典型"工作方法的具体体现,从中央到各级地方政府也都分级评定农业产业化龙头企业。而龙头企业最有可能同时提高农户收入和市场效益,带动农业产业化的整体发展。由于评定出来的龙头企业相对普通企业有更多机会获得政策倾斜和专项资金的支持,发生在典型企业中的马太效应难以避免。

　　特定的产业发展理念作为一种经济意识形态,是区分市场体制的重要维度,也显示了市场体制的核心特征。汀市正是在会意机制和抓典型的产业发展策略下成为小龙虾产业领域的引领者,以及典型地区和农业产业化的学习样板。这进一步强化了当地将小龙虾产业做大做强的意识——当地政府部门的官方说法是"全市形成了'兴特色农业、抓龙虾产业'的共识",产生了推动产业往纵深发展的强大动力:一方面,各级政府的分管领导和主管部门领导经常深入现场视察或调研,以召开现场办公会、指示、批示等形式支持小龙虾产业发展,并要求下级部门主动与市场主体打交道，协助解决存在的困难和问题；另一方面，水产和农业部门之外的其他政府部门也都主动寻找机会以推动小龙虾产业更好的发展，创造产业纵向一体化和转型升级所需的各种条件。可以说，引领体制让当地笃信"小龙虾、大产业"的产业构想，并积极付诸行动。

地方政府官员对政策导向和政治运作机制的"会意"，塑造了其产业发展理念。当感知到本地区及所辖企业很难获得上级的资源投入时，地方官员也倾向于相信并要求企业自身解决发展中的问题。这意味着政府官员不会将企业发展所需的平台和资源供给当作政府的职责。这种"市场自由竞争"的产业发展理念或有可能是地方政府为自身的行为策略构建的正当性依据。尽管理念和行为动机无法证实，自发体制对产业发展的影响可从现实中的政府与企业关系及其后果中辨别。汉市水产局主要领导的说法在很大程度上反映了自发体制的市场理念："我很佩服李总（当地某小龙虾企业董事长）那种'只找市场，不找市长'的精神，这样的企业才经受得起各种危机。尽找市长的企业都不会长久，很多都垮了。"（201602－ZWY）

自发体制的政府官员认为企业需要依靠自己打拼市场，地方政府与企业之间形成的是松散关系。与此不同的是，引领体制中的地方政府在某种意义上已反过来成为产业特别是龙头企业的项目业务代理者，积极为企业争取资源。汀市某龙头企业的副总经理说道："（市）水产局好像成了我们公司的一个部门，经常通知我们申报什么项目，帮我们一起做材料，替我们包装。"（201510－XQ）

总之，政府的产业发展战略连同前述的会意机制和抓典型的发展策略，导致了两地在小龙虾产业领域的市场体制差异，也使多部门的资源和政策集聚到汀市的小龙虾产业。由于从中央到地方的条条块块都有资源投入，以至于没有一个部门能掌握汀市小龙虾产业所获支持项目的全部信息。扶优扶强的国家战略和各级政府共同的产业偏好通过上述机制，使高层对特色优势农产业的重视转化为对典型地区和企业越来越多的政策支持和项目资源的集聚。

五　优势建构与发展趋异：市场体制的影响机制及效用

（一）市场结构与产业链建构

如果市场结构的其他特征差异不明显，纵向一体化和产品差异化程度则是影响市场绩效的主要因素。尽管汀市和汉市的小龙虾产业都具备完整的产业链，但加工环节的纵向一体化和产品差异化程度却极为不同，主要体现为汀市的专业化程度和产品差异化程度非常高，形成了纵向一体化产业链；汉市的专业化程度低，产品不仅同质度高且种类单一，形成的是市场交易式产业链，面临着更激烈的本地竞争。根据前文所述，引领体制相比自发体制更注重农业产业化龙头企业的典型示范效应，龙头企业也是当地产业获得外部资源的重要途径。在"树典型"策略的作用下，各级政府资源在龙头企业高度集中，并产生了巨大的集聚效应，使当地加工产品市场整体呈现"非巨人即侏儒"的市场结构。

分地区来看企业的加工规模，十多年来汀市一直是两家大企业主导、众多小企业并存的市场结构，汉市则经历了由一家独大到企业普遍规模较小的转变。在 2009 年前，汉市规模最大的加工企业 DY 与汀市最大的企业 LK 和 HS 在加工量和出口量上的差距并不大，这三家企业都是国家认定的"农业产业化国家重点龙头企业"。但到 2015 年，三家企业在小龙虾加工出口量上对比悬殊，DY 仅为 LK 的 12.9%、HS 的 40.0%。① 两地市场结构的变和不变都是市场体制及其运行机制发生作用的结果。

虽然中央和地方政府都对农业产业化经营有诸多扶持举措，不过真正有机会获得政府大力扶持的往往是龙头企业，且国家重点龙头企业的资源摄取机会和能力要远高于普通企业。在政府组织内部，上级"抓典型"的对象包括下级行政区域和龙头企业，下级"抓典型"的对象则主要是龙头企业，因而引领体制中的龙头企业比自发体制中的龙头企业获得扶持的资源和机会更多。不同的市场体制还影响龙头企业的专业化程度和公司战略，而专业化程度又是企业能否获得更多政府扶持的重要条件。汀市企业 LK 和 HS 在各级政府的支持和协调下，一直采取专业化的发展战略，不断研发和推出新的加工产品，致力于产业链的延伸和拓展。企业 DY 早年在小龙虾加工出口上有很大优势，但由于该企业采取的是多元化发展战略，小龙虾加工后来未成为企业发展的主要方向（该企业的主要产品包括多种鱼类和特色水产在内的九大系列，小龙虾只是诸多产品系列中的一个种类）。因此，市场体制和企业战略都不利于汉市的小龙虾加工企业获取优势。

---

① 湖北的小龙虾加工品属于出口导向型产品，因此对加工出口的分析能在较大程度上反映企业的加工规模和实力。

过度竞争往往是降低经济绩效、导致优势产业没落的重要原因（刘志坚，2007；魏后凯，2003）。如何避免原子化的过度竞争给产业造成损害，是地方政府和企业共同面临的问题。对资源高度集聚、企业高度集中的汀市而言，既保持市场的竞争活力又避免过度竞争，是维系当地产业优势的重要条件。以往研究显示，地方政府对少数企业的"重点扶持"会导致产业内部过度竞争（汪和建，2013：171～258）。然而，汀市的小龙虾产业反而借此规避了这种产业困局。在地方政府的直接介入和政策引导下，当地最大的两家龙头企业形成了互补的专业化战略和分立的竞争优势，从而避免了原初因为产品高度一致而存在的过度竞争问题。在加工领域，两家企业 HS 和 LK 从产品销售到政府扶持项目都面临着直接竞争。在产业发展之初，这种竞争十分激烈。地方政府通过自身权力的介入，促使两家龙头企业在产业链上形成不同的发展战略，是促进产业良性发展所采取的关键策略。汀市水产局前任局长表示，当年为避免过度竞争，他提出了小龙虾产业的龙头龙尾关系，大宗的政府资源以企业所处产业链的位置为依据定向分配给两家企业：

> （政府资源和项目等）给了 LK，HS 有意见。给了 HS，LK 有意见。当时我当局长的时候，我说你们不要有个项目都要争，争的市里也不好摆布。说这样吧，如果是小龙虾上游这块，苗种选育繁育的，就给 LK。……要是搞深加工的，LK 不要想着，就是 HS 的。后来就把它上升到产业链的龙头龙尾，现在就很明确了。两家（公司）发展方向不同，产业布局分开以后，就是龙头和龙尾关系。（我）就给他们分死，都不要了，要争就争你那一块去。（201510 - WBY）

在地方政府的强力介入下，两家龙头企业朝产业链的首末两端发展，形成的核心产业优势各有不同：企业 LK 是全国规模最大的小龙虾苗种选育和繁育中心，主要获利途径是龙虾成品出口和苗种销售；企业 HS 则是全国规模最大、产品最全的甲壳素深加工示范园区，利用废弃虾壳加工而成的甲壳素及衍生产品成为企业越来越重要的获利来源。苗种繁育基地通过提高养殖产量增加了企业的原料供应。甲壳素深加工则不仅使"虾壳危机"变成了"虾壳商机"，也正如甲壳素研究的一位权威学者所言，"可避免小龙虾产业越来越严重的产品同质化竞争"（201606 - DYM）。由于育种技术和甲壳素深加工技术是汀市的先机优势和比较优势，所以两家企业都获得了来自中央和地方政府的诸多扶持。互补的技术优势构成了两家企业协同发展的动力，仍然存在的竞争则维系了市场的活力。因为两者同属全国农产品加工示范企业，又都从事小龙虾产品的苗种选育、养殖、加工和出口（这些是两家企业创始至今的传统项目），所以政府介入并没有彻底消除他们在产业链条上的竞争。

可见，引领体制中的地方政府形塑了主要企业基于不同核心技术的竞争优势，主要企业的优势分立创建了错位竞争的市场格局和纵向一体化的产业链，从而使产业的市场结构朝着同时有利于企业和产业的方向发展，其他市场主体也不同程度地从引领体制创造的大市场、资源（产业）集聚的溢出效应以及当地的产业政策中受益。在汉市的自发体制中，地方政府限于职能范围内的业务服务，导致形成了企业加工能力普遍较小的市场结构特征且没有任何一家企业在产业链的某个环节具备独特优势，市场主体的利润预期也随之降低。总之，市场体制通过塑造不同的市场结构和产业链特征而对产业发展结果产生了重要影响。

（二）市场体制与产业政策利用

国家治理模式和治理体系影响政商关系发展（杨典，2017），而不同的市场体制彰显了不同的政商关系及其产业治理模式，影响企业对产业政策的利用和资源摄取。引领体制中的地方政府会对被上级树为典型的地方产业或支柱型产业进行更多的资源扶持，对其他产业则可能倾向于要求企业依靠市场机制和自身实力做大做强，不会积极主动地替企业争取来自中央和省级政府部门的扶持项目。结果是，非典型地区的普通企业尤其是专业化程度低的企业很难成为产业政策的重点扶持对象。

比如，湖北于 2009 年启动实施了"农产品加工业'四个一批'工程"，扶持政策包括财政、税收、金融、土地和服务环境等诸多方面。汀市的 LK 和 HS 作为水产品加工领域仅有的两家企业都被直接作为发展的重点，受此政策的扶持力度较大。在汉市的田野调查中，几乎所有小龙虾加工企业都表示从政府层面获得的帮助很少，而这不仅影响小龙虾第二产业和第三产业的发展，也波及了养殖业。汉市的养殖户对政府也有怨言，因为当地大型加工企业稀少导致他们的小龙虾在收获高峰期的销售变得困难。当地一家小龙虾专业合作社的负责人说道：

> 虾稻连作季节性非常强，产量高峰期不能消化，为什么我们县不能建一个大型的加工厂，解决高峰期老百姓卖虾难的问题。……

对于市场销售方面，为什么我们的龙虾加工企业不能做大？大家都牢骚满腹，就是政府的扶持力度不够，没有重视小龙虾深加工产业。（201602－LHW）

同时，从加工企业的董事长或总经理到政府水产部门的负责人，都表达了对小龙虾产业竞争不公平的看法。在他们看来，不公平竞争最突出地体现在加工企业获得政府资源的机会上。当地一家小龙虾加工企业的董事长表示：

> （我们企业）资金不够，省里的钱、国家的钱都点缀在这些大企业上，大企业不缺钱。……为什么我们这边龙虾（养殖）这么多，而汀市那边加工那么好，实际上也就是一个投入的问题。每年（政府投入）一个亿，一个厂甩一个亿，我们还要去他那里借钱。他们补贴太大，我们基本没有补贴。（201602－CSN）

政府与企业之间普遍存在信息不对称和信息交流机制不健全的现象。对大多数企业来说，他们往往不清楚可以申请哪些来自中央和省市的项目支持和优惠政策，项目和政策信息即使最终传达到企业，也仍存在获取不及时的问题。有些专项信息下发后需企业在较短时间内备齐各种材料后申请，这时政府服务企业的沟通渠道和行政效率便显得很重要。在引领体制中，政府会积极地将各种政策信息及时知会相关企业，并竭力帮助符合条件的企业"用足"上级政策和项目资源。

政府对民营企业的扶持可以分为常规和非常规性扶持两种基本类型。常规性扶持主要包括项目资金类、人才技术类、优惠政策类以及政府机构对企业金融贷款的担保。对于来自上级部门的常规扶持项目，虽然引领体制的地区会获得更多的帮助，但其他地区也会有收获。比如，2010年湖北省政府决定在省级财政中新增6000万元作为小龙虾专项发展基金。这批扶持资金因为约2/3用于良种选育中心、养殖基地建设、资源保护、病害防治、环境监测以及科技培训推广等公共物品供给，因此分配上虽对不同地区有所侧重，但仍基本保持均衡。

然而，也有很多竞争性的常规项目对自发体制的地区和一般企业来说很难争取到，以一项对缓解企业融资难、融资贵极其有利的扶持政策为例。2008年，湖北为应对金融危机对实体经济的影响设立了县域经济发展调度资金（简称"调度资金"）——省级财政利用财政间歇资金，年初通过调度方式借给市县财政，市县财政再借给重点企业短期周转，于年底收回。因为原料市场是个卖方市场，加工企业在每年 4~8 月需大量的流动资金收购小龙虾，故流动资金的多寡直接决定了当年的加工量（事实上多数企业每年都没有达到其最大的加工能力）。调度资金实行的零费制对企业来说是零成本借款，因此相对于高融资成本而言，调度资金能极大地降低企业的生产成本。引领体制有助于当地产业及其龙头企业充分利用这个政策。比如，汀市 2013 年争取到调度资金 1.8 亿元用于支持小龙虾等产业发展，汉市则无；LK 在 2012 年成功申请并使用了调度资金 1200 万元，主要用于夏季收购小龙虾。而汉市企业 YS 虽然从 2003 年起便从事小龙虾加工出口（几乎与 LK 同步），但十多年来从未获得过包括调度资金在内的政府扶持。这方面的巨大差异导致企业能力及其绩效对比鲜明。2015 年 YS 的出口量才 825 吨，仅为 LK 的 16%。YS 公司总经理在访谈中表示，在遭遇融资困难时，政企关系决定了企业获得政府帮助的可能性的大小。

非常规性的政府扶持不存在竞争，但往往支持力度更大，会迅速拉开企业之间的差距。龙头企业特别是国家重点龙头企业，在汀市政府的倾力支持下既能从常规性扶持中受益，也能获得来自中央和地方以专项形式助力企业发展的政府扶持。[1] 会意机制在企业的政治资本和引领体制的调节作用下，使特色产业、典型地区的龙头企业获得了提升竞争优势的资本来源（非常规支持）。而企业获得非常规支持通常以企业负责人的政治身份和引领体制为条件。

在汉市，虽然 DY 的董事长曾担任过省政协委员，但因缺乏地方政府的支持或有意识的引导，企业采取的多元化发展战略导致其在小龙虾产业中的专业化程度很低，因此国家重点龙头企业的荣誉并未使其获得发展小龙虾产业的特殊支持。2010~2015 年，DY 仅获得的一个专项也是与汀市 LK 等公司共同分享的中央财政支持现代农业资金。在汀市，LK 的董事长是省人大代表，HS 的董事长是省政协委员，他们的政治身份对企业获得非常规的政府扶持具有明显的正向意义。当地官员表示，这两家本土企业享受了原本只有外商才能享受的土地优惠政策，地方公安局将

[1]　比如汀市某龙头企业近年来便获得诸多来自中央的专项项目，包括国家富民强县项目"汀市小龙虾高效养殖及深加工技术集成与产业化示范"、国家星火计划项目"克氏原螯虾优质苗种繁育技术推广与示范"、国际科技合作专项"克氏原螯虾原种育种技术联合研发"、国家资源枯竭城市产业转型项目等。

其列为治安重点保护企业，银行贷款方面不是企业找银行，而是银行找企业。两家企业的专业化发展战略、董事长的政治身份与引领体制相得益彰，为其从省级财政获得非常规性扶持项目创造了充分条件（两家企业于 2010 年、2013 年各获得 1 亿元的省财政支持，其中一家另获市政府以土地作价的资金支持 1 亿元）。

政府依靠极强的资源组织和动员能力，通过诱致性和强制性制度安排的方式来主导、推动和实现与企业组织的行为互动，是中国经济发展的重要背景（李汉林、魏钦恭，2014：358）。政府的这种能力对特定产业的发展结果能产生极大影响。不过，政府的资源组织和动员能力具体到特定产业的基层政府会呈现较大差异，引领体制中的地方政府能力显著强于自发体制，这也使前者的龙头企业有机会享受到更多非市场性的资源扶持。

（三）产业创新与价值链拓展

推动产业发展的主要动力既源于市场对外部资源的集聚能力，也从根本上依赖于企业内部的创新能力。汀市通过引领体制实现了体制构架的创新，促成了当地一系列关键技术的创新发展和应用推广，从而拓展了小龙虾产业的价值链，是其占据产业优势地位的重要原因。制度创新通过提供更有效率的组织经济活动的途径而对发展做出了贡献（尼科尔森，1992），引领体制则为汀市的体制机制和产业创新创造了机会。

近十年来，汀市地方政府持续强化对小龙虾产业的扶持、规划和服务功能，为壮大产业做出了领导体制和工作推进机制上的创新性改变。在体制构架上，汀市较早设立了被称为"虾办"的办公室，2015 年成立了由市长任组长、几乎所有市直部门都是成员单位的小龙虾发展领导小组，由市编办核定领导小组办公室这个新设的市一级常设机构的编制，还将龙虾产业发展列为各区镇以及市直部门的年度考核目标。2016 年，该市又新成立了龙虾产业发展局，再次提升了小龙虾产业在汀市的战略地位。可以看到，汀市一直在不断增强政府对小龙虾产业的扶持和服务功能。同时在地方政府的支持下，汀市除了有龙虾产业发展促进会（协会秘书长由前任市水产局局长担任），还在养殖和餐饮等不同产业链条上成立了行业协会，这些社会组织是政府与产业互动的重要纽带。而在汉市，既没有专门针对小龙虾产业的体制机制创新，也没有成立相关的行业协会。

　　调研表明，小龙虾产业中大量创新行为的发生及其积极效应，都依赖于市场体制所塑造的产业的社会结构。引领体制形塑了加工企业、农户和政府之间更有效率的协调模式，从而为产业技术创新和价值链拓展奠定了基础。汀市小龙虾的养殖经历了从冬季农业到"虾稻连作"再到"虾稻共作"模式的转变。从发展过程中可以看到其基本线索：农民经验实践的创举"虾稻连作"模式使小龙虾变成了可大规模养殖的产品；政府通过产学研结合的途径推广并改进了养殖技术；激励性的产业政策如支持农田改造并对符合条件的养殖户进行奖励或补贴，推动了新养殖技术的广泛应用和连片规模养殖。当地的技术专家表示，"政府统一规划、连片规模养殖很重要。否则的话，水源难以保障，并且不同农户之间容易产生矛盾。因为养殖品种要是不一样，小龙虾养殖对其他种植物是有危害的"（201606 - TZH）。龙头企业通过与科研机构、政府合作创新产业技术，再经过政府对新技术和新知识的推广，使地方产业获得了巨大的发展动力。而汉市仍停留在以野生寄养、粗放养殖为主的模式，采取人放天养的自然繁育方式，虾苗部分地依赖于从汀市购买。养殖技术的差异导致在养殖的单位产量上，汉市约是汀市的一半。产业创新的乏力也导致汉市的加工产品较为单一、加工方式相对落后。

　　不同的市场体制对技术创新和专家团队的重视及利用程度明显不同。汀市吸引了来自外地重要研究机构和高校的多位优秀专家，他们通过实验研究和技术突破，帮助当地解决小龙虾产业发展中存在的难题。研究表明，在早期发展过程中解决了困难问题的企业通常具有更大的学习能力（Stan and Vermeulen，2013）。汀市企业竞争优势的获得离不开这种学习能力。就小龙虾产业而言，良种选育繁育是直接影响整个产业具有可持续发展空间的重要技术。在地方政府的协调下，该领域多位专家在当地成立了由其负责的产学研机构、院士工作站，为汀市成为全国最大的小龙虾种苗繁育基地奠定了技术基础。在 21 世纪之初，当地政府官员积极联系和沟通，并为专家创造良好的工作条件，使原本要与汉市合作的一位顶尖专家后来选择了汀市。汀市在甲壳素及其衍生产品的精深加工上占据全国领先地位，其技术优势同样是通过主动寻找产学研结合的发展路径而实现的。

　　将创新技术应用推广到产业实践中，是通过技术提高产业绩效的前提。汀市政府通过基层农业技术推广体系，对农民进行技术培训和实地的技术指导，组织集体学习，及时将创新的养殖技术和模式及防病害知识等传递给养殖户。但对汉市而言，该市水产局主要领导表示，当地的农技推广站完全是废弃的 (201602－ZWY)。而且，汉市由于在种养环节几无重大技术创新，因此在成虾产量上虽有规模优势，但单位产值和经济效益要低于汀市。对养殖农户而言，有效的技术指导和服务的缺乏导致其成本投入较大，利润相对较低。

由此可见，制度和技术创新在引领体制中以一种多主体协同实践的途径得以持续推进，是地方产业优势形成的重要机制。政企的密切互动使地方成功获取了上级政府部门常规与非常规扶持的机会，使基于技术创新的产业构想变为现实。地方政府扮演的角色在汀市小龙虾产业的优势不断增强的过程中显然具有独特意义。由企业和政府、民众、技术专家、合作社等构成的关联网络，使初级技术创新不断改进，政府介入则使创新技术得到普遍的推广应用，使创新产品顺利打入国内外市场。在汉市的自发体制中，养殖环节基于自主摸索实现的初级创新，也只是通过农户之间的模仿机制在小范围内扩散，而加工企业由于缺乏创新所需的人力资本和制度支撑，其创新能力远不如汀市企业。

六 结论与讨论

是什么原因使特定地方在特定产业上形成了独特优势，或者说为什么有的地方原本具备良好的产业基础却未能获得理想的发展结果？本文的研究表明，会意机制与政府产业发展战略的相互配合既促使资源向特色优势产业区和专业化程度高的龙头企业集聚，也导致了市场体制的地方差异。市场体制塑造了农业产业化过程中市场主体与非市场主体的关联形式、政府资源的流向以及非市场治理机制的作用空间，通过建构明显不同的产业组织、市场结构、政策利用机会和创新能力而强有力地塑造了地方产业的竞争力，从而固化并拉大了农业产业化发展的地区间差异。

两地小龙虾产业的比较分析显示，产业优势是以市场行动者的有效动员和组织为前提，在引领体制的运作过程中逐渐形成的。在引领体制中，地方政府塑造了错位竞争的市场格局，实现了产业链的纵向一体化整合。对产业发展所需条件的积极回应是引领体制的重要特征。自发体制条件下的产业发展由于市场行为缺乏组织、市场行动者之间关系疏离且产业创新乏力，产业发展的机会空间被大大压缩，其后果是降低了产业获得外部资源和形成更大市场的可能性。可见，即使农业产业化的制度环境、自然资源禀赋和产业组织形式相同且产业具有潜在的扩张前景，市场体制的差异也会导致不同地区的发展结果显著不同。

尽管市场体制决定了地方政府、产业和企业所拥有的资源集聚能力及其在多大程度上能实现创新的优势，但这种市场体制效应有其前提条件。一如讨论政府扶持究竟是一种破坏力量还是具有积极效应的问题时，有必要强调若干约束条件，避免从结果上来论证政府扶持和产业政策合理与否的功能主义解释。分析市场体制之于产业发展的效用，也需对其发挥作用的前提进行探究。市场行动者的密切关联和配合增加了地方产业获得政府扶持的机会，但这实际上只是产业优势形成的充分而非必要条件。尤为重要的是，引领体制通过产业技术和政府治理体系的持续创新而促成的产业链拓展和价值链提升，是企业竞争能力提升和地区产业优势形成的关键，也是政府扶持取得积极效应的根本原因。

同时，产业发展周期和产业属性也是影响市场体制效应的重要约束条件。对于具有潜在扩张前景且产业扩张高度依赖非市场的外部资源的产业，在其边际效用递增期，市场体制会极大地改变不同地区产业和企业的发展状况及其轨迹。在这一时期，政府实施不同的发展战略会导致起点相同或接近的产业和企业在某个时间点（a）后开始走向差异化发展之路（见图 2）。换言之，其间政府介入和产业政策能否满足产业需求，产业和企业获得的政府扶持状况，会显著影响产业的后续发展。当产业需要跨过关键的临界点（critical mass）才能达到更高的发展层次时，即拐点 b 没有到来之前，积极且精准的政府扶持对提升产业优势显得尤为重要。因此，尽管汀市获得了相对于外省的后发优势和相对于省内其他地区的先发优势，但在小龙虾产业的拐点到来之前，其他地区通过跨地域的组织学习和制度模仿、企业间共同合作以及基于产业内的技术扩散，在实现追赶型发展的过程中亦有实现自身优势的可能。

在 0 到 b 阶段，政府的介入可谓"雪中送炭"，而一旦过了临界点 b，进一步的政府扶持将只是"锦上添花"。所以在产业的边际效用递增时期，引领体制是帮助产业和企业跨过临界点 b 而获得更大产业优势的重要前提。自发体制下的产业在这个阶段虽然会由于产业红利以及宏观产业政策的溢出效应而有所增长，但不仅发展缓慢，且与引领体制助力下

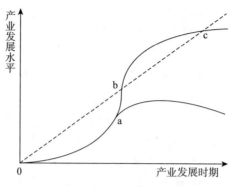

图2　产业发展水平和产业发展时期

的同产业之间的发展差距越来越大。当然，引领体制也并非总是有助于产业和企业发展，且当产业进入边际效用递减时期后尤其如此。当产业的产能相对过剩、市场进入萎缩期（过了 c 点以后），引领体制会导致资源浪费和"僵尸企业"的产生，所造成的负面后果可能比自发体制严重得多。在这一时期，企业即使由于之前的创新而具有领先优势，但也有可能产生对特定技术和产品的路径依赖、阻碍自身顺应市场变化实现进一步的创新突破，然而一旦对行业和市场发展趋势反应迟钝，或不愿舍弃原先的行业主导地位而故步自封，进一步的资本投资和政府扶持都无法避免企业衰微。换言之，在某个时期有助于地方产业和企业形成竞争优势的市场体制，以及促进企业发展的某些机制也可能转化为阻碍产业和企业转型发展的力量。

　　值得反思的是，引领体制之所以能在小龙虾产业领域发挥积极效应，是因为小龙虾产业自21世纪以来一直处于扩张期，且产业链的延伸和纵向一体化需仰仗非市场的外部资源投入，同时产业精英又大体均衡地分布在政府、企业和科研机构。除上述因素外，市场体制效应也与地方主要领导人的特征、产业精英关系、地域文化等因素相关，需要在进一步的研究中加以关注。

参考文献

阿尔斯通，2003，《制度经济学的经验研究：一个概述》，载诺思、张五常等《制度变革的经验研究》（第二辑），罗仲伟译，经济科学出版社。

波特，2012，《竞争论》，高登第、李明轩译，中信出版社。

程志强，2012，《农业产业化发展与农地流转制度创新的研究》，商务印书馆。

冯仕政，2003，《典型：一个政治社会学的研究》，《学海》第 3 期。

符平，2013，《市场的社会逻辑》，上海三联书店。

哈格德，2009，《走出边缘：新兴工业化经济体成长的政治》，陈慧荣译，吉林出版
　　集团。

李汉林、魏钦恭，2014，《嵌入过程中的主体与结构——对政企关系变迁的社会分
　　析》，中国社会科学出版社。

林毅夫，2003，《后发优势与后发劣势》，《经济学（季刊）》第 8 期。

林毅夫，2012，《新结构经济学：反思经济发展与政策的理论框架》，北京大学出
　　版社。

刘志坚，2007，《产业集中及其绩效》，《管理世界》第 3 期。

吕鹏，2015，《分析市场政体演化的"场域 - 实践"路径》，《学海》第 6 期。

尼科尔森，1992，《制度分析与发展的现状》，载 V. 奥斯特罗姆、D. 菲尼、H. 皮希特
　　编《制度分析与发展的反思——问题与抉择》，王诚等译，商务印书馆。

聂辉华，2013，《最优农业契约与中国农业产业化模式》，《经济学（季刊）》第 1 期。

渠敬东，2012，《项目制：一种新的国家治理体制》，《中国社会科学》第 5 期。

史普原，2016，《政府组织间的权责配置——兼论"项目制"》，《社会学研究》第
　　2 期。

汪和建，2013，《自我行动的逻辑：当代中国人的市场实践》，北京大学出版社。

魏后凯，2003，《市场竞争、经济绩效与产业集中》，经济管理出版社。

杨典，2017，《政商关系与国家治理体系现代化》，《国家行政学院学报》第 2 期。

杨善华、苏红，2002，《从"代理型政权经营者"到"谋利型政权经营者"》，《社会
　　学研究》第 1 期。

约翰逊，2010，《通产省与日本奇迹——产业政策的成长（1925—1975）》，金毅、许
　　鸿艳、唐吉洪译，吉林出版集团。

张丽华、林善浪、霍佳震，2011，《农业产业化经营关键因素分析》，《管理世界》第
　　3 期。

章奇、刘明兴，2016，《权力结构、政治激励和经济增长》，格致出版社。

Amable, B. 2003, *The Diversity of Modern Capitalism*. Oxford：Oxford University Press.

Boulding, W. and A. Kirmani 2003, "Sustainable Pioneering Advantage? Profit Implications
　　of Market Entry Order," *Marketing Science* 22.

Bramall, C. 2007, *The Industrialization of Rural China*. Oxford：Oxford University Press

Burawoy, M. 2001, "Neoclassical Sociology：From the End of Communism to the End of
　　Class," *American Journal of Sociology* 106.

Campbell, J. 2004, *Institutional Change and Globalization*. Princeton：Princeton University
　　Press.

Deeg, R. 2009, "The Rise of Internal Capitalist Diversity? Changing Patterns of Finance and Corporate Governance in Europe," *Economy and Society* 38.

Eyal, G. , I. Szelenyi and E. Townsley 1998, *Making Capitalism Without Capitalists.* New York: Verso.

Gao, Bai 2016, "Introduction: The Social Construction of Competitive Advantage," *China: An International Journal* 14.

Hall, Peter A. and D. Soskice (eds.) 2001, *Varieties of Capitalism: The Institutional Foundations of Comparative Advantage.* Oxford: Oxford University Press.

Han, S. K. 1994, "Mimetic Isomorphism and Its Effect on the Audit Service Market," *Social Forces* 73.

Hedström, P. 2005, *Dissecting the Social: On the Principles of Analytical Sociology.* Cambridge: Cambridge University Press.

Hedström, P. and R. Swedberg 1998, "Social Mechanisms: An Introductory Essay," in P. Hedström and R. Swedberg (eds.), *Social Mechanisms.* Cambridge: Cambridge University Press.

Lane, C. and G. Wood 2009, "Capitalist Diversity and Diversity within Capitalism," *Economy and Society* 38.

Lieberman, M. B. and D. B Montgomery 1988, "First-Mover Advantages Strategic," *Special Issue: Strategy Content Research.*

Lieberman, M. B. and D. B. Montgomery 1998, "First-Mover (Dis) Advantages: Retrospective and Link with the Resource-Based View," *Strategic Management Journal* 19.

Makadok, R. 1998, "Can First-Mover and Early-Mover Advantages be Sustained in an Industry with Low Barriers to Entry/Imitation?" *Strategic Management Journal* 19.

Mascarenhas, R. C. 2002, *A Comparative Political Economy of Industrial Capitalism.* London: Palgrave Macmillan.

Nee, V. and S. Opper 2012, *Capitalism from Below: Markets and Institutional Change in China.* Cambridge, MA: Harvard University Press.

Oi, Jean C. 1999, *Rural China Takes off: Institutional Foundations of Economic Reform.* Berkeley: University of California Press.

Stan, M. and F. Vermeulen 2013, "Selection at the Gate: Difficult Cases, Spillovers, and Organizational Learning," *Organization Science* 24.

Stark, D. and L. Brusz 1998, *Postsocialist Pathways: Transforming Politics and Property in East Central Europe.* Cambridge: Cambridge University Press.

Streeck, W. and K. Yamamura (eds.) 2001, *The Origins of Nonliberal Capitalism: Germany and Japan in Comparison.* Ithaca: Cornell University.

Stubbs, R. 2011, "The East Asian Developmental State and the Great Recession: Evolving

Contesting Coalitions," *Contemporary Politics* 17.

Tsai, K. S. and B. Naughton 2015, "Introduction: State Capitalism and the Chinese Economic Miracle," in B. Naughton and K. S. Tsai (eds.), *State Capitalism*, *Institutional Adaptation*, *and the Chinese Miracle*. New York: Cambridge University Press.

购买人寿保险：一致的
偏好和多样的动机[*]

陈纯菁[**]

  是什么促使人们购买像人寿保险这样的无形商品呢？商业人寿保险属于最具工具理性的产品之一，因为它试图把不确定性转化为可控风险；但是，购买人寿保险却很少建立在理性经济计算的基础之上。在 18 世纪的英国，商业人寿保险起初是作为风险管理产品出现的，后来却变成大众赌博冒险的工具（Clark，1999）。在 19 世纪中期的美国，人们担忧未来，再加上家庭责任和道德义务的驱使，人寿保险被大众广为接受（Zelizer，1979）。但是，到目前为止，对人寿保险的社会学研究只集中于人寿保险行业的策略（Zelizer，1979，1985；Heimer，1985）和保险代理人的销售文化（Oakes，1990；Leidner，1993）等方面。在这些研究中，投保人要么不存在，要么只是作为一个抽象群体。泽利泽（Zelizer，1988，2005）和迪马乔（DiMaggio，1994）指出，经济社会学家在生产和分配领域的研究取得了巨大进步，但是在消费领域却远远落后于人类学家，特别是在揭示影响消费的文化因素方面做得不够。人寿保险是一种新商品，购买寿险是一种新经济实践，两者都是文化客体，需要保险公司和投保人对其进行意义建构（Griswold，1994）。在本文中，笔者将从投保人的视角，分析他们的选择动机与自我解释，尝试理解人寿保险消费背后的意义（Griswold，1987）。

  经济学有一个经典的假设，认为"效用"是中立的，不受文化的影响。人类学家反对这一点，认为文化塑造消费（Sahlins，1976；Douglas

---

  * 本文选自陈纯菁《生老病死的生意：文化与中国人寿保险市场的形成》（魏海涛、符隆文译，华东师范大学出版社，即出），收入本书时有修改。
 ** 陈纯菁，香港大学社会学系副教授。

and Isherwood，1982；Appadurai，1986）。马歇尔·萨林斯这样描述文化对产品选择的构建作用："文化逻辑和理性逻辑之间的关系是这样的：首先，文化逻辑通过一系列的'选项'来定义和排列各种其他类型的逻辑，'理性'只是其中一个选项。然而，'理性'往往遗忘了自身的文化基础，高兴地宣称自己是决定一切的力量。"（Sahlins，1976：204）这一说法挑战了"利益由经济环境决定"的传统假设，认为是文化塑造了"理性"这个被经济学家认为独立于文化影响的概念。

本文把文化的构建作用和消费联系起来，希望实现两个目的。第一，通过聚焦投保人对其购买行为的意义建构，本文将揭示人寿保险投保人的主观态度，并特别关注人们购买人寿保险的动机、产品选择的偏好，以及他们如何解释自己的选择和偏好①。第二，探究这些动机、偏好和选择背后的文化与制度力量。这两条探究路线同时涉及韦伯学派和斯威德勒学派关于意义与行动的争辩，特别是关于意义与动机和选择之间的关系。韦伯学派的行动理论强调，动机和选择的源头是意义，因此总是由意义影响动机，来塑造选择。斯威德勒的支持者却认为动机和选择受制度现实的影响，而意义在具体行动中得以构建，为行动提供理论指导。笔者不做任何一种理论假设，而是呈现中国消费者购买人寿保险的具体案例；同时，根据他们对自己的购买行为和产品选择的解释，探讨其动机背后的文化与制度基础，解释其偏好和选择是如何建立在本地文化逻辑之上的。

一 "为什么"与"是什么"的问题

1. 人情和恩惠

在中国人寿保险市场形成初期，很多人是出于人情从亲戚朋友那里购买人寿保险的。他们当中的一些人投保是为了帮助保险代理人或对其表示同情，另外一些人则是为了给保险代理人面子。举例来说，魏京刚（43 岁）有一个 14 岁的儿子，他购买了一份 P 公司的保险，就是出于对好朋友赵安佩的同情：

> 小赵和我是 20 多年的好朋友。我一直把她当作我的妹妹。我们以前在同一家工厂上班……我看着她结婚，生小孩……然后……离

---

① 关于动机、理性和意义概念以及它们之间关系的经典讨论，参见 Schutz（1967）。

婚。她前夫是一个不负责任的人……现在她一个人独自抚养自己的女儿，很不容易。她告诉我，她现在是一个保险代理人，需要完成销售额。我听到以后，就从她那里买了一份保险，因为我想帮助她。你知道的，当保险代理人很辛苦的。我不在乎我买了什么，事实上我也不知道我买的是什么。①

这是人情保单的一种情况。这种人情保单，主要源于客户对保险代理人的同情。

然而，多数情况下购买人情保单是为了给保险代理人面子。我经常从出于人情而购买保险的客户那里听到"他是我朋友，我要给他面子"或"她是我亲戚，我应该给她一些面子"这样的话。同样，如果潜在客户感到自己亏欠保险代理人，他们也可能购买一份保险来偿还人情，30多岁的李飞就是这种情况。我问李飞是什么原因促使他购买人寿保险，他说：

（这个保险代理人）是一个很好的人，乐于助人。有一次他帮了我一个大忙，帮我儿子进了我们非常喜欢的一所高中……我总是感觉亏欠他……这次他来卖保险，我不是太在乎保险，但我还是从他那里买了一份。这没什么……这是还人情的一种方式。②

尽管李飞和这个保险代理人之前并不亲近，但他的购买行为仍然属于人情保单，因为他买保险的主要动机是为了偿还人情，而不是真的需要保险。

2. 同辈影响和炫耀

黄静是一个30来岁的已婚女人，在一家中美合资的科技公司工作。她跟我讲述了从L公司购买保险的原因：

我第一次购买人寿保险是受我同事的影响……他们说，如果我的经济条件还可以，就应该买一些保险来保障我的未来生活……为了讲人寿保险的好处，他们是这样类比的：如果你只是有退休金而没有自己的保险，那么就等于说你只有一碗素面；如果你有自己的保险，那么你的那碗面里面就有一些肉了。③

① 访谈，上海，2000年8月。
② 访谈，上海，2002年4月。
③ 访谈，上海，2004年12月。

　　同辈影响是吸引人们关注寿险的一个比较普遍的因素。另外一个年近30岁的客户华邂一开始就很排斥人寿保险，但是最后她却从四家保险公司购买了六份保险。是什么让她改变了心意？"因为我的朋友！保险代理人以前也向我推销过保险，但是我发现他们很烦人……我开始关注保险是在我的朋友讨论保险这个话题的时候。他们聊到如果利率下降，保金有可能上涨。因为我的朋友非常关注这个，所以我也好奇起来。"[1] 那些拒绝从寿险代理人那里听取寿险观念的人，如果是从他们的朋友或者其他客户那里听到相同的话，他们可能会愿意接受。因为朋友和客户谈论寿险好处的时候，是得不到任何佣金收入或者其他物质奖励的，因此他们的话值得参考。这在很大程度上解释了为什么寿险代理人会尽力取悦他们的客户。以投连险为例，很多消费者都是从朋友和同事那里得知这一新产品，然后积极与P公司的保险代理人接触，来购买这一产品。此外，少儿险在中国很快为民众所接纳，也体现出盲目从众和害怕错过的社会心理。从19世纪开始，少儿险在美国一直广受争议，因为它涉及用金钱衡量孩子无价生命的问题（Zelizer, 1985）。时至今日，尽管美国父母并不算厌恶少儿险，但是他们仍然普遍拒绝给自己的孩子购买人寿保险（Oakes, 1990）。与此相反，国内的父母从一开始就积极地给他们的孩子购买少儿险。1996～1997年，少儿险曾风靡中国城市地区。然而，中国父母给他们的孩子购买保险，是想让孩子在未来获取收益，而不是为了收到死亡赔付。当时保险产品提供的利率低于银行存款利率，如果不是为了死亡赔偿金，那么父母给他们的孩子购买保险的原因何在？石今是一名曾经在P公司工作的保险代理人，他回忆起1996～1997年的"少儿险热"：

　　　　通过关系，我们一开始拜访了一些小学，告诉那些学生，这周会有人去他们家给他们爸妈介绍保险。然后我们去到这些学生的家里……每一份少儿险的保费是360元。我们原本打算每一户卖一份，但是后来很多家庭买了十份甚至更多。为什么会这样呢？因为有些父母问我们，他们的邻居买了多少份。听说邻居买了一份，他们就说他们想买两份。要是听说邻居买了两份，他们就想要三份或者四份。你知道吗？他们都想显得自己比其他父母更爱孩子，这样可以

————————————

[1]　访谈，上海，2004年12月。

用来炫耀……说出来你可能都不信，我一个晚上就赚了几万块……我们没有和那些父母聊太多，他们也并没有详细询问（保险内容）。①

客户不会宣称他们购买少儿险是为了"炫富"。然而，如果石今所述属实，那么少儿险广受追捧是因为父母希望购买保险来表达对孩子的爱，并显示个人的经济能力（Veblen，1953）。只有在得到社会认可的情况下，个人的经济地位才能确立（Beckert，2009；Aspers，2009），大量购买少儿险的行为就是这种地位的昭示。与此同时，他们害怕落于人后，这种社会心理也驱使着他们购买少儿险的行为。

3. 礼物与承诺

当人们意识到被保险人在世时就能从寿险获益（而不只是在死后令受益人获益），寿险就变成一种赠予自己所爱之人的时髦礼物。给孩子购买保险作为礼物如此流行，以至于一些父母在春节时会给孩子购买少儿险，代替了给孩子压岁钱的传统习俗。

人们不只是买保险送给孩子，也买给自己的配偶、恋人和父母。李海（35岁）和他的妻子（28岁）分别为彼此购买了一份终身养老险，并在1998年婚礼那天送给对方作为新婚礼物：

> 我爱人和我想给我们的爱一份保证，所以我们分别给对方买了一份保险作为对彼此的承诺。保险象征着我们的爱和婚姻的永恒……就像是把我们的爱放进了保险箱……现在大家都说婚姻不可靠，但是我们想婚姻美满。保险就是我们给彼此的礼物。所以，她给我买，我给她买。我们给彼此买的保险叫作"鸿福99"，在我们婚礼那天图个好兆头。②

给自己所爱的人买一份保险，将自己所爱的人作为被保险人，在中国是相当普遍的一种行为。

4. 投资和养老

> 是什么促使我买人寿保险？原因很简单。首先，保险公司提供的回报率比银行存款利率要高……所以我从银行取出一半的钱投资

---

① 访谈，上海，2002年4月。
② 访谈，上海，2004年12月。

到保险上。其次，买保险是为了养老。我想等我退休的时候有一些保障，我不想让我的退休生活太糟糕。①

宁含在一家中美合资贸易公司担任财务兼行政经理，她向我讲述了购买人寿保险的理由。她年近 40 岁，婚后有一个 12 岁的儿子，年收入高达 15 万元以上，远高于地区平均水平。② 宁含主动购买了很多保险。我问她为何如此接纳人寿保险的观念，她说："我是金融专业毕业的，所以我自然非常注重理财。我买这么多保险主要是为了储蓄和投资。我从来没有想过意外事故这种事情。"③ 由于宁含关注理财，她总共买了 20 多份保险。1995～1997 年，她和丈夫从 P 公司买了四份养老险。1996 年，她又从另一家公司买了八份分红养老险，其中两份给自己，两份给丈夫，两份给儿子，还有两份给她母亲。"我买这些分红险送给儿子和妈妈。"她说道。1997 年，这家公司推出回报率高达 9% 的储蓄险，当时银行的存款利率低于 6%。宁含买了若干份这类储蓄险。1999～2000 年，她在不同时段又买了两份投连险作为投资。

宁含大量购买寿险是为了获得更多回报，积累足够的金钱，希望能在退休以后有比较舒适的生活。她细心对比了购买寿险和银行存款的成本与收益。作为一个活跃的买家，宁含对人寿保险的功能有自己的想法，并依据自己预想的功能来选择产品。

对于"是什么促使你购买寿险"这一问题，"为了养老"是最常见的回答。许青年近 30 岁，是一家国营百货的销售代表。她和丈夫各从 P 公司购买了一份保险，原因是"我的工作单位已经给了我一些基本的保障……但是，我自己买了一些保险来养老……我们老了以后，还是要靠自己，最好不要让孩子有负担"④。根据调查可以发现，无论投保人属于哪个社会群体、何时投保，养老都是购买寿险最普遍的动机。

5. 偶然或误会

宁含对人寿保险有着自己的想法，彭小姐则跟她不同。1999 年，当保险代理人接触彭小姐的时候，她对人寿保险毫无概念：

---

① 访谈，上海，2001 年 10 月。
② 根据《上海市统计年鉴 2003》和《上海市统计年鉴 2004》，上海市居民 2001～2002 年的平均年收入为 24000 元。
③ 访谈，上海，2001 年 10 月。
④ 访谈，上海，2001 年 10 月。

我对人寿保险完全没有概念。我知道寿险是因为有一个 P 公司的保险代理人接触我老板。我老板不想和她打交道，就叫我来接待她……这位代理人最后说服我买了一些产品。她说，一是现在的存款利率非常低，二是利息是要交税的。人寿保险的回报率要高一些，而且回报是不用交税的。她还告诉我，每三年就可以领到一些钱……听上去挺不错的。我不想买那种 20 年以后才能拿到回报的。所以，我把人寿保险当作一种储蓄计划……但是，我另外买了一份 20 年以后才能拿到回报的保险。代理人说，这份保险主要是为孩子买的。我现在还没有孩子，但是她说如果我有了孩子，20 年后孩子就要上大学了，那这份保险的六万块保险金就可以当作学费。我想了一下，觉得她说得有道理。

庞小姐是一位年近 30 岁的已婚女性，是一家合资企业的人力资源部经理。作为一个比较被动的消费者，她购买了三份 P 公司的保险。最初买保险的时候，她对保险并不了解，如果不是偶然遇到保险代理人，她可能一份都不会买。她的案例充分说明，意义是在具体情境下的社会互动中建立起来的（Fine，1984；Hallett and Ventresca，2006）。特别是当丈夫反对她买保险，而她为自己的行为辩护的时候：

我丈夫不喜欢这些保险。他说用现在的钱去换未来的钱是不明智的做法。他说没人知道将来钱是增值还是贬值。我说："嗯，可是我已经买了……"当时我感觉那个保险代理人说得很对，我也能够负担得起，没什么大不了的……现在，我觉得买个保险以防万一是很有道理的。看一下美国的"9·11"事件，谁会想到有这种事情发生呢？真是世事难料啊！①

然而，有些被动的消费者之所以会购买保险，是因为误解了寿险的产品内容。查洁琳年约 45 岁，是一名销售，在 1994 年从 A 公司购买了一份保险。她属于那些对人寿保险产生误解的客户之一。"我不知道保险是什么，保险代理人是我朋友，而且她说买保险是为了保障我的未来。我原本以为我要是生病或者受了轻伤，保险公司会支付医疗费。我当时不知道，原来它们只有在死亡或者永久伤残的情况下才会支付。这有什

---

① 访谈，上海，2001 年 10 月。

么用？"① 查洁琳购买保险的动机是寻求保障，但是她所理解的保障是支付小病、轻伤等可治愈疾病的医疗费用，她所理解的"保障"有异于 A 公司试图传达给客户的"保障"概念。这类误解现象，主要发生在人情保单上。在这种情况下，大多数购买者都不知道他们到底买了什么。

6. 一切都是为了储蓄

25 岁的李杰在一家信息科技公司从事软件销售工作。他从一家寿险公司购买了一种叫作"理财通"的分红型终身寿险。这款产品包括两种附加险，一种是个人意外险，另一种是住院医疗险。因此，这款产品兼有理财和风险管理两项功能。然而，他购买这份保险的主要目的却是控制消费：

> 我的收入还不错，想制订一个储蓄计划来限制我花钱。以前花钱太多，没有存下什么钱……我觉得我应该担负起照顾父母的责任，给他们存钱，但是要我自己来存钱太困难了。保险的主要作用就是存钱。保险事实上就像一个银行，只不过是由保险公司来运营，就像你雇一个公司来替你管钱。这种方式更加可靠。

当问及保险能否起到风险管理的作用时，他回答道："保险并不能帮你规避风险。风险是注定的……我信命。风险就是个概率问题，但是没人知道谁会撞上那个概率。保险并不能改变概率。"他在访谈中透露了购买个人意外险和住院医疗险的原因："因为保费低，那个保险代理人向我强烈推荐，我觉得还可以，能够负担得起。要不是因为那个保险代理人极力推荐，我应该不会买……我肯定不会买那些主打保障功能的保单。那样我什么都得不到。"② 李杰的风险观念十分有趣，他同时相信命运和概率。相信命运听起来很迷信，即认为风险发生事先注定，但相信概率听上去又很理性，它暗示着风险发生的随机性。这两个观念看似互相排斥，实则和谐共存，反映了文化观念的碎片化。虽然文化具有碎片化的特质，但是行动主体仍然共享了一些极为重要的文化逻辑。虽然李杰对父母有着强烈的责任感，可是他并不认为个人意外险能够帮他履行这份责任，因为他没想过过早死亡的可能性。

读者接下来会看到，客户普遍认为购买保险"一无所获"，保险产品

---

① 访谈，上海，2002 年 3 月。

② 访谈，上海，2002 年 3 月。

的风险管理功能是"浪费钱"。国内客户购买人寿保险最常见的动机就是储蓄，连那些购买大病保险的客户也是如此。当问及是什么促使他从P公司购买了两份大病保险时，崔鹰（40岁）答道："我们刚刚有了孩子。我们想为她存点钱。这些保单能拿到些分红。戴小姐（保险代理人）说我们可以把红利存在他们公司，让它们利滚利。我们觉得这个方法挺好的，可以给我们女儿存下一大笔钱。所以我买了一份，我老婆也买了一份。"[①]虽然崔鹰和他的妻子买的都是大病保险，主要用于应对意外重大疾病产生的医疗费用，然而他们购买的主要动机还是储蓄。

7. 多重动机

以上案例表明，投保人的投保动机不同，促使他们投保的诱因各异。然而，部分投保人具有多重投保动机。持有20多份保单的宁含就是一例，她的投保目的包括投资、养老和送礼。王武淦40岁左右，有一个9岁的儿子，他投保的理由也很多元：

> 我一开始从A公司买了一份养老保险。那是九七年的事了……那个时候还没有投连险或者其他类似产品。所以，我买养老保险是作为一种投资。我60岁以后，他们每个月都会给我一笔钱。我认为保险是给未来的保障。到将来不能工作的时候，保险就有用了……我也买了大病保险，卖给我这份保单的保险代理人是一个朋友推荐的，我买它也是为了给朋友面子……我也买了一份保险作为给我爱人的礼物，它主要是来养老的。这算是一种浪漫吧，也是表达爱的一种方式（笑）……就在去年，我从P公司那里买了一份投连险，实际上是我爱人让我买的。我对它也不是太了解。她给自己也买了一份。[②]

由此可知，王武淦的投保动机是多种多样的，从为养老投资到表达爱意，再到偿还人情。然而，每一险种都存在一种主要动机：购买养老险是给他自己未来的保障，也是给妻子的礼物；购买投连险是因为妻子的要求；购买大病保险则是为了偿还人情。此外，在这些多重动机中，王武淦有一个主要动机："购买所有这些保险主要是为了养老，它就像一种投资一样。我们所购买的绝大部分保险都是有必要的，但是也买了一些并不需要的保险，只是为了给朋友面子，就算我们感到不需要，还是

---

① 访谈，上海，2002年8月。
② 访谈，上海，2002年1月。

买了。"值得注意的是，王武淦所需要的这种未来"保障"和宁含所想如出一辙，他们都希望退休以后有足够的钱。另外，他出于人情而不是需要购买的大病保险，恰恰属于风险管理型保险。

二　投保动机的文化与制度基础

以上案例显示，尽管上海购买寿险的客户来自各行各业，上至公司老板，下至的士司机，但是大部分客户都是白领。他们中年轻的 20 岁出头，年长的将近 60 岁。中国的保险市场不同于欧美的人寿保险市场，欧美市场的目标人群以男性为主，而中国市场中男女客户的比例相对均衡。据笔者观察，客户在考虑是否投保的过程中，女性比较容易受到同辈的影响，而男性比较愿意给朋友面子。除此之外，他们还有多种多样的经济和非经济动机。

王武淦每次购买寿险的主要动机都非常明确，这事实上反映了上海人寿保险市场的一个有趣特征。投保动机多样化，并不表示没有固定模式。事实上，在市场发展的不同阶段，购买寿险的主要动机不同。1996年以前，人们购买寿险的动机混合了信任、人情和对孩子的爱。1996年以后，储蓄和投资养老变成了首要投保动机。2000 年，赚钱是购买人寿保险的主要动机。然而，从 2002 年开始，购买寿险来管理风险和储蓄变得更为普遍。我们应该如何解释这些主要动机以及它们随着时间发生的变化呢？

1. 信任、人情和礼物（1993 ~ 1996 年）：文化图式、互惠规范和"孩本位"观念

在笔者访问的客户中，大概有 1/4 是在 1996 年之前购买了他们的第一份人寿保险。令人惊奇的是，在这些客户中，超过 80% 的人说那个时候他们"对于人寿保险完全没有概念"，绝大部分客户是从他们做保险代理人的朋友和亲戚那里买到第一份保险的。朋友和亲戚的亲密关系背后的文化图示抵消了他们对于新产品的不信任，因为客户信任这些保险代理人，就代表着相信保险公司和他们所销售的产品。当人们开始对人寿保险有所了解，但还未产生购买意愿时，有些人仍然会因为人情互惠原则，从朋友和亲戚那里购买人寿保险。若产品本身吸引力不够强，另外一种促使人们购买寿险的文化因素是以孩子为中心的"孩本位"观念。在田野调查期间，几乎所有有孩子的客户都至少有一份少儿险在手。很

多人买了好几份保险来表达他们对家里独生子女的爱。

2. 储蓄和养老（1996～1999年）：利率、文化价值、人口结构和养老福利体系的变化

然而，动机和意义不是一成不变的。制度一变，动机会跟着变，意义也会被重新定义。从1996年的后半年开始，利率下调改变了很多父母购买少儿险的主要动机。1996年8月，银行定期存款利率从9.18%降至7.47%，这时P公司利率为7.8%的少儿终身幸福保险，突然间成为具有竞争力的储蓄产品。购买这一保险的主要动机就变成了经济上的成本收益计算。父母购买少儿保险是因为它很划算，这样少儿险就不仅仅是为孩子买的，也是家庭储蓄计划的一部分。因此，每当存款利率准备下调时，人们就会在P公司总部外面排队购买少儿险。因此，同样是购买少儿险的行为，制度条件不同，背后的动机和意义也不同。

利率的连续下调，不仅改变了父母购买少儿险的主要动机，也改变了他们购买其他险种的动机。一开始，保险公司中养老险的竞争力不如银行产品，人们主要是因为人情才购买这些保险。后来随着银行利率的下调，这些保险就成为具有竞争力的长期储蓄产品，人们购买它们的主要动机是可以获得更多的经济回报。动机随着利率的变化而变化，这一结果和制度主义的论点相一致。任何行为都可能具有多重动机，由哪种动机来指导行动通常依赖于具体的制度条件（Swidler，1986，2001；Friedland and Alford，1991）。

中国人向来喜欢存钱，储蓄率在全球最高，为什么客户还如此担忧养老问题？笔者认为，从文化和制度角度来说，养老是中国人风险观念的核心要素。因为中国人认为生活美满是在退休以后能安度晚年，这一文化观念使中国人将养老看得至关重要。这种观念倾向是由制度变化引起的。养老福利体系私有化、人口迈入老龄化、很多老人的退休金没有着落、独生子女政策推动家庭重组等变化都要求老年人经济独立。因此，文化和制度条件决定了消费者的主观想法和意义构建。

3. 投资赚钱（2000～2001年）：股市热和"迎头赶上"的社会心理

投连险和分红险分别于1999年10月和2000年3月面世，人们购买寿险的主要动机也从养老储蓄变成了投资赚钱。尽管投资赚钱也能够用来养老，但储蓄不再是首要动机，客户购买寿险是希望能够获得利润。然而，投资或类投资型产品将保险公司的部分风险转嫁给了客户。购买这些产品，特别是投连险，是一种冒险行为。通过寿险冒险谋利并不是中国人的专利，在 18 世纪的大部分时间里，这一现象在英国非常普遍（Clark，1999，2002）。然而，国内客户在购买投资产品时，并没有完全意识到其中涉及的风险。因此，问题不在于为什么他们愿意冒险，而在于为什么他们将这些投资或者类投资型产品与"利润"联系起来，却忽略了"风险"问题。

中国民众对"投资"的积极态度，既有制度根源，也有文化根源。首先，中国的家庭储蓄率一直居高不下，而且，经济的快速增长进一步改善了许多城市居民的经济情况。由于存款利率大幅下调，人们必须寻找其他渠道处理其富余收入。其次，2000~2001 年上证指数连创新高。与 1999 年的 1756.18 点和 1998 年的 1422.98 点相比，2000 年的上证指数达到 2125.72 点，2001 年达到 2245.44 点①，营造出一种良好的投资氛围。然而，民众对投资的积极态度，并不完全由股市的强劲表现所驱动，还与新的市场经济和"迎头赶上"的社会心理息息相关。

尽管投资对中国人来说是新概念和新事物，但是他们都把投资看作资本主义的核心与象征。20 世纪 90 年代早期，国家推广股票市场和其他市场经济运行机制（Hertz，1998）。国家和普通百姓争相加入了这一潮流，加速了旧体制的衰亡和新时代的诞生。投资的正面意义，也部分得益于那些敢于在新股市中冒险的新兴富豪。据一些受访者透露，20 世纪 90 年代早期，绝大部分民众对股市心存疑虑，对政府债券漠然置之。"少数敢于吃螃蟹的人一夜致富！"一名受访者说道。因此，政府进一步强化了对投资这一概念的正面解读。尽管有些人因投资股票而变得一无所有，但媒体关注的主要是那些成功者。中国的城市面貌日新月异，老百姓见证了投机带来的巨大收益。他们意识到机会转瞬即逝，抓住机遇至关重要。那些在一开始错失良机的人输给了那些早早投身股市的股民；当回报率高的时候，没投保的人输给了那些购买了养老险和少儿险的人。因此，尽管与传统的储蓄产品相比，分红产品的回报率较低（因为分红比例浮动不定），但是购买者仍然很钟情于分红产品。购买分红产品是一个有力的证明符号，是一种参与市场经济游戏的表现。

笔者认为，这种对参与市场经济游戏的热切渴望，也与"迎头赶上"的社会心理相关。中国城市所展现的这种社会心理归因于国内快速推动

---

① 数据源于上海证券交易统计表（1993~2003 年），中国资讯行官网，http://www.chinainfobank.cn，最后访问日期：2004 年 12 月 1 日。

的经济改革和来自外部的全球化压力。① 从宏观层面来看，这种社会心理显示了中国渴望赶上世界经济发展的步伐。从微观层面来看，它代表着个人努力抓住每个向上流动的机会。在这种情境下，投连险可以称作股市的变体，给了第一批投保人一夜致富的希望。人们选择购买投连险来应对剧烈的社会变化、不断出现的社会不公和时间压缩现象。不仅仅是普通老百姓怕落于人后，错失良机，在全球化的大背景下，整个社会都在尝试新鲜事物，渴望创造奇迹。因此，对投资或类投资产品的狂热追捧和对发财的渴望，反映了在国内现实和全球化压力共同作用下的国民心理。这一社会心理从股市热（Hertz，1998）、直销热（Jeffery，2001）和气功热（Ownby，2001；Palmer，2007）中也略见一斑。

4. 储蓄养老和风险管理（2002～2004 年）：风险观念和社保改革

2001 年末至 2002 年初，"投连险危机"爆发，人们逐渐"觉醒"，认识到寿险投资的真正含义，通过人寿保险致富的梦想遂不复存在。"投连险危机"使国内寿险公司不再推出理财产品，转而推广重大疾病险。重大疾病险主要用来应对一些突发的重大疾病，从理论上讲，购买这个险种需要消费者对疾病发生有足够的风险意识。然而，国内客户主要关注退休之后的生活风险。"投连险危机"过后，购买寿险的主要动机变成了储蓄养老。虽然市场上具有吸引力的养老保险不复存在，但储蓄养老仍然是中国客户的主要考虑因素，他们在购买重大疾病险的时候也是如此。

除了养老需求，市场上也存在对医疗保险产品的需求。尽管人们不会考虑那些致命的风险，但是一般都认为日常生活中还是有可能碰上些小病小痛。人们唯一需要的一种风险管理产品就是医疗保险，这种保险像过去国家提供的计划经济医疗保险一样，覆盖了门诊和住院的治疗费用，这一需求引起了保险公司的注意。然而，他们对中国的医保系统心存疑虑，认为开发类似的产品风险太高。② A 公司推出的人身意外综合险，是一种为大众广泛接受的风险管理产品。这一产品不仅包含死亡赔偿，还赔付轻伤事故产生的医疗费用，并为住院病人提供日常补贴。这一产品比较符合国内民众的风险意识，和改革开放前的国家医保体系相

---

① 关于俄罗斯和东欧后社会主义时期社会文化的变化，分别参见 Guseva（2008）和 Bandelj（2008）。

② 直到 2004 年追踪研究期间，笔者才看到其他寿险公司开始提供本地人想要的那种健康保险。

似。朱绍秋（45 岁左右）就购买了人身意外综合险，她在访谈中透露了购买这一产品的原因：

> 保险代理人想卖给我一种重大疾病险产品。但是我不太喜欢……我想要的是那种我生病的时候能帮我付完所用费用的医保产品。以前我们实际上是有免费医保的，但是现在看病太贵了……我买它（人身意外综合险）是因为它包括了手术费用。如果我住院了，保险公司每天会给我 50 块钱作为补贴。这个产品有点类似于我们以前的医疗保险。但是，我们现在当然需要自己付钱，而且包含的项目不像我们以前那么全面。①

因为经济改革以前，国家免费提供医疗服务，或者只是象征性地收一些钱，所以现在大多数人仍旧认为医保是必需品。这种必需品意识与医疗保障系统的商业化现状相遇，塑造了国内民众的风险意识。媒体经常报道，有的医院拒收没钱缴费的患者。生病时没有足够的钱接受治疗是一种显而易见的风险，因此风险管理就成了人们购买寿险的主要动机之一。

三　产品偏好、功能认知和产品选择

虽然民众购买人寿保险具有多重动机，主要动机也会随着时间的流逝而不断变化，但是在产品选择方面，国内客户具有相同的偏好：他们都喜欢那种在活着的时候就能获得回报的产品，纯粹的风险管理产品无法讨得他们的欢心。

我们可以看到，无论是像宁含这样的主动买家，还是像庞小姐这样的被动买家，或者像黄静和华埘这种受同辈的影响投保的客户，他们都偏好理财产品。保险代理人能够成功劝服庞小姐，还让黄静和华埘在同辈的影响下购买寿险并非巧合。代理人把保险产品描述得像是定期储蓄计划，从而说服了庞小姐。黄静接受了她同事的建议，是因为同事说"买人寿保险就像往一碗面里加点肉"。而华埘之所以会关注朋友关于寿险的谈话，是因为他们谈到了"利率"。因此，尽管这些客户之前对人寿保险没有任何概念，但是寿险的储蓄和养老功能还是引发了他们的兴趣。

访谈得出的结论和笔者的问卷调查结果一致，两者都证明客户对寿

---

① 访谈，上海，2002 年 7 月。

险的功能认知是一致的。总共有63位客户和50位潜在客户参与了问卷调查。尽管这些问卷调查是在2001～2002年完成的，那时候P公司已经开始向西方模式靠拢，将人寿保险定位为一种风险管理模式，但是仍有超过一半的受访者认为人寿保险是理财工具（包括储蓄、投资和子女教育）。表1表明，在参与问卷调查的受访者中，51%的客户和47%的潜在客户都认为寿险最重要的功能是"为自己的养老存钱"，只有不到25%的受访者认为"在意外事故发生时为家庭提供保障"是人寿保险的首要功能。

表1　客户对人寿保险的功能认知

	储蓄（%）	意外（%）	疾病（%）	投资（%）	子女教育（%）	样本量（人）
客户	51	22	19	5	3	63
潜在客户	47	25	13	6	9	50
总计	49	23	17	5	6	113

　　注：表中储蓄指"为自己的养老存钱"；意外指"在意外事故发生时为家庭提供保障"；疾病指"在患上重大疾病的情况下支付医疗费用"；投资指"为了赚钱"；子女教育指"为了孩子的教育存钱"。

　　表2是依据性别、年龄、年收入、受教育程度、婚姻状况和工作单位对受访者进行分类的分析结果。其中一个有趣的发现是，除了高收入群体认为意外事故保障是寿险的一项重要功能以外，各个社会群体普遍认为储蓄养老是人寿保险的首要功能。上层可能没有中产阶层那么担心退休以后的经济状况，他们关心的是如果因为发生事故而突然失去经济能力，他们应该怎么办。虽然人寿保险应该是中产阶层使用的一种现代风险管理工具，但是研究结果发现绝大部分新中产阶层的受访者（年收入水平为36001～84000元）并不认为风险管理是人寿保险的首要功能。另一个有趣的发现是，认为购买人寿保险是为了储蓄养老的男性受访者（56%）多于女性受访者（44%）。与此同时，1/4的女性受访者认为，人寿保险的首要功能是在事故发生时为家庭提供保障，而持相同看法的男性受访者只有1/5。这个发现与社会普遍观念相左，人们通常认为男性购买寿险是为了在事故发生时为家庭提供保障，然而他们似乎更关心自己退休以后的生活。这一发现呼吁研究者进一步关注中国人在风险管理与财富管理上的性别差异。最后，超过1/4的最年轻的受访者（20～29岁）和超过1/4已婚未育的受访者认为人寿保险的首要功能是在他们遭

遇重大疾病时提供医疗费用，这可能与医疗系统的结构性变迁有关。在新的医疗保障系统中，年轻一代和老一辈相比需要自己承担更多的医疗费用。

表 2 不同社会经济地位群体对人寿保险的功能认知

	储蓄（%）	意外（%）	疾病（%）	投资（%）	子女教育（%）	样本量（人）
性别						
男性	56	20	15	4	6	53
女性	44	25	19	5	6	57
年龄						
20～29 岁	40	22	27	7	5	53
30～39 岁	64	18	4	7	7	28
40～49 岁	52	30	11	0	7	27
年收入						
<18000 元	50	32	4	4	11	28
18000～36000 元	58	8	22	8	3	31
36000～84000 元	57	23	17	0	3	29
≥84000 元	33	33	25	0	8	11
受教育程度						
高中	42	30	14	2	12	38
两年制大专	59	22	14	4	2	49
大学	40	20	25	10	5	18
婚姻状况						
未婚	48	20	20	10	3	37
已婚未育	52	19	29	0	0	21
已婚已孕	49	26	9	4	11	48
工作单位						
国企/事业单位	69	19	6	0	6	17
国内民营企业	40	28	24	4	4	24
外资/合资企业	46	24	17	7	7	69

注：表中储蓄指"为自己的养老存钱"；意外指"在意外事故发生时为家庭提供保障"；疾病指"在患上重大疾病的情况下支付医疗费用"；投资指"为了赚钱"；子女教育指"为了孩子的教育存钱"。

人们对于寿险的产品偏好和功能认知表现在他们所购买的产品类型

上。由于寿险产品的售出类型没有官方数据的统计，笔者利用访谈和问卷调查搜集的数据，简单勾勒出消费者的产品选择。在此样本中，上海总共 128 名客户购买了 282 份保单①。表 3 展示了他们所购买的产品类型。

表 3 最显著的特征之一是，接近 3/4（72.7%）的售出保单属于理财型产品，其中养老险最为流行，保单数量占比超过一半。少儿储蓄险位居第二，远远超过传统的终身险和意外事故险。少儿险不仅仅在上海流行。P 公司北京分公司的一位代理人说，在 1996 年售出的人寿保险产品中，80% 的保单的被保险人都是孩子。此外，表 3 显示，71% 的养老险和42% 的少儿险是有分红的。如果我们将分红险和投连险归为投资型产品，那么有 47.5% 的保单属于投资类型。相反，意外事故险只占售出比例的7.1%。这些发现与 2001 年以后上海的官方资料相吻合。

表 3　128 位客户购买的寿险类型一览

单位：份

类型	保单数量	子类型	保单数量
风险管理	77（27.3%）	意外事故险	20（7.1%）
		终身险	9（3.2%）
		医疗险	48（17%）
财富管理	205（72.7%）	养老险	145（51.4%）［103（71%）带分红］
		少儿险	50（17.7%）［21（42%）带分红］
		投连险	10（3.6%）
总计	282（100%）		282（100%）

有趣的是，将表 1 和表 3 进行对比会发现，民众对于寿险的功能认知与他们购买意外险的实际行为并不一致。大概 1/5 的受访者认为寿险的主要功能是应对意外事故，然而在售出的保单中，属于这一类别的保单只有不到 1/10。这是为什么呢？除了时间差以外（客户的受访时间为2001～2002 年。但是，在接受问卷调查之前，他们可能在 1992～2002 年就已经购买了保险产品），另外一个可能的因素是人们的想法和情感之间的矛盾，或者是人们的感受和行为习惯之间的矛盾。经常有客户（特别是那些高学历的年轻人）在访谈中说，购买人寿保险是为了在意外事故

---

①　作为样本的 128 名客户中，63 名源于问卷调查，65 名源于 2000～2002 年的访谈。2004年访谈的客户不包含在内，因为并没有让他们列举其所购买的所有产品。

之类的不测发生以后提供保障，可是他们并没有购买任何意外险，买的反而都是主打储蓄功能的产品。因此，有些客户在理论上明白人寿保险是一种风险管理工具，毕竟每个人都可能碰上不幸事故，但实际上他们又感觉如果只是购买纯粹的保障性产品，那就是"浪费钱"。此外，储蓄仍然是最普遍采用的风险管理工具。客户购买储蓄类产品，也是为了应对意外事件的发生。2003 年上海市的一项消费者调查发现，人们存钱的主要原因是为了"应付意外事件"①。

这项调查还发现，为子女教育进行储蓄也非常普遍。这和笔者的发现相吻合，即少儿险是第二畅销的产品。事实上，少儿险不仅风靡中国，在 19 世纪的美国还曾引发了一场名叫"救救孩子"的运动。这场运动是由上层阶级和中产阶级组织开展的，控诉保险公司和那些购买少儿险的父母用孩子的生死来投机（Zelizer，1985）。尽管"孩子无价"几乎已成为普世价值，但是少儿险的流行在中国并没有引发类似的道德谴责。如前所述，原因就在于中国的少儿险以储蓄功能为主、死亡赔偿为辅，父母都不在乎死亡赔付。有些父母甚至说，他们实际上不想把死亡赔偿这一项目写入保单，真正吸引他们的是产品中的教育基金、婚礼基金，甚至是受保孩子的养老金。这再次说明了即使把孩子作为被保险人，少儿险仍可作为给孩子的"礼物"。

在客户所购买的风险管理产品中，那些能赔付医疗费用的产品销售量最高。如前所述，唯一让大众比较能接受的风险管理产品是 A 公司推出的人身意外综合险。此外，心脏病、癌症和糖尿病等重大疾病的发病率逐渐上升，医疗系统逐渐变得商业化，使充分就医难上加难；但是，重大疾病险产品仍旧买者寥寥。② 一位叫杨茂（57 岁）的受访者解释了他决不购买重大疾病险的原因："一点用也没有！除非你瘫痪了，躺在床上等死，否则，他们一分钱也不会给你。如果你身体健康，他们不会付给你钱……买它就是浪费钱！"③ 人们对于重大疾病险、定期寿险和个人意外险等风险管理产品的反感显而易见，并通过"浪费钱"这个词表达

① 调查由 TC 市场研究与咨询有限公司在 2003 年 3 月于上海完成，受访者储蓄的原因如下："应付意外事故"（51%），"子女教育"（49%），"买房"（36%），"暂时存放银行"（13%），"做生意"（9%），"照顾老人"（9%），"赚利息"（9%）。

② 事实上，21 世纪初，上海的肺癌发病率全国最高（参见《本市肺癌发病率居全国榜首》，《大众卫生报》2003 年 3 月 21 日）。

③ 访谈，上海，2000 年 9 月。

出来。如前所述，不但 50 岁左右的客户普遍具有这种看法，25 岁的李杰也同样认为，个人意外险和住院医疗险会让他"一无所获"。

和重大疾病险相比，定期寿险更是备受冷遇。因为意外死亡的概率低到人们难以想象自己会意外身亡，所以大家都认为购买定期寿险是浪费钱。这也是为什么一些保险代理人会在销售过程中尽力掩盖产品中的定期寿险部分。个人意外险的销售亦是同样的道理。这些产品的客户都比较被动，因为一份个人意外附加险的保费非常低而保额却很高，一些代理人只是简单地将这一项目附加进保单，就像他们未经客户同意就将定期寿险附加进保单一样。在客户得知保单中附加了一份个人意外险以后，他们往往会尽可能调低这一部分的比重，因为他们相信为这一部分支付的保费是无法收回的。

四 偏好与选择的文化逻辑

有些保险代理人，尤其是 A 公司和 L 公司的代理人，认为中国人想在他们在世的时候就拿到回报，而不是把钱留给受益人，因为"他们目光短浅，自私自利"。笔者认为，中国人之所以偏好能带来在世回报的产品，是因为受生死观念的文化逻辑的影响。本土文化观念的韧性，使人们不会将人寿保险视为一种应对意外事故的工具，反而产生了一种本土解读，将人寿保险视为一种理财工具。这一本土解读让人们排斥某类产品，但也促使他们接受某些其他类型的产品。

中国人将那些纯保障型寿险称作"不回本"或者"消费型"产品。也就是说，他们把已经支付的保费当作无法回本的钱。但事实上，购买纯保障型保单换来的是"无形回报"。这种回报是一份安全感，正像美国某些保险公司广告中所说的"为预防意外而制订的计划"。然而，只有在人们感觉没有购买保险就不安全的情况下，这种安全感才有意义；只有在人们感觉意外发生的可能性很高的时候，才将保险视作一种"计划"。汤姆·贝克和彼得·希格曼（Baker and Siegelman, 2010）发现美国的年轻大学生对于自己的健康状况有乐观偏差，这使他们不愿购买健康保险。年轻的大学生相信"糟糕的事情不会发生在他们身上"，这种乐观偏差也普遍存在于中国各个年龄层，因为致命事故和过早死亡似乎并不在他们的认知框架之内，所以他们觉得为不可能发生的事情买保险就是浪费钱。如果人们不相信他们会在孩子长大成人和经济独立以前身故，自然也就觉得没有必要购买风险管理产品来"负起对孩子的责任"。与此相反，他们都想在世的时候就能获得回报，因为要是解决了自己的养老问题，就不会让下一代有经济负担。

客户之所以如此追捧那些能够在他们在世时就带来回报的产品，还有一个可能的原因是他们普遍对保险公司心存疑虑，想要在他们去世之前就拿回本钱。然而，如果人们不信任保险公司，那么他们就不会购买那些直到 20 多年以后才开始给付的养老保险了。定期寿险刚刚问世的时候，对大众来说还是全新的产品，也的确存在信任问题。这也正是保险代理人一开始要依赖亲密关系的文化图式，向亲朋好友推销保险的原因。然而，在笔者田野调查期间，上海人对于保险公司已经非常熟悉。他们一般会信任外国寿险公司，因为他们相信大型跨国公司雄厚的经济实力。他们也信任国内的寿险公司，因为相信国家不会坐视它们倒闭，国家会在有需要的时候支持它们。

A 公司在销售中倡导"关爱孩子"的理念。关于如何践行这一理念，A 公司宣扬的方式与国内寿险公司截然不同。A 公司产品中关爱孩子的逻辑是，要求父母为他们自己的生命投保。如果他们因意外不幸身故，他们的家属，特别是孩子，能够从保险公司获得赔偿金。然而，中国人践行这一理念的方式是给孩子投保，让孩子成为被保险人。

每当提到"给孩子保障"这个词，受访者的第一反应总是将孩子作为被保险人。这一反应是下意识的，就像受访者在回答关于孩子保障的问题时，会绕开问题内容或者误解问题的含义。以下田野笔记的摘录生动地说明了这一点：

> 20 多岁的石生和尹芳是一对年轻的新婚夫妇。他们两人都毕业于复旦大学。石生是一位律师，尹芳是一名社会学在读研究生。
>
> 研究者：你觉得保险的主要功能是什么？
>
> 丈夫：当然是储蓄……
>
> 研究者：如果你们有了一个小孩以后呢？你们会不会考虑购买一份保障型寿险以防万一？
>
> 丈夫：如果我有小孩，我会为他/她头份保险。（他的意思是将孩子作为被保险人）
>
> 妻子（神采飞扬）：是啊，你知不知道，现在少儿险种类可多了。
>
> 研究者：我的意思是，假如你们的小孩还要靠你们抚养，你们

会不会买一份保险，把孩子作为受益人，以防你们遭遇什么意外？

妻子：现在市面上有一些保险是专门给孩子定制的。我们也会给孩子买一些。（她的意思还是将孩子作为被保险人）

研究者：好的，我的意思是说，如果家庭主要收入来源丧失了赚钱的能力，那孩子该怎么办？

妻子（兴奋）：教育险对孩子非常好的！孩子长到一定年龄以后就可以拿到一些钱。这个保险会给孩子一些教育基金，一直给到孩子大学毕业。

丈夫（面向妻子）：我知道她（研究者）是什么意思。她的意思是将孩子作为受益人，这样的话，万一哪天我去世了，孩子就能够得到十万元赔偿金（少儿险的保额通常为十万元）。

研究者：对，我想问的就是这个。

妻子（沮丧）：哦……我感觉我们并不需要那种类型的保险。①

尹芳反复误解笔者的问题，因为将孩子作为被保险人是如此自然的答案，因为它属于"直觉认知"（automatic cognition）（DiMaggio，1997）。文化框架能够同时作为表象系统和简化机制发挥作用，影响人们感知信息的方式（如研究者的问题）并有选择地引导人们的注意力。将孩子作为保险受益人是一个来自保险行业的新概念。中国人对他人表达爱意的传统方式，是让他们有权利占有或者使用某物。通过对自己的生命投保，来表达对孩子的"爱"，对国内民众来说尚显陌生。父母早逝是一个悲剧，但这一悲剧的发生却能让孩子收获大笔进账，而这笔款项还是对孩子爱的象征。这个逻辑太绕，也太过新奇，以至于人们需要"思考认知"（deliberate cognition）（DiMaggio，1997）才能理解。"思考认知"与"直觉认知"不同，它不能提供直接表征和简化机制。这也是为什么受访者需要让脑袋转个弯，才能理解笔者的问题。

在中国的情境中，尹芳误解笔者的问题，其实并不奇怪。将孩子作为被保险人，不仅仅是民众的普遍行为，也是国家的一种规范性实践。王武淦（那个具有多重投保动机、购买了多个险种的客户）就此分享了一些关于国家实践的趣事：

研究者：在上海，如果父母其中一方因为事故去世或者失去了

---

① 在非正式聚会上的谈话，上海，2001年11月。

工作能力，有没有一些社会保障提供给孩子和单身父母呢？

王：有的，国家给每一个孩子都入了一份少儿险。每一个孩子都是受保的。万一孩子发生了什么事故，保险公司会理赔的。（王误解了研究者的问题）

研究者：所以，你的意思是，只有事故发生在孩子身上的时候才能够获得赔偿？

王：对。

研究者：那如果不是孩子而是父母发生事故呢，那该怎么办呢？我的意思是，如果孩子的父母去世了，那么由谁来照顾孩子呢？

王：啊，我明白了（你的问题）。我们有孤儿院，为孩子免费提供教育。

研究者：那么，如果是父母其中一方去世了呢？比如说，家里面赚钱的那个去世了，只剩下一个单身家长和孩子呢？

王：那么，这个单亲家长就必须自己负责照顾孩子了。①

王武淦和尹芳一样，从一开始就误解了笔者的问题。此外，有趣的是，国家提供意外险的对象是孩子，而不是父母。国家的动机到底是保护孩子，还只是简单地当作礼物送给他们就不得而知了。然而，国家对人民表达关爱所使用的逻辑，与父母对孩子表达关爱的逻辑如出一辙。这一逻辑和国内将人寿保险解读为一种新型储蓄工具有关。

五　文化、制度与行动

中国的购买寿险的客户具有多重的经济动机与非经济动机。多重动机的存在，说明存在多样化的文化符号可以用于意义建构。然而，购买人寿保险的主要动机却随着时间的流逝不断变化，因为动机变化取决于文化符号与制度条件和产品特征之间的相互作用。

随着中国人寿保险市场的不断发展，文化和制度对不同的购买动机影响不同。举例来说，出于人情购买寿险是为了满足社会规范的要求，但也是一种经济行为。在这种情况下，文化不但塑造了动机，也塑造了经济交易本身。公众共享的人情文化决定了交易的意义。另外，储蓄和

---

①　访谈，上海，2002 年 1 月。

养老动机可以在中国人的生死观念、风险管理和财富管理的习惯中找到答案。在这个意义上，文化以一种行为倾向的形式，引发并形塑了消费者对养老的关注和储蓄的偏好，而制度现实也推动这一倾向转化为实践。这些制度现实包括利率下调和新养老金体系的不确定性。因此，文化以不同的方式形塑人寿保险购买动机的时候，就得表现为不同的形式，有时赋予产品和购买行为以意义，有时则塑造行动主体的行为倾向和习惯，还可能像人情一样，直接促成经济交易。

尽管文化参与了多重投保动机的形成过程，但主要动机之所以会随着时间的变化而变化，很大程度上是因为制度的变迁。随着银行存款利率的下调，购买人寿保险的主要动机从实践人情变为表达爱意，而后又转变为追求经济回报。随着股市指数的上升，通过人寿保险获利成为主要动机。而伴随着养老福利体系的私人化和医疗服务的商品化，人们对于养老和就医的关切就变得更为突出。加里·法恩指出"文化具有情境性"（Fine，1995：130），将他的观点进行扩展后即人们在意义建构中对文化符号的选择受到制度性条件的约束。文化符号以素材库的形式存在，但行动主体是以零碎的方式动员这些文化符号，来维护其现有的生活模式（Swidler，2001）。因此，文化是意义建构的基石，并为意义建构提供相应的符号，但是人们如何选择和使用文化符号是受制度现实约束的。在这个意义上，我们的发现支持了斯威德勒的文化理论。

然而，文化的作用并不限于工具箱。尽管人们购买寿险的动机和赋予寿险的意义变动不居，但是人寿保险市场并非没有共享的主导观念和一致的偏好模式。中国人普遍不愿意购买风险管理类保险，并称之为"不回本"的产品。相反，他们愿意购买理财产品，因为这种产品是能"回本"的。这种集体性的偏好，并不能用制度现实来解释。经济快速发展所带来的新制度条件，本应创造出人们对于风险管理类和理财类寿险产品的双重需求。随着"铁饭碗"系统的崩溃，城市居民面临的风险日益增加。按照制度主义的解释，这时人们为了应对新的制度现实，应该通过特定的文化符号，来推广风险管理类产品。然而，现实情况却与此相反，在整个市场形成的过程中，中国人集体排斥风险管理产品。笔者认为，对纯粹风险管理保险产品的韧性抵制和对"回本"保险的一致性偏好，源于"早逝"的文化禁忌、对"善始善终"的定义和对风险的选择性关注，所有这些价值观念都根植于中国人对生死的理解之中。当中国人面对人寿保险这种新商品的时候，往往会受到思维框架的约束，导致他们对人寿保险的理解极其有限。① 因此，文化在这里具有韦伯主义的色彩，它通过持续不断地影响行为倾向，选择或排斥某类产品，形塑了中国人的人寿保险消费行为。这种行为倾向决定了哪些人寿保险产品对中国人来说是有意义的。这一论述与弗兰克·多宾的观点一致：不同的民族文化意义系统，规定着人们如何实现社会目的，也对那些破坏规则和没有成效的实践行为发出了警告（Dobbin，1994）。

行为倾向虽然引导着人们对保险产品的选择，但并不会直接促成购买行为。举例来说，如果人们坚持依靠子女养老的传统方式，或者国家能够提供良好的退休待遇，那么关心养老的文化未必会导致人们购买养老保险产品。人们最终是否购买某类保险产品，取决于一系列贴近行动主体生活经验的制度现实。想要人们购买养老险、少儿险和医疗险等产品，需要特定形式的养老福利体系、家庭结构和医疗保障系统相配合。因此，由共享观念和共同信仰构成的文化，规定了哪些行为合情合理。正是在这种文化规范的界限内，文化作为一种综合了不同元素的素材库，才能根据制度要求来影响行动。

参考文献

Appadurai, Arjun (ed.) 1986, *The Social Life of Things: Commodities in Cultural Perspective*. New York: Cambridge University Press.

Aspers, Patrik 2009, "Knowledge and Valuation in Markets," *Theory and Society* 38: 111 – 131.

Baker, Tom, and Peter Siegelman 2010, "Tontines for the Invincibles: Enticing Low Risks into the Health-Insurance Pool with an Idea from Insurance History and Behavioral Economics," *Wisconsin Law Review* (1): 79 – 120.

Bandelj, Nina 2008, *From Communists to Foreign Capitalists: The Social Foundations of Foreign Direct Investment in Postsocialist Europe*. Princeton, NJ: Princeton University Press.

Beckert, Jens 2009, "The Social Order of Markets," *Theory and Society* 38: 245 – 269.

Clark, Geoffrey 1999, *Betting on Lives: The Culture of Life Insurance in England*, 1695 – 1775. New York: Manchester University Press.

---

① 朱利安·郭（Go，2008）对美国殖民时期的菲律宾和波多黎各的政治文化分析比较深刻，他在这一分析中也表达了类似立场：文化系统限制了文化图示使用的可能性。

Clark, Geoffrey 2002, "Embracing Fatality through Life Insurance in Eighteenth-Century England," in *Embracing Risk: The Changing Culture of Insurance and Responsibility*, edited by Tom Baker and Jonathan Simon. Chicago and London: University of Chicago Press.

DiMaggio, Paul 1994, "Culture and Economy," in *The Handbook of Economic Sociology*, edited by Neil Smelser and Richard Swedberg. Princeton, NJ: Princeton University Press.

DiMaggio, Paul 1997, "Culture and Cognition," *Annual Review of Sociology* 23: 263 – 287.

Dobbin, Frank 1994, *Forging Industrial Policy: The United States, Britain, and France in the Railway Age.* New York: Cambridge University Press.

Douglas, Mary, and Baron Isherwood 1982, *The World of Goods: Towards an Anthropology of Consumption.* London: Routledge.

Fine, Gary 1984, "Negotiated Orders and Organizational Cultures," *Annual Review of Sociology* 10: 239 – 262.

Fine, Gary 1995, "Public Narration and Group Culture: Discerning Discourse in Social Movements," in *Social Movements and Culture*, edited by Hank Johnston and Bert Klandermans. Minneapolis: University of Minnesota Press.

Friedland, Roger, and Robert R. Alford 1991, "Bringing Society Back in: Symbols, Practices, and Institutional Contradictions," in *The New Institutionalism in Organizational Analysis*, edited by Walter Powell and Paul DiMaggio. Chicago: University of Chicago Press.

Go, Julian 2008, *American Empire and the Politics of Meaning: Elite Political Cultures in the Philippines and Pureto Rico during U. S. Colonialism.* Durham and London: Duke University Press.

Griswold, Wendy 1987, "A Methodological Framework for the Sociology of Culture," *Sociological Methodology* 17: 1 – 35.

Griswold, Wendy 1994, *Culture and Societies in a Changing World.* Thousand Oaks, CA: Pine Forge Press.

Guseva, Alya 2008, *Into the Red: The Birth of the Credit Card Market in Postcommunist Russia.* Stanford, CA: Stanford University Press.

Hallett, Tim, and Marc Ventresca 2006, "Inhabited Institutions: Social Interactions and Organizational Forms in Gouldner's Patterns of Industrial Bureaucracy," *Theory and Society* 35: 213 – 236.

Heimer, Carol 1985, *Reactive Risk and Rational Action.* Berkeley: University of California Press.

Hertz, Ellen 1998, *The Trading Crowd: An Ethnography of the Shanghai Stock Market.* London:

Cambridge University Press.

Jeffery, Lyn 2001, "Placing Practices: Transnational Network Marketing in Mainland China," in *China Urban: Ethnographies of Contemporary Culture*, edited by Nancy Chen, Constance Clark, Suzanne Gottschang, and Lyn Jeffery. Durham, NC: Duke University Press.

Leidner, Robin 1993, *Fast Food, Fast Talk: Services Work and the Routinization of Everyday Life*. Berkeley: University of California Press.

Marx, Karl, and Friedrich Engels 1978, "Manifesto of the Communist Party," in *The Marx/Engels Reader*, edited by Robert Tucker. New York: W. W. Norton.

Oakes, Guy 1990, *The Soul of the Salesman: The Moral Ethos of Personal Sales*. Atlantic Highlands, NJ: Humanities Press International.

Ownby, David 2001, " 'Heterodoxy' in Late Socialist China: The Chinese State's Case against Falun Gong," paper presented at East Asian Workshop, University of Chicago, March 27.

Palmer, David 2007, *Qigong Fever: Body, Science, and Utopia in China*. New York: Columbia University Press.

Sahlins, Marshall 1976, *Culture and Practical Reason*. Chicago: University of Chicago Press.

Schutz, Alfred 1967, *The Phenomenology of the Social World*. Evanston, IL: Northwestern University Press.

Swidler, Ann 1986, "Culture in Action: Symbols and Strategies," *American Sociological Review* 51: 273 – 286.

Swidler, Ann 2001, *Talk of Love: How Culture Matters*. Chicago: University of Chicago Press.

Veblen, Thorstein 1953, *The Theory of the Leisure Class*. New York: Mentor.

Zelizer, Viviana 1979, *Morals and Markets: The Development of Life Insurance in the United State*. New York: Columbia University Press.

Zelizer, Viviana 1985, *Pricing the Priceless Child: The Changing Social Value of Children*. New York: Basic Books.

Zelizer, Viviana 1988, "Beyond the Polemics on the Market: Establishing a Theoretical and Empirical Agenda," *Sociological Forum* 3: 614 – 634.

Zelizer, Viviana 2005, "Culture and Consumption," in *The Handbook of Economic Sociology, Second Edition*, edited by Neil Smelser and Richard Swedberg. Princeton, NJ: Princeton University Press.

"操演性"视角下的理论、行动者
集合和市场实践[*]

陈氊[**]

在新经济社会学关于市场的经典研究中，"嵌入性"始终是无法回避的理论视角。无论是指市场中具体的经济行为嵌入社会关系网络之中，还是指整个市场嵌入在更加宏观的社会制度背景之中，嵌入性作为新经济社会学的理论基石，都将经济现象和社会联系在一起，使得社会学家对于经济现象的研究具有理论上的合法性。然而，近年来，发端于欧洲的"操演性"（performativity）理论[①]却另辟蹊径，并未过多涉及嵌入性的概念，[②] 而是从另一个角度去重新研究市场，探讨经济学、理论模型、理论工具等如何作为一种行动者，成为建构市场的重要力量。作为与哲学和科学知识社会学渊源颇深的社会理论，操演性理论却在市场研究尤其是金融社会学研究中的影响力与日俱增。在美国学者弗雷格斯坦和多特关于市场社会学的研究综述中，操演性理论也被作为单独的理论流派加以评介（Fligstein & Dauter, 2007）。

一 操演性、反操演性和市场建构失败

在经典的广义嵌入性理论中，市场中的经济活动嵌入社会之中，无

---

* 本文原载《社会学研究》2013 年第 2 期；收入本书时有修改。

** 陈氊，中央党校社会和生态教研部社会学教研室讲师。

① Performativity 有主动显现、主动实现的含义，在国内哲学、政治学和女性研究领域被翻译为"操演性"，本文采用国内已有的翻译。

② 笔者认为，"操演性"并非"嵌入性"的相对概念，并非非此即彼的对立关系，而只是嵌入性视角外的诸多新视角中的一种。最初，卡隆也提出操演性可以视为"经济市场嵌入在经济学中"（Callon, 1998）。

论是研究市场的结构，还是研究市场的动态演变，社会因素往往成为解释问题的变量。操演性视角的重要理论前提，来源于行动者网络理论（ANT）① 的主张，即并不存在先天独立于市场的社会（Latour，2005）。社会是由物质性的和非物质性的行动者所构成的，随着研究者的研究和界定而演化。从这一颇具后现代色彩的理论出发，操演性理论的诸多经济社会学研究很少提及嵌入性的概念，而是在历史的长时态中，关注理论（经济学理论和其他理论）以及实现理论的中介物，② 是如何建构出经济现实的。

根据这一理论流派的代表人物麦肯茨（MacKenzie）和卡隆（Callon）的论述，操演性的概念源自奥斯汀（Austin）的语言哲学，意指对于对象的表达通过表达的行动来实现。例如"我道歉"这一说法并不是对我道歉这一状态的简单描述，而在说出"我道歉"的同时也就是在进行道歉的行动（Austin，1962；顾曰国，1989）。从这一观念引申开来，经济学等理论在"言说着现实"，同时也在"实现着现实"。卡隆最早将其引入经济社会学研究中（Callon，1998）。按照卡隆的说法，经济学不仅描述着经济现象，而且操演着（perform）、塑造着、形成着经济现象（Callon，1998；MacKenzie，Muniesa，& Siu，2007）。经济学的理论、模型，不仅仅是对经济现象的客观反映，同时还重新塑造了经济实践本身，使得经济现实与经济理论相符合，既是经济现实的描述者，又是经济现实的操演者和行动者。在建构经济现实的过程中，各种物质性的和非物质性的中介物，同样作为一种行动者集合来行动（Callon，2007）。③ 由此，尽管操演性理论尚未完善为一个系统的理论体系，但也已成为一种观察和思考经济现实的基本视角和提问方式。表现在具体的市场研究中，就是关注经济学是如何影响市场实践，重新建构了市场本身。

---

① ANT 理论发端于科学知识社会学和科学哲学研究的巴黎学派。操演性理论的代表人物卡隆也属于这一学派。根据其代表人物拉图尔的论述，ANT 理论是一种"关于联系"的社会学，并不预设任何先在的结构性概念，而传统的社会学则被认为是一种"关于社会"的社会学，即假定社会的存在，用社会因素解释社会现象。行动者网络中的"网络"并非美国社会学意义上的"网络"，而是一种微弱的联结。国内对这一流派的介绍可参见吴莹等（2008）。

② 中介是 ANT 理论和操演性理论的重要概念，拉图尔强调，中介并不是中间物，而是具有改变作用的中介物。

③ 英文为 agencement，在操演性理论中是指具有能动性的人（human）和非人（nonhuman）的行动者的集合。非人的技术行动者是 ANT 理论的特有概念，认为技术、工具等也可以具有能动性，参与到社会的建构中。

但是，经济学对市场的重构却并非一个简单的理论指导实践的过程。广义的经济学（包含经济学家、经济学理论、经济模型）究竟是如何改变市场中的具体实践，市场又是如何按照经济学理论本身被建构起来的，是一个复杂的社会历史过程。由于在经济理论和经济现实之间，技术、工具等物质性要素和人一起作为建构市场的中介物，所以在具体的实证研究中，学者们往往关注经济学工具的引入，如证券市场的电子报价制度、期货交易所的交易模型等的发明和应用，是如何一点点重新建构市场，影响到原有的交易关系、权力关系等，进而成功建构出新的理论中的市场（Cetina，2006；Preda，2006，2007）。塞提那在研究金融市场的历史时发现，新的电子报价制度的出现，造就出新的交易行为，原有的交易格局和模式都被打破，证券市场也趋于经济学理论中的市场（Cetina，2006）。而在麦肯茨的研究中，20世纪70年代以来，布莱克—斯科尔斯公式的广泛应用，使得芝加哥的金融衍生品市场日趋符合公式本身的描述（MacKenzie & Millio，2003）。并非公式"真实地"描绘了市场运行的客观规律，而是市场中按照公式操作的行动者使得公式的效力成为现实。摩根在对金融衍生品的场外交易市场（OTC）的研究中，也提出了OTC市场的形成过程和治理机制的发展正是权力政治、网络和框架建构的产物。他从三个不同的理论视角提出了市场形成的具体机制（Morgan，2008）。

总体上看，在整个操演性理论流派的经验研究中，市场被形塑的机制是具体的，具有特定的时空性和地方性。但在具体的市场建构过程中，也往往遵循一定的步骤。从以往成功的操演案例可以看出，从新的经济学理论提出到最终在经济实践中的实现，往往经历最初的引入、多种理论框架的争夺、合法性的确立以及最终理论预言的自我实现等进程。而在这一过程中，关键行动者的推动、人的行动者和非人的技术行动者的整合、理论实现条件的环境改变，都对操演的成功产生了重要影响。在早期的ANT理论中，卡隆勾勒出行动者网络建构的四个步骤，即问题化、引起兴趣、招募成员和动员（Callon，1995）。而在近期关于已有操演性理论的经验研究总结中，卡隆将经济学的操演过程比作科学实验的过程，并且对实践中经济学引发的市场建构归纳出三点共性：商品与行动者的解开与再纠结，对个体行动者的塑造，计算能力的不均等分布。同时，他也谨慎地指出，这并不是一个普遍的逻辑，而市场的具体建构过程仍然是多样的和特殊的（Callon，2007）。

但是，众多经验研究大多关注市场如何被成功地建构，让我们有必要去关注一些截然相反的经验现象，尤其是在中国市场经济改革的语境下。为什么在特定的情境下，即使引入新的经济学技术工具，也无法从根本上改变原有的市场交易模式，进而导致市场建构失败？

与经济学理论在市场上成功地操演、建构相比，失败的市场建构更能引发我们的思考，为什么在有些时候，经济学（包含经济学的理论应用和技术应用等）无法成功地影响市场，是什么力量使得市场无法成为理想中的理论模型呢？并且，这种探讨所关注的并不仅仅是经济学的理想状态和现实市场不相符合的原因问题，更是在试图讨论：哪怕经过刻意地人为建构之后，为什么经济学意义上的相对理想的市场仍然无法实现？

为此，卡隆将经济学理论未能改变现实的情形比喻成实验结果的"溢出"（overflow）。在卡隆看来，从理论陈述到经济现实之间的过程，类似于科学实验的过程，不仅仅是特定的时空环境影响了最终结果的成败，在理论和现实之间的行动者集合（agencement），包括非人的技术行动者和人的行动者，出现的任何偏差，都有可能导致最终结果的失败，有必要像检验实验结果一样，重新审视中间环节的非人的技术行动者集合（Callon，2007）。不应该将"陈述"的操演失败归结为环境的因素，"并非是环境决定并选择了那种（经济学）陈述，而是'陈述'决定了适应于自身的环境"（Callon，2007）。

而麦肯茨则提出了"反操演性"（counterperfomativity）的概念来概括类似的现象。在对芝加哥期货市场的研究中，他发现，1987 年芝加哥期货市场的崩盘，造成了市场秩序的混乱，在此之后，原有的布莱克—斯科尔斯公式突然失去了效力，这一公式的继续使用使得市场现实偏离了理论描述，认为这是一种"反操演性"，"经济学的某一方面的应用，有可能使得经济过程偏离了经济学的描述"（MacKenzie，2007）。但是，反操演性的前提是经济学理论已经有效地作用于经济过程，只是这种作用结果的方向与理论描述完全相反。我们仍然需要反思反操演性的前提：在建构市场（改革）的过程中，那些失败的市场建构的案例中，经济学理论是否已经有效地操演了市场？在理论和实践之间，未必仅仅存在正向操演和负向操演的关系，倘若从市场建构的最初，经济学就未能有效作用于市场，那样的失败应当如何理解？能否沿用操演性理论中的溢出和反操演性加以解释？

在这一研究中，笔者将以中关村电子产品交易市场为个案，去剖析这一传统的摊贩式电子产品市场是如何在转型中失败的历史过程。为什么即使按照经济学的有效市场理论，经过刻意的改革，中关村电子市场仍然无法解决信息不对称问题，无法实现理想中的经济学市场模型？

笔者对中关村电子市场的研究始于 2008 年。研究方法以历史资料收集法、实地观察法、访谈法为主。从 2008 年起，中关村电子市场经历了一系列由中关村电子商会发起的市场改革，试图重建市场。其间，一项重要的变革是中关村电子报价系统的引入，这一举措旨在解决中关村电子市场的信息不对称问题，与经济学的理想市场的改革方向吻合。但是新的价格技术的引入并未成功建构出一个经济学理想中的市场，改革前的问题依然存在。到了 2012 年，中关村电子市场的规模开始急剧萎缩，传统九大卖场之一的太平洋电子市场宣布关闭，海龙、科贸等卖场也开始缩小规模，部分停业整顿。尽管中关村电子市场的衰落缘于外部互联网电商的激烈竞争，但也从一个侧面反映出，管理者最初提升竞争力的种种改革措施并未收到应有的效果，无法从根本上解决内部的种种交易弊端。[①] 在改革之初，管理者建立一个杜绝欺诈、信息完备的市场的设想未能实现，导致中关村电子市场的声誉每况愈下。在某种意义上，这是一个重构市场未能取得成功的案例。

二　建构前的市场——信息不对称下的市场实践

理解经济学理论中的理想市场为什么没有在中关村电子市场成功地操演，就要首先了解中关村电子市场在改革之前的特定的历史沿革和空间分布，这些时空条件塑造了重构之前市场中的交易实践。

（一）中关村电子市场的历史和空间分布

中关村电子市场兴起于 20 世纪 80 年代，前身是海淀区的电子一条街，地理位置优越。中关村电子市场由几个大型的电子卖场构成，位于中关村大街和北四环的交汇区域，交通便利。目前这一区域云集了北大、

---

① 同为实体电子卖场的苏宁和国美等销售商，尽管受到了互联网交易的冲击，但是线下业务并没有大规模消亡，同时进行了较为顺利的互联网交易转型。而中关村电子市场受到冲击较大，改革后原有的交易弊端没有得到解决。

清华、人大等多所高校，而中关村所处的海淀区共有高校 68 所，科研机构 219 家（羽舟，2002）。此外，卖场所在的中关村拥有北京最大的高科技园区——中关村科技园，是北京乃至全国的 IT 企业聚集地。地铁十号线和四号线以及多路公交车途经此地。巨大的人流量，每年高校开学数以十万计的新生，以及中关村科技园内大大小小的 IT 企业，都成为中关村电子市场繁荣的前提。

在中关村电子市场发展的初期，由于当时电子产品仍属高端产品，在国内的销售渠道也较为单一。在 20 世纪 80 年代初期，中关村电子一条街就出现了很多倒卖电子产品的散户，一度被称为"倒爷一条街"。经过整顿后，中关村电子市场逐渐成为国内最知名的电子产品批发零售的集散地，经营方式以独立的摊位、商铺式经营为主。在这一时期，电子产品丰厚的利润和中关村商贩们特有的进货渠道（水货和走私），使得电子市场迅速发展起来。

自 20 世纪 90 年代以来，随着个人电脑等家用电子产品的大众化趋势，中关村电子市场发展到顶峰，几个大的电子卖场逐渐建立起来。传统的摊贩、散户开始有了规模化、固定化的市场交易场所。1991 年 12 月，由长城公司投资的中关村电子配套市场正式开业，营业面积 2000 多平方米，主要经营各种电脑外部设备和软件等，这是中关村第一家成规模的电子卖场。1996 年 6 月 18 日，营业面积 3000 多平方米的现代电子市场正式开业。同年 6 月底，科苑电子市场开业。2004 年，随着鼎好电子大厦的开业，中关村电子市场的规模达到顶点，形成了以海龙、科贸、鼎好、e 世界等九家大型电子卖场为主导的市场格局（中关村科技园管委会，2006）。

在大型电子卖场中，往往分布着几千家销售各种电子产品的经销商。这些经销商大致可分为几类：品牌电子产品销售商、电脑配件组装商、小的电子产品零售商、水货与盗版软件经销商。每一个大的电子卖场往往占据 5~6 层的空间，每一层的经营主体都略有不同。尽管电子产品的种类繁多、品牌众多，但是九大中关村电子卖场中聚集了太多的商家，商家的进入没有过高的门槛，导致很多商家销售完全一样的商品。对于前来购物的买家而言，想要购买一件计划好的商品，如联想某型号的笔记本，在中关村电子市场发现近百家可以交易的商家。在这种情况下，特定型号笔记本的质量是同质性的，决定消费者选择的因素就是产品价格、商家的地理位置、店面形象、声誉等。

因此，在整个中关村电子市场试图重建以前，整个市场结构是一种近似于自发形成的、自由竞争的、传统摊贩式市场。每个商家都可以自由经营产品，参与竞争，在经营产品大量雷同，且信誉等级无法获知的情况下，价格成为决定购买行为的最关键因素。这一时期的电子产品市场与传统的乡村集市、蔬菜市场相类似。但是，销售不同质量萝卜的经销商，可以依靠萝卜的好坏卖出不同的价格，而中关村中销售同一品牌同一型号的电子产品的经销商，却较难实现差异化策略，只能以压低价格的方式获得销量。

（二）与理想市场的偏离

尽管中关村电子市场在初期完全自发形成，并且市场中几乎是完全自由竞争，但是在鼎盛时期，整个市场却偏离了新古典经济学意义上的理想市场。根据新古典经济学理论的描述，理想市场的一项重要条件是信息的自由流通。消费者有能力获取关于产品的信息，判断产品的质量、价格，等等（Ferguson & Gould，1975；钱存瑞，1994）。尽管理想市场在现实中很少存在，但是行动者却从未放弃"逼近"理想市场的努力。很多市场在建立之后，管理者大都有意图地解决信息不对称的问题，以促进市场的发展。

表 1　完全竞争市场和中关村电子市场

完全竞争市场	中关村电子市场
市场上有大量的卖家和买家，每一个卖家和买家都没有能力影响商品的现行市场价格	基本符合，大的商家垄断市场的可能性较小
商品的同质性	基本符合
进入/退出市场自由，自主定价	符合
买家和卖家均了解信息和知识	严重不符合

在中关村电子市场上，信息不对称的问题作为一种常态出现。刘少杰、张军等在相关研究中，对中关村电子市场的欺诈和信息不对称问题进行了较为详细的分析（刘少杰，2010；张军，2010）。由于电子产品型号众多，每日价格波动较大，在相同的外观下面，配置不同，价格亦不同。对于大部分无法详细研究商品属性的买家而言，仅凭外观很难判定产品价格，这就存在电子产品价格不透明的问题。这种问题在其他零售品中也是一定程度存在的，但不同之处在于，其他零售品的价格是明码

标出,意味着卖家需要对标价负责,而中关村则实行不明码标价的议价制度。此外,对于日用商品而言,基于原有的生活经验,买家大致可以判断出价格的合理区间。在中关村电子卖场中,商家知晓每一种型号的产品价格,买家则很难获取所有型号的产品价格,一旦买家无法判定某一型号产品的价格,商家就有可能隐瞒真实价格,以高价哄骗买家成交。

在中关村电子市场重建以前,信息不对称问题的典型表现是"转型交易"(见图 1):买家已知产品 A 的价格,打算购买产品 A,但是商家谎称产品 A 无货或者有质量问题,坚持让买家购买未知价格的产品 B,买家事先未获知产品 B 的价格,但是在劝说下以偏离实际的价格购买了产品 B。等买家发现上当时,商家拒绝退换货。

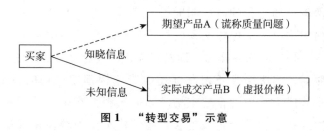

图 1 "转型交易"示意

尽管转型交易被多家媒体曝光,但是在中关村电子市场仍然屡禁不止,成为中关村电子市场一种常态化的交易方式。在同质化的激烈竞争条件下,这种价格欺诈的交易方式成为商家生存的必要手段。

至此,我们可以对改革前的中关村电子市场做出总结:在经营同质性商品的情况下,商家依靠低廉的价格吸引顾客。为了避免在激烈的同质性竞争中消亡,很多商家采取隐瞒产品真实价格的方法,将低价的商品以高价卖给不知情的买家。实际上,正常交易时的低廉价格和转型交易时的欺诈价格构成了一种动态的平衡。对一些商家而言,每欺诈一次不知情的买家,可以摊薄数次相对较低价格的正常交易的成本。当然,一些商家以价格欺诈交易为主,而另一些商家从未进行价格欺诈。

如果将此时的中关村电子市场和经济学中的理想市场模型相比较,我们会发现,中关村电子市场中存在的最严重问题似乎就是信息不对称问题。尽管其他的几个假设也未必可以完全成立,但是在中关村的特定情境中,对市场自由运行的影响较小。如果可以让每一个买家最大限度地知晓所买产品的真实信息,那么一个趋近完全自由竞争的市场似乎就出现了。中关村电子市场中所存在的最主要的欺诈问题似乎也就得以解决了。

三 重建市场的失败——电子报价系统 和明码标价制的引入和失效

面对中关村电子市场的特殊的交易行为，管理者似乎更愿意遵循新古典经济学的解决方法，即用市场的力量来解决问题。在面对外界的质疑时，曾有管理者这样维护议价制度，认为"每次成交的价格均是买卖双方自愿达成的"。运用新古典经济学的设想解决问题，就意味着减少对市场的强行管制行为，同时设法为理想市场创造自我运行的条件。当然，可以替代的选择方案是新制度主义经济学的理论，即在中关村电子市场上建立起保障市场运行的声望制度，以及对欺诈行为严厉打击的惩罚制度等，从而建构出一个保障交易的制度框架。但是，中关村的管理者却没有在制度建构上有太多作为，而是宣称让市场自己解决问题。

这个时候，解决信息不对称问题成为建构理想市场的最重要步骤。电子报价系统成为管理者重建市场的第一选择。在操演性理论看来，经济学理论的操演在大部分实践中需要通过技术作为载体来实现。一种经济学技术的应用，意味着市场行动者对技术背后理论的操演。无论是电子报价系统还是明码标价制，客观上都为实现理想市场模型创造了条件。因此，经济学的理论被中关村电子市场的管理者客观上操演开来。

（一）电子报价系统与明码标价制的推出与失效

早在2004年，中关村电子市场的一些管理者就意识到电子市场存在的问题。2004年，海龙、科贸等五家卖场联合成立了中关村电子产品贸易商会，旨在协调各个商家之间的竞争关系，维持整个电子市场的秩序。但是，商会的成立并未解决中关村电子市场上普遍存在的价格欺诈现象。2004～2008年，关于中关村电子市场宰客、欺诈、转型交易的媒体报道十分常见，而在各大网络论坛上的网友发帖维权更是不计其数。

2008年12月，在"第八届中国IT卖场高峰论坛"上，商会联合海龙、科贸、鼎好、e世界等四家大的电子卖场，推出了中关村电子报价系统。这一系统实质上是一个官方报价网站，其直接目的就是解决电子产品的价格不透明问题。买家在购买产品时，可以提前查询所购型号产品的官方报价。按照最初设想，在卖场内部也设有很多查询机器，消费者可以当场查询价格。这一电子报价系统持续更新，给出每天每种型号产

品的价格，包括产品的最高价和畅销价。最高价为该产品所允许的最高
报价，畅销价为该产品的"真实的市场平均成交价"。

> 产品价格信息采集来自中关村四大 IT 卖场——海龙、鼎好、科
> 贸、e 世界，网站与四大卖场中签订了诚信协议的 200 多个经销商合
> 作，采集价格。采集的价格经过核准与科学处理后，将作为公开报
> 价信息，在中关村价格指数网上发布。（马文婷，2008）

电子统由商会作为组织者和承办者，在筹备了较长时间后推出。中
关村电子产品贸易商会本身具有特殊的背景。在大多数市场中，无论是
自发形成的商会还是具有政府背景的商会，其主要代表商家利益。而中
关村的商会则主要由卖场的场地租赁方，也就是管理者构成，只有极个
别规模较大的经销商才具有一定的发言权。商会的核心成员是提供土地
的地产商，也就是海龙、e 世界卖场的所有者，同时也是卖场中小商家的
管理者。在某种意义上，商会协调着各大卖场主之间的关系。因此，电
子报价系统的推出并非由卖场中的商家加以推动。

另一个不容忽视的因素是商会直接受到政府机构的管理，因此，商
会的诸多决策得到了政府的大力支持。在中关村电子报价系统的背后，
是各大政府职能部门的鼎力相助。政府的大力支持，使得电子报价系统
推出的过程较为顺利。在 2008 年的官方报道中，我们可以发现电子报价
系统的合法性和权威性。

> 本次论坛发布的"中关村产品报价系统和指数系统"由中国电子
> 商会、中关村电子产品贸易商会发起并监管运行，中关村地区各大卖
> 场方、IT 厂商、经销商共同参与，得到了商务部、工业与信息化产业
> 部、中关村园区管委会、北京市科委、北京市商务局、海淀区商务局、
> 海淀区统计局、海淀区发改委等众多部门的支持。（石北燕，2008）

2010 年，中关村的电子报价系统获得了更大的认可。当年 5 月，中
关村电子报价系统公布的指数获得更大的政治合法性，成为国家商务部
电子信息类的唯一指数。这也意味着电子报价系统具有了新功能，即在市
场交易中提供交易价格信息的同时，也承担了部分政府职能。

整个报价系统并不是通过人为因素限制价格来影响市场自由交易，
与之相反，恰恰是为了建构出信息透明的市场。在设计人员的设想中，

中关村电子市场一旦出现了高出最高价的情形，往往不是因为价格受到供需关系的影响，而是因为商家隐瞒了真实信息，欺诈了买家，使得价格失去了原有的作为市场信号的功能。因此这种官方的报价系统来源于对商家每天真实报价的科学计算，对欺诈的价格做了限定，还可以更好地提供市场信息，继而建构出一个理想市场。

电子报价系统是经济学理论在经济实践中的典型应用。这种在排除人际互动的匿名条件下，通过纯粹计算自动生成价格的方式，被认为是可以更直接地体现经济学意义的价格机制。在金融市场上，每一次电子报价系统的进步，都带来了整个金融交易市场的大变革（Preda，2006）。而在一项对法国草莓交易市场的研究中，作者也详细分析了电子报价制对重构市场结构起到的重要作用（Parpet，2007）。如果这个报价系统可以很好地运行，完全有希望实现商会最初的设想，即建构一个既自由竞争又信息透明的市场。

但是，中关村电子市场的报价系统却收到了意料之外的结果。在报价系统推出之后，中关村电子市场中的欺诈行为并未有丝毫减少的迹象。2009年，由于投诉很多，央视经济频道对中关村电子市场进行了调查，证明所谓的电子报价系统并未发挥作用：

> 随后，他带记者查询了这个网站。记者看到，这个网站是由中国电子商会和中关村电子产品贸易商会监制的，首页上还有这样的话，"第一时间播报中关村市场真实交易价"，"我们呼吁超过中关村价格指数最高价的，卖场差价返还"，看到这么权威的网站，我们不由得将信将疑。可是查了索尼阿尔法230相机的价格后，却让我们大吃一惊。因为这款相机在该网站仅单机的价格就高达4650元钱，这比一些商铺仅仅3000元的报价，贵出了1600多块钱。看得出来，中关村价格指数网的定价既没有遵循各大卖家的定价，也不是从保护消费者角度出发制定的指导价，它真正的作用，似乎只是为了更好地为欺骗消费者的商家提供服务。可郭经理的意思却还是我们占了便宜。（消费主张栏目组，2010）

在真实的市场交易活动中，消费者仍然受到了商家的欺骗，而可供消费者查询的报价系统中的价格，大都远远高于商品的实际成交价。报价系统并未能给出真实的合理的价格，而是大大高于真实价格，成为商家高价欺骗顾客的依据。

此外，调查发现，中关村的电子报价系统未为众多顾客所知晓，大部分前来购买产品的顾客不会在官方报价系统上查询。在中关村几个大的卖场中，可供查询的机器并不多，消费者进行现场查询十分困难，并没有实现商会最初的设想。2009年的一次调查发现，海龙大厦仅有的几台报价系统查询电脑还出现了故障。

尽管中关村的官方电子报价系统并未收到应有的效果，但是商会并未放弃解决信息不对称问题的努力。从2008年底起，部分卖场开始试行明码标价制。2012年，中关村电子市场的管理者试图将明码标价制推行到99%的商家上。

明码标价制，实际上仍然是为了发挥市场本身的价格机制而采取的一项价格技术。一旦商品被明确标明了价格，就意味着商品的价格可以通过标签上的符号被传递给买家。买家在购买之前可以通过明码获取信息，而公示的价格标签则可以被监督。在明码标价制以前，买家和商家以口头协议确定价格，买家较难获取所购物品的价格信息。明码标价试图给予买家产品的价格信息，从而解决信息不对称的问题。

但是，一旦商家严格按照价格标签上的价格进行交易，各个商家之间低价竞争的手段就难以维持。而前来中关村购物的消费者也习惯于讲价后再购物。由此，在真实的交易实践中，明码标价制和口头议价制结合在一起，各个产品的真实成交价要低于明码标出的价格。

问题在于，一旦真实的成交价格和标签上的价格差距过大，那么标签上的价格就成为一种无意义的符号，失去了真实的功能。调查发现，大部分商家销售的商品都有着明确的标价，比较大的商家基本上已经完全采用了明码标价制。可以说，这个制度在表面上实行得较好。但是，一台某型号的笔记本的真实平均成交价在6000元左右，而笔记本上所标注的价格是7800元。类似的情形非常普遍：

> 我事先在网上选定了惠普4411S电脑，到卖场后发现缺货。卖家给我推荐宏基，这台标价6600元的电脑，几经砍价，最后以6100元的价格成交。然而，我回家上网一查，在网上商城，同样的机器才卖3700元。（莫妤，2009）
>
> 在海龙大厦，一位销售人员指着索尼T77数码相机旁2358元的标签说："这个标签是我们自己写的，已经摆了一个多月，早就没用了。现在1700元就可以卖。"（莫妤，2009）

可以发现，原本希望解决信息不对称问题的明码标价制同样未能发挥预期的效果。

(二) 理论"操演"遭遇经济实践

无论是电子报价系统，还是明码标价制，这些技术的应用都指向市场中的信息问题，并且避免直接干预市场，试图发挥市场本身的力量。从 2008 年电子报价系统推出以来，管理者似乎都在遵循经济学的原理，就市场而改革市场，建构一个理想中的无干预的自由市场。在整个电子市场的重构过程中，商会和管理者的重点并未放在市场之外的非经济因素上，如建立声誉制度、诚信评级、管理体制、法律制度等。

但是，这种试图建构理想市场的尝试基本上宣告失败，原有的信息不对称问题仍然未能通过技术手段解决。

在电子报价系统发布以后，消费者并未真正地使用这一系统，电子报价系统成为一种摆设，难以发挥本身的作用。在中关村电子市场的官方报价系统公布之前，市场上就存在众多非官方的报价网站，无论是从网站体验，还是从知名度上，中关村电子市场的官方报价系统都与知名报价网站相去甚远。前来购物的消费者自然乐意选择非官方的报价网站。即使是非官方的报价网站，也没有解决信息不对称的问题。并非所有的消费者都会上网，即便有能力上网获取价格信息的消费者，也没有精力获取所有产品的价格。而电子产品的特性决定了哪怕是同一品牌同一系列，不同型号的产品的价格都存在巨大差异，每一天的价格也在不断变化。消费者无法穷尽每一种型号产品的价格。价格欺诈的关键在于将消费者引向陌生的型号：

> 我想买一个 ThinkPad 的笔记本，先查了一下中关村在线网站，X230 型号的要 5500 多 (块)，结果商家给我的 X230 要 5100 多 (块)，我回家一查，一个是 X2306*，一个是 X23065，那个低配的实际上只要 4000 多 (块)，又不是专业的，长得一模一样，谁能看那么多! (访谈材料 20110713)

类似的现象，我们在访谈中听到了多次。可见，这种对网络报价型号的转换游戏已经成为不良商家常用的销售手段。

官方报价网站的优势在于其可以作为解决价格纠纷的依据。一旦消费者买到了高于官方报价网站价格的产品，就可以提出退换要求。非官方报价网站则不具有这一效力。但是在具体的交易实践中，官方报价网站的价格并不是真实的市场价格，而是远远高于实际市场成交价。这就使得官方报价系统唯一有可能发挥效力的地方也无法起作用。

官方报价网站的价格从理论上讲是对之前交易均价的科学计算，怎么会高于真实价格呢？其根源在于采集价格的时候，是管理者向200家大型商家征集价格，而商家在上报价格的时候，却未必愿意上报真实的成交价格。如果商家随意调高上报价格，那么官方报价网站的约束效力就降低了。这就使得商会精心设计的报价系统收集到虚假的价格，完全失去市场指导意义。

与之类似，明码标价制也使得商家之间达成一种默契，那就是尽量调高标签上的价格，使得标签上的价格失去指导意义，变成一种摆设，从而在实践中用这样一种变通的方式，既在形式上执行了明码标价制，又消解了明码标价制应有的功效。

在应对商会和管理者所进行的市场改革时，商家并不是消极的制度执行者，而是充当了制度的再造者。当新的技术手段有可能会让自身失去欺诈机会时，商家只好采用新的对策去改造技术，使得理想状态在真实的实践中无法实现。表2归纳了电子报价系统和明码标价制在市场实践中遭遇的改造。

表2 实践中的扭曲

经济学工具	理想运作	实践中的改造策略
电子报价系统	1. 真实反映市场成交价 2. 被消费者充分利用 3. 对销售价格起到约束作用	1. 商家自主上报有利于自身的价格 2. 消费者习惯采用其他报价网站；商家利用报价网站中产品型号的复杂性继续垄断信息 3. 实际使用中，高于真实成交的价格使得约束作用被消解
明码标价制	1. 标注产品真实价格 2. 定价制	1. 商家故意标注虚高的价格；不及时更新标牌造成标价虚高 2. 讨价还价的议价制

（三）行动者的利益取向

当市场的管理者试图重构市场的时候，市场中的行动者并不仅仅是管理者。按照操演性理论的观点，电子报价系统和明码标价制，以及市场中的买卖双方，都是建构市场的力量。理论最终得以成为经济现实，有赖于其中的行动者。而在中关村的案例中，人的行动者——商家和买家，显然与非人的技术行动者——电子报价系统和明码标价制有着一定的冲突。

在操演性视角下，理想中的市场建构从来不是一个简单的经济理论影响实践的过程，而是一个复杂的具体的社会历史过程（MacKenzie & Millio，2003）。中关村电子市场的建构过程，也必然不能仅仅简化为管理者试图用技术手段解决信息不对称问题，而商家拒绝合作的斗争故事。正是中关村电子市场的特有利益格局，导致无论采用何种技术、采纳什么样的信息经济学建议，信息不对称的问题都很难得到解决。

在中关村电子市场中，现存 11 家卖场的管理者并不是政府，实际上是卖场场地的提供者，他们从商家处获得每月固定的租金。只要有经营电子产品的商家存在，卖场主就不会受到损失。而唯一有可能获得损失的情况是，大量的商家倒闭，场地闲置，导致卖场主无法获得足够的租金。

两种情况可以导致这一现象的出现。第一种情况是：完全理想的市场建立起来，弱小的商家很快在同质化竞争中淘汰，大的商家生存下来，整个市场的商家数量急剧减少，摊位闲置。在中关村电子市场急剧扩张多年的情况下，真实需要的市场规模远远小于现有的规模（消费者并不需要在上百家联想专卖店中挑选一台电脑）。第二种情况是：中关村电子市场的声誉下降，消费者选择放弃整个中关村市场，转向国美、苏宁、京东等市场，导致商家关门，摊位空闲。

因此，如果完全解决了价格欺诈问题，有可能危及商家的生存，最终对卖场的管理者不利；但是放任中关村电子市场的声誉下降，也会对卖场的管理者不利。卖场方面临这样一个改革的困境，必须时刻权衡改革的力度。而推行中关村电子市场重构的商会，一方面具有一定的地方政府背景，另一方面又需要维护卖场方的利益，所以在推行价格技术改革的时候，也需要掌握平衡，这也就解释了为什么标签上的价格可以远远地偏离真实而无人问津。

四 结论：建构失败——相互冲突的行动者和生成中的利益格局

在最初的操演性理论中，社会学家们最关心的经验问题是经济学对市场的双重作用：一方面描述着市场，另一方面建构着市场。而经济学的应用需要通过社会技术的行动者集合作为载体来实现。研究经济学的理论、技术工具影响市场的意义在于，它证明了客观性的物质因素，如经济学定理、经济学公式、电子报价系统、计算机交易系统等可以成为具有能动性的行动者，对市场的建构起到能动性作用。这也是 ANT 理论的主要观点，而操演性视角的主要代表学者同样是 ANT 流派的主要支持者（Callon，2007）。

中关村的案例表明，并非在任何情况下，经济学理论和工具都可以成功地影响市场甚至建构市场。这一点在操演性理论内部也被广泛认可。理想中的经济市场在现实中很难存在，而成功操演的市场也往往是符合行动者利益，并且在一定程度上受到现实影响的市场。即使经过改革者刻意的制度安排，创造出经济学理论可以适用的条件，一个趋近理想的市场也仍然不容易被建构出来。

那么，回到文章开头的问题：为什么这种人为的建构最终没有建构出理想的市场？依照卡隆的解释逻辑，在理论陈述没有成功转变现实的现象背后，是其中的中介物——社会技术的行动者集合出现了偏差。在中关村的案例中，构成行动者集合的包括人的行动者——商家、管理者和商会、消费者，以及非人的技术行动者——电子报价系统、明码标价制等。在操演性理论看来，人的行动者和非人的技术行动者是一个不可分割的联合体，超越了主观因素与客观因素的二元对立。

但是，回到经验的层面，在中关村电子市场的建构过程中，电子报价系统与明码标价制本身并没有问题，如果可以严格地执行这两种技术，信息不对称问题的确可以得到很好的解决，一个趋近理想的市场可以被建构出来。

然而，现实操演的失败却表明，人的因素不得不从行动者集合中被单独分离开来。操演性理论实际上强调了在市场建构中非人的技术行动者的作用。但是，一旦市场的建构或者改革回归到实践层面，具有能动性的人并不是简简单单的理论实践者，而会在建构过程中做出种种的变化，扭曲原有的经济学理论。

基于对人的行动者因素的考量，我们对原始的操演性理论提出以下两点，即在从理论陈述到经济现实的建构过程中，有必要重新关注两种情况：一是作为中介物的行动者相互冲突，即人的行动者和非人的技术行动者之间的冲突；二是在一种建构主义的理论视角下，被视为不存在的结构，如利益格局，在实践中却是真实地影响着建构的过程和结果。

对于第一点，人的行动者与非人的技术行动者之间的冲突的讨论，我们还是要引入"利益"的概念。斯维德伯格指出，利益实际上是经济社会学的基础概念。韦伯以后的经济社会学家，或多或少地忽视了利益概念的重要性（Swedberg，2000）。尽管在建构主义者看来，利益本身也是在实践中被建构和塑造出来的，但是很明显，经济学公式、电子报价系统、电子公告牌等本身的利益取向是不存在的，却代表其背后的推动者的利益。而接受这些经济学理论、社会技术中介行动者的利益则未必与推动者相一致。在理论向实践操演的过程中，理论的主导者的利益往往寄托在工具上，与接受者的利益相冲突，也就表现为社会技术中介行动者与人的行动者的冲突。一旦市场中人的行动者和非人的技术行动者产生了冲突，那么非人的技术行动者必将受到抵制。在历史上，卢德运动中工人对机器的抵制和后工业社会中职场员工对公司管理技术（如规章制度）的软抵制，实际上都是人的行动者与非人的技术行动者之间的斗争。

如果在人的行动者和非人的技术行动者的冲突中，利益的作用可以归结为人的行动者的意向性的话，那么人的行动者在实践过程中对非人的技术行动者的扭曲和嘲弄，则可以归结为人的行动者的自反性。在操演性理论最初的论述中，人的行动者与非人的技术行动者共同构成了行动者集合。但是两者的差异却被忽略，非人的技术行动者并不具有反思性。在现代社会中，人的行动者具有一种吉登斯所谓的自反性，或者反身性（Giddens，1991）。当具有自反性的人的行动者与不具有反身性的技术、制度冲突时，各种变通的实践就产生了。图 2 展示了操演性理论的市场建构思路及修正后的市场建构过程。

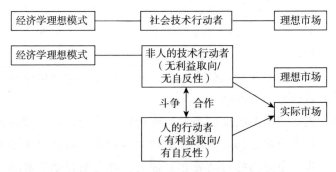

图 2　操演性理论的市场建构思路 vs 修正后的市场建构过程

在中关村的案例中，人的行动者包括商会和管理者、商家、消费者。

在具体的建构过程中，商家与非人的技术行动者——电子报价系统和明码标价制，有着直接的利益冲突和斗争。而商会和管理者与非人的技术行动者之间的关系则是斗争与合作并存。两种人的行动者对非人的技术行动者的不同策略，也体现了人的行动者内部的分化、冲突和共谋。因此，回到操演性视角，商会和管理者与改革的被动接受者——商家，未能在操演的过程中成功地整合，而是进行了不同的操演实践。这也是操演过程中行动者集合出现偏差的主要根源之一。

从第二点——利益格局因素来看，操演性理论尤其是其代表人物卡隆坚守的较为极端的建构论思想，拒绝假定逻辑上先在的结构因素影响最终的建构结果。然而在真实的实践中，我们在中关村的确发现了微妙的利益格局，影响了最终的建构结果。具有改革主导权的市场管理者，实际上在重构市场之前就面临利益结构的二元困境。

在引入新的技术工具之前，具有改革主导权的市场管理者和被管理者之间形成了微妙的利益平衡。但这样的平衡状态同时又是一个典型的悖论。不进一步改革市场，不完善的市场带来的合法性危机最终会减少销量，损害管理者的自身利益；而彻底重建一个趋于理想的市场，去除虚假繁荣后，缩小的市场规模又会损害管理者的利益。

在这样的情况下，管理者有可能采取一种形式上推动市场重构而实质上含混实施的策略：技术上推动改革，却放任改革结果。任何针对市场本身的技术性改变往往在实践中任由人的行动者扭曲和悬置，成为一种形式上的改变。形式上的改变既可以表明自己的姿态，如社会学中新制度主义流派所描述的，获得一种制度上的合法性（Meyer & Rowan, 1977），又可以在实质上维持现有的市场格局。因此，在这种情境下，单纯地引入经济学理论和技术，并不一定能实现理论预期，让理论凭借简单的物质载体，就能操演出现实，重构市场。相反，重建的真实性和有效性都受到质疑。

从整个操演性理论的发展来看，在操演性理论的阵营内部，麦肯茨和米罗也有疑问，即是否应该将传统的社会学引入，一起来解释一些市场现象（MacKenzie & Millio, 2003）。因为极端的建构主义色彩，使得先在的社会结构因素都一并消解，利益格局等概念在其中也无法立足。中关村的经验研究的理论意义在于，在一定程度上支持了麦肯茨的怀疑，主要表现在两个方面。首先，与社会学传统的建构主义相比，操演性理论更加强调非人的技术行动者的作用。而中关村的建构失败表明，人的行动者的作用不能因此被忽视。其次，操演性理论中极端的建构－解构主义色彩，需要进行一定程度的综合。市场中先在的结构因素，并不能被完全排除。中关村电子市场改革前既有的利益格局，确实对市场建构产生了真实影响。为了将利益格局的概念引入操演性理论，我们也可以将利益格局视为在市场建构过程中不断生成变化的"联系"，各个行动者处于不断变化的相对利益"位置"上，随着时间、实践形势的变化而变化。这种不断的生成性和变化性也为市场的真实改变带来了希望。

作为一个正在形成且尚需不断经受质疑的学派，操演性理论的研究者们往往试图找到现实生活中的操演成功的案例，打破经济学仅是对已有现象描述和解释的成见，来证明操演性的真实存在。然而，当操演性理论遭遇中国具体的改革情境时，在经济学理论、政治改革理论往往已成为改革指南的常态下，我们也有必要对中国特定的经验进行思考，反思理论在市场建构中无法得以成功操演的根源。

参考文献

顾曰国，1989，《奥斯汀的言语行为理论：诠释与批判》，《外国语教学与研究》第1期。

刘少杰，2010，《陌生关系熟悉化的市场意义——关于培育市场交易秩序的本土化探索》，《天津社会科学》第4期。

马文婷，2008，《中关村报价系统上线》，《京华时报》12月1日。

莫好，2009，《电子卖场明码标价难在哪?》，人民网，http://it.people.com.cn/GB/9798335.html。

钱存瑞，1994，《对完全竞争市场模型的剖析》，《理论研究》第2期。

石北燕，2008，《中关村推出产品报价系统》，《经济参考报》12月4日。

吴莹、卢雨霞、陈家建、王一鸽，2008，《跟随行动者重组社会——读拉图尔的〈重组社会——行动者网络理论〉》，《社会学研究》第2期。

《消费主张》栏目组，2010，《便宜报价、黑心诱购》，央视网站，http://jingji.cntv.cn/program/xfzz/20100223/105439.shtml。

羽舟，2002，《中关村：让历史告诉未来》，《中国计算机报》9月30日。

张军，2010，《中关村电子市场交易秩序研究》，中国人民大学博士学位论文。

中关村科技园管委会，2006，《中关村科技园区志：电子市场篇 征求意见稿》，5月30日，http://cycathy.blog.bokee.net/bloggermodule/blog_viewblog.do?id=243588。

Abolafia, M. Y. 1996, *Making Markets: Opportunism and Restraint on Wall Street.* Cambridge: Harvard University Press.

Austin, J. L. 1962, *How to Do Things with Words*. Oxford: Clarendon.

Callon, M. 1995, "Four Models for the Dynamics of Science." In S. Jasanoff (ed.), *Handbook of Science and Technology Studies*. Thousand Oaks, Cal: Sage Publication.

Callon, M. 1998, *The Laws of the Markets*. Oxford: Blackwell.

Callon, M. 2007, "What Does it Mean to Say That Economics is Performative?" In MacKenzie (ed.), *Do Economists Make Markets*? New Jersey: PrincetonUniversity Press.

Cetina, K. K. 2006, "How Are Global Markets Global? The Architecture of a Flow World." In Cetina (ed.), *The Sociology of Financial Markets*. New York: Oxford University Press.

Ferguson, C. & J. Gould 1975, *Microeconomic Theory*. Homewood, Ill: R. D. Irwin.

Fligstein, N & L. Dauter 2007, "The Sociology of Markets." *Annual Review of Sociology* 33.

Giddens, A. 1991, *Modernity and Self-identity*. Stanford: Stanford University Press.

Latour, B. 2005, *Reassembling the Social: An introduction to Actor-Network-Theory*. New York: Oxford University Press.

MacKenzie, D. 2007, "Is Economics Performative? Option Theory and the Construction of Derivatives Markets." In MacKenzie (ed.), *Do Economists Make Markets*? New Jersey: Princeton University Press.

MacKenzie, D., Muniesa F, &, Siu, L. 2007, "Introduction." In MacKenzey (ed.), *Do Economists Make Markets*? New Jersey: Princeton University Press.

MacKenzie, D. & Y. Millio 2003, "Constructing a Market, Performing Theory: The Historical Sociology of a Financial Derivative Exchange." *American Journal of Sociology* 109.

Meyer, J. & B. Rowan 1977, "Institutionalized Organizations: Formal Structure as Myth and Ceremony." *American Journal of Sociology* 83.

Morgan, G. 2008, "Market Formation and Governance in International Financial Markets: The Case of OTC Derivatives." *Human Relations* 61.

Parpet, C. F. M. 2007, "The Social Construction of a Perfect Market: The Strawberry Auction at Fontains-en-Sologne." In MacKenzie (ed.), *Do Economists Make Markets*? New Jersey: Princeton University Press.

Preda, A. 2006, "Socio-Technical Agency in Financial Markets: The Case of Stock Ticker." *Social Study of Science* 36.

Preda, A. 2007, "Where do Analysts Come From? The Case of Financial Chartism." *The Sociological Review* 55.

Swedberg, R. 2000, "The Role of the Market in Max Weber's Work." *Theory and Society* 29.

产业研究

关系密集型市场的成因与后果[*]

李林艳[**]

市场运行的本质，是市场参与者之间行动的相互协调。传统的市场观念认为市场的协调机制是唯一的且固定不变的：孤立的个体做出离散的决策，而敏感的价格机制像一个自动装置，把无根的匿名者结合为一个协作的整体。然而，市场也可被看作由有血有肉的个体行动者所构成，在特定的制度背景下，他们的行动通过角色扮演、社会期待与文化共识结合为一体。显然，中国房地产市场更接近于后一种情形。通过对访谈资料的整理和分析，我们已经领略了基于关系的角色扮演、社会期待与文化共识对于当前我国房地产市场协调与组织的重要性。鉴于关系对于市场协调的核心作用，笔者把当前中国的房地产市场界定为"关系密集型市场"。

关系密集型市场何以形成，又带来怎样的后果？笔者尝试从房地产市场的两个显著特性入手来加以阐明：其一，房地产市场属于资金密集型市场；其二，房地产市场属于深度嵌入型市场。资金密集意味着，中国房地产市场发育和发展初期的资金短缺，不可避免地造成了房地产行业内部的运行紧张；而深度嵌入则意味着，中国房地产市场的运行易于受到外部制度环境的制约。二者构成了我们分析中国房地产市场运行机制的重要线索。在笔者看来，房地产企业以关系取向的文化共识为策略装备，以松动各种外部制度约束为手段，有效地缓解了资金短缺，在"东奔西突"中赢得市场生存机会的同时，也共同营造出了一种"关系密

---

   * 本文原载李林艳《关系、权力与市场——中国房地产业的社会学研究》一书（社会科学文献出版社，2008）的第七章和第八章；收入本书时略有修改。

  ** 李林艳，东南大学人文学院社会学系副教授。

集"的特殊市场氛围。

一 关系密集型市场形态的形成

（一） 社会关系与资金运用

一般认为，从事房地产业需要大量的资金，也就是说，资金是进入这个行业的天然门槛。从正统经济学的角度来看，之所以会有一部分资金流入或流出房地产业，是行业之间市场机会和利润差异自发调节的结果。然而，在中国经济转型的特定背景之下，在一定时期内，资金的匮乏是整体意义上的，市场的发育与资金的累积几乎同步进行。从市场培育的角度来看，房地产市场要想存在和延续下去，相关经营者必须拥有一定的资本金以保证开发能力，同时商品房的需求者拥有一定财产和收入以保证购买力。中国的市场经济发展如何造就了一批有相当购买力的商品房消费者，从而以旺盛需求拉动了房地产市场的飞速发展，这不是本研究所要解释的问题。这里笔者感兴趣的问题是，在资金匮乏的历史背景下，房地产市场如何得以起步？或者说，资金的限制如何塑造了中国房地产市场的独特秩序？我们注意到，直至 2003 年，中央银行才开始对申请贷款的房地产企业自有资金的比例做出严格限定，这一政策得以出台并且具备可操作性的前提条件在于，经过一段时期的运转，中国房地产业开始涌现和涌入一批具有相当资金实力的经营者。至此，中国的房地产市场才开始具备资金规范化运作的基本条件。

中国有句俗语，"没有金刚钻，别揽瓷器活"，但相应地，也有"四两拨千斤"之说。在物理学中，运用杠杆原理，以一个很小的力量撬动一个重量巨大的物体，是可行的。这一物理学原理，颇适合于形容中国房地产企业的资本运营策略：房地产商以少量的至少是不充足的初始资本金，用衔接紧密的"关系"链条，带动了整个房地产项目的运转。不过，这里不是在颂扬企业家以小博大的胆识和胸怀，虽然到底是什么构成了房地产业的"企业家精神"确实值得深究。相反，我们借用这一隐喻，揭示在特殊的制度环境之下，中国房地产市场发育的微观社会动力。

在一部地产小说当中，作者生动地描绘了房地产老板出手大方、"打肿脸充胖子"的酸楚心理（乔萨，2003）。这也从侧面说明，"房地产老板"与"财富"之间的符号关联，以及房地产老板的言行与这种符号保持一致的重要性。而实际上，这些财富的真正所有者可能是国家、银行、建筑商、供应商、代理商、其他合作者或期房的消费者，而真正属于他们自己的只是其中很少的一部分。只是经由特定的操作步骤，他们成了这些财富的合法支配者。

现在我们回到当初的问题：对于一个资本金严重匮乏的房地产开发商来说，采用怎样的筹措手段来获得项目运转所需要的资金？根据被访者和相关报刊的披露，我们看到，在这一行业，存在以下常见操作步骤。

（1）在与政府或集体达成土地转让协议之后，开发商一般只需支付一笔保证金，保证金数额只占全部土地转让费用的极小比例，或者支付最低限度的土地转让金。所谓最低限度，是指土地转让金当中不存在缓缴可能性的那一部分，一般用于给付上级政府。总之，开发商可在足额缴纳土地转让金之前，从土地管理部门预先获得土地证。当然，在2003年实行"招拍挂"以后，这种情况已经基本不存在了。

（2）获得土地证以后，开发商可以围绕土地进行各种操作，以期提高土地的价值。其中包括：通过影响资产评估机构，高估土地的价值；以高估的土地价值，从银行取得高额的不动产抵押贷款；通过影响政府相关部门，使有限面积的地块释放出最大的开发利润。其中，大的变动包括变更土地性质，小的操作包括加高楼层、缩小楼间距、减少车库面积等。从这些操作可以看出，开发商经营活动的一个很重要的内容，是对土地的价值进行"社会建构"。而在特定的制度背景下，地块的潜在商业价值也确实拥有巨大的社会建构空间。

（3）以银行贷款支付部分剩余的土地费用，如拆迁费、青苗费等各项动迁费用，以及项目前期所需缴纳的教育附加费等五项规费。当然，所有这些前期应该缴纳的费用，经过一定的操作，都有压缩的空间。

（4）银行贷款若略有剩余，可用于支付设计费和建立项目公司。

（5）招揽建筑商。在中国，由于建筑公司对建设工程的竞争异常激烈，所以开发商能够开出苛刻的交易条件。原本应由开发商支付的工程建设费和建筑材料费，可由建筑商垫付。实际上，建筑商的生存本身已经非常艰难，未必具备足够的垫付能力，因此所谓的"垫付"，往往是以建筑商拖欠建筑工人的工资为代价方才得以实现。我们看到，最终这一行业的资金困难，被转嫁到该行业最为弱势的、由农民工组成的建筑工人头上，造成一系列社会问题。好在近年来由于农民工群体的道义抗争、国务院和相关部门的介入，农民工工资拖欠问题已有所缓解。

（6）项目一经动工，即可向银行争取项目贷款，并且借助各种名目提前销售，收取购房订金或预售款。曾有一段时期，项目开工后，就能够合法地出售"楼花"，这意味着销售回款可以合法地充当项目建设款。

（7）由销售代理商预先支付一笔保证金。有时这笔保证金可以在资金链面临中断时解决燃眉之急。

（8）当然，也可以在土地开发项目获准之后，以股份合作的方式与其他企业合作开发，由对方提供开发所需的后续资金。不过这意味着损失一部分利润，一般开发商不愿把到嘴的"肥肉"拱手相让，宁愿苦苦支撑，等待转机。

（9）常见的手法还包括，仰仗与政府丰富的人脉关系，不断获得新的土地，获得新的贷款，以保证资金链条的连续性。这种手法易于导致"圈地、挖坑、骗钱、走人"的欺诈事件。

（10）当然，对于经营多元化的企业来说，资本运营的方法更为多样。笔者所调查的一家房地产企业，母公司从事零售连锁经营，拥有充足的现金流，较好地保证了房地产项目及时还贷和获取后续贷款的能力。

归结起来就是，开发商的资本运作手法，不外乎在各个环节、以各种方式来降低资金成本和提高资金利润。这些策略主要有以下四种。

第一种是改变资金流动的时间表，通过时间差来达到以小钱办大事的目的。前述土地转让费用的缓缴，显然是与相关政策相违背的，但在现实中又是相当普遍的做法。这样的做法之所以可行，从制度上看，是因为土地产权的国有或集体性质，以及对土地的实际代理者缺乏应有的监督和约束。而地方政府的经济开发使命，也间接地为上述做法提供了合法性支持。这类做法的畅行无阻，不仅间接降低了进入房地产市场的资金门槛，难以保证开发商的基本资质，而且设置了企业从政府部门获得通融的社会关系门槛，为没有社会关系的企业进入这一行业设置了障碍。

第二种是改变资金流动的方向。理论上，在房地产业，开发商的自有资金和信贷资金除用于获取土地和房地产开发项目，在项目运营期间还需支付建设企业、材料企业和代理企业各项应付费用，只有待房屋销售出去后，才有资金回笼，完成一次资本的循环。但在中国的房地产市场中，不难发现，开发商的初始资金在获得销售回款之前已经经过了无数次的滚动，而每一次的滚动都带入了新的资金，无论这些资金来自银行、建筑企业、材料供应商、代理商，还是消费者。正因为"以四两拨千斤",房地产企业内部流行的利润计算方法,是自有资金盈利率,而不是官方的利润率计算方法。这间接说明,在房地产市场,开发商的真正角色是财富的开源者,他们用少量的初始资本,掀动了一股巨大的资金流动和增值浪潮,把各方行动者的资金汇聚到一起,其中每一方都希望从资金的流动中获利。

第三种是降低资金成本。通过与政府部门的融通,尽量减少缴纳项目前期的各项费用。这可谓开发商节约资本金的基本技巧,前文已详细记述。

第四种是加快资金流动的速度。对于有限的资本金来说,如何充分发挥它们的功用,是开发商经营策略的一个核心部分。然而,无论多么精明的商人,都不可能把一分钱当两分钱用,因此,不断地挪用资金、拆东补西,是开发商常用的手段。前文已经提到,很多开发商都采用虚假注资或撤资的方法,显然这种做法是违反有关规定的,也给交易对象带来交易风险。问题是在开发商与行政执法部门的博弈当中,最终谁都不会是真正的输家。因为只要开发商处理关系得当,执法者很少会根据国家规定来立案和处罚,而是以变通的方式通过缴纳少量罚金来解决问题。这无疑助长了企业通过违规来节约资本金的冲动。

上述四种策略当中,在我们看来,第二种主要涉及的是房地产市场不同行动者之间商业利益的协调与分配,这是市场内部的地位结构使然。而另外三种策略,需要政府方面的协作方能实现,因此与房地产市场的制度环境直接相关。

(二) 制度基础与微观环境

1. 制度环境的适应问题

组织无不受制于它所在的制度环境。正如动物对环境的调适方式多种多样,组织适应环境的方式也是如此。除了与制度环境的要求保持高度一致,组织还会选择其他的适应方式。新制度主义者的"脱耦"(de-coopling)、对立规范(opposition norms)等概念,揭示了组织与制度环境间关系的多样性和复杂性。如前所述,房地产市场是高度嵌入制度环境当中的,房地产企业与各级政府和各部门的互动十分频繁和广泛。那么,如何理解房地产企业与制度环境的关系?房地产企业采取何种策略适应制度环境的要求?结合访谈资料,笔者认为,在特定制度条件下,努力营造出一个顺畅的微观制度环境,操纵规则、欺上瞒下、蒙混过关,是房地产企业适应环境要求的典型方式，也是它们获取经济优势（economic advantages）的法宝之一。而房地产企业与政府部门之间的关系实践，是企业营造微观制度环境的主要策略。

2. 房地产制度的形式合理性

以操纵规则来获得生存和发展的空间，企业的这种环境适应方式固然与企业自身在资金方面存在先天不足有关，但同时也与制度环境的特点有莫大关联。关于制度环境的特点，前文已结合历史语境与制度遗产对中国的官僚体制进行了初步分析。在此从市场经济与科层制之间关系的角度，进一步加以阐释。

韦伯曾经论及，资本主义和科层制相互发现了对方，并且紧密结合在一起。在埃文斯看来，韦伯这一视角的价值在于，"它超越了关于什么政策可能支持市场的讨论，而把议题引向：要想成为私人企业家群体的有力对手，国家应该具备怎样的制度结构"（Evans，1995：31）。在韦伯-埃文斯视角下，国家的各项制度，对于市场行动者来说，最根本的作用在于，明确了哪些经济利益是值得追求的，哪些是应该受到阻止的。

作为规范和约束房地产经营者的各项制度，至少在其形式上应该具备：①公开性；②稳定性和连续性；③明晰性；④健全的执行机制。

就公开性而言，一些房地产制度并未被公布。很多文件都掌握在政府的手中，市场行动者通过正常渠道无法获悉这些规定的详细内容。在这种情形下，由于房地产项目常常具有特殊性，对于如何合法合理地处理一些特殊问题，房地产商可谓云里雾里、晕头转向，无奈只有通过关系，来求得这些知识。当规则内容只能通过人情交换的渠道传递给特定的市场行动者时，不仅带来市场行动者之间信息不平等，不利于民众监督政府行为，而且导致经济行为无法通过正式渠道顺利进行。

就稳定性和连续性而言，中国的房地产制度完全可以用"多变"来形容。比如，商品房的标准几乎每年都在发生变化。房地产是一个生产周期较长的产业，规则的多变性无疑为开发商的经营活动带来很大困扰。笔者在调查中发现，南京市近几年在拆迁补偿标准、车库面积、阳光权、环保性能方面的规则变动过快，每一次变动都意味着土地成本和收益的重新核算，为开发商的资金运营带来很大的不确定性。这种变动固然是时代发展和进步过快使然，但政府相关部门在制定规则时缺乏应有的前瞻性，在新规则的适用上不预留一定的调整时间，因此难辞其咎。在这种规则多变的环境下从事经营活动，开发商依靠关系来变通规则，稳定经营环境，似乎也在情理之中。

在规则的明晰性方面，地方政府制定的房地产规则就更加漏洞百出。前文中已经多处提及，这里不再赘述。

在执行机制方面，房地产制度同样存在不少问题。地方政府与中央政府目标不一致，各个部门追求本位利益，都易于导致执行过程中规则的扭曲与变形，从而损害各项房地产制度的权威性和正当性。

3. 关系实践的模式化

笔者把房地产市场中的关系，视为房地产企业营造微观制度环境的努力。这种努力体现了企业积极适应环境的能动性。一方面，企业利用制度的漏洞，弥补自身在市场能力特别是资金方面的严重缺陷；另一方面，我们必须承认，在规则存在不稳定性、执行部门具有裁量空间的制度环境下，企业十分脆弱，因此设法用一种"关系"装置来舒缓来自环境的约束、干扰和伤害，也是房地产企业的无奈之举。特别是房地产项目生产周期性较长，所以开发商对环境的易变性施加必要的控制，是十分必要的。然而，随着企业争相仿效，关系逐渐大行其道，久而久之，制度环境也发生微妙的变化：这种营造微观环境的应对策略，养肥了国家代理人，从而导致制度环境的"反扑"——国家代理人已然习惯了"雁过拔毛"，企业若不遵守这一潜规则，就会遭到软性制裁，而这显然是企业所不愿见到的。随着企业与政府之间关系交往的日益模式化、习俗化，房地产企业已深陷自己一手参与创造的制度环境当中，无法自拔。

（三）文化特质与利益组合

接下来的问题是，精巧的"关系"装置如何能够融化政府科层体制的冰冷规则？政府部门与房地产企业的"协作"如何成为可能？

通过访谈资料，我们看到，关系运作的实质，是房地产企业和政府官僚从中获得了自己期望的利益。关系的这种性质，很容易让人把关系与寻租（rent-seeking）画等号。这正是对于关系的理解易于引起分歧和争议的地方。而笔者倾向于认为，寻租可以部分地解释关系的目的，如人们发动关系的意图，大多是要通过政府机制来影响财富转移的机会，从这点来看，关系可谓典型意义上的寻租（Tullock，1993）。然而，寻租并不能充分解释关系的内在动力和运作逻辑。从访谈资料来看，关系更适合阐释为一种文化策略行动。首先，已经有学者指出，寻租的概念具有经济还原论的色彩，它忽略了政府官僚的政治动机（Bates，1990）。确实，被访者关于"官员要绩，企业要利"的说法已经表明，在政府官员的偏好结构中，绩效是重要的组成部分。这意味着我们所谓的结构主导型关系属于有选择的联合行动，从中特定的官员与企业各得其所。对于这种情形，用寻租来解释未免过于平面化。其次，寻租概念也忽略了政府官僚与企业家利益协调机制的社会性。如有被访者强调，关系绝非一手交钱、一手交货的买卖性质。"在关系网中间，是要花钱办事，但如果说这个交易是明码标价的，那谁都可以做。"访谈资料表明，关系遵循的是一种互为对方着想的"互惠"（reciprocity）逻辑，而非纯粹的等价交换逻辑。如有被访者提到，开发商为了保持与有关人员关系的持续性，出于对自身声誉的考虑，通常都会尽可能地表现得慷慨爽快。开发商在此所遵循的慷慨原则，与当前开发商在消费者心目中极端精明、吝啬的形象形成鲜明对照。显然，"投之以桃，报之以李"，这种慷慨属于社会交换的美德，与一次性交割的经济交换在原则上相悖。再次，正因为互惠逻辑占据主导地位，关系比简单的寻租活动易于保护当事人的安全。很多被访者在谈及与政府的关系时都强调，至少从操作的角度来说，一次性交割的贿赂关系，因双方缺乏信任，可靠性和安全性大大降低，而被越来越多的游戏者弃用。最后，关系是以情感为基础的。不仅"帮忙"（favor）之类的说法为人们利用公权追求私利的行为提供托词，给这类行为披上合理性外衣，而且人情的相互亏欠、相对密集网络中的社会压力，本身也是政府官僚发出所谓寻租行为的动力因素。

基于以上的区辨，我们认为房地产市场中的关系，是具有丰富文化意涵的社会网络结构，不宜用贿赂、寻租这类概念粗暴地加以肢解。

众所周知，中国人有一套人与人之间根据彼此关系的亲疏而相互区别对待的文化系统。其中，关系是基于情感差异的复杂社会分类系统，是社会交往的认同与差异化策略，是个体生活世界布局与延展的手段，它决定了个体之间互惠原则的适用范围。从互惠的角度来看，虽然互惠是自古以来几乎任何社会都普遍存在的社会行为，然而，互惠在具有普适性的同时也具有鲜明的文化差异。关系代表了中国式的精巧互惠模式：关系的疏密和远近，规定着互惠的范围、程度与方向，因而从中可以预知社会分子结构的结晶图式。互惠文化之所以在房地产市场中大行其道，其根源在于，房地产市场虽身陷各种制度的包围之中，但由于这些制度本身在内容和形式上存在诸多不合理成分，其合法性和制约效力是非常微弱的。换言之，关系文化在一种约束既多且弱的制度环境下，指引着利益组合的方向，它以其特有的互惠逻辑替代了科层制的制度逻辑。

事实上，在笔者看来，在中国的房地产市场当中，关系是一种先在的文化范畴，它把这一市场中某些参与者的行动协调起来。而且，关系更多地通行于企业家同政府官僚中间，促成他们之间的利益组合，因此可以认为，在中国房地产市场中所存在的关系现象，在本质上是掌握经济资源和政治资源的精英之间的策略性网络，他们基于共同的文化理解，通过社会性的操作手法，进行着各种稀缺资源的交换。

二　关系密集型市场的经济与社会后果

（一）市场的失序与脆弱

密集的关系，必然导致房地产市场的混乱。在一个市场中，当通过与制度环境的微调即可获得较高的收益时，企业自然降低了改善内部经营管理和提高产品质量的动力。不仅如此，房地产企业利用关系调适环境的活动，还直接导致权力向市场的渗透，让权力参与到房地产市场的资源配置过程当中。这种状况，破坏了企业之间的平等竞争，扭曲了市场的优胜劣汰机制，最终使市场沦为开发商和各方行动者实现利润和财富合法化的一个手段。显然，这样一个市场是不可能为整个社会提供质量可靠和价格适中的住房的。价格的飞涨、质量的低劣、频发的欺诈，无不在昭示这一市场的混乱格局。

"四两拨千斤"的隐喻，也暴露了中国房地产市场的另一个致命缺陷——脆弱性：以社会关系这一精巧的社会装置，来推动市场的运作，本身需要各个环节精确无误的配合，只要其中某一个环节失控，就会带来多米诺骨牌般的破坏效应，造成无法挽回的后果。比如各种宏观调控措施，总能在房地产业内部带来不小的震动，如向中小城市的集体出走，企业间的合资、吞并与收购，这些症候暴露了房地产开发者抵御政策风险的脆弱性。实际上，在中国经济转型中，国家政策目标、经济发展周期、城市规划条例、政府机构和职能的设置，甚至民众的维权意识，都在不断调整中，所有这些外部环境中浮现的不确定性因素，都牵动着房地产市场的神经中枢，都有可能招致房地产市场局部和全局的失控。

（二）社会结构的失衡

关系仅在其促进部分社会成员合作的意义上是一种集合行为（collective action），就整个共同体而言，它建构了基于自私的社会团结而非整体意义上的社会整合和集体行动。显然，在存在密集关系的房地产市场当中，场域参与者之间利益的分化只会因关系的泛滥而更为严重。从表面上看，这种分化是在获得房地产暴利的开发商和背负沉重住房负担的普通市民之间进行的，而实际上分化绝不仅限于这两个群体。

桑默斯曾指出，即使是马克思，也表现出了实质主义的倾向，最明显地，他把阶级利益具体化，假定在同一个阶级类别中的行动者将发出同样的行动，即使他们在交易流程中或者关系场景中处于不同的位置（Somers，1994）。桑默斯的阐释提醒我们既要注意房地产市场中阶级阶层地位对于利益组合的决定作用，也要注意基于关系实践而产生的阶级阶层内部的利益分化。房地产市场开创了一股巨大的财富洪流，每个群体和个人都试图与这个市场发生点关系，从中捞取一份利益。显然，关系使他们中的一部分轻而易举地搭上房地产财富的快车。但我们也不能夸大关系场景的作用。就各路精英利用关系获益这种情形而论，恐怕正是他们的阶层类别决定了他们在交易流程中得以占据有利位置。至于关系经营的能力，只不过促进了精英群体内部的社会分化。

（三）"关系黑洞"与转型经济的迷途

新古典经济学家坚信，只要彻底打破旧的世界，市场可以即刻创造一个新世界。这一逻辑在苏联和东欧"只有休克，没有治疗"的残酷现实面前似乎破产了。中国的改革逻辑似乎是，努力培育市场，使市场的力量快速成长起来。似乎一旦市场在旧的世界中成长壮大起来，市场的因素就可以自动摧毁和改变旧世界中的不合理因素。殊不知，期待市场能"从计划中成长"（Naughton，1995），这本身便包含了深刻的逻辑矛盾。在一个挤压市场逻辑的世界当中，市场真的能够成长起来吗？成长起来的也许只是一个形似市场的庞大怪物，因为它吸收的是全然不同的制度营养。

诚然，一旦展开制度建设，建立在起初的某种成本优势之上的制度形式迟早会占据支配地位，所有其他制度必定会因缺乏竞争力而萎缩。因此，过一段时间后真正的制度选择就会消失。一旦边际成本的优势被确立，一种恶性循环就启动了……事实上，制度变成数学上称之为吸引子（attractor）的东西，或用一个更富有比喻性的说法，我们也许可以称它为"交易黑洞"（transactional black hole）：它将起初也许漂流在数据场中很遥远部分的交易吸引到其轨道上，并将它保留在那里，一个也不让它们逃离（布瓦索，2000：393）。

在一个关系能为企业带来优势的市场中，关系的方法会被模仿而逐渐获得发展和扩散。我们看到，在房地产市场中，制度选择的结果就是市场的优胜劣汰机制被迫退居边缘，一种关系秩序逐渐占据主导地位，并有可能演化为"关系黑洞"（guanxi black hole）。由于现行的官僚体制与发展市场经济的要求之间存在一些裂隙，而房地产业出于资金短缺和制度依赖，对这些制度空隙的利用最为充分，乃至达到登峰造极的地步。当这些制度的缝隙被连接起来，势必扩大为"关系黑洞"。

当然，"关系黑洞"的黯淡未来，与中国的关系文化传统也有莫大关系。实际上，"关系黑洞"仿佛文化在官僚制度与市场之间所制造的的"短路"，令官僚制度与市场之间失去了相互牵制的能力。在这种情形下，官僚制度即使不是离市场的要求越来越远，至少也被锁定在一种超稳定的状态。而随着市场机制的边缘化，市场本身也逐渐远离了其本质，蜕变为一种敛财和财富合法化的工具。这种状况又不断地在教育和选择它的经济主体，结果是开发商越来越精于关系之道，也越来越依赖与政府的利益合作。"关系黑洞"把来自市场主体和知识精英的制度变革要求吸附殆尽。

房地产市场的这种状况是否预示着，中国的市场经济的发展步入了一个怪圈？虽然房地产市场只是中国的一个经济部门，它自身的某些特殊性决定了它的运行机制不能代表中国整体的经济秩序。但种种迹象表明，房地产市场对于中国整个经济体系的影响力是巨大的，并且这种影响还在进一步扩大之中。于是，我们担心中国的转型经济会被引入歧途。当然，我们不是彻底的悲观主义者。正如在西方资本主义发展初期，韦伯曾经思考："要想成为私人企业家群体的有力对手，国家应该具备怎样的制度结构？"（Evans, 1995：31）同样，我们也应该思考：国家应该具备怎样的制度结构，使之与关系主义的文化特质相匹配，才能成为私人企业家群体的有力对手？

三　关系分化论的构想

（一）关系趋势的三种判断

每个时代的学者都有自己的使命和问题。对于今天的关系研究者来说，面对中国划时代的巨大变革，也许没有比关系在这场变革当中的意义与命运更值得探究的了。在中国全面迈向市场经济的过程中，关系这一古老的文化惯习将走向何处？这是目前很多学者关注的问题。我们注意到，对于关系在市场经济中的作用，当前学者有着不同的判断。这些判断大体分为为三种：式微论、持续论和过渡论。

式微论认为，关系实践在中国的城市经济中正趋于衰落，取而代之的将是与西方市场经济一脉相承的法理秩序（rational - legal order）（Guthrie，2000）。与之相对，持续论认为，鉴于很多的商业交易都是在关系网络的系统中完成的，因此中国所发展的经济秩序可被称为"网络资本主义"（network capitalism），它从根本上有别于西方的市场资本主义（Boisot & Child，1996）。过渡论的观点界于这两种立场之间：在对当前关系之重要性的判断上，接近持续论，即认为在制度匮乏的状态下，关系网络发挥了维护交易秩序的功能，从而肯定了关系网络存在的现实合理性；而在关系的发展趋势上，又回到式微论，假定关系实践在中国市场经济的发展过程中，只是一种过渡性的和即将消逝的现象（Peng & Luo，2000；Xin & Pearce，1996）。

（二）关系分化论的提出

根据对房地产市场中关系现象的解读，笔者尝试提出一种分化论的观点，即认为关系在当前中国的市场经济中存在分化的趋势。分化论并不是针对以上争议所提出的一种折中方案，而是根据实证研究和理论分析所提出的审慎判断。一方面，关系在某些活动领域确实有弱化的迹象。这种弱化的趋势可以从房地产商在项目后期对关系的回避态度中窥见一斑，而从更深层次来看，这似乎表明，市场这种新生的现代社会结构构成了对关系这种原生性组织的限制力量。但即使如此，我们也并没有看到开发商完全不顾关系、一味地追求利润的做法，他们更多的是在市场原则容许的范围内，将各种关系加以妥善处理。实际上，笔者认为，关系文化传统要想在中国的市场经济中保持其生命力，就必须接受市场这种现代社会结构的改造，使自身能够为市场机制所包容，甚至是参与和促进市场交换。遗憾的是，在访谈资料当中，对于关系如何促进市场交换、降低交易成本，很少涉及。笔者推测，这主要不是因为资料收集的偏差，而是因为房地产市场过多地受到制度环境的干扰，以至于市场机制不够彰显。有关这方面，恐怕要结合对其他类型行业或市场的比较研究，方能得出有价值的结论。

另一方面，在某些活动领域，关系仍然保持强大的生命力。这是访谈资料最为支持的一个研究结论。笔者判断，关系之所以能在房地产市场中释放强大的生命力，主要根源在于房地产市场的制度环境特征。由于种种原因，房地产企业严重依赖其制度环境。而为了营造一个有利于自身的微观经营环境，房地产商有意识地借助关系来操纵各种制度规则。这里关系的实质是，作为经济与政治之间的制度桥梁，将政治权力导入市场领域进行交换，从而使关系连带地也开始具备了某种市场价值。

总之，关系的分化论意在强调，在特定的历史时段，市场机制的上升并不必然导致关系地位的下降，二者之间并非相互排斥的。相反，鉴于市场本身没有固定的模式，我们必须在经验层面对关系与市场之间联系的多种可能性有所察觉。学界研究业已证实，社会网络机制与市场机制之间存在一定程度的契合性，因此，我们有必要对关系在市场中发挥的促进交换的功能充满好奇与期待。此外，关系的分化论还暗含着，在官僚制度、关系文化和市场形态之间存在微妙的互动关系，它们相互作用、彼此纠缠。正因为如此，有关关系命运的争论，不应该仅局限于市场与关系的单边关系，还应该着眼于这三者之间关联的广阔可能性。只有这样，才可能消除歧见，真正在关系研究上有所进展。

本研究试图将关系的命运这一问题，纳入一种市场构成的理论中去思考。如前所述，市场秩序是在两个层面生成的：一个是宏观上的制度基础；另一个是微观上的交易安排。理论上，关系可能在不同生长基上生长：一个是借助市场机制的相容性，即由于发挥促进交换的功能而在市场里自发地形成和演变；另一个是借助制度基础对市场的影响力，而被嫁接到市场的交易安排中来。生长基的不同，正是实证研究中关系呈现不同形态和发挥不同作用的根本原因。当然，这也构成我们对房地产市场中关系的作用以及关系分化论的一种理论解释。

（三）超越强弱关系的二元分立

这项关系研究，也是在整理和批判西方社会网络分析文献之后的再出发。一方面，本研究强调关系是中国社会长期以来形成的一种文化传统，从而克服西方社会网络研究过度重视空疏的社会结构，而忽略其中的文化内容的严重缺陷。另一方面，本研究还着力挖掘制度与社会网络之间的关联机制。虽然受到资料的限制，本文对于社会关系与制度基础的联结机制并没有进行深入的讨论，但通过中国房地产市场中的关系现象，至少让我们看到，在特定的制度条件与文化脉络当中，社会关系具有分解、操纵甚至颠覆制度规则的可怕能量。

本研究也试图借鉴西方的社会网络理论，对中国的关系文化传统做出结构主义的解读。一方面，我们承认，西方网络理论有关强、弱关系的划分，对于认识中西方的社会生活提供了独特的洞察力，并且赞同强关系和弱关系具有各自的优势和劣势的论断。另一方面，我们也看到，西方制度背景下发展起来的网络理论未免把弱关系和强关系的二元分立绝对化了。中国文化敞开了弱关系和强关系之间的另一种可能性，即提供了一种它们彼此之间相互转化的文化路径。笔者提出，关系这种主要用于处理弱关系的文化传统，通过旨在强化弱关系的一系列礼仪、规范和认知图式，塑造了中国社会的结构面貌。并且，笔者认为，作为一种悠久的文化传统，关系对于社会结构的这种构成性影响不会轻易地在中国社会消失，因此应该提升到中国社会的本体论的高度来思考其作用。

在中国的房地产市场当中，我们看到，关系的强化主要是通过培养感情来实现的。这说明，在当前中国社会，感情因素可能是区辨关系纽带之强弱的关键尺度。这使我们相信，拉关系不是赤裸裸的利益追求，它是彼此心思和顺基础上的自愿帮助或者合作，因而充其量是对利益的曲折表达和追求。当然，我们也看到，关系中的信任因素似乎越来越得到强调，只是我们并不敢肯定，这是关系适应市场要求的结果——确实，经济生活节奏的加快易于改变关系的运作模式——还是由市场结构的变化或者制度环境的偶然变化导致的一种短暂现象，抑或信任根本上就是在高收益和高风险并存情形下关系的一种特定内涵，这需要进一步的研究才能做出判断。但有一点可以肯定，由于房地产和其他企业以组织的名义建构关系，它们把经营和动员关系的费用计入企业的经营成本，很容易抬高拉关系的成本。虽然不敢断言，关系中原有的私人感情内涵会受到明显削弱，但至少底层的社会成员，由于缺乏经营关系的资本，会失去通过关系获得一些社会资源的机会，基于财富和收入水平的不平等在关系的作用下被系统地拉大。

四　本研究的局限

这项研究是在持续两年多的田野调查基础上完成的。调查内容的敏感性，使得访谈许可和访谈资料的获取都十分艰难。在遭遇多次拒绝之后，访谈对象的范围被迫缩小，直至以房地产开发公司的企业家为重点。事后来看，相对于政府官员和银行家的谨言慎行，在房地产市场的主要行动者当中，企业家恐怕是唯一能够向研究者提供点"内幕"的群体了。开发商在房地产市场扮演着核心协调者角色，对于了解房地产市场的协调机制来说，以这一群体为研究对象是基本适宜的，但访谈对象的单一性势必影响我们所提供的市场图景的完整性。作为弥补和校验，笔者也访谈了一些房地产领域的一般从业者，但这些一般从业者的职业和地位特点都决定了他们所提供的资料只能是细枝末节。

关系分化论的构想，意在挖掘关系这种文化传统在市场经济下的强大生命力。然而在房地产市场中，关系所发挥的强大作用却并非期望中的促进市场资源配置效率或降低市场交易成本，这无疑是一个遗憾。但不能就此认为，分化论受到了挑战。显然，当前房地产市场对于制度环境的特殊依赖性抑制了关系在市场协调方面的潜能。但无论怎样，分化论在此只能算是一种设想和假定，有待于今后通过行业比较研究进一步加以完善和验证。

此外，本研究揭示了弱关系的强化所释放的巨大社会能量，并且指出情感在弱关系的转换中所发挥的作用。但情感作用的机制到底是什么，本研究尚未给出合理解释。情感在何种意义上、在何种条件下影响着市场中的行动者，这无疑是一个新的理论课题。

参考文献

马克斯·H. 布瓦索，2000，《信息空间——认识组织、制度和文化的一种框架》，王寅通译，上海译文出版社。

乔萨，2003，《地产鳄人》，作家出版社。

Bates, Robert 1990, "Macropolitical Economy in the Field of Development", in *Perspectives on Positive Political Economy*, ed. by James Alt & Kenneth Shepsle. Cambridge: Cambridge University Press.

Boisot M. & J. Child 1996, "From Fiefs to Clans and Network Capitalism: Explaining China's Emerging Economic Order." *Administrative Science Quarterly* 41 (4): 600–628.

Evans, Peter 1995, *Embedded Autonomy: States and Industrial Transformation*. Princeton: Princeton University Press.

Guthrie, Doug 2000, *Dragon in a Three -piece Suit: The Emergence of Capitalism in China*.

Princeton: Princeton University Press.

Naughton, Barray 1995, *Growing out of the Plan: Chinese Economic Reform*. Cambridge: Cambridge University Press.

Peng, Mike W. & Yadong Luo 2000, "Managerial Ties and Firm Performance in a Transition Economy: The Nature of a Micro-Macro Link. " *Academy of Management Journal* 43 (3): 486 – 501.

Somers, M. 1994, "Rights, Relationality, and Membership: Rethinking the Making and Meaning of Citizenship. " *Law and Social Inquiry* 19: 63 – 112.

Stark, Davis 1990, "Privitization in Hungary: From Plan to Market or From Plan to Clan?" *Eastern European Politics and Societies* 4 (3): 351 – 392.

Tullock, Gordon 1993, *Rent Seeking*. Brookfield: Edward Elgar.

Xin, K. and Pearce, J. 1996, "Guanxi: Good Connections as Substitutes for Institutional Support. " *Academy of Management Journal* 39: 1641 – 1685.

政府调控下的竞争与合作[*]

——中国高速列车产业创新体系的社会学研究

李国武^{**}

一 引言

中国是高速铁路产业的后来者和赶超者。世界上第一条高速铁路于1964 年 10 月在日本正式开通运营，此后法国、德国相继成功研制了自己的高速列车并投入使用。从 2004 年起，中国才开始大规模建设高速铁路并从国外引进高速列车产品及技术；2008 年 8 月开通了世界上实际运营速度最快（达 350 公里/小时）的京津高铁；2010 年 5 月具有自主知识产权、最高运营时速可达 380 公里的"和谐号"380A 首辆车竣工下线；2015 年具有完全自主知识产权的时速 350 公里的中国标准动车组正式下线。如今，高铁已成为中国高端装备制造业赶超式自主创新的典范产业。从最初的技术引进者到目前的技术领先者和国际订单角逐者，中国高铁似乎仅用短短 10 多年的时间就实现了后来者居上。那么，中国高铁为什么能够成功实现从引进消化吸收再创新到系统集成创新和原始创新的跨越？进一步而言，中国高铁的产品创新依托什么样的组织基础，这个组织体系何以能够激发相关主体的创新意愿和促进其技术能力的成长？中国高铁的创新模式和创新体系对其他产业的创新具有哪些启示？

关于中国高铁的创新成就，已有不少专家学者、政府官员和媒体记者提供了不同的解释，可概括为两大类：一类是技术来源的视角，另一类是创新体制的视角。

---

* 本文原载《南开学报》（哲学社会科学版）2019 年第 3 期；收入本书时有修改。
** 李国武，中央财经大学社会与心理学院教授。

技术来源的视角主要争论的是中国高铁创新是来自技术引进还是来自本土能力。有些研究者认为，中国高铁产业采取的不过是"市场换技术"的道路。所谓"市场换技术"，就是通过向国外厂商开放国内市场以获得中国产业发展所需的关键技术，中国企业在和国外厂商的合资合作过程中通过"干中学"提升自身技术能力。不过，根据汽车行业的经验，很多人做出悲观的判断，认为中国高铁企业短时间内很难掌握核心技术且无法摆脱对国外厂商的技术依赖，很可能会陷入"引进—落后—再引进—再落后"的恶性循环（王晨、谷永强，2012；王强，2006，2007）。然而，这种悲观的判断并没有在中国高铁的实际发展中应验。实际上，目前在中国高速铁路上飞驰的主要是由中国厂商设计生产的"和谐号"和"复兴号"系列自主品牌动车组，在2004年和2005年两次引进之后中国就再也没有从国外引进新车型。也有人认为，中国高铁产业之所以能获得快速发展主要得益于后发优势，也就是说，中国能够在引进多种来源的国外先进技术的基础上，通过消化吸收进行再创新和集成创新（冯晓芳，2009；陆娅楠，2011）。这种过于强调技术引进作用的观点并不完全符合中国高铁产业的实际发展历程。正如有学者所指出的，坚持本土技术能力的成长才是中国高铁创新成功的关键（路风，2013）。中国高铁技术之所以能够迅速进步，是因为中国铁路装备工业在大规模引进之前，就已经在长期的自主开发实践中积累起较强的技术能力，所以不仅能够对引进技术进行消化吸收再创新，而且能够凭借自己已掌握的核心技术进行新一轮的自主开发。关于中国高铁创新技术来源的争论，虽然有助于我们更深入地理解技术引进和本土能力在中国高铁创新过程中各自的作用及相互关系，但没有深入分析中国高铁技术能力形成所依赖的组织基础。

创新体制的视角则试图回答被技术来源视角搁置的中国高铁创新的组织基础问题。从这一视角出发的学者大多认为，近年来在高铁、特高压输电、新一代移动通信、商用大飞机等产业领域取得的重大创新成就中，中国特色的创新"举国体制"始终扮演重要角色（甄志宏等，2012）。这一视角的核心是强调国家和政府在产业技术创新中的主导作用，"集中力量办大事"的体制优势是中国能够在以上产业领域从追随者转变为赶超者的关键所在。就高铁产业而言，以铁道部①为首的政府行业

①　2013年初，国家将政企不分的铁道部拆分重组为国家铁路局（并入交通运输部）和中国铁路总公司。为了表述方便，我们仍使用铁道部的称呼。

主管部门在技术引进以及消化吸收再创新的过程中，利用了中国铁路"大一统"的体制特点，通过整合市场购买核心技术、统一调度行业子系统和产学研一体化等一系列方式，实现了高铁技术的跨越式发展。有学者将这种由政府主导，依靠行政命令统一调度和整合资源的科技创新体制称为"政府主导的集成创新模式"（Zhen，2016）。不少研究者已经意识到仅仅强调政府的作用是不够的，进而把中国高铁创新成功的根本原因归结为一个强大的创新体系的存在。有些学者将这个体系概括为"政府部门统筹，市场机制引导，以企业为主体，政产学研用相结合"（沈志云、张天明，2014；孙永福，2014），也有学者将其概括为"三大行动主体"（政府、企业和高校）与"三大要素投入"（技术、资金和人力资本），并对这些行动主体的相互关系和运作机制以及如何动员和组织要素投入进行了较为系统的研究（高柏等，2016；高柏，2016）。不过，以往对中国高铁创新体系的研究仍存在以下不足：首先，虽然初步揭示了中国高铁创新体系"是什么"，但对于这个体系"为什么"能够激发相关行动者的创新意愿和促进其技术能力的成长缺乏学理分析；其次，主要侧重对政府作用的概括和论述，对中国高铁创新体系中其他构成要素、政府与其他构成要素之间的制度关联及其对产业创新的影响机制缺乏深入探讨；最后，往往根据最近的创新结果来归纳中国高铁创新体系的构成要素和主要特征，而忽视了其形成和演变的动态过程。

高速铁路是一个由基础设施、移动装备、牵引供电、通信信号、运营维护和运输组织等多个子技术种群构成的工程技术系统。作为高速铁路大系统中核心部分的移动装备，高速列车本身也一个由众多技术和零部件构成的复杂产品系统。为了保证研究的深入细致性，兼顾叙述上的简便，我们将主要以高速列车（动车组）[①]作为经验对象来研究中国高铁创新的组织基础。所用的经验资料主要有两个来源：一是现有的各类文献资料，包括与高铁创新有关的媒体报道、企业年鉴、文章书籍等；二是实地调查获得的访谈资料，主要包括对唐山机车车辆有限公司（简称"唐山公司"）、长春轨道客车股份有限公司（简称"长客股份"）、青岛四方机车车辆股份有限公司（简称"四方股份"）、中南大学、西南交通

[①]　动车组是指由若干带动力的车辆（动车）和不带动力的车辆（拖车）构成的编组列车，按速度等级可将动车组划分为高速（时速 200 公里以上）和普速（时速 200 公里以下）。高速动车组也被称为高速列车。

大学等机构的调研。

本文基于产业创新体系理论，结合中国高铁部门的产业体制和创新演进，把中国高速列车创新的组织体系概括为"政府调控下的竞争与合作体制"。遵循"制度—组织—创新"的逻辑思路，运用案例内纵向比较的方法，本文从组织学的角度分析了不同发展阶段的制度环境和组织机制如何影响产业行动者的创新意愿和技术能力，进而导致了不同时期的不同产品创新结果。

二 政府调控下的竞争与合作

制度环境和组织机制影响着特定产业技术创新的成败。由于创新的系统属性，在大多数情况下，创新都不能由单个企业组织完成，而是通过不同行动者之间的复杂互动来实现，产业创新体系理论是其中的主要视角。产业创新体系框架主要关注三个维度：知识和技术、行动者及其网络、制度（马勒巴，2009）。一个良好的产业创新体系最起码要解决两个问题：一是为行动者的创新活动提供激励，促进相关行动者愿意对有风险的创新活动进行专用性投资并从中获益；二是促进创新行动者技术能力的成长，保证产品创新所需的知识和技术。

借用产业创新体系框架，从知识和技术、行动者及其网络、制度三个维度来看，中国高铁产业的创新体系具有以下特征。第一，高铁技术具有专用性和互补性。专用性特征决定了高速列车的技术创新具有风险，如果没有很好的制度安排和治理结构，设备制造商可能没有动力进行专用性技术的投资。互补性特征导致了协调高速列车的不同部件研制者之间以及高速列车与铁路线路和供电系统之间技术创新的组织成本。我们把高铁创新行动者的技术能力操作化为生产制造能力、开发设计能力和试验验证能力，这些能力往往分散在处于产业链和创新链不同环节的行动者之中。第二，中国铁路行业拥有相对完整且持续的技术开发体系。在进入高铁时代之前，中国铁路行业就形成了一个以用户为中心，"产学研用"紧密结合、产业链垂直分工的技术开发体系。虽然这个体系中微观行动者所隶属的管理部门和面临的制度环境发生了剧烈变化，但铁路行业中的核心行动者进入和退出的情况较少。我们把高铁市场的行动者简单分为供给方和需求方。生产铁路装备的行动者可被称为铁路市场的供给方，购买并运营铁路装备的行动者被称为铁路市场的需求方。高速列车供给方的行动者主要包括主机厂、子系统和零部件供应商、科研院所，需求方的关键行动者是铁道部。第三，中国高铁的创新进程嵌入中国铁路产业管理体制变迁的脉络之中，国家对铁路行业的管理体制和产业政策影响着相关行动者的创新激励水平和技术能力成长。在计划经济时期，铁道部既是铁路装备的供给方也是需求方。20 世纪 90 年代后期，铁路市场的供给侧发生了重要的分权化改革，铁路装备工业脱离铁道部的管辖，作为设备需求方的铁道部与设备研发制造企业之间的关系不再依靠计划指令而是通过市场机制来调节。不过，各铁路局隶属铁道部的垂直管理，铁道部始终垄断着铁路线路的规划建设和运营服务。买方垄断的产业体制决定了铁道部作为用户的产品需求特点影响着铁路设备制造商的创新选择。

进一步，我们把中国高速列车的创新体系概括为政府调控下的竞争与合作并存的体制。这个创新体系主要包含三个相互关联的组织机制：政府的协调和控制；设备制造商之间受控的寡占竞争；企业之间及产学研合作。

（一）政府的协调和控制

铁路产业需要巨大的固定成本投入，具有非常强的规模经济和网络效应，是具有战略意义的基础设施和基础产业。正是由于这些产业特性，在很多国家铁路产业都受到政府管控甚至由国有企业运营，对于有着社会主义计划经济传统的中国更不例外。在计划经济时期，中国铁路就形成了一个包含工程建设、装备制造、通信信号、运输管理和科研教育的高度一体化、政企不分的庞大行业系统，整个系统都在铁道部的集中领导之下。后来随着国家市场化改革和政企分开的推进，铁道部才结束既是铁路装备供给方也是需求方的局面，工程建设、装备制造和通信信号领域的相关企业以及科研院所（除中国铁道科学研究院外）都脱离铁道部的管辖。不过，铁道部作为铁路行业主管行政部门和铁路运输服务垄断者的政企不分格局一直持续到 2013 年。正是国家赋予铁道部这种买方垄断的产业体制，才使得它能够在高速列车创新中扮演协调者和控制者的角色。

首先，政府设定创新目标及技术发展路径。与由市场中的设备制造商自主决定创新目标不一样，中国选择研制和使用什么样技术系统的高速列车在很大程度上是由政企合一的铁道部决定的，而不是由设备制造商自行决定的。铁道部掌握着高速列车新产品的设计许可和制造许可，如果得不到这些许可，机车车辆企业研制生产的新产品将无法进行线路试验和上线运营。同时，由于铁路产业的战略性地位，高铁产业在选择是坚持自主研发还是引进外来的技术发展路径上也要服从国家层面的决策。

其次，政府提供创新所需的启动资金。在政府设定高速列车新产品研制任务时，往往通过科技项目的形式给予相当数量的财政资金支持，这种支持大大降低了设备制造商对创新产品的初始投入，激发了它们开发新产品的热情。而且，铁道部通过发行铁路建设债券等手段积极筹集资金推动高速铁路建设，大规模的高速铁路建设为机车车辆企业研制高速列车提供了稳定的市场预期。

最后，政府选择创新参与主体，并调控它们之间的竞争与合作。并不是任何产学研主体都能够自由进入并参与高速列车的创新活动。对于铁道部设定的创新目标或者说研制任务，主要由哪些产学研主体参与往往是由铁道部来选择和确定的，铁道部还调控着它们之间的竞争与合作。为了避免机车车辆企业形成独家垄断的局面，铁道部从不将所有的产品创新任务交给一家机车车辆企业，而是设法让数家企业之间保持竞争状态。

（二）设备制造商之间受控的寡占竞争

关于市场结构对技术创新的影响，一些研究者指出，完全竞争和完全垄断的市场结构都是不利于创新的，介于二者之间的市场结构最有利于创新（Kamien & Schuwartz，1975；Cayseele，1998）。在完全竞争市场条件下，企业之间唯一的竞争方式是价格竞争，企业没有技术创新的强烈愿望；同时，由于企业规模小，实力不足，无法保护技术创新带来的持久收益。而在完全垄断市场条件下，由于竞争压力的缺乏，垄断企业没有进一步创新的动力。因此，一定垄断程度上的市场竞争或者说寡占竞争更有利于激发企业的创新活力，从而推动技术进步。而且，同一产品市场中数家企业之间的竞争也有利于企业在观察模仿竞争对手中不断学习进步。

有学者在研究日本信息通信产业的组织形态时提出"受控竞争"这一概念（弗朗斯曼，2006）。这一组织形态由垄断的买方（1952年之前是日本通信产业省，1952年之后是日本电报电话公司）和数家相互竞争的设备制造商（主要有日本电气、富士通、日立和冲电气）构成。中国的铁路装备产业也表现出与日本信息通信产业类似的组织形态。包括高铁在内的铁路市场始终垄断在铁道部手里，无论是在 2004 年大规模引进之前还是引进之后，中国的机车车辆制造行业一直处于受控竞争状态。受控竞争包含两层含义：一方面，虽然参与动车组研制的企业有所变化，但动车组产品的研制从未垄断在一家企业手中，而是存在数家企业之间的相互竞争；另一方面，铁道部凭借其买方垄断者和制造许可者的资格，调控着动车组主机企业之间的竞争。这种受控竞争的局面是动车组主机企业保持创新动力的重要来源。

（三）企业之间及产学研合作

对于知识来源分布广泛、由众多零部件构成的复杂产品系统，其创新过程往往不是在高度一体化的组织内部完成的，而是需要借助相关行动者之间的合作网络（Hobday，1998）。高速列车是一个由 4 万多个零部件组成的复杂产品系统，而且涉及与铁路线路、供电系统等的耦合。高速列车产品的技术互补性决定了其创新需要借助一系列合作关系来实现。中国高速列车的创新主要包含三种类型的合作：一是产学研机构之间的合作；二是产业链上下游企业之间的合作；三是国内企业与国外企业之间的合作。

在传统内燃机车和电力机车时代，中国铁路装备行业逐渐形成了一个以铁道部为中心，"产学研用"紧密结合的技术开发体系（傅志寰，2002）。这种颇具中国特色的产学研合作体系并没有因为铁路装备行业脱离铁道部的管理而瓦解，它保证了高速列车创新相关机构在技术能力和产业链上的分工与协作。作为技术追赶者，中国高速列车创新过程中所需的技术和知识除了国内来源之外，国外先进企业向国内的技术转移也是一个重要来源。在铁道部的统一调控下，与国外先进企业在设计生产上的合作是中国高速列车生产企业在技术能力上获得快速提升的重要原因。

这种合作关系对高速列车主机企业技术能力的影响主要是通过两种机制来实现的：一是知识转移；二是能力互补。知识转移一般包括知识的共享和知识的吸收两个阶段。知识的共享是指具有某种知识的组织将其知识展示给其他组织，可以通过人际交流、文件文档等方式进行。知识的吸收表现为将其他组织的知识成功应用到自己的组织之中，知识接收者的吸收能力影响着其吸收效果。吸收能力是指企业评估外部知识的价值、消化吸收并加以商业化应用的能力（Cohen & Levinthal，1990）。企业既有员工的技术培训和研发积累形成的知识基础决定了其现阶段吸收能力（金麟洙，1998）。创新链和产业链上合作网络的存在可以使相关主体选择性地发展自己的核心技术能力，通过专业分工和能力互补实现一个完整的复杂产品系统的创新。就中国的高速列车主机企业而言，它们主要发展的是车体、转向架和系统集成等方面的设计、试验和生产的技术能力，其他方面的能力则由创新链和产业链中的其他组织来提供。

在高速列车新产品的研制生产过程中，需要拥有不同目标和能力的异质性行动者之间的互动，这种互动关系既有依靠市场手段的交易，也有非市场化的治理机制。在涉及多方主体的合作关系中，关系协调与否是能否达成合作和合作能否顺利进行的关键所在。我们可以把涉及多方主体的合作关系治理分为水平型治理和权威型治理两种类型，借用哈特的剩余控制权概念，二者的差别主要在于合约的剩余控制权是分散在多方主体中，还是集中在一个权威性的主体中（Hart，1995）。剩余控制权集中在单一权威的主要好处是协调成本的降低。无论是在新产品的研制合作上，还是在对国外产品和技术的引进上，中国都主要采用权威型的多方合作治理结构，铁道部、南车集团、北车集团①在多方合作中充当权威协调者，它们能够扮演这样的角色，在很大程度上是由中国的铁路运输行业和铁路装备产业的管理体制和市场结构决定的。铁道部因其买方垄断和掌握设计制造许可的权力而获得在相关产学研合作中的权威协调者地位，南车集团和北车集团因其集团公司的地位而可以协调其下属的生产制造企业和研究机构之间的合作。

不过，中国高速列车的创新体系并不是一蹴而就的，也不是一成不变的。根据中国高速列车创新不同时期的技术来源和产品特点，事后来看可以将中国高速列车创新体系的演进分为三个阶段：2004年之前的独立探索阶段，2004～2008年的技术引进阶段，以及2008年以后的自主创新阶段。接下来我们将分三个阶段追溯中国高速列车创新体系的特征，并分析不同阶段的创新体系对企业的创新激励、技术能力和创新绩效的影响。

---

① 南车集团和北车集团于2015年合并为中车集团。为了表述方便，我们仍使用南车集团、北车集团的称呼。

三　独立探索阶段：分权化改革背景下的
分散竞争和系统内产学研合作

在铁路行业市场化和分权化改革以及铁路大提速的背景下，中国在
1995～2003年出现了一个自主研制动车组的"小高潮"。分权化改革把
竞争机制引入铁路装备工业和运输行业，很多机车车辆企业都参与到动
车组研发生产中。另外，铁路系统在长期探索中形成的以用户为中心、
产学研合作的技术开发体系为这一时期动车组的研制提供了组织保证。
不过，需求的碎片化导致机车车辆企业的技术专用性投资激励不足，因
此企业在技术能力上与国外先进企业存在较大差距，这一时期研制的动
车组表现出速度等级低、技术路线杂、运营可靠性差、难以批量化等
特点。

（一）铁路行业分权化改革带来的分散竞争

中国对动车组的自主研制热潮兴起于20世纪90年代中期开始的铁
路行业的分权化改革时期。就机车车辆工业而言，在计划经济时期，铁
道部就形成了由30多家机车车辆、机械、电机工厂和4家机车车辆专
业研究所①构成的工业体系。2000年，机车车辆工业与铁道部脱钩，根
据构建竞争主体、避免重复建设的原则，将中国铁路机车车辆工业总公
司分拆改组为南方和北方两个机车车辆企业集团，每个集团拥有20多
家下属企业，这些下属企业都具有独立的法人主体地位，这样不论是在
南车、北车集团之间还是在它们的下属企业之间都构建起适度竞争的格
局。产业链上下游企业的关系从过去的计划性协作关系转变为市场交易
关系，产业链同一环节的企业由过去的"兄弟单位"变为市场竞争
对手。

另外，1995年铁道部发布了《关于扩大铁路局更新改造投资决策权
的规定》，实行部、局分级管理体制，扩大铁路局的经营自主权，明确铁
路局的市场主体地位，逐步扩大铁路局对辖区内铁路线路更新改造的投

---

①　专业研究所包括株洲电力机车研究所（简称"株洲所"）、大连内燃机车研究所（简称
"大连所"）、四方车辆研究所（简称"四方所"）、戚墅堰机车车辆工艺研究所（简称
"戚墅堰所"）。

资决策权和机车车辆设备的采购权。从 1997 年起中国铁路开始大提速，一些铁路局为了追求经济效益产生了对更高速度等级机车车辆的需求，于是采用市场化的手段从机车车辆企业定制动车组。另外，为了探索高速铁路技术，铁道部也主导了几个由国家支持的动车组研制项目，并修建了设计时速 200 公里以上的秦沈客运专线。机车车辆企业除了为争夺地方铁路局的采购订单而展开的市场竞争外，还参与铁道部主导的动车组研制项目。

地方铁路局从机车车辆企业自主采购动车组产品的改革虽然把市场化机制引入铁路装备市场，但由于需求主体的分散化和单个铁路局的需求规模很小，所以这一时期研制的动车组大都没有实现大批量生产（见表 1）。在内燃动车组中生产数量最多的 NYJ1，也只有 13 列；在电力动车组中生产数量最多的 DJJ1，也只有 8 列。另外，负责或参与动车组设计制造的企业数量众多，至少有 8 家机车车辆企业参与其中，甚至同一家企业参与过多种型号动车组的研制，没有形成相对统一的产品技术平台；动车组产品的技术路线杂，型号多达 20 个，在动力类型上有内燃的，也有电力的；在动力分布上有集中式的，也有分散式的；在传动方式上有液力、直流电力、交流电力；大部分型号设计时速在 200 公里及以下，设计时速在 200 公里以上的主要有大白鲨号、蓝箭号、中华之星号、先锋号和长白山号五种，但实际运营时速皆在 200 公里以下。

表 1 独立探索阶段动车组的产品特点、需求方和研制方

动力方式和型号		速度	数量（列）	需求方	主要研制方
内燃动车组	NZJ（庐山号）	普速	1	南昌局	唐山厂
	NYJ1（九江号、北亚号、罕露号、晋龙号、北海号、神华集团）	普速	13	南昌局、柳州局、呼和浩特局、神华集团	四方厂
	NZJ1（新曙光号）	普速	1	铁道部、上海局	戚墅堰厂、浦镇厂
	NZJ2（神州号）	普速	5	北京局	大连厂、长客、四方厂
	金轮号	普速	4	兰州局	大连厂、四方厂
	普天号	普速	1	铁道部	唐山厂、大连厂、浦镇厂

动力方式和型号		速度	数量（列）	需求方	主要研制方
动力集中型电力动车组	DDJ1（大白鲨号）	高速	1	国家科技攻关项目/铁道部	株洲厂、株洲所、长客、唐山厂、四方厂、浦镇厂
	DJJ1（蓝箭号）	高速	8	广铁集团	株洲厂、株洲所、长客
	DJJ2（中华之星号）	高速	1	国家高新技术产业化项目/铁道部	南车集团、北车集团
动力分散型电力动车组	春城号	普速	1	昆明局	株洲厂、长客
	中原之星号	普速	1	郑州局	株洲厂、四方厂、株洲所
	先锋号	高速	1	国家科技攻关项目/成都局	浦镇厂、铁科院、株洲所
	长白山号	高速	2	沈阳局	长客

资料来源：根据相关资料整理制作。

（二）系统内的产学研合作

这一时期中国之所以能够在短时间内自主研制这么多不同型号的动车组，在很大程度上得益于铁道部在计划经济时期就已构建起来的自成体系的产学研合作系统。在机车车辆新产品的实际开发过程中，通常由用户提出设计要求，审查并下达设计任务书。按照专业分工，主机厂负责系统设计，科研院所和高校研究关键技术，配件厂提供专项配件，运输企业提供试验支持和反馈产品运行中出现的问题。这种以用户为中心，生产制造企业、科研院所和高等院校之间既分工明确又紧密结合的技术开发体系使得机车车辆产品从参数设计到研制开发，从试验测试到运用信息反馈，形成了一个效率很高、层次分明的闭环系统，为中国机车车辆技术能力的不断提高提供了组织基础（傅志寰，2002）。这些产学研机构在业务上的天然联系并没有因铁路行业管理体制的变化而割断，而是将合作传统延续下来。

这一时期产学研合作的集大成之作是"中华之星号"动力集中型电力动车组（见表2），该研制项目由国家拨款4000万元，铁道部投入4000万元，企业自筹5000万元。项目明确规定，"中华之星号"研制成功后，南车、北车集团共享知识产权；形成市场后，南车、北车集团各生产一半（赵小刚，2014）。株洲电力机车厂高速研究所所长刘友梅院士担任"中华之星号"项目的总体组组长，该项目集中了当时中国最具优势的四家机车车辆制造工厂、四家科研院所和两所高等院校，被称为"442"工程（沈志云、张天明，2014）。南车集团的株洲电力机车厂和北车集团的大同机车厂分别负责研制一台动力车，北车集团的长春客车厂负责研制4节拖车，南车集团的四方机车车辆厂负责研制5节拖车。中国铁道科学研究院（简称"铁科院"）主要负责列车编组调试和性能测试；株洲电力机车研究所主要负责牵引传动和网络控制系统方面的研制；四方车辆研究所主要负责车轮设计与试验，整车滚动振动、热工、空调与强度试验、列车供电、网络监控、接地以及密接式钩缓装置的研制；戚墅堰机车车辆工艺研究所主要负责牵引齿轮及传动系统的研制；西南交通大学主要负责动力学计算及参数选择、模拟动力学试验；中南大学主要负责外形结构设计和空气动力学试验。

表2 "中华之星号"设计制造中的产学研合作

	企业	科研院所	高校
开发设计	株洲厂、大同厂、四方厂、长客厂	株洲所、铁科院、四方所、戚墅堰	西南交通大学、中南大学
试验验证		株洲所、铁科院、四方所、戚墅堰所	西南交通大学、中南大学
生产制造	株洲厂、大同厂、四方厂、长客厂	株洲所、铁科院、四方所、戚墅堰所	

资料来源：根据相关资料整理制作。

（三）企业技术能力的积累与不足

经过对多种类动车组产品的自主研制探索，中国的四方厂、长客厂、株洲厂等主要机车车辆企业在动车组总体设计和系统集成，以及铝合金车体、高速转向架、牵引传动、制动和网络控制等一些关键技术领域有了一定能力积累，培养了一批具有自主研发能力的人才队伍，初步建立起高速列车技术开发平台，这为后来的技术引进和自主创新奠定了基础。

不过，这一时期国家层面对铁路客运专线（高速铁路）没有专门的规划，整个铁路市场对高速列车的未来需求具有不确定性，各铁路局对高速动车组的需求数量少、缺乏规模经济，这导致机车车辆企业和研究机构对高速列车技术进行大规模专用性投资的激励不足，基本上都是沿着已有的技术路线（内燃动车组或动力集中型电力动车组）开发车型，而这些技术路线已远远落后于当时的国际先进水平。再加上中国的高速列车研制刚刚起步，与国外轨道交通装备巨头相比差距明显，具体表现在整体设计水平不成熟、关键技术和装备有差距、生产制造水平落后和结构可靠性问题突出等（张卫华，2004）。因此，"先锋号"、"长白山号"和"中华之星号"等自主研制的动车组无论是在试运行还是正式运营中的故障率都较高，严重影响运营的安全性、可靠性和舒适性。

四　技术引进阶段：铁道部调控下的寡占竞争和国际合作

为了缓解日益增长的铁路运输压力，2004 年初国务院通过的《中长期铁路网规划》提出要大规模投资修建客运专线网络，明确了对高铁装备的巨大市场需求，保证了相关企业投资高速列车专用性技术的预期收益。铁道部作为高铁市场的垄断买方，统一组织高速动车组的采购招标，要求中国企业必须与拥有成熟动车组技术的国外企业组成联合体投标，这一方面降低了中国企业对动车组研制进行专用性投资的技术不确定性，另一方面重构了高速列车产业的供给格局。通过与国外先进企业合作，帮助中国主机企业建立起现代化的制造体系，大大提升了其生产制造能力，也让中国的产学研机构在经过实际验证的先进产品平台基础上提升自己的开发和试验能力。

（一）铁道部调控下的技术引进和寡占竞争

出于铁路建设跨越式发展的需要，从 2004 年开始国家改变了发展思路，在发布了大规模修建高速铁路网的规划之后，马上又决定放弃自主研发路线转向引进国外先进产品。铁道部集中市场权力，统一规划高铁网络建设，统一组织动车组采购招标，收回了前一阶段下放给地方铁路局的采购权，改变了高铁装备需求分散化和规模小的局面。同时，铁道部选择少数几家机车车辆企业与国外先进企业合作，结束了前一阶段国内机车车辆企业"八仙过海"的局面。

在铁道部的推动下，2004 年 1 月国务院常务会议讨论并原则通过了

《中长期铁路网规划》，提出要修建 1.2 万公里的"四纵四横"的时速 200 公里及以上等级的客运专线网络。此规划预示着中国将成为全球最大的高铁市场，也意味着对高铁装备的庞大需求。为了快速实现中国铁路机车车辆装备现代化的问题，同年 4 月国务院明确了"引进先进技术、联合设计生产、打造中国品牌"的基本原则，确定了重点扶持国内六家机车车辆制造企业①，引进少量原装、国内散件组装和国内生产的项目运作模式（梁谷成，2007）。在铁道部的统一组织下，就时速 200 公里和 300 公里动车组于 2004 年 6 月和 2005 年 6 月先后进行了两次采购招标，从法国阿尔斯通、日本川崎重工联合体、加拿大庞巴迪和德国西门子引进了四种产品平台和部分关键技术（见表 3）。

表 3　铁道部 2004 年和 2005 年两次动车组采购

国内主机企业	外方企业	产品名称	时速（公里）	采购数量（列）
南车四方股份	日本川崎重工联合体	CRH2A	200	60
南车四方股份	日本川崎重工联合体	CRH2C	300	60
南车合资企业 BST	加拿大庞巴迪	CRH1A	200	60
北车长客股份	法国阿尔斯通	CRH5A	200	60
北车唐山公司	德国西门子	CRH3C	300	60

资料来源：根据相关资料整理制作。

　　虽然都是以庞大的市场规模作为诱饵，但与汽车等行业的技术引进模式不同的是，高速动车组的引进并不是直接从国外企业购置全部车辆或者以中外合资企业的方式进行，而是在外方指导下由中国企业生产制造，即所谓的"联合设计生产"。这样就保证了中国企业在产权上的独立性和在决策上的自主性，为未来摆脱对外国企业的技术依赖提供了组织基础。另外，铁道部将中国企业和市场整合在一起而不允许各个中国机车车辆企业单独与外方企业谈判，产品采购费用和技术转让费用由铁道部筹集和提供，并且铁道部成立动车组联合项目办公室，负责协调引进消化吸收再创新工作。这样做提高了中方在产品和技术引进中的谈判地位，从而能够使中方提出的一系列条件和要求得以实现。具体表现在，以优惠的价格采购国外的原型车和获得技术转让，联合设计生产的动车组使用统一的中国品牌，参与投标的国外厂商必须与中国国内机车车辆

①　这六家企业不仅包括负责引进动车组的企业，而且包括负责引进大功率机车的企业。

企业签订完善的技术转让合同，国外合作方为中国企业提供技术服务与人员培训。

铁道部通过统一组织高速动车组采购招标，限定了向中国市场供应动车组产品的企业资格，减少了国内具有动车组产品设计制造资格的企业数量，初步构建起由长客股份、四方股份和唐山公司和 BST①（中外合资企业）共同参与国内高速列车市场供应的寡占竞争局面。曾经主持"中华之星号"研制的株洲电力机车厂、主持"先锋号"研制的中车南京浦镇车辆厂等拥有动车组研制经验的其他企业都被排除在动车组整车产品供应之外，国内企业在前一阶段自主研制的各种车型也无缘中国高铁市场。在铁道部的调控下，南车集团的下属企业四方股份和合资企业 BST、北车集团的下属企业长客股份和唐山公司获得了动车组生产资格。同时，南车集团和北车集团都有资格和能力生产时速 200 公里和时速 300 公里的动车组，北车集团的唐山公司从西门子公司引进了时速 300 公里的 CRH3C，南车集团的四方股份在 CRH2A 的基础上自主研制了时速 300 公里的车型。南车和北车两大集团在高速动车组生产研制上的竞争态势得以形成，其实主要是四方股份、长客股份和唐山公司三家具有独立法人地位的主机企业之间的竞争。为了能从铁道部那里得到更多的订单，每家主机企业都不能掉以轻心，必须提高自身技术能力，保证产品的运营稳定性。

（二）引进消化吸收再创新中的国际合作和产学研合作

中国与国外企业在动车组设计生产上的合作，采用的是引进少量原装、国内散件组装和逐步提高国产化程度的项目运作模式。在引进初期，希望通过技贸结合的方式，引进整车和关键部件的制造技术，尽快实现国产化。为了提高关键部件的国产化程度，铁道部不仅选择三家中国主机企业与国外企业合作，而且要求国外的主机企业把它们的重要部件供应商也介绍进来，在中国寻找合作伙伴。通过引入国外先进成熟产品和关键部件产业链，大大降低了国内主机企业和零部件供应企业生产研制高速列车及其关键部件面临的技术不确定性，激发了它们投资高速列车专用性技术的积极性。

事实上，在引进过程中，中方企业得到的主要是动车组产品本身及

---

① 庞巴迪公司在此之前已与南车四方有限公司在青岛建有合资企业 BST，铁道部同意 BST 从庞巴迪公司引入动车组技术在中国生产。

相关的制造、工艺和管理技术，外方并没有转让产品的设计技术、参数和程序的源代码。外方转让的内容主要包括以下几个方面。一是中国所购买车型的制造图纸。不过，外方并没有告诉中国企业设计原理及设计所依据的数据库，甚至也没有提供一些关键部件的制造图纸。二是对中国购买的动车组的联合设计。这种联合设计指的是双方共同根据中国的运营环境对引进的原型车进行适应性改进，而不是外方与中方一起从头设计一个过去没有的新车型。三是引进动车组产品的生产制造工艺，这是中方受益最大的部分。四是对中国的工程师和技术工人进行培训。通过将中国企业技术人员送到国外合作企业培训及在岗培训，以及外国专家指导中国企业技术人员和工人在"学中干、干中学"，中国企业技术人员做到了"僵化、固化、习惯化"，最终实现了生产制造技术从外方企业向中国企业的转移，以及中国企业对相应技术的消化吸收。

在引进初期，中国企业主要是与国外企业开展联合设计生产，但在对引进车型的消化吸收、适应性改进以及对演进车型的开发过程中，铁路系统内产学研机构的合作又开始发挥重要作用。

为了在更高层次和更深程度上对引进的动车组技术进行消化吸收再创新，2006年8月铁道部、企业和高校针对CRH2和CRH5两个产品平台签署了引进技术消化吸收再创新的重点项目。这些项目旨在通过理论计算与仿真试验，对引进产品形成系统完整的技术评估报告，在更高层次上把握引进技术的核心和关键；通过试验和生产实践，在各重点项目领域形成中国高速铁路自有的标准体系和国产化产品形式的再创新成果（刘诗平，2006）。

当四方股份牵头在时速200公里的CRH2A基础上开发时速300～350公里的CRH2C时，国内的产学研机构开始深度介入该车型的研制（见表4）。CRH2C的牵引逆变器、辅助牵引变流器、通风系统及列车信息系统全部由株洲所（主要是其下属的株洲南车时代电气）提供；制动系统由南京浦镇海泰制动设备有限公司提供；转向架开发则是由四方股份、西南交通大学和铁科院合作完成的。

表4　CRH2C设计制造中的产学研合作

	中国企业	国外企业	科研院所	高校
开发设计	四方股份、南京浦镇海泰、株洲电机等		株洲所	西南交通大学、北京交通大学、中南大学等

续表

	中国企业	国外企业	科研院所	高校
试验验证			株洲所、铁科院	西南交通大学、北京交通大学、中南大学等
生产制造	四方股份、南京浦镇海泰、株洲电机等	日本企业联合体	株洲所	

资料来源：根据访谈资料整理制作。

（三）企业制造技术能力的大幅提升

通过对国外成熟产品平台的引进消化吸收，一方面让中国动车组主机企业和关键部件企业建立起现代化的制造体系，大大提高了其生产管理和工艺水平；另一方面，中国产学研机构在更高产品平台基础上再创新，通过对引进车型的适应性改进和演进车型的开发提升了自己的开发和试验能力。

在引进前，中国机车车辆企业大都设备老旧、管理粗放；引进国外的产品平台后，企业的生产制造能力大幅提升，表现在生产装备的改进、管理体系的重建和工艺水平的跃升等多个方面。以唐山公司为例，为配合 CRH3C 动车组项目的顺利引进，从 2006 年开始，唐山公司投入了近 20 亿元进行工业化改造，顺利实现了生产制造的"流程再造"和"工艺再造"，使它的加工、组装、检测、调试工艺先进完备，动车组生产线的技术和规模都达到国际先进水平。而且在引进和学习西门子公司的基础上，唐山公司形成了自身的生产质量管理体系。

外方转让的主要是引进车型的制造技术，设计技术则是中方在解决车辆上线后出现的问题的过程中慢慢悟出来的。"2007 年第一批车正式上线运营后，每天都得处理各种故障问题。问题出现的层次也是从简单到复杂，处理问题的手段也由一开始的笨办法，慢慢变成更先进的办法……出一个问题研究一个问题，出现的问题越多，研究得越透彻。这个过程就在不断消化吸收……在解决问题的过程中，通过一点一点的摸索，我们主机厂又建立出自己的设计体系。"[1] 而且，借助产学研合作和原有的技术积累，中国主机企业在引进车型基础上开发演进车型，不仅实现了对原型车设计理念的消化吸收，而且提高了自己的开发和试验能力。

---

[1]　资料来源于 2015 年 11 月 17 日对长客股份某工程师的访谈。

五　自主创新阶段：开放创新体系下的寡占竞争和产学研合作

随着提高自主创新能力成为国家战略和各种运营环境的高速铁路网络在全国范围内的延伸，2008 年以后一个旨在实现自主创新的更加开放的高铁产业创新体系得以构建，以满足铁道部对动车组产品的自主化、谱系化①和标准化需求。南车、北车两大集团特别是它们下属的主机企业四方股份与长客股份在产品开发平台和试验平台的建设上你追我赶，寡占竞争的格局进一步强化。在前一阶段发挥重要作用的国外企业逐渐退出，而科技部与铁道部共同实施的中国高速列车自主创新联合行动计划促进了高铁部门与全国科技资源的对接。在寡占竞争和开放的产学研合作条件下，高速列车企业的开发、试验和制造能力得到全面进步，中国动车组产品创新走向自主化、标准化和谱系化。

（一）寡占竞争格局的强化

随着中国动车组转向强调自主创新，四方股份、长客股份、唐山公司三家主机企业在新产品开发和技术创新中的投入不断加大，竞争也越发明显，特别是南车集团的四方股份与北车集团的长客股份之间的竞争尤为激烈。这种各不相让的寡占竞争格局无疑激发了企业的创新活力，促进了创新要素向企业的集聚和企业技术能力的进步，企业的创新主体地位得以确立。

主机企业之间的竞争主要表现在新产品研发和实验平台的建设上。首先，在不同类型动车组的研制上二者互不相让，实现了动车组产品的谱系化和标准化。在 CRH380 系列产品上四方股份研制了 380A，长客股份和唐山公司联合研制了 380B 和 380C；时速 350 公里的标准动车组二者各自负责研制了一列；高寒动车组本来是长客股份的专长，现在四方股份研制的高寒动车组也获得了市场通行证；在城际动车组上二者也是各显神通，不甘落后（见表 5）。特别是标准动车组的研制，不仅建立起中国的自主技术标准，而且提高了不同车型的零部件之间的兼容性，大大降低了运营维护成本。

---

① 谱系化主要是为了满足不同运营环境和速度等级对产品的需求。

表5　自主创新阶段四大主机企业设计制造的动车组产品

集团公司	主机企业	CRH380 系列	标准动车组	城际动车组	高寒动车组
北车集团	长客股份	CRH380B/BL CRH380C/CL 统型 CRH380B	CR400BF	CJ - 1	CRH380BG 统型 CRH380BG CRH5G
	唐山公司	CRH380B/BL 统型 CRH380B		CJ - 2 CRH3F	
南车集团	四方股份	CRH380A/AL 统型 CRH380A	CR400AF	CRH6A/F/S	CRH2G
	BST	CRH380D			

资料来源：根据企业官网资料整理制作。

其次，在实验平台建设上二者也是你追我赶，试验验证能力均大幅提升。在这一阶段四方股份和长客股份各获得了一个国家工程实验室和一个国家工程技术研究中心，都投入了大量资金建设实验平台，创新要素明显向企业集聚（见表6）。

表6　四方股份和长客股份的国家级实验平台建设情况

名称	批准时间	依托单位	批准单位
高速列车系统集成国家工程实验室（南车）	2008 年	四方股份	国家发改委
高速列车系统集成国家工程实验室（北车）	2008 年	长客股份	国家发改委
国家高速动车组总成工程技术研究中心	2011 年	四方股份	科技部
国家轨道客车系统集成工程技术研究中心	2011 年	长客股份	科技部

资料来源：根据企业官网资料整理制作。

（二）产学研合作的扩展

2006 年全国科技大会之后，加强自主创新正式成为国家战略，高速轨道交通领域的发展思路也由前一阶段的引进吸收转向自主创新。科技部与铁道部于 2008 年 2 月 26 日共同签署了《中国高速列车自主创新联合行动计划》，该计划旨在"尽快建立和完善具有自主知识产权、时速 350 公里及以上、国际竞争力强的中国高速列车技术体系的支持措施"。两部联合行动计划将高铁产业的创新体系置于国家创新系统之中，全国的创新资源加速向高铁部门集聚，高铁部门可以全方位、深层次地整合和利用全国科技资源来支撑高速列车自主创新。

2008 年 4 月，科技部启动了国家科技支撑计划"中国高速列车关键技术研究及装备研制"重大项目，项目下设 10 个课题，国家拨款 10 亿元，铁道部投入和企业自筹 20 亿元。该项目有着明确的产业化目标，就是研制新一代时速 350 公里及以上的高速列车，为京沪高铁提供强有力的装备保障。为此，两部还专门成立了联合行动领导小组及办公室，办公室设在铁道部，负责联合行动的日常协调工作，被称为"226 办公室"。当转入自主研制新一代高速列车阶段，中国企业不能再依靠对外引进实现升级换代，另外，主机企业自身掌握的知识和能力也不足以支撑创新所需。两部联合行动计划以产学研项目合作的方式，使更多的科研院所参与到高铁创新之中，形成了更强大的创新网络，满足了高速列车创新对多种知识和能力的互补性需求。在科技部和铁道部的共同引导下，以南车集团、北车集团下属的 10 家核心企业为创新主体，联合 25 家重点高校、11 家科研院所、51 家国家重点实验室和工程技术研究中心，优势互补，共同完成高速列车关键核心技术的研发。

两部联合行动计划的主要成果是 CRH380 系列高速动车组的问世，我们仅以 CRH380A 的头型设计为例来说明其研制过程中的产学研合作（见表 7）。CRH380A 是在 CRH2 的基础上自主研发的，列车采用了创新设计的头型。四方股份是使用单位，负责组织进行方案设计、方案试验、方案优化、施工设计、工艺验证、线路试验策划并联合西南交通大学进行初步方案设计及文化分析；中科院力学所负责气动性能的仿真分析；清华大学与北京大学负责侧风稳定性计算；中国空气动力研究与发展中心负责空气动力学的风洞试验；同济大学负责气动噪声风洞试验；铁科院、西南交通大学、同济大学负责气动性能和噪声的实车测试（矫阳，2011）。

表 7　CRH380A 研制中的产学研合作

	中国企业	科研院所	高校
开发设计	四方股份、株洲电机、永济新时速等	株洲所、铁科院、中科院力学所等	西南交通大学、北京交通大学、同济大学、清华大学、北京大学等
试验验证	四方股份、株洲电机、永济新时速等	株洲所、铁科院、中科院力学所等	西南交通大学、北京交通大学、同济大学、清华大学、北京大学等
生产制造	四方股份、株洲电机、永济新时速等	株洲所、铁科院等	

资料来源：根据相关资料整理制作。

（三）企业技术能力的全面进步

在政府调控下建构起来的既存在竞争又保持合作的技术创新体制下，经过早期研制经历的技术积累、对引进技术的消化吸收和全面自主创新的实践，中国高速列车企业在开发设计、试验验证和生产制造三大技术能力上都获得了长足进步。

在开发设计能力上，中国高速列车企业不仅在高速列车总体设计上实现了全面正向设计，而且在关键部件系统上也做到了自主研发设计。如果说 CRH380 系列产品主要是在引进产品消化吸收基础上进行重新系统集成设计的产物，那么时速 350 公里的中国标准动车组则实现了全面正向设计。目前中国高速列车主机企业已经能够根据用户需求得心应手地设计不同速度等级和不同运营环境要求的动车组产品。除总体设计之外，主机企业对作为高速之"心脏"和"大脑"的牵引传动系统和网络控制系统也实现了自主化突破。在过去，由于实验设备和研究队伍的缺乏，主机企业在产品开发设计过程中的试验大量依赖高校和科研机构。但是，现在随着对实验平台和研发队伍建设的投入力度加大，主机企业的试验能力也大为提高，建立起了包括系统集成试验技术、车体试验技术、转向架试验技术和安全可靠性研究等在内的研发试验体系。在生产制造能力上，主机企业在引进技术的基础上根据中国大批量生产的特点做了很大改进和创新，对引进的生产工艺进一步优化，导入了精益生产管理体系。

六 总结和讨论

中国高速列车从后来者到领先者的成功赶超依靠的是政府调控下的竞争与合作并存的创新体系。这个体系主要由三个相互关联的组织机制构成。首先，政府深度卷入高速列车的创新，发挥了协调和控制的作用。政府负责设定创新目标和技术发展路径、提供创新所需引导资金、选择创新参与主体并调控它们之间的合作与竞争。政府之所以能够发挥这种作用，是与中国的铁路管理体制和科技管理体制密切相关的。其次，设备制造商之间受控的寡占竞争。为数不多的几家高速列车主机企业既保证了竞争的存在，又避免了重复建设。作为垄断买方的铁道部通过分配产品类型和订单数量来控制设备制造商的行为表现和它们之间的竞争。

而作为高速列车集成商的主机企业借助企业之间及产学研合作来彼此竞争。最后，权威治理下的企业之间及产学研多方合作。高速列车作为复杂产品系统的性质决定了其必须由多方合作的创新网络来实现创新目标，而在多方合作中最难解决的是组织协调问题，由铁道部和南车、北车集团作为权威的协调者，有效克服了多方合作中的协调难题。

这种体制脱胎于计划经济时期铁道部系统内部形成的"以用户为中心，政产学研用紧密结合"的技术开发体系，在初期具有高度一体化和相对封闭的特点。20世纪末21世纪初铁路行业进行的分权化和市场化改革，虽然带来一波动车组研制的热潮，但由于需求的碎片化和供给的分散化，机车车辆装备企业对高速列车创新的专用性技术投资激励不足，研制出来的产品运营速度低、稳定性差，与国外差距明显。2004年以后，铁道部重新集中市场权力，统一规划建设大规模的高铁网络和统一组织高速动车组产品技术引进，降低了国内企业投资高速列车研制面临的市场不确定性和技术不确定性。铁道部利用高铁装备垄断买方的身份，在高铁装备供给侧建立起一个持续至今的寡占竞争格局，既防止了一家独大，又避免了重复投资。另外，先是通过策略性地与国外企业合作，然后通过与国内科技部门的对接，铁道部主导构建了一个适应不同创新阶段需要的开放的产学研合作体系，使得中国高铁产业在引进消化吸收基础上走向了集成创新和原始创新。

总体来看，由于铁路行业具有高固定成本、强网络经济和战略重要性等产业特点，中国政府一直保持着对整个铁路产业的高度调控，特别是铁道部充分利用其垄断买方的身份来调控供给侧的竞争与合作。中国高速列车创新体系基本上是根据不同阶段用户需求进行灵活调整和动态演进。中国高速列车的创新体系在经历了初期的供给侧和需求侧的分权化改革后，又重新回归到需求侧的集中调控，而供给侧则走向寡占竞争。从产业链和创新链的合作体系来看，则经历从相对封闭的系统内合作向开放的国际合作和国内合作的转变。

这个动态演进的创新体系不仅有效解决了相关行动者的创新激励问题，而且满足了高速列车创新所需的技术能力（见表8）。在独立探索阶段，市场化和分权化改革虽然激发了机车车辆企业研制动车组的热情，但由于市场需求规模小，企业没有动力对更先进的高速列车技术进行高强度的投资。2004年以后，国家对高铁网络的大规模投资建设降低了装备企业投资高速列车的市场不确定性，而引进国外先进产品平台则降低了技术不确定性，再加上 2006 年以来国家对自主创新的引导，高速列车装备企业对专用性技术的投资不断强化。寡占竞争的产业格局也激发了设备制造商的创新活力。而作为垄断用户且政企不分的铁道部，促使其推动整个行业不断创新的激励则主要源于政绩的考虑。另外，中国高速列车创新所需的技术能力不仅来源于相关行动者的产品研发和生产实践，而且借助了一个不断走向开放的产学研合作体系。对国外先进成熟产品的引进消化吸收让中国企业掌握了先进的制造技术，学习了先进的产品设计理念。而将全国优势科技资源引入高铁部门，则满足了高速列车创新对多种知识和能力的互补性需求，加快了高速列车创新的进程。因此，只有深入分析政府调控下的竞争与合作体制及其演变，才能解开中国高速列车创新实现后来者居上的密码。

表 8　不同时期中国高速列车的产品创新及其组织基础

阶段	政府调控	合作系统	竞争格局	企业技术能力	创新产品特点
独立探索阶段	铁道部主导	系统内产学研合作	分散竞争	开发能力的积累	运营速度低 运营故障率高 自主化程度较高
技术引进阶段	铁道部主导	国际合作 +系统内产学研合作	寡占竞争	制造能力大幅提升	运营速度高 先进成熟可靠 自主程度低
自主创新阶段	铁道部和科技部	开放的产学研合作	寡占竞争	开发、试验和制造能力全面进步	运营速度高 先进成熟可靠 自主化程度高

资料来源：作者归纳整理。

　　中国高速列车创新的成功引发的一个讨论就是其所依赖的创新体系的适用性问题。分析一种创新的组织体系的适用性最起码要考虑产业体制和创新类型两个因素。中国高速列车的创新发生在一个买方垄断的产业中，垄断买方是创新的主导者，垄断买方的地位使得铁道部能够在多方合作中扮演权威性的协调者，并能够调控设备制造商之间的寡占竞争。另外，中国高速列车虽然实现了自主创新，但在很大程度上是一种模仿创新而非突破性的原始创新。模仿创新与原始创新之间存在的一个重要差异是不确定性程度。模仿创新是创新方向甚至技术路线已基本明确条件下的创新，其面临的不确定性程度远低于突破性的原始创新。模仿创新更适合采用高度一体化的组织形式。另外，这种政府调控下的高度一体化的创新体制依赖权力集中且敢于承担创新风险的领导者。我们发现，近些年除了高速铁路之外，中国在特高压输电和 4G 移动通信等网络性基础设施领域都取得了巨大的自主创新成就。这些产业之间存在一个基本的相似之处就是买方垄断（或接近买方垄断），而且买方垄断组织的领导者又有强烈的创新意愿（或创新压力）。不过，我们也要充分意识到这种市场集权且高度一体化的创新体系导致的创新效率未必高（比如，创新过程中的腐败和寻租问题），而且为了创新及其大规模应用可能会导致过度投资。总之，中国高速列车所代表的这种创新模式并不是"放之四海而皆准"的处方，一定不能随意将这种创新体制复制到其他产业或其他类型的创新中，因为这种创新体制并不适合于用户分散型的产业和高度不确定性的原始创新。

参考文献

高柏，2016，《中国高铁的集成创新为何能够成功》，《人民论坛·学术前沿》第 10 期。

高柏、李国武、甄志宏，2016，《中国高铁创新体系研究》，社会科学文献出版社。

冯晓芳，2009，《中国高速铁路的发展与展望》，《科技资讯》第 1 期。

弗兰克·马勒巴，2009，《产业系统：创新的产业差异及其成因》，载法格博格、莫利、纳尔逊主编《牛津创新手册》，柳卸林等译，知识产权出版社。

傅志寰，2002，《中国铁路机车车辆工业发展之路的思考》，《中国铁路》第 7 期。

矫阳，2011，《"中国面孔"是这样雕塑的》，《科技日报》10 月 22 日。

金麟洙，1998，《从模仿到创新——韩国技术学习的动力》，刘小梅、刘鸿基译，新华出版社。

梁成谷，2007，《探寻铁路装备现代化轨迹》，《中国铁路》第 2 期。

刘诗平，2006，《我国铁路动车组引进技术消化吸收再创新 5 个重点项目签约》，http://news.xinhuanet.com/fortune/2006-08/03/content_4915674.htm，8 月 3 日。

陆娅楠，2011，《中国高铁知识产权底气十足》，《人民日报》7 月 8 日。

路风，2013，《追踪中国高铁技术核心来源》，《瞭望》第 48 期。

马丁·弗朗斯曼，2006，《赢在创新：日本计算机与通信业成长之路》，李纪珍、吴凡译，知识产权出版社。

孙永福，2014，《中国高速铁路成功之路》（下），《纵横》第 11 期。

沈志云、张天明，2014，《我的高铁情缘——沈志云口述自传》，湖南教育出版社。

王晨、谷永强，2012，《高铁国产化幻觉》，《新世纪》第 26 期。

王强，2006，《高速列车再步"失败模式"后尘》，《商务周刊》第 5 期。

王强，2007，《动车组的皇帝新装》，《商务周刊》第 20 期。

约瑟夫·熊彼特，1990，《经济发展理论》，何畏、易家详等译，商务印书馆。

张卫华，2004，《引进消化吸收国外先进技术提升中国轨道车辆制造水平》，《世界轨道交通》第 10 期。

赵小刚，2014，《与速度同行——亲历中国铁路工业 40 年》，中信出版社。

甄志宏等，2012，《中国创新能力之谜——"举国体制"与中国产业政策的转向》，《文化纵横》第 4 期。

Cayseele, P. J. G. Van 1998, "Market Structure and Innovation: A Survey of the Last Twenty Years. " *De Economist* 146 (3).

Cohen, W. M. & D. A. Levinthal 1990, "Absorptive Capacity: A New Perspective on Learning and Innovation. " *Administrative Science Quarterly* 25 (1).

Hart, Oliver 1995, *Firms, Contracts and Financial Structure.* New York: Oxford University Press.

Hobday, M . 1998, "Product Complexity, Innovation and Industrial Organization. " *Research Policy* 26 (6).

Kamien, M. L. & N. L. Schuwartz 1975, "Market Structure and Innovation: A Survey. " *Journal of Economic Literature* 13 (13) .

Zhihong, Zhen 2016, "Institutional Origins of the Development of China's High-speed Railway. " *China: An International Journal* (1) .

资本缺失条件下中国农产品
市场的兴起[*]

——以一个乡镇农业市场为例

艾　云　周雪光[**]

一　问题的提出

　　资本主义发源地欧洲大陆和其他一些国家发展实践的研究都表明，在现代市场运行中，传统实践、社会关系和地方制度普遍存在，并且在很大程度上塑造了市场运作在不同社会背景下的不同特点（Greif，1994）。在中国传统社会背景下，施坚雅认为中国农村等级市场中蕴含着丰富的社会结构，杜赞奇的研究指出了农村文化网络与集市贸易间的交融互动（Skinner，1964；Duara，1988）。在中国市场转型过程中，彭玉生指出宗族团结与信任保护了私有企业的产权和降低了交易成本，折晓叶的研究提出乡土性社会结构是非农化过程中流动和就地转移的重要组织机制（Peng，2004；折晓叶，1997）。社会学的大量文献指出了社会资本即特定社会关系网络在塑造经济活动中的作用，如获取市场信息、获取资源和实现市场交易（Granovetter，1985；Burt，1992；Uzzi，1999）；社会结构和社会文化塑造了货币的运作机制和过程（Zelizer，1994）。有关中国企业活动的研究指出了社会关系网络在企业发展和企业间关系中的重要作用（Wank，1999；Zhou，Zhao，Li，and Cai，2003；边燕杰、张磊，2006）。中国的转型经济为研究市场制度发育和发展提供了难得的

　　[*]　本文原载《中国社会科学》2013 年第 8 期。本研究得到通用汽车·中国发展研究青年奖学金"博士论文奖学金"和"国家建设高水平大学公派研究生项目"的资助；并曾在中国社会科学院社会发展战略研究院学术工作坊讨论，感谢同仁的批评意见。文责自负。

　　[**]　艾云，中央财经大学社会与心理学院副教授；周雪光，斯坦福大学社会学系教授。

观察机会，特别有助于回答有关社会制度与市场发育之间关系的一系列问题。但现有研究文献大多着眼于市场发展的宏观过程或统计变量间的关系，我们对市场和社会互动的具体过程和运行机制仍然知之甚少。

本文以中国一个北方农业镇即鹿山镇①农产品市场兴起和运作过程为案例来探讨市场发育的微观过程和机制。自 20 世纪 90 年代中期以来，鹿山镇逐渐发展为全国大规模的杏子交易市场和葡萄酒原料的重要生产基地之一。本文中的农产品市场兴起有一个显著特点，即在资本匮乏的环境条件下市场运作依然得以实现。如在许多情形下，农产品市场链条的各个环节鲜有资金或经济资本流动，市场交易常常通过大规模、大范围的赊欠方式进行，并呈现逐级赊欠的资金链形态，即酒厂赊欠中间商，中间商赊欠村庄代理人，村庄代理人赊欠农户。如何解释这一市场交易模式？

本文在社会学的意义上使用资本这一概念。资本通常是指经济资本，即用于市场交易或生产过程的资金，例如市场收购和运输农产品所用资金。经济资本可以通过市场交易行为而转变为其他资源（如运输车辆、劳动力等）。社会科学研究指出了其他形式的资本，如人力资本（来自教育和培训的技能）、社会资本（特定的社会关系）、政治资本（政治地位或权力所带来的收益）等。如社会学家布迪厄指出："我们必须再次思考并分析资本的各种形式，而非仅考虑经济学理论中所定义的资本形式，这样才能解释社会世界的结构和运行……"（Bourdieu, 1986）本文讨论不同形式的资本的相互转化及其在中国农产品市场中的呈现和作用，特别是社会资本在动员经济资本和替代经济资本等过程中的作用。我们提出在农产品市场兴起过程中，市场行动者面临一系列市场组织难题，特别是资本匮乏问题。因此，行动者发展出双重市场运作机制：一方面，市场链条上游出现了基于市场权力②的强征性信用形式，即通过厂商和中间商之间、中间商与商贩之间的大规模、大范围的赊欠方式来解决资金短缺困难；另一方面，在市场链条下游，行动者通过地方社会制度和社会网络的礼物交换互惠机制来替代交易中的经济资本，实现农产品收购交易。两者相辅相成：没有社会资本在市场链条下游的作用，强征性信用

---

① 本文部分地名和人名使用了化名。

② 市场权力是指企业因规模、垄断或大企业间的合谋而影响市场价格的能力。市场权力也可与政治权力相结合而发生作用。

无法实现；而在强征性信用的形式下，市场链条下游的农产品交易活动才得以与全国性市场联系起来。2004～2010 年，笔者每年数次到唐山镇观察农业生产活动、基层治理，并随同商贩到村庄中收购和运销产品，收集实证资料。

二　资本缺失下的市场交易：礼物交换、强征性信用和市场过程

农产品市场的兴起需要解决一系列的组织问题。在传统农业社会里，集市贸易发生在农村社区中，镶嵌在丰富的社会关系纽带中。在市场向上扩展过程中，各个层级蕴含的经济、社会和文化延续不断，交织融合，成为有机的组织状态（Skinner，1965）。但在当代农产品市场结构中，农产品收购常常在市场链条下游发生，大多以村镇为边界，然后直接运往数百甚至千里之外的市场。在我们观察到的农产品市场兴起过程中，经济资本恰恰是最为稀缺的资源，经济资本匮乏也是中国农村经济活动中的普遍问题（韩俊，2007）。从这个角度来看，农产品市场的产生不是经济学教科书中所描绘的"共生秩序"的自然产生过程，而是反映在市场各方行动者如农户、企业家和外来厂家克服资本匮乏的困境，组织和实现市场交易的种种行动策略之中。那么，企业家和中间商如何在资本匮乏条件下实现市场链条各环节的运作？

我们借鉴社会学研究中有关不同形式的资本间相互转化的理论思路解读上述现象。这一思路贯穿于许多社会学基本理论之中，如社会交换理论、社会地位获得理论等（Blau，1964；Lin，2001）。布迪厄明确提出，资本具有各种不同形态，如经济资本、文化资本、政治资本和社会资本；这些不同形态的资本间可以相互转化，而且转化是有成本的，遵循一定的兑换规则。在市场社会背景下，经济资本往往居于转化的中心地位。"其他形式的资本都能够通过经济资本转化而来，但只有在付出或多或少的转化努力的成本之下才能实现；只有这样才能在该领域中产生有效的权力。例如，有些服务和产品可以通过经济资本直接获得，不需要付出其他成本。但某些服务或产品则需要通过网络关系和借助于社会资本才能获得；而这种社会资本不能随时随地发生作用，它们需要长时间积累和维持……"（Bourdieu，1986）

当社会资本用于经济活动时，这一转化并不是自然而然的，而是有

相应的成本代价，有相应的机制，而且在一定条件下才可能发生。本文关注并分析不同类型的资本及其相互转化，揭示社会资本得以产生和运用的条件和内在机制。本文的分析主要包括两方面：第一，其他形式的资本（例如社会资本、政治资本）如何提供获得经济资本的渠道；第二，其他形式的资本如何在特定的社会空间中创造出新的信用形式以替代经济资本的作用，实现市场交易。

我们的讨论基于以下认识，即不同形式的资本常常产生并存在于各自相应的特定领域中，受到该领域中特有的制度逻辑和互动模式的影响。例如，社会资本常常是多年积累形成的社会关系，通过社区内部的各种互动（如红白喜事的仪式等）而产生和延续，以人与人之间的情感、互惠关系为基础，因此蕴含于具体特定的社会空间（如村庄、社区、工作单位）之中；政治资本与人们在其他特定领域的活动（如选举、政治参与或行政性资源分配）有关；而经济资本主要在经济领域中积累而成，具有高度的流动性，可以超越特定的社会空间和地理区域的边界，以理性计算为原则。不同形式的资本的相互转化表现为一个特定领域中积累的资本被应用于另一个领域，例如社会资本被应用于经济领域。分析这个转化过程需要回答两个问题：第一，不同领域的资本是如何发生联系的？第二，不同资本间转化的机制是什么？有些转化在日常生活中发生，似乎是自然的、毫无痕迹的；但另外一些转化则需花费相当成本并经过复杂的过程。例如，"地位获得"理论模型指出，父母的社会经济地位可以通过子女受教育程度这一机制来提高子女的社会经济地位，这一资本转化是通过人们熟悉的正式教育机制实现的。在下文所要讨论的农产品市场情形下，由厂家到农户的一连串的资金动员和赊欠等形式是其他类型资本转化为经济资本（或替代经济资本）的过程。这些转化过程并不是明晰可见的，需要理论解释。

以下理论讨论着眼于不同资本间转化的两个机制：礼物交换的互惠机制和体现为强征性信用的市场权力机制。

（一）资本转化过程中的礼物交换互惠机制

礼物交换的互惠机制是指人们使用不同形式的资本进行交换，以达到各自利益需要。"互惠"概念强调互动双方在付出和回报中保持总体平衡，所以人类学家形象地将其比喻为"礼物交换"（Mauss，1954）。在社会科学文献中，互惠被看作礼物交换的核心机制，这个观点体现在经济学家关于工资福利与雇员忠诚间的关系中（Akerlof，1982），也隐含在格兰诺维特"经济活动嵌入于社会关系"这一命题中。交换过程常常包含多维度的讨价还价，即社会资本被用于交换政治地位，政治资本被用于交换商业机会，等等（Geertz，1978）。社会资本的积累是有成本的，因此，使用社会资本来经营经济活动也是有代价的（林南，2004；Burt，1992）。各类资本间转化之所以成为可能，是因为转化过程在某个领域中造成的成本或损失可以在另一个领域中得到回报或补偿，或者在某一时间点所承担的风险代价在随后的交易中得到回报或补偿。例如，人们以声誉为他人担保的经济活动有着声誉受损的风险，但这种风险可以通过因此得到的交易机会和更大交易规模得到补偿等；再如，经济交易领域中的妥协让步可能会有助于强化社会关系，从而在社会领域中得到补偿。这一思路也体现在斯科特的道德经济理论和社会学的社会交换理论中（Scott，1976；Blau，1964）。

据此，可以把农村社会（或一般社会）看作由不同领域构成的，经济资本、政治资本、社会资本相应地在各自领域中积累、交换，而且礼物交换并不一定是在某个时点上的行动，可能是延续多个时点的一个过程。在互动的过程中，行动者在不同领域间进行多维度的讨价还价和交换。不同形式的资本所处领域之间的相互关联程度对于这一转化过程有着重要影响。在传统农村社会中，道德观念、社会活动和经济活动是高度相关的；但在高度分化和流动的现代城市居民区中或即时的市场活动中，社会领域和经济领域可能有着清晰明确的边界。这意味着，各类资本之所以能够在不同领域从一种形式转化为另一种形式，在很大程度上得益于资本所在的这些领域间的相互关联或相互重叠。否则，这种转化就会困难重重。据此，我们提出以下命题：各类资本间的相互转化与这些资本所在领域之间的相互关联程度呈正相关关系。

这一命题对理解市场运作过程中不同形式的资本的相互转化有怎样的实证意义？在不同制度背景下，各领域之间的相互关联程度往往不同，因此资本转化的方式、机制也会有显著差异。当代农产品市场链条由农户、商贩、中间商和外来厂家构成。在这个链条的不同环节，社会、文化、政治、经济各领域的关联程度有着显著差异。在市场链条下游，农户、商贩甚至中间商大多居住在同一个乡镇上，家族亲友子孙数代生活在这里。因此他们的社会、经济以及政治空间高度关联，即嵌入当地高密度的社会和经济关系网络之中。但那些刚进入村庄的外来收购者或厂家的关注点和互动主要局限于经济领域（找到一个可靠的村庄代理人来降低交易成本），其主要目的是谋取市场利润，他们与当地人的互动随着交易结束而终止。因此，在市场链条上游环节，这些不同领域间的相关程度较为松散。这并不是说，这些外来人与村庄代理人不能发展出亲密的社会信任关系。但与乡村社会多维的社会网络相比，商家间的社会关系更像是其经济关系的润滑剂，而不是在不同时点上互惠交换的内容。如果把这些交易活动笼统地归因于社会信任而不深入分析其内在机制，则无法提供实质性解释。

以上讨论帮助我们认识市场链条中各个环节的各类资本转化的不同特点。笔者认为，首先，不同领域间的关联程度在市场链条的下游（如村庄）最为紧密。农户和村庄代理人发生多维的密切联系并嵌入在日常互动中，不同形式的资本间相互转化在这个层面上最为流畅。其次，越是市场链条的上游环节，各个领域间相互联系的程度越低。具体而言，市场链条层次越高，越远离紧密的、持续性的社会关系（如地域、村庄的社会制度），社会机制作用越弱，而经济机制作用越凸显。最后，以上逻辑不仅适用于解释市场链条的纵向结构，而且可以解释横向的市场运作范围。村庄代理人（商贩）的经营活动越远离其熟悉的社会空间，社会资源（如信任、社会关系）越稀少，他所拥有的社会资本的价值越低，社会资本转化为经济资本的可能性越小，市场交易越倾向于以经济形式运行（如现金支付）。

不同形式的资本相互可转化的程度因市场行动者在社会空间中的位置不同而存在差异。例如，在同一社会空间中，一个葡萄商贩可能仅经营这一领域的市场交易活动，另一个商贩可能是企业家兼村干部。对于前者，政治领域与经济领域间关系松散；而对于后者，这两个领域可能有着密切关系。当精英人士跨越不同领域时，这些领域也因他们的跨领域活动而发生关联。例如，村庄中干部企业家具有双重角色，政治领域的干部身份有助于其获得政治资本，这些政治资本可能转化为经济资本。因此，即使在同一村庄中，各类资本在不同领域间相互转化的过程和程度都因行动者所处的结构位置差异而不同。由此我们提出以下命题：各类资本间相互转化的程度因行动者在其所处的社会空间中的位置和角色不同而存在系统差别。

这个命题指出了在市场交易活动中行动者转化资本的能力存在显著差异的实证意义：那些具有多个身份角色的行动者（如地方干部、具有较高地位的社会精英）比那些只是活动于某个领域的行动者在交易中更可能促成和得益于不同领域之间资本的相互转化。我们经常看到的情形是，村干部的领导地位和能力能够帮助外来厂家实现市场交易，协调解决发生的问题，因此他们经常被选择为村庄代理人，帮助协调组织村庄市场。显然，村干部经济领域的行为影响到他在政治领域的地位，例如能够组织收购交易可能有助于提升其在村庄选举中的竞争力。相比之下，对于一个普通企业家来说，其政治资本和经济资本的关联较为微弱，难以实现政治资本与经济资本之间的相互转化。

（二）市场权力基础上的强征性信用

在农产品收购过程中存在广泛的、数额庞大的厂商赊欠中间商或农户的现象。这种被迫产生的大范围赊欠行为不同于传统社会中熟人圈内小范围和小规模的借贷（如小商店、货铺的买卖赊欠），并非建立在自愿、互惠交换基础之上，而是外部厂家利用市场权力，强制性地迫使市场链条下游的商家或农户接受赊欠。市场交易常常是在资本缺失的条件下完成的。例如，酿酒葡萄市场中的收购常常不是现金交易，而是以赊欠方式进行的，而且欠条往往在一个相当长的时期内还未能兑现。在很大程度上，赊欠交易模式是厂商通过其市场权力强加给交易对方的，即通过强制性手段来索取信用。我们采用"强征性信用"（credit taking）而不是"借贷"（credit lending）的概念以强调在这一过程中，大公司通过其市场权力强行将资金压力和风险转嫁给市场链条下游环节的组织行为。由此我们提出如此机制，即特定的市场权力或者其他权力的强制性力量导致了不同形式资本间的相互转化。

强征性信用与礼物交换互惠机制以及相关的多维度讨价还价机制不同。艾默生指出，权力是所有交换关系的中心。许多研究强调了资本的力量，特别是其市场权力在建构公司组织和现代工业市场社会中的重要作用（Emerson，1962；Stearns，1986）。农产品市场上大范围地发生的数额庞大的赊欠行为体现了背后的市场权力逻辑。这一赊欠方式源于寡头垄断的大公司，它们拥有更高的市场谈判地位和某些特定制度背景（如得到银行贷款的特殊政策）所赋予的强制性权力，要求通过赊欠的方式进行收购，将资金压力转嫁给市场链条上游环节和下游环节，迫使市场链条上游环节和下游环节的小商贩和农户承担资金的风险和代价。而下游市场行动者不得不接受这一赊欠方式。例如，小商贩甚至中间商无法得到市场机会或足够的银行贷款；分散农户面临农产品季节性、储藏困难等压力，因此只能按照市场上游的寡头垄断厂商强加的赊欠条件进行交易。在这个过程中，资金动员的风险和压力被转嫁给中间商、商贩，最终落到农户身上，后者被迫通过动员社会资本方式来解决经济资本短缺问题。由此我们提出以下命题：市场权力（或其他垄断权力）对资金动员的成本和风险的分布有重要影响；交易一方的市场权力越大，越可能将资金动员的成本和风险转嫁给交易对方。

值得指出的是，强征性信用的实现依赖基层社会的礼物交换互惠机制。强征性信用是通过市场链条各环节连接起来的，即当大公司利用垄断权力将赊欠方式强加于农户或小商贩时，通常通过交易中介人如中间商、村庄代理人来实施。而中间商—商贩、村庄代理人—农户的赊欠过程是靠社会资本或社会信任来维系的。在这个意义上，农产品市场上的强征性信用的效用，恰恰是建立在传统社会的组织制度之上的。

我们认为，在经济资本匮乏的背景下，行动者发掘和调动社会资本，发展出市场交易中的信用机制，解决了市场运作问题。不同类型资本间的相互转化受几个机制的影响：各类资本所在领域间的关联程度，互动双方社会空间的距离远近，市场行动者的社会位置和角色，以及参与交易活动的群体之间的（市场）权力关系。以上讨论引导我们关注以下几个问题：对于市场链条各个环节上的交易双方，各类资本所在的不同领域的边界及其相互间关联是什么？市场参与者在这些领域的位置分布如何？市场参与者间的市场权力分布是怎样的？我们从这一理论视角来讨论鹿山镇农产品市场兴起过程中是如何解决资本缺失条件下的市场交易难题的。

三 资本转化和市场运作：鹿山镇的个案研究

（一）案例背景

本文的田野观察均来自鹿山镇，其共有 27 个行政村，2006 年农民人均收入仅为 3500 元。

经过 30 年改革，全国性农产品市场体系逐步形成，但鹿山镇的农产品市场刚刚兴起。鹿山镇盛产玉米、葡萄和杏子，但仅有少量的农产品收购企业，在全国性农产品市场体系中处于下游环节。下文以杏子和酿酒葡萄市场为主要案例。

杏子市场（杏仁、杏核和杏干）上游是几家规模较大的加工企业，几家企业在鹿山镇与几个中间商合作，中间商下游是数百个商贩。在收获季节，商贩走乡串户收购产品，出售给镇上的中间商，中间商再出售给来自广东、浙江等地的厂商。商贩的市场活动范围超越村庄边界，他们奔走于方圆 150 公里的范围即整个产区进行收购，近几年有些人还到其他省份长途贩运，使得鹿山镇地方市场成为全国杏子市场体系的重要环节。表 1 是 2009 年杏子市场部分地方商人的收购资本来源分布。前十位案主是随机选取的商贩，后三位案主是鹿山镇经营规模最大的中间商①。一个突出现象是，该市场交易中三位地方中间商能够大规模地赊欠商贩的农产品，运用社会资本替代经济资本。

表 1　2009 年杏子市场中间商、商贩资本来源分布

单位：万元

人物编号	自有资本	合伙人资本	银行借贷	赊欠
1	15	40	40	0
2	20	50	35	− 50
3	5	0	30	− 18
4	8	0	25	− 15
5	10	0	25	− 15
6	20	15	25	− 12
7	10	0	25	− 10
8	20	15	30	− 20
9	15	0	15	− 16
10	15	0	25	− 20
11	20	0	20	+ 350
12	20	30	15	+ 600
13	20	0	30	+ 500

注：其中，前十个案例为十位商贩，后三个案例为三位中间商；"＋"表示案例对象赊欠他人的资本，"－"表示案例对象被他人所赊欠的资本。

资料来源：根据田野观察和访谈整理。

---

① 三位中间商分别在杏核、杏干、杏仁三个子产品收购市场上占有垄断地位。在鹿山镇有数百个情形类似的小商贩，我们选取了经营时间较长、规模较为稳定的十位商贩。

鹿山镇是主要的酿酒葡萄产区之一。酿酒葡萄市场结构接近寡头垄断市场模型，其上游是几家大酒厂，下游是分散的农户家庭。与杏子市场结构的显著区别是，村庄成为酿酒葡萄市场组织的重要环节和单位。酿酒葡萄大多以村庄为单位进行规模种植，并在短短的几天内完成全村数百万斤的葡萄由农户到酒厂的交易过程，在这个过程中农户之间有着密切的协作。值得注意的是村庄代理人这一角色，即那些为厂家或中间商在村庄内组织收购葡萄的代理人，他们通常是本村的村民。村庄代理人不仅是市场收购的组织者，而且是市场交易中逐级赊欠的最终信用承担者。农户和村庄代理人紧密、频繁的互动嵌入地方社会高密度的社会关系网络和稳定的社会秩序之中，这使得赊欠式的市场交易环环相扣、组织严谨、协调有序。

事实上，行动者解决市场交易中资本匮乏问题的多种策略正是建立在行动者的社会关系和地方社会的制度基础之上的，其集中体现了社会资本、政治资本和经济资本间的动员或转化以及背后的不同机制。下文提出资本动员的三类模式：①家庭积累；②银行借贷；③赊欠。前两类动员模式大多体现了礼物交换的互惠机制，而赊欠模式则为市场权力基础上的强制性机制所支配，体现出强征性信用的特点。

（二）礼物交换互惠机制支配下的资金动员模式

1. 家庭积累和集体化的历史遗产

地方商人的初始资本一般来源于家庭，如家庭积蓄、亲属借贷等。鹿山镇大多数农户鲜有农业剩余，少量的积蓄一般来自非农业活动如外出打工。在农村社区中，扩大家庭依然是农民经济活动和社会交往的重要组织。表1的第1列呈现商人自有资本状况，为5万~20万元。事实上大多数商贩的自有积蓄约为5万元，其余部分主要来自亲友借贷。

地方商人的发展得益于集体化时期的市场经历和机会。如中间商鄢某（案例11）和李某（案例12）在乡镇企业发展初期都经营管理着村集体收货站。鄢某排行老五，其大哥是村支书，1982年高中毕业，回村后进入村委会，主要经营村农产品收货站。李某早年参军，退伍回村后当选为村支书，1985年在村里办起了集体收货站。在乡镇企业改制时，鄢某和李某收购了各自村里的收货站，并且延续经营村集体收货站所积累的外来市场关系以及与镇供销社、地方银行等系统的负责人所形成的熟人关系，后者为其获得银行贷款铺平了道路。

家庭积累体现了日常生活领域积累的社会资本向经济领域经济资本的转化。在传统农村社会，生产活动和社会互助嵌入高密度的社区网络，社会资本向经济资本的转化是一个自然连续的过程，常常体现为家庭成员、亲属及好友之间私下借钱等。在政治资本和经济资本之间的转化过程中，集体化时代村干部及其亲属更容易接近和获取经济资源。家庭积累的动员模式在一定程度上解释了经营者早期的资本运作，但这一组织模式所动员的资源数量有限、增长缓慢，难以满足规模不断扩大的市场需求。随着大规模市场交易的兴起，经营者必须寻求其他资本动员方式。

2. 银行借贷

那些上升到市场链条更高环节的商人，如中间商可得到大量的银行贷款，银行借贷在很大程度上是基于非正式的人际关系运作的。在表 1 中，十位商贩和三位中间商都得到了银行贷款并且均凭借了特殊的社会关系。在这一过程中，行动者的社会关系的强弱和类型各有特点，形成了多样的社会关系渠道。第一，有四位商人通过亲属关系获得资本。如袁某（案例 4）的表哥是鹿山镇信用社的会计，正是在表哥的帮助下他从信用社得到 25 万元的贷款。谢某（案例 9）的侄子在邻乡信用社工作，在侄子的运作下拿到 15 万元的银行贷款。第二，大多数商贩与银行机构显然没有直接的社会关联，一个普遍的做法是动员第二层或者第三层社会关系网络与银行建立社会关系。如白某（案例 7）在 2004 年通过村信贷员（同村人）结识了镇信用社主任，在信用社拿到 5 万元贷款。次年，白某直接找到信用社主任，获得 10 万元贷款。第三，银行贷款的社会机制还诱发了新的合作组织关系，即经营者寻找那些能够获得银行贷款的人作为合作者，如许某（案例 1）的两位合伙人（分别是县农业银行和建设银行的工作人员），以 40 万元银行贷款入股分红。

随着市场经济的兴起和发展，社会关系在资本运作过程中的作用常常是增强而不是弱化了。例如，信用社为农民家庭提供小额信贷，政策规定每个家庭以家庭财产作为抵押可获得不超过 5000 元的贷款。葡萄商贩张海的变通做法是借用多个本村亲属朋友的银行存折作为抵押资产，通过银行的特殊关系进行运作，从而得到几十万元贷款。一方面利用其在村庄中的社会资本，另一方面动用与银行的特殊纽带关系，从而实现社会资本向经济资本的转化。在这一过程中，社会关系得到强化。

行动者在不同情境下处于不同的社会位置，他们将其他领域的资源转化为经济领域资本的能力存在差异，从而获得银行贷款的机会也不同。

如随着集体债务问题凸显，干部企业家经常难以得到银行贷款。从厂商角度来看，银行资本特别强化了大公司尤其是国有公司的市场权力，因为后者与银行资本有着特殊联系，而一般企业很难获得银行贷款，不得不附属于大公司从事收购交易。获取资本能力的差异塑造了市场行动者的等级结构。

3. 市场权力基础上的强制性机制与强征性信用

在鹿山镇农产品市场，赊欠正是解决交易过程中资本匮乏问题的最主要方式。据我们估计，农产品交易总量的 3/4 强是通过这一形式实现的。农产品交易呈现"厂商—中间商—商贩（村庄代理人）—农户"逐级赊欠的模式，尤其凸显资本的市场权力运作机制。在这一过程中，厂家以寡头垄断的市场权力迫使对方接受赊欠模式，表现出强征性信用的特质。中间商、村庄代理人在其中发挥着至为关键的作用，中间商或村庄代理人特殊的社会位置实现了市场权力机制和礼物交换互惠机制的融合转化，最终使得大部分的农产品交易在资金匮乏情况下得以实现。虽然终端购买者（如大公司）、中间商、村庄代理人以及农户四个环节的交易互动中普遍存在赊欠现象，但有两点值得关注：第一，各农产品的产品特征不同，市场结构（市场权力）的具体形态特征也因此存在差异，导致各农产品市场赊欠的运作机制有系统差异；第二，市场链条的各环节有不同的制度背景，导致各环节赊欠模式的运作机制大相径庭。

以酿酒葡萄市场为例，终端环节情形如下：桑酒厂是鹿山盆地的地方龙头企业和重要的国有企业，近年来产量和销售量占全国的 1/3 强。至 2008 年 13 家小酒厂逐渐建立，主要生产原酒卖给桑酒厂，它们是桑酒厂的原料供应商。2003 年以来，山东等地酒厂涌入抢购，激烈的市场竞争导致收购价格数次高涨。2007 年收购价格高达每斤 2.4 元，涨幅达两倍之多，极大地提高了原料成本。次年桑酒厂将 13 家小酒厂召集起来，会议约定与各小酒厂建立长期"战略合作联盟"，制定本区域统一收购价格，对于私自涨价者予以严厉惩罚。在收购过程中，桑酒厂派驻专员到现场跟踪监督各小酒厂收购价格。

银行贷款制度极大地强化了桑酒厂的市场权力，有助于其控制地方各小酒厂。桑酒厂在 2007 年纳税近 2 亿元，约占县财政总收入的 1/3，这个特殊经济地位使得它具有调动银行资本的能力，而小酒厂很难在银行得到贷款。正如某小酒厂经理所说："我们自己很难在银行贷款，现在都是商业银行，银行要控制风险。但桑酒厂不同，银行会贷给它（桑酒厂），我们凭着收购协议、收货单才可以到银行抵押贷款，这占到我们收购资金的70%……" 即便桑酒厂能够得到大量贷款，银行利息总是不菲的开支，只有将资金压力转嫁给市场链下游环节，通过赊欠运作才可以节省这笔成本。

在杏子市场也普遍存在强征性信用过程，但其所发生的市场链条环节与酿酒葡萄市场颇为不同。鹿山镇是杏子的主要出产地，杏子市场终端环节主要为浙江、广东等地的企业，这些外地企业在鹿山镇经过了不熟悉—熟悉的经营过程，以杏核市场为例。2002 年浙江厂商金老板开车寻找货源，沿路找到中间商杨某。那时彼此完全陌生，杨某小心谨慎，要求金老板预付定金再收购，并在收购数万斤后请对方立即付全款。随后，金老板派驻采购员长期住在杨某家里，还邀请杨某亲自送货到浙江，参观其企业生产，了解他的家庭和家族。经过长达三年的交往，双方逐渐建立起信任关系。在这一过程中，金老板还介绍杨某与其同行老乡签订了高达数百万吨的杏核收购合同，使杨某迅速成为鹿山镇收购规模最大的杏核中间商。

为什么厂商能够将赊欠的模式强加给地方市场的中间商和商贩？在厂商环节，厂商有意识地高度组织起来。例如，杏核加工企业以浙江省某村最为集中，随着经营规模扩大，他们到河北、新疆、天津以及东北等原料产地兴办工厂，并于 2008 年成立全国性专业协会。与之相比，鹿山镇地方市场上的中间商和商贩的市场力量和组织程度远远落后于这些外来企业。特别是在外部市场高度垄断的背景下，中间商具有较高的可替代性。一位浙江厂商如是说："他（中间商杨某）当然得听我的，我还可以找其他人来收购。我在这里已经六年了，每天开车到附近各个村转悠（闲逛），和商贩们很熟……" 可以说，厂商逐渐培养出特定的村庄代理人，并赋予其市场下游的垄断地位。

中间商或村庄代理人的社会资本是厂商的市场权力转化为强征性信用的关键。中间商或村庄代理人大多是当地精英，生活在地方社会，嵌入在地方社会网络中。如酿酒葡萄市场赊欠运作过程中一个至关重要的角色是村庄代理人，村庄代理人和农户有着稳定的社会信任，彼此的互动嵌入长期生产生活而产生的共享乡村文化网络中。

（三）两位村庄代理人的故事

酿酒葡萄市场的重要组织单位是村庄，酿酒葡萄通常以村庄为单位进行规模种植。山上村是鹿山镇最早种植酿酒葡萄的村庄之一。两位村庄代理人中的一位是担任村支书 20 余年的村支书夏斌，另一位是村里最大的葡萄收购商张海。他们的市场发展轨迹形成鲜明的对比，这一对比为我们理解不同形式的资本相互转化提供了丰富的素材。

首先是村支书夏斌的故事。夏斌于 1981 年高中毕业，随后参军入伍，1983 年退伍回村并进入村委会工作，1985～2010 年任村支书。在夏斌的领导下，村庄基础设施（如通电、自来水）获得极大的改善；他还大力推广经济作物。1996 年，山上村村委会与桑酒厂成功签订建立"酒厂 + 基地 + 农户"模式的合作协议，将全村 1000 亩土地发展为酿酒葡萄生产基地。三年后，山上村酿酒葡萄开始挂果，按照与酒厂的协议，以夏斌为核心的村委会收购全村葡萄并以合同价卖给桑酒厂。这一收购模式持续到 2001 年。

夏斌也给其他酒厂代收葡萄。他在村庄之外有不少关系资源，在村庄内部有动员农户、解决纠纷的能力。可以说村支书夏斌占据着"天时地利人和"的市场优势，一方面能拿到酒厂的收购合同，另一方面借用他在村庄内部高密度的社会关系网络，很容易赊欠农户的葡萄。从这里看到政治资本（村干部）转化为商业机会和社会资本（当地社会关系）替代经济资本的双重过程。

2002 年外地酒厂开始到山上村采购葡萄，村庄内部逐渐产生了新的代理人，夏斌作为村级市场收购核心主体的垄断地位被逐步打破。村庄代理人增加，市场交易逐渐分散。我们观察到夏斌收购团队的葡萄收购量在村庄内部所占份额逐年下降（见图 1）。村庄代理人数量增多，竞争激烈，夏斌的动员力量急剧下降，2009 年他的收购量仅占村庄总产量的 10%。

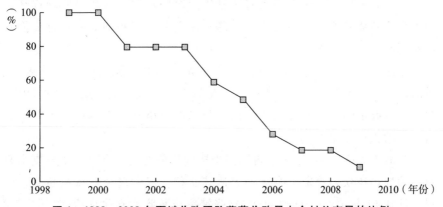

图 1 1999～2009 年夏斌收购团队葡萄收购量占全村总产量的比例

一个令人费解的现象是：夏斌长期以来拥有较高的社会地位、较好的政治资本和外部关系资源，过去十年一直扮演村庄代理人的角色，但为什么他未能上升到市场链条的上游环节？夏斌回答："我要是像张海那样能贷款，那我很容易就能成为大中间商了。"最核心的制约条件就是缺乏经济资本，没有经济资本就不能到外村收购，无法扩大收购规模。同时，村支书在村庄中的角色地位正在发生变化，不再处于村庄社会结构中唯一的核心位置。随着村庄集体负债问题凸显，村干部身份已经失去银行借贷的优势，作为村支书的夏斌也难以得到贷款。因此，即使夏斌与酒厂有着稳定的社会关系网络，他所拥有的社会资本也只局限于村庄内部，即在村庄内通过赊欠收购葡萄。

夏斌的故事从多个维度呈现了不同形式的资本相互转化的动态过程。第一，当政治权力在村庄事务中起核心作用时，政治资本（如村委会领导）是重要的资源，它能够动员并可转化为其他形式的资本。夏斌的村支书地位在早期帮助他获得了较多的市场交易机会。第二，夏斌通过赊欠本村农户的葡萄进行收购，这建立在其在村庄的社会地位以及农户对其的信任基础上。如果市场收购超越这个特定的空间范围，他就需要动员资金进行现金交易。夏斌正是因为缺乏资金而无法超越村庄边界以扩大市场范围。夏斌收购团队在村庄中收购能力下降反映了各类资本转化过程的几个重要变化。首先，随着农业经济逐渐市场化，村委会的政治地位不断下降，使得政治资本转化为市场机会的可能性减少。过去外来厂家都会找村委会干部来组织收购，而近年来这种情况越来越少了。其次，当其他村庄代理人出现时，以家庭家族为基础的社会资本在村庄中的作用凸显，出现了各个家族的成员把葡萄赊欠给自己家族的村庄代理人的趋势。由此可见，随着市场兴起，村庄内部经济领域和政治领域逐渐分离，村庄领袖的地位和动员能力下降。建立在家族基础上的礼物交换互惠机制起到了更大的作用。

中间商张海的故事与上述故事形成鲜明对比。张海性格十分内向、沉默寡言、不善社交，但出乎意料的是张海最终成为一个成功的中间商，收购葡萄数量大，且遍及几个乡镇。张海的经历从侧面体现了不同形式资本间的相互转化。

张海于1968年生于山上村，高中毕业后任村委会会计，受村支书夏斌的领导。在众人看来，他羞于表达和交往，但做村会计认真负责，任村会计达14年之久。直到2001年张海突患重疾，到北京治疗，欠下不少债务。2002 年病愈回村，他离开村委会，试图做其他工作挣钱还债。他的妻舅在鹿山镇信用社工作，给他提供了信用社驻村信贷员和中国人寿保险推销员两份工作，但这些收入对于家庭债务来说是杯水车薪。2004 年，张海开始盘算做葡萄生意。由于没有市场经验，他借用妻舅的关系在信用社拿到 5 万元贷款，并加入夏斌收购团队。在合作过程中，张海熟悉了收购运作流程，与部分酒厂的管理者建立起熟人关系。2006 年，张海组建自己的收购团队，通过亲友筹资 23 万元、银行贷款 10 万元，以总计 33 万元作为收购资本，主要以现金交易方式收购了 30 万斤葡萄，成功地开始了独立经营。

2007 年张海从某酒厂拿到 70 万斤的葡萄收购合同，而山上村葡萄总产量不到 150 万斤，村里还有数位收购代理相互竞争，于是张海到外村采购葡萄，外地村庄超越了张海的社会生活范围，意味着他要准备大量的现金进行"一手交钱，一手交货"的交易。正如张海所说："如果不给现钱，农民不会让你把（装葡萄的）车开走。"这一年，张海借用村民的银行存折进行抵押，通过信用社的特殊关系，最后得到近百万元的贷款。张海先用现金到四个外村收购，和那里的村庄代理人逐渐熟悉，并取得信任。他非常有策略地建构新的社会资本。例如，当他不能及时支付现金时，则在结账时支付一定的利息，这一举动受到村庄代理人的好评，提升了他的赊欠能力。

来自外地村庄代理人的信任成为社会资本，其累积到一定程度可转化为经济资本。2008 年张海拿到 110 万斤的葡萄收购合同，到 6 个外地村庄收购。但这一年张海没有使用银行贷款，绝大多数的葡萄都是以赊欠方式收购的，一个重要前提条件是他在前一年培育和积累了丰富的社会关系。2009 年张海从银行获取近百万元的贷款并将贷款投资给某砖厂，而在葡萄交易中则全部采用赊欠方式，可称之为"空手套白狼"战术。但张海显然不是纯粹的"空手"运作，而是基于多次重复的市场交易中与外村的村庄代理人培育的社会资本。在没有经济资本的条件下，这些社会资本为市场交易双方的赊欠提供了信任纽带和基础。

"不同形式的资本间相互转化"这一命题解答了为什么在资本缺失条件下市场交易仍然可以发生甚至扩展这一现象。如上述故事所示，这些相互转化过程是有条件的。首先，不同的社会位置所占有的资源存在差异，占据不同社会位置的行动者进行资本转化的资源条件和结果有着明显区别。夏斌在村庄内的政治地位和权威产生的大量社会资本替代了经济资本，而张海与信用社的特殊人脉关系帮助他获取的大量资金，使得他可以超越村庄边界。其次，不同形式的资本相互转化的机制和过程会随着制度环境变化而变化。以往政治资本（干部身份）是获得市场机会和资源的重要机制，随着市场发展，政治身份逐渐难以转化为经济资本（如银行借贷）。最后，不同形式的资本间相互转化的程度或比例随着时间发展而变化。如随着市场结构扩散，村庄代理人数量越多，竞争越激烈，村庄代理人的社会资本价值越低。市场权力基础上的强制性机制在以两个故事中没有凸显，但夏斌和张海的赊欠和筹款活动正是强征性信用发生作用的微观过程。正是他们的社会资本替代经济资本的努力使得农产品市场在资金匮乏的条件下得以运行。

本研究的意图并不是再次说明社会学领域中早已提出的"不同形式的资本间相互转化"这一基本命题，而是通过具体的研究指出，这一命题并不是一成不变地适用于任何地方、任何领域；需要具体深入地分析其转化机制和边界条件，才能对这一命题在实际社会过程中的意义提出具有力度的解释。

四　讨论与结论

本研究讨论了中国北方一个农业镇农产品市场的发育过程，特别是在资本缺失条件下市场交易背后的机制和过程，不可避免地带有地区的特殊性。但本研究的着眼点是有关各类资本转化与市场活动之间的关系，地方制度和社会关系如何形塑资本运作的问题。通过对鹿山镇农产品市场资本动员微观过程的考察，本研究试图在理论和经验层面揭开市场运作的"黑匣子"，阐述各类资本间转化的机制和发挥作用的条件，特别是社会机制在市场运作过程中的重要作用。

本研究将农产品市场运作的一个显著特点概括为"资本缺失下的市场交易"。核心问题是：各类资本在什么条件下以什么机制能够从一种形式转化为另一种形式？本研究揭示和分析了资本转化的多重动态过程，提出了礼物交换的互惠机制和强征性信用的市场权力机制。首先，不同形式资本间的相互转化建立在不同领域间相互关联的基础上。需要对市场链条中各环节的社会资本进行区分和讨论，包括建立在村庄共同体基础上的农户、商贩和中间商之间的信任，企业家与银行机构的特殊个人关系，以及中间商和外来购买者建立在长期交易关系和市场权力基础上的谈判关系。其次，市场链条中不同行动者因其社会角色不同而与各类资本所处的领域有着不同的关系，从而有着不同的各类资本转化的渠道和空间。最后，资本转化因市场结构不同而存在差异，有些交易环节中有明显的资本转化（如葡萄收购中的赊欠与社会信任间转化）过程，有些交易环节中没有发生资本转化（如杏仁市场上农户和商贩之间的即时交易）。

我们通过关注市场链条中资本短缺问题，以及参与市场交易的各方如何解决市场发育所面临的各种挑战，进而理解市场关系和社会关系并存互构的过程和机制。研究发现，获得经济资本的机会和拥有赊欠能力等市场优势与社会关系网络有密切关系，而且社会资本和经济资本间的转化随着人们在社会空间中的地位以及在市场链条中的层级不同而不同。在村庄层次，高密度的社会关系为赊欠提供了信任基础。而在市场链条的上游，那些拥有市场权力的收购者通常以强征性信用形式，通过强制性机制迫使市场链条下游的商贩和农户承担动员资本的风险和代价，导致大范围的赊欠模式。从宏观上，这些农产品市场的兴起仿佛遵循着经济学所陈述的"共生秩序"逻辑；但仔细观察就会发现，市场参与者经过了长期艰苦的努力，克服了各种组织上的困难和挑战，充分调动和利用了他们所拥有的各种资源和机制，特别是社会制度的资源，才建立起现有的市场秩序。

资本的意义超越了其在经济领域中的单纯的金钱意义，在现代国家和社会的形成中起着重要作用。一方面，资本将地方区域和国家市场连接起来，在这个意义上资本成为建立或者改变制度的强大力量；另一方面，资本流动代表不同区域在全国范围内的相互联系，在这个意义上资本也成为重要的分层机制，塑造着特定的社会关系模式。但是，本研究对这一论断提出了重要的限制条件。研究发现，市场权力的强制性机制——强征性信用得以实现的基础是乡村社会中的社会资本用以替代经济资本的各种赊欠做法。在这一过程中，市场机制，包括市场权力基础上的强制性机制，恰恰强化而不是削弱或瓦解了乡村社会中的社会制度。在这个意义上，本文讨论的资本间相互转化过程及其内在机制有着更为广泛的意义。首先，市场经济的发展并不一定意味着市场与社会此盛彼衰的趋势，而是经济活动与社会活动的双向互构过程：各类资本间的转化借用了社会制度设施和社会关系，而这些转化过程反过来强化了社会机制的作用。其次，特殊的社会关系促成了特定的市场交易形式，这些交易形式又强化了特定的社会结构；同理，当地企业家活动可能推动了社会结构的复制（如地方代理和社会信任），而这些做法也可能随之限定了资本转化的边界。我们期望本研究的讨论有助于认识资本和社会制度的互动演化过程及其未来趋势。

参考文献

边燕杰、张磊，2006，《网络脱生：创业过程的社会学分析》，《社会学研究》第6期。

韩俊，2007，《中国农村金融调查》，上海远东出版社。

林南，2004，《社会资本》，张磊译，上海人民出版社。

折晓叶，1997，《村庄的再造：一个"超级村庄"的社会变迁》，社会科学文献出版社。

Akerlof, George 1982, "Labor Contracts as Partial Gift Exchange," *Quarterly Journal of Economics*, vol. 97, no. 4.

Blau, Peter M. 1964, *Exchange and Power in Social Life*. New York: J. Wiley.

Bourdieu, Pierre 1986, "The Forms of Capital," in Richardson, ed., *Handbook of Theory and Research for the Sociology of Education*. Westport, Conn.: Greenwood Press.

Burt, Ronald S. 1992, *Structural Holes*. Cambridge: Harvard University Press.

Duara, Prasenjit 1988, *Culture, Power, and the State: Rural North China*, 1900 - 1942. Stanford, CA: Stanford University Press.

Emerson, Richard M. 1962, "Power-dependence Relations," *American Sociological Review* vol. 27, no. 1.

Geertz, Clifford 1978, "The Bazaar Economy: Information and Search in Peasant Marketing," *American Economic Review*, vol. 68, no. 2.

Granovetter, Mark 1985, "Economic Action and Social Structure: The Problem of Embeddedness," *American Journal of Sociology*, vol. 91, no. 3.

Greif, Avner 1994, "Cultural Beliefs and the Organization of Society: A Historical and TheoreticalReflection on Collectivist and Individualist Societies," *Journal of Political Economy*, vol. 102, no. 51, pp. 912 - 950.

Lin, Nan 2001, *Social Capital: A Theory of Social Structure and Action*. New York: Cambridge University Press.

Mauss, Marcel 1954, *The Gift: Forms and Functions of Exchange in Archaic Societies*. London: Cohen and West.

Peng, Yusheng 2004, "Kinship Networks and Entrepreneurs in China's Transitional Economy," *American Journal of Sociology*, vol. 109, no. 5.

Scott, James C. 1976, *The Moral Economy of the Peasant: Rebellion and Subsistence in Southeast Asia*. New Haven: Yale University Press.

Skinner, William 1964, "Marketing and Social Structure in Rural China: Part I," *The Journal of Asian Studies*, vol. 24, no. 1.

Skinner, William 1965, "Marketing and Social Structure in Rural China: Part I", "Marketing and Social Structure in Rural China: Part II," *The Journal of Asian Studies*, vol. 24, no. 2.

Stearns, Linda Brewster 1986, "Capital Market Effects on External Control of Corporations," *Theory and Society*, vol. 15, no. 1 /2.

Tilly, Charles 2001, "Welcome to the Seventeenth Century," in P. DiMaggio, ed. , *The Twenty-First-Century Firm*. Princeton, NJ: Princeton University Press.

Uzzi, Brian 1999, "Embeddedness in the Making of Financial Capital," *American Sociological Review*, vol. 64, no. 4.

Wank D. L. 1999, *Commodifying Communism: Business, Trust, and Politics in a Chinese City*. New York: Cambridge University Press.

Zelizer, Viviana A. 1994, *The Social Meaning of Money*. New York: Basic Books.

Zhou, Xueguang Wei Zhao, Qiang Li, and He Cai 2003, "Embeddedness and Contractual Relationships in China's Transitional Economy," *American Sociological Review*, vol. 68, no. 1.

基层政府与地方产业选择[*]

——基于四东县的调查

冯 猛[**]

一 研究问题

四东县位于黑龙江省西南部，受地理资源条件和产业发展传统的影响，近些年该县形成了以农牧业为主、多类型产业并举的发展局面。笔者2006年以挂职锻炼的身份进入四东县特拉河镇展开社会调研，之后又多次进入该县调查访问，通过参与式观察、访谈和文献整理等多种方式，广泛收集了2003年以来该县县级层面和多个乡镇的大量实证资料，产业发展是这些材料中的重要内容之一。调查期间，笔者发现乡镇政府在发展地方产业上的表现极为积极，它们不仅仅在产业成长阶段投入较多的人力与物力，在产业发展显现效果之时，政府更是不断包装"美化"该产业并将其顺利转化为政府政绩产品加以宣传（冯猛，2009），笔者将政府这种干预地方产业的行为称作"打造产业"。在四东县内，打造某项（些）产业已成为乡镇政府最重要的工作内容。

更有趣的是，经过乡镇政府打造产业后的县域内产业格局呈现以下几个特征。第一，不同乡镇之间的产业区别度非常高。四东县共有11个乡镇（其中4个镇、7个乡），12个国营农林牧渔场[①]，在11个乡镇中，重要的产业类型可达七八个，比如奶牛养殖、大鹅养殖、湿地旅游、湖

* 本文原载《社会学研究》2014年第2期；收入本书时有修改。

** 冯猛，上海师范大学社会学系副教授。

① 在辖区与权属划分上，国营农林牧渔场主要突出经济功能，其辖区范围相对乡镇来说要小，在行政级别上也低于乡镇，但这些场站仍具有独立管辖本场站政治、经济、社会的权力。为了分析方便，本文只讨论乡镇这一政府机构主体的行为，但其行动（转下页注）

泊旅游、沿江渔业、水稻种植、大棚蔬果、群众体育等，而且不同的乡镇所具有的主项产业类型是有差异的。比如在 2007 年，笔者重点调研的几个乡镇，特拉河镇以大鹅养殖为特色，沃林乡以奶牛养殖为特色，烟屯镇以湿地旅游为特色，江湾乡以水稻种植为特色，等等，每一个乡镇都试图打造属于自己乡镇特色的产业，从而与其他乡镇区别开来。第二，同一乡镇产业类型更替特别快。每个乡镇在打造出一项特色产业并发展该项产业两到三年之后，便会转移精力，重新打造与之前产业类型不同的一项产业出来，并且将新产业作为该乡镇的特色产业。以笔者调查最深入的特拉河镇为例，2003～2005 年，该镇主要发展河蟹养殖；2006～2008 年，主要发展大鹅养殖；2009～2011 年，主要发展驻地商业。虽然在改变主打产业之后原有产业还会保留，但政府的主要精力和投入已经转移到新产业上，表现出产业更替频繁的特征。第三，乡镇内重点打造产业的典型性显著。与主导产业的带动性强、支柱产业的份额大特点不同，典型产业是体现乡镇特色、被树立为乡镇经济发展典型的产业，典型产业可能对当地经济的带动性不强，所占份额也不大，但其极具地域社会性特征，与其他产业类型的区别度更高，作为宣传工具和政绩标本的政治性功能更强。

　　为什么地方产业的发展格局会呈现以上三个特点？笔者认为这是基层政府针对当地产业"着意"选择的结果，应该说基层政府在地方产业发展中起到了"引领之手"的作用，正是政府的引领性干预——甄别、选择、投入、扶持、包装等一整套过程塑造了地方产业发展的上述特征。在这一系列过程中，产业选择是最为关键的环节，一旦乡镇政府选定某项（些）产业之后，由于地方政府的强参与，该产业在短时间内崛起便成为顺理成章的事情。因此，本文将研究重点放在基层政府对地方产业的选择上，主要考察影响乡镇政府产业策略行为的激励结构和效用约束，特别是晋升诉求对产业选择的重要影响。本文分两步回答这一问题，首先分析基层政府介入地方产业的动力和手段，即基层政府为何要积极打造地方产业以及为何能够打造某项（些）地方产业；其次分析基层政府打造某项（些）地方产业时的选择策略，即基层政府的产业策略如何以及为何要采用此策略。研究发现，正是由于乡镇政府打造地方产业的行

（接上页注①）逻辑和运作机制同样适用于农林牧渔场这一层次的政府机构，笔者曾经密切关注的一个案例，就有某林场场长因业绩突出而升任大镇党委书记的情况。

动以及对产业策略的选择行为，在县域范围内形成了辨识度高、更替率快、典型性强的产业格局。

二 文献述评与理论对话

虽然是从个案中引发研究问题，但笔者更愿意将此问题放在更为广阔的经济社会背景之中进行考察，并尝试与地方政府研究领域的若干理论展开对话。改革开放之后，随着行政放权与财政放权，地方政府运作地方经济的热情高涨，它们扶植（开办）企业（Oi，1992；Walder，1995）、招商引资（李松玉、曲延春，2012）、"替民致富"（古学斌、张和清、杨锡聪，2004）、流转土地（北京大学国家发展研究院综合课题组，2010）、经营辖区（曹正汉，2012），展开了其运作地方经济的宏伟图景并从中获益。有鉴于我国领土面积、地区发展程度及权力分立状态差异等因素，各地地方政府在经济运作中所扮演的角色是有所差异的，在同一辖区内不同任别的地方政府所实施的经济运作方式也会有所不同。本文关注的基层政府对地方产业的引领性干预这一问题，应该说是延续了地方政府与地区经济关系的研究主题，在这个主题下，学者们基本上遵循结构约束—政府行动—政府目标这一分析框架（张静，2006），只是根据研究关怀不同在框架中填充了不同的变量要素。

本文援引的案例及建立在其上的实证分析，除了回应地方政府运作地区经济这一社会现象之外，还尝试在下列几个方面展开理论对话。

第一，产业经济学的相关理论，特别是产业政策理论，以及地方政府与产业之间的关系。与产业经济学讨论的过于宏观的产业政策理论相比，本文立足于在地方上实实在在发生的、可以进行全程观察（产业选择、产业扶持、产业政策评估等）的地方产业的勃兴与变动过程，试图通过近距离的社会调查，讨论处于产业经济学研究边缘的一些话题，比如产业选择的微观机制、地方政府运作产业的逻辑、政府强干预对于社会的副作用等。特别是本文提出"典型产业"这一概念，其体现出的社会性功能与政治性功能远大于经济性功能，也就是它最大的功用不在于支持经济增长，而在于支持社会评估和政治展示。在讨论基于优化产业结构目标的产业政策时，研究者经常使用主导产业与支柱产业等概念，着重强调它们的经济功能，发展主导产业或支柱产业的目的是促进国民经济增长，优化国家或地区产业结构（刘伟，1995；江小涓，1996），其为官员政绩加重砝码的政治功能经常被忽略，而具有较强政治功能的典型产业很可能既非主导产业也非支柱产业。产业集群发展过程中有关地方政府角色和作用的研究由来已久，目前学者们达成的一个基本共识是：产业集群的形成并不是政府有意识培育的结果，但发展到一定阶段后，集群的转型升级和危机应对需要包括地方政府在内的公共机构的适当介入和扶持（乔翠霞，2005；吕文栋，2005）。本文肯定地方政府在产业发展过程中的作用，但笔者认为有关政府作用的讨论不应仅仅限定在经济意义分析上，在某种情况下，地方政府干预产业的政治意涵与社会意涵将超过经济意涵。

第二，周黎安等人提出的对中国地方经济发展的经典解释——政府的分权包干与官员的晋升激励。周黎安（2007）等人对经济增长的原因讨论可以表述为，以官员晋升为激励，设置 GDP 增长目标，刺激相同政府层级的官员（特别是一把手）相互竞争，追求 GDP 增长，促进整体经济总量扩大。锦标赛机制要发挥作用，需要满足若干条件：委托人的权力集中，存在一种从委托人和代理人的角度来看都可衡量的、客观的竞赛指标，代理人的绩效可评估与可比较，代理人之间不会形成合谋（Lazear & Rosen，1981；周黎安，2007）。在中国的特定政府体制下，清晰的锦标激励与上级政府集权是能够顺利开展晋升锦标赛的最重要保证（周飞舟，2009）。本文借鉴了周黎安和周飞舟等人的晋升机制解释，认为基层政府积极发展地方产业的目标之一是追求晋升，但本文与周黎安等人观点的区别在于，地方政府在发展经济上绕开了经济总量这一评判指标，而是转向产业比拼。在锦标赛发挥效力的技术前提中，本文认同委托人权力集中这一条件，但认为代理人之间的竞赛指标被锁定为 GDP 这一标准可以商榷，GDP 以及经济总量固然是客观清晰、可衡量的，但锦标赛是否只有在指标清晰的前提下才发挥作用笔者表示怀疑，将竞赛指标模糊化在某种条件下会成为上级政府与下级政府共同向往的做法，这一点将在下文讨论。

第三，地方政府的创新理论。在近些年的地方政府和社会治理研究领域，创新一时成为最流行的概念和最热门的话题。政府创新被认为是公共权力机关为了提高行政效率和增进公共利益而进行的创造性改革，创新过程通过政府官员的改革行为得以实现（俞可平，2005）。本文提供的基层政府对地方产业的选择这一案例，也可以称之为地方政府的创新。在对 2000～2010 年中国地方政府创新奖申请项目的统计分析中发现，地方政府在创新行动上表现十分活跃，一方面是因为它们最接近社会，面对不断产生的各类问题；另一方面是因为它们掌握着较多的资源（包括人力、财力等），享有一定的自主性（杨雪冬，2011）。在笔者的观察中，基层政府在产业选择上表现出极大的创新动机和创新行动，但政府的频繁创新能否带来当地经济的持续发展以及当地民众福利的持续增加，如果答案是否定的，则我们要对政府行动的"全民创新"理念进行反思。

三　基层政府对辖区产业的打造

（一）基层政府在产业打造中的引领作用

通过对四东县打造产业发展过程的梳理，我们发现，基层政府在打造区域内产业的过程中发挥了强大的"引领之手"的作用。

其一，打造某项产业的决策是政府做出的。打造哪一项（些）产业？是打造与其他乡镇相同的产业还是发展独特的产业？新任政府官员是延续原有产业还是更换原有产业？在一段时间内是集中打造一项产业还是同时发展多项产业？这些产业决策在不违反上级规定的前提下基层政府都有自主权做出，相应地在确定产业类型的同时，政府也制定出了发展该产业的策略规划及行动预案。其二，政府为打造某项（些）产业，在制度、组织、资源、人力等配备上做出倾斜性安排。在确定打造某项产业之后，基层政府首先会在政府文件中突出该项产业的重要地位，给发展该产业提供制度保障；与此相关，基层政府会在机构设置上体现该产业的重要性，如果没有成立单独的办公室或工作委员会，则通常会由党委书记亲自挂帅来主抓该产业发展；在投入资源上，包括物力、财力以及人力资源都会重点投入政府确定打造的产业，因此会出现全体干部"去年抓大鹅，今年抓奶牛"的工作局面。其三，政府通过产业项目形式建立起上级政府与基层民众之间的联系。基层政府介入产业主要是通过优惠政策鼓励农户加入该产业来实现的，这里面需要两个外围条件保证——优惠政策和农户参与，当前基层政府主要通过项目带资金的形式保证上述两个条件的达成（折晓叶、陈婴婴，2011），政府通过各种项目把优惠资金发放给农户，引导农户加入政府选定的产业。其四，政府对产业的改造、包装与宣传。打造一项产业一般包括以下流程：首先，政府介入某项产业并引导农户加入该产业进行生产经营；其次，农户的生产经营壮大产业规模；最后，基层政府将壮大后的产业加以包装并宣传，使其具有社会化影响，只有形成社会化影响并为其获得政治"加分"才是基层政府打造某项（些）产业的行动目标。从基层政府打造产业的流程来看，乡镇政府不仅务实地打造了一项产业，而且务虚地建构了一项产业①，而后者往往关系到基层政府在政府竞争中的排位。

（二）基层政府为何要打造产业

基层政府之所以积极干预产业发展过程，首先是因为政府有干预产业发展的动机，其主要指向是官员晋升，这是乡镇政府领导班子所有成员的诉求。基层政府由于处在地方政府体系（省、地、县、乡镇）的最低一级，政府官员都比较年轻，资质较浅，他们的职业预期远，职业寿命长，对晋升的偏好是非常强烈的。笔者在四东县调查期间，不止一次听过基层官员提到"现在还很年轻，还想做点事情，所以做起事情来要给自己多留后路"此类的话②，在分析中将官员晋升作为基层政府官员的核心激励目标是适合的。另外，官员晋升不仅是政府一把手的目标，一把手以下的政府主要领导以及普通的政府干部也都有晋升的愿望，在一个乡镇政府内，如果一把手成功升任，组织上通常会采取递级补任的方式安排干部，由此政府干部都会递升一级。因此，政府一把手及其麾下的政府干部都有较强的动力在执行产业任务和干预产业过程中表现出极为积极的一面。

如果将由上下级政府组成的政府体系看作一个政治市场（North，1991），为了在晋升竞争中获胜，基层政府官员会踊跃地对外释放一种信号，这种信号能够标明其在某些能力上较为突出，适合进入更高一级的政府岗位。从实际调查可以看出，产业繁荣成为标明政府发展能力强大的一种较适合的信号，具有较高才能的基层政府官员通过打造地方产业的行为释放信号，以显示自己所在政府的能力比其他乡镇政府强，而上级政府通过观察基层政府打造产业的情况，可以对具有不同能力的基层政府进行甄别，从而判别各个政府间的能力高低并给予奖惩（Spence，1973）。产业成功这一强信号包含的内涵不仅仅在于政府的包装和宣传，更重要的是能够提供一个实实在在的底本，也就是在当地必须拥有成功

---

① 通过实地观察并与政府文件内容相比较，基层政府实地打造的产业与其用于宣传的"产业"是有出入的。但是，如果没有实地存在的产业，基层政府也很少会凭空捏造一项产业出来，从这个意义上讲，打造一项产业是政府建构一项产业的基础。

② 来自 2007 年对特拉河镇党委书记的访谈。

的典型产业，这也是基层政府"用心"打造产业的内在原因。

（三）基层政府为何能打造产业

在打造产业行动上，基层政府并不直接经营某项（些）产业，而是通过对政府组织体系、资源配置体系、工作流程体系等结构要素的配置与调整来实现对产业的引领与打造。在基层政府组织体系方面，领导班子由一把手和主要领导构成，他们以党委书记为核心，各有分工，保证了在产业策略决断上保持口径一致，在短时间内达成统一意志。处于较低层次的政府普通干部在执行产业政策时保持了较高的悟性[①]，能够严格按照领导班子的意志参与打造产业的行动，在领导班子决定打造一项（些）新产业时他们会迅速地将精力转移到新产业上去。在资源配置体系上，基层政府掌握着关系产业发展的经济资源（项目经费）、政治资源（审批权）、社会资源（与村级组织和带头人的良好关系）和舆情资源（宣讲优惠政策）等，通过对这些资源的配置倾斜和协调集中，基层政府能够将各类资源投放在个别产业上，从而在短时间内创造出该项产业欣欣向荣的局面。在工作流程体系上，基层政府通过干部包村、典型示范、与农户算账、市场联络等一整套的对农户产业经营的跟踪过程将政府意志渗透到农户的生产经营活动中。特别是干部与农户的面对面交流，能够降低信息失真和信息扭曲，以农户更为容易接受的方式推广政府的产业发展战略，有利于产业群体的扩张，从而保证政府产业意志的实地执行。

乡镇政府通过对农户生产经营行为的引导和对产业过程的干预，可以顺利执行他们的产业意愿，保证了政府官员打造某项（些）产业流程的连贯性。在基层政府干预地方产业的过程中，政府官员要通过打造某项（些）产业来获得政治高评并谋求晋升，这是政府官员的利益所在，而政府手上掌握的政府组织体系、资源配置体系、工作流程体系是政府打造某项（些）产业的资源，政府利用这些资源（独立使用这些资源或者与农户交换资源）可以引领政府所选产业的生成和发展走向。

---

① 这部分政府干部并不只是纯粹的政策执行者，他们对领导班子的决策也有个人判断和执行态度。笔者在四东县调查期间，某乡镇的林业所所长说："既然书记想做点事情，想往上走走，咱们也得帮衬着点儿，不能做得太差了。"正是在这位林业所所长的带领下，该乡镇的林业工作在过去两年县林业局组织的林业检查中都排在前列，他认为自己这些年都在做为书记升迁添砖加瓦的工作。

四 基层政府的产业选择

（一）基层政府的产业选择策略

1. 与其他乡镇相区别的产业选择策略

某一乡镇政府为什么选择与其他乡镇相区别的产业类型？比较该乡镇政府的产业选择策略，第一种是选择与其他乡镇相同类型的产业，第二种是选择与其他乡镇不同类型的产业。选择第一种产业发展策略，乡镇政府要在政府竞争市场上获胜，就需要做出比其他乡镇更强的产业，如果其他乡镇先于该乡镇已发展某项产业，则具备了市场先占优势，鉴于产业发展速度边际递减趋势，则效仿具有该产业的乡镇需付出更多的精力。因此，某乡镇选择与其他乡镇相同的产业类型，不仅仅会加剧竞争，面临竞争失败风险，更重要的是该乡镇的投入递增而收效递减。

第二种产业发展策略即选择与其他乡镇不同的产业，相当于在产品市场上生产某种新产品，不仅仅避免了与同类产品的竞争，避开了其他乡镇的竞争压制，更重要的是乡镇选择新产业会在短时间内获得较快增长，亦即选择新产业的乡镇会在短期内获得较大效用。如果每个乡镇都做出这样的选择，在一段时间之后，便可以观察到，县辖区内不同乡镇拥有不同类型的产业，各乡镇均拥有属于本乡镇特色的产业。2010 年四东县 11 个乡镇的特色产业类型如表 1 所示。因为四东县的主要产业是农牧业，大部分乡镇的产业类型也是在农牧业这一纲目下区分的，但即便是从事相同产业，乡镇也会在该产业上做出特色，比如在奶牛养殖上面，有些乡镇突出奶牛种群规模大，有些乡镇突出奶站机械化程度高，有些乡镇突出奶牛合作社运作规范，有些乡镇突出休禁牧工作抓得好，等等。总之，乡镇要突出自身特色，渲染与其他乡镇的差别。

表 1 四东县各乡镇产业一览

乡（镇）名称	特色产业类型	工农业总产值（亿元）
大康镇	畜牧业、工业、商业	2.20
寿山乡	畜牧业、大棚种植业	2.53
莫格乡	渔业、休闲旅游业	2.14
江湾乡	水稻种植业、群众体育	1.92

乡（镇）名称	特色产业类型	工农业总产值（亿元）
克台乡	畜牧业、经济作物种植业	2.23
烟屯镇	畜牧业、生态旅游业	2.95
特拉河镇	大鹅业、水稻种植业	2.41
白音乡	狐貉养殖业、旅游业	2.55
沃林乡	畜牧业、林业	3.22
西巴彦乡	风电产业、特色种植业	2.13
胡集镇	畜牧业、种植业	3.21

注：在四东县所辖的 11 个乡镇中，大康镇是四东县政府驻地，是全县经济、政治、文化、交通中心；寿山乡是典型的城郊接合乡，2009 年县政府在寿山乡推广棚室经济，已经成为全县经济发展的名片；莫格乡是全县位置最南端的乡镇，依靠流经本乡的嫩江资源，以渔业为主；江湾乡毗邻嫩江，水稻种植是该乡现期的主导产业；克台乡在全县各乡镇中是较早发展畜牧业的乡镇；烟屯镇拥有丰富的湿地资源，旅游业、苇业较为发达；特拉河镇 2007 年提出发展水稻种植业、畜牧业、大鹅业三大核心产业，其中大鹅业最具特色；白音乡的传统产业本为狐貉养殖业，2009 年后，县政府利用白音乡的湖泊资源，开始发展旅游业；沃林乡是农业乡镇，畜牧业、林业是该乡的优势产业；西巴彦乡发展较为落后，产业规划较为模糊；胡集镇是全县面积最大的乡镇，以多元畜牧业与种植业为主导产业。

资料来源：根据东四县《县情手册》与各乡镇情况介绍整理，其中，工农业总产值指标采用 2010 年的数据。

2. 与镇内已有产业相区别的产业选择策略

乡镇政府为什么会选择与镇内已有产业不同的产业类型？上述对于不同乡镇政府选择不同产业的解释依然适用对此问题的分析，乡镇政府如果长期坚持一种产业，由于产业增长边际递减，在产业上升一段时期后，产业发展速度会放缓，乡镇政府获得效用降低，甚至投入大于产出。如果在某一产业发展一段时间后选择新产业重新打造和建设，则会避免上述情况，重新在短时间内获得较大效用。

更显著的一点是，选择打造新产业通常伴随乡镇领导的更迭，即新一任领导任职之后，新政府班子会在短时间内选择、设计和打造新产业，即在调查过程中笔者听到的"每个领导有每个领导的打法"。乡镇政府在换届之后的短时间内就急切选择并打造新产业，主要是贴上新领导的产业标签，淡化原领导的工作政绩，毕竟原有产业所取得的政绩是属于前任领导的，要在短时间内做出政绩，更便捷的途径是打造新产业而不是发展原有产业。上文提到的特拉河镇从河蟹养殖到大鹅养殖，从大鹅养殖到驻区商业的产业转变，无不是在主要领导（一把手）换届后短期内做出的产业发展策略。

（二）产业选择策略的模型分析

刘世定（2003）在分析企业经理的经营策略选择行为时，指出在责任目标函数约束下，企业经理会倾向选择短期内获得较大利润的策略，而不是长期策略，这一分析模型同样适用于对基层政府官员选择行为的解释。如图1所示，假定基层政府官员在打造地方产业上有两种策略可供选择，即打造产业 A 策略和打造产业 B 策略，如果不考虑政府的政绩目标，政府官员会选择打造产业 A 策略，但考虑政府政绩目标的时间效用，政府官员会选择打造产业 B 策略，而放弃打造产业 A 这一长期策略，因为采取 B 策略，政府官员在 t 时间点上创造的政绩要高于 A 策略。在这个产业选择策略模型中，基层政府官员追求任期内效用（政绩）最大化，要在较短任期内创造出最优政绩，政府官员会权衡两种产业策略带来的政绩效应。

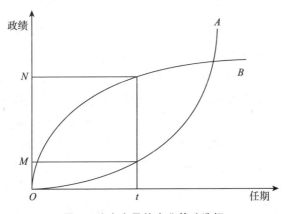

图1　政府官员的产业策略选择

上述模型是在未考虑外部竞争状态下的基层政府产业策略选择行为，模型中假定政府追求任期效用最大化，在引入外部竞争后这一假定仍然适用。首先考察受其他乡镇产业策略影响下的某乡镇产业策略选择，如图2所示，假定其他乡镇执行的产业策略为 OS_1，其在 t 时间点上的政绩为 OM，如果某乡镇执行相同的产业策略（假定为 OS_2），则在 t 时间内其政绩为 ON。但这一政绩与其他乡镇创造的政绩相比，其获评政绩仅为 MN（$ON - OM$），而要获得与其他乡镇相同的政绩则需要 $t + t'$ 时间，此时 $OQ = 2OM$。而如果执行相区别的产业策略（假定为 OS_4），则在 t 时间

内其创造的政绩为 OP，这一政绩也是它的评定政绩，此时 $OP > OM > MN$。只要 $OP > MN$，该乡镇就会采取 OS_4 策略。考虑政府官员的任期约束，乡镇干部会选择短期策略（t，OS_4）而不是长期策略（$t+t'$，OS_3）。

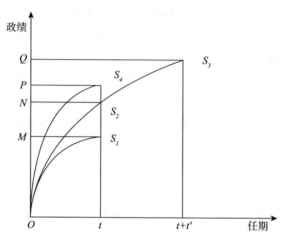

图2　考虑其他乡镇产业情况下的产业策略

接着我们考察受乡镇内原有产业影响的某乡镇产业策略，如图3所示，假定该乡镇原有的产业策略为 OS_1，其在 t 时间点上的政绩为 OM，如某新任政府官员执行相同的产业策略（假定为 OS_2），则在 t（$2t-t$）时间内其政绩为 ON，同上，这一政绩与乡镇创造的原有政绩相比，其获评政绩仅为 MN（$ON-OM$），而要获得与本乡镇原有产业相同的政绩则需要 $t+t'$（$2t+t'-t$）时间，此时 $OQ=2OM$。而如果执行相区别的产业策略（假定为 OS_4），则在 t 时间内其创造的政绩为 OP，这一政绩也是它

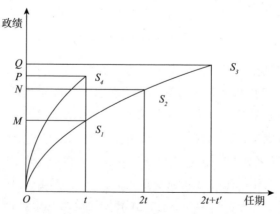

图3　考虑乡镇内原有产业情况下的产业策略

的评定政绩，此时 $OP > OM > MN$。只要 $OP > MN$，该乡镇就会采取 OS_4 策略。考虑政府官员的任期约束，乡镇干部会选择短期策略（t，OS_4）而不是长期策略（$2t + t'$，OS_3）。

　　笔者在四东县的调查发现，乡镇政府官员的流动性较为频繁，乡镇干部特别是领导班子成员在某一岗位上的任职期限都比较短暂，政府官员不仅要创造政绩而且要在短暂任期内创造政绩成为基层政府打造产业的目标，这也证实了任职时间与政绩目标对乡镇政府的约束同等重要。在表2中笔者列举了特拉河镇从2006年至2011年政府领导干部的更替情况，可以看出基层政府官员的职位流动是较为频繁的，其他乡镇的政府干部更替基本上也符合这样的趋势。就四东县来说，基层政府官员在某一岗位上的平均任期不足3年，要在这个短暂的任期内创造出政绩，政府官员会更偏好选择短期策略。

表2　四东县特拉河镇的干部职位流动情况

	2006 年 1 月	2009 年 1 月	2011 年 1 月
官员 1	特拉河镇党委书记	四东县副县长	四东县县长
官员 2	特拉河镇镇长	特拉河镇党委书记	四东县水务局局长
官员 3	特拉河镇副书记	烟屯镇镇长	烟屯镇党委书记
官员 4	特拉河镇第一副镇长	特拉河镇副书记	县宣传部副部长
官员 5	特拉河镇第二副镇长	特拉河镇第一副镇长	红旗马场场长

（三）典型产业的意义

　　乡镇政府在本地产业发展中选择与其他乡镇不同、与本地内原有产业不同的产业类型，实现这一目标，最有效的行动便是打造本乡镇的典型产业。所谓典型产业，是指在各项产业中地位突出、与其他产业具有强区分度、具有标签色彩的产业类型。这种产业可以不是该乡镇的主导产业，也可以不是该乡镇的支柱产业，但最重要的功能是能够凸显该乡镇的特色，以便与其他乡镇的产业区别开。由此我们可知乡镇政府着意打造典型产业的目的就是打造个性化产品，以在地方政府竞争市场上占得一席之地。考虑基层政府官员的任期情况，乡镇政府选择的典型产业还必须在短期内见到效果，而且政府官员的晋升愿望越强烈，产业显现效果的时间就越短。由此可以推论，乡镇政府的产业选择越来越呈现短期化特点，这显然与中央政府提倡的可持续发展战略是背道而驰的。

受资源占有量限制，乡镇政府通常采取以打造一项产业为主，两到三项产业为辅，集中力量发展主项产业的策略，这就形成了典型产业突出、亮点产业兼备的产业布局。比如沃林乡的产业布局，2006年该乡以奶牛养殖业为主业，以乡道修建、大鹅养殖、防护林栽种为辅业，正是凭借畜牧业的突出表现，该乡党委书记于2007年升任①县畜牧局局长。有趣的是，新任党委书记上台之后，迅速改变了典型产业的发展策略，尽管在该乡的政府工作内容中，奶牛养殖仍然占据最大部分，但新领导班子改以乡道修建为该乡的特色工作，也是凭借在这项工作上的突出政绩，该乡领导班子成员都获得了职位升迁。

五　作为衡量尺度的产业发展指标

（一）产业发展指标的建构及其合法性

在实际的政绩评定和官员选拔工作中，依据笔者对四东县近十年的观察，该县已经逐步确认以产业发展作为评判官员政绩的标准，县政府会通过各种方式来确证这一标准，具体表现在以下几个方面。首先，县政府会在全县范围内通过各种场合、各种形式传递产业发展作为衡量指标的信息，比如提出"一乡一品""一村一品"的口号，在中期检查、年终检查和各种经济现场会上集体参观重点乡镇的典型产业等。其次，在干部选拔上，优先选拔任用在产业发展方面表现突出的乡镇干部，比如特拉河镇的党委书记在过去的一年表现卓越且稳定，在特拉河镇任上重点打造大鹅产业，使之成为全县的产业标杆，在担任该镇党委书记3年后进入县级领导行列。最后，县政府有意识地将官员晋升与县政府的产业投入挂钩，在后备干部的梯队中，如果县政府有意向提拔某位乡镇领导干部，则会将资源更多地投入该乡镇，并以打造产业的形式实现投入转化。比如寿山乡的棚室蔬果产业即是四东县2011年之后重点发展的产业，县委、县政府将这个产业项目委派给了寿山乡并投入大量优惠资源，该乡的党委书记则是县委有提拔意向的干部，在棚室蔬果产业取得成效之后，该乡的党委书记也顺利被提拔到县级领导岗位。

---

① 虽然乡党委书记与县局局长同属于正科级，但考虑到畜牧业在四东县的重要地位，从沃林乡党委书记调任县畜牧局局长也可以视作升迁。

在《四东县乡镇工作实绩考核评价办法》中，除了一些基本指标，考评内容还包含加分项目，考虑各乡镇在基本指标上的得分情况相差不大，加分项目的比较才是考核评定的关键内容，而加分项目都与产业指标有关联，设置加分项目，其重要目的便是引导乡镇政府向产业发展方面用力。如表3所示，经验现场会均是在生产现场展开的，比如大田种植基地、奶牛培育基地等；上级表彰包含产业经营的重要内容；培育典型主要是农牧业生产的典型，比如大鹅养殖典型、奶牛养殖典型等；生产加工项目也与产业密切相关，特拉河镇在2006年引进了大鹅深加工项目，这为该镇的政绩加分不少；而向上级政府申请的项目资金也以产业项目为主，如奶站机械化改造项目、奶牛保健项目等。

表3　四东县乡镇工作实绩考核加分项目

1. 年度内承办省级经验现场会每次加10分、市级经验现场会每次加5分、县级经验现场会每次加2分
2. 受到省市县委、政府表彰奖励的，分别加6分、5分、3分
3. 培育的典型在省、市、县级做经验介绍的，分别加5分、3分、2分
4. 新建生产加工项目年产值在50万元以上企业的，国家投资的项目加5分，非国家投资的项目10分
5. 主动向国家、省、市争取到计划外项目、资金，10万～50万元加2分，50万～100万元加5分，100万元以上加10分

总之，四东县通过政策规定，考核标准激励，以及提拔产业"标兵"官员的工作导向，在全县范围内已经确立产业发展指标作为评判官员政绩的衡量标准，在评判官员上形成的这种规范不仅是县级政府的有意设计，而且得到了乡镇政府的支持，已经成为地方政府竞争市场上具有共识的激励结构。

（二）产业发展指标的优势

其一，上级政府允许并支持乡镇政府发展不同产业实际上是放弃统一产业策略，给予乡镇政府更大的自主发展权力，这种分权模式可以在更大程度上调动基层政府的积极性，使其更倾向于依据本地资源打造典型产业。采取打造典型产业的发展策略增加了基层政府在产业上的可选择性，正如上文所分析的，这种评判标准使得乡镇政府可以选择一种更省力但效用更大的途径，而不是"硬碰硬"，从产业选择的"人有我强"

策略转变为"人无我有"策略，这样更能在短时间内创造出产业绩效。同时，选择打造典型产业，集中全乡镇精力重点发展某一项或者少数几项产业，往往可以节约政府的有限资源，这就避免了在产业发展上"多点出击"的资源分散。但是，这种打造典型产业的策略很容易导致重点发展产业效益好而其他产业不景气的局面，这是典型产业策略造成的消极后果。

其二，产业发展特别是不同产业之间的发展可以避免GDP指标导致的乡镇政府间过度竞争。与其他级别的地方政府相比，乡镇政府集中在范围较小的县域内，政府官员之间的交流联系更加频繁，经常有面对面沟通的机会，甚至一些官员之间还存在亲属、朋友关系（冯军旗，2010）。因此，基层政府竞争市场是一个充满人情关系的场域，虽然存在稀缺岗位的竞争，但政府官员会尽量避免做出恶性竞争的举动。如果不同乡镇打造相同的产业类型并形成竞争，可能导致地方保护主义、打压竞争方（周黎安，2008；冯兴元，2010）等做法，比如相邻乡镇之间会在草原、土地、河渠的权属问题上发生激烈的纠纷。但是政府官员之间的交往沟通会减少这种地方保护行为的发生，四东县内地界相邻的特拉河镇与红旗马场在2007年之前经常发生草原放牧纠纷，但2007年红旗马场场长升任特拉河镇镇长，2009年特拉河镇副镇长升任红旗马场场长，此后镇场之间的草原纠纷明显减少，即便出现马场牧民与镇属农户之间的纠纷，双方的政府官员也会非常"和气"地化解矛盾。基层政府官员之间为了照顾彼此情面，往往避开面对面的冲突和直接竞争，采用产业发展指标缓和竞争局势，因为在这个指标下不同乡镇可以发展不同的产业类型以绕开竞争，某些乡镇甚至出现了合作的情况，比如某乡镇的政府干部带领本镇农户到另外的乡镇参观学习等。

其三，相较于GDP指标，产业发展指标是一个更容易观察、更容易规避"暗箱操作"的评判标准。在乡镇政府间的政绩评判中，虽然也重视GDP指标，但是这一指标准确性较低，几乎所有乡镇都有GDP造假的行为，而且GDP指标在基层政府较难统计，如果统计口径和统计手段不够精确，则GDP的真实性和可靠性难以保证。在接受各种业绩考评和上级检查时，乡镇政府通常会采取"布景"（欧阳静，2011）、突击动员（吴毅，2007）、应付掩盖（赵树凯，2010）、"共谋"（周雪光，2008）等方式应对，他们做得更多的是文字图表和公关工作，而不是工作实绩，这种应对评定的方式导致的结果只能是乡镇工作流于形式，即"唱的比说的好听，说的比做的好听"。在乡镇层次设定产业发展指标作为评判标准能够有效减少上述行为，因为这一指标与 GDP 指标相比更容易被观察到，一个乡镇的某项产业是否发达，发展是否成功可以通过到实地参观的方式做出判断。比如上文提到的现场会就是将不同的政府官员集中在田间地头等生产一线共同参观产业情况，每年的半年检查和年终检查，县政府也通常采取这种方式来查验各乡镇的产业状况，这可以带来直观感受。在参观评比过程中，通常是县级政府与各乡镇政府官员一同出席，乡镇的产业发展状况可以当场认定。①

其四，相较于 GDP 这样的单一总量指标，产业发展是一个复合型指标，这一指标在明确性上较弱，不如 GDP 指标更符合严格清晰的标准，但正是由于其指标的复合型和模糊性，上级政府评判乡镇政绩有了更大的操作空间。产业发展可以从产业规模、产业价值、产业程度、产业质量等不同向度度量，即便是面对面评判各乡镇产业之间的优劣，也很难决定哪一个乡镇的产业更突出。上级政府在决定哪一项产业更强、哪一个乡镇更优的工作上拥有更大的决策余地，这就为上级政府提拔特定官员并授意安排其典型产业提供了便利，因此，产业发展指标作为衡量标准得到了县级政府的支持。组织决策分析学派认为权力来自参与权力关系的各个对手所支配的自由余地（费埃德伯格，2005）。在上级政府与乡镇政府的互动关系中，产业发展指标解释权即为上级政府为自身设立的自由余地，通过保留产业发展指标解释与判定的模糊性，上级政府便能够牢牢控制乡镇官员选拔任用的人事权，从而选出更符合县级政府偏好的官员（Alchian & Demsetz，1972；周雪光、练宏，2012）。

产业发展指标的上述优势使其成为县级政府和乡镇政府共同认可并支持的政府政绩评判与官员晋升选拔的衡量标准。这样的衡量标准不只是政府设定的若干指标，而且反映了背后的政府组织设计和制度安排。按照这样的官员考核机制和行政逻辑，乡镇政府并非需要把所有的工作都做到达标，而是在不出现漏洞的情况下在某个方面做出亮点和特色（刘玉照、田青，2009）。每个乡镇在打造产业的过程中会选择那些比较容易打造，同时又可以做出亮点和特色的产业来实施干预，在上级面前，

---

① 要完全禁止乡镇政府在迎检中的"造假"行为是不可能的。笔者在挂职锻炼期间，特拉河镇在迎接上级检查之前，事先通知农户将大鹅赶至公路两侧便于领导看到，这可以看作乡镇政府与农户间的"合谋"。但之所以能这样做，也是因为该镇有较多养鹅户并且有较大规模的鹅群。

政府官员也会有意识地去渲染这些经过打造呈现突出效果的产业。

六　产业打造的微观经济社会学分析

（一）基层政府运作地方经济事务的经验叙事

近年来，地方政府对辖区产业的打造成为一种非常重要的政治经济现象，本文尝试从微观层面着手，对乡镇政府打造产业发展的整套流程及其影响做了细致的描述和分析，特别是对乡镇政府打造产业、打造典型产业、不断打造典型产业的"三部曲"进行了详细说明和论证，为我们理解县乡政府与产业发展的关系以及基层政府的运作逻辑提供经验借鉴和理论启示。基层政府干预地方经济的行动包含对产业的甄别、选择、投入、扶持和包装等多个环节，通过这些环节的操作，基层政府达到了打造产业的目的，并凭借产业绩效在政府竞争中胜出，政府官员由此获得晋升资格。

处于中国转型期的地方政府，伴随近些年宏观制度的变迁，始终保持着对地方经济发展的热情，地方政府与经济主体之间保持着紧密的关系，这种紧密的关系以政府对经济的主导控制为主要特征，政府将干预之手纵深地伸入地方经济的运行中。在具体的地方经济实务操作中，属于基层政府运作地方经济的活动包括扶持企业、招商引资与协税、做项目、土地流转、产业规划等。从基层政府运作地方经济事务连续性的角度来看，本文展示的基层政府选择、打造地方产业的案例是当代中国地方政府典型形象的一个注脚。

（二）政府与产业关系的理论回应与推进

1. 基层政府打造产业的运作逻辑

在政府与产业关系的讨论上，从中国经验出发，产业经济学提出，鼓励地方政府在产业发展中的积极干预，但要划清政府与产业、政府与企业的关系（朱玉明、孙圣民，2005；方建国、谢小平，2008）。在上述框架中，市场与企业居于主导地位，政府的角色则是配合市场与企业共同完成产业的集聚与增长。与产业经济学不同，产业经济社会学把政府视作内生变量讨论政府与产业之间的关系，以弗雷格斯坦（2008）、道宾（2008）等人为代表的产业经济社会学的制度学派认为，政府通过实施积极的产业政策（包括产业鼓励政策、产业税收政策、产业投资政策、技术专利保护政策、关税政策等）培育产业迅速发展的环境，以此引导产业向政府产业政策设定的目标演进（梁波、王海英，2010）。产业经济社会学的制度学派与产业经济学注重在国家层面上讨论政府与产业的关系，正是这种宏观分析路径，限制了他们在经济产业的具体操作层面考察政府的产业行为。另外，产业经济学与产业经济社会学的制度学派建立的产业政策——产业效果的二元联系未免过于简单，特别是在基层政府层面政府与地方经济事务有着紧密接触，在产业政策与产业效果之间存在各种变数，缺少了对中间环节的分析显然是有缺憾的。

　　针对产业经济学与产业经济社会学的制度学派分析上的不足，本文在以下几个方面试图有所推进。首先，我们将分析层次沉淀到中国政府层级的最基层，围绕县、乡两个层级的地方政府讨论政府的产业打造过程。一旦进入县、乡政府的层次，我们看到的就不仅仅是停留在纸面上的产业政策文本，同时还包括各类鲜活的打造产业的主角和丰富有趣的产业故事，这是立足国家层面的宏观分析不能做到的。其次，在政府与地方产业的复杂链条上我们揭示并增加了基层政府产业运作这一环节，通过基层政府的产业打造，政府的产业规划和产业政策能够转化为可观察的实际行动，而实际行动又可以创造出产业效果；更为关键的是，在产业运作过程中，基层政府的自主性和伸展性得到了极大体现，他们可以根据区域状况与其他政府的产业表现来实施本辖区的产业策略。再次，在对政府产业行动的目的分析中，我们引入了政治变量，即基层政府的产业打造行动绝非仅仅为产业而产业，除了经济目标之外，基层政府还拥有更重要的政治目标，在本文中主要是指在基层政府间竞争胜出以谋得晋升机会。正是因为晋升激励，并受到晋升结构的制约，基层政府官员在产业选择时会选择与前任相区别，与其他乡镇相区别的产业类型。引入晋升机制能够促进我们对于县乡范围产业的相关问题的思考，产业经济学与产业经济社会学可以解释产业总量增加、产业局面繁荣的现象，但对于产业结构下产业形态的多样性无法给出合理解释，本文的发现恰恰能够填补上述对这类现象解释的不足。

　　在概念提炼上，本文根据经验调查呈现了典型产业这一产业现象，并将其作为研究政府行动逻辑的一个重要概念。所谓典型产业，与目前各地出现的"一乡一品""一村一品"现象密切相关，是指在乡、村范围内通过政府打造涌现的具有本乡本土特色的标签性产品。对于基层政府而言，典型产业能够帮助该政府在政府竞争中占据突出位置，增加其在晋升竞争中的胜出概率，从而规避在单一的 GDP 竞争模式中由于经济业绩差而"永无出头之日"的风险。与产业经济学中的支柱产业、主导产业等传统分析概念不同，典型产业更强调产业对于政府的政治功能，基层政府打造地方产业是为了谋求政治晋升，而非简单地为了实现产业目标和经济目标。在中国的语境下，我们有必要突出政府打造地方产业的政治意涵，这不仅出于研究论证的需要，而且是符合中国政府实况的判断。

2. 地方政府的多元竞争模式

有关政治锦标赛模型及其扩充解释的讨论（周黎安，2008；乔坤元，2013），笔者在前文已有交代，本文遵从政治锦标赛模型的部分假定，认为基层政府行动在多重目标之中最主要的目标是获得职位晋升，这一点在笔者的调查中同样得到了印证。政治锦标赛模型将锦标赛的锦标设定为更高一级的官职岗位，将竞赛内容设定为 GDP 及其附属经济指标，在这种体制下，地方政府官员为实现晋升而不断发展壮大本地经济。由此，政治锦标赛模型实现了地方政府公众目标（提供辖区公共物品）、政府目标（获得政府财政收入）、个人激励（获得职位晋升和经济收益）等多重目标的统一，对于中国行政架构与经济发展等现象也具有独特的解释力。本文认为，政治锦标赛模型对于地方政府特别是"块块"政府之间的经济发展具有较强的解释力，但是，政治锦标赛只针对经济总量这一竞争指标而言，似乎在经济总量的指标上，各地方政府没有太大的操作空间，只能遵守而不能有所变通。但实际情况是，在经济总量之下存在更为宽泛的经济指标，其中产业指标就是非常重要的一个方面，这就给地方政府对经济指标的实现留下了较大的操作空间。对于各地经济总量增加的现象，以 GDP 为单一指标的政治锦标赛模型具有解释力，但对于各地经济形态不一、产业形态呈现多样化的现象，政治锦标赛不能提供充分的解释。另外，依据政治锦标赛模型的推论，容易获得晋升的官员应该是那些在经济绩效（GDP）方面表现最为突出的官员，但实际上，一些经济较为落后地区的官员、一些非经济部门的政府官员仍然能够得到晋升，甚至有些地区的官员由于某些特色工作的突出业绩而被破格提拔，对于这类现象，GDP 竞争的政治锦标赛模型无法给出合理解释，只能将其作为模型之外的特例。

因此，本文提出多元竞争模式代替 GDP 单一竞争模式用以解释基层政府对地方产业及其他经济事务的运作，在多元竞争模式下，上级政府设定的锦标赛锦标仍然是更高的官职岗位，但下级政府之间竞争指标不再是单一的 GDP 指标，而是具有多样化特征的政府产品。在本文提供的案例中，这一政府产品是政府打造的地方产业，基层政府通过打造属于本地的典型产业并比拼产业绩效以求在政府竞争中胜出。在多元竞争模式下，上级政府并不对产业形态做统一要求，下级政府可以根据本地实际情况自主选择，不同政府竞争时比拼的不再是经济总量的多寡，而是典型产业的特殊与新奇，只要能够将本地产业做出特色，就可以在产业竞争中胜出。通过打造典型产业，在多元竞争中能够胜出的就不仅仅是那些 GDP 占优或者经济基础较为雄厚的地方政府，那些 GDP 不高但某一项工作业绩突出的政府单位或政府部门往往也可以胜出，这就解释了政治锦标赛单一竞争模式不能回答的问题。

3. 对政府创新的反思

关于当前地方政府的创新，学者们（俞可平，2005；何增科，2011）的研究更多的是借用了创新形式的概念，而未注重创新背后的基本内涵，这导致在地方政府领域任何一项事务或一处细节的变革都可以被称为创新，形成政府无处不创新、时时在创新的局面。实际上，在熊彼特（Schumpeter，1939）及其后续的经济创新研究中，除了要在形式上有所改变，还要把创造超额利润视为创新的核心要素，在基层政府打造典型产业或者其他各式各样的地方政府创新中，虽然对原有产业或者原有政府事务进行了形式或内容的变更，但对这些所谓的创新行动是否创造出超额的政府收益并没有进行深刻讨论。笔者认为，如果不对此核心议题进行讨论，便不能将政府行动认定为严格意义上的创新。另外，在对创新的基本描述中，创新一定是与具有创新品质的企业家联系在一起的，政府创新与市场企业家紧密相连，但是，企业家特质并非人人具备，创新品质在政府官员中的分布也并非均等，从理论上讲，创新不可能成为政府组织的"全民运动"。

有一点可以肯定，创新的激发依赖特定的制度环境，新制度经济学（诺斯，1992）认为，清晰的产权界定、市场交易的自由是孕育企业家、激发创新行为的制度环境，在多元竞争的官员晋升激励结构下，基层政府官员的创新活力容易被激发，在四东县案例中我们也看到各乡镇政府踊跃发展地方产业的密集型行动。但是，政府官员的创新与市场企业家创新有本质差别，企业家是为了个人收益的最大化而实施创新行动，但政府官员则不然，政府官员除了个人收益，还有政府收益和公众收益等目标，只有那些将三者统合在一起的政府官员才能称得上具备了创新的资格。但在目前的晋升体制下，政府官员有可能为了实现个人目标而放弃公众目标，这种创新行为能够助推政府官员晋升却会牺牲民众利益。由此我们可以预见，在全社会鼓励政府创新的外部氛围下，政府官员有可能打着创新的旗号而选择短期策略治理地方，如果这一逻辑成为现实，那么地方产业发展呈现的就不仅仅有"一乡一品"和"一村一品"了，还有"一届一品"和"一年一品"。

七 结语

在中国转型背景的政治舞台上，持续上演地方政府干预地方经济并谋求晋升的场景，本文援引的四东县产业打造案例亦是这一序列上的政府"故事"。在地方政府竞争领域，产业发展指标因其独特优势而成为上下级政府共同认可的政绩衡量标准，围绕这一指标也形成了相应的制度安排和激励结构。在这样的激励结构下，乡镇政府将产业发展作为行动目标，并动用政府掌握的各类资源打造某项（些）产业。为了在政府间竞争中获得更大效用，乡镇政府官员往往会选择打造与其他乡镇相区别的产业，新任政府官员也会选择打造与本乡镇原有产业相区别的产业，即采取打造典型产业的策略。每个乡镇遵循的这种产业策略最终形成了在县域层面上产业区别度高、更新率快、典型性强的产业格局。到目前为止，以产业发展指标作为官员晋升标准，带来的四东县产业发展局面还是比较乐观的，每个乡镇都拥有并认真经营本地的典型产业，全县产业繁荣有序，但这种评价体系导致的短期内产业更换频繁是不是产业发展的最佳路径，能否给产业参与主体——农户带来实实在在的收益，能否带动地方经济的可持续发展，尚需更长时间的观察。

参考文献

北京大学国家发展研究院综合课题组，2010，《还权赋能：奠定长期发展的可靠基础》，北京大学出版社。

曹正汉，2012，《中国地方政府的战略转型：从经营企业转向经营辖区》，《佛山科学技术学院学报》第1期。

道格拉斯·诺思，1992，《经济史中的结构与变迁》，陈郁等译，商务印书馆。

方建国、谢小平，2008，《主导产业激励：区域产业集群形成中的地方政府行为分析》，《学术研究》第 6 期。

费埃德伯格，2005，《权力与规则：组织行动的动力》，张月等译，上海人民出版社。

冯军旗，2010，《中县干部》，北京大学博士学位论文。

冯猛，2009，《后农业税费时代乡镇政府的项目包装行为：以东北特拉河镇为例》，《社会》第 4 期。

冯兴元，2010，《地方政府竞争：理论范式、分析框架与实证研究》，译林出版社。

弗兰克·道宾，2008，《打造产业政策：铁路时代的美国、英国和法国》，张网成、张海东译，上海人民出版社。

古学斌、张和清、杨锡聪，2004，《地方国家、经济干预和农村贫困：一个中国西南村落的个案分析》，《社会学研究》第 2 期。

何增科，2011，《中国政府创新的趋势分析》，《北京行政学院学报》第 1 期。

江小涓，1996，《世纪之交的工业结构升级》，上海远东出版社。

李松玉、曲延春，2012，《乡镇政府招商引资的行为逻辑及其治理》，《山东社会科学》第 6 期。

梁波、王海英，2010，《市场、制度与网络：产业发展的三种解释范式》，《社会》第 6 期。

刘世定，2003，《占有、认知与人际关系——对中国乡村制度变迁的经济社会学分析》，华夏出版社。

刘伟，1995，《工业化进程中的产业结构研究》，中国人民大学出版社。

刘玉照、田青，2009，《新制度是如何落实的？——作为制度变迁新机制的"通变"》，《社会学研究》第 4 期。

吕文栋，2005，《产业集群发展中的政府作用：一个理论框架与案例研究》，科学技术文献出版社。

尼尔·弗雷格斯坦，2008，《市场的结构：21 世纪资本主义社会的经济社会学》，甄志宏译，上海人民出版社。

欧阳静，2011，《策略主义：桔镇运作的逻辑》，中国政法大学出版社。

乔翠霞，2005，《论政府在产业集群形成和发展中的作用》，《理论学刊》第 4 期。

乔坤元，2013，《我国官员晋升锦标赛机制：理论与证据》，《经济科学》第 1 期。

吴毅，2007，《小镇喧嚣——一个乡镇政治运作的演绎与阐释》，生活·读书·新知三联书店。

杨雪冬，2011，《过去 10 年的中国地方政府改革——基于中国地方政府创新奖的评价》，《公共管理学报》第 1 期。

俞可平，2005，《政府创新的理论与实践》，浙江人民出版社。

张静，2007，《基层政权——乡村制度诸问题》，上海人民出版社。

赵树凯，2010，《乡镇治理与政府制度化》，商务印书馆。

折晓叶、陈婴婴，2011，《项目制的分级运作机制和治理逻辑——对"项目进村"案例的社会学分析》，《中国社会科学》第 4 期。

周飞舟，2009，《锦标赛体制》，《社会学研究》第 3 期。

周黎安，2007，《中国地方官员的晋升锦标赛模式研究》，《经济研究》第 7 期。

周黎安，2008，《转型中的地方政府——官员激励与治理》，格致出版社/上海人民出版社。

周雪光，2008，《基层政府间的"共谋现象"》，《社会学研究》第 6 期。

周雪光、练宏，2012，《中国政府的治理模式：一个"控制权"理论》，《社会学研究》第 5 期。

朱玉明、孙圣民，2005，《产业政策演变与地方政府角色转换》，《山东社会科学》第 10 期。

Alchian, A. A. & H. Demsetz 1972, "Production, Information Costs, and Economic Organization." *American Economic Review* 72.

Frye, Timothy & Andrei Shleifer 1997, "The Invisible Hand and the Grabbing Hand." *American Economic Review* 87.

Lazear, Edward & Sherwin Rosen 1981, "Rank-ordered Tournamentsas Optimal Labor Contracts." *Journal of Political Economy* 89.

North, Douglas 1991, "A Transaction Cost Theory of Politics." *The Journal of Theoretical Politics* 1.

Oi, Jean C. 1992, "Fiscal Reform and the Economic Foundations of Local State Corporatism in China." *World Politics* 45.

Schumpeter, J. A. 1939, *Business Cycles.* New York: McGraw-8Hill.

Spence, A. Michael 1973, "Job Market Signaling." *Quarterly Economics* 87.

Walder, A. G. 1995, "Local Governments as Industrial Firms: An Organizational Analysis of China's Transitional Economy." *The American Journal of Sociology* 101.

金融研究

以政府信用为信号[*]

——改革后温台地区民营存款类金融机构的信息机制

张　翔[**]

回顾我国的改革实践可以发现，很多的民营制造业企业在其所处行业内从无到有，从小到大，甚至占据了行业的主导地位，然而民营存款类金融机构[①]的发展却几经波折，至今仍然未成气候。当然这和政府对民营存款类金融机构严格的管制政策有关，但民营制造业在其发展过程中也曾经受到政府的严厉管制，比如温州地区的制鞋业、低压电器制造业等都经历过多次治理整顿，但是温州的民营企业还是通过自身的努力，占据了这些行业的主导地位。

为什么政府的管制政策对民营存款类金融机构的影响要比一般的民营制造业企业更大？中央政府的金融管制政策对民营存款类金融机构发展产生影响的具体机制是怎样的？

本文试图从信息机制的角度对这一问题进行讨论。

---

* 本文在张翔博士学位论文第七、第八、第九章的基础上修改写成，原载《社会学研究》2010 年第 6 期，收入本书时略有修改。感谢浙江大学紫金计划、上海市教委 E 研究院建设计划项目以及国家留学基金委为笔者调查和写作所提供的经费支持；感谢刘世定、周雪光、曹正汉、尉建文、王晓修、廖志敏、韩琪对初稿提出的批评和建议；感谢应健雄、郭曾福、方培林、杨嘉兴、虞爱莲，特别是陈明衡先生为笔者调研提供的资料和帮助。当然，文责自负。

** 张翔，浙江大学公共管理学院副教授。

① 本文所谓的民营存款类金融机构实际上是由民营经济组织或个人控股并经营的，从事吸收存款和发放贷款业务的银行类金融中介，主要包括"银背"、"钱中"、公开挂牌经营的钱庄、农村合作基金会、农村金融服务社、股份制城市信用合作社、民营经济组织或个人控股的股份制商业银行等。

一 民营存款类金融机构：特殊民营企业的信任难题

（一）民营存款类金融机构：一类特殊的民营企业

和一般的民营制造业企业相比，民营存款类金融机构存在以下几个特点，使民营存款类金融机构难以赢得客户的信任。

（1）民营存款类金融机构提供的存款类金融产品要比一般制造业产品的考核费用（Barzel，1982）高。民营存款类金融机构"卖给"储户的是承诺将来按照约定条件还款付息的合约，而不是某种可以马上使用的制造业产品。民营存款类金融机构能否在将来兑现合约需要经过时间的检验。相对而言，存款类金融产品比一般制造业产品的考核费用更高。

（2）民营存款类金融机构的负债率高于一般民营制造业企业。利兰德和派勒（Leland and Pyle，1977）提出的 L-P 模型认为企业家投入企业自有资本的比例是其投资项目质量的信号，银行家根据自有资本比例来判断项目的质量。相对制造业企业而言，存款类金融机构的资本负债率或资产负债率要远远高于一般制造业企业[①]。对储户而言，判断存款类金融机构的质量相对更难。

（3）传统的"说坏话"机制难以被民营存款类金融机构继续使用，相反他们有更强的激励进行信息隐瞒。玛丽（Merry，1984）指出社会网络中流传的闲言碎语是一种促进诚实守信的有效手段。叶敏（2003）指出这一机制不适用于作为金融中介的"正规金融"如城市信用社，因为金融中介会担心引发储户挤兑。张翔、邹传伟（2009）进一步指出，金融合约执行需要一段时间，所以金融存贷中介的这种"信息隐瞒"需要更长的时间才会被发现。

（二）从"银背"到民营存款类金融机构：可能的信息机制

解决信息不对称问题有"发信号"机制（Spence，1973）、信息甄别机制（Rothschild and Stiglitz，1976）、"声誉机制"（Macauley，1963；Ellickson，1991；张维迎，2003）以及通过第三方介入等方式。这些不同机制之间不一定是相互排斥的，还可以同时使用，互为补充。

---

① 按照《巴塞尔协议》，银行的资本充足率和核心资本充足率分别应该达到8%和4%。

"银背"是民营存款类金融机构的雏形，最初是民间借贷中的证人或担保人。借贷双方签订借贷合约时可以邀请双方都认可的一个人作为本次交易的证人，如果发生纠纷，这个证人可以调停仲裁、监督借款人还款。证人没有替借款人还钱的义务，担保人则有替借款人先还钱的义务。这样就在借贷主合同上增加了一个附加合同：如果发生纠纷，证人或担保人有调停仲裁、监督或代为偿还的义务，这增加了贷款人对借款人的信任。

部分"银背"后来成为借贷信息经纪人，为借贷双方提供资金供求信息，撮合交易并开始收取一定佣金。他们有时也兼做证人或担保人，但不直接吸收存款。借款人需要资金或者贷款人有多余资金时就告诉信息经纪人，待他找到合适的交易方后才实际谈判成交，而借贷关系还是存在于借款人和贷款人之间。作为信息经纪人的"银背"减少了借贷双方的搜寻费用，但如果不收费或仅仅获得声誉等非货币收入，"银背"的激励就可能存在问题。

后来部分"银背"开始吸存，存款人有了多余资金马上存在"银背"处，即日起记取利息。存款人把钱借给"银背"，"银背"作为贷款人再把钱借给借款人，存款人和借款人之间没有借贷关系。原来的一个借贷合同被分成了两个借贷合同。这些从事存贷业务的"银背"从存贷利差中获取货币收益，从原先的民间借贷中介进一步发展为地下钱庄。

地下钱庄的经营者长期从事资金借贷交易，在地方上获得了初步声誉。地下钱庄多位于农村，存贷范围限于本村或附近乡镇，经营规模通常不大。他们的社会网络资源使信任问题不是很严重，可以通过"发信号"的方式来积累声誉，如在村子里盖很漂亮的房子或者进行奢侈性消费等，这些看似高成本的消费行为使他们的承诺变得更加可信。

但如果民营存款类金融机构的经营规模进一步扩大，经营者的房产就不足以让人信任。高负债率的存款类金融机构经营规模越大，其经营者卷款逃跑的潜在收益也越大，房产的抵押功能就越有限。所以，声誉机制对民营存款类金融机构的发展是非常重要的。

对于中国改革后的民营存款类金融机构而言，"声誉机制"的运用也面临着困难，前提是交易各方存在长期重复博弈的预期（Kreps et al., 1982）。一旦民营存款类金融机构想对自己的声誉做投资，那么它就得走出地下状态，公开挂牌经营，然后通过长期的市场竞争优胜劣汰，来证明自己不会中途卷款逃跑。但如果缺乏足够的产权保护，企业经营者对声誉投资的激励就会不足（张维迎，2001）。而在 20 世纪八九十年代的温州，就连制造业民营企业的合法性都处于激烈的争论之中，遑论民营存款类金融机构。缺乏稳定的产权保护预期，不仅储户们会怀疑其合法性，民营存款类金融机构的经营者本身也缺乏足够的激励。

解决合约双方之间的信息不对称问题，还可以通过第三方介入的方式。事实上，"银背"和地下钱庄都可以被看作一个介入存款人和借款人之间的第三方。对潜在的存款人而言，民营存款类金融机构也可以采用引进第三方的方式来处理信息不对称问题。而对很多存款人来说，最权威的第三方就是"政府"[①]。

改革后温台地区的民营存款类金融机构经营者们正是沿着这个思路去寻求解决吸存难题的方案。他们想方设法争取各种形式的、能够被潜在存款人认为是"政府"支持其经营合法性的资源作为信号，来赢得潜在储户的信任。其措施包括：争取拿到中国人民银行颁发的《经营金融业务许可证》和各类非正式的营业执照，如各级地方政府和有关部门的批文；争取获得各级政府领导人的支持，如领导的批示、视察和肯定；争取新闻媒体的宣传报道，在报纸等媒体上打广告；积极参加社会公益事业，塑造良好的企业和个人形象。这些信号对于潜在存款人意味着：即使这个人跑了，我也可以找批准其营业的"政府"要回我的存款。

（三）市场准入、声誉积累机制和政府隐性担保

政府对民营存款类金融机构的市场准入政策存在从完全禁止到完全开放的政策选择集。改革开放后中央和地方政府的民营存款类金融机构市场准入政策在这两极中曾几度摇摆。

中央政府虽然在私人进入银行业方面实行严格的市场禁入管制政策[②]，

---

① 本文不想详细讨论学理上政府的定义，只是指出对存款方来说，他们心目中可以信任的政府是指什么。这一点对于存款方决定是否向民营金融机构存款是真正有意义的。
② 在 1986 年之前，政府对于私人经营银行业没有明确的政策规定。1986 年 1 月，国务院颁布《银行管理暂行条例》，第 28 条明确规定："地方各级人民政府不得设立地方银行。个人不得设立银行或其他金融机构，不得经营金融业务。"1995 年 7 月 1 日起施行的《商业银行法》第 11 条进一步明确规定："设立商业银行，应当经中国人民银行审查批准。未经中国人民银行批准，任何单位和个人不得从事吸收公众存款等商业银行业务，任何单位不得在名称中使用'银行'字样。"

但也曾一度放松了集体所有制合作金融机构的市场准入管制①。浙江地方政府则在更早的时候就开始尝试组建城市信用合作社②和农村金融服务社③。此外，全国各地的地方政府还一度批设了一大批名义上不吸收社区外公众存款的社区性合作金融组织：农村合作基金会。温州市的农村合作基金会主要由体改委和农业主管部门批设。

虽然名义上城市信用社、农村金融服务社和农村合作基金会（下文简称为"两社一会"）为集体性质的合作金融企业。但实际上，温州的"两社一会"绝大部分都是私人所有、私人经营的。当然私人会以自己和亲属所有或控制企业的名义持有股份，从而出现了股份制、股份合作制的形式，基金会等的私人性质也就更明显了（陈明衡，2007c）。这一点与很多外地同类机构有明显区别。很多地方的农村合作基金会被掌握在地方政府手中（刘世定，2005），温州市的"两社一会"一般不存在政府干预其日常经营的问题。

但地方政府这种放松市场准入的管制政策显然又不同于完全的自由准入政策。除了在所有制方面的管制以外，管制政策还体现为对颁发的《经营金融业务许可证》实行数量管制和对申请者进行行政审批。这意味着并不是事先划定一个统一的市场准入标准，如注册资金、人员配置、安保措施等，能够达到这些标准的申请者都可以获得牌照，而是由中国

---

① 1986年1月国务院颁布《银行管理暂行条例》，第27条规定："农村和大中城市，可以设立信用合作社。信用合作社是群众性的合作金融组织，实行民主管理……经营城市街道集体组织和个体工商户的存款、贷款、结算以及代办个人储蓄存款等业务。"1986年7月，中国人民银行颁布的《城市信用合作社管理暂行规定》把全国建立的城市集体金融组织统一定名为"城市信用合作社"，明确城市信用合作社是以城镇集体经济、个体经济为主要服务对象的集体所有制金融机构，要求各级人行对建立的城市集体金融组织进行验资、整顿，整顿合格的颁发《经营金融业务许可证》。

② 1983～1984年，温州、台州、绍兴等地区的人民银行开始酝酿筹建城区集体所有制性质的金融组织，并上报人行浙江分行要求审批。人行浙江分行于1984年7月21日以〔1984〕计字第344号文件下达同意试办城镇集体金融组织的复函。浙江省第一批城市金融服务社在绍兴和温州两地成立，这就是后来城市信用合作社的前身（郭国强、龚方乐，2003）。据记载："80年代初，温州市人民银行就酝酿组建城市信用社。1980年10月9日中国人民银行温州市支行，向中国人民银行浙江省分行提出《关于要求试办城市信用社》的报告。"（《温州市金融志》编辑委员会，1995）

③ 人行浙江分行〔1987〕银金管字第333号文件指出："……目前有的乡、村合作基金组织在内部融资的基础上，要求发展成为办理储蓄业务的金融组织……鉴于目前农村缺乏熟悉金融管理的人员和农业银行、信用社营业机构较为普及的现状，暂只在少数地方试办，有条件的市（地）可以搞一个点，最多不超过两个。此类金融组织可以定名为：农村金融服务社。"

人民银行从众多达标的申请者中挑选有限数量的申请者。笔者称这种管制政策为"审批制准入管制"，以区别于只设定准入标准而不管制牌照数量的"登记制准入管制"①。

对潜在的储户而言，在"审批制准入管制"政策下，政府不仅对申请者是否达到银行业的统一准入标准进行审核，而且是从众多的申请者中挑选了一部分授予牌照，那么这些获得牌照的申请者应该就是较为可靠的民营存款类金融机构。所以，获得了中国各级政府不同类型牌照的各类民营存款类金融机构都在某种程度上获得了政府的隐性信用担保。而在"登记制准入管制"政策下，政府仅仅设置了银行业的准入标准而不负责挑选其中哪些民营存款类金融机构更加可靠，储户要更多地承担选择民营存款类金融机构的风险。

民营存款类金融机构的声誉机制和政府信用信号发送机制之间不一定存在矛盾。但是在不同的市场准入管制政策下，民营存款类金融机构积累市场声誉的机制不同。在"登记制准入管制"政策下，民营存款类金融机构可以通过市场竞争、优胜劣汰来建立声誉。在"审批制准入管制"政策下，获得了中国各级政府不同类型牌照的各类民营存款类金融机构不仅可以基于市场竞争来积累自己的声誉，还可以采取政府信用信号发送机制来积累自己的市场声誉。

（四）政府信用信号发送机制及其推论

如上所述，民营存款类金融机构可以通过声誉机制和发信号机制赢得潜在储户的信任。存款类金融产品的高考核成本、民营存款类金融机构的高负债率以及"说坏话"机制的局限性等使声誉机制对民营存款类金融机构显得特别重要。声誉机制依赖于良好的产权保护。中央政府对私人进入和经营银行业的严格管制政策使民营银行家们不愿意或难以对自身声誉做投资。通过对温台地区民营存款类金融机构发展历史的考察，笔者发现温台地区的民营银行家们把地方政府对他们的支持作为信号来吸引存款，建立声誉，可称之为政府信用信号发送机制。

如果"政府信用信号发送机制"的确在中国改革开放后民营存款类

---

① 斯宾塞（Spence, 1973）认为具有较高生产率的人能以较低成本获得文凭，这是文凭成为信号的条件之一。同样，"审批制准入管制"政策下部分较为优质的申请者更容易获得银行业牌照，从而使获得的牌照具有了信号的意义。

金融机构的发展过程中起作用，那么我们可以得到以下两个推论。

推论一：其他条件一样的情况下，政府给民营存款类金融机构的牌照越正式，民营存款类金融机构的吸存成本越低、经营规模越大。

推论二：其他条件一样的情况下，如果政府针对民营存款类金融机构的政策发生变化，存款人和民营存款类金融机构经营者的行为会发生相应变化，民营存款类金融机构的经营规模和资产质量也会发生相应变化。

二 民营存款类金融机构的兴起：以政府信用为信号

下文将通过对温台地区改革后民营存款类金融机构典型案例的整理和分析，努力"拼"出一幅温台地区民营存款类金融机构发展的历史画卷，作为支持上述两个推论的证据。因为资料的限制，进一步的严格验证尚有待于更深入的调查和研究，本节主要为推论一提供证据，并把温台地区的案例和相关数据整理为表1。

"钱中""银背"等没有任何牌照；温州市两家公开挂牌经营的钱庄获得了地方政府的支持（如地委书记等各级干部的批示、县工商局颁发的临时工商执照）；农村合作基金会①由温州市体改委、农委等审批但未获得人行温州支行颁发的《经营金融业务许可证》，其中33家名为"民间资金融通服务部"的基金会曾向人行温州支行缴纳风险保证金，接受人行温州支行监管；部分新建或由农村合作基金会改组而来的农村金融服务社获得了人行温州支行颁发的《临时经营金融业务许可证》，但此类农村金融服务社一直没有得到人行浙江分行的承认②；城市信用社和部分

---

① 温州在1990年代至少存在过233家各种名称的农村合作基金会。温州的农村合作基金会主要有两类，一类是作为温州农村改革试验区的试验课题，按农业部〔1991〕农（经）字第11号文件精神，于1992年8月开始由各县体改委批设；另一类由温州市农委按1994年农业部、中国人民银行联合下发的农经发〔1994〕21号文件精神批设。农村合作基金会作为经营存贷业务的金融机构地位始终没有得到中央和金融管理当局的正式认可；但事实上温州的农村合作基金会大都开展存贷款业务，由于地方政府的支持，其在社会公众中也普遍得到了开展存贷业务合法性的认同（陈明衡，2008）。

② 1993年12月，人行温州支行根据人行浙江分行浙银发〔1993〕212号文件特许，将31家基金会改组为24农村金融服务社，同时在一些县（市、区）新设16家农村金融服务社，由人行温州支行发予《临时经营金融业务许可证》。人行浙江分行浙银发〔1993〕212号文件给温州改组少量基金会为农村金融服务社的特许政策意在减少基金会的数量，但改组后基金会反而更多了。人行浙江分行对此很不满，对温州市此类农村金融服务社一直没有颁发正式的《经营金融业务许可证》。基金会和改组基金会的数量根据《温州市金融志（1978~2015）》（打印稿）做了修订。

表1 温台地区民营存款类金融机构的牌照类型和存款余额

单位：元

机构类型	牌照情况	（平均）年末存款余额	标准化存款余额
钱中、银背、地下钱庄①	无牌照	20万～30万（1987）	8.6万 12.9万
		约100万（1993）	约5.2万
乐成钱庄②	临时工商执照	约70万（1988）	约24.6万
方兴钱庄③	临时工商执照、温州市地委书记批示	89万（1985）	79.4万
全部农村合作基金会④	县市体改委、农委批准	1501万（1999）	14.6万
部分农村合作基金会⑤	县市体改委批准，一度接受人行监管	2639万（1998）	30.0万
农村金融服务社⑥	人行温州支行《临时经营金融业务许可证》	2000万（1995）	50.2万
城市信用合作社	人行浙江分行《经营金融业务许可证》	7560万（1995）	189.9万
浙江泰隆商业银行⑦	2006年获银监会《经营金融业务许可证》	156亿（2008）	3800.4万
台州市商业银行	2002年获央行《经营金融业务许可证》	212亿（2008）	5164.7万

注：①银背的存款余额数据根据下列资料获得：苍南宜山、钱库区经营钱中的有30多人，存贷额为20万～30万元；瑞安市莘塍区有近30个行政村，平均每村有一个"银背"，平均信贷规模在100万元左右。

②温州20世纪80年代中期曾先后有方兴钱庄、乐成钱庄、巴曹信用钱庄、金乡钱庄等四家钱庄申请开业并得到工商部门的批准，方兴钱庄和乐成钱庄曾实际公开营业。乐成钱庄由虞爱莲创办于1985年3月24日，1988年虞爱莲获得信用社牌照，创办了萧台城市信用社。乐成钱庄的存款余额数据来自笔者对乐成钱庄经营者虞爱莲的访谈。

③方兴钱庄由苍南县回乡知青方培林于1984年9月创办，为改革开放后第一家公开挂牌经营的私人钱庄。方兴钱庄创办之初获得苍南县钱库区委的文件批准，并取得了临时工商执照。创办后该钱庄得到市、县、区各级政府和各级领导的支持以及众多媒体的正面报道，但一直没有获得金融管理部门的正式许可证。1986年10月29日，方培林为此曾向温州地委书记董朝才写信反映情况。1986年11月4日，董朝才在"温州市党政领导阅批来信登记卡"上对方培林上述来信做出批示："温州市人民银行，根据试验区方案，方培林应继续办下去，具体工作希你们联系。"方培林此后曾散发业务广告称："方兴钱庄由方培林创办，经浙江省委报告中央国务院。现根据'继续试办'的精神，以及市委书记董朝才86.11.6日重要批示，县工商局发以执照，批准开业……欢迎新老客户踊跃存款，方兴竭诚提供最佳服务，使您财源涌进。"正是应健雄先生提供的这一巴掌大的小广告使笔者想到了政府信用信号发送机制。方兴钱庄经营到1989年年中自行清盘歇业。限于篇幅，感兴趣的读者可以查阅笔者的博士学位论文。89万是方兴钱庄1985年8月中旬的数据，来自应健雄先生提供的人行温州支行1986年9月25日向人行浙江分行提交的《关于试办苍南县钱库镇"方兴钱庄"的报告》，此数据得到了当事人方培林的确认。

④1999年6月底，基金会资产总额为321745万元，存款总规模（余额）为282085万元，贷款总规模（余额）为251743万元，所有者权益为28967万元（参见《温州市基金会整顿规范方案》）。

⑤据人行温州支行统计，33家基金会股本金总额为7929万元，1998年末存款余额为8.71亿元，贷款余额为7.6亿元（参见《温州合作基金会有关情况》）。

⑥根据人行温州支行1995年的调查统计：1995年底，全市城市信用合作社的平均存贷规模分别约为7560万元和4860万元；每家农村金融服务社平均约为2000万元和1660万元；农村合作基金会的规模更小，1999年并入农信社时的平均贷款规模为930万元（陈明衡，2008）。

⑦浙江泰隆商业银行和台州市商业银行（现名台州银行）的数据来自其企业年报。

视同城市信用社管理的农村金融服务社获得了人行浙江分行颁发的《经营金融业务许可证》；台州市有三家城市信用社先后获得了国家金融监管部门颁发的正式银行牌照。

笔者把上述各民营存款类金融机构的年末存款余额作为衡量其经营规模的指标。因为各类机构统计时间有先后，表1中各项存款余额的时间并不一致，很多数据也不够精确。为了剔除通货膨胀、经济发展以及地区差异带来的存款余额差异，笔者将温台地区各年份的人均储蓄余额①除以温州市1984年的人均储蓄余额，得到人均储蓄余额平减指数，再把此后各年末（平均）存款余额数据除以对应各年份的人均储蓄余额平减指数，最后得到标准化存款余额。

表1显示，除了两家公开经营的钱庄特别是方兴钱庄的标准化存款余额数据稍高外，民营存款类金融机构的经营规模随着牌照的正式程度依次递增。这为推论一提供了初步的证据。

因为变相提高存款利率是我国金融监管当局重点查处的行为，详细准确的民营存款类金融机构真实吸存成本的资料不容易找到。存款利率是随时间变化而变化的，所以难以找到同一时点上不同存款类金融机构的实际存款利率。笔者只找到了以下有限的证据。

陈明衡（2007b）发现，国有银行、农村金融服务社、农村合作基金会（含资金调剂服务部）的实际存款利率依次提高。根据1995年6月人行温州支行《关于龙湾区一些金融机构利率违规情况的通报》，人行温州支行查获龙湾区各类金融机构的利率违规情况如下。第一，建行龙湾支行，吸储一万元，另补贴给储户"手续费"100元。第二，蒲州、瑶溪两家农村金融服务社，一年期储蓄存款利率被提高到11.529%；贴水储蓄，每储存一万元，定期一年额外补贴储户20元。第三，龙湾资金调剂服务部，一年期储蓄存款利率高达14.4%；贴水储蓄，每储存一万元，定期一年额外补贴储户300元。

人行平阳支行在1993年6月11日的《温州金融信息》第394期中反映，平阳县城关镇同城存在三种利率：基金会一年期存款利率12.6‰，半年期月息7.2‰，为国家基准利率的2倍左右；专业银行和农村信用社自行上调利率，工行、农行一年期存款利息12‰，而行社提高利率后，

---

① 人均储蓄余额由《温州统计年鉴（2008）》和《台州统计年鉴（2008）》相关年份的储蓄余额和人口数计算得到。

农村合作基金会计划再上调 10%。

上述发现为推论一提供了初步的证据支持。

三 民营存款类金融机构的波折：政府政策的影响

本节试图通过对温台地区民营存款类金融机构发展典型案例的分析，为政府信用信号发送机制的推论二提供证据支持。

笔者首先用温州市和台州市城市信用社曲折发展的案例说明：政府对城市信用社从允许到限制再到合并、取缔的政策变化不仅会引起存款人和城市信用社经营者的行为变化，也会引起城市信用社经营规模和资产质量的相应变化；然后再通过台州市"9·13"城市信用社挤兑案例说明，即使在政策没有发生实质性变化的情况下，仅仅是民众对政府政策变化的信念发生变化也会极大地影响民营存款类金融机构的发展；笔者还将用温台城市信用社发展的比较案例分析和台州市路桥区两家城市信用社发展情况的比较案例分析来说明，政府的分支机构数量管制和银行牌照管制会极大地影响城市信用社的发展。

案例 1：温州股份制城市信用合作社发展的波折[①]

1984～1994 年，温州城乡共创办了 51 家城市信用合作社（含 1988 年后人行浙江分行批设并视同城信社管理的农村金融服务社）。温州市城市信用社的股本中绝大部分是私人所有，为了符合"集体金融组织"要求，经营者往往会以自己或家人、亲属所有企业的名义持股。

图 1 是温州市城市信用社 1984～1997 年存款、贷款余额的变化图。可以看出 1984～1997 年温州市城信社存款、贷款余额的绝对量一直在持续增长。

图 2 是温州市城市信用社 1984～1997 年存款、贷款余额占全市存贷款余额比例的变化图。可以看出，温州市城信社存贷款余额占全市存贷款余额的比例明显呈现为两个周期：1984～1989 年是第一个上升期，到 1989 年达到第一个顶峰，然后连续两年下降；1992～1995 年是第二个上升期，1995 年达到第二个顶峰，之后两年特别是 1997 年明显下降。温州市城市信用社这两个发展周期可以用中央和

---

① 本案例根据陈明衡（2008），张震宇、毛春华（1993）等提供的资料整理。

地方政府对城市信用社政策的变化来解释。

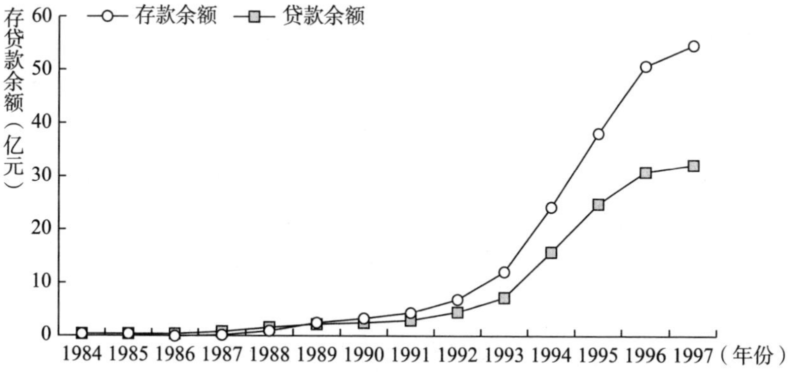

图1　温州市城市信用社存贷款余额变化情况（1984～1997年）

资料来源：1984～1990年数据来自《温州市金融志》编辑委员会（1995），1991～1997年数据来自陈明衡（2008）。

图2　温州市城市信用社存贷款余额占全市存贷款余额
比例变化情况（1984～1997年）

资料来源：1984～1990年数据来自《温州市金融志》编辑委员会（1995），1991～1997年数据来自陈明衡（2008）。

　　1984年10月11日，温州市府前信用服务部正式开业。该部由人行温州支行下属的温州市银行劳动服务公司出面申办，当时主要为解决银行干部子女就业问题。这是温州第一家城市信用社，但当时还不是股份制城市信用社。1984年11月府前社划归工行管理。1985年2月，温州市银行劳动服务公司又组建了蒲鞋市社和大桥头社。1989年，这三家城信社建立了董事会，实现了向股份制城市信用社的转变。

1986 年 1 月国务院下发的《银行管理暂行条例》和 1986 年 7 月中国人民银行颁布的《城市信用合作社管理暂行规定》，明确城市信用合作社是中国人民银行领导下的以城镇集体经济、个体经济为主要服务对象的集体所有制金融机构。这为民营城市信用社的兴起提供了市场准入的机会。

1986 年 11 月初，鹿城金融服务社（下文简称鹿城社）和东风城市信用社（下文简称东风社）相继成立，这是全国最早的两家民营股份制城市信用社①。

浙江省还有一种由人行浙江分行批设并视同城信社管理的农村金融服务社。这些机构的性质与城信社相同，属于股份制信用合作组织，只是因为设立在县域，名称有所区别。1988 年，人行浙江分行批准在温州设立农村金融服务社。到 1990 年底，温州市共有此类农村金融服务社 16 家，自有资金共 789 万元，存款余额 7193 万元，其中储蓄余额 3970 万元，贷款余额 4722 万元，当年盈利 130 万元。

1984～1989 年是温州市城信社的第一个快速发展期。

1989 年，根据中央治理整顿的精神，中国人民银行组织了对城市信用社的清理整顿工作。1989 年 12 月，中国人民银行下达了《关于进一步清理整顿城市信用社的通知》。人行浙江分行据此展开了 1990～1991 年城信社清理整顿工作。温州市城信社在此期间经历了"公积金和增资扩股"风波。

---

① 鹿城社由以杨嘉兴为首的 8 人集资 31.8 万元创设。杨嘉兴原为鹿城区街办企业环南电机厂厂长，因一次申请银行贷款被拒，萌发了要创办一家直接为街办企业、个体户服务的城市信用社的想法并得到了鹿城区委书记王思爱的支持，但筹办计划险些因人行温州支行的反对而夭折。杨嘉兴拦下温州市地委书记董朝才的座车当面陈情，得到董朝才的大力支持："温州金融体制改革，就先让你来试点好了！"董朝才随即给当时的人行温州支行党委书记打电话，那位负责人仍然以"金融业务归人民银行管，根据现行政策不能批准杨嘉兴办股份制信用社"为理由不愿意松口。董朝才说："金融业务是归你管，但你的党委书记可是我管！"在这样的情况下，人行领导才不得不松口。1986 年 11 月 1 日，鹿城金融服务社如期开业，同年 12 月 31 日鹿城金融服务社获得了人行浙江分行〔86〕浙银金管字第 598 号文件批准颁发的银证字第 0823 号《经营金融业务许可证》。1987 年 1 月 16 日，鹿城金融服务社改名为"温州市鹿城城市信用合作社"。1986 年 11 月 7 日，也就是在鹿城金融服务社开业 6 天后，东风城市信用社取得了浙江省人民银行的批复并开业。东风城市信用社由街办企业东风家具厂等 4 家企业和 8 个个人自筹资金 30 万元创办。鹿城社实际开业时间较早但获得人行浙江分行的批复较晚。这两家信用社一直为谁是全国第一家股份制城市信用社而争论。此案例根据对杨嘉兴的访谈写成。

　　温州市的民营股份制城市信用社和农村金融服务社在20世纪80年代利润水平很高①，积累了大量公积金。1987年，温州市7家城信社的平均资本利润率高达141%，最高达458%；1988年末，全市城信社自有资本金1022万元，公积金与专用基金275万元，实现利润994.3万元，向国家缴纳税收236万元（不含所得税）（陈明衡，2008：36～37）。

　　据1989年对市区16家城信社的统计，建社以来累计实现利润1679.8万元，累计支付股息268.7万元，累计分红156.9万元，累计缴纳税收1300万元，总计积累公积金294.9万元，提取风险基金165.8万元，国家免税返回金116万元，其他专用基金结余75.1万元，还有几个社在税后利润中提留生产发展基金125万元，合计积累776.8万元，超过建社时资本金的数额（《温州市金融志》编辑委员会，1995）。

　　1988～1990年，温州市一些城信社以产权明晰化为由将部分公积金②划入股东名下。根据人行温州支行稽核："有5家城信社在税后利润分配中，违反人行浙江分行《浙江省城市信用社管理规定实施细则》有关税后利润分配的原则，擅自将税后利润的50%公积金转为股金记入股东名下，计息分红。这样不仅使城市信用社的公共积累私有化，而且使城市信用社是社会主义集体金融组织的性质发生了变化，对此社会反响很大，认为城市信用社纯属私人钱庄。"

　　1989年3月人行温州支行发现此问题后，会同市税务局发出《处理决定》，对相关社进行通报批评，要求立即纠正。人行温州支行认为公积金系城信社职工集体劳动所得，属不可分割的集体资产，不得记入股东和职工个人名下。

　　此前，温州市委、市政府为鼓励股份合作企业发展曾出台政策规定，"股份合作企业税后利润50%以上用于扩大再生产，作为新增资产记入股东名下，视同股金"。针对这一规定，人行温州支行认

---

①　据保守估计，1000万元的存款规模，按照放800万元贷款算，一年可以产生50万元的利润，即大体上资产利润率为5%。折算成资本利润率：据不完整数据统计，1988～1995年，城信社资本金与存款规模的平均比例是1：19（资本充足率为5%），资本年回报率接近100%。其他机构的资本充足率往往更低，回报水平也更高（陈明衡，2008：37～38）。

②　温州市城市信用社税后盈利的分配一般为：公积金50%，风险基金10%，福利基金10%，奖励基金10%，股金分红20%。股息为年利7.2%，一般不超过股金的13%。

为："城市信用社与一般从事生产或流通经营的股份制工商企业有着经营方式和经营风险的区别，不存在扩大再生产的问题……计息增值的规定，不适宜于城市信用社，已经按此执行的城市信用社，应立即将已记入股东名下的资金划转公积金，否则以侵吞集体财产论处，追究法律责任。分红基金按税后利润25%提取，按股份予以分配。董、监事会和经理基金按税后利润10%提取。职工福利基金按税后利润的10%提取。"（张震宇、毛春华，1993：129～134）

当时国内政治形势比较紧张，温州很多私营企业主包括信用社老板都在观望，甚至出现了信用社股东退股①和企业停工歇业的现象。人行温州支行对城信社公积金问题的追究增加了人们对城市信用社能否继续办下去的疑虑。

1990年初，人行温州支行根据人行浙江分行1990年3月9日下发的《关于进一步清理整顿城市信用社的通知》对全市信用社进行了全面稽核和清理整顿，之后以书面形式向人行浙江分行和市委、市政府汇报。人行浙江分行于1991年初明传电报市政府"请督促有关城市信用社正确处理公积金问题"。温州市委、市政府先后三次召开市委常委会和市长办公会议进行专题研究，支持人行温州支行的意见。

1991年8月，人行温州支行召开全市城市信用社工作会议，学习江泽民同志"建设有中国特色的社会主义经济"的"七一讲话"精神和李贵鲜行长在全国银行行长会议上将"金融改革作为经济改革的重要组成部分，也必须坚持四项基本原则"的讲话精神，传达了人行浙江分行《关于对你市城市信用社清理整顿验收情况的通知》，会议邀请了市政府和省分行领导到会讲话。会后3家城信社的负责人分别于8月下旬、10月中旬和11月上旬主动将划入股东名下的公积金纠正划转（张震宇、毛春华，1993：134～135）。

1990年上半年，人行温州支行稽核还发现了部分城市信用社有超范围吸收股金、股东人数不合规、个别社股金不足、集体股比例

---

① 人行浙江分行在1989年9月12日下发的《关于加强对城市信用社资本金管理的通知》中写道："据反映，当前在财税部门检查个体工商户、私营企业税收问题时，发现有些城市信用社股东意图抽走或转让股金，以逃避税收。为保证城市信用社资本金的稳定和国家税收政策的实施，根据省分行〔89〕浙银字第13号文件规定，特重申，城市信用社的股东不得退股。……农村金融服务社亦照此执行。"这说明当时的确存在城信社股东退股的现象。

过少甚至没有的现象。人行温州支行清退了 4 家城信社超范围吸收的不合规股金 59 万元，纠正了 3 家城信社的虚假股金 85 万元。

但陈明衡（2008：41）认为，这个政策的实际结果是激励了城信社做假账、账外经营、虚减利润、少纳税收等，对后来城信社的股权和经营混乱有负面影响。

1991 年下半年，人行温州支行根据人行浙江分行 1990 年 3 月 9 日下发的《关于进一步清理整顿城市信用社的通知》要求，对城信社进行增资扩股和资本金结构调整，要求城信社必须有集体股而且集体股要占股份的 50% 以上。

于是出现了个人股向企业股的转让。到 1991 年末，43 家城信社（含农金社）中，有 18 家社增资扩股，调整了股金结构。股金总额由此前的 1658 万元增加到 1764 万元。股金加上积累达 50 万元以上的社由 16 家增加到 31 家。集体股金从 553 万元增加到 865 万元，其中集体股 50% 以上的社由 6 个增加到 17 个，60% 以上的由 2 个增加到 8 个。4 家清理整顿前完全没有集体股的社在 1991 年全市信用社工作会议后也都增加了集体股。（张震宇、毛春华，1993：136）。

但陈明衡（2008：42）认为：后来的事实证明这也只是政策上的自欺欺人。增设的集体股多是虚假、挂名的，作为这部分股东的企业法人自身或是私人所有，或是私下另有协议。

1989～1991 年是温州市城市信用社经历的第一个下降期。

1992 年邓小平发表"南方谈话"后，全国城信社数量剧增。到 1993 年底，全国城市信用社近 4800 家，较 1991 年末增加了 1200 多家。

1992～1994 年，人行浙江分行批准温州市新设了 8 家城市信用社①，到 1994 年底，温州市城信社总数达到 51 家，全部城市信用社

---

① 人行浙江分行 1990 年 10 月 11 日下发的《关于加强金融机构管理的通知》要求从 1991 年起，各专业银行增设分支机构，必须在每年第一季度内，向当地人行报送全年机构增设或变动申请计划，经市地人行初审汇总报人行浙江分行审核。本年内一般不再增设机构，个别确需增设的，一律由市地人行审核，报人行浙江分行批准。设置农村信用社机构，亦照此办理；各地人行要按照政策规定，切实加强对金融机构的管理，在审批金融机构上，严禁越权审批或"先斩后奏"，违者，必追究有关行领导责任。但 1993 年 5 月 10 日下发的《关于对农村合作基金会处理意见的通知》（浙银发〔1993〕212 号）指出："城市（包括县城）可根据经济发展需要，报经人民银行批准，适当增设一些包括城市信用社在内的金融机构，以扩大金融机构的服务面。"后一通知放松了增设城市信用社的管制。

的逾期催收贷款平均占贷款余额的 2.61%，大大低于当时国有银行 10% 以上的比重。1992 年，温州市还成立了城市信用社合作社联合会。

除了重新放松对城市信用社的市场准入管制政策外，人行浙江分行以及其他相关部门在贷款利率①、经营业务范围②、资产负债比例管理③、联行结算④、税收优惠⑤、设立分支机构⑥等方面出台了一系列有利于浙江省城信社发展的政策。

1992～1995 年是温州市城市信用社的第二个快速发展期。

1993 年 12 月 25 日，《国务院关于金融体制改革的决定》（国发

---

① 人行浙江分行在 1993 年 12 月 17 日下发的《关于城市信用社利率浮动问题的通知》指出："目前城市信用社所吸收的存款及贷款所支持的对象中有相当一部分是城市个体工商户，这部分业务对其他行、社的影响不大，对个体工商户贷款利率可适当上浮，凡在法定利率基础上上浮 50% 范围内的，由市地分行掌握审批；城市信用社发放的其他贷款利率如需上浮在 30% 以上的，应由城市信用社向当地人民银行提出申请，经市地分行审核后上报省分行审批。"

② 1994 年 12 月 8 日人行浙江分行下发《关于同意城乡信用社开办通知存款和协定存款的通知》，同意全省城乡信用社也可开办通知存款和协定存款。这一规定扩大了城信社的业务范围。

③ 人行浙江分行 1994 年 7 月 16 日下发的《关于实施〈城市信用合作社资产负债比例管理暂行办法〉的通知》规定：从 1994 年 7 月起省分行对全省城信社存贷款比例按照 65% 进行考核。但 1995 年 1 月 27 日人行浙江分行下发的《关于加强城市信用合作社资产负债比例管理的通知》规定：1995 年上半年温州、台州、丽水、衢州四市地按 70% 掌握存贷款比例，其他市地按 65% 比例控制……各市地在不突破全市（地）考核标准的前提下，允许对不同县（市）或城市信用社实行不同的管理方式，也可以实行限额管理，各市地分行对一些管理基础较好的社，可在总比例不突破的前提下适当给予倾斜。

④ 城市信用社和国有行社相比的一个缺点在于结算不方便。人行浙江分行 1994 年开通了区域联行往来系统，温州中心、劳武、巨光、得胜、瓯海登峰、永嘉瓯北、乐清柳市、瑞安瑞丰、城南、隆山、苍南钱库、平阳昆阳、敖江和台州泰隆、路桥等城市信用社先后进入该系统，在结算方面缩小了和国有行社的差距。

⑤ 财政部 1994 年 7 月下发了《关于金融、保险企业有关所得税问题的通知》：从 1994 年 1 月 1 日起的两年内……其他金融、保险企业所得税率 33%（原为 50%）。省国税局和地税局 1994 年 12 月 12 日下发的《浙江省国税局、地税局关于做好一九九四年度企业所得税汇算清缴工作的通知（札录）》规定："城信社所得税政策可参照农信社的有关政策规定执行。"这使股份制城信社能够享受和农信社同样的所得税优惠政策。

⑥ 人行浙江分行 1994 年 8 月 26 日下发的《关于进一步加强对城市信用合作社监管的若干意见》规定："经营管理较好的且正式营业城市信用社因当地经济发展及方便居民的需要，在省分行下达的机构规划内，经市地分行批准，可设立储蓄网点，省辖市所在地存款余额 1 亿元以上，县（市）所在地存款余额 5000 万元以上，资本充足的城信社，其现有的储蓄所经营者管理较好且所在地客户确有需要，经市地分行审核，报省分行统一核准后可进行增加服务功能的试点。"这一规定为经营较好的城信社设立分支机构、扩大营业规模创造了条件。

〔1993〕91 号）提出："在城市信用社的基础上，试办城市合作银行。城市合作银行只设市行和基层行两级，均为独立法人。要制订《城市合作银行条例》，并按此组建和改建城市合作银行。试办城市合作银行，要分期分批进行，防止一哄而起。"此后中央政府对城市信用社的管制政策开始逐步强化。

1994 年，温州市城市信用社中心社设立。中心社是人行温州支行为加强行业管理、筹备设立城市信用社而部署设立的，由市区 23 家城信社投资入股，主任是原人行温州支行副行长，副主任是人行温州支行金管科科长等。中心社既经营金融业务，又履行对市区城信社的部分业务管理职能。

1995 年 3 月 31 日，中国人民银行下发《关于进一步加强城市信用社管理的通知》（银发〔1995〕87 号）①，进一步明确了 1993 年《国务院关于金融体制改革的决定》中关于组建城市合作银行的设想，指明将来城市信用社将被组建为城市合作银行，并就这一政策可能导致的短期行为提出了预防措施。

1995 年 4 月，人行温州支行启动了城市信用社联社组建工作，要求各城信社"做好与原挂靠单位脱钩工作，以确保组建城市信用

---

① 人总行银发〔1995〕87 号文件提出："根据《国务院关于金融体制改革的决定》的精神，从 1995 年起，开始在城市信用合作社基础上组建城市合作银行。为保证这项工作的顺利实施，总行决定首先在京、津、沪等几个城市进行试点，取得经验后，逐步在符合条件的其他大中城市推开。……人民银行各级分行要切实加强对城市信用合作社的管理、监督、稽核。为防止一些城市信用合作社在城市合作银行组建期间出现短期行为，保证城市信用合作社的稳定和资产的安全、完整，现就有关问题通知如下。一、已设立的城市信用合作社实行单行制，不得设立分社和新的分支机构。对以农村信用合作社名义变相设立的城市信用合作社，应坚决取缔。在全国的城市合作银行组建工作进行过程中，不再批准设立新的城市信用合作社。二、未经总行同意，不得擅自对城市信用合作社进行股份制改造，城市信用合作社的股金凭证不得进行柜台交易。三、城市信用合作社增资扩股及其他重要事项的变更，必须按规定报经人民银行审核批准。增资扩股应在原有股东的范围内进行。四、城市信用合作社的公共积累属于集体财产，不得以任何名义转移和私分。组建单位和挂靠单位不得干预城市信用合作社的经营活动。五、城市信用合作社要严格按照规定的业务范围进行经营，对超范围经营股票、证券、外汇等业务的，要限期清理。六、未批准组建城市合作银行的城市，可按有关规定申报组建城市信用合作社联合社。设立城市信用合作社联合社必须报经中国人民银行总行审核批准。城市信用合作社联合社成立后，必须对所辖城市信用合作社实行行业归口管理和监督。城市信用合作社联合社不得设立分支机构。人民银行各级分行要认真做好组建城市合作银行的宣传工作，维护金融秩序的稳定，对有违规行为的城市信用合作社，要按照有关法规严肃查处，追究有关人员的责任，并及时向上级行反映情况。"

社联社和筹建温州市城市合作银行工作顺利进行"。

人行温州支行 1994 年组建温州市城信社中心社和 1995 年开始着手的城信社联社组建工作对温州市城市信用社的发展产生了直接影响。

1995 年 5 月，人行温州支行将 14 家设在市区（8 家）、县城（6 家）的资金调剂服务部/社（系农村合作基金会）强制并入城市信用社。但实际上一些机构并表不并账，仍然独立经营。部分基金会的资产质量较差，导致一些城市信用社的贷款质量大大下降①。

尽管如此，全市城信社 1995 年的贷款逾期率仅为 2.03%（全省为 6.79%），总体资产质量较好，但也存在一些问题，如股东贷款额大、私人股东侵占集体股息、内部缺少层级审批和相互制衡的内控约束等，最主要的是股东关联贷款问题。据人行温州支行 1995 年对 48 家城市信用社的常规年检统计，查获各社股东实名、直接贷款 1.83 亿元，占全部贷款总额（24.5 亿元）的 7.47%，大部分股东贷款以股权、不足值财产作抵，或信用放款②。这给此后部分城市信用社埋下了风险隐患。

1995 年 12 月，温州泰顺金鑫信用社因支付困难而倒闭，市、县政府被迫接手处置机构倒闭后的棘手问题。这是温州市第一家发生挤兑的城信社。

1997 年亚洲金融危机爆发，中央政府开始着力于"整顿金融秩序、防范金融风险"。

1997 年 8 月，市区洪殿城信社、振华城信社出现支付困难；8 月 25 日，两社因经理王群、李明华出逃，引发挤兑事件。人行温州支行被迫抽调资金应付储户挤兑。

1998 年对全市城市信用社和农村金融服务社的风险普查发现：22 家城信社的不良率为 7.7%，34 家农村金融服务社的不良率为 20.6%，33 家民融资金服务部的不良率为 22.4%。

---

① 根据对人行温州支行 NY 的访谈：1995 年 5 月 20 日撤并的 9 家资金服务社最后留给了温州市商业银行 2 亿元呆账，不良贷款率几乎达到 100%。城商行成立时 27 亿元贷款并入，到后来不良贷款率超过 30%，则共有 8 亿～9 亿元不良贷款，这 9 家资金服务社的占比超过了 20%。

② 后来人行在清理整顿信用社时还发现了永嘉光明社经理冒名贷款 3381 万元（占 48%）、乐清兴业社经理冒名贷款 3643 万元（占 92%）等更严重的情况。

随着全国城市信用社自身问题的暴露，中央政府对城市信用社的管制进一步加强。

1998年9月，国务院办公厅批准转发《整顿三乱实施方案》；10月25日，国务院办公厅转发中国人民银行《整顿城市信用合作社工作方案》，要求各地做好城市信用社的清产核资工作，通过采取自我救助、收购或兼并、行政关闭或依法破产等方式化解城市信用社风险。

1998年12月17日，温州市商业银行在整合原市区29家城市信用社、6家金融服务社和8家营业处（原资金调剂服务社）等机构的基础上组建成立。

2000年，剩下的22家城市信用社清产核资、更名改制，其中15家改制为农村信用社，6家被股份制银行整体收购，1家关闭撤销。

陈明衡（2007c）提供了"两社一会"的部分坏账数据。（1）温州市城市商业银行1999年2月28日启用公章，不良率为28%；1999年不良贷款继续暴露，最高时不良率超过30%。（2）并入农信社的基金会和金融服务社信贷资产的不良率为90%。（3）并入农信社的15家城信社的不良资产率为19%。（4）到2005年，遗留城商行的已核销和待核销坏账占"两社一会"退出市场时信贷总资产的19.4%。这还不包括基金会等清理时，无效资产退出由股东承担的部分，以及机构被商业银行收购时，由商业银行承担的部分。

陈明衡（2007c）估计，温州银行业信贷资产质量一贯较好，20世纪90年代末不良率最高时也不到12%，其中呆账率肯定低于3%。可以认定"两社一会"呆账率比平均水平高，但即使高达9%，仍然有过半的坏账成本要归咎于市场退出政策。

温州市城市信用社资产质量在1995年以后的迅速变化说明，政策变化是温州市城市信用社的资产质量迅速恶化的重要原因。关于这一点，笔者还找到了以下几个典型案例。

案例2：温州振华、兴海城市信用社经营者案例①

振华城市信用社在1998年并入温州市商业银行成为大南支行，留下了大量坏账。振华社的主要经营者李明华的股份是在1995年左

---

① 本案例摘自陈明衡（2006，2007c）。

右高价买入的，他本想借此谋利，但不久城信社即归并为温州市商业银行，其经营谋利的希望落空，因此铤而走险。他通过大量账外经营，抽走资金填补自己的负债（共计4000万~6000万元）。

1997年8月25日李明华外逃，振华社发生挤兑。

在2006年温州城市商业银行提出的损失类资产清单中因丧失时效、无法诉讼、执行的贷款共510笔，其中大南支行126笔。大南支行的126笔中在1997年发生的有83笔，1998年有15笔，1996年有13笔，1994~1995年有8笔，此前多年共计7笔。无法诉讼、执行的贷款时间很集中，仅1997年4月1日一天，振华城信社就发放了30笔个人贷款，总金额达557万元，全部成为坏账。1997年4月30日，发放15笔个人贷款共计241万元，也全部成为坏账。

洞头兴海城信社，由103位股东出资100万元资本金，其中个人股30万元，集体股（实为个人股）70万元。但是，其实际经营权由经理曾文华一人控制。按兴海社原信贷员的说法是："除了签名，我什么也不清楚。为了手续完备，经理叫我签我就签。"

洞头兴海城市信用社在2000年12月28日被改制划入农信联社，改制前夕发生了明显的突击放款行为。11月6日，中国人民银行洞头县支行通知兴海社经理曾文华最后的政策决定。11月6日至12月19日，兴海社突击放款共59笔1900多万元，新增1000万元。这些贷款的特点是：1. 放得多，占年末余额的38%；2. 新增快，占余额的20%；3. 以大户为主，占余额的31%，占同期发放额的82%；4. 担保多，保全程度低，占笔数的93%，全额的97%。兴海社被接手后，曾文华一直外出不在岗。至2001年6月，贷款余额为4130万元，不良贷款为2748万元，占67%。7月16日备付金仅剩5万元。

不仅温州市的城市信用社存在经营者在被合并前"最后捞一把"的机会主义行为，台州市城市信用社中也有类似案例。

案例3：台州迅达城市信用社案例①

1988年，林芊创办了台州黄岩迅达城市信用社和黄岩金龙典当商行。迅达城市信用社是台州最早的一批股份制城市信用社之一，

---

① 本案例根据胡富健、方益波（2003），方列、应国华（2002）的相关报道整理。

而金龙典当商行也是台州最早的一批典当商行之一。

2002年12月19日，台州市黄岩区人民法院公开审理了原浙江黄岩迅达城市信用社董事长兼总经理林芊等人非法吸收公众存款、挪用资金、职务侵占、虚报注册资本一案。

2003年4月9日，台州市黄岩区人民法院对此案进行了判决。

法院经审理查明：1999年1月至2001年8月底，林芊先后多次化名、冒名、借用，以注销的公司和自己虚假注资开办的黄岩迅达电化有限公司的名义，向迅达城市信用社借款，自批自贷挪用本单位资金3750.6万元用于个人挥霍、赌博等，至今未还。其中，该信用社原青年路储蓄所经理林友顺和总经理助理尹贻富，利用职务便利，辅助林芊分别挪用单位资金368万元和40万元。信用社原副总经理汪祥钊挪用单位资金280万元。

1999年12月8日，林芊为骗取黄岩迅达电化有限公司的注册手续，伪造了4份黄岩迅达城市信用社开具的委托书回单，取得了黄岩审计事务所的验资报告，于1999年12月15日骗取了黄岩迅达电化有限公司的登记手续，该公司的注册资本为1000万元。

另外，1988年10月黄岩金龙典当商行筹建之初，林芊便以高额利息相诱惑，以个人名义并由金龙典当商行担保非法向社会吸收公众资金。1994年6月，该典当商行法定代表人变更为林芊的妻子林芳琴，他又授意林芳琴以高额利率为诱饵继续非法吸收公众存款，自1995年6月30日至案发时共非法吸收社会公众存款达1900余万元，其中1197.58万元资金无法清偿。

林芊非法获得的财富大多被用于赌博和挥霍。经检察部门调查，在两个月内，林芊9次去澳门赌场豪赌，输掉人民币1100余万元，最多时一天就输了440万元。

台州市黄岩区人民法院认为，被告人林芊利用职务上的便利挪用本单位资金，用于非法活动或营利活动等，数额巨大，且未退还；非法吸收公众存款数额巨大，扰乱金融秩序情节严重；采取欺诈手段虚报注册资本，数额巨大，欺骗公司登记主管部门，取得公司登记，且情节严重，遂依法做出判决：原浙江黄岩迅达城市信用合作社董事长、总经理林芊，因挪用资金罪、非法吸收公众存款罪、虚报注册资本罪，数罪并罚，判处其有期徒刑17年，剥夺政治权利2年，并处罚金30万元。

政府针对民营存款类金融机构的政策变化，不仅会影响其存款户和机构经营者的行为，也会引起民营存款类金融机构经营规模与资产质量的相应变化。温台地区民营股份制城市信用社一波三折的发展历史为上述观点提供了证据。

不仅是政府实质性的政策变化会影响民营存款类金融机构的发展，有时甚至政策没有发生实质性变化，仅仅是民众对政府政策的预期发生变化，也会极大地影响民营存款类金融机构的发展。

案例 4：台州市城市信用社挤兑事件[①]

2001 年 9 月 13～15 日，台州市路桥区发生城市信用社挤兑事件，挤兑对象基本上是台州地区的民营城市信用社。其中，损失最大的是泰隆城市信用社和银座城市信用社。据统计，两天之内这两家信用社被挤兑 7 亿至 8 亿元，而迅达城市信用社事后被要求停业整顿。

此次挤兑事件的导火索是，一位曾经主管台州路桥区金融工作的政府官员因涉嫌贪污腐败被浙江省纪检部门"双规"。该领导是泰隆社的股东，所以泰隆社董事长王钧被要求前往杭州核实情况。王钧在杭期间，台州地区出现了"王钧被抓""政府要关闭城市信用社"等传言。

9 月 13 日下午，泰隆社的各营业网点门口出现提款队伍。到当晚 7 点左右，在当地政府的帮助下，泰隆社才停止发放存款。此时，储户已经从泰隆社提款 1.99 亿元。当晚，各级政府紧急研究对策，从台州各地紧急调集了 5 亿元资金，其中"财政存款 1000 万元，人行全额准备金 7705 万元，同业拆借资金 4000 万元"，于次日上午 7 点前运抵泰隆社。

9 月 14 日上午，台州市市长发表电视讲话，路桥区领导和王钧也亲自到现场和储户对话，同时泰隆社继续无限制地向储户发放现金。

"我们把运来的现金都堆在储户们一眼就能看到的地方，（储户）要多少给多少！"时任泰隆社办公室主任的尤定海 4 年后提起当时的情景还是心有余悸。

---

① 本案例相关数据来自蔡辉明等（2005）及笔者对泰隆社的实地调查资料。

9月14日上午10点左右，泰隆社门口挤兑的队伍逐步散去。但当天下午，银座社在台州各地的营业所也出现了挤兑现象。后来政府又继续辟谣，并且调度资金，当天下午银座社的挤兑问题也得以解决。

9月15日泰隆社的存款余额减少了1.34亿元，财政存款再次转入2.52亿元，泰隆社当天归还同业拆借4000万元。到9月30日，泰隆社存款余额减少了3.72亿元。

9月30日至12月31日，泰隆社的存款总额反而增加了6.28亿元①。其中企业存款增加2.6亿元，占存款总增加额的41%；个体工商户存款增加3.05亿元，占存款总增加额的49%；居民储蓄存款增加0.63亿元，占存款总增加额的10%；活期存款增加5.55亿元，占存款总增加额的88%；定期存款增加0.73亿元，占存款总增加额的12%。

通过比较温台两地的城市信用社发展情况可以发现，温州市的股份制城市信用社起步更早，但台州市的股份制城市信用社却后来居上，其中一个重要原因是两地的金融监管当局对股份制城市信用社设置分支机构的数量管制政策不同。

案例5：网点数量管制与温台地区城市信用社发展的比较②

中国人民银行1988年8月18日颁布的《城市信用合作社管理规定》强调，城市信用社"不得设立分支机构"。但是人行浙江分行1989年8月5日颁布的《浙江省城市信用合作社管理规定实施细则》放松了相关政策，其第15条规定："城市信用社实收货币资本金达到人民银行规定数额的二倍③，且自身经济效益较好及具有相应的管理能力时，可根据业务发展需要设立储蓄所，由人民银行市、地分行根据批准的储蓄机构设置规划审批。"

笔者在一份题为《关于一九九三年温州市发展各类金融机构的实施意见》（讨论稿）的文件中找到以下规定："在条件符合的经济发

---

① 这可能是因为群众看到政府对发生挤兑的民营城信社坚决支持后又增强了存款信心。
② 本案例根据陈明衡（2007b）等资料整理。
③ 中国人民银行《城市信用合作社管理规定》强调，申请设立城市信用社最少必须具有50万元的实收货币资本金，《浙江省城市信用合作社管理规定实施细则》规定信用社设置分支机构资本金最低标准是100万元。

达县城、集镇、经济技术开发区、温州市区，继续发展城市信用社，并对现有内部管理较好、资产质量佳的，能认真执行各项制度，各项存款超过3000万元，资本金加积累达100万元以上的社，在省分行下达的规划之内设立非独立核算分支机构；对各项存款在2000万元以上，资本金加积累之和在100万元以上，经市人民银行批准可设1～2个储蓄所。"后来，温州市进一步提高了城市信用社设立分支机构的门槛①。

1993年末，全市共有45家城信社，4家人行浙江分行批设的农村金融服务社，28家分支机构，其中分社2家，储蓄所26家，总计77家（陈明衡，2008：183）。这样到1993年末，温州市平均每家城信社只有0.57家分支机构。

笔者在1995年温州市部分城市信用社要求增设分支机构申报材料的部分摘要信息（陈明衡，2007b）中发现16家城市信用社在1995年温州市城市信用社发展高峰期的基本状况。温州市1995年申请新设分支机构的16家城信社中，仅华建社和柳市社、灵溪社、劳武社有1～2家储蓄所。一些创办早、规模和社会影响力大的城市信用社如鹿城社等都还没有正式的分支机构。

根据《关于核定九五年度金融机构设置规划的通知》，1995年温州市获得新增股级及其以下机构共106家的计划指标，其中城乡信用社储蓄所指标有25个。这25个指标中有23个被用于设立城市信用社储蓄所，所有获得设立储蓄所指标的城信社都只能获批一家储蓄所。

---

① 人行温州支行在1996年3月26日向各县支行、市城市信用社中心社下发的《关于进一步加强城市信用合作社管理的通知》规定："严把金融机构市场准入关……根据总行规定在全国城市合作银行组建工作进行过程中，不再批准设立新的城市信用合作社。城市信用社增设分支机构（含搬迁后要求原址保留营业机构的）必须在省分行下达年度设置规划指标范围内并符合以下条件。1.温州市区城市信用社各项存款余额达到5000万元，各县（市区）城市信用社各项存款余额达到3000万元，才可增设一个分支机构；超亿元的社原则上分支机构设置不超过3家，8000万元以上的社不超过2家。2.内部管理制度健全，落实情况良好。3.本社及现有分支机构经营行为规范，能严格执行《城市信用社资产负债比例管理暂行办法》，无超业务范围经营。市区、县（市区）各社分支机构开业满1年以上的各项存款余额分别达到1500万元和800万元以上。4.上年度年检合格（含下属分支机构），且法人代表业务任职资格已经省分行审查合格或经培训后考核合格。"温州市1993年对城信社分支机构设置标准比人行浙江分行确定的设置标准多了最低存款规模3000万元的规定，而且储蓄所的数量也仅限于1～2家；1996年对存款规模的要求更提高到3000万～5000万元，并且对分支机构的数量限制为不超过3家。

据记载（《瑞安市金融志》编纂委员会，2001），1996年瑞安市共有4家城信社：工商城信社（原瑞安县城镇金融服务部）、新兴城信社、东海城信社（原东海金融服务社）、瑞丰城信社。4家社共有职工214人，当年实现利润955万元，人均创利4.46万元；4家社1996年末不良贷款有713万元，不良贷款率为2.24%；存款余额共61342万元，贷款余额共31791万元，社均存、贷款余额分别为15335.5万元和7947.75万元（1996年温州市城信社社均存贷款余额分别为10023.53万元和6037.26万元）。

1996年，瑞安市4家城信社中业绩最好的是新兴社，其存贷款余额和利润都占当年瑞安所有城信社的50%左右，不良贷款率为2.3%。新兴社当年人均创利6.55万元，居当年温州市各信用社首位。新兴社在1992~1994年因为业绩出色而连续3年被评为温州市先进集体，1994年获得省级先进集体的称号，还被评为全国233家AAA级城信社之一，温州市获此殊荣的城信社仅2家。瑞安新兴社是当时温州办得最好的城信社之一。

但即使是新兴社，1996年其分支机构也不过3家储蓄所而已，而工商社、瑞丰社和东海社分别有储蓄所3家、2家和2家。从其储蓄所设置的时间可以看出，中国人民银行瑞安市支行已经把设置分支机构的政策用足甚至已经超标。1996年底，4家城信社的10个储蓄所共吸收储蓄存款余额达40742万元，占总存款余额的66.42%。单个储蓄所平均吸存4074.2万元，4个总社平均吸存5150万元。

根据人行温州支行提供的一份资料：到1998年温州市商业银行成立前夕，温州市城市信用社的网点数共96个。1998年底并入温州市商业银行前，温州市每家城信社平均只有不到1.9家分支机构。

而台州市城信社的分支机构数量远比温州市城信社多。

根据《台州市金融志》（讨论稿），2001年台州银座社在兼并龙翔等7家城市信用社基础上组建的台州市商业银行开业时，已经在全市椒江、路桥、黄岩、临海、温岭、玉环等地共设有42家分支营业机构，员工777人。2003年，台州当时还有3家城信社，共有分支机构19个。鉴于中国人民银行台州市支行2001年后对城信社的政策待定，不增设分支机构。所以，台州市11家信用社在2001年之前总共约有54家分支机构，平均每家城信社拥有4.9家分支机构。

　　城信社分支机构的设置对于其经营规模的影响是非常大的。笔者对温州和台州城信社 1990～1997 年社均存贷款余额及其比例进行了整理，如表 2 所示。

表 2　温台地区城信社 1990～1997 年社均存贷款余额及其比例

单位：万元，%

年份	温州城信社家数	台州城信社家数	温州城信社社均存款	台州城信社社均存款	温州城信社社均贷款	台州城信社社均贷款	温台社均存款余额比例	温台社均贷款余额比例
1990	42	15	731	445	585	363	1.64	1.61
1991	43	15	1028	671	684	494	1.53	1.39
1992	43	15	1614	1233	1040	861	1.31	1.21
1993	49	17	2467	2463	1502	1487	1.00	1.01
1994	51	19	4780	6961	3051	4080	0.69	0.75
1995	51	20	7561	9229	4865	6002	0.82	0.81
1996	51	20	10024	12312	6037	8000	0.81	0.76
1997	51	20	10759	17642	6263	10858	0.61	0.58

　　资料来源：参见《温州市金融志》编辑委员会（1995）、陈明衡（2008）、《台州市金融志》（讨论稿）等。

　　注：温台地区城信社 1992 年、1993 年的数量在不同资料中略有出入。

　　图 3 是温台两地城信社在 1990～1997 年社均存贷款余额比例的变化图。温州市城信社在 1993 年之前社均存贷款余额都比台州市城信社多，1993 年两地社均存贷款余额基本持平，1994 年之后温州城信社社均存贷款余额就一直低于台州市城信社。

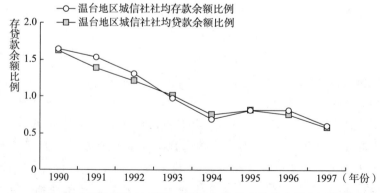

图 3　温台两地城信社 1990～1997 年社均存贷款余额比例变化

　　台州市金融管理部门不仅在开设分支机构的政策方面整体上比温州市金融管理部门宽松得多，而且在开设分支机构方面对个别业绩优秀社采取了明显的倾斜政策，温州市金融管理部门则更倾向于平均分配分支机构指标①。表3反映了台州市泰隆城市信用社1993～1997年的分支机构数和存贷款余额增长情况。

表3　台州市泰隆城市信用社1993～1997年分支机构数和存贷款余额增长情况

年份	1993	1994	1995	1996	1997
年末分支机构数（家）	0	5	8	8	9
年末存款余额（亿元）	0.3008	2.0821	2.1456	4.0131	6.4910
年末贷款余额（亿元）	0.1998	1.1119	1.8240	2.5093	3.5596

　　创办于1993年的泰隆社在创办的第二年就已经设立了5家分支机构②，1995年又新设了3家，到1997年泰隆社已经设立了9家分支机构。笔者没有找到银座城市信用社历年分支机构的数据，但可以确定的是，到1996年底，银座社已经拥有19个分支机构网点。

　　当中央关于城市信用社的政策开始发生变化时，台州市城市信用社的经营规模已经比温州市城市信用社的规模大很多了，其谈判地位也远远高于温州市城市信用社。

　　此外，人行温州支行对信用社准备金的要求也更严格。根据1987年3月30日制定的《温州市城市信用合作社管理暂行办法》第8条规定：信用社存款规模在500万元以下（含500万），存款准备金暂定为10%；存款数额超过500万元的，其超过部分存款准备金率为15%（陈明衡，2008）。据郑达炯（1991），为了调控城市信用社信贷规模，500万元以下存款的存款准备金从10%提高到12%，并规定城市信用社的信贷规模不得超过自有资金（含资本金和公积

---

① 笔者猜想这可能是因为人行浙江分行对各地级市城信社分支机构的设置存在计划指标，温州市城信社数量一直比台州多一倍有余，僧多粥少，所以温州市每个城信社均能拥有的分支机构数量更少。这可能是温州市规定城信社最多设置3个分支机构的原因。此说有待进一步查证。

② 根据人行浙江分行1993年9月17日下发的《关于加强试营业城市信用社管理的通知》规定："凡试营业满一年的城信社存款余额超过3000万元，资本金达到150万元以上，可以经人行地市分行验收后换发《经营金融业务许可证》，正式对外营业；未达标的城信社可以继续试营业但最长不超过两年。"所以，泰隆社1993年的存款余额刚刚达到可以正式对外营业的标准。

金）及风险基金之和的 20 倍①。台州市则没有上述方面的规定。

另外，温州市商业银行于 1998 年底成立，而台州市商业银行直到 2002 年 3 月才成立。正是在这三年多的时间里，泰隆社和温岭社抓紧时间扩大经营规模，提高服务质量，最终以出色的业绩打动了金融监管当局，获得了银行牌照。

从上文温台地区城市信用社的发展对比情况可以看出，金融管理部门对民营存款类金融机构的管制政策特别是网点数量管制对民营存款类金融机构的发展有显著影响。

虽然温台地区在地理位置上毗邻，经济结构相似，文化上也较为接近，但当时温台毕竟还是两个地级市，因为行政区划的差别，两地在改革的舆论压力、制度环境、金融监管部门的指导思想方面都可能存在差异。下面笔者将提供同在台州市路桥区的两家民营股份制城市信用社/商业银行发展情况的对比案例，为推论二提供进一步的证据。

案例 6：银行牌照管制与台州市两家城信社发展对比

银座城市信用社和泰隆城市信用社都是 20 世纪八九十年代在台州市路桥区起家并发展壮大的两家民营股份制城市信用社。面对同一地区的中小企业客户群，二者展开了激烈的市场竞争，在经营模式和管理方式上也非常接近。银座社成立于 1988 年，泰隆社成立于 1993 年，银座社的存贷款规模一直高于泰隆社。这两个位置毗邻、经营模式类似、客户群相同的民营城市信用社为我们检验推论二提供了一个好机会。

---

① 时任人行温州支行副行长的应健雄先生告诉笔者："温州的城市信用社的发展非常快，因为其机制灵活，贷款面向两小企业，经济效益好。特别是城市信用社存款利率可以上浮 20%，这样对于国有银行的影响很大……城信社贷款利率可以上浮 50%，两小企业也能够承受，但是国有企业就不行，那么高的利率怎么受得了？所以（对国有企业）要实行优惠利率……所以我们就出台了一个规定：城市信用社一定额度内比如说 500 万以内的存款执行国家统一的 10% 的存款准备金率，超出额度以上的存款部分执行 15% 的存款准备金率，这样城市信用社（的发展规模）就限制住了……"至于为什么温台地区人行的监管政策会有如此差别，笔者的猜想是：1. 温州地区面临着更大的意识形态方面的压力，要保证国有社对国有企业的支持；2. 温州的国有银行因为较早的利率浮动改革，有更大的激励为温州的个私经济提供贷款；3. 两地金融管理部门的领导发展民营金融存贷中介的思路不同，温州在 20 世纪 90 年代后偏向于发展农村合作基金会和农村金融服务社，而台州则偏向于给优秀的城信社增设网点。因资料限制，本文将不详细考察这个问题。

表 4 反映了银座社/台商行和泰隆社/泰隆行 1996～2009 年末存贷款余额及其比例。

表 4　银座社/台商行和泰隆社/泰隆行 1996～2009 年末存贷款余额及其比例

单位: 亿元, %

年份	银座社/台商行存款余额	泰隆社/泰隆行存款余额	两社/行存款余额比例	银座社/台商行贷款余额	泰隆社/泰隆行贷款余额	两社/行贷款余额比例
1996	7.2829	4.0131	1.812	4.3827	2.5093	1.747
1997	10.2635	6.4684	1.581	5.8484	3.5596	1.643
1998	14.1406	9.0291	1.566	7.6011	4.5908	1.656
1999	15.3658	11.4468	1.342	10.0200	6.1302	1.635
2000	24.3900	14.2300	1.714	16.8900	9.3100	1.814
2001	29.1700	16.2600	1.794	17.8100	10.1000	1.763
2002	62.4187	22.2357	2.807	49.3514	15.2483	3.237
2003	83.8928	34.0187	2.466	56.9950	23.8297	2.392
2004	104.9260	38.1567	2.750	65.2567	28.6622	2.277
2005	115.2741	55.8000	2.066	82.8830	36.7000	2.258
2006	130.1748	75.0447	1.735	92.4023	54.2585	1.703
2007	164.6193	109.0854	1.509	115.3926	74.8304	1.542
2008	211.5000	156.2000	1.354	148.5500	101.9000	1.458
2009	302.0000	234.0000	1.291	208.0000	154.0000	1.351

资料来源: 参见笔者或史晋川等 (1997, 1998) 的实地调查。

在 2002 年前, 两行/社的存贷款余额比例一直稳定在 2% 以下; 2002 年两行/社的存贷款余额比例迅速上升, 2002～2005 年一直保持在 2% 以上; 从 2006 年开始, 两行的存贷款余额比例又迅速下降到 2% 以下。(见图 4) 那么, 2002～2006 年到底发生了什么?

2002 年 3 月 22 日, 银座社在兼并了龙翔等 7 家城市信用社的基础上, 吸收台州市财政入股 5%, 组建了台州市商业银行, 注册资本 3 亿元, 这是全国首家政府没有控股的城市商业银行。这不仅意味着银座社不需要再面对城信社的政策不确定性, 而且获得了在台州市跨区经营的资格, 虽然跨区设点还需要金融监管部门审批。

和全国很多地方把所有城市信用社合并为一家股份制城市商业银行的做法不同的是, 台州市把泰隆社和温岭社暂时保留, 继续独立经

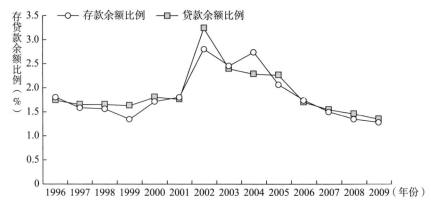

图 4　银座社／台商行和泰隆社／泰隆行 1996～2009 年存贷款余额比例变化

营。2006 年 8 月泰隆社获得银行牌照，升级为浙江泰隆商业银行。"银行牌照效应"最终反映在两行／社存贷款余额的比例变化上。[①]

上述案例为推论二提供了很好的证据支持。

四　政府信用信号发送机制：一个小结

本文试图从政府信用信号发送机制的角度去理解中国改革开放后民营存款类金融机构的发展历程。

存款类金融产品的高考核成本、存款类金融机构的高负债率以及"说坏话"机制的局限性等使声誉机制显得特别重要。声誉机制依赖于良好的产权保护，但中央政府对民营存款类金融机构的政策多变，地方政府的支持对其产权保护的力度不足，中国的民营存款类金融机构经营者往往不愿意或者不能在声誉上做太多投资，而常常把地方政府对他们的支持作为信号来吸引潜在存款人的存款，建立声誉。笔者称之为政府信用信号发送机制。

民营存款类金融机构的政府信用信号发送机制决定了储户和民营存

[①]　进一步的研究应该综合考虑"网点效应"和"兼并效应"。根据《台州市金融志》（讨论稿），台州市商业银行于 2002 年 3 月 22 日正式开业，2002 年末存贷款余额分别为62.4 亿元和 40.7 亿元，分别增长了 78.3 个百分点和 36.3 个百分点，而在此期间其网点数没有增加。这是"银行牌照效应"的一个显著证据。另外可能存在银座社对被兼并社的管理模式进行改造带来的"兼并效应"。浙江泰隆商业银行则完全来自泰隆社的整体升级。泰隆社升级前后的详细数据能够帮助我们进一步分析"牌照效应""网点效应"，但目前笔者还没有拿到这部分数据。

款类金融机构经营者对政府政策的高度敏感，使民营存款类金融机构的发展更容易因为政策变化而出现波折。

在中央政府对民营存款类金融机构市场实行严格的市场准入管制的情况下，地方政府用"审批制准入管制"部分地放松了中央政府的市场禁入管制政策。但是因为政府对民营存款类金融机构牌照数量的严格管制，政府不仅要对申请者是否达到银行业的准入标准进行审核，而且要从众多的申请者中挑选一部分授予牌照。对储户而言，这些获得了中国各级政府颁发的不同类型牌照的各民营存款类金融机构都在某种程度上获得了政府的隐性信用担保。

本文用一系列改革后温台民间金融市场的真实案例来努力描绘一幅温台民间金融市场发展的历史画卷，作为政府信用信号发送机制推论一——其他条件一样的情况下，政府给民营存款类金融机构的牌照越正式，民营存款类金融机构的吸存成本越低，经营规模越大——的初步证据。

这些获得牌照的民营存款类金融机构有意无意间都可以用政府信用信号发送机制积累市场声誉，地方政府也能获得地方经济发展等好处。但是如果政府的相关政策发生波动的话，那么对政府政策高度敏感的存款人和民营存款类金融机构经营者的行为都会受其影响，最终我们会在民营存款类金融机构的经营业绩上看到相应的变化。

本文用一系列改革后温台民间金融市场的真实案例来为政府信用信号发送机制的推论二——其他条件一样的情况下，如果政府针对民营存款类金融机构的政策发生变化，存款人和民营存款类金融机构经营者的行为会发生相应变化，民营存款类金融机构的经营规模和资产质量也会发生相应变化——提供初步证据。

如果没有很好的产权保护预期和适当的市场准入放松管制政策，民营存款类金融机构可能会陷入发展陷阱："政府实行审批制的准入管制→民营存款类金融机构用'政府信用信号发送'机制积累声誉→部分民营机构失败需要政府兜底引发政府政策变化→民营存款类金融机构面临市场退出时进行机会主义行为。"

目前我国在担保公司、典当商行以及小额贷款公司等方面的改革实践都绕开了"吸收公众存款"这一难题。我国的金融改革在是否允许私人开设民营存款类金融机构这一问题上还有待重新破题。

参考文献

蔡辉明、黄毅、张晓华，2005，《随机性金融挤兑的合约分析——泰隆城市信用社的案例》，《浙江社会科学》第 6 期。

陈国强、龚方乐主编，2003，《浙江金融史（1949—1999）》，浙江人民出版社。

陈明衡，2006，《底层金融调查》（打印稿）。

陈明衡，2007a，《2007 调查笔记》（打印稿）。

陈明衡，2007b，《两社一会资料》（打印稿）。

陈明衡，2007c，《两社一会为何退出市场——温州市微小私营金融机构研究（1984 - 2001）》（打印稿）。

陈明衡，2008，《温州金融改革三十年》，浙江人民出版社。

陈明衡，2009，《2008 调查笔记》（打印稿）。

方列、应国华，2002，《浙江首家破产股份制信用社原董事长林芊受审》，人民网，http://www.people.com.cn，最后访问日期：2002 年 12 月 21 日。

胡富健、方益波，2003，《一信用社董事长挪用资金非法吸储数罪并罚判刑 17 年》，《人民日报》4 月 9 日。

刘世定，2005，《低层政府干预下的软风险约束与"农村合作基金会"》，《社会学研究》第 5 期。

《瑞安市金融志》编纂委员会编，2001，《瑞安市金融志》，中华书局。

史晋川、孙福国、严谷军，1997，《市场深化中民间金融业的兴起——以浙江路桥城市信用社为例》，《经济研究》第 12 期。

史晋川、孙福国、严谷军，1998，《浙江民营金融业的发展》，《浙江社会科学》第 5 期。

《温州市金融志》编辑委员会编，1995，《温州市金融志》，上海科学技术文献出版社。

叶敏，2003，《信息甄别机制与金融深化——温州金融案例研究》，载史晋川等编《中小金融机构与中小企业发展研究：以浙江温州、台州地区为例》，浙江大学出版社。

张维迎，2001，《产权、政府与信誉》，生活·读书·新知三联书店。

张维迎，2003，《信息、信任与法律》，生活·读书·新知三联书店。

张翔、邹传伟，2009，《信息隐瞒、信息甄别和标会会案——以春风镇标会会案为例》，《金融研究》第 12 期。

张震宇、毛春华，1993，《社会主义市场经济条件下的温州金融现象透视》，浙江大学出版社。

郑达炯，1991，《温州改革——理论思考与实践探索》，复旦大学出版社。

Barzel, Y. 1982, "Measurement Cost and the Organization of Markets," *Journal of Law and Economics*, Vol. 25, No. 1.

Ellickson, Robert 1991, *Order without Law*. Cambridge: Harvard University Press.

Kreps, D., P. Milgrom, J. Roberts & R. Wilson 1982, "Rational Cooperation in the Finitely Repeated Prisoners Dilemma," *Journal of Economic Theory* 27.

Leland, H. E. and Pyle D. H. 1977, "Information Asymmetries, Financial Structure and Financial Intermediation," *Journal of Finance*, Vol. 32, No. 2.

Macauley, Stewart 1963, "Non-Contractual Relations in Business: A Preliminary Study," *American Sociological Review* 28.

Merry, S. 1984, "Rethinking Gossip and Scandal," in D. Black ed., *Toward a General Theory of Social Control*. Vol. 1: *Fundameutals*. Orlando: Academic Press.

Rothschild, M. and J. E. Stiglitz 1976, "Equilibrium in Competitive Insurance Markets: An Essay on the Economics of Imperfect Information," *The Quarterly Journal of Economics*, Vol. 90, No. 4.

Spence, M. 1973, "Job Market Signaling," *The Quarterly Journal of Economics*, Vol. 87, No. 3.

中国金融市场化的层级性与边界性[*]

——着眼于中小企业融资担保的一项探讨

王水雄^{**}

货币在一个集权国家中的流通和使用，一方面意味着政府为企业、社会成员和其他行动者提供便利和福利，并以此为标准统一个体和社会组织原本可能形态各异的信用权利，从而降低交易费用、优化资源配置、增强可贷资金的流动性，是为其"造血功能"。另一方面意味着企业、社会成员和其他行动者对政府信用标准的认同和遵循这一标准形成的不同程度的信用占有及运作权力的空间、能力与知识，以及相互侵占和剥夺的可能及实现，是为其"嗜血本性"。如果货币的运转是没有交易费用的，那么银行等金融机构的引入就没有必要；造血功能能够很好地发挥，而嗜血本性能够很好地受到约束。但现实世界存在大量的交易费用（科斯，1993），金融市场化可以理解为经济运行降低交易费用的必然要求。

在货币政策执行的组织体系中，随着我国三十多年来的金融改革，市场因素和力量增长迅速，形成了以经营主体市场化和利率（货币价格）市场化为重心的金融市场化（有时也被称为金融自由化或金融深化）改革趋势。对一个以货币集权为背景的国家的金融市场化而言，经营主体市场化和利率市场化是相辅相成的，其中经营主体市场化相对而言更具基础性和优先性。我国金融市场中经营主体市场性力量的萌发和强化主要是改革开放以来政府有计划地推动该领域市场化的结果。从原来大一统的体系，到如今多主体、多利益格局的形成，金融经营主体的市场化经历了主体建构、竞争机制引入、多种资本成分混合的一系列过程（黄达，2000）。

不过，值得重视的是，金融的造血功能与嗜血本性是齐头并进的。如果金融经营主体的经营风险借由市场化可以转嫁给政府和民众，而利得只是让少数经营者和监管者享有，那么金融系统的嗜血本性就会被放大，而一些政策的执行也会被扭曲。这意味着金融市场化的推进是有条件和限度的。如果这样的判断是正确的，那么，它的本质原因为何？受哪些因素制约？边界在什么地方？有哪些进一步改善的空间和应该遵循的原则？本文将尝试回应这些问题。为了让问题更集中，下文首先从理论上考察中国金融市场化的层级性和边界性；之后，以中小企业融资担保市场为例，进行一定程度的考证。

一 货币的社会属性与金融市场化的层级性和边界性

倡导金融自由化的罗纳德·麦金农和爱德华·肖等认为，发展中国家存在政府对金融发展的压抑政策，即人为地压低实际利率，设置存款利率上限和贷款利率上限，实施信贷资金的非价格配给。这使"信贷分配往往不决定于投资项目的预期回报率，相反，裙带关系、政治压力、贷款规模及信贷人员私下收受的好处等都可以成为很重要的影响因素"（易纲、吴有昌，1999：379）。这成为制约发展中国家经济发展的因素。"因此他们主张，发展中国家必须解除对金融资产价格的不适当管制，实行以利率自由化为核心的金融自由化政策"（易纲、吴有昌，1999：380），这种金融自由化具有本文所谓"金融市场化"的部分特征。

不过，在约瑟夫·E.斯蒂格利茨和安德鲁·温斯看来，由于信息不完整，即使是在经济处于均衡状态的自由市场中，信贷配给现象仍会存在。作为放款者的银行关心的是贷款的利率和该项贷款的风险，所以银行需要甄别借款者的还款概率，而借款者愿意承担的利率正是众多甄别措施中的一种。为了避免高利率可能导致的借款者的逆向选择效应（导致市场中剩下风险程度高的借款者）和逆向激励效应（导致借款者倾向于将贷款投入高风险高收益的项目），银行会理性地将利率定得低于均衡水平（陈雨露、汪昌云，2006）。

此外，对银行风险的担心也是一个管制的理由。如果银行很容易将高利率的风险转嫁出去，比如给政府或者保险机构，那么银行的行为本身可能存在严重的道德风险问题，在这种条件下的金融自由化很可能带来灾难性后果。

概而言之，虽然金融市场化对优化资源配置的好处是显而易见的，但在现代社会，金融市场的政府管制似乎也是必不可少的。

约瑟夫·E. 斯蒂格利茨在为波兰尼《大转型：我们时代的政治与经济起源》一书所写的前言中表示："人们对金融市场需要政府管制这一点，已经达成普遍共识，但还没有就如何才能最好地做到这一点获得一致意见。"（波兰尼，2007：2）虽然"如何进行管制"的问题显得更具迫切性，但"为何需要管制"的问题同样非常重要，因为对后者的正确把握，将有助于消除对前者的疑惑。

波兰尼的解释是：货币商品化（直接的逻辑结果即金融市场化）和劳动力、土地的商品化一样，是实现从18世纪末开始的西方世界所普遍迷信的自发调节的市场体系的必然要求。但是，由于货币（包括劳动力、土地）不像其他商品那样是为了出售而生产出来的，而是"经由银行或者国家金融机制形成的"（波兰尼，2007：63），所以市场机制不应该成为货币（实质是人的购买力的数量和用途）的唯一主宰。将货币商品化只能说是迷信自发调节的市场所导致的虚构（crude fictions）的结果，会使商业企业周期性地遭到肃清和扼杀，任何社会都无法承受。

波兰尼的解释有一定的道理，却稍显粗陋，有抹杀金融市场化对优化资源配置的好处之嫌。此外，他将货币而不是基于货币的"人的、行使一定实质性行为的权利"作为生产要素来看待也颇有问题。更重要的是，在笔者看来，货币的社会属性中带有公共产品的性质，导致有内在的必要由政府或其他组织来对与此相应的"人的、行使一定实质性行为的权利"加以管制。

在现代政治集权体制的背景下，金融活动的重要内容是：甄别企业和社会成员的信用能力与状况，为之提供相应数量的政府信用货币（纸币或电子货币）；这些货币在本质上和总量上以政府信用及社会财富（对于政治集权程度很高的国家，由于其政府之外的社会财富较少，纸币的政府信用色彩将更浓）为基础，同时在具体的数量上又需要各企业和社会成员信用能力及状况的表征。政府信用货币因此成为一种具有复杂属性的产品：它除了具有物理特征之外，还包含了群体承诺（政府信用的本质乃在于一国社会群体的承诺）。（王水雄，2007）正是这种群体承诺，带来了它的流动性和交换媒介的价值。

政府信用货币的这种复杂属性也带来了对它的占有及相关主体的"行使一定实质性行为的权利"的特殊性。首先，从表面来看，一定数量的此类货币在一段时间之内是完全排他性地掌控在某一行为主体的手中，但实际上，这些货币的价值却极大地受到他人、组织机构以及政府可能带来通货膨胀和信用危机的相关行为和这类行为是否受到有效的内在和外在约束的影响。其次，如果不存在内在协调和外在管制的话，拥有大量信用货币的行为主体和拥有少量信用货币的行为主体，其对固定单位货币"行使一定实质性行为的权利"自然会有极大不同并相互影响。比如，前者可以让钱生钱，后者则可能只会用之购买一定数量的生活必需品；让钱生钱极易带来通货膨胀，会导致固定单位货币能够购买的生活必需品的数量下降：前者可能会对后者带来"伤害"。这当然不意味着简单地制止富人让钱生钱，以保护穷人购买生活必需品的权利不受"伤害"，正如科斯所意识到的那样，问题具有相互性：剥夺富人让钱生钱的权利，可能又意味着对富人的"伤害"，关键在于尽可能避免较严重的损害。不过鉴于信用货币是"经由银行或者国家金融机制形成的"，且上述公共产品性质及相关主体权利的行使可能导致的"伤害"未必为当事人及时认知到，政府管制的适当介入看来是必要的。

对照中国的现实可以设想在逻辑的初始状态，一国的所有货币都集聚在抽象的政府手中，假定货币的印制成本是低廉的（对纸币特别是电子货币来说，这一假设是具有现实性的；当然，需要注意的是，防伪技术和电子安全技术的研发、使用是所谓"印制成本"的重要组成部分）。如何甄别企业和社会成员的信用能力与状况，为之提供相应数量的政府信用货币，即将一定数量的货币发放到具有相应信用能力与状况的企业和社会成员手中，并对相应的"行使一定实质性行为的权利"进行恰当管制或让行为主体自己有效协调，成为决定一国信用货币价值的关键。这一货币发放和管制的过程可以理解为包含资源优化配置问题的过程：因为它包含着大量的交易费用（比如发现和甄别企业和社会成员的信息及恰当或不恰当的权利行使的费用），也存在节约这一费用以实现"最大化"的问题。

为了节约交易费用并提高效率，为企业和社会成员提供政府信用货币这一活动的组织过程可以在计划体制的基础上进行市场化，由市场中的行为主体（银行）分担政府的部分职能。当然，对于货币印制和发行权，政府虽受一定约束，却应牢牢掌控。商业银行能通过放款和投资的形式进行信用扩张、创造货币，或者高风险地发挥其中介功能和过度地行使乃至滥用权利，这不仅会带来通货膨胀，而且会对货币印制和发行权的价值构成一定威胁；政府（或货币当局，也叫中央银行）因此愈发需要加强管制，包括限制利率、提高存款准备金等。这构成了金融市场化的第一道约束边界，及其划分出来的金融体系的第一个层级和其下可以做进一步划分的第二个层级。

金融体系的第一层级会因为信用货币安全及自身地位等原因，对可再分的第二层级实施一系列管制措施，这些措施也造成了商业银行等金融机构的垄断性。这一垄断性一方面造成了相关"市场"（如融资市场）的限制进入，另一方面使某些职能可以再中介化，从而构造新的市场，比如融资担保市场。这就是金融市场化的第二道约束边界，它在可再分的第二层级中划分出新的第二层级和第三层级。当然在第三层级中，仍然存在再划分的可能性。

如果以间接融资服务为例，可以用图 1 来表示这种金融市场化的分层格局。

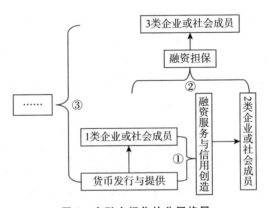

图 1　金融市场化的分层格局

在图 1 中，政府（或货币当局）通过直接的货币发行与提供，给"1 类企业或社会成员"（企业与社会成员之间可以展开直接的金融活动）造血；但是由于政府垄断性、交易费用的高昂或者关系网络的欠缺，通过这种方式能够获得资金的企业或社会成员是有限的，所发放的资金也容易出现风险。于是，货币有效率提供的职能需要通过市场化的方式来实现。在间接融资市场，政府通过建构商业银行这一市场行为主体来满足"2 类企业或社会成员"的资金需求。如上所述，银行的垄断性又使银行间接融资服务过程中出现了一个相当重要的环节：融资担保也可以通过建构一些独立的市场主体，比如信用担保机构来实现市场化运作。图中①、②标识了这一金融系统的两道边界，以及由其划分出来的三个层级。

这看起来很像社会学中费孝通所说的"差序格局"（费孝通，1998），只是被呈现于金融市场化的过程之中。

以上相对抽象的理论推断表明，中国不放松利率管制的自上而下的改革会使金融市场乃至金融体系具有层级性，每一层体系或市场都存在特殊的约束力和边界性。金融体系或市场的第一层级的特性会制约从中衍生出来的下一层市场空间，并构筑起特定的市场化边界，而这一受到约束的第二层市场空间又会对下一层市场空间形成制约。这种衍生与制约关系可以说是中国金融市场化过程的特色，它是在中国特色的层级化政府体制之下运行的。

二　政府与银行：金融市场第一道分界线的两端

在改革开放以前的计划经济体制中，企业（主要是国有企业、集体企业等）资金绝大部分来自国家的计划调拨。1979 年 10 月，邓小平提出："必须把银行真正办成银行。现在每个省市都积压了许多不对路的产品，为什么？一个原因就是过去我们的制度是采取拨款的形式，而不是银行贷款的形式。这个制度必须改革。任何单位要取得物资，要从银行贷款，都要付利息。"（邓小平，1994：200）自此，中国银行业进入改革开放的历史轨道。在市场化初期阶段，即十一届三中全会之后至 1984 年，我国对计划经济时期特有的"大一统"银行体制进行改革，恢复或成立了工、农、中、建四家专业银行，并形成了专业化银行体系。但由于此时政策性金融与商业性金融系于银行一身，银行的利益主体地位并未凸显。

1993 年 12 月，《国务院关于金融体制改革的决定》提出我国金融体制改革的目标是：建立在国务院领导下，独立执行货币政策的中央银行宏观调控体系；建立政策性金融与商业性金融分离，以国有商业银行为主体、多种金融机构并存的金融组织体系；建立统一开放、有序竞争、严格管理的金融市场体系。[①]

从此，中国人民银行作为中央银行的主要职能被进一步明确。国有专业银行的改革方向正式定位为商业银行，即国有专业银行转变为国有独资商业银行。随着它们成为相对独立的经营主体，商业银行逐渐确立

---

① 参见中华人民共和国国务院新闻办公室官网，http://www.scio.gov.cn，最后访问日期：2020 年 3 月 3 日。

了严格的贷款制度。

1993~1997 年，银行仍然存在发展主要靠国家信用、高度的行业垄断和网络垄断、管理体制比照国家机关、实行官本位等问题，这造成了国有商业银行市场化改革不彻底、管理体制落后、经营效益不佳、资本金严重不足、不良贷款比例过高，特别是巨额不良贷款的逐步积累和暴露。1997 年 11 月，党中央和国务院在北京召开了第一次全国金融工作会议，决定在 1997~2002 年重点防范和化解金融风险，由此开启了向国有控股商业银行转变的改革进程。从 2002 年至今，先后召开了第二、第三、第四次全国金融工作会议。在此期间，中国国有商业银行改革取得突破性进展，工、中、建、交四大银行相继完成股份制改革，并在境内外资本市场成功发行上市。2008 年 10 月 21 日，时任国务院总理温家宝主持召开国务院常务会议，审议并通过了《农业银行股份制改革实施总体方案》。此外，政策性银行的改革获得了极大推进，政府对金融业的分业监管体制机制也在不断完善。

金融市场化的主要目的是在金融领域引入市场机制实现金融资产的优化配置。值得注意的是，市场机制不仅仅是一种资源配置机制，还是一种约束机制和激励机制。要想让银行成为市场中相对独立的利益主体，就必须让它们考虑如果运营失当将被市场淘汰的可能性和应当性，以及它们自身的福利问题。但是，如果银行只有简单的"破产"与"维持"两项选择，则由于其在我国国计民生中的重要性和我国集权体制中党委政府最后负总责的特性，"破产"将是一个毋庸置疑的威胁，政府最终将出面收拾乱局。上市的制度安排，使"被市场淘汰的可能性和应当性"有了量化的指标，虽然纯粹的"破产"仍是威胁，市场机制的约束作用却得以进一步发挥，并且向政府传递了提前介入监管、干预的比较明确的信号。

一方面，金融市场化有利于在金融领域中实现金融造血功能的"效率"，这一效率不仅仅意味着资源遵循相对价格机制得以良好的配置，而且包括政府对可能的金融风险进行管理的效率——因为银行会一定程度上代为管理。另一方面，由于银行自我利益的凸显、自主性的增强，如果缺乏市场化退出机制，或者退出过程中释放的金融风险最后由党委政府负总责，银行的信用扩张能力或者金融的嗜血本性就容易被放大，进而影响货币所包含的"群体承诺"的价值。

这样一来，即便是为了提高政府对银行的管制效率，政府也会倾向于采取金融压抑或者至少是金融约束①的政策。如此，金融市场的进入门槛就提高了，既有的金融机构包括银行所拥有的金融经营权也就拥有了较高的租金，这就相当于实行一种效率工资制度。银行为了维护其较高的租金，银行负责人为了保持其较高的效率工资，不会轻易地、明目张胆地违背政府政策。

可以看到金融领域中的第一道分界线，与政府负总责的程度是相关的。如果政府直接承担所有的剩余责任，则这一道分界所能圈定的金融系统第一层的责任和事务范围就会比较大，金融市场化推进的空间和程度就相对狭小，或者在金融市场已经有了充足空间的情况下，政府对金融市场实施监管的力度就要强化。反过来，如果政府承担的剩余责任通过银行上市、强化其公司治理、加强行业竞争等政策，而成功地将一部分给了包括银行管理者、储户、股东在内的相关当事人，则金融领域第一道边界所圈定的第一层的责任和事务范围就应该比较小，政府的监管力度也就可以相对弱化。但是，正如上文所述，由于涉及货币的群体承诺性质，政府的监管和协调在此不会也不能完全取消。

三　作为第三层的融资担保：行业发展基本状况

由于金融压抑或更确切地说有些时候是金融约束，银行的进入门槛太高，利率受到限制，一些原本可以在此（银行业）达成交易的市场空间受到挤压，将无法在这一银行业层次达成。不过，只要有利可图并有足够的行动自由，懂得变通的人们会通过在新的空间中形成市场来让这些交易得以实现。有时候这些交易是通过潜规则等非正式制度形成的灰色"市场"来实现的，比如企业从银行获得贷款，需要给相关负责人或机构提供各种价值不菲的回扣之类；有时候则通过正式的制度来实现，本文所强调和着重研究的中小企业融资担保正是这类正式制度的一种。在我国当前的金融机构体系中，承担融资担保业务的信用担保机构，属

---

① 赫尔曼等人提出了"金融约束"（financial restraint）概念，指政府通过一系列金融政策在民间部门创造租金机会，对存贷款利率、市场进入及资本市场竞争加以限制，提供适当的激励，规避潜在的逆向选择行为和道德风险，激励创新，维护金融稳定，从而对经济发展起到正向作用。该文认为金融约束与金融压抑的不同在于："在金融压抑下，政府通过把名义利率保持在远低于通货膨胀率的水平而从民间部门攫取租金；在金融约束下，政府在民间部门创造租金。"（赫尔曼等，1997：42）

于货币当局即中国人民银行（第一类）、银行（第二类）之外的第三类金融机构，即非银行金融机构。

担保是指债务人或者第三人以特定财产（包括第三人的信用）为债权提供保障。我国担保法规定的担保方式包括保证、抵押、质押、留置、定金五种。其中保证是人的担保，后面四种是物的担保。融资担保是对资金有需求的相关行动者通过引入一定的担保形式来获取资金。其中物的担保主要表现在对项目资产的抵押和控制权转让上，包括对项目的不动产（如土地、厂房等）和有形动产（如机器设备、成品、半成品、原材料等）的抵押，对无形动产（如合约权利、公司银行账户、专利权等）设置担保物权等几个方面。人的担保则以法律协议形式做出担保，担保人向债权人履行一定义务。担保人包括项目投资者、利用者，与项目有利益关系的第三方和商业担保人（商业银行、担保公司等）。

在计划经济时代，贷款和担保两个功能未分化。如果说资金划拨过程存在担保的话，那么国家无疑直接承担了这一重要功能。随着改革开放的推进，以及银行逐渐发展为真正的银行，我国的中小企业融资担保主要形式大概经历了从"人"的担保到"物"的担保再到人、物担保相结合的三个阶段。

在中国金融市场化初期，融资担保形式主要是担保人（其中主要是政府机构，特别是地方政府机构）提供担保。中小企业（那时主要是乡镇企业或名义上的乡镇企业）发展所需资金，一定程度上可以依靠基层政府信用担保从银行取得贷款。

1993年之后，银行要求中小企业贷款要有足够的抵押物（土地、厂房等），抵押贷款是主要形式。与此同时，政府逐步将其一些金融职能外部化、市场化或者取消了，其中就包括直接提供融资担保服务这一职能。这是物的担保阶段。

1998年以来，中小企业的重要功能已经引起了中央的高度重视，政府部门出台了一系列法律法规促进中小企业的发展。但是，由于社会主义市场经济体制还不够完善，无论市场力量还是政府力量都存在"抓大放小"的倾向，中小企业在发展过程中的融资难题仍然非常突出。作为一种解决办法，融资担保业逐渐发展起来。融资担保业的发展过程，其实是融资担保的市场化过程。

自1998年开始，政府提供融资担保服务的职能开始全面外部化、专门化和市场化，并转移到融资担保机构身上。当担保机构介入企业向银行贷款的过程以后，缺乏银行所要求的抵押物的企业可以通过向担保机构申请第三方担保来弥补缺憾，达成原来难以实现的交易；不过，因为担保公司与企业之间通常都会签订反担保合同，抵押物的多少依然是决定担保机构和银行是否愿意提供相应服务的条件。这是人和物的担保相结合的阶段。

从中小企业融资担保形式的变化可以发现，随着市场化的改革，政府的融资担保职能逐步弱化，市场的力量逐步占主导地位。

2008 年，在国际金融危机的冲击下，国内中小企业融资难题越发彰显，融资担保市场中的一些结构性问题也随之凸显。

从 2008 年 11 月到 2009 年 3 月，笔者对十个省份（辽宁、广东、福建、安徽、湖北、四川、河南、山东、浙江、河北）的中小企业融资担保相关部门负责人、代表性担保机构和一些制造业类中小企业进行了半结构式访谈。访谈目的主要是了解各地信用担保业面上的情况，与此同时主要通过信用担保（特别是融资担保）来透视各地中小企业融资的基本状况、可能风险及其应对过程中所遭遇的问题，洞察宏观调控具体实施和作用机制中存在的缺憾与不足。笔者认为，这些资料有助于从一个点出发来说明中国金融市场化过程中的层级性与边界（分界）性问题。

中国目前融资担保的发展情况，可以从我们的调查结果中略窥一斑。分地区来看，担保行业的发展状况基本上与各地经济发展和企业市场化水平的分布结构相适应。我们所调查的十个省的中小企业信用担保发展状况如表 1 所示。

表 1　十省中小企业信用担保发展状况

	担保公司数	注册资本金（元）	担保额（元）	协会成立时间
辽宁	460 家	主要为政府出资	10 年累计 788 亿	2005 年 4 月 28 日
广东	170 多家备案	1 亿以上 70 多家	2007 年 700 多亿；2008 年上半年 300 多亿	2004 年 7 月 28 日
福建	112 家（2006 年 6 月底）	25.7 亿（2006 年 6 月底）	146 亿（2006 年 6 月底）	2005 年 7 月 29 日
四川	3000 多家；注册备案 230 家（2009 年末备案 337 家）	约 60 亿（2007 年底）	累计担保额达 1200 亿，余额 562 亿（2009 年末）	2005 年 5 月 22 日

续表

	担保公司数	注册资本金（元）	担保额（元）	协会成立时间
河南	423 家，其中有民资的商业性或互助性担保机构 298 家（2009 年 2 月底）；500 多家（2010 年）	103.89 亿，其中有民资的商业性或互助性担保机构为 63.46 亿（2009 年 2 月底）	500 亿～1000 亿的年融资能力（2009 年 2 月底）	2002 年 9 月
安徽	2000 万以上注册 104 家，1 亿以上注册 20 家；合计 219 家（2007 年底）、281 家（2009 年 3 月）	86.19 亿（2007 年底）；129.4 亿（2009 年 3 月）；122 亿（2009 年）	累计 594 亿（2009 年数据）	2009 年 11 月 25 日
湖北	3500 家；118 家备案	47 亿；国有股份比民营多	余额 310 多亿	2004 年底
山东	359 家备案	132 亿；政府参与或出资不到 30%	累计 1082 亿	2005 年 10 月
浙江	1000 多家；306 家备案	92 亿；政府出资现占 14%，2000 年该比例为 70%	250 亿	2000 年 3 月 30 日
河北	280 家备案	政府出资占 50% 左右；85.5 亿（2009 年）	229 亿（2009 年）	2005 年 4 月 26 日

注：如未明确注明数据获取的时间，则均为访谈时获得。

　　各地担保行业市场化的发展程度不尽相同，其影响因素来自多个方面。如果以政府出资占各省总注册资本的比例为市场化程度的测量标准，则可以明显地看到广东、浙江、山东等地担保行业的市场化发展程度比较高。相对而言，其他省份目前仍然主要依赖政府的推动来发展。

　　从各省担保协会的成立时间来看，浙江省的成立时间最早，是在 2000 年。鉴于担保业协会在推动和规范信用担保机构的发展方面有比较明显的作用，且当地政府在推动其成立的过程中扮演了重要角色，担保业协会成立时间的先后能够在一定程度上反映各地担保业的发展水平以及各地政府对它们的重视程度。

　　总而言之，即使政府的推动力量一定，经济发展快的地方与经济发展慢的地方在担保业发展中由于经济条件的不同，也会表现出一定程度的差异。表 1 根据访谈资料整理的基本信息，与我们访谈过程中通过观察获得的感受一致：浙江、山东、广东等经济发达省份的担保行业相对于其他省份的要更富有特色和活力。

四　谈判地位与市场空间开拓：管制下的利润分配

融资担保市场可以视作政府对金融市场进行管制而衍生出来的一个市场空间。尽管国家出台了一系列法律和政策，来推进中小企业信用担保体系的建设，但是，中小企业—银行—担保机构有着明显不对等的谈判地位：银行相对担保机构有着更高的谈判地位，而担保机构的谈判地位相对需要担保的中小企业而言又要更高一点。

比如，湖北中企投资担保有限公司负责人在介绍相关情况时指出：

> 银行的客户经理转移风险，找担保公司做垫背，担保公司在银行面前处于弱势。"一流的企业，银行走进门；二流的企业，银行迎进门；三流的企业，走进银行门。"只有那些信用度不够、现金量不足、信息不透明的企业，银行不做才找担保。对于有实力的大企业，很多银行都抢着做，也能要求银行放贷利率下浮。银行对中小企业的放款，其利率通常是在基准利率基础上上浮10%～50%，营利性很高。

而合肥市创新信用担保有限公司的负责人认为：

> 目前不是担保机构的门槛高，而是中小企业自身的弱势造成了融资的困难。企业领导人的素质、履历、企业策略定位等，使中小企业体质不稳定，变数大。很难有标准去化解中小企业的风险。

郑州市凯特重合器有限公司总经理指出：

> 担保机构对于中小企业贷款没有起到积极的作用，反而成为金融营利机构，为赚钱而赚钱，根本不是为中小企业服务。以前企业曾与担保公司打过交道，但一看担保公司提供的方案，就觉得担保公司是营利性质，担保费率很高。通过担保公司贷款，既要给银行一笔钱，还要给担保公司一笔钱，非常不合算。……宁可把企业的产品做好，这样更实际。政府关于补贴担保机构代偿的政策用处不是很大，因为担保公司内部运作，看重的是关系而不是企业的成长性。……（我们）只能接受担保公司在银行贷款利率的基础上上浮

1%~2%的费率。

山东银联担保有限公司总经理则表示：

> 银行对于担保的企业贷款基准利率不能上升30%。一直说让担保公司少收费，否则增加企业融资成本，那怎么不说银行那么高的贷款利率增加企业融资成本呢？担保公司少收费，一旦出现问题，拿什么来规避风险呢？银行考虑（使用）担保公司的时候，都是跟不赚钱的公司合作，总是要求担保公司少收费，结果担保公司都倒闭了，没有钱覆盖风险。所以应该合理收费，银行的基础利率上升10%，留些空间让担保公司收合理的费用来支付运营成本。当前的金融危机下，担保公司的收费最好不要低于3%，这个概念可以包括政府补助的部分，比如企业付2%，政府补助1%。因为担保公司与银行合作的运营成本中，光公关成本就占10%。

因为谈判地位的差异，银行通常会坐地要价，在放贷的过程中向担保机构提额外要求，形成担保机构额外的成本；而银行如果这样做，那么这种额外成本将被转嫁到中小企业的头上。比如，银行在放贷的过程中会要求担保机构根据贷款额度提供一定比例的风险保证金，担保机构就会将该额度的风险保证金转嫁到企业头上。这种转嫁模式如图2所示。

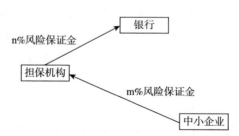

图2 担保业务中银行、担保机构、企业保证金转嫁模式

在图2中，通常 $m \geq n$。即便在 $m = n$ 的情况下，只要它们足够大，也都增加了中小企业融资的额外成本。比如设 $n = m = 20$，贷款100万，企业则只能拿到80万，而且需要按照100万的贷款总额度来支付利息。而如果 $m > n$，则担保机构相当于变相吸收了存款，可能导致担保机构的担保行为发生变化，甚至不惜向劣质企业提供担保。这样就会累积担保机构的风险，危及整个担保行业的声誉。笔者在广州、合肥、武汉都感受到了此类担忧。所以在目前这种三方谈判的地位结构还没有明显松动的情况下，一个比较明确的政策是规定银行只能要求一个比较低的担保贷款保证金的比例，比如不得超过 10%。当然，即便如此规定，被违背的可能性仍然相当大。

由于历史惯性和谈判地位差异，银行在有担保机构介入的放贷过程中，往往要求担保机构承担 100% 的风险；而担保机构向企业提供担保的同时，往往要与之确立反担保合同，要求企业提供抵押品，以预防风险。在这一条件下，政府虽然指出"银行业金融机构"要与担保机构"建立合理的风险共担机制"，"对贷款实行比例担保"，却往往缺乏可操作性：如果银行与担保机构风险共担，那么，银行势必同样要求贷款企业提供抵押品，以应对其承担的部分风险。这样，贷款企业最好能够提供两份抵押品（通常企业难以做到），分别给银行和担保机构。如此，相对银行处于谈判地位劣势的担保机构所拿到的担保品价值与其承担的风险也就更不成比例。更糟糕的情况也常常发生：银行和担保机构对同一份抵押品分享债权人权益，由于对标的物能否做抵押品，以及估值倾向不同，会造成更大的交易成本，让谈判无法达成，或者不必要地增加企业获取资金的时间和成本。

简而言之，许多问题的根源都可以归结为谈判地位结构的失衡。这将导致担保行业的市场化受到一定程度的约束，担保行业的市场化边界也就是图 1 中所谓的金融市场的第三道边界。谈判地位结构失衡使这一领域的市场化不可能深入推进。

这种谈判地位的失衡，一定程度上与政府推动担保行业发展的指导思想有关，至少在担保行业发展的初期，政府的指导思想是"发展中规范"（狄娜、张利胜，2007），调查时这一指导思想在部分省份中仍然存在。也就是说，担保行业所在的市场是门槛相对较低的，成立担保公司相对容易，于是近年来，担保公司数量迅速增长，担保行业的市场化程度和水平也相对较高。但是，即便如此，担保行业市场化的推进程度仍然受到担保机构与银行不对等的谈判地位的约束。

这种谈判地位的失衡，与图 1 中第二层金融市场空间范围过小不无关系。如果相对放开银行业的经营市场，推动成立更多的银行等金融机构，银行的谈判地位就会有所下降，从而有利于推动银行和担保公司之间的地位结构失衡向平衡的方向转变。

具有悖论性质的是，如果过度放开银行业的经营市场，则大量的企业将无须担保公司这一中介性机构便可直接从银行获得融资，也就是说，担保业的市场空间将会萎缩，甚至被银行业直接覆盖，担保公司也可能直接转变成银行。

从访谈中了解到，担保行业希望得到相关部门和机构的管理，提高该行业的准入门槛。换言之，就是希望能够建立起该层金融市场化的边界。金融压抑或金融约束导致了银行业市场化的不足，银行具有垄断性，在担保中也就难免存在银行—担保机构谈判地位的失衡，而使其市场空间有限。现在第三层领域却又大门洞开，难免会让已在其中的担保机构感觉生存维艰。

浙江省中小企业局财务统计处处长指出：

> 担保机构怎么定位？中小企业促进法是2005年颁布的，说国务院要出台担保机构管理办法，但一直没有出来。担保机构没有准入门槛和退出机制，在法律层面担保行业无法律依据。……现在没有准入门槛，两万元就能办一个担保公司，只要去民政局注册为社团法人即可。民营担保机构，要放大五倍才能保本，条件是不出现风险，所以民营担保机构既做担保又做融资。

山东省中小企业办公室规划发展处的管理者指出：

> 担保公司的一些违规做法，比如过桥等模糊地带肯定是存在的。担保公司单纯做担保，担保费率比较低，很难生存，规模上不去，没法发展，所以只能做些其他业务。如果不造成风险，这种擦边球促进企业发展，还是可以的。

合肥市创新信用担保有限公司相关负责人指出：

> 担保机构没有明确的市场准入门槛和运作规则是担保行业的根本问题。很多民营机构借着担保行业无规则无人管的状态逐利，把这当成赚钱的工具，救了一批不值得扶持的企业，每次收取20%的保证金，累积起来，只要是其中一个环节断了，就可能引起区域性的金融风险。

担保行业的过度市场化由于其所在的市场空间本身难以承载，就会向第二道界限圈定的市场突破——也就是说，一些担保机构会从事某些类似于银行的放贷甚至融资业务。这当然是违规行为，但是，地方政府部门的管理者会对此睁一只眼闭一只眼。

除了约束条件下利益最大化的"违规行为"之外，还有一种利益最大化的"创新行为"，即将政府、银行、投资公司与公众资金全部包含在内的合作项目。浙江的"路衢模式"是其中的一个范例，其产品有一个比较好听的名字——"宝石流霞"。对于这个产品，担保公司的担保对象不仅有银行的贷款，还有政府的资金。其担保人中新力合担保有限公司颇有些自豪地表示其高管团队中没有从银行出来的人，似乎在暗示其创新能力。该公司的总经理对"宝石流霞"做了这样的介绍：

> "宝石流霞"项目是"小企业集合信托债权基金"之一种，用以支持杭州文化创意产业。通过对各国的考察发现文化创意行业还是缺少资金的，而在浙江，这个产业有发展的潜力。"宝石流霞"项目建立了一个信托债权基金，由政府财政资金、银行理财产品、风险投资或创业投资资金认购，而企业以实物、股权、品牌为抵押取得基金贷款。这样就能把单一企业风险问题转换成整体产业风险，把企业集合打包，对行业内某家企业的考察也就转变为行业分析，打造资本，将闲散信托资金聚集起来。"宝石流霞"项目计划募集资金6000万元，为29家文化创意产业企业提供为期一年、信托贷款利率为8.39%的融资资金。其中杭州银行通过向社会发行理财产品认购4700万元，杭州市财政认购1000万元，创业投资公司认购300万元，中新力合在此过程中穿针引线，并为财政与理财产品认购部分（也就是95%的部分）提供担保。
>
> 获得贷款的29家入选企业是公司50多个人从340家企业中挑选出来的，其中15家在此之前从未得到过银行贷款。考虑到中小企业现状，入选企业大部分以股权、品牌为抵押，采取实物抵押方式的只有4家。这个项目能使企业、担保公司和投资方实现共赢，使收益和风险偏好相结合。各方认购的比例根据行业不同会有所调整，从而可以面对所有企业，具有明显的推广价值。

"路衢模式"通过协调组合各种金融资源（财政资金、理财产品、风险投资）、市场主体（担保公司、银行、中小企业、投资者等）和政府主体，以信托债权基金的形式，颠覆了以往由担保公司、银行和中小企业三方交易的传统的担保融资模式，也明显地改变了银行—担保公司的谈判地位。当然，这也可能给市场和社会带来新的风险。

信用担保机构的金融创新举措还有许多，限于篇幅此处不做赘述。总而言之，在政府管制和压低利率的背景下，一些在经济学或金融学理论模型中被认为难以达成、会被浪费掉的交易是可以通过调整和变通的方式来实现的，虽然新的均衡点与理想模型中的均衡点并不相同。

对中小企业融资担保市场的考察表明，金融市场第二层（银行业）的市场化边界（或政府管制）是产生第三层（信用担保业）的基础条件，同时这也向信用担保业提出了市场化的限制性边界，导致担保业呼唤监管者的介入。如果第三层（信用担保业）存在强大的市场化推进力量，则其市场化力量势必溢向金融市场的第二层空间；当然，也可能带来"金融创新"，如"宝石流霞"那样，拓展到金融市场的第一层级，将政府的部分资金也容纳进来。

五　结论与讨论：管制理由、隐患和完善原则

本文在两点上有所贡献。第一，认为完全的金融自由化是不可能的，金融市场的政府管制似乎必不可少，根本原因在于现代社会中政府信用货币是群体承诺标识物，带有公共产品的性质。从基于物（包括货币）的行为主体"行使一定实质性行为的权利"的角度来理解生产要素，具体问题具体分析，有助于找到一种金融的社会性约束、协调和管制方案。第二，一个多层次的、业务边界明晰的金融机构体系，加上政府的层级体系，意味着多层市场空间的开拓，在一定时期内可以极大地缓解中央政府对利率管控的无效率。这一点也许是社会主义金融市场化进程中值得特别借鉴的经验，它使贷款利率在实际操作中围绕官定贷款利率合理地波动。当然，其前提与金融约束的前提是一样的：稳定的宏观环境、较低的通货膨胀率，以及正的实际利率。

波兰尼很早就意识到："我们的论题是：这种自我调节的市场的理念中隐含着一个荒凉的乌托邦。这样一种制度不能存在哪怕很短的时间而不同时对社会中的人和自然物质构成毁灭作用；它可能早已在物质上摧毁人类并将其环境变成一片荒野。（如果不是）不可避免地，社会采取了措施来保护它自己的话。但是无论采取什么措施，都削弱了市场的自我调节，扰乱了工业生活，从而以另一种方式危及社会。正是这一两难困境，迫使市场体系的发展进入了一个不可避免的瓶颈，并且最终瓦解了

以它为基础的社会组织。"（Polanyi，2001：3-4）① 波兰尼虽在一定程度上是正确的，却显得过于悲观。这可能是因为他受古典经济学家的影响，将土地、货币、劳动力本身视作生产要素，但又发现这三者在本质上不能被商品化。

皮希特（1996）指出，货币服务中的清偿服务包含了它的伴生物"核算单位稳定化"服务。核算单位稳定化服务带有公共产品的性质，这意味着货币领域中的市场竞争体制需要诸多的制度和现实条件的配合才能发挥作用。笔者有关政府信用货币是"群体承诺标识物"的观点与此类似，可以说，货币所包含的这一社会属性带来了外部力量（如政府）或内部力量（如行业协会）对金融市场进行管制或协调的必要性。当生产要素不再被简单地理解为货币，而是理解为行为主体基于货币"行使一定实质性行为的权利"时，不仅社会分化的金融效应一目了然，而且有关贫富分化、谈判地位分化形成的社会结构在金融乃至整个宏观经济波动中的重要性也能够直观呈现。

中国的金融市场化进程是由政府自上而下审慎推进的，在自由和管制这两种相互制约的力量的作用下，市场化的层级性和边界性也呈现出来。由于货币发行权集中于中央，政府信用货币具有"群体承诺标识物"的属性，加之政府权力的垄断性，金融市场空间的第二层（银行业）的市场化就势必具有有限边界，于是不可避免地存在垄断和限制进入的行为。这为信用担保业提供了市场空间的同时，也限制了它的市场空间，势必带来理论上的市场边界和信用担保业准入的现实要求。渐进式改革带来的这三道约束或边界具有层次性甚至层级性，形成一种按政治、经济和社会实力分享垄断权的有许多缺点却也有一定合理性的金融形态，在谋求效率（而不是公正）的经济过程中发挥了一定的作用。

值得注意的是，这一体系存在的隐患。（1）信用担保业的市场化推进，使其经营范围有突破边界，扩张至放贷、融资业务范围的倾向，这会造成宏观调控和管理的困难，甚至会带来政府信用危机。（2）由于不同行业的主管和监控部门通常是不同的，监管责任容易分担，导致因争权或扯皮而效率低下。（3）如果政府倾向于用高通货膨胀率（税）攫取租金，且政府官员存在极大腐败倾向的话，多层级金融市场的资源配置效率就会受到极大程度的软化和弱化。（4）多层级性的金融市场本身意

---

① 中译本参见波兰尼（2007：3~4）。

味着与货币相关的生产要素的分配是严重分化和不平等的，弱势群体可能经常遭受着并不自知的"伤害"，相应的约束、协调和补偿性机制却付诸阙如，只能依赖社会主义性质的福利措施来弥补。

也许正是因为注意到这些缺憾和不足，十八届三中全会公布的《中共中央关于全面深化改革若干重大问题的决定》提出了完善金融市场体系的一系列措施，包括"扩大金融业对内对外开放，在加强监管前提下，允许具备条件的民间资本依法发起设立中小型银行等金融机构。……加快推进利率市场化，……落实金融监管改革措施和稳健标准，完善监管协调机制，界定中央和地方金融监管职责和风险处置责任。建立存款保险制度，完善金融机构市场化退出机制"等。这些措施可能带来的积极影响，值得人们期待。

不过，金融自由化的进一步推进，在当前中国庞大的、拥有一定闲置资金的人口和政治层级体系的影响下，极容易产生大量的金融风险。此外，基于该体系隐患分析的一个认识是：相对于金融自由化的进一步推进，当前中国的廉政化和政治民主化建设也许更具紧迫性。

参考文献

陈雨露、汪昌云，2006，《金融学文献通论·原创论文卷》，中国人民大学出版社。

邓小平，1994，《邓小平文选》第 2 卷，人民出版社。

狄娜、张利胜主编，2007，《信用担保机构经营管理》，经济科学出版社。

费孝通，1998，《乡土中国 生育制度》，北京大学出版社。

赫尔曼，托玛斯，穆尔多克，凯文，斯蒂格利茨，约瑟夫，1997，《金融约束：一个新的分析框架》，《经济导刊》第 5 期。

黄达主编，2000，《货币银行学》，中国人民大学出版社。

卡尔·波兰尼，2007，《大转型：我们时代的政治与经济起源》，冯钢、刘阳译，浙江人民出版社。

科斯，1993，《论生产的制度结构》，盛洪、陈郁译，上海三联书店。

皮希特，哈特穆特，1996，《货币竞争》，载 V. 奥斯特罗姆、D. 菲尼、H. 皮希特编《制度分析与发展的反思——问题与抉择》，王诚等译，商务印书馆。

王水雄，2007，《金融工具、信用能力分化与社会不平等》，《社会》第 1 期。

易纲、吴有昌，1999，《货币银行学》，上海人民出版社。

Polanyi, Karl 2001, *The Great Transformation.* Boston：Beacon Press.

社会资本、融资结网
与企业间风险传染[*]
——浙江案例研究

吴 宝 李正卫 池仁勇^{**}

一 引言

  2008 年雷曼兄弟破产后，金融风险迅速传染，引发了全球性的金融海啸。我国实体经济中也有类似的风险传染案例。东南沿海地区许多企业擅长运用社会资本寻求股权集资和贷款担保等融资合作，长期以来，企业间形成了复杂的融资关系网络。一旦其中某家企业破产，风险往往沿担保链、股权链蔓延，进而酿成区域系统性风险。2008 年，位于绍兴的浙江华联三鑫石化有限公司投机 PPA 期货失败导致破产，在该地区引发了严重的风险传染，不仅拖累了其他 4 家股东，还通过担保关系在当地企业群中造成了剧烈的连锁反应。那么，区域核心企业破产后是否都会在当地企业群中引发大规模风险传染呢？我们注意到，同样是在 2008 年，位于浙江台州地区的飞跃集团有限公司也爆发了破产危机，却并未在区域内形成严重风险传染，区域内其他核心企业也未产生剧烈的连锁反应。

  为什么面临两件相似的风险事件，两地会有迥异的表现？我们认为，这与两地的社会资本有着紧密的联系。中小企业群中较为普遍的人格化的融资合作行为是以社会资本为载体发生的，是社会资本渗透于企业的融资过程之中（钱水土、翁磊，2009）。因而，不同的社会资本决定了两

   * 本文受浙江省哲学社会科学重大课题（20YSXKO2ZD）资助，原载《社会学研究》2011年第 3 期；收入本书时有修改。
   ** 吴宝，浙江工业大学管理学院研究员；李正卫，浙江工业大学管理学院教授；池仁勇，浙江工业大学中国中小企业研究院教授。

地不同的企业间融资关系网络，继而表现出不同的风险传染效应。对于社会资本与企业间风险传染之间关系的研究目前还甚少，该问题的深入探讨对区域经济风险防范具有很好的现实指导意义。另外，以往研究大多集中于讨论社会资本对工作寻找、技术创新、战略合作等方面的积极作用，较少提及社会资本的负面效应（Portes, 1996, 1998），关于社会资本负面效应的实证研究更是少见。本文通过案例研究方法，以浙江绍兴和台州为研究对象，以社会资本、融资网络结构和风险传染之间的关系为切入点，对社会资本的负面效应进行了实证分析。本研究不仅可以帮助我们从一个较为新颖的角度理解区域风险传染的形成机制，也为波茨等人关于社会资本负面效应的论述提供了实证支持。

二　理论回顾与研究假说

（一）社会资本的负面效应

现有研究文献大多强调社会资本的积极效应，而较少提及其负面效应。在社会资本概念的形成、发展和应用过程中，这种忽略社会资本负面效应的倾向始终存在。布迪厄最早将社会资本定义为"社会资本是现实或潜在的资源的集合体，这些资源与拥有或多或少制度化的共同熟识和认可的关系网络有关，换言之，与一个群体中的成员身份有关"（Bourdieu, 1985: 248），强调与成员身份有关的资源，却回避了获得和使用这些资源的代价及其可能带来的负面效应。此后，科尔曼从功能角度对社会资本进行了定义，强调社会资本可有效"促进行动者在社会结构内的特定行动"（Coleman, 1990: 302），将其描绘为依附于社会关系的生产性资源。而普特南在此基础上进一步把社会资本形容为信任、规范和网络等社会组织特征，认为它们能通过推动协调和行动来提高社会效率，提高了投资于物质资本和人力资本的收益（Putnam, 1993: 35～36）。此后，主流研究更是压倒性地强调社会资本的积极效应，并将其广泛应用于解决各种社会问题（Portes, 1996, 1998）。

针对这一研究倾向，部分学者表示了质疑，并从不同角度探讨了社会资本的负面效应。例如，汉森从关系维护成本角度提出，对社会资本进行过度投资或不当投资可能会造成负担（Hansen, 1998）；而乌兹则认为，过度嵌入会引至惰性和狭隘观念（Uzzi, 1997）。波茨将社会资本负面效应归纳为 4 种表现形式（Portes，1996，1998）：（1）合谋排外，社会资本在为成员提供有价值资源的同时，也用成员资格排斥了可能的外来者，甚至合谋危害公众利益；（2）免费搭乘造成"枪打出头鸟"，强调团结互助的规范架构支持后进者向先进者谋求资助，后进者的社会资本帮助其获取资助，先进者却因免费搭乘承受社会负担，丧失积累和成功的机会；（3）限制个体自由和商业自主性，社会资本赖以运行的内部规范在追求团结的同时会施加个体控制，抑制有悖集体规范的行为；（4）向下沉沦的规范压力，某些群体团结的基础本身就是成员都身处相同的逆境或不为主流社会所认同，内部规范排斥和抑制试图摆脱这类困境的行为，使成员形成低端锁定。这在贫民窟、少年帮派等群体组织中最为典型。波茨等人对社会资本负面效应的论述多是理论分析，缺少比较系统的实证研究支持。同时，现有文献对社会资本负面效应的诸多问题还缺少系统的认识，相关研究还有待进一步拓展。

（二）理论模型与相关概念

本文认为，社会资本具有负面效应，它是影响企业间风险传染的重要因素。企业借助社会资本寻求融资合作，并在企业间编织了以股权集资和贷款担保为关系链的融资风险网络，却最终加剧了企业间的风险传染，危害区域经济系统的安全。为此，我们提出了"社会资本→融资风险网络结构→传染效应"的理论模型以及对应的理论假说，详见图 1。下面先对理论模型中的相关概念做出解释和说明，有关社会资本、融资网络结构和风险传染之间关系的理论假说将在下一部分详细阐述。

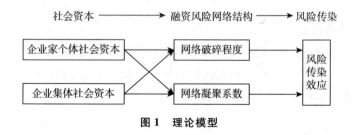

图 1　理论模型

1. 社会资本

企业在寻求贷款担保与股权集资等融资合作时，往往交替运用分属于企业家和企业这两个分析层面的社会资本。现有文献对社会资本的分类主要有微观社会资本、中层社会资本和宏观社会资本之分（Brown，

1999；Turner，1999），个体社会资本与集体社会资本之分（Lin，2001；Putnam，1993）。也有部分研究将上述社会资本等同处理。例如，边燕杰、丘海雄（2000）就采用企业家的社会联系来测度企业的社会资本（刘林平，2006）。考虑到两类社会资本的作用可能是有区别的，且分属于两个分析层面，本文主要根据社会资本研究文献对个体社会资本和集体社会资本分类表述，将社会资本区分为根植于企业家个人关系网络的企业家社会资本和根植于企业间制度化关系网络的企业社会资本。

2. 融资风险网络结构

本文定义的融资风险网络是指企业间通过股权集资或贷款担保所建立起来的关系网络，该网络的节点是企业，节点间是否有连接取决于它们之间是否有股权集资或贷款担保关系。目前对网络结构的测度有多个指标，包括中心度、路径、密度和派系等。本文主要选择了中心度、派系和凝聚系数这几个指标。中心度是指节点（企业）拥有的股权集资和贷款担保的关系数量，网络平均中心度是网络内所有节点中心度的均值。派系是指这样的一个子网络，该子网络内任何两个节点都能直接或间接地实现连接，但它们都不与该子网络外的节点彼此连接。由于派系的存在，网络整体结构就表现为派系化的破碎结构（fragmented structure），其细碎程度，本文称之为网络破碎程度。网络平均中心度与网络破碎程度存在紧密关联。一般而言，网络平均中心度越高，网络内孤立点和派系数量越少，网络破碎程度越低。凝聚系数指征节点在融资风险网络内的抱团凝聚倾向。网络凝聚系数是网络内所有节点的凝聚系数均值。在派系化破碎结构中，网络凝聚系数其实度量了网络内各派系内部凝聚程度的总体水平。

3. 风险传染

风险传染是指企业间财务困境的传递（Allen & Gale，2001），最为典型的就是企业破产导致的多米诺骨牌现象。风险传染的效果主要根据传染范围和实际破坏程度来评判。

（三）研究假说

1. 社会资本、网络破碎程度与风险传染

由于存在严重金融抑制，我国金融体系在资源配置上具有明显的城市化和国有部门化倾向（Park & Sehrt，2001；钱水土、翁磊，2009），分布于浙江各地产业集群中的民营企业在创业和发展过程中都依赖相互

担保、股权集资和民间借贷等形式获取资金。陈勇江、柴友兰（2007）对浙江民营企业的调查显示，依靠企业家社会关系网络和企业间关系网络获得融资是民营企业创业期和发展期的重要融资形式。企业间的融资互助有一个极为重要的特征是它发生于彼此都较为熟悉的人群内部（Cope & Kurtz, 1980），而非市场化、匿名化，是嵌入某种社会网络或社会纽带之中的。黄祖辉等对浙江温州的调查发现，许多企业家在创业初期充分利用亲缘、血缘、地缘等纽带关系来获取资金，其关系网络分摊了创业风险，而企业家所付出的代价就是欠下"人情债"（Huang et al., 2007）。

分布于浙江各县市的块状经济是典型的社会网络型产业集群，置身其中的企业家和企业相互之间结成复合型的关系网络，群体内存在较强的互助性规范（朱华晟，2003）。这类互助性的内部规范源于"五缘"（血缘、亲缘、地缘、行缘、学缘）和"五同"（同宗、同姓、同乡、同学、同好）等社会关联，并在长期互惠交往中得以加强，试图逃避"人情债"和互助义务的企业和企业家不仅不能享受社会资本带来的融资便利，还会受到群体价值规范的严厉评判。然而，互助规范的长期运转也可能限制企业的商业自主性（Portes, 1996, 1998），从而使企业接受过多的融资互助安排。企业家和企业组织在长期社会交往中都会相互欠下各种形式的"人情债"，无论是出于互惠性规范还是出于集体强制信任，都难以回绝其他成员的求助。既然无法摆脱融资互助规范，而且融资互助行为的确为企业创造了融资便利，受到金融抑制的民营企业很容易主动去编织融资风险网络，而较少顾忌由此产生的风险。这最终造成社会资本"向下沉沦压力"的负面效应，使企业过于依赖成员间融资合作，从而导致融资风险网络过于密集。

总体上，社会资本越强的企业越能把握住与其他企业的融资合作机会，建立的合作关系数量也就越多。从区域网络层面来看，区域内两类社会资本越高，融资风险网络的平均中心度也越高。一般而言，网络平均中心度越高，代表网络连通性越好，网络内孤立点和派系数量也就随之下降，网络破碎程度也就越低（Wasserman & Faust, 1994）。派系化破碎结构是社会网络的普遍特征（Holland & Leinhardt, 1971；Watts & Strogatz, 1998），也是融资风险网络最为重要的结构特征。中小企业借助社会资本展开融资合作，抱团结网，在融资风险网络中凝聚成为派系。由于派系之间互不连通，风险传染也就被限制于爆发风险事件的派系内部。因此，更为细碎的派系化破碎结构就成为遏制风险传染的天然屏障，可以很好地防止大规模风险传染的发生。随着网络破碎程度下降，网络遏制大规模风险传染的能力也就被削弱了。据此，本文提出以下研究假说。

假说1：企业家社会资本越高，融资风险网络的平均中心度也越高，网络破碎程度随之下降，遏制大规模风险传染的能力越低。

假说2：企业社会资本越高，融资风险网络的平均中心度也越高，网络破碎程度随之下降，遏制大规模风险传染的能力越低。

2. 社会资本、网络凝聚系数与风险传染

社会资本对融资风险网络结构的另一个负面效应是增强企业抱团凝聚倾向，提高派系内部凝聚程度，加剧派系内的风险集聚。如前所述，社会资本可以促进企业之间融资结网，提高网络平均中心度，这为企业之间的抱团凝聚提供了客观条件。然而，更为重要的是社会资本会增强企业在小群体内融资合作的倾向，从而提高小群体内部融资结网的凝聚程度。首先，社会资本与成员身份密不可分（Bourdieu，1985；Coleman，1990），企业借助社会资本寻求融资合作时，其合作对象也大多属于社会资本所对应的小群体成员。社会资本越高，其合作对象就越容易出现在小群体成员之间，在群体内融资结网的可能性也就越大。从小群体层面看，各个成员的社会资本越高，群体内部融资风险关系链交织得越密集，各个成员的凝聚系数也就越高。其次，社会资本来源于群体内的信任、规范和较为紧密的网络（Coleman，1990；Putnam，1993），这些要素可以为成员提供社会支持，促进成员间的合作，提高群体凝聚力（Putnam，1993）。在浙江等东南沿海地区，彼此间地理位置邻近的企业家由于社会联系紧密和长期互惠交往，群体内部具有较高的凝聚力（池仁勇，2005；李路路，1995；徐延辉，2002）。企业之间也通过制度化网络关系，建构了具有明确利益诉求的关系网络，企业群内凝聚力较强（朱华晟，2003；王珺，2004）。社会资本与内部凝聚力密不可分，社会资本总是与高凝聚力群体相对应。企业的融资结网是群体凝聚力的自然延伸，群体凝聚力反映在网络结构上就是增强派系内部的凝聚系数。另外，社会资本是依附于关系网络的，在小群体内部具有一定的公共性特点（Coleman，1990）。所有成员的社会资本在一定程度上是高度相关的。某一成员运用社会资本向其他成员寻求融资合作时，其合作对象也可以便利地运用类似的社会资本在小群体内获得融资合作。群体内社会

资本越高，群体内融资风险网络的凝聚系数也就越高。因此，本文认为在个体层面上，社会资本会提高个体在派系内部融资结网的凝聚倾向；而上升到网络层面上，社会资本会提高网络凝聚系数，造就高凝聚度的融资结网派系。

高凝聚度的派系内部呈现出很强的抱团倾向，相互之间交织着复杂的融资风险链，常常表现为一荣俱荣，一损俱损。高凝聚系数意味着自己融资合作的对象之间也在相互抱团展开融资合作，意味着自己出现财务危机时，自己的伙伴很可能也正在遭受财务困境。这类派系不仅普遍面临着更为密集的潜在传染路径，而且存在许多风险传染回路。财务困境在这些风险传染回路中很容易被放大，形成风险增值和风险加速（Gatti et al.，2006）。虽然有研究表明高凝聚度有助于提高企业个体分散风险的能力（Allen & Gale，2001），但这更可能是在系统风险和个体风险之间的危险权衡。凝聚度过高时，系统性风险会显著增加，越过某个临界值后，风险传染的频率和剧烈程度均会显著增加（Battiston et al.，2007）。据此，本文又提出以下研究假说。

假说3：企业家社会资本越多，融资风险网络的凝聚系数越大，越容易加剧派系内的风险传染。

假说4：企业社会资本越多，融资风险网络的凝聚系数越大，越容易加剧派系内的风险传染。

三　研究方法

（一）研究设计

1. 案例选择

受2008年金融危机影响，绍兴的浙江华联三鑫石化有限公司和台州的飞跃集团有限公司濒临破产，并在两地引发了程度不同的风险传染。本文选择上述案例进行比较研究，主要是考虑案例的代表性和可比性。浙江绍兴和台州都是著名的内源性产业集聚区，社会资本和社会网络在区域经济发展中作用显著，是相关研究关注的典型区域（池仁勇，2005；郑小勇，2008）。两家破产企业均为区域核心企业，破产危机牵扯面广，影响力大，具有很强的代表性。同时，两个案例在产业背景、地域特点和经济背景等方面都较为一致，有效地限制了外生变量的系统性差异，案例可比性强。另外，案例选择也兼顾了数据可得性。两地上市企业多，信息披露较为充分，两家企业破产也深受媒体关注，这都为案例分析提供了丰富的数据和信息。

2. 数据收集与处理

本文的数据来源主要是 2007～2008 年上市公司年报、公告等信息披露、有关华联三鑫和飞跃集团事件的相关媒体报道、公司网站信息与其他公开信息。对于并非来自上市公司披露的信息（如媒体报道）都经过 2 个以上信息来源的交叉印证。根据类似案例研究的建议，[①] 数据收集与整理采用下述程序。首先，研究人员共同确定信息收集范围、定性评判标准以及编码处理方式，随后各由 1 人对两地网络分别进行信息编码处理，并交叉验证信息编码结果，最后由第 3 人对两地网络数据再次进行验证。两地融资风险网络的结构主要借助社会网络分析软件（UCINET 6.0）进行测度；社会资本的测量则借鉴了情报学的内容分析法（Content Analysis）对样本企业背景和企业家简历信息逐个进行编码，将公开信息中的文字描述转换为量化的分值。根据类似案例研究的建议，编码所参考的问题如表 1 所示。若企业背景符合选项标准则编码为 1，反之则为 0，然后逐项相加。编码分值越高，说明企业家社会资本或企业社会资本越高。

3. 融资风险网络图

（1）节点：案例研究选取华联三鑫和绍兴地区全部上市公司——共 34 家大企业，作为绍兴网络的初始节点；选取飞跃集团和台州地区全部上市公司——共 17 家大企业为台州网络的初始节点。然后采用提名法，根据企业披露的融资风险关系链将两个网络拓展至 118 个和 56 个节点。

（2）关系链：按照节点间是否存在直接的股权关系和担保关系确定两个节点间是否存在融资风险关系链。根据风险相互依赖特征，融资风险关系链设计为双指向关系。

（二）指标测度

1. 社会资本测度

现有文献主要从网络位置、网络资源和网络关系等角度测度社会资

---

① 采用情报内容分析和编码方法处理案例研究数据的代表文献，例如阎爱民和巴巴拉·格雷发表在《管理学会期刊》（*Academy of Management Journal*）的案例研究论文（Yan & Gray, 1994）等。

本（张文宏，2003），但具体如何测度社会资本仍存在争议（边燕杰、丘海雄，2000；刘林平，2006）。本文的社会资本测度更多的是配合事件性案例分析所用。考虑到测度的精确性和可取数据的真实性，本文从政治参与、社会荣誉、社会兼职、股东本地化和连锁董事等 5 个方面测量企业家社会资本（见表 1）。是否担任人大代表或政协委员，是否获得重大社会荣誉，是否担任重要的社会兼职均反映了企业家的社会活动能力和社会地位，是企业家社会资本的重要体现（邬爱其、金宝敏，2008）；董事或股东的本地化表明企业家团队动员本地社会关系服务企业发展的能力；连锁董事网具有资源获取功能、应对环境不确定性功能、协调与控制功能以及学习功能（任兵等，2004），有利于增强企业家与外部机构的联系，也是企业家社会资本的一项重要内容。

表 1　两种社会资本测度指标编码内容

类型	测度指标	编码问项
企业家个体社会资本	政治参与	法人代表或实际控制人是否为人大代表或政协委员
	社会荣誉	法人代表或实际控制人是否荣获重大社会荣誉奖项（省市县级劳模、先进个人、优秀企业家、三八红旗手等）
	社会兼职	法人代表或实际控制人是否担任行业或地方组织的领导职务
	股东本地化	董事会或股东成员是否基本（80%以上）来自本地
	连锁董事	是否与其他企业（非全资子公司）存在连锁董事
企业集体社会资本	区域地位	是不是本地（绍兴地区或台州地区）百强企业
	集聚地位	是否为区域主要集聚产业（绍兴有纺织、医药化工、环保设备、摩汽配、铜加工等；台州有医药化工、汽摩配、模具、家电、服装设备、阀门与泵等）的核心企业
	公开上市	是否为公开上市的股份制公司
	业务本地化	本地销售和采购是否是业务往来重点
	企业历史	公司成立是否超过 8 年（2000 年以前成立）

同时，本文从企业在区域经济和集聚经济体中的地位、公开上市、业务本地化和企业历史等 5 个方面来衡量企业在区域经济体系内具备的社会信任和关系网络，进而测度企业社会资本。是不是本地百强企业体现了企业在区域经济体系内的地位，是否为区域主要集聚产业的核心企业体现了企业在集聚经济体中的地位。两项指标都与企业拥有的社会资源及关系网络有关。上市公司普遍具有更丰富的网络关系和更多的社会资源，因此本文把是否为公开上市的股份制公司也作为测度企业社会资

本的一项指标。本地销售和采购是否为业务往来重点，指征企业与当地社会分工体系的紧密程度。而企业发展历史也是衡量企业社会交往持续时间的重要测度，也是企业社会资本的重要指标。

2. 融资风险网络的结构测度

（1）中心度与网络破碎程度。本文用节点中心度测度企业在融资风险网络中的关系数量。网络平均中心度为网络内所有节点的中心度均值，可以衡量网络的连通性。经验证据表明，社会网络等现实生活中的复杂网络具有小群体特征，即整个网络呈现派系化破碎结构。一般来说，网络平均中心度越高，孤立点与派系数量越少，网络破碎程度则越低。为了更加直观地衡量网络破碎性，本文另外采用规模最大的三个派系规模之和占网络节点总数的比例来补充测度网络破碎程度。

（2）凝聚系数。节点 i 的凝聚度 C_i 计算公式为 $C_i = 2E_i/[d_i*(d_i-1)]$。其中 d_i 为节点 i 的中心度，即节点 i 的邻居数量；E_i 为节点 i 的 d_i 个邻居之间实际存在的边数，$[d_i*(d_i-1)]/2$ 代表这 d_i 个邻居之间可以存在的边数（汪小帆等，2006）。对于邻居数量小于等于 1 个的节点，凝聚度为 0。凝聚度 C_i 的取值范围为 0～1。网络凝聚系数 C 是网络内所有节点的凝聚系数平均值。在派系化破碎结构中，网络凝聚系数其实度量了网络内各派系内部凝聚程度的总体水平。

3. 风险传染评价

案例研究在分析华联三鑫和飞跃集团破产引发的风险传染过程的基础上，通过比较潜在的传染范围、企业破产的连锁反应和区域经济受破坏程度来定性判断风险传染效应大小。

四　案例分析与讨论

（一）案例背景

投产于 2005 年的华联三鑫凭借排名亚洲第一、全球第二的 180 万吨 PTA 年产量，保护着绍兴纺织产业链的原料源头。然而受石油等原材料价格持续上涨以及 PTA 市场价格下降的双重影响，企业 2006 年起利润率不断下滑。2008 年，企业为扭转 PTA 价格的下滑趋势，冒险地投机 PTA 期货市场，造成了巨亏，使原已紧张的资金链濒临断裂。同年 9 月底某异地银行收回贷款后，企业立刻被迫停工，陷于绝境。华联三鑫破产直接拖累华联、华西、展望、加佰利等 4 家股东和当地一大批相互担保企业,其中的一些企业随后也濒临破产,风险的传染范围扩大至绍兴整个纺织产业网络。

台州的飞跃集团是全球规模最大的缝纫设备供应商。由于技改和项目投资过大,该集团向银行和民间机构借入大量贷款,负债率一直居高不下。2008 年公司经营状况恶化,难以支付高额利息,最终也在异地银行停贷后资金链断裂。破产重组前欠下数额巨大的银行贷款和民间借款。集团股权结构封闭,外部担保关系只有 2 家当地大企业,破产后虽直接拖累了为其配套的供应商和民间借贷者,但区域核心企业间风险传染较为有限,对当地产业网络的破坏不大。

(二) 社会资本的测度结果

企业家社会资本和企业社会资本的测量结果见表 2。首先,企业家社会资本的测度结果显示,绍兴和台州企业的企业家社会资本的平均指标为 3.390 和 2.875。绍兴的企业家担任人大代表或政协委员、获得重要社会荣誉和担任社会兼职的比例都要高于台州企业家,说明绍兴企业家具有更高的社会信任和声誉,占据更多的社会资源。同时,董事或股东的本土化和连锁董事指标也表明绍兴企业高层间的社会联系更为丰富。总体来看,绍兴企业家的个体社会资本在统计上显著高于台州企业家 ($p <$ 0.01)。其次,企业社会资本的测量结果显示,两地企业的区域地位、集聚地位、公开上市和公司历史等测量指标大致相当,但台州企业的业务本土化指标显著高于绍兴企业。台州和绍兴的企业社会资本指标均值为 2.525 和 2.821,但地区差异在统计上并不显著 (见表 2)。

表 2　两地社会资本测度的分项指标均值统计

类型	分项均值		绍兴 (N = 118)	台州 (N = 56)	地区差异
企业家 社会资本	企业家社会资本		3.390	2.875	0.515 ***
	其中	政治参与	0.703	0.625	0.078 *
		社会荣誉	0.746	0.643	0.103 **
		社会兼职	0.661	0.554	0.107 **
		董事本地化	0.492	0.482	0.009
		董事连锁	0.788	0.571	0.217 ***

续表

类型	分项均值		绍兴（N=118）	台州（N=56）	地区差异
企业 社会资本	企业社会资本		2.525	2.821	-0.296
	其 中	区域地位	0.314	0.357	-0.044 *
		集聚地位	0.525	0.536	-0.010
		公开上市	0.297	0.321	-0.025
		业务本地化	0.670	0.821	-0.152 **
		公司历史	0.720	0.786	-0.065

注：编码内容参见表1，地区差异采用独立样本 t 检验，$***\ p<0.01$，$**\ p<0.05$，$*\ p<0.10$。

总体而言，绍兴地区产业集群分工细密，上下游细分行业间紧密依存，同行企业间相互担保也较为频繁，企业总体社会资本（包括个体社会资本和集体社会资本）较高。而台州医药化工、服装设备、机械电子等集群内普遍是配套企业围绕焦点企业的轮轴式分工群落，但群落间相互竞争激烈，同行相互担保较少。李桢业（2008）对台州缝纫机产业集群的研究指出当地具有"乡缘"或"亲缘"企业所组成的生产协作体系，一般都保持着十分稳定而密切的，有时甚至是排外的协作关系，具有闭锁性质。这限制了企业总体社会资本的提高。

（三）两地融资风险网络的结构测度

经过对融资风险关系链的确认与梳理，本文绘制了绍兴地区和台州地区的融资风险网络图（见图2和图3）。由图2可以直观地看出，绍兴118个节点共分布在15个派系中，其中包括5个孤立点。最大的派系为华联三鑫所在派系，包括37个节点。规模最大的3个派系涉及80个节点，占绍兴网络规模的67.80%。由图3可知，台州地区56个节点共分布于18个派系中，其中包括7个孤立点。最大的派系为飞跃集团所在派系，包括10个节点。规模最大的3个派系涉及24个节点，占台州网络规模的42.86%。这说明，绍兴网络为连通性和整体性更强的派系结构，台州网络则属于较为破碎的派系结构。

我们应用社会网络分析技术测度了两地融资风险网络图，其结果见表3。绍兴的网络平均中心度为2.441，显著高于台州网络的1.500（$p<0.01$），其融资风险的传染路径明显多于台州网络。绍兴网络凝聚系数为0.240，显著高于台州的0.163（$p<0.05$），其网络凝聚程度明显高于台州。这在两地网络主要派系的指标统计中也得到了印证

（详见表4）。

表3　两地融资风险网络的结构属性统计

结构指标	统计量	绍兴（N=118）	台州（N=56）	地区差异
中心度	网络平均中心度	2.441	1.500	0.941***
凝聚系数	网络凝聚系数	0.240	0.163	0.097**
派系构成	派系数量	15个	18个	-
	孤立点	5个	7个	-
前三大派系的规模占比		67.80%	49.20%	18.6%

注：编码内容参见表1，中心度和凝聚系数的地区差异采用独立样本 t 检验，*** $p<0.01$，** $p<0.05$。

　　具体到案例中涉及华联三鑫派系和飞跃派系，由表4可知，华联三鑫派系较高的平均中心度（3.30）有利于促进派系内部的凝聚程度。华联三鑫派系内凝聚系数均值为0.23，也要高于飞跃派系的0.14。比较两个派系的网络图可直观地发现（见图2和图3），华联三鑫派系的凝聚程度要高于飞跃派系，内部闭合环路也明显多于飞跃派系。

表4　两地融资风险网络主要派系统计

编号	绍兴网络			台州网络		
	规模	中心度均值	凝聚系数均值	规模	中心度均值	凝聚系数均值
1	37	3.30	0.23	10	2.00	0.14
2	30	2.47	0.27	7	2.29	0.64
3	13	2.15	0.27	7	1.71	0.00
4	12	2.33	0.20	7	2.00	0.30
5	5	1.60	0.00	4	1.50	0.00
6	4	2.00	0.58	3	1.33	0.00
7	4	1.50	0.00	3	1.33	0.00
8	4	2.50	0.83	2	1.00	0.00
9	2	1.00	0.00	2	1.00	0.00
10	2	1.00	0.00	2	1.00	0.00
11				2	1.00	0.00

注：表格中只列出了两地除孤立点之外的共21个派系，派系成员参见图2和图3。

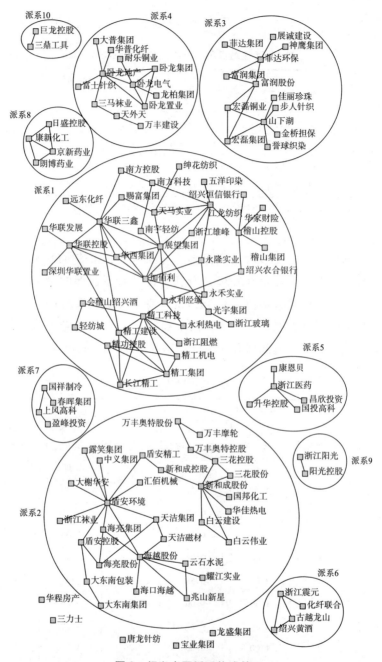

图2 绍兴主要派系构成情况

说明：派系1成员主要为绍兴的纺织类企业，派系2成员多为新昌和诸暨的机械电子类企业，派系3成员集中于诸暨，派系4成员多来自上虞，派系5成员均为医药企业，派系6成员均为绍兴国资企业，派系7成员多为上虞环保设备企业，派系8成员多为新昌医药企业，派系9、10成员间存在股权关联，其余图中还有5个孤立点。

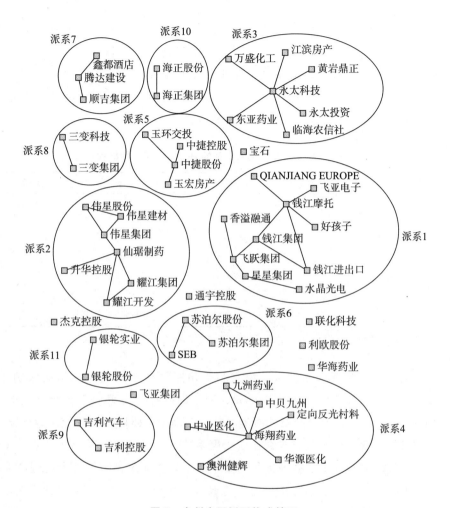

图 3　台州主要派系构成情况

说明：派系 1 成员主要为椒江区机械电子类企业，派系 2 成员行业和地域特征不明显，派系 3 成员多为临海区化工类企业，派系 4 成员多为椒江区制药企业，派系 5 成员集聚于玉环县，派系 7 成员多为建筑类企业，派系 6、8、9、10、11 成员间存在股权关联，其余图中未标注的还有 7 个孤立点。

（四）社会资本对网络结构的影响

首先，在企业个体角度上，本文将企业家社会资本、企业社会资本与企业（节点）中心度、企业（节点）凝聚系数进行了 Person 相关性检验（见表 5）。结果表明，企业家社会资本和企业社会资本与企业中心度统计上显著正相关（$p < 0.01$）。因而，结果支持了本文命题假说 1 和假

说 2 的观点。同样，相关性检验也说明了企业家社会资本与企业凝聚系数显著正相关（$p<0.01$），支持了本文命题假说 3 的观点。但企业社会资本与企业凝聚系数的相关性在统计上并不显著。假说 4 的观点在此并未获得支持。另外，企业家社会资本与企业社会资本显著正相关，中心度与凝聚度显著正相关，这都符合理论预期。

表 5　社会资本与结网特征的 Pearson 相关性检验

	企业家社会资本	企业社会资本	节点中心度	节点凝聚系数
企业家社会资本	1			
企业社会资本	0.206 *** (0.006)	1		
节点中心度	0.260 *** (0.001)	0.164 ** (0.031)	1	
节点凝聚系数	0.261 *** (0.001)	-0.127 (0.096)	0.176 ** (0.020)	1

注：括号内数字为 p 值（双尾检验），$***\ p<0.01$，$**\ p<0.05$。

其次，从网络总体来看，绍兴和台州网络在结构上存在明显区别，绍兴网络平均中心度显著高于台州，网络破碎程度显著低于台州（见图 2、图 3）。同时，绍兴网络的凝聚系数显著高于台州网络。比较两地区派系的凝聚系数，也发现绍兴派系的凝聚系数普遍高于台州派系（见表 4）。上述比较结果与两地的企业家社会资本的差异相呼应，为本文命题假说 1 和假说 3 的观点提供了支持。由于两地企业社会资本并不存在显著差异，在网络总体层面未能找到足够证据支持命题假说 2 和假说 4 的观点。最后，综合个体和网络两个层面的分析，本文发现社会资本对融资网络结构的网络平均中心度、破碎程度和凝聚度都产生了影响，而且企业个体社会资本的影响更为突出。

上述观点在案例细节中也得到了印证。绍兴杨汛桥地区拥有浙江玻璃、精工建设、展望、永隆等多家上市公司，相互间依托社会资本编织了复杂的互保关系网络。这些公司的创始人都是杨汛桥当地人，而且早年多在绍兴县杨汛桥公社修建服务队共事过，有的还是同学关系。借助企业家"五缘"和"五同"等紧密的社会联系，无业务往来、无股权关联的企业也可以很容易地建立起担保关系。而这类关系链恰恰就是风险从一个企业集团向另一个企业集团传染的关键路径。例如，华联三鑫所在的派系就是通过互保关系串联了不同的企业集团,从而联结成为 37 个节点规模的派系。总体来看,绍兴企业不仅企业社会资本较高,而且邻近企业间高层交往频繁,拥有较高的企业家社会资本,促使地理邻近企业抱团合作,形成了破碎程度低、凝聚系数高的融资风险网络结构,为大规模风险传染埋下了隐患。而台州企业虽然也具有较高的企业社会资本,但轮轴式分工模式和分工群落间的竞争气氛限制了企业家的个体社会资本,最终形成了破碎程度高、凝聚度相对较低的融资风险网络,对大规模风险传染具有较高的免疫力。

(五) 网络结构对风险传染的影响

融资风险网络结构对风险传染的影响主要归因于网络破碎程度和派系内的凝聚程度。首先,派系之间由于缺少传染风险的路径,相互间不会传染风险,这决定了派系构成模式是影响风险传染的关键因素。由大量小规模派系或孤立点构成的破碎结构在遏制大规模风险传染方面具有天然的优势。华联三鑫和飞跃集团所引发的风险传染的最大波及范围也就是各自所处的派系。华联三鑫所在派系规模为 37 个节点,飞跃集团所在派系为 10 个节点,这就限定了两家企业破产会对区域经济造成的危害程度。台州破碎的网络结构也就决定了不可能发生绍兴那样大规模的企业间风险传染。

其次,高凝聚度的派系内部呈现很强的抱团倾向,相互之间交织着复杂的传染路径,企业往往面临着更多的闭合环路作为传染路径。这为风险在传染过程中的增值提供条件,加剧了风险传染效应 (Gatti et. al., 2006)。这在绍兴华联三鑫的风险传染过程中表现得尤为突出。华联三鑫引发的风险传染可以分为 4 个阶段 (见图 4)。2008 年以来,华联三鑫一直处于财务困境当中。5 月,4 家股东 (华联、华西、展望和加佰利) 刚完成一次增资扩股,调整担保关系。此时,风险传染局限于股东内部。华联三鑫 PPA 期货投资失败后,财务状况迅速恶化;9 月,银行停贷、抽资后立即停产陷入破产危机 (阶段 1)。华联三鑫停产后,贷款担保等财务风险迅速爆发,并沿关系网络向外扩散。4 家股东与华联三鑫之间几乎构成了一个 5 个节点的完备子图,传染路径中过多的闭合环路首先使 4 家股东在华联三鑫停产后不堪重负,马上陷入严重的财务困境,其中展望和加佰利随即陷入破产危机。同时,华联三鑫、展望和加佰利的破产风险也迅速通过担保关系传染至周边企业。十余家企业因此受到直接牵连。更为重要的是，这些企业相互间又存在许多股权和担保关系，形成了很多的闭合环路。在银行对相关企业采取了停贷、抽资等一系列措施后，密集的闭合环路再次加剧了风险传染效应，导致这批核心企业的财务状况严重恶化（阶段2）。依托社会资本建立的担保关系网络成为该阶段最为重要的传染方式。10月，同一派系内的江龙集团也停工破产，迅速形成了新一波的风险传染（阶段3）。派系内过于密集的担保回路，使风险在传染过程中不断增值，南方科技、永隆实业等企业陷入破产危机，区域经济的系统性风险迅速上升。在风险传染达到顶峰时，金融机构对区域内企业都采取了停贷和回笼贷款的措施，一度使整个派系内成员人人自危（阶段4）。这一局面一直到地方政府强力介入后才有所改观。相比之下，飞跃集团只与2家当地大企业存在担保关系，且相互间不存在闭合回路（飞跃集团节点凝聚系数为0，见图3），不易引起风险传染的增值和风险加速，风险传染最终被遏制在初期阶段。

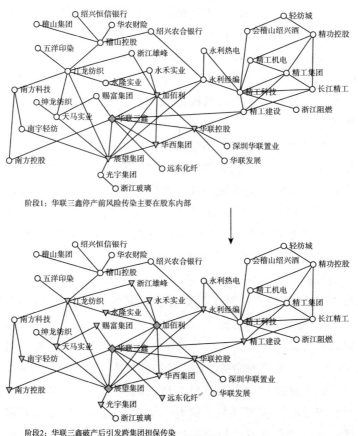

阶段1：华联三鑫停产前风险传染主要在股东内部

阶段2：华联三鑫破产后引发跨集团担保传染

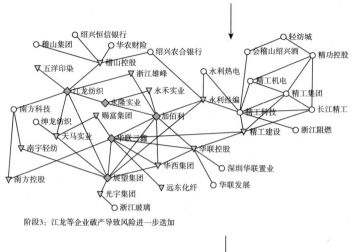

阶段3：江龙等企业破产导致风险进一步迭加

阶段4：危机最严重时，银行对相关企业停贷、抽资，风险传染及整个派系

图 4　华联三鑫所在派系内的风险传染过程

说明：菱形节点为陷入破产危机的企业；三角形节点为受到严重风险传染的企业；
圆形节点为基本未受风险传染的企业

综合上述分析可知，两地的社会资本，尤其是企业家社会资本，影响了两地的融资风险网络的破碎程度和网络凝聚度，进而造成了两地风险传染的差异。从地区来看，绍兴的风险传染效率更高，风险传染效应也更为剧烈。回到个案上分析，两地的风险冲击恰恰都发生在各自网络内最大的派系中。华联三鑫派系的网络规模（37个节点）、中心度均值（3.30）和凝聚度（0.23）都明显高于飞跃派系的网络规模（10个节点）、中心度均值（2.00）和凝聚度（0.14）。两地风险传染存在的差异可以直接归咎于上述结构因素。然而，正如本文所分析的，社会资本才是隐藏于网络结构背后的决定因素。

五　结论

　　本文从企业风险角度对社会资本的负面效应进行研究，深化了波茨等学者对社会资本负面效应的理论思考，并为相关理论观点提供了实证支持。本文的案例实证发现，社会资本会对融资风险网络结构产生两方面负面影响，进而加剧风险传染效应。首先，社会资本会提高网络平均中心度，降低派系构成的破碎程度，削弱、遏制大规模风险传染的能力；另外，也会增强网络凝聚系数，使派系内部关系过于密集，造成过多的闭合环路，加剧派系内风险传染。本文论证了社会资本→融资风险网络结构→传染效应的关联逻辑，从社会资本角度对发生在我国实体经济中的风险传染现象做出了理论解释。按照这一逻辑，绍兴和台州两个地区风险传染差异可以从两地社会资本，尤其是企业家社会资本的差异中得到很好的解释。

　　另外，作为风险传染和系统风险研究领域中首个应用社会网络分析方法讨论社会资本与风险传染效应关联机理的案例研究，本文有力地补充了相关领域侧重于理论和仿真实验的研究文献。本文的研究案例均来自浙江省企业网络，社会资本测量和相关性分析也是针对案例样本设计的，研究结果有待后继研究在其他区域环境和样本空间中进一步证实。

参考文献

边燕杰、丘海雄，2000，《企业的社会资本及其功效》，《中国社会科学》第 2 期。

陈勇江、柴友兰，2007，《民营企业依靠社会资本融资的调查与分析》，《财会研究》第 12 期。

池仁勇，2005，《区域中小企业创新网络形成、结构属性与功能提升：浙江省实证考察》，《管理世界》第 10 期。

李路路，1995，《社会资本与私营企业家——中国社会结构转型的特殊动力》，《社会学研究》第 6 期。

李桢业，2008，《特殊协作关系上的创新阻碍与外部机会研究——浙江台州缝制设备产业集群创新案例解析》，《科研管理》第 6 期。

刘林平，2006，《企业的社会资本：概念反思和测量途径》，《社会学研究》第 2 期。

钱水土、翁磊，2009，《社会资本、非正规金融与产业集群发展——浙江经验研究》，

《金融研究》第 11 期。

任兵、区玉辉、彭维刚，2004，《连锁董事、区域企业间连锁董事网与区域经济发展——对上海和广东两地 2001 年上市公司的实证考察》，《管理世界》第 3 期。

汪小帆、李翔、陈关荣，2006，《复杂网络理论及其应用》，清华大学出版社。

王珺，2004，《社会资本与生产方式对集群演进的影响》，《社会学研究》第 5 期。

邬爱其、金宝敏，2008，《个人地位、企业发展、社会责任与制度风险：中国民营企业家政治参与动机的研究》，《中国工业经济》第 7 期。

徐延辉，2002，《企业家的伦理行为与企业社会资本的积累——一个经济学和社会学的比较分析框架》，《社会学研究》第 6 期。

张文宏，2003，《社会资本：理论争辩与经验研究》，《社会学研究》第 4 期。

郑小勇，2008，《行业协会对集群企业外生性集体行动的作用机理研究》，《社会学研究》第 6 期。

朱华晟，2003，《浙江产业群——产业网络、成长轨迹与发展动力》，浙江大学出版社。

Allen, Franklin & Douglas Gale 2001, "Financial Contagion." *Journal of Political Economy* 108 (1).

Battiston, Stefano, Domenico Delli Gatti, Mauro Gallegati, Bruce Greenwald & Joseph E. Stiglitz 2007, "Credit Chains and Bankruptcies Propagation in Production Networks." *Journal of Economic Dynamics and Control* 31 (6).

Brown, Tomas Ford 1999, "Theoretical Summary of Social Capital." Working Paper, University of Wisconsin.

Bourdieu, Pierre 1985, "The Forms of Social Capital." In *Handbook of Theory and Research for the Sociology of Education*, ed. by John G. Richardson. Westport, CT.: Greenwood Press.

Coleman, James S. 1990, *The Foundations of Social Theory*. Cambridge, MA: Belknap Press of Harvard University.

Cope, Thomas & Donald V. Kurtz 1980, "Default and the Tanda: A Model Regarding Recruitment for Rotating Credit Associations." *Ethnology* 19 (2).

Gatti, D. Domenico, Mauro Gallegati, Bruce Greenwald, Alberto Russo & Joseph E. Stiglitz 2006, "Business Fluctuations in ACredit-network Economy." *Physica A* 370.

Hansen, Morten T. 1998, "Combining Network Centrality and Related Knowledge: Explaining Effective Knowledge Sharing in Multiunit Firms." Working Paper, Harvard Business School.

Holland, Paul W. & Samuel Leinhardt 1971, "Transitivity in Structural Models of Small Groups." *Comparative Group Studies* (2).

Huang, Zuhui, Xiaobo Zhang & Yunwei Zhu 2007, "The Role of Clustering in Rural Industrialization: A Case Study of the Footwear Industry in Wenzhou." *China Economic Review*

19 (3).

Lin, Nan 2001, *Social Capital: A Theory of Social Structure and Action*. Cambridge: Cambridge University Press.

Park, Albert & Kaja Sehrt 2001, "Tests of Financial Intermediation and Banking Reform in China." *Journal of Comparative Economics* 29 (4).

Portes, Alejandro 1998, "Social Capital: Its Origins and Applications in Modern Sociology." In *Annual Review of Sociology* 24, eds. by John Hagan & Karen S. Cook. Palo Alto, CA: Annual Review Inc.

Portes, Alejandro & Patricia Landolt 1996, "The Downside of Social Capital." *American Prospect* 26.

Putnam, Robert D. 1993, "The Prosperous Community: Social Capital and Public Life." *American Prospect* 13.

Turner, Jonathan H. 1999, "The Formation of Social Capital." In *Social Capital: A Multifaceted Perspective*, eds. by Partha Dagupta & Ismail Serageldin. Washington, DC: The World Bank.

Uzzi, Brian. 1997, "Social Structure and Competition in Interfirm Network: The Paradox of Embeddedness." *Administrative Science* 8 (2).

Wasserman, Stanley & Katherine Faust 1994, *Social Network Analysis: Methods and Applications*. Cambridge: Cambridge University Press.

Watts, Duncan J. & Steven H. Strogatz 1998, "Collective Dynamics of 'small-World' Networks." *Nature* 393.

Yan, Aimin & Barbara Gray 1994, "Bargaining Power, Management Control and Performance in United States-China Joint Ventures: A Comparative Case Study." *Academy of Management Journal* 37 (6).

风险分担规则何以不确定[*]

——地方金融治理的社会学分析

向静林 邱泽奇 张 翔[**]

一 现象与问题

在当代中国的地方金融治理中，常常可以观察到一类现象，即风险分担规则的不确定。风险分担规则是指政府部门、中介机构、投资者和融资者等主体之间互动形成的关于金融交易风险由谁分担、如何分担和分担依据等的规则。不确定，是指各主体正式约定的风险分担规则在实际运行中呈现出摆动不定的状态。事前，政府部门通常会三令五申"投资有风险、风险须自担"，中介机构会对投资者进行详细的风险告知，投资者则会与中介机构签订正式的风险自担合约。然而一旦出现融资者逾期、跑路等情形，投资者往往会理直气壮地违约，要求中介机构或政府部门共担风险；面对投资者的种种诉求，政府部门有时能以法律为准绳坚持风险自担规则，有时却会默许风险共担规则，甚至直接参与分担风险；至于中介机构，有时能置身事外，有时却会难以脱身，不得不分担风险甚至进行"刚性兑付"。地方金融治理的不同情景，常常运行着不同的风险分担规则。那么，如何解释这些看似矛盾的现象？为什么会出现风险分担规则的不确定？实际上，这个问题可以细化为三个问题：与事前约定的正式规则相竞争的规则源自何处？规则之间如何竞争？规则摆动的机制是什么？

---

[*] 本文原载《社会学研究》2019 年第 3 期；收入本书时有修改。

[**] 向静林，中国社会科学院社会学研究所助理研究员；邱泽奇，北京大学社会学系教授；张翔，浙江大学公共管理学院副教授。

（一）金融学关于刚性兑付的讨论

刚性兑付是我国金融领域的普遍现象，被视为一些行业的"潜规则"甚至是难以打破的"神话"。所谓刚性兑付，"是指当理财资金出现风险、产品可能违约或达不到预期收益时，作为发行方或渠道方的商业银行、信托公司、保险机构等为维护自身声誉，通过寻求第三方机构接盘、用自有资金先行垫款、给予投资者价值补偿等方式保证理财产品本金和收益的兑付"（中国人民银行金融稳定分析小组，2014：129）。金融学的相关研究（吴晓灵，2014；邹晓梅，2014；李将军、范文祥，2014；聂新伟，2017）分析了刚性兑付的产生原因、潜在影响和打破刚性兑付的必要性等。学者们指出，投资者风险意识淡薄，监管部门维护金融和社会稳定，金融机构希望维护信誉和获得较高监管评级，是刚性兑付长期存在的重要原因；刚性兑付是对市场交易规则的扭曲，不利于市场的健康运行，亟需打破。

金融学对于刚性兑付的研究工作，不足以解释我们所观察到的复杂现象。第一，刚性兑付只是风险分担规则不确定的一种表现形式，现实中并非所有的中介机构都会进行刚性兑付，同一个中介机构也并非在任何情况下都会为投资方"兜底"，中介机构的应对选择是情景性的，已有研究较少分析刚性兑付发生的条件。第二，已有研究较少深入揭示政府在刚性兑付中或隐或显的角色，难以展现政府与金融市场主体（中介机构、投资方等）之间围绕风险分担的互动过程和行为逻辑，尤其无法解释为何有时会出现政府分担风险的情形。第三，已有研究缺乏整体性的视角，没有从更为广阔的社会情境或制度脉络中去揭示规则不确定的深层机制。实际上，从金融社会学（Cetina & Preda，2012）的视角出发，金融治理中各个主体约定的正式规则，深深地嵌入了法律、政体和社会观念等形成的制度结构中。

（二）社会学对规则不确定现象的关注

社会学虽然较少研究金融治理中的风险分担问题，[①] 但较早关注到规

---

① 本文的一位笔者曾对风险分担及其规则不确定问题进行讨论（向静林，2016，2017），尽管所选经验案例来自金融治理领域，但所做的理论讨论主要集中在一般的市场治理领域，而且尚未有针对性地提出较为系统和深入的解释框架。

则不确定现象。正如曹正汉（2008：211）所言，当代中国社会的一个基本特征是"在权利与利益的界定上，中国社会还没有形成稳定的、统一的规则，规则经常因人、因情景、因力量而变通或替代"。

不过，对于这一普遍现象，基础的制度变迁理论没有直接提供恰切的解释。因为，制度变迁理论聚焦一种制度安排到另一种制度安排的变迁问题（戴维斯、诺思，2014；林毅夫，2014；马奇等，2005），而不是制度安排的不确定问题。细言之，它更多讨论规则的历时变迁，而非规则的共时竞争；更多关注一种共识性规则向另一种共识性规则的稳定转变，而不是非共识性规则之间的往复摆动；即使将规则视为博弈均衡（青木昌彦，2001），也更多从演化角度关注规则确定的原因或均衡产生的机制，例如，认为博弈参与者共享的文化背景、观念和知识等使得某种行为惯例能够自发形成（Schelling，1960；Sugden，1989），而较少关注规则不确定的原因或者均衡摆动的机制。

当然，制度分析传统中，也有与规则不确定现象相关的理论资源。主要包括三个方面。一是规则制定与规则执行的关系。已有研究关注规则执行对规则制定的偏离，例如变通性执行（王汉生等，1997）、选择性执行（O'Brien & Li，1999）、波动式执行（陈家建、张琼文，2015）等，认为原因集中在执行成本高、执行者利益偏好、规则不完备、适用性不足等方面。然而，这类研究回答的是给定规则方向上的执行方式或强度问题，难以解释竞争性规则的存在以及规则之间的摆动问题；偏向于规则执行者的行为分析，缺乏对相关主体间互动机制的分析。二是正式规则与非正式规则的关系。已有研究指出正式规则和非正式规则之间的差异、竞争和匹配关系，强调非正式规则普遍存在而且会影响正式规则的运行（诺思，2008）。其中，法律社会学特别指出，转型社会中的规则竞争现象涉及多元规则的来源问题，民众的社会认知在规则形成中起着基础性的作用（张浩，2014）。但是，某种非正式规则何以存在，正式规则为什么不能确定，二者冲突时规则摆动的机制是什么，这类研究没有提供系统的解答。三是制度安排与制度结构之间的关系。已有研究建构"宏观制度结构—行动者及其互动—微观制度安排"的分析思路，强调微观制度安排的变迁源于宏观制度结构中多重制度逻辑的共同影响（周雪光、艾云，2010），极具启发意义。但是，宏观层面多重逻辑之间的何种关系通过何种机制能够影响到微观层面规则的不确定，对这一问题，现有研究还难以回答。

经验研究中最为贴近本文主题的，是张静（2003）关于土地使用规则不确定的研究工作。她观察到，中国乡村社会中的土地纠纷大多聚焦如何分配土地使用所产生的价值问题，纠纷中的不同主体常常认可不同的分配规则，实际运行的土地使用规则处于不确定状态。张静的研究表明，由于法律和政治各自的活动领域和活动原则没有分开，不存在包含确定性原则和限定的合法性声称的法律系统，导致多种土地使用规则的竞争；结果是，土地使用规则的确定过程不是遵循法律衡量原则，而是遵循利益政治原则，使得规则执行变成规则选择，法律事件政治化；多种规则声称各有其合法性来源，在实践中通过力量竞争被选择使用，参与者之间利益和力量的变动，使得规则呈现出不确定状态。张静的研究为本文提供了重要启示。从根源来看，微观层面的规则不确定源于宏观层面的制度结构；从本质来看，规则不确定的核心在于法律事件的政治化；从机制来看，当事主体间的规范互动和利益互动直接形塑规则的实际状态。

然而，张静的研究结论并不足以解释本文关注的现象。第一，张文强调政治与法律未分化的结构导致多种规则的竞争，意在说明当事者事前并没有就规则达成共识，所以事后会使法律事件政治化。但本文关注的现象却是，事前风险自担规则经过多方正式约定，事后投资方却依然可以违约，而且违约还常常能够成功，法律过程依然会被政治化。因此需要追问的是，在事前达成共识的情况下，事后法律关系和政治关系为什么依然难以分化，背后更大的逻辑是什么？第二，张文较少分析规则不确定现象中的政府角色，而本文关注的现象中，政府是一个核心行动者。张文更多关注社会各个主体之间的横向竞争，较少涉及政府－社会关系的纵向维度。而风险分担规则的不确定，不仅是市场主体间的横向竞争问题，还触及更深层次的政府－社会关系问题。第三，张文强调当事主体间的力量差异对于规则不确定的影响，但未能揭示导致规则变动的具体角力机制。

面对现有研究难以回答的问题，本文试图综合已有理论资源，为解释普遍存在的规则不确定现象提供一种可能的分析思路。

二　分析框架

借鉴新制度主义的（Powell & DiMaggio，1991；青木昌彦，2001）思

路，本文将微观层面的风险分担规则放置在宏观层面的制度结构中进行考察，同时将主要行动者间的博弈分析作为连接宏观和微观的桥梁。通过建构"制度矛盾－双重博弈－角力机制"的分析框架，考察宏观制度结构如何通过行动者的观念和行为而影响微观规则的不确定。

（一）制度矛盾

新制度主义表明，稳定重复的微观现象常常根源于宏观的制度结构；而宏观制度结构是由多重制度构成的制度体系，多重制度可能对行动者产生不同的激励或约束作用（周雪光、艾云，2010）。因此制度间关系成为理解微观现象的重要切入点。制度间关系包括衔接、协同、矛盾等多种形态，不同形态可能对微观现象产生不同影响。

本文认为，宏观层面的制度矛盾是微观层面规则不确定的结构性根源。[①] 所谓制度矛盾（institutional contradictions），是指宏观制度结构中的主要维度（如市场、法律、科层制、社会观念、权威体制等）之间存在一定程度的张力、摩擦或冲突（Friedland & Alford，1991；Seo & Creed，2002；Lounsbury，2007；Thornton & Ocasio，2008）。制度矛盾包括多种表现形式，比如一种制度的运行受到另一种制度的阻碍，或者两种制度在相同情景下对于特定行动者的激励方向相反，或者两种制度的观念基础互不兼容等等。需要说明的是，制度矛盾至少存在三个重要特征。第一，普遍性，即制度之间的矛盾是普遍存在的。第二，相对性，即制度之间的矛盾不是绝对的，是相对于特定问题而言的，而且制度之间的矛盾也不是一成不变的。第三，情景性，即制度矛盾的作用范围、程度和时间等，与相应的情境性条件有关。

在行动者事前约定正式规则的情景下，宏观的制度矛盾会通过行动者的"思想观念和物质利益"（斯科特，2010）两个层面影响到事后规则运行的不确定。在思想观念层面，制度矛盾不仅影响行动者关于何种规则是理所当然的文化认知，也影响行动者对于其他行动者的行动是否符合社会规范或既定规则的认可，会赋予行动者相互竞争的合法性以及相应的话语工具。换言之，行动者无论维持还是改变初始规则，都能在制度矛盾中找到合法性理据。在物质利益层面，制度矛盾可能给不同行动

---

① 在本文中，制度和规则两个概念存在微妙的差异，前者是指宏观层面的制度逻辑（周雪光、艾云，2010），后者则是指微观层面的具体规则，如本文研究的风险分担规则。

者带来相互竞争的利益驱动，由于一种制度下的利益会受到另一种制度的影响而难以实现，因此制度矛盾同时包含着对不同行动者维持或改变初始规则的潜在激励。当初始规则不能满足自身利益时，行动者就会有改变规则的动力。这种动力的强度依不同情形而不同，取决于行动者改变规则的成本和收益，成本越低或收益越高，行动者越有可能对初始规则提出挑战。正是通过思想观念和物质利益两个层面的机制，以一种制度为支撑的初始规则，可能因为制度矛盾的存在而面对其他规则的竞争，规则间的摆动就具备了动力。

制度矛盾在中国社会急剧转型的过程中尤为明显。社会转型涉及制度结构的全方位、多层次和大规模的变迁，新的制度逐渐成形，原有制度依然存在，不同制度的变迁速率也存在差异，制度间的张力、摩擦甚至冲突较为普遍。例如，一方面，市场化、法制化和科层制技术治理等渐成转型趋势（渠敬东等，2009）；另一方面，权威体制和社会观念制度（周雪光，2003，2011）的很多方面则相对稳定。对于金融纠纷出现之后风险如何分担等治理问题，这些制度可能存在内涵不同的、不相匹配的甚至互相矛盾的运行逻辑。在一定情景下，制度矛盾会不可避免地通过投资者、中介机构、地方政府等行动者的观念和利益而作用于事先已经正式约定的风险自担规则，成为事后规则不确定的动力源。就地方金融治理而言，至少存在三个维度的制度矛盾（向静林，2017），对于风险分担规则的不确定具有影响。

第一，市场转型与法律缺失。市场运行需要以一定的法律制度为基础，但我国各领域的市场转型往往发轫于法律缺失（Dixit，2004）的制度环境中，[①] 金融领域尤其如此。随着当代社会的金融化，金融工具的创新层出不穷，金融交易范围逐渐扩大、形式日益复杂，即使传统的民间借贷也逐渐从人格化交易走向非人格化交易、从线下走向线上，而法律缺失则几乎成为常态。在市场转型与法律缺失的矛盾下，金融交易中的各类风险难以通过法律途径化解，有效的合约执行或风险化解机制尤为缺乏，因此投资者会寻求替代性机制。转向中介机构或政府寻求问题解决，是投资者的一种重要策略。特别是在政府事前介入金融市场的情况下，投资者更容易要求政府解决本应通过法律程序解决的问题。然而，这种选择却是对风险自担规则的冲击。

---

① 文中法律缺失是广义的，包括缺少法律规定、法律规定模糊以及法律运行成本高昂等。

第二，技术治理与权威体制。大量研究表明，在我国自上而下的政府体系中，地方政府面临着谋求经济治理和维持社会稳定的双重制度压力（荣敬本等，1998；周黎安，2008，2014；曹正汉，2011，2014；何艳玲、汪广龙，2012；吕方，2013），这反映出科层制技术治理与权威体制风险控制两种制度逻辑赋予地方政府的差异目标。技术治理强调绩效性、标准化和规则性，权威体制则强调权力秩序与安全稳定在所有目标中的优先性。具体到金融领域，地方政府既要谋求对金融市场的规范发展以提升政绩，又要负责处置金融风险，维持社会稳定，尽可能降低自身的潜在政治风险。①

现实的矛盾，在于两种制度逻辑在一些问题上对地方政府的激励方向是相反的。事前，谋求经济治理的强激励使得政府有介入市场的冲动，而维持社会稳定的高风险则会使政府尽可能与市场保持距离。导致的结果是，政府常常会通过一些创新型的制度安排（如建立金融广场或服务中心、发展金融组织）介入市场，以政府信用或公共资源助推金融交易规范发展；同时，政府会通过组织形式选择和风险自担规则等设计来构建"防火墙"，将自身与金融交易隔离。由此就容易形成混合治理结构。这种"名"与"实"的分离，虽然使政府事后坚持风险自担规则具备合法性理据，却在事前给投资者带来模糊的信用信号（张翔，2010），也会给投资者事后违背风险自担规则提供合法性。事后，单从经济治理考虑，政府应以法律为准绳坚持风险自担规则，保证市场运行的效率和秩序，投资者也应遵循约定规则；但从社会稳定来看，政府则可能默许甚至接受风险共担规则，以减少或控制金融纠纷引发的影响社会稳定的事件。由此政府就可能产生"刚"与"柔"的彷徨，常常依据潜在政治风险的大小选择是否介入纠纷和变动规则。而这种行为逻辑，可能会引发投资者违约成功的预期和实际的违约行为。

第三，契约原则与官民观念。地方金融治理还会触及关于政府－民众关系的两种观念制度，其一根植于"家国同构"的儒家思想传统和计划经济体制的"父爱主义"传统（丘海雄、徐建牛，2004）；其二则体现为法律原则和契约主义的影响（向静林，2017）。在当代急剧变迁的中国社会中，两种观念制度同时存在，但却分布于不同的人群或情景。两种

---

① 在本文中，政治风险是指地方政府面对的由于民众的不满、上访等而带来的辖区政治社会稳定或官员政治绩效方面的损失不确定性（曹正汉，2011；向静林，2016）。

观念制度对市场纠纷化解中的政府角色定位相互矛盾。在法律原则和契约主义的观念中，金融纠纷的化解需要以法律原则为基础，通过法律程序进行，投资者对政府是"有限责任"的期待；在官民关系中，金融纠纷的化解可以通过政府官员以政府动员程序解决，投资者对政府是"无限责任"的期待。前者是风险自担规则的观念基础，后者则为风险共担规则提供了观念支撑。

总之，三对制度矛盾的影响部位明显不同，现实中三者常常交织甚至互相强化，共同发挥作用。三对制度矛盾使得地方金融治理中风险自担规则和风险共担规则同时存在。不过，制度矛盾虽然产生了两种规则并存以及竞争的局面，但并不决定实际的规则状态。

（二）双重博弈

在制度矛盾下，某个行动者试图改变事前正式约定的规则时，各方之间会展开关于规则的博弈。这个博弈过程同时包含利益博弈和规范博弈（刘世定，2011）。利益博弈是指博弈各方为了争取各自的利益而选择相应的互动策略；规范博弈则指博弈各方以各自声称认可的规范来约束其他博弈方，以提高自己的谈判地位。利益博弈和规范博弈的混合，意味着各方在进行利益博弈时可能策略性地运用（并非基于认可或内化）相应规范或规则，为自己争取博弈的优势。

具体到金融治理中的风险分担规则问题，一旦事后投资者试图改变风险自担规则，地方政府和中介机构都面临是否接受规则改变的选择，三方会展开规则博弈。通常，投资者会坚持风险共担规则，地方政府和中介机构会坚持风险自担规则。如表1所示，两种规则的差异体现为各方坚持的风险分担主体、实施程序、合法性理据和相应的制度基础不同，前两方面是利益诉求，后两方面则是利益诉求的依据。可见，风险分担规则博弈确实同时包含利益博弈和规范博弈，不过博弈均衡首先必须是利益博弈的均衡（宾默尔，2003；刘世定，2011）。

表1 两种风险分担规则的差异比较

坚持主体	分担规则	由谁分担	实施程序	合法性理据	制度基础
投资方	风险共担	政府、中介	政府动员	政府角色	规范、认知
政府、中介	风险自担	投资方	法院判决	合约条款	法律原则

风险自担规则和风险共担规则，对于当事主体的利益具有截然不同的含义，而且各有其合法性基础。风险自担意味着投资者通过法院判决程序解决金融纠纷，损失的不确定性由其自身承担，合法性理据是事前的正式合约，相应的制度基础是法律原则；风险共担意味着投资者通过政府动员程序解决金融纠纷，损失的不确定性由地方政府、中介机构等直接或间接分担，合法性理据是事前或事后投资者认定的政府角色，相应的制度基础是社会规范或文化认知。

那么，当事各方之间通常会如何展开博弈？为了便于分析，我们建构了一个风险分担规则博弈的理想型。

1. 博弈主体

如图 1 所示，A 代表投资者，B 代表中介机构，C 代表融资者，P 代表地方政府，O 代表地方政府推动建立的金融广场或服务中心等公共服务平台；① 实线部分表示风险分担规则博弈的主要参与者之间的关系，虚线部分表示不是规则博弈的核心环节。②

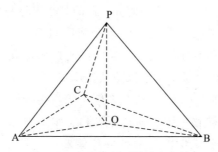

图 1　风险分担规则的博弈主体

2. 各方策略

如图 2 所示，为便于分析，我们将 A、B、P 三方之间复杂的博弈过程简化为前后接续的三阶段博弈，顺序通常是先由 A 与 B 博弈（第一阶段），然后由 A 与 P 博弈（第二阶段），再由 P 与 B 博弈（第三阶段）。下面依次讨论博弈中的各方策略。不过，本文不对每种策略组合的成本和收益进行赋值，只是列出可能的策略组合，并指出其意味着怎样的风险分担结果。

---

① 这类公共服务平台反映地方政府与金融市场的事前关联方式，现实中有时并不存在。

② 这表现为：第一，O 是政府进行金融治理的具体设置，不具备风险分担能力，其行动通常体现 P 的行为逻辑；第二，C 违约后才出现本文关注的风险分担问题，故不在博弈中。

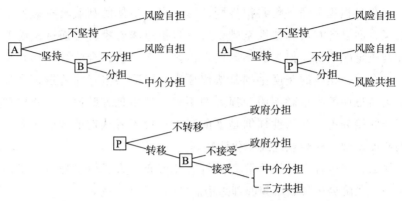

图2　风险分担规则博弈的路径

第一阶段：投资方与中介机构的博弈。A 的策略集是坚持或不坚持要求 B 分担风险。当 A 选择不坚持时，结果是风险自担；当 A 选择坚持时，B 的策略包括分担或者不分担两种，B 选择不分担风险时，就会引发 A 与 P 之间的博弈，本文涉及的即是这类情形。[1]

第二阶段：投资方与政府的博弈。A 的策略集是坚持或不坚持要求 P 分担风险。当 A 选择不坚持时，结果是风险自担；当 A 选择坚持时，P 的策略包括分担或者不分担两种，不分担就是尽量规避风险共担，坚持风险自担规则，分担就是接受了风险共担规则。

第三阶段：政府与中介机构的博弈。当 P 接受风险共担时，有两种策略，即是否向 B 转移风险。如果不转移，则 P 自己分担风险；如果转移，就涉及 B 的选择。B 也有两种回应策略。一种是不接受风险转移，即 P 分担风险；一种是接受风险转移，包括接受全部风险转移和部分风险转移两类情况，即 B 分担风险或者三方共担风险。

3. 博弈结果

如图 2 所示，三方的博弈可能存在多种均衡状态，这些策略组合意味着风险分担规则的不同实际状态，主要包括四大类：一是投资者自担；二是地方政府单独分担；三是中介机构单独分担；四是地方政府和中介机构共同为投资者分担，即三方共担。[2]

---

[1] 第一阶段博弈中，有三种情况不属于本文的讨论范围：第一，投资者不要求中介机构分担风险，而自担风险；第二，投资者要求中介机构分担风险，而中介机构因此愿意分担风险；第三，投资者要求中介机构分担风险，中介机构拒绝，而投资者因此直接自担风险。

[2] 不同主体分担风险的主要方式不同。政府分担主要体现为对于公共资源的动员，如推动法院加快案件处理速度；中介机构分担更多体现为垫资还贷、损失补偿等。

在当代中国的地方金融治理中，博弈各方的策略选择都是基于特定情景下的成本收益权衡。如果投资方不坚持要求政府出面解决纠纷，则需独自面对风险，此时，政府坚持风险自担规则的成本几乎为零。如果投资方坚持要求政府出面，成本主要是与政府部门谈判所需耗费的时间精力等，可能的收益是政府或中介机构分担风险，此时，政府选择不分担风险的成本是潜在的政治风险，选择分担风险的成本是动员公共或私人资源的成本。对政府而言，自己参与分担的成本是公共资源的动员成本，转移风险的成本是私人资源的动员成本。面对政府的风险转移，中介机构接受的成本是相应的风险分担成本；不接受的成本是未来可能失去政府的支持所带来的损失。

（三）角力机制

当规则博弈存在多种均衡时，规则的实际状态由什么因素决定？本文认为，规则状态取决于行动者间的多重力量角逐机制。基于上述博弈路径，本文抽象出三种角力机制（见表2），三种机制分别涉及政府是否选择改变规则、能否转移风险以及能否参与分担风险这三个问题。

1. 风险转化机制

影响投资者与地方政府博弈的角力机制是风险转化机制。风险转化在本文中是指投资者面对的经济风险向地方政府面对的潜在政治风险转化（向静林，2016）。其他条件相同时，地方政府对金融市场的事前介入越深，与投资者风险损失的关联性越大，则事后投资者寻求政府解决问题的合法性越高，风险转化的可能性也越大。投资者通过上访等方式试图改变风险自担规则时，其与政府的规则博弈已经脱离纯经济领域，潜在政治风险是政府面临的约束，政府不得不根据风险转化的强度来决定是否改变风险自担规则。

2. 资源依赖机制

当地方政府接受风险共担规则时，可能会选择将风险转移给中介机构。影响政府与中介机构博弈的角力机制是资源依赖机制（Pfeffer & Salancik，1978）。通常情况下，中介机构会依赖地方政府的相关资源。而且，中介机构所处环境的不确定性越高，拥有的替代性资源供给渠道越少，或是与政府的关系维持越长久，则对于政府资源的依赖程度越高；不同中介机构对政府的资源依赖程度往往存在差异。因此，政府与中介机构的博弈取决于二者的资源依赖关系，政府常常能向依赖性较高的中介机构转移风险。

3. 科层动员机制

当地方政府无法转移风险或只能转移部分风险时，自身的风险分担能力就非常重要。但地方政府不是铁板一块，单一部门调动资源并非易事。影响政府特定部门与其他条块部门或公共部门博弈的角力机制是科层动员机制。科层动员机制是指政府部门通过引起地方党政主要领导重视等方式，动员科层体系相关部门的公共资源为投资者分担风险。科层动员力度受到领导注意力分配（练宏，2015）、条块权力配置与利益关联等因素的影响。一般而言，科层动员的力度越大，政府部门能够参与风险分担的可能性就会越高。

表2　三种机制的搭配组合及相应的风险分担规则状态

机制类别	风险自担	风险共担		
	资方自担	政府分担	中介分担	三方共担
科层动员	-	+	-	+
资源依赖			+	+
风险转化	-	+	+	+

注："＋"表明较强，"－"表明较弱。

现实中，三种机制并非孤立存在，而是共同对风险分担规则发生作用，不同的搭配组合对于规则的实际状态会产生不同的影响。如表2所示，我们对三种机制发挥作用的强弱程度进行划分，可以发现，三种机制不同强弱程度的搭配组合，正好对应着风险分担规则的几类常见状态。当三种机制发挥作用都较弱的时候，实际运行的通常是风险自担规则；当三种机制发挥作用都较强的时候，实际的规则状态通常是三方共担风险；当风险转化机制较强，资源依赖机制较弱，而科层动员机制较强时，实际的规则状态通常是政府分担风险；而当风险转化机制较强，科层动员机制较弱，资源依赖机制较强时，实际的规则状态通常是中介机构分担风险。[①]

---

① 三种机制的作用强度可能同时受到一些基础性因素的影响，至少包括：金融风险的发生规模、金融风险的外溢效应、地方政府对社会稳定风险的认知。

三 研究方法与案例背景

本文基于 Y 市民间借贷服务中心（简称"服务中心"）发展的历史过程分析，具体讨论风险分担规则的不确定问题。Y 市民间借贷服务中心成立于 2012 年，是 2011 年 Y 市爆发民间金融危机之后，政府推进地方金融治理的一项制度创新，旨在规范发展民间融资市场。Y 市政府的设计思路是通过推动搭建服务中心这一公共服务平台，引进 P2P 融资信息服务中介机构①和配套服务机构等，吸引民间借贷双方到服务中心交易，成交信息由服务中心进行备案，这样既利于更好解决"两多两难"②问题，又利于规范和监测民间融资市场。

不过，Y 市政府自己并没有直接成立和运营服务中心。服务中心的物理和网络平台均由 Y 市民间借贷登记服务有限公司③负责运营，平台上入驻的 P2P 中介机构和配套服务机构（如公证处、律师事务所等）为资金供需双方提供借贷撮合、合约公证和法律咨询等有偿专项服务，平台本身则主要提供信息发布、信息咨询和登记备案等公共服务。这样的组织设计看似将政府及服务中心与借贷风险分隔开了，实际运行效果却不然。Y 市政府和服务中心起初设定的风险分担规则在实际运行中是摆动不定的。Y 市 Z 区金融办的一位负责人认为，风险分担规则不确定的现象比较普遍，即使不在服务中心也是如此。④

作为地方金融治理的一种制度创新，服务中心恰好处于地方政府与民间金融市场之间的交界面，为我们近距离观察风险分担规则的不确定及其生成机制提供了很好的机会。2012~2018 年，笔者对服务中心进行了持续的追踪研究，先后六次进入实地调研，运用参与观察、深度访谈、文献法等方法收集了服务中心发展历程的详细资料，特别关注政府部门、服务中心、中介机构和投资者等行动者围绕风险分担规则的行为选择、话语表达和互动方式。

---

① 2012 年，"P2P 网络借贷"在国内还未成为统一名称，Y 市政府在文件中称这类机构为"融资信息服务中介机构"，意指个人间通过中介进行直接借贷，中介收取信息服务费。
② "两多两难"是指民间资本多，但投资难；小微企业多，但融资难。
③ 该公司由 Y 市 Z 区工商联的若干成员企业和自然人共同出资建立。
④ 关于服务中心的基本情况，来自 Y 市民间借贷登记服务网；关于 Y 市 Z 区金融办负责人的观点，来自笔者访谈记录。

（一） 制度矛盾

服务中心植根于我国民间金融领域的制度结构。这种制度结构内含的矛盾为服务中心运行中的风险分担规则不确定埋下了伏笔。

第一，市场交易范围扩大与法律缺失程度较高之间的矛盾。一方面，民间借贷交易范围从传统熟人间借贷和线下交易向更大范围的陌生人借贷和线上交易扩展，以网络借贷为代表的各种新形式层出不穷，风险隐患较大。[①] 另一方面，民间金融领域的法律缺失程度很高（陈蓉，2008），大量民间金融合约难以得到有效执行。其一，我国民间金融长期处于法律的灰色地带，缺乏完善的法律体系和明确的监管部门。2016 年之前，全国的 P2P 网络借贷平台处于无准入门槛、无行业标准、无监管机构的"三无状态"（黄震，2012），一旦因中介操作问题导致风险损失，放款人很难及时通过法律途径明确责任、得到补偿。其二，法律运行的时间成本高昂。通过法律解决民间借贷纠纷往往耗时很长，Y 市爆发民间金融危机后，地方金融司法体系的运转压力更大，一起借贷纠纷从立案、审判到最后执行的时间有时甚至长达两年。这都使得放款人容易寻求法律之外的途径解决问题。[②]

第二，金融治理创新和属地风险处置对地方政府的双向压力。在中央与地方双层金融管理体制之下（黄震，2018），地方政府需要探索金融治理的创新型制度安排，发展地方金融组织，为民间借贷双方服务，促进民间融资的活力与秩序；还需要承担属地风险处置责任和维护社会稳定的任务，坚守不发生区域性金融风险的底线，一旦出现金融风险向社会风险甚或政治风险转化的事件，就要首当其冲地扮演消防员的角色。[③] 实际上，2012 年服务中心成立之前，Y 市政府就强烈意识到这种双向制度压力的存在，只是在民间金融危机爆发和金融改革试验区设立的背景下，探索地方金融治理创新势在必行，而成立服务中心的方案又是当时为数极少的可选创新之一，因此只能匆匆上马。服务中心成立初期，Y 市 Z 区金融办每周在服务中心召开分析研判会，不仅讨论如何创新场内

---

① 网络借贷 2007 年传入中国，2010 年后迅速扩张，很多中介平台发展出线上线下相结合的复杂业务模式，涉及信用贷款、房屋抵押贷款、车辆抵押贷款等多种产品。

② 以房屋二次抵押贷款为例，若在两年中房价大幅下跌，放款人可能血本无归。

③ 有金融法学者指出，如何在服务与管理、发展金融与处置风险之间实现平衡，是地方政府面临的重大考验，"地方金融管理部门不能既当运动员又当裁判员"（黄震，2018：45）。

交易的业务类型，而且重点研判各类潜在的风险点，高度警惕风险事件的发生及其社会影响。

第三，正式金融合约与民众对政府的责任期待之间的矛盾。规范发展民间融资是政府体系自上而下对于地方金融治理的要求。服务中心的设计初衷，正是通过规范的合同文本、标准的交易程序、严格的登记备案来促进民间借贷的规范化、阳光化，通过制定和实施交易各方一致认可的风险自担规则，提升法律途径在纠纷化解和风险处置中的有效性。然而，Y市政府官员、金融办负责人最初与专家学者论证服务中心运行机制的可行性时就指出，民众对政府的责任期待是根深蒂固的，遇到难以化解的纠纷时，会习惯性地寻求政府解决问题，即使不是服务中心场内的金融纠纷，投资人找政府也是常有之事，如果政府推动成立服务中心，则更容易被卷入到民间借贷纠纷中。

（二）双重博弈

1. 风险自担：当事人的事前约定

基于上述背景，Y市政府始终强调风险自担规则；服务中心也公开声明对借贷坏账不承担责任，并对放款人进行风险提示（见下述文件资料）；中介机构会要求放款人在风险提示书上做出风险自担声明；放款人在成交前都会在风险提示书上抄写风险自担承诺并签字。

> 风险提示
>
> 1. 借贷须知：借贷有风险，风险需自担。
> 2. 放款人清楚借款人的以下信息资料：……
> 3. 放款人清楚中介的以下信息资料：……
> 4. 放款人清楚服务中心的职责：服务中心只对借贷做形式上的登记备案工作，不承担任何风险。
>
> 根据监管部门规定，出借方需抄写如下内容："本人已阅读全部风险提示，充分了解借入方和中介的相关信息，愿意遵守合约的各项规定，并自愿承担此次借贷产生的一切风险。"（请抄写）
>
> 出借方签字：
>
> 年　月　日

此外，放款人交易前还需签订《客户声明》，中介机构则需与服务中心签订《中介声明》。① 总之，政府与服务中心都试图通过这些事前的层层正式约定来约束放款人的事后行为。

2. 风险共担：放款人的事后违约

然而，在服务中心的实际运行中，一旦出现借款人逾期或者跑路等情形，放款人在法律成本高昂的情况下，常常会违背事前的风险自担约定，而要求中介或政府共担风险。那么，放款人如何为自身的违约行为提供合法性呢？下面这段话是一位放款人对笔者的讲述。

> 我现在心情很坏，我只想把钱拿回来。中心我们对它很信任的。私人在这里搞，我们都不敢搞的……政府牵头办的嘛。市政府省政府对这个都是支持的，所以我们一辈子的积蓄都放到这里……先找政府，能解决最好，我们相信政府能够处理好的，这个上访，他如果不还，我们也做得来，那肯定要上访的，他钱不还，我们不上访？……中介有问题，不是政府有问题，要请求政府帮助我们解决这个事情……我们只知道是政府牵头，我们认为是政府的，后来我才知道中心是企业，钱打了之后才知道……我不管的，只要把钱还给我就可以了。（访谈资料：20130807）

这段话是众多放款人寻求服务中心或政府解决问题时的典型话语，展现了其与服务中心或政府进行规范博弈的多种话语策略（向静林，2016）。第一，通过追溯合约达成的前提，放款人试图摆脱合约的束缚。放款人强调合约达成源于对服务中心的信任，服务中心又与政府密切关联，从而突出政府化解纠纷的责任。第二，通过模糊信息获知时间，放款人否认交易前知晓服务中心的企业性质，意在紧扣政府与借贷交易的关联。第三，通过表明有上访维权的可能，放款人试图促发政府的妥协。放款人既表达出对政府的请求，又影射出可能给政府带来的风险，以促使政府出面解决问题。总之，放款人是从合约之外来为自身违约行为寻找合法性理据，尤其当中介机构的行为存在瑕疵时，这种合法性声称具有较强的影响力。

3. 规则竞争：从规范博弈到利益博弈

在放款人违背事前约定后，就出现了风险自担和风险共担这两种竞

---

① 《客户声明》是放款人对服务中心提供的获知借款人相关预警信息的声明；《中介声明》是中介机构对服务中心的承诺，即中介机构只从事借贷撮合，不进行担保，不承担借贷风险；中介机构的咨询服务和服务中心没有关系，服务中心不对中介机构的行为负责。

争性的规则。政府部门、服务中心和中介机构会要求放款人自担风险,坚持以法律诉讼程序处理纠纷;而放款人会坚持要求中介机构、服务中心或政府部门共担风险,以政府动员程序解决纠纷。前者的合法性基础是法律原则,后者的合法性基础是社会规范。

规则竞争体现为放款人、中介及政府部门之间的博弈过程。通常,放款人会首先要求中介分担风险,被中介拒绝后,放款人会到服务中心、区金融办甚至市金融办、信访局等部门上访。由于服务中心是承接政府公共服务的非营利平台,因此没有实际的风险分担能力,解决问题的关键在于政府的回应。调研发现,市区两级政府的回应在不同情景下有所不同。当政府不得不介入纠纷时,首先通常是考虑让中介来分担风险,中介拒绝后,政府才会考虑直接分担。因此在同一个服务中心,不同借贷纠纷解决过程中运行的风险分担规则有可能不同,存在资方自担、政府分担、中介分担等多种情形,风险分担规则呈现出不确定状态。

四 风险自担还是风险共担?

那么,风险分担规则的变动机制是什么?笔者试图追溯服务中心的整体发展过程,展现不同阶段的风险分担规则状态及其背后的影响机制。总体上,服务中心六年来的发展历程可以概括为三个阶段,即繁荣阶段、徘徊阶段和转型阶段。其间,成文规则一直是风险自担规则,但在不同阶段中,实际运行的风险分担规则存在差异。

(一)繁荣阶段

2012 年 4 月至 2013 年 6 月,是服务中心发展的繁荣阶段。这一阶段,市委主要领导非常重视中心工作,政府各个部门、法院、银行等大力支持,社会关注度高。当时服务中心内有 9 家中介,吸引了大量的借款人和放款人,成交量迅速增加,不少场外中介希望入驻。到 2012 年下半年,借贷风险开始出现。尽管市区两级金融办和服务中心始终强调风险自担规则,但风险真正发生时,风险自担规则却发生改变。

1. 风险转化的出现

服务中心成立后 6 个月,第一批借贷合约到期,开始出现逾期违约,而且,借贷风险逐渐呈上升趋势。这些风险集中在两个中介机构(简称新兴贷和鼎盛贷）① 的业务中。以新兴贷为例，根据金融办的汇总信息，该中介机构撮合的借贷交易出现风险的规模如下。

> 新兴贷经济信息咨询有限公司……多次被客户投诉，主要因素为新兴贷撮合的业务借款人未还款占30%，导致风险解决不了，于2013年4月新兴贷向中心申请退出。新兴贷在经营期间总备案业务95笔4822万元，待结清业务64笔3097万元，其中已到期未处理26笔1322万元。（文件资料，2013）

鼎盛贷的情况与此相似。二者撮合的业务出现大量风险，是因为前期风险控制存在很多漏洞。出现逾期违约，放款人要求中介承担责任。但中介坚持风险自担规则，主张通过法律途经解决问题。法律途径解决的成本高昂，放款人通过上访等方式要求服务中心或政府解决问题，其中有些放款人情绪激动而且持续上访，给地方政府带来了潜在政治风险。面对这些借贷纠纷，政府希望中介机构能够分担部分风险。

2. 中介机构的退出

政府向中介机构的风险转移能否成功，取决于中介对政府的资源依赖程度。总体来看，中介都依赖政府的资源，特别是服务中心赋予中介的合法性和市场地位；但是不同中介的依赖程度不同，需要在风险分担成本和资源依赖收益之间进行权衡。给定资源依赖程度，当风险规模增加时，接受政府风险转移的可能性会下降。

事实表明，新兴贷和鼎盛贷在自身业务存在明显漏洞的情况下也不愿接受政府的风险转移，二者始终坚持风险自担规则，并且宁愿从服务中心退出，这都使得政府的风险转移策略失败。下面是新兴贷的一位业务人员关于他们为何选择退出服务中心的一段表述。

> 新兴贷坚持法律路线，中心走的是内部沟通路线……出了问题之后怎么处理，中心将我们中介叫过去，看有没有欺诈行为。区金融办开协调会，说我们会协调的，但是一直没有动静。然后就打回来，让我们中介垫，我们老总就是因为这个决定退出的，我们凭什么垫钱？金融办让我们垫的，其实金融办就是怕这个事情闹起来了，让我们垫损失的全额。这个太不合理了，当场就火起来了，我们不

---

① 遵循学术惯例，本文案例中的中介机构名称均进行了匿名化处理。

可能垫的，有什么事情法院见……后来我们就退出来了。（访谈资料：20140804）

当然，新兴贷和鼎盛贷退出服务中心，既是中介的选择，也是政府的选择。因为这类中介机构不仅会给政府带来大量遗留问题，而且未来可能带来更多风险。两个中介退出后，大量未结清业务和风险留给了服务中心和政府，政府自身的风险分担能力就显得至关重要了。

3. 政府的科层动员

这一阶段，市委主要领导多次到服务中心召开专题协调会，市级相关部门负责人纷纷参会。市委书记要求研究如何活跃场内交易，并希望法院、银行、房管、车管、公证等部门积极配合风险处置。[①] 正是在市委书记的关注下，金融办的资源动员能力得到极大提高。[②]

源于政府较大的科层动员力度，在新兴贷等中介机构拒绝分担风险时，一些借贷纠纷得以通过法院快速程序进行化解。不过，并非所有借贷纠纷都能由政府来分担风险，大量纠纷还是由放款人自担风险。政府对于放款人的诉求采用什么样的回应策略，受到风险转化程度的影响。可见，在服务中心发展的第一阶段，风险自担规则并没有真正确定，风险自担与风险共担（政府分担）的情况共存。

（二）徘徊阶段

2013 年 6 月至 2015 年底，是服务中心发展中的徘徊阶段。这一阶段，市委主要领导调整，新任领导不太认可服务中心，政府各部门、法院、银行等的支持力度迅速减弱。场内中介有退有进，对服务中心持观望态度。同时借贷违约接踵而至，中介坚持风险自担，放款人经常上访。重重压力下，金融办和服务中心对是否转变运行模式犹豫不决。服务中心认为，中介是风险的重要来源，退出成本也很低，留给服务中心和政府的压力太大，因此亟须改变既有的风险自担规则。

1. 风险转化的频繁发生

新兴贷和鼎盛贷的遗留问题还未解决，其他中介撮合业务的逾期违约又陆续出现，多数放款人会要求服务中心或金融办解决问题。其中不

---

① 相关专题协调会的会议记录，见《Y 市民间借贷登记服务工作指导组会议专报》。

② 2001 年开始，各地金融办先后成立。通常，金融办在政府系统的资源整合能力非常有限。但是在服务中心运行初期，源于市委领导的高度重视，金融办却能协调各方解决问题。

少违约与中介的风险控制纰漏有关，但事后中介不愿承担责任，甚至建议放款人上访，将风险推向服务中心和金融办。这使政府强烈感受到风险转化的压力。服务中心一位负责人讲述了这种困境。

> 放款人是应该自担啊，这些都是没变，只是现在天天有人上访，我没办法去约束他们。而且中介有一种麻烦……中介的工作人员弄到什么程度，你知道吗？……特别夸张的呢，还亲自带着客户到我这边来闹……那我不弄机制去约束他，那我不就死翘翘了吗？找我们闹，找了好几次呢，后来经理就跟他们拍桌子了，说你去告我们吧，你要是觉得我们有责任就去告……很多人想把钱追回来，追不回来就上访，就到我们这里来，经理就这么给他说了，他觉得不行就到金融办去了么。（访谈资料：20140812）

可见，中介机构存在的诸多问题是服务中心试图改变风险分担规则的重要原因。政府、服务中心与中介的关联性，会诱发持续的风险转化，使得风险在三者之间不断游移，这是催生规则变动的关键要素。

2. 科层动员的力度减弱

催生风险分担规则变动的另一个重要因素，是市委领导更替和随之而来的政府系统内部的诸多变化。金融办的相关负责人介绍如下。

> 新书记到服务中心来了一趟，看了一下就说了一句话，你们这个是过渡产物。当时金融办和经理他们一听就明白了，各个部门都想撤出去，连人行征信系统都差点退出去了……现在最大的问题，不是你说的，而是政府方面的重视问题。以前书记专题来开会就是4次……现在最高领导不看好你这个东西了，还有什么搞头，我们现在主要是忙股改。（访谈资料：20140728）

政府部门等的态度变化是科层动员机制的典型体现。领导注意力的改变，影响政府工作重点的转换，使得金融办对服务中心的关注度降低，也使得其他相关部门的配合力度大为减弱。这都影响着服务中心的公共资源基础，影响着政府自身分担风险的意愿和能力。

3. 中介机构的资源依赖

上述两方面说明了风险分担规则变动的促发因素，而规则之所以能变动，源于中介对服务中心的资源依赖。2013年9月，服务中心明确改变风险自担规则。一是要求中介上交保证金到服务中心；二是要求中介签订承诺书，主要承诺事前的风险控制和事后的风险分担。

> 业务风险控制及处置，保证按行业规则进行操作，如在操作中发生不良借贷，处理不当造成中心负面影响或造成出借人损失的，损失部分本公司愿承担 10% 作为补偿，该款原则上由本公司支付，若本公司支付不足时可凭收据到中心由基础保证金垫付，也可凭本承诺书授权中心代为支付，支付部分本公司在 3 个工作日内予以补充。保证金数额根据业务量及不良贷款额确定……违反规定的愿以保证金作违约金支付。（《承诺书》第六条，2013）

服务中心关于风险分担规则的态度变化，最初遭到中介机构的反对。但在随后的博弈中，不同的中介机构做出了不同的选择。下面是一个退出服务中心的中介业务人员的讲述。

> 之前中心将中介的单子卡了一段时间，10% 的风险，中介签了承诺书的，这个东西更坚定了我们走出去的决心……中介都反对 10% 的，但是中心把后台给停了，以前的信息都还在后台上啊。他们一定要交的啊，不交不行的啊，每个中介交 40 万放在中心，叫保证金……如果退出，要所有单子安全结束……我们交的话也能够留下来，我们不能接受这个 10% 的，我们觉得不合理，因为对我们业务量没有特别大的影响。（访谈资料：20140803）

尽管多数中介都不认可 10% 的风险分担规定，但因资源依赖不同，所以选择不同。上述资料中的这家中介是 Y 市本土机构，具有长期的市场基础和其他资源，故能退出；没有退出的中介，或是外地中介在 Y 市的分支机构，或是刚成立不久，受政府资源的影响相对较大。

这一阶段，服务中心虽然制定了风险共担规则，却极少执行，更多是将其作为对中介的约束。其特点体现在：第一，服务中心只是与中介签订双边合约，没有将这一规则对借贷双方公开，以免诱发更多的风险转化；第二，风险发生后，服务中心极少执行赔偿，而是要求中介配合风险处置。服务中心相关负责人讲到，中介签订承诺书和上交保证金后，向服务中心和政府推诿风险的现象有所减少，通过促进借贷双方协商甚至直接垫付本息等方式处理问题。总之，实际运行的风险分担规则与放款人启动风险转化的程度密切相关，放款人自担风险与中介分担风险的情形都存在。

（三）转型阶段

2015 年底至今，是服务中心发展中的转型阶段。这一阶段，Y 市政府对服务中心的重视程度进一步降低，特别是到 2017 年，服务中心已经不再列为区金融办的年度考核任务，其他政府部门、银行等对服务中心的支持力度也进一步减弱。服务中心开始着力模式转型，即专注于 Y 市民间借贷的登记备案服务，逐渐清退服务中心场内的中介，只保留数量很少的中介，场内交易量几乎缩减为零。尽管这一阶段没有多少新增的借贷风险，但是存在着不少遗留的纠纷，放款人到服务中心和金融办上访的情况依然存在。金融办和服务中心通过动员法院等公共资源来加速化解纠纷的意愿和能力已大为降低。因此，服务中心要求中介必须配合放款人将借贷纠纷处理完成之后才能取回保证金。不同中介的回应不同，有的中介选择配合处理，等到纠纷处理完成再取回保证金；有的中介选择用保证金分担放款人的部分风险，但不再配合后续处置。下面是服务中心负责人的相关讲述。

> 我们这儿还有个网签业务……2015 年的时候，最高院出了一个司法解释，这类名为买房实为民间借贷的业务是推翻的……我们这包括融速贷（中介名）啊做了很多这类业务，最后形成了违约潮……当时只有融速贷兜底，其他中介都不兜底……不兜底我们就说你出去……他入驻的时候有个几十万的保证金存在我们这里，后来我们告诉他……肯定要把你们的事情处置好，我才能够把保证金退还给你……他慢慢处置不愿意赔，那肯定客户（放款人）就有反应，我开了七八次协调会……有一家中介是这么说的，你干脆我这个保证金平分给大家，反正这个事情我也不管了，你自己去处置，其他的（放款人）都同意，他们自己去处置，全部签字。不同意的话，他（中介）就是说我料理后事，但我也不在服务中心待了……等全部料理完了保证金还给你（中介），肯定得处置好，要不然他（放款人）也会过来的。（访谈资料，20180111）

可见，在服务中心的转型阶段，风险分担规则依然不确定。这一阶段风险分担规则的变动，主要受到风险转化机制和资源依赖机制的影响，科层动员机制的作用发挥已经微乎其微,因此很少出现政府分担风险的情形。具体而言,虽然服务中心前一阶段制定了保证金制度,但并未在放款人的压力下强行要求中介赔偿,而是以此来促使中介竭力参与风险处置;中介在保证金方面对服务中心的不同依赖,使得它们通过不同方式在不同程度上参与到放款人的风险分担之中。

五 结论与讨论

本文研究当代中国地方金融治理中普遍存在的风险分担规则不确定问题,即风险自担规则虽然事前得到地方政府、中介机构、投资方的一致认可,但是事后实际运行的规则常常在风险自担规则和风险共担规则之间来回摆动,呈现出不确定的状态。已有研究难以恰切地解释这个问题,因此,本文尝试建构了一个"制度矛盾 - 双重博弈 - 角力机制"的分析框架(见图3),并用其解读Y市民间借贷服务中心发展过程中风险分担规则的变动。

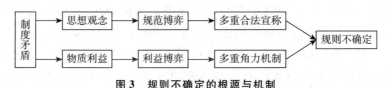

图3 规则不确定的根源与机制

如图3所示,研究表明,宏观层面的制度矛盾是微观层面规则不确定的结构性根源;制度矛盾通过思想观念和物质利益两个层面对微观行动者产生影响,赋予其冲突性的合法性理据和利益驱动力,诱发不同行动者之间的规范博弈和利益博弈,形成规则竞争的格局,相比于规范博弈,利益博弈对于规则竞争的结果具有决定性的影响;博弈过程中的多重合法性宣称和多重角力机制,在不同时空、领域和情景中的搭配组合,使得实际运行的规则呈现不确定状态。

对于当代中国的地方金融治理而言,宏观层面的制度矛盾主要体现在市场转型与法律缺失、技术治理与权威体制、契约原则与官民观念等三个维度;它们在风险分担问题上赋予投资者、地方政府、中介机构具有竞争性的利益驱动力和合法性理据,即事后投资者往往坚持风险共担规则,地方政府和中介机构则坚持风险自担规则,三方由此展开规则博弈;博弈过程中,多重合法性宣称(以法律原则为基础的合约合法性、以政府的市场角色为基础的规范合法性、以官民观念为基础的认知合法性）和多重角力机制（风险转化机制、资源依赖机制、科层动员机制），共同影响着风险分担规则的实际状态，带来风险自担规则和风险共担规则之间的摆动，使得我们能够观察到资方自担风险、政府分担风险、中介分担风险和三方共担风险等多种情形。

与金融学关于刚性兑付的研究不同，本文关于风险分担规则不确定的研究，体现了结构分析和机制分析相结合的社会学视角对复杂金融现象的解释潜力。从社会学视角来看，微观金融现象嵌入在宏观制度结构中，涉及市场、法律、政体、科层制以及社会观念等诸种制度之间的复杂关系；定位和分析这些核心制度维度的关系模式及其对于行动者的作用机制，有助于我们更为深入地理解微观的金融现象。一方面，结构分析有助于我们超越一时一地的具体金融现象，观察结构衍生结果的多样性。本文表明，刚性兑付实质上是中介分担风险的极值状态，它只是风险分担规则不确定的一种表现形式，与之并存的还有政府分担等多种形式。另一方面，机制分析有助于我们理解具体金融现象的形成机理和发生条件。本文表明，刚性兑付现象，通常在风险转化机制和资源依赖机制的作用较强而科层动员机制作用较弱的情况下更有可能出现。

规则不确定现象较为普遍，可能涉及多个方面、不同层次的因素和机制，亟待从基础理论出发进行细致的分类讨论。比如，张静（2003）的研究与本文都关注规则不确定现象，但聚焦的却是不同类型。张文中，土地使用规则的不确定，是在当事各方事前没有形成共识的前提下出现的；而在本文中，风险分担规则的不确定，则是当事各方事前已经订立正式合约的背景下产生的。正因为此，二者着重揭示的结构原因不同。张文强调宏观层面政治与法律未经分化的制度结构；本文则强调宏观层面诸种制度存在矛盾的制度结构。可见，只有厘清规则不确定现象的不同类型，辨别前提条件，并分别梳理其宏观根源和微观机制，我们才能更为全面和深入地解答规则何以不能确定的问题。

参考文献

宾默尔，2003，《博弈论与社会契约》第 1 卷，王小卫、钱勇译，上海财经大学出版社。

曹正汉，2008，《产权的社会建构逻辑——从博弈论的观点评中国社会学家的产权研究》,《社会学研究》第 1 期。

——, 2011,《中国上下分治的治理体制及其稳定机制》,《社会学研究》第 1 期。

——, 2014,《统治风险与地方分权:关于中国国家治理的三种理论及其比较》,《社会》第 6 期。

陈家建、张琼文, 2015,《政策执行波动与基层治理问题》,《社会学研究》第 3 期。

陈蓉, 2008,《论我国民间金融管制的重构》, 西南政法大学博士学位论文。

戴维斯·E、道格拉斯·C. 诺思, 2014,《制度变迁的理论:概念与原因》, 载罗纳德·H. 科斯等《财产权利与制度变迁——产权学派与新制度学派译文集》, 刘守英等译, 格致出版社、上海三联书店、上海人民出版社。

何艳玲、汪广龙, 2012,《不可退出的谈判:对中国科层组织"有效治理"现象的一种解释》,《管理世界》第 12 期。

黄震, 2012,《P2P 网贷行业的发展现状与未来趋势》,《经济导刊》第 Z3 期。

——, 2018,《地方金融监管的法理问题》,《中国金融》第 3 期。

李将军、范文祥, 2014,《金融理财产品"刚性兑付"困局的成因及其化解》,《现代经济探讨》第 11 期。

练宏, 2015,《注意力分配——基于跨学科视角的理论述评》,《社会学研究》第 4 期。

林毅夫, 2014,《关于制度变迁的经济学理论:诱致性变迁与强制性变迁》, 载罗纳德·H. 科斯等《财产权利与制度变迁——产权学派与新制度学派译文集》, 刘守英等译, 格致出版社、上海三联书店、上海人民出版社。

刘世定, 2003,《占有、认知与人际关系——对中国乡村制度变迁的经济社会学分析》, 华夏出版社。

——, 2011,《经济社会学》, 北京大学出版社。

吕方, 2013,《治理情境分析:风险约束下的地方政府行为——基于武陵市扶贫办"申诉"个案的研究》,《社会学研究》第 2 期。

马奇, 詹姆斯、舒尔茨、周雪光, 2005,《规则的动态演变——成文组织规则的变化》, 童根兴译, 上海世纪出版集团、上海人民出版社。

聂新伟, 2017,《刚性兑付、债务展期与债务违约——兼论市场与政府在信贷资源配置中的作用》,《财经问题研究》第 1 期。

诺思, 道格拉斯·C., 2008,《制度、制度变迁与经济绩效》, 杭行译, 格致出版社、上海三联书店、上海人民出版社。

青木昌彦, 2001,《比较制度分析》, 周黎安译, 上海远东出版社。

丘海雄、徐建牛, 2004,《市场转型过程中地方政府角色研究述评》,《社会学研究》第 4 期。

渠敬东、周飞舟、应星, 2009,《从总体支配到技术治理——基于中国 30 年改革经验的社会学分析》,《中国社会科学》第 6 期。

荣敬本、崔之元、王拴正、高新军、何增科、杨雪科等，1998，《从压力型体制向民主合作体制的转变：县乡两级政治体制改革》，中央编译出版社。

斯科特，W. 理查德，2010，《制度与组织——思想观念与物质利益》，姚伟、王黎芳译，中国人民大学出版社。

王汉生、刘世定、孙立平，1997，《作为制度运作和制度变迁方式的变通》，《中国社会科学季刊》（香港）第 21 期。

吴晓灵，2014，《打破刚性兑付让资金流向实体》，《金融博览》第 7 期。

向静林，2016，《市场纠纷与政府介入——一个风险转化的解释框架》，《社会学研究》第 4 期。

——，2017，《市场治理的制度逻辑——基于风险转化的理论视角》，《社会学评论》第 3 期。

张浩，2014，《规则竞争：乡土社会转型中的纠纷解决与法律实践》，中国社会科学出版社。

张静，2003，《土地使用规则的不确定：一个解释框架》，《中国社会科学》第 1 期。

张翔，2010，《以政府信用为信号——改革后温台地区民营存款类金融机构的信息机制》，《社会学研究》第 6 期。

中国人民银行金融稳定分析小组，2014，《中国金融稳定报告 2014》，中国金融出版社。

周黎安，2008，《转型中的地方政府》，格致出版社、上海人民出版社。

——，2014，《行政发包制》，《社会》第 6 期。

周雪光，2003，《组织社会学十讲》，社会科学文献出版社。

——，2011，《权威体制与有效治理：当代中国国家治理的制度逻辑》，《开放时代》第 10 期。

周雪光、艾云，2010，《多重逻辑下的制度变迁：一个分析框架》，《中国社会科学》第 4 期。

邹晓梅，2014，《刚性兑付不应持续》，《中国金融》第 8 期。

Cetina, Karin Knorr & Alex Preda（eds.）2012, *The Oxford Handbook of the Sociology of Finance.* Oxford：Oxford University Press.

Dixit, Avinash 2004, *Lawlessness and Economics：Alternative Modes of Governance.* Princeton, NJ：Priceton University Press.

Friedland, Roger & Robert A. Alford 1991, "Bring Society Back in：Symbols, Practices and Institutional Contradictions." In Walter W. Powell & Paul J. DiMaggio（eds.）, *The New Institutionalism in Organizational Analysis.* Chicago：University of Chicago Press.

Lounsbury, Michael 2007, "A Tale of Two Cities：Competing Logics and Practice Variation in the Professionalizing of Mutual Funds." *The Academy of Management Journal* 50.

O'Brien, Kevin J. & Lianjiang Li 1999, "Selective Policy Implementation in Rural China."

Comparative Politics 31.

Pfeffer, Jeffrey & Gerald Salancik 1978, *The External Control of Organizations: A Resource Dependence Perspective.* New York: Harper and Row.

Powell, Walter W. & Paul J. DiMaggio (eds.) 1991, *The New Institutionalism in Organizational Analysis.* Chicago: University of Chicago Press.

Seo, Myeong-Gu & W. E. Douglas Creed 2002, "Institutional Contradictions, Praxis, and Institutional Change: A Dialectical Perspective." *The Academy of Management Review* 27.

Schelling, Thomas C. 1960, *The Strategy of Conflict.* Cambridge: Harvard University Press.

Sugden, Robert 1989, "Spontaneous Order." *The Journal of Economic Perspectives* 3.

Thornton, Patricia H. & William Ocasio 2008, "Institutional Logics." In Royston Greenwood, Christine Oliver, Roy Suddaby & Kerstin Sahlin-Andersson (eds.), *The SAGE Handbook of Organizational Institutionalism.* London: Sage.

发展模式研究

分税制十年：制度及其影响[*]

周飞舟[**]

1950 年代，毛泽东在《论十大关系》一文中总结了对当时国计民生影响重大的"十大关系"。尽管世易时移，其中仍有"三大关系"对时下国内经济社会的发展起着至关重要的作用。这"三大关系"是中央和地方的关系、东部和中西部的关系、政府和企业的关系，它们分别涉及政治构架、经济的平衡发展以及经济体制的转型和向市场经济的过渡问题，几乎涵盖了中国可持续发展的所有重要方面。这三个方面的关系表面上看来关联不大，事实上，这些关系的形成、走向都与政府的制度构架密切相关，财政制度便是其中的具有中心意义的一个面向。

财政制度包含两个方面内容。一个方面是"财"，即政府内部对于税收以及其他公共性收入的分配和支出；另一方面是"政"，即政府在使用这些公共收入时，不但将其作为宏观经济的调控手段，而且也用来平衡收入在地区、居民间的分配模式，更重要的是用来规范和控制政府官员的行为。在"三大关系"中，中央和地方关系的一个中心内容就是中央政府与地方政府的财政分配关系，即财权和事权的划分。现在政治经济学界流行的"分权理论"的主要内容便是财政分权。地区间的平衡关系也受到政府财政政策的巨大影响，这种影响除了来自中央与地方政府间的财政分配体制之外，还受到地区之间转移支付的影响。中国缺少地区间横向的转移支付，绝大部分都是通过中央政府向地方政府下达的纵向转移支付来实现地区间政府的支出平衡的。因此，区域间的关系和中央－地方关系密切地联系在一起。政府和企业的关系则主要受到财政制

---

    * 本文原载《中国社会科学》2006 年第 6 期；收入本书时有修改。

    ** 周飞舟，北京大学社会学系教授。

度内税收政策的影响，其中税种、税基和税率的制定、企业税收在不同级别政府间的分配都会影响政府对企业发展的态度和热情。所以，虽然"三大关系"中包含了远比财政制度更多的内容，但是财政制度无疑构成了我们理解中央和地方政府行为以及上述"三大关系"的锁钥。

具体而言，财政制度包括税收、公共支出、转移支付以及决定政府间分配关系的财政体制，其中后者又是财政制度的中心内容。新中国的财政体制经历了一个比较复杂的变迁过程，大致由新中国成立初期中央对地方实现高度集权的财政"统收统支"制度到1980年代中期逐渐过渡到比较分权的财政包干制度，又到1990年代中期（1994年）实行了相对较为集权的分税制体制。财政体制的变迁与影响国计民生的诸多关系无不密切相关。分税制的施行至今已超过十年，而这十余年是中国经济和社会以及政府间关系变化比较激烈的十余年。本文对以分税制为中心的财政制度及其影响做一个初步探索，重点讨论分税制对中央－地方关系的影响，并通过对地方政府行为的分析，讨论分税制对东—中西部关系以及政府—企业关系的影响。

一 背景：分税制与中央－地方关系

为什么要实行分税制改革？1990年代中期出版的一系列关于分税制改革的论著都是围绕着这个问题展开讨论的，其中王绍光先生的论著最具代表性。在《分权的底线》一书中，他认为到1990年代初期，财政"分权让利"政策的结果便是使得中央政府的经济调控和行政管理能力大大下降，从而导致"国家能力"被严重削弱，已经超过了"分权的底线"（王绍光，1997）。其他讨论也主要关注"两个比重"的下降问题，即财政收入在国内生产总值中的比重和中央财政收入在财政总收入中的比重。第一个比重在1979年为28.4%，到1993年已经下降为12.6%；第二个比重也由1979年的46.8%下降为1993年的31.6%，中央财政不但要靠地方财政的收入才能维持平衡，而且还在1980年代两次通过设立"基金"（分别是"能源交通基金"和"预算调节基金"）向地方政府"借钱"。这与1980年代实行的财政体制改革有比较大的关系。

俗称"分灶吃饭"的财政体制自1980年正式实施，其间经历了1985年和1988年两次变革，总的趋势是越来越分权。1988年实行的"划分税种、核定收支、分级包干"的财政包干体制，其主要精神就是包死上解基数、超收多留。同时，由于各省情况差别很大，中央政府对全国37个下辖财政单位（包括各省、直辖市、自治区和一些计划单列市）共实行了六类不同的包干办法，[①] 同时由于每一类的包干基数、分成比例、上解基数和递增指标都不相同，因此可以说中央对不同的下辖财政单位都有不同的包干办法。而且由于年度间的情况变动，中央与地方单位需要不停地就这些基数和指标进行谈判，以致财政体制的烦琐复杂程度到了极点。财政包干制的另外一个特点是沿用了1949年以来传统的税收划分办法，按照企业的隶属关系划分企业所得税，按照属地征收的原则划分流转税，把工商企业税收与地方政府的财政收入紧紧地结合在一起。这在很大程度上刺激了地方政府发展地方企业尤其是乡镇企业的积极性（Oi，1992），同时由于乡镇企业隶属于地方政府管辖，所以乡镇企业的税收不但几乎全部被划入地方政府，而且乡镇企业更加倾向于将税收"缩水"、向地方政府交纳"企业上缴利润"作为后者可以更加自由支配、不受预算约束的预算外收入。这必然导致税收在GDP中的比重下降，而且中央预算收入并不能随着地方政府财政收入的增加而增加，也导致"第二个比重"逐年下降。

分税制改革力图改变这种状况。分税制的几项目标都是针对财政包干制带来的问题而设计的。其中最主要的有以下几点。

第一，中央和地方的预算收入采用相对固定的分税种划分收入的办法，避免了无休止的谈判和讨价还价。分税制将税种划分为中央税、地方税和共享税三大类。诸税种中规模最大的一种——企业增值税被划为共享税，其中中央占75%，地方占25%。另外中央税还包括所有企业的消费税。通过这种划分，第二个比重迅速提高，中央和地方由"倒四六"变为"正四六"。此后十年间，一直保持在这个水平。

第二，分设中央、地方两套税务机构，实行分别征税。同时，初步开始改变过去按企业隶属关系上缴税收的办法。按分税制的设计，所有企业的主体税种（主要是增值税、消费税和企业所得税）都要纳入分税制的划分办法进行分配。2002年开始的所得税分享改革更是将企业所得税和个人所得税由地方税变为中央－地方共享税。这些做法极大地影

---

① 这六种办法分别是收入递增包干、总额分成、总额分成加增长分成、上解额递增包干、定额上解和定额补助。

响了地方政府与企业的关系，它不但能够保证中央财政收入随着地方财政收入的增长而增长，而且能够保证"第一个比重"——财政收入在GDP中的比重随着地方经济的发展而不断提高。

第三，实行税收返还和转移支付制度。为了保证税收大省发展企业的积极性和照顾既得利益的分配格局，分税制规定了税收返还办法。税收返还以1993年为基数，将原属地方支柱财源的"两税"（增值税和消费税）按实施分税制后地方净上解中央的数额（即增值税75%＋消费税－中央下解收入），全额返还地方，保证地方既得利益，并以此作为税收返还基数。为调动地方协助组织中央收入的积极性，按各地区当年上划中央两税的平均增长率的1:0.3的系数，给予增量返还。在分税制运行两年后，中央财政又进一步推行"过渡期转移支付办法"。即中央财政从收入增量中拿出部分资金，选取对地方财政收支影响较为直接的客观性与政策性因素，并考虑各地的收入努力程度，确定转移支付补助额，重点用于解决地方财政运行中的主要矛盾与突出问题，并适度向民族地区倾斜。税收返还和转移支付制度旨在调节地区间的财力分配，一方面既要保证发达地区组织税收的积极性，另一方面则要将部分收入转移到不发达地区去，以实现财政制度的地区均等化目标。

据此，我们看到分税制的目的是力图改变和调整前述之"三大关系"，它使得中央财政在中央－地方关系中保持强劲的支配能力，使得国家财政收入能够随着工业化和企业繁荣的挺进而不断增长，使得地区间的财力逐渐趋向于均衡。分税制实施至今已然超过十年，从这十余年的变化情况来看，其主要目标（主要是前两个目标）已经基本实现，但第三个目标的实现却颇成问题，而且也产生了一些意外后果。

目前学界和政策研究界讨论最多的就是分税制对于目前基层县乡财政困难的影响，由于县乡财政与农民负担紧密联系在一起，所以分税制似乎间接对1990年代中期以来趋于严重的农民负担问题负有责任（赵阳、周飞舟，2000）。因为分税制只是对中央和省级财政的收入划分做了规定，省以下的收入划分则由省政府决定，所以分税制造成的收入上收的效应就会在各级政府间层层传递，造成所谓的财权"层层上收"的效应（阎坤、张立承，2003）。

关于财政集权和分权的讨论是近十年来政治经济学领域的热点。世界上大部分国家，无论其财政体制是联邦制的还是单一制的，都在致力于财政分权的改革，可以说分权是一个世界性的大趋势。一般认为，分权会给予地方政府更多的自主性，从而提高整个经济和政治体系的运作效率，同时分权引发的竞争机制也有可能使得资源分配更加平均。① 但与此同时，也有学者发现了不同（或相反）的证据。例如 Davoodi 和 Zou（1998）认为分权和经济增长间没有显著关系，而 Mello（2000）则发现分权会导致地区间的财力分配更加不平衡。有些学者指出，分权也是有条件和有代价的。在不具备一些必要前提条件的情况下，财政分权不但不能提高效率，而且会带来一些意外后果。这些前提条件都与政府行为模式有关，所以，最重要的并不在于分权还是集权，而在于政府行为。政府行为对于分权和集权来说，与其说是内生的，不如说是外生的，它是我们理解分权框架的前提而不是结果。

　　在这些前提条件中，最重要的是官员行为问责制（Accountability）的不完备性以及由此带来的软预算约束问题（Soft Budget Problem）。软预算约束是一个被普遍使用的概念，② 在财政领域，软预算约束主要指下级政府的支出超过预算，而自己并不为其缺口负责，通常由上级政府的事后追加补助（Bailout）或者借债来填补。对于借债而言，下级政府相信自己没有或只有部分偿还责任，包袱最终还是由上级政府来背。软预算约束的存在，会鼓励下级政府超额支出或者支出预算不合理从而缺乏效率（Rodden et al.，2003）。过度集权导致的低效率当然与软预算约束有关（参见科尔奈的经典分析），不但如此，只要软预算约束问题严重，分权的后果不是效率低而是腐败现象的增长（Bardhan，2000；Gugerty & Miqual，2000），而且也达不到有些分权研究者发现的资源均等化分配目标，反而会加剧不平等（Galasso & Ravallion，2001）。也就是说，政治领域并不像经济领域那样，靠私有化、分权化可以比较有效地遏制软预算约束。分权虽然会促进地方政府间的竞争，但是这些竞争并不一定会消除软预算约束。这些竞争可以表现为招商引资，也可以表现为大搞"形象工程"，因为效率从来都不是衡量地方政府表现的首要指标。由此可见，笼统地讨论分权和集权的利弊对于我们理解中央和地方关系、东部和中西部关系以及政府和企业关系是远远不够的，真正的分析应该进入政府行为层面。在后面的分析中，我们从中央和地方的关系入手，逐步

---

① 关于分权和集权的优缺点，可以参见王绍光（1997）第三章"分权与集权的利弊"。此书之后，分权和集权讨论又有发展，观点与王不尽相同，可以参看 Qian（1997），以及 Livack 和 Bird（1998）。

② 此概念由科尔奈提出，用于解释国有企业与政府的关系，参见科尔奈（1986）。

深入政府行为层面，随之展开分税制对"三大关系"的影响的讨论。

二　中央和地方：分税制与地方财政缺口

作为带有明显集权化倾向的改革，分税制的直接影响就是中央和地方的财力分配。那么，分税制对地方财政的影响到底如何？分税制到底要在多大程度上对基层财政的困难状况负责？

1. 初次分配

我们先来观察分税制前后中央和地方财政收入和支出的变化情况。为了说明的需要，我们将中央和地方财政收入划分成两个过程，第一个过程是"初次分配"过程，即按照税种划分中央和地方收入的过程，有些书中将初次分配的结果称为"中央预算固定收入"、"地方预算固定收入"与"中央地方共享收入"；① 第二个过程是"再分配"的过程，即中央对地方实行税收返还和转移支付补助，而地方对中央实行上解。经过再分配之后的收入分别称为"中央预算收入"和"地方预算收入"或者"地方可支配财力"。② 图1列出了分税制前后15年间地方财政收入和支出的比重变化情况。

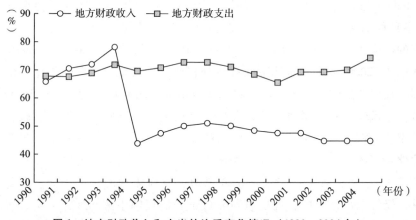

图1　地方财政收入和支出的比重变化情况（1990～2004年）

---

① 中央初次分配收入＝中央预算固定收入＋中央共享收入；地方初次分配收入＝地方预算固定收入＋地方共享收入。参见刘明慧（2004）。

② 这些称谓在不同的书和地方预算编制中颇有差异。对于地方政府而言，多将经过补助和上解之后的收入称为"可支配财力"。

从收入上看，地方财政收入在总财政收入中的比重由 1993 年的接近 80% 迅速下降到 1994 年的 45% 左右，此后的十年间一直在这个水平徘徊。而地方财政支出的比重在过去 15 年中变化很小，1990 年为 68% 左右，2004 年则微升至 75% 左右。可以看出，通过分税制改革，中央集中了大量的地方财政收入，约占财政总收入的 20%~30%，这就是分税制所造成的"财权上收"的效应；但与此同时，中央和地方的支出划分几乎没有发生显著变化，即分税制没有根本改变中央和地方的事权划分格局。这个图的最鲜明特点是它展示了自实施分税制以来形成的地方财政收入和支出间的巨大缺口，地方财政支出的 20%~30% 要依靠中央财政对地方的转移支付补助。

虽然分税制设计的是中央财政与省级财政之间的分配格局，但是这种格局对省以下财政，尤其是对县乡两级财政也会产生巨大影响。首先，原来属于县乡收入的部分企业税收按分税制规定划为中央收入；其次，按照中国目前的财政体制设计，每一级政府有权决定它与下一级政府采取的财政划分办法，所以省级财政自然会将财权上收的压力向下级财政转移，从而造成财权层层上收的效应。如果对比分税制前后县级财政的变化，就可以鲜明地看出这种上解效应的向下传递（见表 1）。

表 1　分税制前后县乡财政收入构成①

单位：亿元

年份	1993	1994
县乡中央收入合计		1072.2
县乡地方收入合计	1372.3	967.3
县乡地方支出合计	1458.7	1703.2
缺口（地方支出 - 地方收入）	86.4	735.9

分税制实施当年，中央从县乡两级集中增值税和消费税 1072 亿元。如果按分税制以前的体制来计算，则 1994 年县乡财政收入应为 2000 亿元左右（县乡地方收入 + 县乡中央收入）。因此可以粗略地认为，通过分税制，中央集中了县乡两级 50% 左右的收入，这当然只是就"初次分配"过程而言。

---

①　表中以及图中的数据除非经过特殊说明，均来自财政部预算司编《全国地市县财政统计资料》（1993~2003）（共 11 册，中国财政经济出版社）。

从县乡两级的支出来看，改革前为1459亿元，改革后为1703亿元，所以地方支出的总量不但没有减少，而且有显著的增加。对比分税制前后的县乡地方支出和收入部分，我们可以算出改革前收入对支出的缺口是8614亿元，而改革后这个缺口扩大到73519亿元。按照1994年的数据测算，这个缺口约占当年县乡财政总收入（包括地方收入和中央划走的收入）的37%左右。这恰恰是图1中的缺口在县乡级财政中的反映。由此可以看出，分税制所划定的中央与省之间的关系几乎被完整地传递到县乡基层财政。

2. 再分配

事实上，分税制改革以来，中央对地方开始实施大量的转移支付补助以弥补地方的支出缺口。这些补助包括税收返还、体制补助、专项补助、过渡期转移支付补助等多种。1994年，中央对地方的转移支付补助（对省及省以下政府）为2386.4亿元，到2002年增长到7351.8亿元，年均增长率15%，2002年的总规模超过1994年的3倍。那么，这些补助有没有"传递到"县乡级来弥补改革造成的县乡财政收支的缺口呢？

表2　分税制前后县乡转移支付补助、上解和净补助

单位：亿元

项目	1993年	1994年
体制定额补助	67.3	81.7
专项补助	276.6	299.1
税收返还补助		580.3
补助合计	343.9	961.1
体制上解	-255.4	-246.7
专项上解	-86.4	-63.8
上解合计	-341.8	-310.5
净补助	2.1	650.6

从表2可以看出，分税制改革前后上级财政对县乡的转移支付补助也显著增加。改革前的净补助几乎为零，而改革的当年净补助规模达到了650.6亿元，虽然不能完全弥补改革形成的缺口（735亿元），但是基本维持了改革前的缺口水平。由此可见，虽然分税制改革集中了县乡财力，扩大了收支缺口，但是通过再分配过程，财政的转移支付几乎完全

弥补了改革带来的县乡财力减少部分，维持了与改革前相同的相对收支水平。

这是分税制开始实施时的情况。由于税收返还是按照有利于中央的比例设计的，所以有学者认为随着时间推移，中央集中的收入会越来越多，地方的收支缺口会越来越大。那么，分税制的长期效应如何？在地方产生的税收中，中央划走的部分是否会越来越大呢？

为了考察中央集中的收入和县乡地方收入的比重变化情况，我们在中央集中收入中减去了税收返还部分，而在县乡地方收入中加上了税收返还的部分，得到图2。从总的趋势来看，中央从县乡两级集中的收入是在不断扩大的。1995年这个比重略多于10%，到2002年，中央集中的两税收入比重已经接近30%。

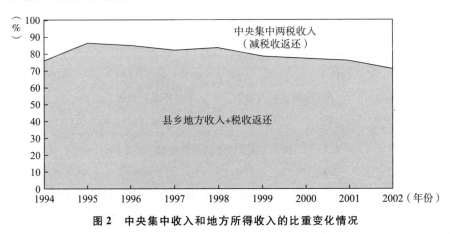

图2　中央集中收入和地方所得收入的比重变化情况

分税制的这种收入集中效应必然使得地方收支缺口扩大。我们前面对比了分税制前后两年的情况，下面是分税制实施后近十年的长期趋势情况。

图3鲜明地反映了分税制对县乡财政的长期效应。首先，县乡地方收入和支出的缺口呈不断扩大趋势，自1998年后尤其明显。1994年的收支缺口约700亿元，1998年增加到1000亿元，2002年则迅速增加到3000亿元左右。2002年，县乡的地方财政收入为3225亿元，支出高达6313亿元，其缺口的规模恰好相当于其自身财政收入的规模。其次，净补助①的情况值得注意。可以看出，补助曲线几乎与支出

---

① 净补助收入为各种转移支付补助收入减去地方对上级的上解支出。

曲线的变化相一致。这说明，迅速增长的上级补助一直在弥补县乡的财政缺口。最后，我们可以算出县乡财政的"净缺口"（经过上级补助以后的缺口）：

$$粗缺口 = 县乡地方收入 - 县乡地方支出$$
$$净缺口 = 县乡地方收入 - 县乡地方支出 + 上级净补助收入$$

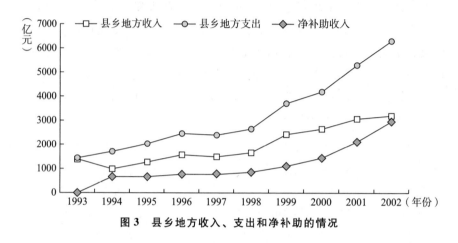

图3　县乡地方收入、支出和净补助的情况

表3　县乡财政的缺口情况

单位：亿元

年份	1993	1994	1995	1996	1997	1998	1999	2000	2001	2002
收入	1372	967	1261	1578	1497	1677	2426	2636	3096	3225
支出	1458	1703	2042	2451	2390	2651	3734	4199	5253	6313
粗缺口	-86	-736	-781	-873	-893	-974	-1308	-1563	-2157	-3088
净补助	2	651	665	741	789	837	1098	1451	2108	2979
净缺口	-84	-85	-116	-132	-104	-137	-210	-112	-49	-109

　　对比表3的粗缺口和净缺口，我们就可以看到上级补助的作用。由于分税制造成的收入集中效应，县乡财政的粗缺口是不断扩大的。1994年为736亿元，到2002年已经高达3088亿元。

　　以上是对分税制影响的总量分析。从分析结果来看，虽然分税制集中县乡收入的作用非常明显，但是其所造成的不断扩大的收支缺口已经被向下的转移支付弥补。从这个角度来说，分税制本身不应该为县乡财政的困难状况负责。但这只是总量分析，如果转移支付的分配在地区间没有实现均等化，则亦会造成某些地区县乡财政的困难。下面就来分析转移支付以及地区间关系。

三 东、中、西部的地区间关系与转移支付

转移支付的作用有两个：一是通过转移支付，实现地区间财政支出的均等化，使得各个地区的居民能够享有类似水平的公共服务；一是通过转移支付实现中央政府对地方政府的行为约制。值得注意的是，这种对于财政收入的再分配不同于现代企业制度中的报酬分配，后者遵循的是效率原则，力图使每个行动者的所得与所付出相一致，而前者首先遵循的是均等化原则，效率原则相对次要。那么，分税制起到了多大的均等化作用呢？

因为中国的预算都是平衡预算，一般不允许赤字预算，所以在大部分地区：

$$预算支出 = 本级预算收入 + 净补助$$

首先来看东、中、西部[①]三大地区自分税制实施以来人均预算收入的变化情况。

从图 4 可以看出，分税制以来，中部和西部地区的县乡财政增长十分缓慢，而且增长幅度基本相同，到 2003 年，中部地区的人均预算收入为 212 元，西部地区为 210 元，基本没有差异。东部地区则不同，由于工业化的迅速发展，东部地区县乡的人均预算收入由 1994 年的 113 元迅速增长到 2003 年的 485 元，十年之内翻了两番还多。1994 年东部与中西部的差距在 35 元左右，2003 年差距则扩大到 270 元左右。

现在再来看人均支出，人均支出大致相当于人均收入加上人均净补助。

从图 5 中明显可以看出，人均支出的地区差距小于人均收入。2003年，东部地区的人均支出为 750 元，中部和西部地区分别为 500 元和 571

---

① 东、中、西部的划分按照 1986 年第六届全国人大四次会议通过的"七五"计划中的划分方法，东部包括辽宁、河北、北京、天津、山东、江苏、上海、浙江、福建、广东、广西；西部包括新疆、宁夏、甘肃、青海、陕西、四川、云南、贵州、西藏；其余的省（区、市）属中部地区。

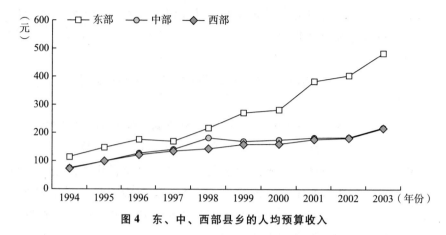

图4 东、中、西部县乡的人均预算收入

元。最高的东部地区与最低的中部地区差距250元，比人均收入差距缩小了约20元。人均支出的差异之所以小于人均收入的差异，是地区间的转移支付起了作用。但是，还可以看到，即使存在这种不断加大的地区间转移支付，地区间的人均支出差距还是在迅速扩大。1994年，三个地区的人均支出差距不到50元，到2003年则扩大到250元。这说明转移支付的均等化效应远弱于地区发展不平衡带来的不平等效应。

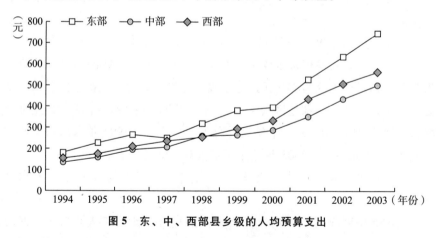

图5 东、中、西部县乡级的人均预算支出

对比图4和图5还可以看出，中部和西部地区的人均收入基本相等，但是人均支出水平却有明显的差异。这也主要是由转移支付向西部地区倾斜造成的。中部地区人口稠密，大部分是农业区，农村的公共服务支出任务繁重，县乡两级所供养的财政人口也多，但是相比之下，得到的中央转移支付的水平却是最低的。

那么，转移支付的分配存在什么样的问题呢？为什么没有起到明显的均等化效果？

我们将中央对下级的转移支付分成三类，分别是增值税和消费税的税收返还、专项补助和其他补助。税收返还是与分税制内容相关的制度设计。专项补助则是上级财政对下级财政下达的一些临时性、专门性的补助，这些补助每一笔数量虽然不大，但是种类众多，一年之中，可达100~200种。所谓"其他补助"，在2000年以前主要是指原体制补助，是为了部分保留分税制以前各地方对中央的补助和上解关系而设立的，数量不大，2000年以后，中央财政加大了转移支付的力度，设立了数量大、种类多的为实行地区均等化的转移支付，例如一般性转移支付、税费改革转移支付、增加工资转移支付等以及2002年以来设立的所得税基数的税收返还。

在这里统统归于"其他补助"，不免分类过粗，但这些转移支付并非此文讨论的重点。

在三大类转移支付补助中，税收返还的比重是随着时间的推进而不断下降的，这与分税制的制度设计有关系。随着中央自2000年开始下达多种转移支付补助，专项补助的比重也迅速下降。1994年这两大类超过了转移支付总量的90%，十年之后，税收返还的比重由1994年的61%下降到2003年的18%左右，专项补助的比重也由31%下降到23%左右。其他补助的比重则上升到59%。在这59%的份额中，16%是用于补助地方财政日常运转的增发工资补助，7.9%是税费改革转移支付补助，7.3%是用于平衡地区财力的一般性转移支付。也就是说，在"其他补助"的范畴中，大部分都是用于平衡财力的，理论上主要面对中西部地区。由此看来，随着整个转移支付制度的结构性转变，转移支付越来越向中西部地区倾斜了。

但是如果真正分地区进行考察，实际情况却不是如此明显。下面三个图（图6~8）分别是分地区的三大类转移支付的年度变化情况，图中的数据都是人均数据。

有意思的是，在这三大类补助中，东部和西部地区"轮流坐庄"，中部地区在每一类补助中几乎都是处于最低位。东部地区的税收返还远远高于中西部地区，而西部地区则得到了最多的专项和其他补助。比较令人惊讶的是，中部地区即使在专项和其他补助方面，也低于东部地区。

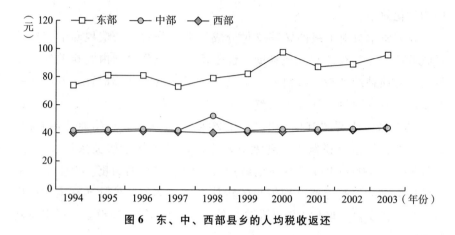

图 6 东、中、西部县乡的人均税收返还

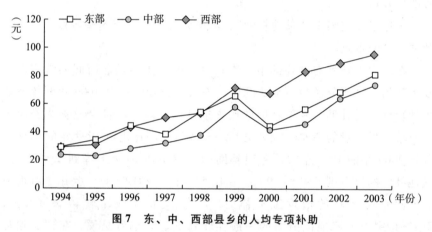

图 7 东、中、西部县乡的人均专项补助

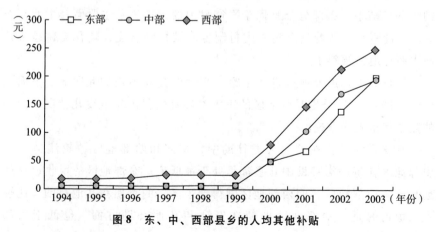

图 8 东、中、西部县乡的人均其他补贴

2003 年，中部地区的人均税收返还是 44 元（低于东部的 97 元和西部的 45 元），人均专项补助是 75 元（低于东部的 81 元和西部的 96 元），其他补助是 194 元（低于东部的 199 元和西部的 250 元），可以说全部都处于下游。这很好地说明了为何中部地区的人均财政支出处于一个最低的水平。

至此，可以看出，分税制在集中了地方财政的收入，提高了中央财政占财政总收入的比重之后，通过税收返还和转移支付补助的形式来弥补地方财政的支出缺口。从全国总的形势来看，分税制基本是成功的；但是分地区来看，则存在比较严重的地区不均衡现象。这无疑与分税制制度设计的初衷是有差距的。因此可以说，分税制实行十年以来，提高"两个比重"和"国家能力"的目的基本达到了，但是弱化地区间发展速度带来的财力不均、公共服务水平不均的问题不但没能解决，反而在一定程度上加重了。

这只是分税制的直接效应，还不包括这个制度的间接效应。转移支付虽然分配不均，但是从经验现象上来看，东、中、西部的实际差距要比转移支付的地区差异大得多。虽然东部地区的税收返还比重在逐步减小，中西部地区接受的均等化转移支付的比重在逐步加大，但是地区间的公共服务水平却有很大差别。因此，单纯的讨论财政的收入、支出和转移支付的分配，只是财政的一个方面即"财"的方面，要真正全面理解这些收入分配背后的影响因素，还应深入政府行为的层面即"政"的方面。分税制作为一次意义深远的制度变革，在集中财政收入、加强转移支付的同时，还对政府和企业的关系以及地方政府的预算外收入产生了巨大影响，这在很大程度上重新塑造了过去十年来地方政府的行为模式。

四　政府、企业与预算外资金：
分税制的"驱赶"效应

政府和企业关系是中国市场转型经济的关键问题，其中最为重要的部分又是产权改革，即如何将国家、集体产权的企业转型为私人产权企业，以提高企业的生产效率。我们既可以将此过程从市场经济的角度进行理解，即一个以私营企业家为主的群体如何兴起的过程；也可以将此过程从计划经济的角度去理解，即政府如何从市场中"淡出"的过程。

在这个过程中，财政改革尤其是分税制改革的作用被普遍忽视。本文从财政制度方面来讨论政府和企业的关系，以求对地方政府行为模式的转变形成一个初步的理解，并回答上文提出的中央和地方、东部和中西部关系的问题。

分税制改革在将税务征收与财政分开之后，更进一步规定中央和地方政府共享所有地方企业的主体税种——增值税（中央占75%，地方占25%）。也就是说，中央和地方对企业税收的划分不再考虑企业隶属关系——无论是集体、私营企业，或者是县属、市属企业，都要按照这个共享计划来分享税收。而在此之前，中央和地方是按照包干制来划分收入的，只要完成了任务，无论是什么税种，地方政府可以保留超收的大部分或者全部税收。由于中央并不分担企业经营和破产的风险，所以与过去的包干制相比，在分税制下地方政府经营企业的收益减小而风险加大了。而且，由于增值税属于流转税类，按照发票征收，无论企业实际上实现盈利与否，只要企业有进项和销项，就要进行征收。对于利润微薄、经营成本高的企业，这无疑是一个相当大的负担。再者，增值税由完全垂直管理、脱离于地方政府的国税系统进行征收，使得地方政府为保护地方企业而制定的各种优惠政策统统失效。在这种形势下，虽然中央出台的增值税的税收返还政策对于增值税贡献大的地区有激励作用，但我们可以合理地推想地方政府对于兴办工业企业的积极性会遭受打击。

在此之前，各级政府是按照企业隶属关系组织税收收入，导致地方政府热衷于多办"自己的企业"，对于省市级政府，国有企业是其关注的重点，而对于县乡级政府，集体企业和乡镇企业则是政府扶助的重点。这些国有和集体企业，一方面由于和政府存在千丝万缕的联系而难以搞活，另一方面也搞不"死"，企业经营不善、亏损严重，照样由政府搭救。另外，由于政府和企业联系紧密，地方政府大多怀有"藏富于企业"的倾向，即对组织财政收入不积极，有意让企业多留利润，然后再通过收费摊派等手段满足本级财力的需要。[①] 这不但造成国有企业严重的"软预算约束"问题，也造成乡镇企业的所谓"关系合同"带来的一系列问题（刘世定，1999）。而分税制改革是影响这些关系的一个转折点。国有企业的股份制改革自1992年发动，到1990年代中期开始普遍推开，而此时也是地方政府纷纷推行乡镇企业转制的高潮时期。到1990年代末，虽

---

① 具体论述参见项怀诚，1999。

然国有企业的改革并不十分成功，但乡镇企业几乎已经名存实亡，完全变成了私营企业。

与此过程相伴随的是地方政府的财政收入增长方式也发生了明显的转变，即由过去的依靠企业税收变成了依靠其他税收尤其是营业税。从分税制实行十年的情况来看，对于县乡级的财政而言，增值税收入在财政收入中的比重是呈下降的趋势的。我们将增值税、营业税和"其他收入"在税收收入中的比重变化情况做成图9，这样可以一目了然地看出这种变化趋势。

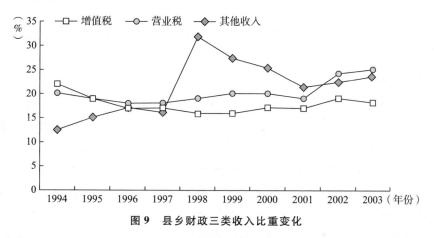

图9　县乡财政三类收入比重变化

图9的三个大类是占财政收入比重最大的三类收入。值得说明的是，在统计口径上，"其他收入"在1998年有一个比较大的变化，即在此之前，"其他收入"不包括各种杂项税收（如印花税、筵席税等），而在1998年以后则包括了各种杂项税收和纳入预算的非税收入，所以在1998年，这个类别有一个非常明显的增长。对比增值税和营业税的变化情况，我们看到这两者呈现一种替代关系：1994年改革之初，两者的比重差不多，增值税占22%，营业税占20%；到2003年，营业税已经上升，占地方财政收入25%的比重，而增值税下降到18%。

与增值税不同，营业税主要是对建筑业和第三产业征收的税收，其中建筑业又是营业税的第一大户。所以，地方政府将组织税收收入的主要精力放在发展建筑业上是顺理成章的事情。

这种状况在2002年以后尤其明显。其中一个重要的原因在于，2002年开始中央进一步实行所得税分享改革，即将原来属于地方税收的企业所得税和个人所得税变为共享收入（中央占60%，地方占40%），这使得地方政府能够从发展企业中获得的税收收入进一步减少，同时使得地方政府对营业税的倚重进一步加强。在图 9 中可以看到，2002 年以来营业税的比重迅速上升。从经验现象上看，地方政府在 2002 年以来对于土地开发、基础设施投资和扩大地方建设规模的热情空前高涨，其中地方财政收入增长的动机是一个重要的动力机制（城市化与土地制度改革课题组，2005）。

除了预算内财政收入的结构调整带来的地方财政增长方式的转变之外，分税制改革对地方政府的预算外和非预算收入也有极大的影响。分税制作为一种集权化的财政改革，使得地方政府开始寻求将预算外和非预算资金作为自己财政增长的重点。预算外资金的主体是行政事业单位的收费，而非预算资金的主体是农业上的提留统筹与土地开发相关的土地转让收入。与预算内资金不同，这些预算外和非预算的资金管理高度分权化。对于预算外资金，虽然需要层层上报，但是上级政府一般不对这部分资金的分配和使用多加限制。而对于非预算资金，上级政府则常常连具体的数量也不清楚。分税制改革以后，为了制止部门的乱摊派、乱收费现象，中央出台了一系列预算外资金的改革办法，其中包括收支两条线、国库统一支付制度改革等，力图将行政事业性收费有计划、有步骤地纳入预算内进行更加规范的管理，但是对于非预算资金，却一直没有妥善的管理办法，因此非预算资金开始成为地方政府所主要倚重的财政增长方式。

对于中西部地区而言，在分税制改革和乡镇企业转制之后，农业税和农业的提留统筹以及其他的集资收费成为政府财政工作的重点。县乡财政也逐渐发展出了明确的"内部分工"，即县政府保留大部分乃至全部的农业税，乡镇政府则主要依靠提留统筹和其他的集资收费。这导致了农民负担在 1990 年代中期乡镇企业倒闭、转制之后突然变成了严重的社会问题。对于大部分中西部地区的县乡政府而言，农业税、提留统筹以及其他面对农民的集资收费远远超过了其他税收，成为其财政收入的主体。这成为 2002 年全国农村税费改革的直接背景。

对于东部地区而言，非预算资金的主体是土地开发和土地转让收入。这些收入是地方政府通过征地、开发、出让之后得到的收入。由于按照《土地管理法》的规定给予农民的补偿并不高，而商业开发的地价可以很高，所以在东部地区的许多地方，土地开发收入是地方政府的主要生财之道。对于土地开发收入的管理主要由地方政府决定，根据笔者的调查，不同的县市对于土地开发收入的管理非常不同。有的地方是土地管理部门进行收缴和管理，有的地方则是由财政局负责。但总而言之，资金的分配和使用权几乎完全归地方政府进行支配。笔者于 2004 年在浙江省的一个市、两个县做过实地调查，得到的结果见表 4。

表 4　浙江某地级市的土地开发收益（2001～2003 年）

单位：万元，%

年份	2001		2002		2003		总的比重
	数额	比重	数额	比重	数额	比重	
土地税费	1858	3.6	8078	5.9	20372	9.8	7.6
土地补偿费用	29658	57.7	79543	57.6	97690	47.0	52.1
土地开发费用	6628	12.9	33030	23.9	50489	24.3	22.7
土地出让业务费	1028	2.0	2760	2.0	4145	2.0	2.0
净收益	12216	23.8	14571	10.6	35049	16.9	15.6
土地出让金总额	51388	100	137982	100	207745	100	100

另外，两个县的土地净收益分别在 4 亿元和 10 亿元左右，这三个单位（两县一市）在 2003 年的预算内财政收入的规模基本上都在 10 亿元到 13 亿元。所以我们可以粗略估计，地方政府通过土地开发得到的净收益少则相当于预算内财政收入的 1/4，多则几乎可以与预算内财政收入规模相当。这种土地开发的净收益与企业上缴的税收不同，其管理和使用相对自由得多，而且规模也远远大于企业税收，在如此巨大的利益驱动之下，我们可以很容易理解地方政府的行为模式为何由发展企业转移到以土地开发为主的城市化上面来。

当然这并不是说东部地区的地方政府不再热衷于发展企业。工业化始终是城市化的基础力量。没有迅速增加的企业投资，就不可能进行大规模的"圈地"和城市化建设，所以招商引资一直是地方政府工作的重点。但是与分税制改革之前的情况不同之处在于，地方政府发展企业不再主要是为了直接从企业税收和利润中得益，而是从随着工业化展开的城市化中获得好处。

至此，我们可以看到，分税制改革在重塑中央－地方关系的同时，间接影响了地方政府的行为模式。分税制的一个目的在于规范地方政府与企业的关系，这个目的是通过税收系统的独立、中央和地方对企业税收的分享两个手段实现的。但是，由于分税制只是规范了预算内的财政收入的运作方式，而没有对预算外和非预算资金进行更加规范化的管理，所以预算外和非预算资金的"软预算约束"仍然存在：地方政府并不在意这些资金的支出和使用是否有效率。

所以，伴随着分税制的推进和逐步完善，我们看到了这个制度对地方政府的一种"驱赶"效应：地方政府逐步将财政收入的重点由预算内转到预算外，由预算外转到非预算，从收入来源上看，即从依靠企业到依靠农民负担和土地征收，从侧重"工业化"到侧重"城市化"，这种行为模式改变的结果就是东、中、西部地区的财政收入差距预算外比预算内更大。

五　结论

分税制是改革开放以来最重要的一次财政制度改革。通过这个改革，中央财政有效提高了"两个比重"，增强了财政调节经济发展和收入分配的能力，规范了中央和地方的关系，走出了中央和地方就财政收入的再分配不断讨价还价的困境。与此同时，分税制改革对中央和地方关系、区域间关系以及政府和企业的关系也产生了重大而深远的影响，这些影响在分税制实行十年以来逐步呈现出来。本文试图分析这些影响，其表现在以下几个方面。

首先，在中央和地方的关系上，中央财政的实力以及所谓的"国家能力"不断加强。中央财政不但独立于地方财政，而且地方财力的近1/3需要中央财政拨付转移支付进行补助。通过这种先集中财力再进行补助的方式，中央实际上掌握了对财政收入的再分配权力，加强了中央权威，比较彻底地消除了财政上"诸侯割据"的潜在危险。另一方面，通过设立独立于财政、垂直管理的税收征管系统，在一定程度上解决了改革前"利税"不分、地方政府"藏富于企业"的老问题，能够有效地保证经济增长带来的收益被国家财政分享。与此同时，地方政府尤其是中西部地区的地方政府在财政上对中央的依赖性也大大增强。分税制实行以来，中西部地区的地方政府可支配财力中的中央补助所占比重不断提高，中部地区有些县市的这个比重超过50%，而西部的有些贫困地区得到的中央补助是地方自身财政收入的10倍甚至20倍。在这些补助中，专项资金占了相当大的比例，但其分配的合理性、计划性不足。所以在这些地区，"跑项目，跑专项"的"跑部钱进"成了地方财政工作的一项重要内容。

其次，在东中西部的区域间关系上，分税制对地区间的财力平衡也产生了越来越深刻的影响。通过本文的分析，我们发现，认为分税制是造成中西部地区基层财政困难的原因的说法有一定的片面性。分税制虽然通过税收共享从地方政府集中了收入，但是转移支付制度又将大部分集中的收入拨付到地方政府进行支出，所以说地方政府由于税收分享造成的财政缺口大部分得到了弥补。但是，转移支付的分配存在区域间的不平衡，使得地区间的财力差距不但没有越来越小，反而呈现逐渐拉大的趋势。从全国趋势上来看，在过去的十年里，东部地区靠工业化，西部地区靠中央补助，使得人均财力都有明显而迅速的增长，唯有中部地区基层政府尤其是县乡政府的人均财力增长缓慢，也与东部与西部的差距越来越大，这说明转移支付制度还有待进一步完善。

最后，在政府和企业的关系上，分税制产生了间接的、潜在的影响，这在一定程度上重塑了地方政府的行为模式。分税制之前，企业按隶属关系上缴税收，使得地方工业化带来的收益大部分保留在地方政府手中，我们也由此看到自 1980 年代到 1990 年代中期全国乡镇企业的兴盛一时。众所周知，乡镇企业作为一种集体产权的企业组织，其竞争能力在很大程度上来自地方政府的大力扶持。分税制改革之后，所有企业的税收都要与中央分享，而且税收系统独立于地方政府，这导致地方政府能够从企业中得到的财政收入大为减少，办集体企业的热情迅速下降，由此我们看到 1990 年代中期以后乡镇企业大规模转制的现象。虽然对乡镇企业的转制和衰落有各种各样的解释，但是财政体制变革的影响无疑被大大忽视了。在企业税收收益减少的情况下，地方政府开始寻求新的收入增长方式，所以十年来我们看到的几种现象在一定程度上可以用分税制加以解释，这包括农民负担的迅速增加，地方扩大基础设施建设的政绩工程的勃兴，土地开发和土地转让高潮的出现。这三种现象带来的收入，包括农村的提留统筹，建筑业过热带来的巨额营业税，土地转让收入或者属于地方税收，或者属于预算外或非预算收入，中央均不参与分享。

由此我们看到，分税制在集中企业收入的同时，将地方政府的关注重点"驱赶"到了另外一些领域，即农民负担和城市化，当然这也可以说成是地方政府在现行分税制制度安排下主动寻求的一些行为模式。

在这些新的行为模式中，农民负担和土地转让的收入都属于预算外和非预算的范畴。与高度集权化的预算内资金管理体制相比，这些资金的管理是高度分权化的。对于下级政府非预算财政资金的总量，上级政府也无从确知。所以对于地方政府而言，软预算约束的现象不但没有通过分税制得到解决，而且更加严重了。预算外和非预算资金可以说是地方政府的"第二财政"，这个财政几乎没有真正意义上的预算约束，地方政府不但用来补充预算内的实际支出，甚至将部分资金调入预算内充当预算内的税收收入。我们看到无论东、中、西部的基层政府预算内财政，总是处于一种"吃饭财政"的状态，其财政收入几乎全部用于行政事业人员的工资支出，在许多地区连办公经费都付之阙如。但是预算内财政并非地方政府财政的全部，许多地区的地方政府拥有巨大的预算外和非预算财政资金。在这种"二元财政"的结构之下，中央政府对预算内财政愈加规范，地方政府对预算外财政就愈加重视。所以在这种情况下，分税制带来的财政集权并没有达到真正规范地方财政行为的目的。描述的所谓中央与地方"一放就乱，一收就死"的关系在最近几年里已经不再适用，中央尽可以加强规范、集中收入，但是地方政府和地方经济并不会因此被"管死"，而是不断挖掘出新的生财之道。所以，分税制带来的集权效应并非全面而有效的，除集中了部分地方的预算内收入之外，最多只能算作"表面集权化"。所以，如果只讨论分权和集权的优劣之处而不讨论预算约束，对于中国这样一个大国来说意义是非常有限的。

参考文献

城市化与土地制度改革课题组，2005，《城市化、土地制度和经济可持续发展：以土地为依托的城市化到底能持续多久?》，世界银行报告。

刘世定，1999，《嵌入性与关系合同》，《社会学研究》第4期。

王绍光，1997，《分权的底线》，中国计划出版社。

阎坤、张立承，2003，《中国县乡财政困境分析与对策研究》，《经济研究参考》第90期。

赵阳、周飞舟，2000，《农民负担和财税体制：从县、乡两级的财税体制看农民负担的制度原因》，《香港社会科学学报》秋季卷。

Bardhan, Pranab 2000, "Irrigation and Cooperation: An Empirical Analysis of 48 Irrigation Communities in South India." *Economic Development and Cultural Change* 48 (4).

Davoodi, Hamid & Heng-fu Zou 1998, "Fiscal Decentralization and Economic Growth: A Cross-Country Study." *Journal of Urban Economics* 43.

Galasso, Emanuela & Martin Ravallion 2001, *Decentralization Targeting of an Anti-Poverty Program.* Development Research Group, World Bank.

Gugerty, Mary Kay & Edward Migual 2000, *Community Participation and Social Sanctions in Kenyan Schools.* Cambridge: Harvard University.

Mello, L. R. De 2000, "Fiscal Decentralization and Intergovernmental Fiscal Relations: A Cross-Country Analysis." *World Development* 28 (2).

Oi, Jean 1992, "Fiscal Reform and the Economic Foundations of Local State Corporatism in China." *World Politics* 45 (1).

Rodden, Jonathan, Gunnar S. Eskeland & Jennie Litvack (eds.) 2003, *Fiscal Decentralization and the Challenge of HardBudget Constraints.* Cambridge: The MIT Press.

政府投资驱动型增长
模式的社会学分析[*]

——一个能力论的解释框架

刘长喜　孟　辰　桂　勇^{**}

一　研究缘起

改革开放 30 多年来，中国创造了 GDP 年均增长 9.8% 的经济奇迹，经济总量从 1978 年的 3645.2 亿元增加至 2013 年的 568845 亿元，跃居全球第二位，被誉为"中国奇迹"。虽然中国经济经历了巨大的变化，但它的体制和组织结构始终让人着迷（张军，2011a）。其中之一就是中国经济增长呈现鲜明的政府投资驱动型特征（渠敬东等，2009；吴敬琏，2008；周黎安，2007）。相关统计数据显示：自 1997 年以来，受政府控制的国有经济投资占 GDP 的比例一直在 16% ~ 23% 波动。^① 1996 ~ 2010 年，由政府（包括中央政府与地方政府）主导的投资资金规模从 3.45 亿元增加至 4.2 万亿元，年均增长 20.6%，政府投资率平均为 9% ~ 13.4%。中国政府投资率不但高于欧美发达国家水平，而且也高于以政府干预经济发展著称的日本（刘立峰，2012）。

由此可见，中国经济增长中的政府投资驱动型特征非常明显。那么，为什么中国经济增长呈现政府投资驱动型特征？这一问题引起了学术界的关注，当前对此的解释主要有晋升锦标赛论、财税激励论以及寻租论。

晋升锦标赛论认为，政府官员的治理机制是决定经济增长的重要制

---

*　本文原载《社会学研究》2014 年第 3 期；收入本书时有修改。

**　刘长喜，上海财经大学人文学院副教授；孟辰，浦东发展银行；桂勇，复旦大学社会发展与公共政策学院教授。

①　根据历年《中国统计年鉴》相关数据测算。

度安排。改革开放以来，中国形成了以经济增长为基础的晋升锦标赛，提供了一种具有中国特色的激励地方官员推动经济增长的治理机制。对地方官员来说，采取政府投资是拉动经济增长的最便捷的方式（周黎安，2007；Blanchard & Shleifer，2001）。这种解释一方面受到其他实证研究的质疑，有研究表明官员晋升与经济增长没有显著的正相关，或者官员晋升中经济因素并没有排在首位（杨其静、聂辉华，2008）；另一方面晋升锦标赛论表面看似比较符合我们对中国政府官员晋升机制的观察，但是进一步探究起来其因果机制远非这么简单。在上级决定下级官员晋升的机制下，如受到上级官员"赏识"的下级官员往往有可能被派往经济增长先天条件较好的地区任职。再如由于"派系"斗争的原因而使经济增长快的领导升迁，等等。在这种情况下，晋升锦标赛论就犯了倒果为因的错误或者没有辨清其中的虚假相关关系。

财税激励论认为，改革开放以来的中央与地方财税体制相继实行了包干制和分税制改革，财税体制的变革激励地方政府为了寻求更多的财税来源而热衷于投资和经营企业（Jin et al.，2005；林毅夫、刘志强，2000；Qian & Roland，1998）。毋庸置疑，更多的财政收入是政府行为的重要动机，但是，通过政府投资仅仅是寻求更多财税的来源之一。吸引外资、发展民营企业都能带来更多的税收。

寻租论强调政府官员热衷于投资的动机来源于寻租的激励。在经济运行中，政府官员利用手中的权力来寻求租金价值最大化（Wedeman，2003；Murdoch & Sicular，2000）。政府投资项目的增多扩大了政府官员寻租的空间，由此导致政府官员以发展经济为名扩大政府投资（张军，2006；Mauro，1998；Tanzi & Davoodi，1997）。不可否认，个别官员从政府投资中寻租。但是，通过投资仅是寻租的一个来源，而不是唯一来源。

上述三种理论对政府投资的解释虽然侧重点各异，但是都基于经济逻辑来解释，强调经济逻辑统摄政治逻辑。对经济主体行为的解释既要关注其动机，更要关注其能力。换言之，具备想做某事的动机不一定能做成，关键还要看是否具备做这事的能力。即便上述三种理论完全成立，但是仅仅能解释政府投资的动机，而不能说明政府投资能力是如何形成的。也就是说政府具有投资动机不能全部解释投资行为一定能发生。中国经济增长呈现明显的政府投资驱动型的特征不能仅从动机上解释，还需要从能力上解释。进言之，现有的理论无法解释如下推论：既然具有同样的投资激励，为何政府投资呈现区域性差异和周期性波动？

就其理论逻辑而言，上述三种理论存在如下问题。

其一，是在解释问题时往往有意无意地忽略中央政府，过分强调地方政府在投资中的地位和角色。事实上，对中国经济问题的把握离开中央政府根本难以发现真正的事实。中央政府的行动特征以及偏好不但对地方政府产生直接的影响，而且直接对中国经济产生至关重要的作用。任何关于中国经济问题的理论都不能忽视中央政府或者仅仅将之视为一个外生变量。

其二，是从理论视角上来说，上述三种理论具有伪社会性的特征，它们似乎考虑了财政制度和政治体制，但本质上还是一个强调决策主体进行理性选择的动机的理论类型。事实上，理性选择的动机是不可否认的，但问题的关键在于为什么某种选择就是理性的，而其他选择则不是理性的。这就必须考虑到支持理性的约束条件是什么，以及这些约束条件如何形成。如果仅仅停留在经济学理论自身的发展，可以只考虑理性选择而不考虑相应的约束条件；但如果要把经济学的模型引申到对现实问题的解释中，就必须把理性选择置于具体的约束条件下来具体分析。

其三，是现有的三种理论解释都侧重于从动机机制上解释政府投资，而忽略了政府投资能力的形成。经济学理性选择模型只考虑意愿，关键还在于外部的结构与制度是否允许，而这正是需要社会学解释的：促使决策者做出特定选择的外部结构与制度是如何形成的？在经济学理性选择模型看来，特定选择的外部结构与制度是外生变量。事实上，这些结构与制度是内生于行动者的选择的。

基于上述认识，本文提出一个不同于政府投资动机论的政府投资能力论的分析框架，并具体分析30多年来中国政府投资能力的具体变动机制。本文指出，中国呈现政府投资驱动型增长背后的政治动力是特有的合法性转换诉求及关于中国经济增长的认知图式，在该政治动力的驱动下，相继出台分税制、银政分离制度、国企资本化制度等制度，有意抑或无意之中形塑了中央和地方政府投资能力。在理论分析的基础上，本文还利用分省面板数据，构建一个政府投资能力的回归模型，对已有三种理论和我们自己的理论解释进行了检验。本文的结构安排如下：第一部分是问题的提出及其文献评述；第二部分构建一个政府投资能力的分析框架；第三部分具体分析中国呈现政府投资驱动型增长背后的政治动力；第四部分进而探讨在上述政治动力的驱动下的政府投资能力变动的制度机制；第五部分利用分省面板数据构建一个政府投资能力模型进行检验；第六部分对本文的相关问题进行讨论。

二　分析框架

基于对中国经济发展 30 多年的历史性考察，本文提出了一个解释政府投资驱动型增长何以形成的分析框架，这一框架实质上是描述一个以国家为核心的制度变迁图式。

（一）以国家为核心的制度变迁图式

1. "找回国家"

国家在经济治理中的作用是目前经济社会学需要大力研究的重点（高柏，2008）。在主流经济学研究范式中，一直将国家视为经济发展的外生变量，扮演"守夜人"的角色。1970 年代以来，西方比较社会科学领域研究范式从"社会中心论"转向"国家中心论"，高度重视作为行为主体或制度组织的国家，将国家带回分析中心逐渐成为一种主流研究范式（埃文斯等，2009）。特别是关于发展型政府的研究彻底颠覆了国家和市场相互独立的分析范式。

约翰逊在《通产省与日本奇迹》率先提出了"发展型政府"这一概念，认为日本政府对经济增长的作用与西方迥异，开创了研究东亚国家政经关系的研究新范式（Johnson，1982）。发展型政府建立在两大基础之上：自主性和国家能力。换言之，政府能超越利益集团的要求而形成和追求特定政策目标，并且具有超常的执行能力。从中国的实践来看，国家干预经济不但具有较强的驾驭市场特征，而且直接成为投资主体，干预经济运行。因此，对中国经济增长的解读必然不能忽视国家对经济的架构。

2. 经济增长背后的政治动力

在对经济领域的研究中，社会学家与经济学家完全可以走到一起。在经济学分析框架所力不能及的地方，正是社会学发挥自己作用的空间所在。

其一，对经济学的理性选择模型来说，偏好是给定的。社会学可以为偏好的形成提供一种介于历史分析与抽象的普遍化分析之间的解释模式。具体到经济增长背后的动因，其背后的政治动力不容忽视。经济制度虽然直接影响经济绩效，但是经济制度的选择是受政治制度约束的。

作为行动者的国家，为了维护国家利益，往往有动机去架构经济。作为结构的国家，由于受到不同力量的驱使其治理经济的制度也相去甚远。

其二，对经济学的理性选择模型来说，"理性"是特定的，行动决策总是完美的。这里面的关键，正如经济社会学中的制度主义所指出的，在于如何理解"理性"。强调文化与认知因素的经济社会学在理解这种理性选择时就大有用武之地：假定偏好已经给定，经济决策者接下来必须认真思考如何以最佳方式满足自己的需求。认知过程为经济行动的决策者提供了一套关于人类行为以及人类社会的因果关系链条的固有认知图式。当然，认知因素的引入只是为形式化的理性选择提供了可能性，但却无法保证决策在客观上的正确性。这也解释了为什么经济领域总是存在大量的无效率行为和制度。

道宾（2008）指出，政治文化驱动着工业文化，政治家面临经济问题时往往倾向于用解决政治问题的方式来做。制度化的政治文化塑造这些国家经济增长模式。通过赋予社会生活中某些手段－目的关系以意义，政治文化塑造了国家借以实现经济增长的目标和手段。

（二）中国政府投资能力形成的制度变迁图式

基于上述认识，本文提出了一个解释中国政府投资能力形成的制度变迁图式，这一变迁图式的深层政治动力是保持高速的经济增长和社会稳定，在其推动下，财政、金融、土地、企业组织等领域都发生了某些关键性的制度变化，而这些制度聚合在一起产生了一些意外后果，政府投资能力的形成正是其后果之一（如图1所示）。

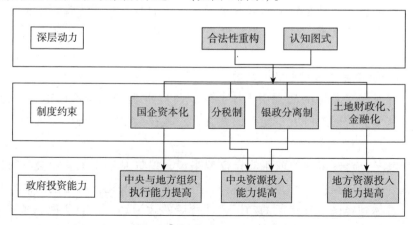

图1　政府投资能力变动机制

1. 政府投资能力的约束条件

促使决策者做出特定选择的外部结构与制度是如何形成的？就本文研究的主题来看，政府具有投资动机后，如何组织执行和是否具备资源投入能力就变得至关重要。本文将政府投资能力的约束条件操作化为组织执行能力和资源投入能力。

（1）组织执行能力

政府投资组织执行能力是通过特定执行机构来体现的。影响政府投资组织执行能力的因素有两个。一个是执行政府投资决策的执行机构在所有投资机构中的地位和影响力。如果执行政府投资的组织机构在所有投资机构中的地位和影响力较低，意味着政府投资的组织执行能力也较弱。反之亦然。

另一个影响政府主导型投资的组织执行能力的因素是政府对这些组织的约束控制能力。政府投资组织执行能力强的体现不但要有一批具有较高地位和影响力的组织机构，而且政府要对这些组织机构具有较强的约束控制能力，使之能更好地实现政府投资目标。

（2）资源投入能力

影响政府投资的另外一个约束就是资源投入能力。即便在同样的投资冲动激励下，由于政府资源投入能力的不同导致最后的政府投资结果相去甚远。政府投资的资源投入能力也从两个方面衡量：一是政府直接控制的可供用于政府投资的资源量的大小；二是政府通过特定的渠道能够将社会资源调动起来的可供用于政府投资的资源量的大小。

对政府投资能力而言，资源投入能力相对于组织执行能力更为重要。因为对政府来说，通过相应的制度成立具有一定地位和影响力的组织执行机构并不是特别难，完全可以凭借努力建构出来。但是资源投入能力是一个硬约束，"解决了激励机制问题，要加快经济发展，地方面临的最困难的问题就是如何开始加快资本的形成"（张军，2012：113）。政府如何突破资源投入能力的约束从而拥有庞大的投资资源是重中之重。

2. 政府投资能力形成的制度条件与变迁动力

那么，政府投资的组织执行能力与资源投入能力的形成取决于哪些条件呢？如图1所示，从两个层面探讨政府投资能力变动的具体机制。

从制度层面而言，本文要重点分析有哪些制度直接影响政府投资能力的变动。通过政府投资能力变动的制度性溯源，本文发现国企资本化、分税制、银政分离制度以及土地财政化和金融化制度有意或无意之中成为政府投资能力的制度条件。作为执行政府投资的组织机构——国企，其经济地位和影响力以及政府对其的控制力的高低直接作用于政府投资的组织执行能力。因此，有必要探讨改革开放 30 多年来关于国企改革推出了哪些制度，这些制度是如何影响政府投资的组织执行能力的。对于政府投资的资源投入能力来说，政府财政收入的高低及其支配信贷资金的多寡至关重要。分税制和银政分离制度成为中央资源投入能力提高的制度性保证，而这两个制度直接导致地方资源投入能力的下降。在上述制度约束下，地方政府通过土地财政化和金融化重新获得资源投入能力的保障。

从制度背后的政治动力来看，在此基础上需要进一步追问，这些制度是如何形成的？中国的发展对现有经济发展理论提出了挑战，政府在经济发展中发挥着巨大的和持续的推动作用（弗雷格斯坦，2008；高柏，2008）。中央政府是出于何种政治考量以及关于经济增长的认知图式是这些制度形成的根本原因。因此，需要进一步探究这些制度变迁背后的政治逻辑。下面，本文就用该分析框架具体分析政府投资能力变动的历史性机制及其背后的政治动因。

三 变迁的政治动力：合法性体系的建构与认知图式的形成

经济增长的政治约束条件以及经济领域主要行动者对经济事务的认知图式，这两个因素在一定程度上形塑了中国经济领域的具体面貌特征，进而推动着政府投资组织执行能力和资源投入能力的形成与演变，从而形成相应的经济增长模式。

（一）经济发展的政治动力：合法性基础的重构

中国政府对经济增长的偏好形成并非先天存在的，而是被建构起来的。中国政府对经济增长的偏好出于合法性基础重构的深层次动因。"如果一个国家统治的正当性是基于一个被民众广为信仰的价值体系，我们可以说这个国家的统治是基于意识形态合法性；如果一个国家统治的正当性来源于国家向社会提供公共物品的能力时，这个国家的统治则基于绩效合法性；如果一个国家的领导人是通过一个被大多数人所认可的程序而产生，这一国家的统治则基于程序合法性"（赵鼎新，2012：7）。

　　至"文革"结束，国民经济濒临崩溃的边缘，以阶级斗争及个人魅力崇拜为基础的意识形态合法性体系不复存在，如何重构合法性体系就成了当时的领导人所面临的一个重要问题。为了重构合法性基础，中国政府将工作重心转移到经济建设上来，把经济绩效作为合法性的重要基础。"要一心一意搞建设。国家这么大，这么穷，不努力发展生产，日子怎么过？我们人民的生活如此困难，怎么体现出社会主义的优越性？……社会主义必须大力发展生产力，逐步消灭贫穷，不断提高人民的生活水平。否则，社会主义怎么能战胜资本主义？"（邓小平，1993：10）。

　　在1980年代，中国政府虽然高度重视经济建设问题，但是由于意识形态的争论，合法性的转换还没有彻底完成。1990年后，国内外局势的变化促使中国政府将合法性彻底扭转到经济增长上来。家庭联产承包责任制的推行和国企改革都释放了大量的剩余劳动力，他们迫切需要就业。巨量的显性和隐形失业人口对国家稳定构成较大的威胁。从国际上来看，东欧剧变及苏联解体对同样作为社会主义国家的中国产生了较大挑战。解决合法性焦虑变成了中国政治要考量的核心问题。面临上述困境，中国政府将政治合法性建立在经济增长的基础之上，绩效成为最为重要的基础（赵鼎新，2012）。

　　1992年后，从中央到地方都唯"经济为重"，"发展是硬道理"成为主流意识形态话语，如何促进经济增长成为各级政府工作的重中之重。党的十四大报告中指出："如果我国经济发展慢了，社会主义制度的巩固和国家的长治久安都会遇到极大困难。所以，我国经济能不能加快发展，不仅是重大的经济问题，而且是重大的政治问题。"（江泽民，2006）

　　20多年来，重视经济增长和维持社会稳定成为中国政府最为重要的政治考量。换言之，经济问题和社会问题的泛政治化成为中国政府的行动范式。中国政府把改革、发展和稳定的关系作为最重要的关系来处理。社会稳定是各级政府的高压线。换言之，维稳也是政府最重要的政治考量之一。凡是经济发展中威胁到社会稳定的因素，比如通货膨胀、经济过热或过冷等问题，政府必将高度重视，采取调控政策和相应的制度安排将之消解。同时，社会发展中经常存在一些不稳定的事件。政府为了维持社会稳定，主要用经济的手段来解决。"1992年邓小平南方谈话，基本确立了'稳定'和'发展'的意识形态，社会稳定被看作是经济发展的根本保障，而'经济增长至上'则构成了社会稳定的必要前提。从政府到民间逐步形成了这样的共识，即社会稳定不能通过政治和意识形态

领域的变化实现，而是要通过经济的快速增长和人民生活水平的提高来保障。"（渠敬东等，2009：113）

由此可见，用经济的方法解决政治和社会问题体现了经济发展背后的政治逻辑。为了提高政治合法性和保持社会稳定，促使政府形成对经济增长的特殊偏好。

（二）中央政府对经济事务的认知图式：政治文化对经济发展的形塑

当经济增长和维持社会稳定成为国家组织目标时，如何实现这一目标便成为一个重要问题。制度化的中国政治文化赋予经济增长及社会稳定的手段与目标之间以特有的意义。如前所述，中央政府对维持社会稳定以及提高政治合法性的实现手段都寄希望于经济增长。中央政府对实现目标与手段之间的因果图式的认知对中国经济增长模式的形成产生重要的影响。

1978 年以来，中央政府通过在农村和原有计划体制的边缘地带的改革带来了意想不到的经济绩效。由于农村和原有计划体制的边缘地带的改革对传统计划体制冲击不大而获得支持和鼓励。通过改革实现经济增长成为中央政府的共识。但是到 1984 年，中国改革重心从农村转向城市时，改革路径的选择对后来产生了重要影响。在当时的政治结构下，作为传统计划体制中心的城市改革不得不依赖原有一套体制来实施改革，组织经济活动。因此，1984 年启动的城市改革通过赋予地方官员更多的自主权来推动经济增长。中央政府改革的重点在于放权：一方面赋予地方政府参与经济发展更多的权力和激励，另一方面赋予国企更多经济主体地位以改变其低效率的现状。

中央政府与地方政府的分权改革的确赋予了地方政府积极参与经济发展的动机和能力，但是由于地方政府各自为政，形成较多的重复建设和较强的地方保护主义。一方面导致经济容易大起大落，直接威胁社会稳定；另一方面导致中央政府权威下降，出现"令不出中南海"的现象。同时，放权让利式的国企改革并没有让国企起死回生。

面临上述复杂的挑战，1990 年代中后期，中央政府重构了一套发展经济的思路。首先，中央政府拥有提升经济和社会发展的宏观调控能力。中国经济增长和社会稳定都离不开强大的中央政府。无论是防止经济大起大落，还是国企改革，都需要强大的中央政府通盘筹划。中央政府掌控更多的经济资源有利于宏观调控。改革开放以来，中国经济易陷入"一收就死，一放就乱"的循环。因此，要实现经济良性增长和社会稳定，就需要中央政府具有宏观调控能力。既要保持地方政府参与经济的积极性，又要保持宏观经济平稳发展，这是宏观调控的主要目标。

其次，政府投资是保增长的最好方式。一旦遇到外部需求出现重大危机时，保增长就往往被摆在优先位置。为了促增长往往会放松相关限制政府投资制度安排，推出系列带动经济增长的政府投资计划。

最后，国企改革是改革的重中之重，其他领域的改革要服从这个目标。国企改革目的有两个：一是经济目标，即提高国企的竞争力和经济效益，进一步发挥国企在经济增长中的积极作用；二是政治目标，提升社会主义政治合法性。换言之，国企改革的成本和收益不仅仅是经济层面的，而且具有政治层面的考量。因此，国企改革是改革中的重中之重，其他改革要服从于这一重大战略安排。

四 关键制度的形成与政府投资能力变动

在上述中央政府对发展经济的认知模式下，1990 年代后，中央政府对经济发展的安排从原来的分权模式走向集权模式，通过一系列的制度安排，开始将影响经济增长的重要经济资源掌控起来。正是这些关键的制度与政策的推行，实现了资源从原来的分散向政府特别是向中央政府积聚的转变，对中央政府和地方政府投资能力产生了重要影响。

（一）关键制度的形成：资源从分散到积聚

如前所述，国企改革是过去 30 多年的重点。1990 年代中后期，中央采取国企资本化的系列制度改革，一方面将国企改造成为追逐利润的微观经济主体，使其成为掌控经济资源的主体；另一方面开始改变以前一直以来产权虚置状况，加大对国企的管控能力。从效果来看，国企资本化改革取得了预期目标。从 2004 年起，中国从原来的"国退民进"转变为"国进民退"，大量经济资源开始向国企集聚。

财政资源的多寡意味着政府直接支配的投资资源的多少，信贷资源丰歉意味着政府间接撬动的投资资源的多少。这些核心经济资源支配权的变化直接影响了各级政府的行动范式。为了重塑中央政府权威，提升其在经济增长中的地位。1994 年开始两大制度改革：分税制改革和银政分离制度。分税制改革直接改变了以往中央政府和地方政府在财政收入中的比例分成，使中央政府掌控的财政资源急剧增多。银政分离制度主要是改变地方政府对银行分支机构控制，强调中央政府以及总行对分行的主导权，削弱地方政府对分行的支配权。

（二）政府投资能力变动

上述三大关键性制度安排不但直接影响了政府投资能力，而且还产生了意外后果，从而带动政府投资能力发生更为复杂的变动。下面我们进一步分析这些关键性制度及其意外后果是如何影响政府投资能力变动的。

1. 国企资本化与政府投资的组织执行能力提高

通过国企资本化改革，促使国企有动力也有能力执行中央政府和地方政府的投资决策，大大提升了中央和地方政府投资的组织执行能力。一方面国资委监管体制的构建，既强化了国有资本逐利的冲动，又强化了政府对国有资本的掌控。"国资委的建立把原先分散于各部门的国有资产出资人的权力集中起来，结束了以往'九龙治水'，产权不清、政企不分、权责不明，看起来大家都在管，却谁也管不了的局面。"（王新红、谈琳，2005：76）虽然政府不再直接干涉国企内部具体人事任命，但是国企高管还是由各级政府直接任命或者间接来任命。因此，对国企来说具有政治和经济双重目标。在双重目标的激励下，积极参与政府投资项目是一举两得的理性选择。

另一方面，通过国企资本化改革，国企数量虽然不断下降，但其经济地位和影响力日益增强。以央企为例，在 2002 年以前，央企经历了大幅度的改革和结构性挑战，央企数量急剧减少，行业分布战略性收缩。2002 年以后，央企的地位和影响力急剧提高。从资产上来说，2002～2011 年，国资委监管的央企资产总额从 7.13 万亿元增加到 28 万亿元，营业收入从 3.36 万亿元提高到 20.2 万亿元，上缴税金从 2926 亿元提高到 1.7 万亿元（王勇，2012）。同时，从行业地位上来说，央企大都分布在生产要素行业，并且具有垄断地位。

对地方国企而言，经历过系列改革，地方国企逐步虽然退出竞争性的商品领域，但在地方政府的支持下，其经济实力不断扩大。虽然地方国企在全社会固定资产投资中的比例逐渐下降，但是其投资的领域主要是当地政府关注的基础设施领域。相关研究发现，国企资本化改革以来，地方政府为了实现经济增长，进行干预并导致地方国企过度投资。同时，地方政府对国企投资的干预存在区域性和周期性差异。在市场化进程较慢的地区以及经济增长受阻时，地方政府干预当地国企过度投资的动机就越强烈（唐雪松等，2010）。

2. 分税制、银政分离制与中央政府资源投入能力的提高

如前所述，通过分税制改革和银政分离制度改革实现了资源向中央政府集聚的目标，为中央政府资源投入能力的提升提供了制度性保障。

一方面，中央政府可支配的财政收入自 1994 年以后不断提高。如图 2 所示，1980 年代中期以后，开始实施财政包干制，导致中央财政收入占 GDP 的比重和中央财政收入占全国财政收入的比重（简称两个比重）分别在 1985～1992 年逐年下降。反映中央－地方关系的两个比重的下降意味着中央政府投资资源投入能力较弱。1994 年以后，两个比重逐渐攀升。中央财政收入占全国财政收入的比例升至 50% 以上，中央财政收入占 GDP 比重也不断攀升至 10% 以上。分税制改革实现了财政分权到财政集权的转变，从制度上保证了中央财政收入在整个财政收入分配中的优势地位。财政资金的充裕意味着中央政府可供投资的资金也会相应增加，其资源投入能力也大为增强。

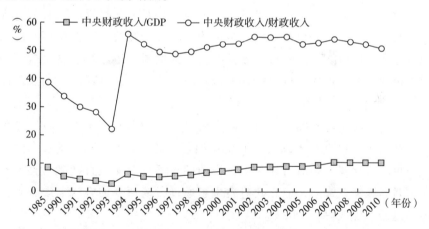

图 2　1985 年以来中央财政收入占 GDP 比例及占财政收入比例的变动情况

资料来源：根据国家统计局（2011）的相关数据整理而成。

另一方面，银政分离制度改变了银行从属于地方政府的实际隶属状态，提高中央政府对信贷资金的支配能力。1994 年之前，地方政府对国有银行在当地分支机构的掌控能力较强。各级政府往往利用对商业银行的支配地位强制或半强制地促使商业银行为政府投资项目提供贷款。政府"把财政分配、调节社会资金的职能活动，有意或变相地移给银行，并在不同层次、不同程度上视为'第二预算'，把有偿的信贷资金变成无偿使用或长期占用。信贷资金本应用于有偿的经济活动，但分配的结果变成了无偿的；或本应由财政资金担负的用途，用信贷资金替代。其实质是把信贷资金本质属性的有偿性、流动性异化为无偿性、固定性"（中国人民银行鄂州市分行课题组，1992）。1994年以来，中央政府逐步推行了四大国有银行改革，首先进行银政（地方政府）分离制改革，改变银行分支机构隶属于地方政府的状态，强化总行对分行的垂直管理。其次是强化国有银行的商业银行的属性，构建对其的经济考核指标。随着银行体系的独立性和市场化改革的加快，银行机构的逐利性质得到最大限度的释放。同时由于中央政府通过对四大国有商业银行决策层的人事任命权，导致四大国有商业银行的逐利性和中央政府追求政府投资来获得经济增长的诉求耦合起来。如2008年中央政府决定"四万亿"的投资计划后，四大国有商业银行马上开足马力加大放贷速度以示支持。由此可见，金融体系的宏观改制与微观主体的市场化改造，通过市场化和行政化的合作方式，中央政府撬动金融资源用于投资的能力大为增强。

3. 土地财政化、金融化与地方政府资源投入能力的提高

分税制和银政分离制的实施夺走了地方政府主导投资的原有的两大资源配置权力。中央和地方财政格局的扭转大大制约了地方政府动用财政资金来投资的能力。同时，分税制改革也抑制了地方政府直接投资企业来带动经济增长的动机，开始逐步转向经营土地来带动经济增长的路径上来（周飞舟，2006）。

在地方政府资源投入能力面临分税制带来的财政压力的时候，银政分离制的实施更是雪上加霜，原来将银行被地方政府当作"第二财政"做法更难以为继。如前所述，中央推动四大国有商业银行的独立性改革特别是实施垂直管理，地方政府丧失了通过行政命令的方式获取银行资金的途径（沈明高，2009）。

如何突破现有制度约束从而获得更多的资源投入能力成为地方政府面临的重大挑战。在强大投资冲动的刺激下，地方政府开始试图突破财政和信贷的约束，寻求新的资金来源。土地财政化和金融化导致地方政府的资源投入能力迅速提高。

一方面，"土地财政"成为地方政府收入的一个重要来源。分税制改革时，中央政府忽视了对土地转让收益权的控制，将土地出让收入基本划归为地方政府。"由于土地出让金是目前地方政府游离于地方预算外最

大的政府收入，因而被大多数地方政府视为最大的非正式制度重要财源之一。"（欧阳昌朋，2012：40）1999～2011年，这十三年是中国土地资产化最为迅猛的年代，全国土地出让收入总额约12.75万亿元，几乎年均1万亿元。2011年地方土地出让收入占当年地方财政收入的60%（刘展超，2012）。这些巨额土地财政收入导致地方政府资源能力的大幅度提高。

另一方面，土地金融化成为地方政府突破资金约束的一个重要方式。在央行为对冲外汇占款而被动发行货币的传统模式之外，商业银行和各地方政府结合，以"土地信用"的方式形成新的货币发行主体，其功能类似于"第二央行"（黄河，2011）。土地成为连接地方政府和银行的媒介。"政府垄断了经济中最主要的资源，这些资源是政府信用的保障。尽管从财政收入的角度来看，未来地方政府的现金流远不足以还贷，但如果将其控制的资源如土地、垄断牌照等按照市价估值，地方政府仍是最大的净资产所有者，不但可以为银行贷款提供隐性担保，还可以提供显性担保。"（沈明高，2009）换言之，通过土地为地方政府的融资平台提供担保，吸引了大量银行资金可供投资所用。中央政府推行的银政分离制改革的目的是改变银政之间的信贷财政化弊端，但却产生了银政主动联盟的意外后果。虽然中央政府一直在调控地方政府的投资冲动，但是银行和地方出于各自的利益形成了一种紧密型的"银政合作联盟"，提高了地方政府资源投入能力，并消解中央政府的调控效力（高辉清，2006）。对银行而言，"这些具有贷款金额大、期限长特点的政府性公司贷款不仅可以立即做大自身业务规模，迅速产生即期效益，同时还可以更好地完成上级安排的各种考核指标，取得当期的经济利益，甚至还可以获得进一步晋升的机会"（王叙果等，2012：13）。

凭借土地金融化的机制，地方政府通过地方政府融资平台，突破原有的资源动员瓶颈，实现了资源投入能力的大幅度增长。如图3所示，1997～2010年，地方政府性债务余额从2399亿元增加到107175亿元，地方政府性债务余额占GDP比例也从3.4%升至26.9%（IUD领导决策分析中心，2011）。虽然在过去十多年来，各地方政府性债务都有大幅度的提高，但是各地之间的融资能力也存在较大的区域性差异。根据现有公开的部分省区市的数据来看，2011年山东省总量最大，达到4725.19亿元；宁夏最少，为622.11亿元。但是从债务率来看，山东省地方政府性债务占GDP的比例最低，为12.06%，海南省最高，为46.44%（IUD领导决策分析中心，2011）。

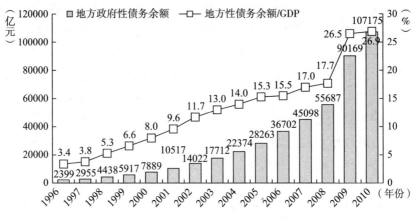

图3 1996～2010 年地方性债务情况

资料来源：IUD 领导决策分析中心（2011）。

4. 合谋与博弈：政府投资能力的周期性波动

"对于中国这样的大国而言，包括土地在内的经济资源都在地方政府控制之下，如何调动地方发展经济的积极性而又保持着整体经济的平稳，始终困扰中央政府。"（张军，2011b：47）

如表1所示，在通过投资获得经济增长问题上中央和地方既存在合谋机制又存在博弈机制。当经济增长面临下滑危机时，中央会在财政、银根、土根、项目审批权等方面出台相应的刺激投资的政策，地方政府也会积极响应，迅速跟进。在通过投资获取经济增长这一点上中央政府和地方政府在制度上达成合作。

表1 中央与地方政府的合谋与博弈机制

	合谋		博弈	
	中央	地方	中央	地方
政治考量与认知图式	经济过冷，促增长	跟进	经济过热，以调控来维稳	反调控
财政政策	积极	跟进	稳健	土地财政化机制
货币政策（银根）	宽松	跟进	收紧	土地金融化机制
土地政策（土根）	宽松	跟进	收紧	化整为零，突破约束
项目审批权	宽松	跟进	收紧	以稳定要挟，利用体制空间

在强烈的投资冲动驱使下，往往会演变为过度投资直至经济过热，导致通货膨胀和重复建设，威胁经济和社会稳定。中央政府会通过财政、银根、土根和行政审批等方面加大收紧力度，力求平抑地方政府投资冲动。但是，"上有政策，下有对策"，地方政府通过土地财政化、金融化以及逆预算软约束等机制将中央政府的宏观调控政策的效力在一定程度上化解。

正是这种中央和地方的合谋和博弈机制导致了政府投资能力出现周期性波动。

五　社会学模型的解释力：一项粗略的实证检验

（一）变量的测量

1. 因变量

对于因变量地方政府投资驱动型增长特征,[①] 本文选取的指标是历年各省区市地方政府的固定投资额占 GDP 的比重。但是由于现有的统计口径缺乏地方政府投资额的数据，通过借鉴已有的实证研究文献中对该指标的测量方法，本文对地方政府投资额采用"国有固定资产投资"中除去中央项目的固定资产投资这一指标。[②]

具体的做法是，地方政府投资额 = "国有"固定资产投资 – "中央项目"固定资产投资，这样得出的结果作为分子。而各地区各年份的地方政府投资驱动型增长特征 = 地方政府投资额/GDP × 100%。

2. 自变量

由于数据的可获取性问题，本文对一些难以准确直接测量的变量，采取 2 个及以上的测量方式来进行间接测量，以增加最后回归结果的稳健性和可信性。

组织渠道 1：由于国企是地方政府投资的执行机构，本文用国企相关指标来测量地方政府投资的组织执行能力，即各地区各年份的"国有及国有控股的工业总产值" / "规模以上企业的工业总产值" × 100%。

组织渠道 2：为了稳健考虑，本文用另一指标来测量地方政府投资的组织执行能力。如果单以各地区各年份的国有企业数量占当地企业总数的比重来测算，则有其不合理之处。因为企业本身有大小之分，一些巨型国有企业可能在事实上可以等同于数家甚至数十家中小型国有企业。因而本文对此指标的测量进行调整，用就业人数来测量国企在当地的影响力：各地区各年份的"城镇国有单位就业人数"／"城镇就业人员总数"×100%。

融资能力 1：一般来说，地方政府债务中大部分都是中长期贷款，本文用中长期贷款的规模来间接测量地方政府的融资能力。具体的测量办法是，各地区各年份的"中长期贷款规模"/GDP×100%。[①]

融资能力 2：如前所述，由于地方政府通过出让土地获得土地出让收益，或者通过土地储备中心，地方融资平台抵押土地获得银行贷款来进行城市建设和投资（周飞舟，2006）。土地收益是反映地方政府融资能力的一个重要指标。但是，由于缺乏连续性分省土地收益数据，本文采取房地产产值的比重来近似反映地方政府的融资能力，即"房地产产值"/GDP×100%。

融资能力 3：从某种意义而言，金融能力在一定程度上能够反映着一个地方融资能力的好坏。中国的金融业具有较强地为地方政府输血的特征。因此，我们所选取的指标是，各地区各年份"金融业产值"/GDP×100%。

另外，为了检验 2008 年那场影响浩大的金融危机以及随后的"四万亿"的影响，本文引进了 2008 年的时间虚拟变量（T）。具体的赋值方法是，对于 2008 年以及之后的 2 年，赋值为 1。其余年份则赋值为 0。

3. 控制变量

为了与现有的文献对话，除了本文所选取的解释自变量外，还将在计量模型之中控制竞争性解释中的三个核心变量：晋升激励、财税激励和寻租。具体的测算方法如下。

晋升激励：参考张军等（2007）的做法，采用地方政府之间开展的"标尺竞争"这一概念来近似替代各地方政府晋升激励这一变量，用各年份各省份人均利用外资的对数值来指代晋升激励。

财税激励：本文选取"财政支出"／"财政收入"×100% 这一比值

---

① "中长期贷款"数据来源于历年《中国金融年鉴》。

指标。原因如下，如果支出与收入的比值越大，则地方政府的财政"缺口"就越大。那么按照财税激励论的观点，地方政府则更加有激励去为了扩大税基而去搞投资。另外需要说明的是，2009 年、2010 年两年的对于地方财政支出和地方财政收入的统计口径发生了变化。对此，本文采用"一般预算支出"／"一般预算收入"的比值（此为新统计口径的名称），与之前年份的比值相比，各省区市 2009 年、2010 年的该项比值较平稳。所以这种做法可以被认为是恰当的。

（反）寻租：这里我们同样借鉴张军等（2007）的思路，采用"每万公职人员贪污贿赂案件立案数"的指标。如果寻租派理论的解释站得住脚的话，如果这个指标越高，则地方政府寻租的动机将在某种程度上遭到一定的遏制，从而地方政府投资行为越不显著。所以这是一个反向测量的指标。[①]

（二）数据说明

以上各项数据，除特别注明之外，均来自国研网宏观经济数据库。为了保持所有数据的连续性，本文所有数据的年份选定为 2002～2010 年。这些变量之中，除去组织渠道，其余变量都涉及价格因素。而在这些变量之中，除去晋升激励，其余变量都采取价格与价格的比值的做法，这样也可以起到消除不同年份价格差异的情况，使之具有可比性。

另外，由于西藏和新疆的特殊性，本文按照通常的做法，没有将之纳入模型之中，最后我们一共得到 29 个省级单位长达 9 年的面板数据。[②]

（三）回归结果

本文根据 F 检验以及豪斯曼检验的结果，最终采取个体固定效应模型。[③] 为了更好地反映本文的解释框架的解释力度，以及与之前的竞争性理论的解释力度的对比，本文采取了分步回归的做法。同时，为了尽可能从多个角度地来对一些难以直接测量的变量进行测量，本文也尽可能多地呈现一些模型，来增加回归结果的可靠性。结果如表 2 所示。

---

① 当然，再次说明由于数据可获得性的限制，本文在这里不得不做出一些折中。
② 本文所有的软件操作均通过 eviews 6.0 来实现。
③ 按照 F 检验的结果，本文拒绝了混合面板数据回归模型；而按照豪斯曼检验（Hausman）的结果，本文拒绝了个体随机效应模型。最终本文采用了个体固定效应模型。由于篇幅所限，本文略去了关于模型的详细处理过程和方法。如有需要，请向作者索取。

表 2　面板数据回归结果

		模型一	模型二	模型三	模型四	模型五	模型六	模型七
本文解释变量	组织渠道 1		0.05 *		0.04		0.04	
	组织渠道 2			0.06 *		0.06 *		0.08 **
	融资能力 1		0.13 ***	0.13 ***				
	融资能力 2				1.02 ***	1.01 ***		
	融资能力 3						0.57 ***	0.62 ***
	时间虚拟变量 2008		1.71 ***	1.84 ***	2.20 ***	2.33 ***	2.01 ***	2.24 ***
控制变量	财政分权激励	5.17 ***	4.30 ***	4.19 ***	4.71 ***	4.60 ***	4.10 ***	4.04 ***
	官员晋升激励	− 0.54 *	− 0.16	− 0.09	− 0.58 **	− 0.54 *	− 0.66 **	− 0.52 *
	（反）寻租	− 0.04 ***	− 0.01	− 0.01	− 0.01	− 0.02	− 0.01	− 0.01
	常数项	− 7.52 ***	− 10.95 ***	− 11.45 ***	− 9.90 ***	− 10.23 ***	− 8.05 **	− 9.77 ***
	R^2	0.27	0.54	0.54	0.50	0.50	0.42	0.44
	N	232						

* $p < 0.1$, ** $p < 0.05$, *** $p < 0.01$。

首先，在模型一中，本文只选取了竞争性解释所代表的 3 个变量，即财政激励、晋升激励、寻租。模型的回归结果发现，这 3 个变量均具有显著性。财政分权的系数显著且正向，这符合财政分权理论对于地方政府热衷于搞投资的解释；对于（反）寻租的系数，显著且负向，也符合了寻租派理论对于地方政府热衷于搞投资的解释；有意思的是，对于晋升激励这一变量虽然显著，却呈现出系数的负向，这多多少少出乎本文的意料。一个最大的可能性是张军等人的从利用外资这一角度来测量地方政府的官员为晋升而竞争的激励并不是一个十分准确的度量方式。从模型的 R^2 为 0.271 来看，这再一次符合本文的理论解释框架的预期，即仅仅从动机的角度，而没有考虑"投资能力"，这样来解释地方政府投资是很不充分的。

其次，在随后的 6 个模型中，本文在控制了模型一中的 3 个变量之后，又以组合方式依次加入了另外两个解释变量，即组织渠道和融资能力。因此，总共呈现了 6 个模型。同时，本文还引进了时间虚拟变量。结果发现，无论在哪一个模型之中，融资能力均对地方政府投资有显著正向影响。这符合本文的理论解释框架的预期。在这 6 个模型之中，有 4 个模型的组织渠道也具有显著的正向性。而在剩余的 2 个模型之中，尽管组织渠道未能呈现预期的显著正向性，但也没有与本文的预期相矛盾。对于我们的时间虚拟变量，也具有极强的显著性。这从一个侧面反映了2008 年的国际金融危机以及随之而来的"四万亿"的确在很大程度上激发了地方政府的投资热情。值得注意的是，本文原先控制的三个解释变量的显著性发生了一定程度的变化。其中，在大部分模型中，（反）腐败这个指标不再呈现显著性。而财政激励这一指标仍然具有很高的显著性，但是系数相比之前有一定程度的下降。模型二到模型六之中的 R^2 也相比之前有了很大的提升，最高的时候比未引进本文解释变量的模型一提高了近一倍。这符合本文的预期。由此可以认为，本文的解释框架相比之前的竞争性理论，确有其优势所在。

六　讨论

本文通过构建一个社会学分析框架解释中国经济呈现政府投资驱动型增长特征的形成机制，具体分析了中央政府和地方政府投资能力的形成及变动。改革开放以来，中国政府出于合法性转换和社会稳定的政治考量，形成了对经济增长的特殊偏好。在中央政府关于经济事务认知图式的指引下，国企资本化、银政分离制、分税制都对中央政府投资能力的提高极为有利。除了国企资本化之外，分税制和银政分割制都大大削弱了地方政府的投资能力。面对这种困境，地方政府通过土地财政化和金融化等方式突破了条件约束，实现了投资能力的大幅提高。最后在数据有限的情况下，利用分省的面板数据对上述理论进行检验发现，本文的理论假设基本成立。从模型结果来看，考仅从政府投资动机的角度，而忽略了"政府投资能力"，解释地方政府投资行为是很不充分的。

现有对中国经济呈现政府投资驱动型增长特征的形成机制的解释偏重于理性选择视角的动机论，本文并不否定动机对政府投资的影响，但更侧重能力论，弥补了动机论的不足。在动机论看来，政府热衷于投资本身就是理性选择的结果。我们分析发现，所谓的理性本身是被建构起来的（杨典，2011）。实现目标—手段的因果图示链条在现实中是受认知影响的。中国政府对金融体系的定位以及对保增长模式的认识，直接影响了相应的制度安排，而这些制度和政策又有意无意地影响了政府投资的组织执行能力和资源投入能力。

本文从社会学角度直面中国经济增长的问题，从学科意义上来说是一次探索。与西方相比，中国政治、经济与社会的一体化程度更高。对经济的社会学研究是正确理解中国社会的必要环节。只有深入探究中国经济的政治、社会乃至文化根源，才能更好地理解中国的经济问题。如经济发展背后的政治考量以及认知图式的影响是一个宏大的研究课题。本文仅从政府投资驱动经济增长层面做了初步的努力，其背后的具体机制值得进一步关注和探究。

参考文献

埃文斯，彼得、鲁施迈耶、斯考克波，2009，《找回国家》，方力维、莫宜端、黄琪轩等译，生活·读书·新知三联书店。

道宾，弗兰克，2008，《打造产业政策——铁路时代的美国、英国和法国》，张网成、张海东译，上海人民出版社。

邓小平，1993，《邓小平文选》第 3 卷，人民出版社。

弗雷格斯坦，尼尔，2008，《市场的结构——21 世纪资本主义社会的经济社会学》，甄志宏译，上海人民出版社。

高柏，2008，《中国经济发展模式转型与经济社会学制度学派》，《社会学研究》第 4 期。

高辉清，2006，《诸侯经济作怪　中国经济宏观调控遇阻》，《中国经营报》5 月 8 日。

国家统计局，2011，《中国统计年鉴 2011》，中国统计出版社。

黄河，2011，《"第二央行"推动中国经济走向"高铁模式"》，《南方周末》8 月 18 日。

IUD 领导决策分析中心，2011，《9 地区公布地方政府性债务数据——山东债务规模最大，海南占 GDP 比重最高》，《领导决策信息》第 34 期。

江泽民，2006，《江泽民文选》第 1 卷，人民出版社。

林毅夫、刘志强，2000，《中国的财政分权与经济增长》，《北京大学学报》第 4 期。

刘立峰，2012，《政府投资规模的统计分析》，《宏观经济管理》第 3 期。

刘展超，2012，《全国土地收入：13 年近 13 万亿》，《第一财经日报》2 月 24 日。

欧阳昌朋，2012，《地方政府投资体制改革及其合理化价值取向研究》，《经济与管理研究》第 6 期。

渠敬东、周飞舟、应星，2009，《从总体支配到技术治理——基于中国 30 年改革经验的社会学分析》，《中国社会科学》第 6 期。

沈明高，2009，《警惕"信贷财政化"》，《财经》第 12 期。

唐雪松、周晓苏、马如静，2010，《政府干预、GDP 增长与地方国企过度投资》，《金融研究》第 8 期。

王新红、谈琳，2005，《论"国资委"的性质、权利范围与监督机制》，《湖南社会科学》第 4 期。

王叙果、张广婷、沈红波，2012，《财政分权、晋升激励与预算软约束——地方政府过度负债的一个分析框架》，《财政研究》第 3 期。

王勇，2012，《完善各类国有资产管理体制》，《经济日报》11 月 19 日。

吴敬琏，2008，《中国增长模式抉择》，上海远东出版社。

杨典，2011，《国家、资本市场与多元化战略在中国的兴衰——一个新制度主义的公司战略解释框架》，《社会学研究》第 6 期。

杨其静、聂辉华，2008，《保护市场的联邦主义及其批判》，《经济研究》第 3 期。

张军，2006，《中国的信贷增长为什么对经济增长影响不显著?》，《学术月刊》第 7 期。

——，2011a，《中国的分权："良性竞争"，还是"不良竞争"? ——为傅勇新著〈中国式分权与地方政府行为〉而写》，《经济社会体制比较》第 1 期。

——，2011b，《朱镕基与分税制》，《新民周刊》第 41 期。

——，2012，《中国特色的经济增长与转型》，《学习与探索》第 3 期。

张军、高远、傅勇、张弘，2007，《中国为什么拥有了良好的基础设施?》，《经济研究》第 3 期。

赵鼎新，2012，《当今中国会不会发生革命?》，《二十一世纪评论》第 12 期。

中国金融年鉴编辑部，2011，《中国金融年鉴 2011》，中国金融年鉴杂志社有限公司。

中国人民银行鄂州市分行课题组，1992，《信贷资金财政化的现状及对策》，《经济研究参考》第 1 期。

周飞舟，2006，《分税制十年：制度及其影响》，《中国社会科学》第 6 期。

周黎安，2007，《中国地方官员的晋升锦标赛模式研究》，《经济研究》第 7 期。

朱镕基，2011，《朱镕基讲话实录》1 ~ 4 卷，人民出版社。

Blanchard O. & Shleifer A. 2001，"Federalism with or withoutPolitical Centralization：China versus Russia." IMF Staff Papers（Special Issue）.

Jin H.，Qian Y. & Weingast B. R. 2005，"Regional Decentralization and Fiscal Incentives：Federalism，Chinese Style." *Journal of Public Economics* 9.

Johnson C. 1982, *MITI and the Japanese Miracle：The Growth of Industrial Policy*, 1925 – 1975. Stanford, Calif. ：Stanford University Press.

Mauro P. 1998，"Corruption and the Composition of Government Expenditure." *Journal of Public Economics* 69.

Murdoch J. & Sicular Y. T. 2000，"Politics，Growth and Inequality in Rural China：Does It Pay to Join the Party?" *Journal of Public Economics* 3.

Qian Y. & Roland Y. G. 1998，"Federalism and the Soft Budget Constraint." *American Economic Review* 88.

Tanzi V. & Davoodi H. 1997, "Corruption, Public Investment, and Growth." Washington: IMF Working Paper.

Wedeman A. H. 2003, *From Mao to Market: Rent Seeking, Local Protectionism, and Marketization in China.* New York: Cambridge University Press.

图书在版编目（CIP）数据

中国经济社会学四十年. 1979 - 2019 / 符平，杨典主
编. -- 北京：社会科学文献出版社，2020.7
ISBN 978 - 7 - 5201 - 6710 - 9

Ⅰ.①中… Ⅱ.①符… ②杨… Ⅲ.①经济社会学 -
研究 - 中国 Ⅳ.①F12

中国版本图书馆 CIP 数据核字（2020）第 092186 号

中国经济社会学四十年（1979～2019）

主　　编／符　平　杨　典

出 版 人／谢寿光
责任编辑／杨桂凤
文稿编辑／韩宜儒　侯婧怡　马甜甜　徐琳琳

出　　版／社会科学文献出版社·群学出版分社（010）59366453
　　　　　　地址：北京市北三环中路甲29号院华龙大厦　邮编：100029
　　　　　　网址：www.ssap.com.cn
发　　行／市场营销中心（010）59367081　59367083
印　　装／三河市东方印刷有限公司

规　　格／开　本：787mm×1092mm　1/16
　　　　　　印　张：35.5　字　数：590千字
版　　次／2020年7月第1版　2020年7月第1次印刷
书　　号／ISBN 978 - 7 - 5201 - 6710 - 9
定　　价／168.00元

本书如有印装质量问题，请与读者服务中心（010 - 59367028）联系